Philipp Hergenröther

Lehrbuch des katholischen Kirchenrechts

Philipp Hergenröther

Lehrbuch des katholischen Kirchenrechts

ISBN/EAN: 9783743319097

Hergestellt in Europa, USA, Kanada, Australien, Japan

Cover: Foto ©ninafisch / pixelio.de

Manufactured and distributed by brebook publishing software
(www.brebook.com)

Philipp Hergenröther

Lehrbuch des katholischen Kirchenrechts

Lehrbuch

des

katholischen Kirchenrechts.

Von

Dr. Philipp Hergenröther,

Päpstlicher Hausprälat, Professor des Kirchenrechts, der Patrologie und Homiletik.

Mit Approbation des hochw. Herrn Erzbischofs von Freiburg.

Freiburg im Breisgau.

Herder'sche Verlagshandlung.

1888.

Zweigniederlassungen in Straßburg, München und St. Louis, Mo.

Wien I, Wollzeile 33: B. Herder, Verlag.

Seiner Eminenz dem hochwürdigsten Herrn Herrn

Cardinal Joseph Hergenröther,

seinem Bruder und Lehrer,

in Dankbarkeit und Liebe gewidmet

vom Verfasser.

Vorwort.

Wohl fehlt es nicht an trefflichen Lehrbüchern des Kirchenrechts, wie die von Phillips, Aichner, Vering, Gerlach, Lämmer u. a. es sind; wenn ich trotzdem und nur zaghaft ein solches der Oeffentlichkeit übergebe, so geschieht es auf mehrfach mir geäußerten Wunsch und zunächst für meine Zuhörer, denen ich die allgemeinen Grundsätze des katholischen Kirchenrechts in mög=lichster Kürze an die Hand geben will, die besonderen Verhältnisse der ein=zelnen Länder dem mündlichen Vortrag überlassend. Es soll das Lehrbuch überhaupt den Vortrag keineswegs ersetzen oder unnöthig machen, bleibt ja doch so vieles noch in demselben zu ergänzen, zu erläutern und tiefer zu be=gründen; es soll vielmehr nur ein Leitfaden und Anhaltspunkt sein für die Vorlesungen.

Die Rücksicht auf die Anfänger im Studium des Kirchenrechts, dessen Lehrstoff hier auf vier Semester vertheilt ist, bestimmte mich, nach sechzehn=jähriger Erfahrung als Professor des Kirchenrechts, mit Anmerkungen zwar möglichst sparsam zu sein, aber doch die Hauptstellen des Corpus juris ca-nonici, des Syllabus von 1864 wie die Eintheilung und Rubriken des canonischen Rechtsbuches u. dgl. aufzunehmen, sowie diese Rücksicht auch manche Wiederholungen und die häufigen Verweisungen auf andere Para=graphen entschuldigen wird.

Sollte das Buch auch in weiteren Kreisen Beachtung und Eingang finden und etwas dazu beitragen, daß das Recht der Kirche immer mehr gewürdigt und anerkannt werde, so wird der Verfasser Gott dafür von Herzen danken, wie er auch alle Berichtigungen und Verbesserungen, jeden verdienten Tadel mit Dank annehmen wird.

Vor allem sei Alles und Jedes unterworfen dem Urtheil der Kirche, wie es zur Ehre Gottes und seiner heiligen Kirche geschrieben ward!

Eichstätt, am Feste des hl. Thomas von Aquin 1888.

Der Verfasser.

Inhalt.

Einleitung.

I. Allgemeiner Theil.

Erstes Buch.

Die Kirche als Gesellschaft an sich und in ihrem Verhältniß zu anderen Gesellschaften.

Erster Abschnitt.

Die Kirche als Gesellschaft an sich.

Zweiter Abschnitt.

Die Kirche in ihrem Verhältniß zum Staate . 45

Erstes Kapitel.

Staat und Kirche nach katholischen Grundsätzen.

Zweites Kapitel.

Geschichtliche Entwicklung des Verhältnisses zwischen Staat und Kirche.

Dritter Abschnitt.

Die Kirche in ihrem Verhältniß zu anderen Religionsgesellschaften.

Zweites Buch.
Quellen des Kirchenrechts.

Erster Abschnitt.
Allgemeine Beschaffenheit der Rechtsquellen.

Zweiter Abschnitt.
Geschichte der Quellen.

Dritter Abschnitt.
Geltung und Anwendbarkeit der Quellen.

II. Besonderer Theil.

Drittes Buch.

Verfassung der Kirche.

Erster Abschnitt.

Die kirchlichen Personen.

Erstes Kapitel.

Der Clerikalstand.

Zweites Kapitel.

Der Ordensstand.

Zweiter Abschnitt.

Die Kirchenämter.

Dritter Abschnitt.

Die Träger der Kirchengewalt.

Erstes Kapitel.

Der Papst und seine Gehilfen.

Zweites Kapitel.

Der Bischof und seine Gehilfen.

Viertes Buch.

Regierung der Kirche.

Erster Abschnitt.

Die kirchliche Gesetzgebung.

Zweiter Abschnitt.

Civil- und Strafgerichtsbarkeit der Kirche.

Erstes Kapitel.

Kirchliche Streitgerichtsbarkeit.

Die Ehe.

Erstes Kapitel.

Allgemeine Grundlagen des Eherechts.

Zweites Kapitel.

Die Sponsalien.

Drittes Kapitel.

Die Ehehindernisse.

Dritter Abschnitt.

Kirchliches Vermögensrecht.

Einleitung.

A. Kirche. Recht. Kirchenrecht.

1. Der Begriff der Kirche setzt den der Religion voraus. Religion[1] ist an sich (objectiv) die Verbindung des Menschen mit Gott und (subjectiv) das Eingehen des Menschen in diese Verbindung, die Lebensbeziehung des ganzen Menschen auf Gott nach der Seite des Erkennens wie nach der Seite des Willens, daher der Natur des Menschen gemäß den innern und äußern Cult umfassend. Dieser Bund Gottes mit den Menschen wird in den älteren Glossen als „Ehe" bezeichnet[2].

Gibt es nun auch verschiedenartige in der Geschichte hervortretende Religionsformen, so kann es doch nur ein richtiges Verhältniß zwischen Gott und dem Menschen, nur eine von Gott gesetzte Verbindung, nur eine wahre von Gott geoffenbarte Religion geben. Diese ist nach Erfüllung des Alten Bundes durch Christus die christliche Religion, und zwar die der römisch-katholischen Kirche. Denn die Kirche ist die lebendige Ausprägung der christlichen Religion in ihrer Wirklichkeit, die concrete Erscheinung der einen geoffenbarten Religion in einem selbständigen, von Gott gesetzten Organismus. Die Kirche ist die Form des Christenthums. Wie die Religion, so kann auch die Kirche nur eine sein. Nur eine Kirche hat Christus gegründet, und diese von Christus auf Petrus gebaute Kirche (Matth. 16, 18) ist die römisch-katholische. Die Kirche ist die Vereinigung der unter dem einen Haupte Christus und seinem sichtbaren Stellvertreter mit gleichen Heilslehren und gleichen Heilsmitteln versammelten Gläubigen[3] (S).

2. Nach dem Verhältnisse des Menschen zu Gott, d. i. nach der Religion, richten sich auch die Verhältnisse der Menschen untereinander. Die äußere

---

[1] Religio nach Cicero (de nat. Deor. II. 28) von relegere, nach der sprachlich minder richtigen Ableitung des Lactantius (Inst. div. IV. 28) von religare oder von eligere, reeligere (cf. *Aug.* de vera relig. c. 41. 45; de civ. Dei X. 3). Ganz unstatthaft ist die Ableitung von relinquere. Cf. *Thom.*, Summa Theol. 2. 2. q. 81 a. 1.

[2] Phillips, Deutsche Geschichte, Bd. I. S. 77 f. Kirchenrecht, Bd. I. Regensburg 1845. S. 4.

[3] Cf. *Bellarmin.* de eccles. milit. III. 2: „Ecclesia est coetus hominum ejusdem fidei christianae professione et eorundem sacramentorum communione colligatus sub regimine legitimorum pastorum ac praecipue Romani Pontificis."

vernunftgemäße Ordnung der Menschen (zu den Einzelnen und zur Gesammt=
heit) nennt man das Recht [1]. Das Wort „Recht" (jus) hat verschiedene
Bedeutungen, wie die Ausdrücke zeigen: Recht gewähren, Recht schaffen, Recht
sprechen, ein Recht besitzen, römisches Recht u. s. w. [2] Recht ist das, was
gerade und geordnet ist. Jus wird in den Pandecten von justitia abgeleitet:
„jus a justitia appellatum est, nam jus est ars boni et aequi" (L. 1
Dig. de just. et jure; c. 1 D. 1), grammatisch richtiger justitia und justus
von jus (*Schmalzgrueber*, jus eccles. univ. diss. prooem. § 1). Im
objectiven Sinne ist das Recht das Object der Gerechtigkeit, die Norm
der Gerechtigkeit [3]; es soll die von Gott gewollte gesellschaftliche, also äußere
Ordnung zur Verwirklichung bringen. Das Recht ist daher die objective
(d. i. unmittelbar oder mittelbar im göttlichen Rechte begründete und darum
verpflichtende) Norm der Gerechtigkeit, deſſen, was gerecht ist, welche in Hin=
ſicht auf die äußeren Beziehungen des Menschen zum Menschen und zur
Menschheit die unbedingte Anforderung der Verwirklichung d. i. Erzwing=
barkeit an ſich trägt [4]. Das justum umfaßt zugleich das Moralische mit
dem Legalen, wenn auch die eventuelle Verwirklichung durch den Zwang
nur das letztere erreichen kann. Daher ist einerseits das Recht von der Sitt=
lichkeit nicht zu trennen, andererseits aber zwischen erzwingbaren und nicht er=
zwingbaren (Rechtspflichten und moralischen) Pflichten zu unterscheiden.

Das Recht (objectiv) bildet die Voraussetzung eines Rechtes (im
subjectiven Sinne). Subjectiv gefaßt, heißt Recht die Befugniß des Menschen,
das zu thun, was ſeiner Freiheit überlaſſen ist (jus negans), oder einen andern
zu dem anzuhalten, wozu er verpflichtet ist (jus ajens). Das Recht oder die
Befugniß, einen andern zu einer Handlung oder Unterlaſſung anzuhalten, heißt
jus activum, die zu leistende Handlung jus passivum (officium juris).

Gott ist Schöpfer und Endziel des Menschen; Gott gegenüber hat der
Mensch kein Recht, sondern nur Pflichten. Indem Gott den Menschen schuf,
hat er auch eine Rechtsordnung gesetzt, ihm ein Ziel vorgesetzt, ihn moralisch
gebunden. Gott selbst ist das höchste Gesetz und die Quelle alles Rechtes.

---

[1] *Thom.* l. c. q. 58 a. 5: „Justitia ordinat hominem in comparatione ad alium.
quod quidem esse potest dupliciter, uno modo ad alium singulariter consideratum,
alio modo ad alium in communi."

[2] Jus ſteht pro ipsis legibus; pro scriptura, in qua leges descriptae sunt; pro
notitia legum; pro materia et objecto legum; pro facultate, aliquid legitime et licite
agendi; pro eo, quod cuipiam debetur debito legali ac stricto; pro eo, quod aequum
et justum est; pro sententia judicis; pro loco judicii.

[3] *Thom.* l. c. q. 57 a. 1: „Justum dicitur aliquid, quasi habens rectitudinem justitiae, ad quod terminatur actio justitiae etiam non considerato, qualiter ab agente fiat."

[4] Meyer, Die Grundsätze der Sittlichkeit und des Rechtes. Freiburg 1868.
S. 108. Vgl. Gerlach, Logisch=juriſt. Abhandlung über die Definition des Kirchen=
rechts. Paderborn 1862. S. 11.

Gott ist der Urheber des Rechtes, er ist die causa efficiens und die causa exemplaris juris. Das ewige Gesetz in Gott ist das Vorbild aller Gesetze. Es gibt kein Recht, das nicht von Gott kommt, unmittelbar von Gott oder mittelbar durch menschliche Gesetzgeber ("omnis potestas a Deo est" Röm. 13, 1). Es ist also weder die Vernunft, noch die sociale Entwicklung der Völker, noch die Staatsgewalt und das bürgerliche Gesetz, sondern Gott ist der Urheber des Rechtes.

Die lex aeterna in Gott manifestirt sich im Naturgesetze. Das *jus naturale* ist als das jus essentiale ewig, überall sich gleich und unveränderlich; es findet aber seine nothwendige Ergänzung im positiven Rechte (jus accidentale). Das Naturrecht ist die Grundlage aller Gesetze; mit seinen absoluten Forderungen darf kein positives Gesetz in Widerspruch stehen. Ist das Recht von Gott ausgegangen, dann ist es auch von Gott abhängig und darf nicht in Widerspruch mit Gott und der von ihm gesetzten sittlichen Ordnung treten. Gott als Gesetzgeber kann sich nicht widersprechen; von ihm kommt die verpflichtende Kraft eines jeden Gesetzes; darum kann kein menschliches Gesetz verpflichtende Kraft haben, das mit den unmittelbaren Forderungen des Naturgesetzes in Widerspruch steht. Das Naturgesetz ist von Gott promulgirt, objectiv in der natürlichen Ordnung selbst, in welcher es seinem Inhalt nach begründet ist, subjectiv in unserer natürlichen Vernunft, insofern wir durch unsere Vernunft die natürliche Ordnung und durch dieselbe das Gesetz unseres Handelns als ein von Gott gegebenes Gesetz zu erkennen vermögen[1]. Diese lex scripta in cordibus hominum[2] (Röm. 2, 14) haben die Heiden nicht verläugnet[3], haben das römische Recht[4] wie die heiligen Väter[5] und die Theologen und Canonisten allzeit anerkannt. Wo ein offen-

---

[1] Stöckl, Lehrbuch der Philosophie, 3. Aufl. 2. Abth. Mainz 1872. S. 385.

[2] *Aug.* Confess. VI. 4: „Quis enim scribit in cordibus hominum naturalem legem nisi Deus?"

[3] Cf. *Platon.* Apolog. Socrat. Biponti 1781 p. 69; *Sophocl.* Antigone v. 453 seq.; *Cicero* de leg. II. 4: „Hanc video sapientissimorum fuisse sententiam, legem neque hominum ingeniis excogitatam, neque scitum esse aliquod populorum, sed aeternum quiddam, quod universum mundum regeret, imperandi prohibendique sapientia. Ita principem legem illam et ultimam mentem esse dicebant omnia ratione aut cogentis aut vetantis Dei: ex qua illa lex, quam dii humano generi dederunt, recte est laudata; est enim ratio mensque sapientis ad jubendum deterrendumque idonea."

[4] L. 2 D. de legib. I. 3: „Omnis lex est inventum ac munus Dei." Cf. Inst. I. 1 § 4: „Collectum est (jus privatum) enim ex naturalibus praeceptis aut gentium aut civilibus." Dig. I. 1 § 3: „Jus naturale est, quod natura omnia animalia docuit." § 9: „Quod vero naturalis ratio inter omnes homines constituit, id apud omnes peraeque custoditur, vocaturque jus gentium, quasi quo jure omnes gentes utuntur." Cf. c. 7. D. 1.

[5] Cf. *Iren.* adv. haer. V. 24 n. 2; *Orig.* contra Cels. V. 37; *Ambros.* ep. 21 ad Valentin. n. 10; *Aug.* de vera relig. c. 11.

barer Widerspruch mit dem Naturgeſetz und der Sittlichkeit zu Tage tritt, da iſt ein poſitives Geſetz nach dem hl. Thomas non lex, sed legis corruptio, violentia magis quam lex [1]. Könnte das poſitive Geſetz auch der Sittlichkeit ſelbſt entgegengeſetzt ſein [2], dann wäre, wie Cicero treffend bemerkt, auch Raub, Ehebruch, Teſtamentsverfälſchung. Recht, falls ſie durch Decret der Fürſten, durch Stimmenmehrheit oder Volksbeſchluß gebilligt würden [3].

Das poſitive Recht iſt entweder göttliches oder menſchliches. Erſteres das jus divinum 'des Alten und Neuen Bundes, letzteres das jus ecclesiasticum und das jus civile. Vom bürgerlichen oder weltlichen Rechte, das ſich in öffentliches und Privatrecht theilt, unterſcheidet ſich das Völkerrecht (jus gentium), das ſich zunächſt an das Naturrecht anſchließt [4].

3. Das Kirchenrecht iſt die äußere Ordnung der Kirche Jeſu Chriſti oder die ſtetige Fortentwicklung der von Chriſtus in ſeiner Kirche nieder= gelegten Wahrheiten und Grundſätze, ſofern dieſe die äußere Ordnung der Kirche geſtalten, die äußeren Verhältniſſe aller Mitglieder der Kirche unter= einander beſtimmen, auf ihre Rechte und Rechtspflichten Einfluß haben [5], die Verhältniſſe der Kirche nach außen wie nach innen ordnen, oder der Inbegriff der Rechtsgrundſätze und geſetzlichen Beſtimmungen, wodurch die äußeren Handlungen der Glieder der Kirche in ihrem Verhältniß zur Kirche wie zu einander geregelt werden. Es umfaßt das Kirchenrecht ſowohl die von Gott unmittelbar als durch die von Gott geſetzte Autorität gegebenen Geſetze und Vorſchriften, welche die Ordnung der Kirche und die Erziehung des chriſt= lichen Volkes betreffen [6].

---

[1] *Thom.* 1. 2. q. 95 a. 2; q. 39 a. 3. Cf. Syllab. error. 1864 n. 56: Morum leges divina haud egent sanctione minimeque opus est, ut humanae leges *ad naturae jus* conformentur aut obligandi vim a Deo accipiant. 57: Philosophicarum rerum morumque scientia itemque civiles leges possunt et debent a divina et ecclesiastica auctoritate declinare; cf. n. 3. 59. 39. 61.

[2] Vgl. Stahl, Philoſophie des Rechtes II. Buch 1. K. 1. § 1.

[3] *Cicero* de leg. I. 16: „Quodsi populorum jussis, si principum decretis, si sententiis judicum jura constituerentur, jus esset latrocinari, jus adulterare, jus testamenta falso supponere, si haec suffragiis aut scitis multitudinis probarentur.“ Vgl. Pruner, Lehrbuch der Moraltheologie. Freiburg 1875. S. 62.

[4] Jus gentium primaevum est ipsum jus naturale secundarium. Cf. *Engel,* Coll. univ. jur. can. P. I. l. I. t. 2. Salisburgi 1759. p. 18.

[5] Feßler, Geſammelte Schriften. Freiburg 1869. S. 101 ff. Vgl. Archiv für kath. Kirchenrecht 1857 S. 1 ff.

[6] *De Angelis,* Praelect. jur. can. t. I. P. I. Romae 1877. Proleg. p. 11: „Complexio legum, quas ecclesiastica potestas proposuit (jus divinum) vel constituit (canones) vel probavit (leges canonizatae, consuetudines) ad bonum spiritualis societatis regimen.“

Christus hat seine Kirche als ein sichtbares Reich auf Erden gestiftet, das sich überallhin ausbreiten, das selbständig, verschieden von der Synagoge wie von den weltlichen Reichen, und bei aller Verschiedenheit der Nationen, die es umfaßt, doch nur eine Gemeinschaft unter einem Oberhaupte sein sollte. Darum muß die Kirche auch ihr eigenes Recht haben, das gleich der Kirche den Charakter der Universalität, der Einheit und der Freiheit an sich trägt. Sein Gebiet ist ein anderes als das des weltlichen Rechtes; die Kirche hat zwei Seiten, das Bereich des .Gewissens (forum poli, internum) und das äußere Rechtsgebiet (forum externum). Da die kirchlichen Gesetze sich auch auf das forum internum beziehen, kann dieses auch nicht gänzlich vom Kirchenrechte ausgeschlossen werden. Auch die Mittel zur Durchführung der kirchlichen Ordnung sind vielfach verschieden von denen des Staates. Als eine äußere, sichtbare Gesellschaft muß sie ein Recht haben; „ihr Zweck übertrifft an Bestimmtheit, Umgrenzung und Sicherheit, Erhabenheit und Dauer, an Selbständigkeit und Unabhängigkeit den jeder andern Institution, ihre Stellung ist eine durch die Geschichte, ihr eigenes Wesen und ihre Aufgabe völlig selbständige und unabhängige" [1]: darum muß auch ihr Recht ein völlig selbständiges und unabhängiges sein.

Das Kirchenrecht wird im Gegensatz zu dem jus civile als *jus sacrum* [2] bezeichnet, von dem Urheber allgemeiner Gesetze, dem Papste, als *jus Pontificium*. Gewöhnlich wird alles kirchliche Recht auch *jus canonicum* genannt, von κανών, Richtschnur, Regel (Phil. 3, 16), der technischen Bezeichnung des Kirchengesetzes im Unterschiede von lex, νόμος, dem weltlichen Gesetze. Zuweilen wird aber auch zwischen *jus ecclesiasticum* und *jus canonicum* unterschieden, so daß letzteres nur das im corpus juris canonici enthaltene Recht bezeichnet. In einem weiteren Sinne wird auch das kirchliche Recht überhaupt im Gegensatze zum weltlichen Rechte (jus profanum) manchmal *jus divinum* [3] genannt, obwohl auch bei dem kirchlichen Rechte zwischen jus divinum und jus humanum zu unterscheiden ist.

Außer dieser Eintheilung (ratione fontis) in *jus divinum* und *jus ecclesiasticum* wird es eingetheilt der Extension nach in *jus commune*, das für die ganze Kirche, und *jus particulare*, das nur für einzelne Länder, Provinzen, Diöcesen gilt; bezüglich der durch dasselbe geregelten Verhältnisse in inneres und äußeres Kirchenrecht, je nachdem es die inneren Rechtsverhältnisse der Kirche selbst oder ihr Recht nach außen (ihr Verhältniß zum Staat und anderen Religionsgenossenschaften) bestimmt; ferner in öffent

[1] Schulte, System des Kirchenrechts. Gießen 1856. S. 79. Vgl. Walter, Lehrbuch des Kirchenrechts, 14. Aufl. Bonn 1871. S. 2.
[2] Die canones heißen sancti, sacri, sanctissimi, venerandi c. 2 D. 70; c. 9. 11. D. 50; c. 16 D. 61.
[3] Cf. c. 2 de privileg. (V. 7) in VI.

liches und Privatkirchenrecht[1]; der Zeit nach unterscheidet man altes (abrogirtes) und neues (das jetzt geltende) Recht, oder auch älteres (bis zum decretum Gratiani), neueres (von da bis zum Concil von Trient) und neuestes Kirchenrecht. Auch in der Kirche gibt es außer dem Ge=setzesrecht (jus scriptum) ein Gewohnheitsrecht (jus non scriptum).

B. Kirchenrechtswissenschaft, ihre Aufgabe und Hilfswissenschaften.
Eintheilung.

4. Die kirchliche Jurisprudenz oder Kirchenrechtswissen=schaft ist die Ermittlung oder die Kenntniß und systematische Darstellung der kirchlichen Rechtsgrundsätze nach ihrer historischen Entwicklung und prak=tischen Geltung und Anwendbarkeit. Sie hat daher nicht bloß den gesammten Stoff der canones und kirchlichen Rechtsnormen zu sammeln, sondern sie muß 1) die genetische Entwicklung des kirchlichen Rechtes verfolgen und nach=weisen (historische Aufgabe), 2) das in der Gegenwart geltende Recht feststellen (dogmatisch=juridische Aufgabe), 3) das, was sich historisch herausgebildet hat, als mit der Idee, dem Wesen und dem Zweck der Kirche übereinstimmend nachweisen (philosophische Aufgabe). Allerdings ist das Wesentlichste die positiv juridische Aufgabe, die historische und philosophische Construction sind nur secundär. Soll aber das Kirchenrecht den wissenschaft=lichen Anforderungen genügen, so müssen alle drei Seiten in der Darstellung verbunden werden.

Der Mißbrauch der historischen Methode rief das pseudohistorische, der Mißbrauch der philosophischen das sogenannte natürliche Kirchen=recht hervor. Ersteres nimmt willkürlich eine bestimmte Zeit, namentlich die drei ersten Jahrhunderte, als allein maßgebend in Verfassung und Disciplin auch für alle späteren Zeiten an — ein eigentlich unhistorisches Verfahren, das die spätere Entwicklung und Berücksichtigung der Zeitumstände ausschließt und verkennt, daß die Kirche vom Geiste Gottes geleitet wird ebenso in späteren, wie in den ersten Zeiten. Auch die kirchliche Disciplin mußte auf der Grund=lage der von Gott selbst gegebenen unwandelbaren Grundsätze mit Berück=sichtigung der nach Zeit und Ort verschiedenen Bedürfnisse immer weiter sich entwickeln und ausbilden. Zudem konnte in den ersten Zeiten sich das all=

---

[1] De Angelis l. c. p. 12: „Jus publicum (ecclesiae) loquitur de constitutione ejusdem societatis ecclesiasticae et complectitur jura et officia rectorum; jus pri-vatum respicit jura et officia subditorum et relationes eorum inter se." Schulte a. a. O. S. 90 theilt das Privatrecht in Privatrecht der Kirche (Vermögensrecht) und Privatrecht in der Kirche. Gegen die Eintheilung in öffentliches und Privat-recht erklärt sich u. a. Bering, Lehrbuch des Kirchenrechts. Freiburg 1874. S. 4; vgl. Innsbrucker theol. Zeitschr. 1877 S. 394 f.; Lämmer, Institutionen des kathol. Kirchenrechts. Freiburg 1886. S. 49 f.

gemeine Recht der Kirche noch gar nicht allseitig ausbilden. Ein natür=
liches Kirchenrecht aber gibt es nicht, weil keine bloß natürliche Kirche.
Die Kirche ist eine von Gott gesetzte übernatürliche Heilsanstalt. Ein natür=
liches, rationelles Kirchenrecht, wie man es seit Mitte des 18. Jahrhunderts
dem früheren positiven entgegenstellen wollte, das von der göttlichen Offen=
barung abstrahirt und bloß aus Vernunftprincipien ein System über Kirche und
Kirchengewalt aufstellen wollte, würde die Vernunft zur Richterin über die Vor=
trefflichkeit der kirchlichen Einrichtungen und der Offenbarung selbst machen.

5. Das Kirchenrecht bildet einen Haupttheil der praktischen Theologie;
wie die Moral, stammt es aus dem Dogma und bildet gewissermaßen den
Schlußstein der Dogmatik. Der Geist der Kirche lebt in ihren Gesetzen, in
ihnen prägt sich das Dogma im äußern Leben aus. Aber auch mit der
weltlichen Jurisprudenz steht es in enger Beziehung. Das spätere römische
Recht ist ihm in vielen Punkten gefolgt, das canonische Recht ward als sub=
sidiarisches oder Hilfsrecht anerkannt, viele seiner Bestimmungen sind in die
weltliche Gesetzgebung übergegangen.

Die Hilfswissenschaften des Kirchenrechts sind 1) die theolo=
gischen Wissenschaften, besonders Dogmatik, dann Exegese, Moral und
Pastoral, Liturgik, die Kirchengeschichte, wie überhaupt Geschichte, Archäo=
logie, Statistik, Geographie, Chronologie [1]. Wie einerseits das Kirchenrecht ein
tieferes Verständniß der Geschichte, besonders des Mittelalters, vermittelt,
so ist andererseits die Kenntniß der Verhältnisse, unter denen sich das kirch=
liche Recht entwickelte, nothwendig zu dessen Verständniß und Würdigung.
2) Die juristischen Wissenschaften, das jüdische Recht, besonders aber
das römische, aus dem die allgemeinen juristischen Begriffe entnommen
sind [2], auch deutsches Recht, aus dem auch manches im canonischen Rechte
Aufnahme fand, und Rechtsgeschichte [3]. 3) Die philologischen Wissen=

---

[1] Kraus, Real=Encyclop. der christl. Alterthümer. Freiburg 1882 f. Neher,
Kirchl. Geographie und Statistik. Regensburg 1864 f. Gerarchia cattolica (jährlich
in Rom erscheinend). *Nilles*, Kalendarium manuale utriusque ecclesiae orientalis
et occidentalis. Oeniponte 1879 seq. *Mamachi*, Origines et antiquitat. christ.
5 vol. 2. ed. Rom. 1841. Binterim, Die vorzügl. Denkwürdigkeiten der christl.
Kirche. Mainz 1825 ff.

[2] Benedict XIV. spricht sich entschieden dafür aus, daß zwischen dem jus canonicum und dem jus civile ein so inniger Zusammenhang besteht und sie sich gegen=
seitig so förderlich sind, daß derjenige, welcher das eine recht gut kennen zu lernen
wünscht, auch die Wissenschaft des andern sich erwerben muß. *Benedicti XIV.* de
syn. dioeces. l. XIII. c. 10, 12; l. IX. c. 10 seq. Gerlach, Lehrbuch des kath.
K.=R. 4. Aufl. Paderborn 1885. S. 10.

[3] Walter, Jurist. Encyclop. und Methodol. Bonn 1856; dessf. Geschichte des
röm. Rechts, bis auf Justinian, 3. Bd. 2. Aufl. Bonn 1860; dessf. System des
deutschen Privatrechts. Bonn 1855; dessf. Deutsche Rechtsgeschichte 2 Bde. 2. Aufl.

schaften, besonders Kenntniß des mittelalterlichen Latein und Griechisch und Diplomatik [1].

6. Hatte man anfangs die kirchlichen canones chronologisch aneinander gereiht, so trat namentlich seit dem 8. und 9. Jahrhundert unter Einwirkung des römischen Rechtes eine schon mehr systematische Behandlung ein; das juridisch praktische Moment ward vorherrschend. Seit dem Erscheinen der Decre= talen Gregors IX. (1234) folgte man der Eintheilung derselben in fünf Bücher sowohl beim mündlichen Vortrage als auch bei der schriftlichen Bearbeitung. Den Inhalt der fünf Bücher pflegt man mit dem Verse zu bezeichnen:

Judex, judicium, clerus, connubia, crimen,

d. i. der Träger der Kirchengewalt, Gerichtsverfahren, Verhältnisse des Clerus, Ehe, kirchliche Vergehen und Strafen. Neben dieser Methode fand auch das System der Institutionen mit der für das Kirchenrecht minder geeigneten Eintheilung in personae, res, actiones Anwendung [2]. Seit man in neuerer Zeit auch der philosophischen und formalen Seite der kirchlichen Rechts= wissenschaft mehr Aufmerksamkeit zuwendete, war man auch mehr auf systema= tische Anordnung bedacht.

Wir legen folgende Eintheilung zu Grunde:

I. Allgemeiner Theil.

1. **Buch.** Die Kirche als Gesellschaft an sich und in ihrem Verhältniß zu anderen Gesellschaften — zum Staate und zu anderen Religions= gesellschaften.

2. **Buch.** Die Quellen des Kirchenrechts — ihre Beschaffenheit, ge= schichtliche Entwicklung, Geltung und Anwendbarkeit.

II. Besonderer Theil.

3. **Buch.** Verfassung der Kirche — die kirchlichen Personen, die Kirchen= ämter, die Träger der Kirchengewalt.

4. **Buch.** Regierung der Kirche — Gesetzgebung, Civil= und Straf= gerichtsbarkeit, kirchliche Vergehen und Strafen.

5. **Buch.** Verwaltung der heiligen Sacramente, der übrigen gottes= dienstlichen Handlungen, Vermögensrecht der Kirche.

Bonn 1857. Allioli, Polit., häusl. und relig. Alterthümer der Hebräer. Lands= hut 1841. Bering, Gesch. und Institut. des röm. Privatrechts 3. Aufl. Mainz 1870. Zöpfl, Teutsche Rechtsgesch. 4. Aufl. Braunschweig 1872.

[1] *Mabillon*, de re diplomat. Paris 1704. Leist, Urkundenlehre. Leipzig 1882. *Du Cange*, Glossarium mediae et infimae latinitatis, Paris. 1733, und Gloss. med. et inf. graecitatis, Lugd. 1688.

[2] Inst. de jure nat. I. 2 § 12: Omne jus, quo utimur, vel ad personas per= tinet vel ad res vel ad actiones.

C. Literatur des Kirchenrechts.

7. Die Literatur des Kirchenrechts umfaßt bibliographische Werke, welche die über das Kirchenrecht vorhandenen Werke verzeichnen [1], historische Werke, Geschichte der Quellen und des Kirchenrechts [2], historisch-philosophische Bearbeitungen des Kirchenrechts [3], einleitende Werke [4], Commentare nach der Anordnung der päpstlichen Decretalen oder nach eigener systematischer Ordnung [5],

---

[1] *J. A. Riegger*, Bibliotheca jur. can. Vindob. 1761·1762. vol. 2. *Hurter,* Nomenclator. Oeniponte 1872 seq. Literar. Handweiser 1876 Nr. 16—18, außer den allgem. jurist. Literaturverzeichnissen von Fontana, Lipenius, Camus, Erſch, Schletter.

[2] *Petr. et Hier. Ballerini,* de antiq. tum edit. tum ined. collection. et collector. can. ad Gratian. usque in beren *S. Leonis* Opp. P. III. Venet. 1757. Maaſſen, Geſch. der Quellen und der Literatur des can. Rechts. Graz 1870. v. Schulte, Die Lehre von den Quellen des kath. K.=R. Gießen 1860. — *Int. Augustin.* epitome juris pontific. vet. Tarrac. 1586, Paris. 1841. vol. 2. Bickell, Geſch. des K.=R. Gießen 1843. Gißler, Geſch. der Quellen des K.=R. Breslau 1863. *Pitra,* juris eccles. Graecor. historia et monum. t. I. Romae 1864. — Ueber die Geſch. der kirchl. Verfaſſung: *Thomassin,* Ancienne et nouvelle discipline de l'église. Lyon 1678. Paris 1725. vol. 3; vet. et nova eccles. discipl. circa benefic. Paris. 1688. vol. 3. Mogunt. 1787. vol. 4. Vgl. Hurter, Geſch. des Papstes Innocenz III. Hamburg 1834 ff. 4 Bde. Schulte, Lehrb. des kath. K.=R. Gießen 1868, 2. Aufl. S. 36—97.

[3] Beidtel, Das canon. Recht betrachtet aus dem Standpunkt des Staatsrechts und der Politik. Regensb. 1849. Pilgram, Phyſiologie der Kirche. Mainz 1860. Vgl. Roßhirt, Geſch. des Rechts im Mittelalter, I. Thl. Can. Recht. Mainz 1846.

[4] *J. Doriatius* (Doujat), Praenotion. can. l. V. Paris. 1667. *Ponsio,* Jus can. juxta nativ. ejus faciem. Fulgin. 1792. Buß, Methodologie des K.=R. Freiburg 1842. Roßhirt, Beiträge zum Studium des K.=R. im 19. Jahrh. in Deutſch=land; derſ., Aeußere Encyclop. des K.=R. Heidelberg 1865 u. 1867.

[5] *Felini Sandei,* Commentar. ad 5 libr. Decretal. Venet. 1600. *Altesserra,* Innoc. III. s. comment. perpet. in sing. decretal. hujus Pontific. Rom. 1666. *Prosp. Fagnani* (genannt Doctor caecus oculatissimus), Jus. can. s. comment. in 5 libr. Decretal. Rom. 1659 seq. *Gonzalez Tellez,* Comment. perp. in 5 lib. Decr. Lugduni 1673, 1713. *P. Laymann,* Jus can. Dilingae 1666. *Andreas Vallensis* (del Vaux), Paratitla s. summar. et method. explic. Decretal. Lovan. 1631. *Lud. Engel,* Colleg. univ. jur. canon. Salisburg. 1671. *E. Pirhing,* Jus canon. Diling. 1645. *V. Pichler,* Jus. canon. sec. 5 Decret. tit. explic. Venet. 1750. *A. Reiffenstuel,* Jus can. univ. Monachi 1702, Paris. 1864 seq. *J. Wiestner,* Institut. jur. can. s. jus eccles. ad Decret. Greg. IX. Monachi 1705. *Fr. Schmier,* Jurisprud. canonico-civilis s. jus can. univ. Salisb. 1716. *Fr. Schmalzgrueber,* Jus eccles. univ. Ingolst. 1728, Rom. 1843. *Broeckhn,* Comment. in jus can. univ. Salisb. 1735. *C. S. Berardus,* Comm. in jus eccl. univ. Aug. Taurin. 1766, Laureti 1847. *J. A. Zallinger,* Inst. jur. eccles. Aug. Vindel. 1792. *J. Devoti,* Jur. can. univ. l. V. Rom. 1803, 1827 (unvollendet); beſſen Inſtitut. can. l. IV. Rom. 1785. — *A. Barbosa,* Jur. univ. eccles. l. III. Lugdun. 1637. *J. Cabassutius,* Theoria et praxis jur. can. Lugdun. 1679. *J. P. Gibert,* Corp. jur. can. per regul. naturali ord. digestas expos. Colon. Allobrog. 1735. *J. B. van Espen,* Jus eccles. univ. hodiern. discipl. praesertim Belgii, Galliae. Germaniae accommodat. Colon.

Lehrbücher[1], Bearbeitungen des Kirchenrechts für einzelne Länder[2], Reper-
torien[3], Sammlungen von Abhandlungen[4], Quellensammlungen[5] und Zeitschriften[6].

Allobrog. 1702. *Gr. Zallwein*, Princip. jur. eccles. univ. et partic. German. Aug.
Vindel. 1763. *Ub. Giraldi*, Expos. jur pontific. juxta recent. eccles. discipl. Rom.
1769. *Benedicti XIV.* de syn. dioec. l. 17. Mogunt. 1842. A. Frey, Krit. Comment.
über das K.-R., 2. Aufl. Kißingen 1823. G. Phillips, Kirchenrecht. Regensburg
1845—1872, 7 Bde. (unvollendet). *D. Bouix*, Instit. jur. can. Paris. 1852—1870.
[1] F. Walter, Lehrb. des K.-R. aller christl. Confessionen. Bonn 1822. 14. Aufl.,
herausgeg. von Gerlach 1871. Permaneder, Handbuch des K.-R. Landshut 1846.
4. Aufl., herausgeg. von Silbernagl 1865. J. Fr. v. Schulte, System des K.-R.
Gießen 1856; Lehrbuch des K.-R. Gießen 1863, 2. Aufl. 1868 (die 3. Aufl. 1873
im „altkatholischen" Sinne bearbeitet). *J. Soglia*, Inst. jur. publ. eccles. Laureti
1844. G. Phillips, Lehrb. des K.-R. Regensburg 1871; die 3. Aufl. lateinisch
von Vering 1875. *S. Aichner*, Compend. jur. eccles. ed. 5. Brixinae 1884.
D. Craisson, Manuale tot. jur. can. ed. 3. Paris. 1872. vol. 4. *Tarquini*, Instit.
jur. eccles. publ. Rom. 1877, ed. 6 a. 1879. Vering, Lehrb. des kath. u. protest.
K.-R. Freiburg 1874, 2. Aufl. 1881. Gerlach, Lehrb. des kath. K.-R. Paderb. 1865,
4. Aufl. 1883. Winkler, Lehrb. des K.-R. mit bes. Rücksicht auf die Schweiz. 2. Aufl.
Luzern 1878. Silbernagl, Lehrb. des kath. K.-R. Regensburg 1880. Weber,
Katechismus des kath. K.-R. 2. Aufl. Augsburg 1886. v. Scherer, Handb. des K.-R.
Bd. I. Graz 1886. *Ph. de Angelis*, Praelect. jur. can. Rom. et Paris. 1877 seq.
(unvollendet.) *Santi*, Praelect. jur. can. Ratisbonae 1886. Lämmer, Institut.
des kath. Kirchenrechts. Freiburg 1886.
[2] Ueber die Bearbeitungen des K.-R. einzelner Länder s. Phillips, K.-R.
Bd. I. § 7 S. 64 ff. (3. Aufl.). Walter, Lehrbuch, 14. Aufl. S. 14 ff. Vering,
Lehrbuch des K.-R. S. 17 ff. v. Scherer, Handbuch des K.-R. I. Bd. S. 301 ff.
[3] *Luc. Ferraris*, Biblioth. prompta canon. Bonon. 1746; ed. Neap. 1844; ed.
Migne, Paris. 1860. A. Müller, Lexikon des K.-R. Würzb. 1830, 3. Aufl. 1843.
[4] Tractatus ex variis juris interpret. collect. Lugd. 1549. vol. 18; Tractat.
univ. jur. Venet. 1584. vol. 29. *Rocaberti*, Biblioth. max. pontific. Rom. 1695.
vol. 21. *Meermann*, Nov. thesaur. jur. civ. et can. Hagae 1751. vol. 7. *A. Schmidt*,
Thes. jur. eccles. Heidelb. 1772. vol. 4. *Gallandius*, de vetustis canon. collect.
dissert. sylloge, tom. 2. Mogunt. 1790. *Mayer*, Thes. nov. jur. eccles. German.
Ratisbonae 1791. t. 4.
[5] *C. E. Weiss*, Corpus jur. eccles. cath. Gissae 1833. *F. Walter*, Fontes
jur. eccles. antiq. et hodiern. fasc. 4. Bonn. 1862.
[6] Analecta jur. Pontific. Dissert. sur divers sujets de droit canonique, liturg.
et théolog. Rome 1855 seq. Acta sanctae Sedis Rom. 1865 seq. Nach den früheren
Zeitschriften von Weiß, Lippert, Seitz, Ginzel, bes. Archiv für kath. K.-R. seit 1857,
von E. Frhr. v. Moy de Sons, dann von Vering herausgegeben. Jurist. Rundschau
für das kath. Deutschland. Frankfurt a. M. seit 1882.
Die protest. Literatur s. bei Vering u. a. Zu nennen ist bes. *Just. Heinr.*
Böhmer, Institut. jur. can. Hal. 1738. *G. Lud. Böhmer*, Principia jur. can. Gott.
1762, ed. 8 cura A. Bauer. K. L. Richter, Lehrbuch des K.-R. Leipzig 1841.
R. Dove's und E. Friedbergs Zeitschrift für K.-R. seit 1861.

I. Allgemeiner Theil.

Erstes Buch.
Die Kirche als Gesellschaft an sich und in ihrem Verhältniß zu anderen Gesellschaften.

Erster Abschnitt.
Die Kirche als Gesellschaft an sich.

Der erste Abschnitt (jus fundamentale, constitutivum) hat als noth= wendige Grundlage des Ganzen nachzuweisen, daß die römisch=katholische Kirche die einzige von Christus gestiftete wahre Kirche und daher ihr Kirchenrecht das allein berechtigte ist.

1. Göttliche Gründung der Kirche.

8. Christus, der von Anbeginn verheißene Erlöser, der menschgewordene Sohn Gottes hat die Kirche, das Reich Gottes auf Erden gegründet zur Fortführung seines Werkes, in welchem und durch welches das in Christus erschienene Heil der Gesammtheit vermittelt werden soll. Diese Thatsache ist klar in den Evangelien ausgesprochen. Christus spricht von seiner Kirche, die er deutlich von der Synagoge unterscheidet: „Tu es Petrus et super hanc petram *aedificabo ecclesiam meam*" (Matth. 16, 18)[1]. Christus ist der Eckstein, auf welchem das ganze Gebäude aufsteigt zu einem heiligen Tempel (Eph. 2, 21), das Haupt, durch welches der ganze Leib zusammen= gefügt wird (Eph. 4, 15). Diese Kirche ist das Reich der Himmel auf Erden[2], das Reich Gottes[3], die Kirche Gottes[4], die nach Christi Verheißung fortdauern soll bis ans Ende der Welt (14).

---

[1] Vgl. Matth. 18, 17. Ἐκκλησία (von ἐκκαλεῖν, coetus convocatus) κυριακή, woher Kirche.

[2] Matth. 20, 1; 13, 24 ff.; 31—33. 41. 47 ff. 52; 22, 2—14; 25, 1 ff.; sonst die triumphirende Kirche: Matth. 5, 3. 10; 18, 1. 3. 4; 19, 23. 24.

[3] Marc. 4, 26 ff. 30 ff.; Luc. 13, 18—21.

[4] 1 Kor. 15, 9; Gal. 1, 13.

Christus sammelte Jünger um sich, erwählte zwölf Apostel, denen er bestimmte Vollmachten übertrug und die er mit Gewalt ausrüstete, sie aus= sendend, wie er vom Vater gesandt war[1]; insbesondere setzte er Petrus als seinen Stellvertreter, als sichtbares Haupt der Kirche ein (Joh. 21, 15—17). Auf Sendung, auf Mission beruht daher alle kirchliche Gewalt; an con= crete Personen hat Christus seine Gewalt geknüpft. Auf diese Sendung von Christus berufen sich die Apostel[2] und gebieten „im Namen unseres Herrn Jesu Christi", „vermöge der Gewalt", die ihnen der Herr verliehen hat[3], in der sie auch strafen und richten[4]. Neben den Aposteln und Jüngern gab es andere, die sich an Jesus anschlossen, und so bestand schon während des sichtbaren Wirkens Jesu auf Erden die erste christliche Gemeinde, gegliedert in eine lehrende und lernende Kirche.

Nachdem die Apostel den verheißenen Heiligen Geist empfangen hatten (Apg. 2, 1 ff.), begannen sie ihr Werk der Bekehrung, sie predigten, tauften und regierten; bald entstanden allerwärts neue Christengemeinden, die Parti= cularkirchen, alle aber zu einer Gesammtkirche verbunden. Die Apostel setzten gemäß dem Auftrage und der Vollmacht Christi Bischöfe, Priester und Dia= konen ein, sie sorgten für die Nachfolge im bischöflichen Amte (vgl. 2 Tim. 2, 2) und die Kirche breitete sich unter inneren und äußeren Kämpfen in wunderbarer Weise aus.

9. So erscheint die Kirche in ihrer Gründung 1) als eine Gesell= schaft, d. i. eine Vielheit von Menschen, die dauernd moralisch verbunden sind und einen gemeinsamen Zweck wie gemeinsame Mittel haben[5]. Nur so entspricht sie der socialen Natur des Menschen zum Behufe seiner religiösen Entwicklung sowie der Aufgabe des Christenthums als Gemeinschaft der Erlösten in Christus im Gegensatze zur Gemeinschaft der Sünder in Adam. Aber diese Gesellschaft ist nicht Resultat eines willkürlichen Vertrages der Menschen, sondern unmittelbar göttliche Stiftung. Die Kirche als Vielheit ging aus von der Einheit, von Christus; sie hat von Gott ihre Existenz und darum auch von Gott das Recht auf die zur Erreichung ihres Zweckes noth= wendigen Mittel.

2) Diese Gesellschaft besteht nicht aus Gleichberechtigten, sondern sie ist eine *societas inaequalis*; sie ist gegliedert in eine lehrende und lernende, re= gierende und regierte Kirche. Die lehrende und regierende Kirche hat die Binde= und Lösegewalt (Matth. 18, 18); Ungehorsam gegen die Kirche soll durch die kirchliche Binde= und Lösegewalt bestraft werden (V. 17).

---

[1] Joh. 15, 16; 20, 21; Röm. 10, 14. 15.
[2] 1 Kor. 1, 1; Röm. 1, 1; 2 Kor. 1, 1; Gal. 1, 1 u. s. w.
[3] 2 Kor. 10. 8; 2 Kor. 13, 10.
[4] 1 Kor. 5, 2 ff.; 1 Tim. 1, 19 f.; 2 Kor. 10, 6; 1 Kor. 4, 21.
[5] *Tarquini*, Institut. jur. eccles. publ. Rom. 1879. ed. 6 p. 3.

3) Die Kirche ist eine **vollkommene Gesellschaft** (societas perfecta). Sie hat ein alle Glieder verbindendes Band, eine höchste Autorität,
von der alle Glieder abhängen und die, unmittelbar von Christus eingesetzt,
von keiner Autorität einer andern Gesellschaft abhängig ist. Die Kirche ist
von Christus gegründet als völlig unabhängig und selbständig auf ihrem Gebiete. Sie hat von Gott verliehene Rechte, sie hat ihren eigenen Wirkungskreis, ihre eigenen Gewalten, ihren eigenen Zweck und ihre eigenen Mittel.
„Da sie durch Gottes gnädigen Rathschluß in sich und durch sich alles besitzt,
was zu ihrem Bestand und zu ihrer Wirksamkeit erfordert wird, so ist sie
nach ihrem Wesen und ihrem Recht eine vollkommene Gesellschaft." [1]

2. Zweck und Aufgabe der Kirche.

10. Die Mission Christi ist die Mission der Kirche; sie soll Christi
Werk fortsetzen für alle Menschen und alle Zeiten [2]. Wie Christus Prophet,
Priester und König war, so muß nach Christi Anordnung in ihr sein dreifaches Amt sich fortsetzen: die Kirche muß Erzieherin, Lehrerin und Spen-
derin des Heils für alle sein. Dazu setzte Christus in seiner Kirche das
dreifache Amt ein, das er seinen Aposteln übertrug, das Lehr-, Priester-
und Hirtenamt (27). Er, dem gegeben ist alle Gewalt im Himmel und
auf Erden, sendet seine Apostel aus, alle Völker zu lehren, zu taufen
und zu regieren (Matth. 28, 18—20); sie sollen allen die göttliche Heils-
wahrheit verkünden, die Schätze seiner Gnade ausspenden, die Gläubigen leiten
und regieren [3], das Fundament der Kirche, der Hirte aller aber soll Petrus sein.

Der Zweck der Kirche ist daher die Wiedervereinigung der Menschen
mit Gott, derselbe, wozu Christus in die Welt kam, „ut vitam habeant et
abundantius habeant" (Joh. 10, 10). Ihr finis ultimus ist die Vollendung des Reiches Gottes; proximus, daß alle in ihrer Gemeinschaft die
Mittel zur Erreichung ihres Endzieles, der vita aeterna, haben, durch den

---

[1] *Encycl. Leon. XIII.* d. 1. Nov. 1885, deutsch Freiburg 1885, S. 18. Cf.
Thom. Aq. 1. 2 q. 90 a. 3 ad 3: „societas perfecta, quae non sit alterius pars,
quaeque finem non habet ad alterius finem (in eodem genere) ordinatum, indepen-
dens in genere suo." *Tarquini* l. c.: „quae est in se completa adeoque media
ad suum finem obtinendum sufficientia in semetipsa habet." Syllab. error. n. 19:
Ecclesia non est vera perfectaque societas plane libera nec pollet suis propriis et
constantibus juribus sibi a divino fundatore collatis, sed civilis potestatis est definire, quae sint ecclesiae jura ac limites, intra quos eadem jura exercere queat.

[2] Concil. Vatican. cap. 4 de eccles.: „Pastor aeternus et episcopus animarum
nostrarum, ut salutiferum redemptionis opus perenne faceret, sanctam aedificare
ecclesiam decrevit." *Encycl. Leonis XIII.* cit. p. 16.

[3] Vgl. Luc. 10, 16; 1 Kor. 4, 1; 2 Kor. 5, 19. 20; 1 Tim. 6, 20; 2 Tim.
1, 11. 13. 14; 2, 2; Luc. 22, 19; Joh. 10, 14 ff.; 20, 23; Matth. 18, 18; 2 Kor.
13, 2. 10; 1 Kor. 5, 12. 13; Apg. 20, 28.

Glauben, den das kirchliche Lehramt verkündet, durch die Gnadenmittel, die ihr Priesterthum spendet, durch Erfüllung der Gebote im Gehorsam gegen das kirchliche Hirtenamt ihr Heil finden.

11. Durch ihren Zweck und ihre Aufgabe erweist sich die Kirche als die höchste Gesellschaft (societas suprema). „Wie das Ziel, das die Kirche anstrebt, weitaus das erhabenste ist, so ist auch die ihr innewohnende Gewalt hervorragend über jede andere."[1] Ist bei jeder Gesellschaft der Zweck das Wesentlichste; richtet sich die Reihenfolge der Gesellschaften nothwendig nach ihrem Zwecke: so ist unzweifelhaft die Kirche die höchste Gesellschaft. Denn ihr Zweck ist der höchste, er schließt in sich den finis ultimus aller Menschen, dem alle untergeordneten Zwecke sich unterordnen müssen. Kein Zweck kann gedacht werden, der höher, wichtiger, erhabener wäre. Wohl kann eine Gesellschaft anderer Art die höchste *in genere suo* sein, aber es kann nicht zwei Gesellschaften geben, die *absolute* die höchsten wären, zwei höchste Zwecke können nicht gedacht werden[2]. In der Kirche herrscht auch die voll= kommenste Uebereinstimmung in Bezug auf den Zweck und die Mittel dazu.

3. Grundeigenschaften der Kirche.

12. Zu den wesentlichsten Eigenschaften der Kirche gehört 1) ihre Sichtbarkeit. Auf diese weisen schon die Weissagungen des Alten Bundes vom messianischen Reiche hin, sie setzen alle Typen, biblischen Parabeln und Bilder von der Kirche voraus[3], ebenso schon ihr Name (ἐκκλησία) und ihr Begriff als Gesellschaft, in die man eintreten soll, von der man ausgeschlossen werden kann (Matth. 18, 17. 18), wie die Natur des Menschen selbst. Sie ist für sichtbare Menschen bestimmt, besteht aus solchen, soll auf sie wirken; Gott verlangt auch einen äußern Cultus vom Menschen[4]; er fordert auch das äußere Bekenntniß des Glaubens vor den Menschen (Matth. 10, 32. 33). Christus hat ein sichtbares Oberhaupt in seiner Kirche eingesetzt, sichtbaren Menschen seine Gewalt übertragen, an sichtbare Zeichen seine höchsten Gnaden geknüpft und ein schon im Alten Bunde (Malach. 1, 11) verheißenes immer= währendes sichtbares Opfer eingesetzt. Nur als sichtbare Kirche kann sie ihre Einheit, Allgemeinheit und Apostolicität erweisen. Gott ist Mensch geworden, die Kirche ist der Leib Christi (Röm. 12, 4 f.; 1 Kor. 10, 16. 17; 12, 4 ff. 27; Kol. 1, 24); wie der Sohn Gottes leiblich und augenfällig seine Mission vollzog, so auch die Kirche.

13. So ist die Kirche nothwendig sichtbar, sie glänzt und strahlt durch die Gaben, womit Christus seine heilige Braut geschmückt hat, durch Merk=

---

[1] *Encycl. Leon. XIII.* cit. p. 18.　　　[2] *Tarquini* l. c. p. 4. 28.

[3] Isai. 2, 2; 61, 9; Matth. 5, 14 ff.; 21, 33 ff.; Luc. 12, 42; 1 Tim. 3, 1 ff.; vgl. 1 Kor. 5, 13.

[4] Cf. *Thom.* 2. 2 q. 81 a. 7; q. 84 a. 2 ad 1.

male, die sie allen erkennbar machen; aber diese visibilitas und conspicuitas ecclesiae schließt nicht aus das innere und un sichtbare Wesen der Kirche. Das innere Wesen der Kirche besteht nicht in ihrer sichtbaren Erscheinung, sondern in der unsichtbaren, Gott zugewandten Seite — die Verbindung der lebendigen Glieder der Kirche mit Christus durch die Gnade, Christus, der bei seiner Kirche bleibt, die Wirksamkeit des Heiligen Geistes, das ganze innere Leben im Heiligen Geiste kennt nur Gott allein, sichtbar wird dieses nur in äußeren Formen und Erscheinungen. Die Kirche ist darum zugleich Gegenstand des Schauens und Gegenstand des Glaubens („credo ecclesiam"). Sie ist ihrem Wesen nach eine geistige und übernatürliche Gesell= schaft (societas spiritualis et supernaturalis), die übernatürliche Mittel zu ihrem Zwecke gebraucht; sie ist nicht von dieser Welt (Joh. 18, 36), wie Christus und seine Jünger nicht von dieser Welt sind (17, 14. 16), aber sie ist in dieser Welt als das sichtbare Reich Gottes auf Erden, sie ist eine sichtbare Gesellschaft (societas visibilis et externa), die darum auch äußerer, sichtbarer Mittel bedarf, und nicht auf bloß innere und übernatür= liche Mittel beschränkt werden kann. Wie Christus Gottheit und Menschheit in sich vereinigt hat, so hat auch die Kirche ihr göttliches und menschliches Element.

Darum ist an der Kirche *corpus* und *anima* zu unterscheiden. Lebendige Glieder am Leibe der Kirche, ihr zugehörig quoad corpus et animam sind die Katholiken im Stande der heiligmachenden Gnade, quoad corpus tantum gehören ihr die Katholiken an, die im Stande der Todsünde sich befinden; quoad animam tantum alle Gerechtfertigten, die (unverschuldeter Weise) sich außerhalb der sichtbaren Gemeinschaft der Kirche befinden, wie die bloß ma= teriellen Häretiker.

14. 2) Seiner Kirche hat Christus die **Perpetuität** und **Indefecti= bilität** verheißen [1]. Ist der Zweck der Kirche, das Heil, das in Christus erschienen ist, allen Menschen aller Zeiten zu vermitteln, so muß auch die

---

[1] Schon Jsai. 61, 8 ff.; 9, 6. 7 verheißt die Unvergänglichkeit der Kirche, ebenso Dan. 2, 44. Christus verheißt seinen Aposteln, und da diese nicht bis zum Ende der Welt leben, offenbar auch ihren Nachfolgern, denen, durch die das Evangelium auf der ganzen Erde verkündet wird (Matth. 24, 14), seine Gegenwart und damit seinen Schutz und Beistand „alle Tage", also ununterbrochen, ἕως συντελείας τοῦ αἰῶνος (Matth. 28, 20; vgl. Richt. 6, 12. 16; Jsai. 8, 8—10; 43, 2; Pf. 41, 4; Jer. 1, 8), er verheißt (Matth. 16, 18), daß die πύλαι, d. i. die Macht (vgl. Gen. 24, 60; Richt. 5, 8; 3 Kön. 8, 37; Pf. 147, 13), ᾅδης, d. i. der Hölle, die Kirche nicht überwältigen werden (vgl. Kol. 1, 13; Eph. 2, 2; 6, 12). Faßt man aber auch mit neueren Exegeten „Pforten der Hölle" nicht als die Macht des Satans, sondern als den Tod, die Verwesung, so verheißt es doch ebenso die Unvergänglichkeit der Kirche und als Folgerung des Ausspruchs Christi auch die Unveränderlichkeit. Vgl. Schegg, Evangelium nach Matthäus, Bd. II. München 1857, S. 360 ff.

Kirche fortbestehen und in ihr all das, was zur Erreichung dieses Zweckes nothwendig ist. Das Christenthum ist die absolut vollkommenste Religion und kann daher nie aufhören, nie beseitigt werden, darum auch die Kirche nicht, die deſſen nothwendige Darſtellung ist. Die Kirche ist gestiftet für alle Zeiten, sie ist eine *societas perpetuo duratura*, und darum auch unveränderlich. Denn die Gesellschaft hört auf, ist nicht mehr dieselbe, wenn ihr Wesen verändert wird. Das Wesen der Kirche muß immer dasselbe bleiben, wenn sie die Kirche Christi sein soll. Wohl gehen Veränderungen in der Kirche vor, sonst hätte sie auch keine Geschichte; es wechseln Personen und Zeiten; wie die Kirche selbst aus dem kleinen Senfkorn zum mächtigen Baume sich entwickelte, so entfaltet sich auch ihre Disciplin, werden neue Gesetze nothwendig, ja selbst ihr Glaube wird immer mehr entwickelt, erklärt, durchdrungen, aber ohne Vermehrung und Verminderung des depositum fidei. Die Veränderungen, die an der Kirche vorgehen, sind nur modale, accidentelle, keine substanziellen; das Wesen der Kirche ist unveränderlich.

15. Daraus folgt 3) nothwendig die Unverirrlichkeit, Unfehlbarkeit der Kirche. Kann die Kirche nicht aufhören, so auch nicht ihre wesentliche Grundlage, ihr Glaube; ist die Kirche unveränderlich in ihrem Wesen, so muß sie es in ihrem Glauben sein. Diese Unfehlbarkeit hat Christus, der die Wahrheit selbst ist [1], seiner Kirche verheißen [2]; er hat uns angewiesen, überall der Kirche zu folgen, ihrem Ausspruch unser Urtheil zu unterwerfen (vgl. 2 Kor. 10, 5); er selbst würde uns in Irrthum führen, wenn die Kirche irren, also in Irrthum führen könnte. Würde die von Christus gestiftete Kirche in Irrthum fallen, so wäre nicht mehr bei ihr der Geist der Wahrheit, der nach Christi Verheißung bei ihr bleiben und sie in alle Wahrheit einführen soll; sie wäre nicht mehr, wie der Apostel sie nennt, die Kirche des lebendigen Gottes, Pfeiler und Grundveste der Wahrheit [3].

Die Unverirrlichkeit der Kirche (passive Unfehlbarkeit) beruht aber auf dem Lehramte der Kirche, dem Christus die (active) Unfehlbarkeit verheißen hat.

16. Die Kirche ist 4) nothwendig; die Theilnahme an ihr ist Bedingung der Seligkeit. Christus hat sie für alle Menschen gegründet; nach Christi ausdrücklich erklärtem Willen sollen alle getauft und damit Glieder der Kirche werden, alle von ihr belehrt, von ihr geleitet werden. Ohne den Glauben und die Lebensgemeinschaft mit Christus kein Heil: durch die Kirche

---

[1] Joh. 1, 14; 14, 6; Kol. 2, 3.

[2] Joh. 15, 15; 14, 26; 16, 13; Matth. 28, 18—20; Jsai. 59, 21 (vgl. Vatic. prooem. sess. III); 61, 1—2; 26, 2. 3; Zach. 8, 13 ff.

[3] 1 Tim. 3, 15. Kirche und Wahrheit sind unzertrennlich: „qui sunt extra veritatem, *id est*, qui sunt extra ecclesiam" (*Iren.* adv. haer. IV. 32); „ecclesia est, ubi fides vera est" (*Hier.* in Ps. 133).

aber wird der Glaube vermittelt, durch sie treten wir in Lebensgemeinschaft mit Christus. Alle Gnade ist nach dem Sündenfalle gratia Christi; seine Gnadenschätze hat Christus seiner Kirche übergeben. Durch die Kirche erhalten wir den wahren Glauben, ohne den es nicht möglich ist, Gott zu gefallen (Hebr. 11, 6); wer auf die Kirche nicht hört, soll einem Heiden gleich ge= achtet werden (Matth. 18, 17). Durch die Kirche nur stehen wir in Ver= bindung mit Christus [1].

Die Kirche ist also eine *societas necessaria*, in die einzutreten alle ver= pflichtet sind; sie ist nothwendig, d. h. mit moralischer Nothwendigkeit. Und darum ist sie die „allein seligmachende" („extra ecclesiam nulla salus", Conc. Lateran. IV. c. 1) [2]. Sie ist die einzige von Christus gestiftete Heilsanstalt, durch die wir zur Seligkeit geführt werden sollen; es gibt keine andere Kirche, die selig macht. Christus hat nicht mehrere Kirchen ge= stiftet, Christi Werk kann auch von den Menschen nicht verbessert, reformirt werden. Seine Kirche muß seinen Verheißungen gemäß im vollen Besitze der Wahrheit sein. Die durch Losreißung von der einen Kirche entstandenen Religionsgesellschaften können nicht als verschiedene Formen derselben Kirche betrachtet werden, da sie in wesentlichen Punkten mit ihr in Widerspruch stehen (89). Wer durch schwere Schuld von der einen wahren Kirche ge= trennt ist und bleibt, kann nicht selig werden. Wer aber selig wird, wird es durch die eine von Christus gegründete römisch=katholische Kirche; steht er auch (ohne Schuld) außerhalb ihrer Gemeinschaft, gehört er ihr aber quoad ani= mam an, so wird er nicht durch den Irrthum, dem er unverschuldeter Weise anhängt, sondern durch die eine katholische Kirche, der er durch die Tauf= gnade angehört, selig. Darum hat die Kirche auch den Satz Quesnels (prop. 29) verworfen: „extra ecclesiam nulla conceditur gratia". Könnte außerhalb der sichtbaren Gemeinschaft der Kirche gar keine Gnade verliehen werden, so könnte auch kein von dieser Getrennter zum Glauben und zur Kirche gelangen, da er dazu schon der Gnade bedarf. Aber auch alle Gnade, die extra ecclesiam, d. h. außerhalb der sichtbaren Gemeinschaft der Kirche verliehen wird, kommt den Getrennten durch die eine Kirche zu. Wer selig wird, wird es durch die eine wahre Kirche Christi; unverschuldeter Irrthum über diese kann aber nicht vom Heile ausschließen.

---

[1] Matth. 10, 14. 15; Luc. 10, 16; Marc. 16, 16; Joh. 15, 5. 6; Röm. 10, 14. 15; 2 Thess. 3, 14. *Cyprian.*, de unit. eccles. n. 24: „Habere non potest Deum patrem, qui ecclesiam non habet matrem. Nec pervenit ad Christi praemia. qui relinquit ecclesiam Christi."

[2] Cf. c. 1 de M. et O. in xvag. comm. I. 8: „Unam sanctam ecclesiam catho- licam et ipsam apostolicam urgente fide credere cogimur et tenere, nosque hanc firmiter credimus et simpliciter confitemur, extra quam nec salus est nec remissio peccatorum."

Zu den wesentlichen Eigenschaften der Kirche gehören besonders auch diejenigen, die zugleich die äußeren Kennzeichen oder Merkmale der wahren Kirche Christi sind.

4. Aeußere Kennzeichen der Kirche.

17. Kennzeichen, Merkmal (nota) einer Sache ist dasjenige, woran sich diese erkennen und von anderen unterscheiden läßt. Das Merkmal muß bekannter sein als das Gesuchte [1], es muß ihm ausschließlich zukommen, es muß hinreichend sein, zur Erkenntniß desselben zu führen, es muß Bestand haben. Merkmale der Kirche sind jene Eigenschaften, durch welche diese als die wahre Kirche Jesu Christi gefunden und erkannt werden kann.

Als solche Merkmale bezeichnet das von allen Christen anerkannte, vom zweiten allgemeinen Concil im Jahre 381 aufgestellte oder vielmehr als bereits übliches von ihm recipirte Glaubensbekenntniß [2]: die Einheit, Katholicität, Heiligkeit und Apostolicität [3]. Diese Eigenschaften legt die Heilige Schrift der Kirche bei, sie bekennt die gesammte Tradition als die Kennzeichen der wahren Kirche Jesu Christi. Diese Merkmale aber kommen in Wirklichkeit der römisch-katholischen Kirche und nur ihr allein zu und erweisen sie dadurch als die einzig wahre Kirche Jesu Christi.

18. Die Kirche Christi muß katholisch sein, d. i. allgemein. Das spricht der Heiland aus, indem er seine Apostel „in die ganze Welt" sendet (Marc. 16, 15. 16), „alle Völker" zu lehren (Matth. 28, 19. 20), und verheißt, daß „das Evangelium auf der ganzen Erde verkündet werde zum Zeugniß allen Völkern" (Matth. 24, 14) [4], und indem er seiner Kirche immerwährende Dauer verheißt (14), gleichwie schon das Alte Testament dasselbe verheißen hatte [5]. Was sagt dies aber anders aus, als daß seine Kirche die allgemeine sein soll, wenn auch der Name „katholisch" sich nicht in der Schrift findet? Dieses Merkmal aber findet sich nur in der Kirche, die auch den Namen katholische Kirche sicher schon im ersten christlichen Jahrhundert trug, wie sie Ignatius der Märtyrer, die Kirche von Smyrna in ihrem Rundschreiben über das Martyrium des hl. Polykarp in

---

[1] Wenn die Conf. Aug. Wahrheit der Predigt und rechtmäßige Verwaltung der Sacramente nennt, so ist das nicht mehr bekannt, als was man daran erkennen soll, eines ist vom andern nicht getrennt. Vgl. *Augustin.* de bapt. c. Don. III. 19: „Omnes seductores non aliter populos fefellerunt, nisi praetextu sacramentorum et scripturarum, quae tenent ad speciem, non ad salutem."

[2] Vgl. Hefele, Conciliengeschichte 2. Bd. 2. Aufl. Freiburg 1875, S. 10.

[3] Πιστεύομεν . . . εἰς μίαν ἁγίαν καθολικὴν καὶ ἀποστολικὴν ἐκκλησίαν.

[4] Vgl. Matth. 26, 13; 8, 11. 12; 20, 6—16; 22, 1—14.

[5] Isai. 2, 1 ff.; 9, 6; 11, 10; 49, 6; 51, 4; 52, 10; Ps. 2, 8; 97, 3; Dan. 2, 44; Mich. 5, 2; Malach. 1, 11; Gen. 12, 2; 18, 18; 22, 18; 49, 10.

einer Weise nennen, daß dies unzweifelhaft ein längst bekannter, geläufiger Name gewesen sein muß [1]. Ja schon in diesem ihrem Namen finden die heiligen Väter einen Beweis, daß sie allein die wahre Kirche Christi ist. So sagt der hl. Augustinus: „Wir müssen die christliche Religion festhalten und die Gemeinschaft derjenigen Kirche, welche die katholische ist und die katholische nicht allein von den Ihrigen, sondern auch von allen ihren Feinden genannt wird. Denn selbst die Häretiker und Schismatiker, sie mögen wollen oder nicht, nennen nichts anderes die katholische Kirche als eben die katholische. Denn sie können nicht verstanden werden, wenn sie dieselbe nicht mit diesem Namen, mit dem sie vom ganzen Erdkreis benannt wird, unterscheiden." [2]

Die Katholicität, Universalität der Kirche ist eine doppelte, eine ab= solute (de jure), die ihr (als proprietas) nach dem Willen ihres göttlichen Stifters zukommt, indem sie für alle Völker und alle Zeiten bestimmt ist, und eine relative (de facto) [3], moralische, die (als nota) ihr zukommt in Bezug auf ihre Lehre, auf Ort und Zeit vor jeder andern Religionsgesellschaft, vor allen Secten. Dieses Merkmal hat die römisch=katholische Kirche, die allein ihren Ursprung von Christus hat und ununterbrochen allzeit fort= bestand, die überallhin sich ausgebreitet hat [4] und als Weltkirche durch alle Jahrhunderte ihren Beruf erfüllt, allen Völkern das Evangelium zu verkünden durch ihre segensreiche Missionsthätigkeit.

Außerhalb der römisch=katholischen Kirche fehlt die Allgemeinheit, die Katholicität. Alle Secten sind erst später entstanden, von Menschen gestiftet, meist nach ihnen benannt [5]. Entstanden durch Abfall von der katholischen Kirche, haben sie sich meist in Nationalkirchen aufgelöst oder sind doch auf einzelne Länder beschränkt. Weder der Zeit noch dem Raume nach katholisch, entstehen und vergehen sie; und wenn auch manche sich weit ausgebreitet haben, so doch nie in dem Maße, wie die katholische Kirche, und nicht durch das Martyrium, sondern durch ganz andere Mittel, vielfach durch weltliche Gewalt, auf die sie sich stützen, nicht durch Bekehrung heidnischer Völker, wie an= erkanntermaßen auch ihre Missionsthätigkeit ziemlich unfruchtbar ist [6].

19. Die Katholicität hat zur Voraussetzung die Einheit. Wie die

---

[1] *Ignat.* M. ep. ad Smyrn. c. 8; *Eus.* H. E. IV. 15. 1.

[2] *Aug.* de vera relig. c. 7 n. 23; 12; *Iren.* adv. haer. I. 20; III. 8; *Lactant.*, Div. instit. IV. 30; cf. *Tertull.* adv. Marc. IV. 4; *Cypr.* ep. 45 ad Cornel.; *Aug.* c. ep. fundam. c. 4; de util. cred. c. 7; *Basil.* ep. 72; *Chrys.* hom. 23 in Act.

[3] Vgl. Röm. 1, 5. 8; 10, 18; Kol. 1, 6. 23; 1 Kor. 1, 2. 8; 9, 20 ff.; Apg. 1, 8; 13, 47.

[4] *Aug.* de unit. eccles. c. 22: „Illae quippe (die Secten) in multis gentibus, ubi ista (die kathol. Kirche) est, non inveniuntur; haec autem, quae ubique est, etiam ubi illae non sunt, invenitur."

[5] Cf. c. 29 C. XXIV. q. 3.

[6] Vgl. Göpfert, Die Katholicität der Kirche. Würzburg 1876.

2*

wahre Kirche nur eine sein kann (unicitas) und Christus nur eine Kirche auf den einen Felsen gebaut hat (Matth. 16, 18), so muß diese auch die Einheit (unitas) besitzen, die Christus selbst als Merkmal seiner Kirche bezeichnet, an welcher die Welt ihn und sein Werk als göttlich erkennen soll (Joh. 17, 18—24); die Gläubigen sollen der Leib Christi, „viele Glieder, aber ein Leib" (1 Kor. 12, 27. 20) sein, wie ein Herr, ein Glaube, eine Taufe (Eph. 4, 5), ein Hirte und eine Heerde (Joh. 10, 16)[1]. Die katho= lische Kirche besitzt diese Einheit im innern Glauben wie in der äußern Ver= kündigung und dem Bekenntniß desselben Glaubens (unitas symboli), die Einheit der Sacramente nach ihrer innern Kraft und äußern Spendung (unitas sacramentorum), die Einheit des Leibes in der innern geistigen Gemeinschaft und in der Regierung durch das eine Oberhaupt wie in der Unterordnung aller Glieder unter dasselbe (unitas corporis). Als Merk= mal der Kirche zeigt sich die Einheit der Zeit wie dem Raume nach in der Verkündigung und dem Bekenntniß des einen Glaubens, der Feier des einen Opfers und der Spendung derselben Sacramente, in der Regierung durch das eine Oberhaupt, dem alle Glieder untergeordnet sind. Jahr= hunderte sind vorübergegangen an der Kirche, zahllose Secten in ihnen auf= getaucht und verschwunden: die eine römisch=katholische Kirche ist dieselbe ge= blieben; obwohl ausgebreitet über den Erdkreis und die verschiedenartigsten Länder und Völker umfassend, hat sie überall die Einheit bewahrt. Sie kennt keine Nationalkirchen[2], sie ist die *societas una per totum orbem diffusa*, Glaube, Sacramente und Regierung sind allzeit und überall dieselben; wenn auch verschieden die Gaben in der Kirche, verschieden die Individuen und Nationen, wenn sie auch als eine *societas composita* selbst wieder viele untergeordnete Gesellschaften in sich begreift, z. B. die religiösen Orden: so ist es doch ein Glaube, ein Opfer, eine Taufe, ein Hirte, in dem alle zu einem Leibe verbunden sind[3].

Ist das Kennzeichen der wahren Kirche die Einheit, so kennzeichnet die Häresie die Uneinigkeit, die Zersplitterung. Ein Irrthum rief stets neuen hervor. Der Gnosticismus, Arianismus u. s. w. verzweigte sich wieder in neue Secten, die, unter sich uneins, nur einig waren in der Bekämpfung der wahren Kirche. Und wo finden wir heutzutage die Einheit außerhalb

---

[1] Vgl. Joh. 10, 27 ff.; 15, 5 ff.; 1 Kor. 1, 10; Phil. 2, 2; Eph. 4, 3 ff. 1 Kor. 10, 17; 12, 12 ff.

[2] Syllab. n. 37: Institui possunt nationales ecclesiae ab auctoritate Romani Pontificis subductae planeque divisae.

[3] Cyprian. ep. 70 ad Januar.: „una ecclesia a Christo Domino super Petrum origine unitatis et ratione fundata." *Hilar.* in Ps. 121 n. 5: „quia unum ecclesia corpus est, . . . per fidei unitatem, per caritatis societatem, per operum voluntatisque concordiam, per sacramenti unum in omnibus donum unum corpus sumus."

der katholischen Kirche? Es fehlt die Einheit in der Regierung, die Einheit in
den Sacramenten, selbst die Einheit im Glauben. „Wollte man", schreibt
v. Döllinger, „(nach der Reformation) von einer deutschen lutherischen oder
evangelischen Kirche reden, so entsprach dieser Bezeichnung in der Wirklichkeit
nur ein Aggregat von Landeskirchen, deren jede durch die Grenzen ihres
Landes begrenzt war, und die in keiner Beziehung ein lebendiges Ganzes, eine
organisch verbundene Einheit darstellen. ... So ist denn die katholische
Religion, welche mehr Bekenner zählt als alle übrigen christlichen Genossen=
schaften zusammengenommen, die einzige Weltreligion im wahren Sinne." [1]

20. Die Kirche Christi muß als göttliche Stiftung heilig sein. Sie
ist der Leib Christi (Eph. 1, 23), die Braut Christi (Eph. 5, 23 ff.), der
Tempel Gottes (Eph. 2, 21. 22), verbunden durch den Heiligen Geist (Eph.
2, 18 ff.), darum heißen die Glieder der Kirche berufene Heilige (Röm. 1, 7),
ein heilig Volk (1 Petr. 2, 9). Der Heiland spricht selbst dieses Merkmal
aus (Joh. 17, 17—19); er hat sich hingegeben für die Kirche, „ut illam
sanctificaret", „ut sit sancta et immaculata" (Eph. 5, 26. 27). Die
innere Heiligkeit, die der Kirche zukommt wegen ihres göttlichen Stifters und
Hauptes, wegen des in ihr wirkenden Heiligen Geistes [2], wegen ihres Zweckes,
ihrer heiligen Lehre und Heilsmittel, offenbart sich als Merkmal nach außen
durch die heroischen Tugenden ihrer Heiligen, insbesondere das Mar=
tyrium, durch die Befolgung der evangelischen Räthe und die in der
Kirche nie ganz aufhörenden Charismen und Wundergaben. Die
Kirche ist die Mutter der Heiligen; durch ihre Lehre, ihre Gnadenmittel, ihre
Gebote und Räthe sind die Heiligen, wie sie alle Perioden der Kirchengeschichte
aufweisen, heilig geworden. So erweist sich ihre Lehre als heilig, weil heilig=
machend, und die Kirche kann allen gleich Christus zurufen: „Befolget meine
Lehre und ihr werdet es an euch selbst erfahren, daß sie aus Gott ist." Ihre
Gnadenmittel, schon allein das Bußsacrament in seiner Einführung, seinem
Fortbestand und seinen Wirkungen, beweisen die Heiligkeit der katholischen
Kirche. Heilige Männer, die selbst das übten, was sie lehrten, haben sie bei
den heidnischen Völkern eingeführt.

Wer aber waren die Stifter der durch Abfall von der Lehre der katho=
lischen Kirche entstandenen Religionsgenossenschaften, wo sind ihre Wunder
und Charismen? Sie haben keine Heiligen aufzuweisen, deren Heiligkeit
Gott wunderbar bestätigt hat, wie die katholische Kirche; sie haben die schönste
Blüthe des Strebens nach Heiligkeit, den Ordensstand, verworfen oder doch
nie in der Weise, wie in der Kirche, nachzuahmen vermocht.

[1] Döllinger, Kirche und Kirchen. München 1861, S. 18. 25.
[2] Iren. adv. haer. III. 24, 1: „Ubi enim ecclesia, ibi Spiritus Dei, et ubi
Spiritus Dei, illic ecclesia et omnis gratia. spiritus autem veritas."

Wenn man einwendet, daß auch außerhalb der Kirche viele Tugenden und gute Werke, in der katholischen Kirche aber auch Sünder sich befinden, so ist zu entgegnen: 1) Abgesehen davon, daß **natürlich** Gutes, natürlich gute Werke sich auch bei Heiden finden, reicht der **moralische Einfluß** des Christenthums auch über die Grenzen der Kirche hinaus; auch Heiden kann ein übernatürlicher Einfluß der Gnade zu Theil werden. Getaufte aber, welche die Taufgnade bewahren oder durch vollkommene Reue die Recht= fertigung wieder erlangen, gehören quoad animam zur Kirche und können wenngleich sie vieler Gnadenmittel der Kirche entbehren, auch gewiß über= natürliche Tugenden üben. Aber nur in der katholischen Kirche finden sich die Früchte des Christenthums in ihrer vollen Kraft und in ihrem vollen Maße [1].

2) Wohl muß, wenn die Kirche in Wahrheit heilig ist, immer ein großer Theil ihrer Glieder vom Heiligen Geiste belebt sein. Aber die Heiligkeit der Kirche ist hienieden nur eine sanctitas inchoata, erst jenseits in statu triumphi tritt die sanctitas consummata ein. Es steht daher die Un= heiligkeit einzelner Glieder nicht in Widerspruch mit der Heiligkeit der Kirche, indem jene eben nur todte Glieder am Leibe der Kirche sind, nur zum corpus, nicht zur anima ecclesiae gehören. Die Kirche hat ja gerade die Aufgabe, die Sünder zur Seligkeit zu berufen und zu erziehen. Daß Aergernisse kommen, hat der Heiland selbst als (moralisch) nothwendig erklärt und in den Gleichnissen von der Kirche vorausgesetzt, daß auch Sünder in der Kirche sich befinden. Wozu sonst die Strafgewalt in der Kirche, wie auch schon die Apostel Sünder aus der Kirche ausschließen mußten, wozu die Einsetzung des Bußsacramentes? [2]

21. Die Kirche Christi ist **apostolisch**, denn sie ist auferbaut auf dem Grunde der Apostel (Eph. 2, 20; Offenb. 21, 14), den Aposteln hat Christus seine Gewalt übertragen, **sie** hat er ausgesandt, alle Völker zu lehren; die **apostolische Autorität** muß darum in der Kirche sich fort= pflanzen, ununterbrochen in ihr fortdauern. Die katholische Kirche ist allein apostolischen Ursprungs *(nota antiquitatis)* [3]; es gibt keine andere Religions= gesellschaft, welche den Anspruch erheben könnte, von den Aposteln an bestanden zu haben; von allen können wir die Zeit ihres Entstehens angeben bis zur jüngsten Secte, dem sogen. Altkatholicismus, der im Jahre 1870 entstand. Nur die katholische Kirche bestand von Christus an und die Gegner der Kirche

---

[1] Vgl. Heinrich, Dogmat. Theologie Bd. I. Mainz 1873. S. 507.

[2] Vgl. Matth. 13, 24 ff. 47; 22, 2 ff.; 25, 1 ff.; 18, 17; Joh. 20, 23.

[3] *Tertull.* de praescript. c. 36 sagt von den Häretikern: „Qui estis vos, unde et quando venistis? Ubi tam diu latuistis?" *Hier.* adv. Lucif. in fin.: „Ex hoc ipso, quod posterius instituti sunt, eos se esse indicant, quos *futuros* Apostolus prae-nuntiavit." Cf. *Bellarm.* de eccles. III. 3.

selbst behaupten nur eine Entartung, eine allmähliche Veränderung derselben, aber wenn sie die Zeit derselben angeben sollen, so wissen sie keine anzugeben oder weichen darin weit von einander ab. Die katholische Kirche vermag noch heute, wie es Irenäus bis auf Papst Eleutherius that, die Reihe der in un= unterbrochener Succession dem hl. Petrus nachgefolgten Stellvertreter Christi anzugeben, sie hat das rechtmäßige Lehramt ununterbrochen bewahrt, und da= durch auch die apostolische Glaubensregel, im Primate und dem mit ihm ver= einigten Episkopate.

Hat Christus den Primat und den Episkopat in seiner Kirche eingesetzt, so müssen diese auch in der Kirche fortbestehen. Und auf dieser ununter= brochenen Fortpflanzung der apostolischen Autorität, und zwar a) im Primate des Apostelfürsten Petrus, fortgesetzt im römischen Stuhle, b) in der Gewalt der Apostel insgesammt, fortgesetzt im kirchlichen Episkopate, beruht das Kenn= zeichen der Apostolicität, das die römisch=katholische Kirche als die Kirche Christi erweist. Tertullian führt den Beweis der Apostolicität in schlagender Weise aus: Christus hat uns an die Lehre der Apostel angewiesen. Diese Lehre der Apostel können wir nur durch die von den Aposteln gegrün= deten Kirchen erhalten[1]. Die apostolischen Kirchen sind solche entweder un= mittelbar, die von den Aposteln selbst gegründet sind, oder mittelbar, welche von den ersteren gegründet wurden. Die unmittelbar apostolischen Kirchen erweisen sich als apostolisch durch die ununterbrochene Succession ihrer Bischöfe; die mittelbar apostolischen Kirchen nur dadurch, daß sie mit ersteren in Glaube und Lehre übereinstimmen[2]. Damit die wahre Kirche allzeit erkannt werden kann, muß also wenigstens eine unmittelbar apostolische Kirche in ununterbrochener Succession ihrer Bischöfe fortbestehen. Nun aber ist es allein die römische Kirche, welche von allen unmittelbar apostolischen Kirchen nachweisbar in ununterbrochener Succession ihrer Hirten allzeit fort= bestand, darum müssen alle anderen Kirchen mit ihr übereinstimmen und ist die Kirche Jesu Christi die römisch=katholische Kirche[3].

---

[1] *Tertull.* de praescr. c. 21 seq.: „Hanc igitur dirigimus praescriptionem, si D. Jesus Christus Apostolos misit ad praedicandum, alios non esse recipiendos praedicatores, quam Christus instituit.... Quid autem praedicaverint, i. e. quid Christus illis revelavit, et hic praescribam, non aliter probari debere, nisi per eas- dem ecclesias, quas ipsi Apostoli condiderunt" etc.

[2] C. 31 seq.: „Edant ergo (haeretici) origines ecclesiarum suarum, evolvant ordinem episcoporum suorum ita per successiones ab Apostolis decurrentem, ut primus ille episcopus aliquem ex Apostolis vel apostolicis viris, qui tamen cum Apostolis perseveraverit, habuerit auctorem et antecessorem. . . . Ipsa doctrina eorum cum apostolica comparata ex diversitate et contrarietate sua pronuntiabit, neque Apostoli alicujus auctoris esse neque Apostolici."

[3] Darum heißt die römische Kirche „mater ac radix omnium ecclesiarum" (*Cyprian.* ep. 65), „principalis cathedra, unde unitas sacerdotalis exorta est et ad

5. Die göttliche Einsetzung des Primates.

22. „Jedes lebendige Ganze fordert einen Mittel= und Einigungspunkt, ein Oberhaupt, welches die Theile zusammenhält. In der Natur und Archi= tektonit der Kirche ist es begründet, daß dieser Mittelpunkt eine bestimmte Persönlichkeit, der gewählte Träger eines der Sache oder dem Bedürfnisse der Kirche entsprechenden Amtes sein muß."[1] Wohl ist Christus das (unsichtbare) Haupt der Kirche, das fundamentum (primarium), der Hirte der Kirche: aber die Kirche, der Leib Christi, das Gebäude, das Haus Gottes, die Heerde Christi (1 Kor. 3, 9 ff.; 10, 4; 1 Petr. 2, 4. 5; Eph. 2, 19—22; Gal. 4, 26; 1 Tim. 3, 15; Offenb. 3, 12; 21, 10 ff., Röm. 12, 4. 5; 1 Kor. 10, 17) bedarf als äußere sichtbare Gesellschaft auch eines homogenen Hauptes, eines dem Gebäude entsprechenden Fundamentes, eines sichtbaren Hirten. Als solchen hat Christus den Petrus eingesetzt.

Dies beweist I. die Verheißung Matth. 16, 18. 19, die 1) dem Petrus allein zu Theil wird. Petrus bekennt: *Tu* es filius Dei, Christus sagt ihm: *Tu* es Petrus. In feierlicher Weise redet der Heiland ihn an: „Simon Bar-Jona, revelavit *tibi Pater*, et *ego* dico *tibi: Tu* es Petrus et super *hanc petram* aedificabo ecclesiam meam. Die letzteren Worte auf Christus selbst zu beziehen, ist grammatisch unzulässig, zerstörte den Zusammenhang. Eben weil Christus der Fels, das eigentliche Fundament der Kirche ist, ist es seine Kirche, die er auf Petrus baut, ist Petrus Christi Stellvertreter. So wenig aber Christi Priesterthum ein stellvertretendes Priesterthum überhaupt ausschließt, ebensowenig das fundamentum primarium ein fun- damentum secundarium. Sind auch die Apostel alle Fundamente der Gläubigen (Eph. 2, 20), so hat doch nach dem Rathschluß des Vaters der Herr auf dieses Fundament seine Kirche gebaut. Wenn z. B. Chrysostomus und Ambrosius den Glauben Petri das Fundament nennen, so meinen sie keineswegs den abstracten Glauben, sondern den gläubigen Petrus; der Glaube Petri ist causaliter, Petrus formaliter das Fundament. Dieses muß dem Gebäude entsprechen, das aus lebendigen Personen besteht (1 Petr. 2, 5). Aehnlich sagt auch Ambrosius, der Glaube Petri sei auf dem Wasser gewandelt, statt: Petrus kraft seines Glaubens. So sagen Optatus und

quam perfidia nequit habere accessum" (ep. 18), „ad quam necesse est omnem convenire ecclesiam" (*Iren.* adv. haer. III. 2, 2). Cf. c. 25 C. XXIV q. 1. Darum heißt der römische Stuhl vorzugsweise *sedes Apostolica* (*Athanas.*, Hist. Arianor. ad mon. c. 35). Vgl. Döllinger a. a. O. S. 25: „Wer erklärt: ich erkenne den Papst nicht an, oder die Kirche, der ich angehöre, will für sich stehen, der Papst ist für uns ein Fremder, seine Kirche ist nicht die unsrige — der erklärt eben damit: wir sagen uns los von der allgemeinen Kirche, wir wollen kein Glied mehr an diesem Leibe sein."

[1] Döllinger a. a. O. S. 25.

Augustinus, Christus habe der Kirche diesen Charakter verliehen, deren Bild, figura, Petrus sei, gleichwie Augustinus auch von der Taufe Jesu im Jordan sagt: „personam ecclesiae gerebat"; sie wollen damit nur ausdrücken, daß Christus den Primat nicht dem Petrus für seine Person allein, sondern zum Besten der Kirche, als immerwährendes Erbgut der Kirche verliehen hat. Geben die Väter öfter allegorische Deutungen dieser Stelle, so haben sie doch auch an anderen Orten den richtigen Wortsinn erklärt. Matth. 16, 23 ist nur comparativ zu verstehen und steht nicht entgegen der ohnehin erst später ihm verliehenen Würde. Mag Petrus auch im Namen aller geantwortet haben, so hat doch nur Petrus, der die göttliche Offenbarung empfing, den Christus genau bezeichnet, die Verheißung des Primates empfangen.

2) Unzweifelhaft wird dem Petrus hier eine größere Gewalt vor allen anderen Aposteln, die höchste hierarchische Gewalt, darum auch über die Apostel selbst verheißen. Denn Petrus soll a) das Fundament der Kirche sein, empfängt b) allein die Schlüssel des Himmelreichs, c) die höchste Binde- und Lösegewalt. Simon Jonas, dem der Herr früher (Joh. 1, 42) schon gesagt hatte, daß er Petrus heißen werde, soll sein das Fundament, auf welches der Sohn Gottes seine Kirche baut, die so fest sein soll, daß die Pforten der Hölle sie nicht überwältigen können. Die Festigkeit empfängt aber das Gebäude vom Fundamente. Ist dieses Gebäude ein lebendiger Leib, so ist Petrus sein Haupt. Ist schon die Namensänderung in der Heiligen Schrift stets von Bedeutung, wie bei Abraham, Israel, so besonders hier, wo der Herr den Namen, welchen die Heilige Schrift sonst dem Herrn selbst beilegt (Jsai. 8, 14; 28, 16; Röm. 9, 33; 1 Kor. 10, 4; 1 Petr. 2, 7; Dan. 2, 34), dem Simon Jonas gibt, ihn an seiner Stelle zum saxum immobile (Ambros. serm. 47) [1], also zu seinem Stellvertreter bestimmend. Durch ihn soll der Kirche die Einheit und eine solche Festigkeit werden, daß Tod und Hölle nichts über sie vermögen (vgl. Matth. 7, 24 ff.). Nur zu Petrus spricht der Herr: Dir will ich die Schlüssel des Himmelreichs geben. „Die Uebergabe von Schlüsseln ist jederzeit ein Symbol der Ausstattung mit der höchsten Vollmacht zu befehlen gewesen. So wird es auch in der Schrift gebraucht" [2] (Jsai. 22, 19 ff.; 9, 6; Joh. 12, 14;

---

[1] Πέτρος ist offenbar dasselbe wie πέτρα; nach manchen bedeutet es Steinchen, was noch bezeichnender wäre, denn so hätte Christus das Steinchen zum Stein, zum Fels gemacht. Im Syrochaldäischen wie in der persischen, armenischen, koptischen Uebersetzung ist es ohnehin dasselbe Wort. So fällt das Schwanken des hl. Augustinus, das nur die exegetische Frage betrifft (Retract. I. 21), hinweg. Leo M. ep. 89 (al. 10): „Hunc in consortium individuae unitatis assumpsit id. quod ipse erat. voluit nominari dicendo: Tu es Petrus etc."

[2] Wiseman, Die vornehmsten Lehren und Gebräuche der kath. Kirche. Regensburg 1838. II. S. 13 f.

Offenb. 3, 7). Wie bei den Rabbinen, so finden wir auch bei den Griechen κλειδοῦχος, κλειδουχεῖν[1] besonders von der priesterlichen Gewalt. Wird auch die Binde= und Lösegewalt von den Exegeten verschieden erklärt[2], so bezeichnet sie in Verbindung mit der Schlüsselgewalt jedenfalls auch die höchste Gewalt als Stellvertreter dessen, auf dem die Fülle der Herrschaft ruht (Matth. 28, 18), also in dem dreifachen Amte, das Christus seinen Aposteln übertrug. Auch die Apostel insgesammt erhalten die Binde= und Lösegewalt, aber erst nach Petrus (Matth. 18, 18), daher unter Voraussetzung seiner obersten Gewalt. Sie haben keine Gewalt empfangen ohne Petrus, Petrus aber erhält sie allein ohne jedwede Einschränkung, daher auch über die Apostel nur Petrus empfängt die Schlüssel des Himmelreichs, nur auf ihm, dem Fundamente der Kirche, und in Einheit mit ihm können sie binden und lösen[3]. 23. II. Eine nähere Erklärung findet diese Verheißung durch die zweite Luc. 22, 31. 32. War dort verheißen, daß die Pforten der Hölle die Kirche nicht überwältigen werden, die auf Petrus als Fundament gebaut ist, so hier, daß der Satan die Apostel versuchen[4] wird, Christus aber für Petrus gebetet hat, — und sein Gebet wird immer erhört (Joh. 11, 42) — daß sein Glaube nicht wanke, er soll seine Brüder bestärken[5]. Petrus ist also das centrum unitatis, das fundamentum fidei; mag man das conversus (ἐπιστρέψας) übersetzen „und du hinwiederum", oder, wie manche wollen, „bekehre und stärke", oder „wenn du dich bekehrt haben wirst": „jeden= falls umfaßt es", wie Schegg[6] sagt, „in Petrus zugleich alle seine Nach= folger und für alle Zeiten." An Petrus weist der Herr seine Apostel an,

---

[1] *Eurip.* Iphig.; cf. *Cic.* Phil. II. 28. Vgl. Schegg a. a. O. S. 366.

[2] Binden und Lösen d. i. verurtheilen und freisprechen (Buß, Methobologie des K.=R. S. 124), ausschließen und zulassen (*Rosenmüller*, Scholia in N. T. Norimb. 1792. t. I. p. 308), erlauben und verbieten (*Kuinoel*, Commentar. in libr. hist. N. T. Lips. 1816. t. I. p. 469 seq.), die Gnadenschätze der Kirche, zu denen Petrus die Schlüssel hat, zurückhalten und mittheilen (Schegg a. a. O. S. 368 f.), die könig= liche Machtvollkommenheit überhaupt (*Passaglia*, Commentar. de praerog. b. Petri. Ratisbonae 1850. p. 498). Jedenfalls kann es nicht bloß auf Lehren und Predigen oder auf die Sündenvergebung bezogen werden. Alle diese Erklärungen schließen ein= ander nicht aus, sondern sind vereinigt in der Stellvertretung Christi als des höchsten Lehrers, Priesters und Königs.

[3] Cf. c. 18 C. XXIV. q. 1. *Optatus* adv. Parmenian. l. VII. c. 3: „Et prae- ferri Apostolis omnibus meruit et claves regni coelorum communicandas ceteris solus accepit." *Zallinger*, Instit. jur. nat. et eccles. publ. Aug. Vindelic. 1784. l. V. § 354 p. 715: „Claves a Christo datae sunt uni et datae sunt unitati."

[4] „Sieben" (σινιάζειν). *Maldonat*: „exposcere, quemadmodum hostis a duce deposcit."

[5] Das στηρίζειν findet sich in gleicher Bedeutung Apg. 15, 41; 16, 5; 1 Theff. 3, 2; Röm. 1, 11; 16, 25.

[6] Schegg, Evangel. nach Lucas Bd. III. München 1865. S. 253 f.

sein Glaube wird nicht wanken, er hat das Amt erhalten, seine Brüder zu bestärken [1].

24. III. Was der Herr dem Petrus nach dem Bekenntniß seines Glaubens, seiner professio fidei, verheißen hatte, verlieh er ihm auf das Bekenntniß seiner Liebe hin Joh. 21, 15—17. Christus, der als Hirte und König von den Propheten verheißen war (Ezech. 37, 24; 34, 23. 24; Isai. 40, 11; Mich. 5, 2. 6), der gute Hirte (Joh. 10, 11), der Hirte und Bischof unserer Seelen (1 Petr. 2, 25), setzt den Petrus als Hirten über seine Lämmer und seine Schafe, also als seinen Stellvertreter ein, damit er sie weide. Ist auch dies ein bildlicher Ausdruck, so ist er doch an sich, nach dem Sprachgebrauch bei Profanschriftstellern und besonders der Heiligen Schrift vollständig klar: Christus, der König und Herr seiner Kirche, übergibt die ganze Kirche dem Petrus als seinem Stellvertreter, damit er sie regiere. Hat „weiden" an sich schon, wenn von Menschen die Rede ist, den Sinn von „regieren" — nennt doch schon Homer die Könige Hirten der Völker [2], wie auch aus dem Hirtenleben Königsnamen entnommen wurden, z. B. Sesostris, Pharao — so ist insbesondere in der Heiligen Schrift Hirte und König, weiden und regieren gleichbedeutend [3]. Wer zur Kirche gehört, ist ovis Christi und muß auf die Stimme des von Christus seiner Kirche gesetzten Hirten hören (Joh. 10, 3 ff.). Christus gegenüber sind auch die Apostel oves Christi; alle seine Lämmer und Schafe übergibt Christus dem Petrus, also ist er auch Hirte der Apostel. Als Hirte der ganzen Heerde Jesu Christi soll Petrus die Heerde weiden, sie nähren mit der Lehre Christi und mit den Gnadenschätzen, zu denen er die Schlüssel erhalten hat, sie schützen (vgl. Matth. 7, 15), sie leiten und regieren nach dem Gesetze Christi, das er zu erklären hat. Größere Liebe fordert der Heiland von Simon Jonas als von den übrigen Aposteln („liebst du mich mehr als mich diese lieben?"), soll er ja doch Stellvertreter Christi, des guten Hirten, sein, der sein Leben hingibt für seine Schafe (Joh. 10, 11) [4]. Zweimal sagt ihm der Herr „weide meine Lämmer", das drittemal „weide meine Schafe". Gewöhnlich hat man unter „Lämmer" die lernende, unter „Schafe" (lacte doctrinae nutrientes) die lehrende Kirche verstanden. Jedenfalls ist dem Petrus das Hirtenamt übergeben

---

[1] *Leo M.* serm. 3 in anniv. assumt.: „In Petro omnium fortitudo munitur et divinae gratiae ita ordinatur auxilium, ut firmitas, quae per Christum Petro tribuitur, per Petrum Apostolis conferatur."

[2] *Homer.* Il. II. 85. 243.

[3] Mich. 5, 2 und Matth. 2, 6; 2 Kön. 5, 2; Apg. 20, 28. Vgl. 2 Kön. 7, 7; 1 Paralip. 17, 6; Jerem. 23, 2. 4; Isai. 44, 28.

[4] Der Herr schließt das κυριεύειν aus von seiner Kirche (Luc. 22, 25), das weltliche, tyrannische Herrschen, in ihr soll nur das ποιμαίνειν gelten, das eine wahre Regierungsgewalt, aber mit dem Nebenbegriffe eines milden, wie gesegneten und rechtmäßigen Regimentes bedeutet.

über die ganze Heerde, d. i. die ganze Kirche; Petrus ist Hirt der Hirten, auch der Apostel Fürst [1]. Als Haupt der Apostel erscheint Petrus, der stets zuerst, von Matthäus der erste der Apostel genannt wird, auch offenbar nach der Sendung des Heiligen Geistes, beim Apostelconcil wie bei der Wahl des Mathias u. s. w. [2]

25. So ist durch Christi Einsetzung Petrus fundamentum fidei (Matth. 16, 18 und Luc. 32, 34), coeli janitor (Matth. 16, 19), pastor pastorum (Joh. 21, 15—17). Wenn alle Apostel Lehrer der Kirche sind, so ist Petrus doch der oberste Lehrer, dessen Glaube kraft des Gebetes und der Verheißung Jesu nicht wanken und der auch seine Brüder (die Apostel) bestärken soll; sind alle Apostel zu Hirten gesetzt, so ist doch Petrus der oberste Hirte über die ganze Kirche; haben sie alle das ministerium reconciliationis erhalten, so ist doch Petrus ratione jurisdictionis der oberste Hohepriester, dem die Schlüssel des Himmelreichs anvertraut sind. Ist die Gewalt aller Apostel unstreitig eine bischöfliche, so auch die des Petrus. Ihm ist die *potestas plena et suprema* übertragen, denn es gibt keine Gewalt in der Kirche, die Petrus nicht hat, seine Gewalt ist nicht bloß die höchste, sondern auch die Vollgewalt; sie hängt von keiner andern ab, jede andere kirchliche Gewalt aber ist abhängig von der seinigen, denn ihm ist von Christus direct und unmittelbar die Gewalt über die ganze Kirche übertragen, sie ist darum auch eine *potestas immediata et ordinaria*. Auf ihm, dem Fundamente, Haupte und Hirten der ganzen Kirche, beruht die Festigkeit, Einheit und Sicherheit der Kirche; er hat den *primatus jurisdictionis* über alle einzelnen Schafe und Lämmer, d. i. über alle Glieder der Kirche, wie über die ganze Heerde, d. i. die ganze Kirche erhalten [3].

---

[1] *Leo M.:* „De toto mundo unus Petrus eligitur, qui universarum gentium vocationi et omnibus Apostolis cunctisque ecclesiae patribus praeponatur, ut, quamvis in populo Dei multi sacerdotes sint multique pastores, omnes tamen proprie regat Petrus, quos principaliter regit et Christus."

[2] Matth. 10, 2. Der erste war Petrus nicht der Berufung, nicht dem Alter nach (vgl. Marc. 3, 16; Luc. 6, 14; Apg. 1, 13). Ihn nennt besonders der Engel nach der Auferstehung des Herrn (Marc. 16, 7), ihm erscheint der Herr zuerst (Luc. 24, 34), er predigt zuerst dem Volke (Apg 2, 14 ff.; 3, 12 ff.), er leitet die Wahl des Mathias (1, 15), nimmt, durch göttliche Offenbarung belehrt, den ersten Heiden in die Kirche auf (c. 10; 11, 4 ff.), leitet das Apostelconcil (15, 7 ff.); zu ihm geht Paulus, obwohl durch unmittelbare Offenbarung belehrt (Gal. 1, 18). Vgl. ferner Apg. 5, 1 ff.; 8, 20 ff.; Luc. 9, 32 mit 1 Kön. 30, 4; 2 Machab. 8, 1 und a. a. O.

[3] *Conc. Vatic. c. 3 de eccles.:* „Si quis dixerit, Romanum Pontificem habere tantummodo officium inspectionis vel directionis, non autem plenam et supremam potestatem in universam ecclesiam, non solum in rebus, quae ad fidem et mores, sed etiam in iis, quae ad disciplinam et regimen ecclesiae per totum orbem diffusae pertinent; aut cum habere tantum potiores partes, non vero totam plenitudinem hujus supremae potestatis: aut hanc ejus potestatem non esse ordinariam, im-

6. Der Apoſtolat.

26. Der Primat findet ſeine nothwendige Ergänzung im Apoſtolate, wie dieſer im Primate ſeinen Gipfelpunkt hat. Petrus war Glied des Apoſtelcollegiums und als ſolches hatte er alles, was den Apoſteln gemeinſam war; er war aber auch Fürſt der Apoſtel und als ſolcher hatte er auch ausſchließliche Rechte.

Die Apoſtel ſelbſt aber müſſen wir in doppelter Hinſicht betrachten 1. als ſolche, 2. als die erſten ordentlichen Vorſteher der Kirche.

1) Als Apoſtel waren ſie unmittelbare Zeugen der Lehre, der Thaten und der Auferſtehung Chriſti, die testes praeordinati a Deo (Apg. 10, 41; vgl. 1, 4. 8; 3, 15; 10, 39; 5, 32; 1 Petr. 5, 1 f.; 1 Joh. 1, 1; 1 Kor. 15, 14) und die Sendboten und Verbreiter ſeines Reiches unter den Völkern (Joh. 3, 11. 32; 5, 31; 1 Tim. 6, 13). Als ſolche beſaßen ſie dona extraordinaria; a) ſie waren unmittelbar von Chriſtus erwählt, daher fundamenta ecclesiae (Eph. 2, 20); b) ſie beſaßen eine räumlich unbeſchränkte Autorität zur Begründung der Kirche; c) die Sprachen= und Wundergabe und andere Charismen; d) die Infallibilität und die Inſpiration bei Abfaſſung der Heiligen Schrift (Joh. 14, 16. 17; 1 Theſſ. 2, 13; Matth. 28, 20; Joh. 13, 20). Dieſe außerordentlichen Gaben blieben perſönliche Vorzüge der Apoſtel; ſie mußten nicht in der Kirche in gleicher Weiſe fortbeſtehen.

27. 2) Die Apoſtel waren aber auch die erſten ordentlichen Hirten der Kirche, die eine dreifache Gewalt erhalten hatten, die in der Kirche fort=beſtehen mußte und die ſie auch anderen übertrugen. Chriſtus übertrug ihnen das Lehramt (magisterium, Matth. 28, 18. 19; Luc. 10, 16; Marc. 16, 15), das Prieſterthum (ministerium, Matth. 28, 19; Joh. 20, 21—23; Luc. 22, 19; 1 Kor. 11, 24; 4, 1) und das Hirtenamt (regimen, Matth. 18, 18; Joh. 21, 15 ff.). Dieſe Gewalten übten die Apoſtel aus als Diener Chriſti und Verwalter der Geheimniſſe Gottes, handelnd in persona Christi (8), ſie legen Gebote auf, wie auf dem Apoſtelconcil, und fordern den Gehorſam von den Gläubigen (Apg. 15, 23 ff.; 2 Kor. 2, 9; Hebr. 13, 7. 17).

7. Nothwendigkeit der Succeſſion im Primate und Apoſtolate.

28. Alles in der Kirche iſt auf die Dauer berechnet, ihr Cultus, ihre Sacramente, ihre Lehrgewalt. Aus dem Weſen der Kirche wie aus der Ein=ſetzung Chriſti ſelbſt folgt nothwendig, daß der Primat wie der Apoſtolat nicht mit ſeinen erſten Trägern, nicht mit dem Tode des Petrus und der Apoſtel aufhören und untergehen konnte.

---

mediatam sive in omnes ac singulas ecclesias, sive in omnes et singulos pastores et fideles, anathema sit."

Der Primat mußte fortbestehen; denn 1) die Kirche ist in ihrem Wesen unveränderlich (14); wesentlich aber ist sicher dem Gebäude das Fundament, dem Leibe das Haupt, der Heerde der Hirte. So lange das ovile besteht, bedarf es eines Hirten. Hat Christus ein sichtbares Haupt eingesetzt, so kann die Kirche nach Petri Tod nicht hauptlos geworden sein. 2) Es wäre die Einsetzung des Primates nutzlos, wenn derselbe nicht fortdauerte. Denn die Apostel hätten vermöge des ihnen innewohnenden Geistes die Einheit nie getrübt; nach ihrem Tode aber wäre die Kirche allen Stürmen preisgegeben. 3) Zweck des Primates ist die Einheit der Kirche, die allzeit einen Mittel= punkt, ein Haupt fordert, und das um so mehr, je weiter die Kirche sich ausbreitet, je zahlreicher und verschiedenartiger die Völker sind, die sie um= faßt, je drohender die Gefahren sind, die sich durch Irrlehre und Spaltung gegen die kirchliche Einheit erheben. 4) Nach Christi ausdrücklicher Verheißung muß seine Kirche fortbestehen bis ans Ende der Zeiten, sollen nie die Pforten der Hölle die Kirche überwältigen, nach seinem Willen muß darum auch das Fundament des Gebäudes fortbestehen, der Bekräftiger des Glaubens, der Eröffner des Himmelreichs, der Hirte der Schafe, und da Petrus stirbt, muß dieser fortdauern in seinem Nachfolger [1]. Hätte Christus dem Petrus nur für seine Person die Gewalt verliehen, so hätte er die Kirche auf den Grund eines sterblichen Menschen erbaut; immer soll das Haupt die Glieder bestärken, der Hirte die Heerde weiden. Christus übergibt dem Petrus seine Schafe und Lämmer ohne eine Beschränkung in Raum und Zeit. Wie Christus die immer fortdauernde Kirche gewollt hat, so auch nothwendig die Nachfolge in der Herrschaft in seinem Reiche [2].

· 29. So wenig Petrus allein die Kirche regieren konnte, noch weniger kann es sein Nachfolger allein. Es muß auch der Apostolat fortdauern, denn 1) auch die Hirten gehören zur wesentlichen Einrichtung der Kirche (Eph. 4, 11 ff.). 2) Auch die Einzelkirchen sollen im Kleinen den Charakter der Gesammtkirche abprägen, bedürfen eines Centrums, eines Vorstandes. 3) Es ist Christi deutlich ausgesprochener Wille, daß bis zum Ende der Welt das Evangelium allen Völkern verkündigt werden soll, er verheißt seinen Aposteln, daß er bei ihnen sein werde alle Tage bis ans Ende der Welt, was offenbar Nachfolger in ihrem Amte voraussetzt. 4) So lange der Glaube, die Sacramente und der Gehorsam gegen die Kirche nothwendig ist, muß darum auch das allen Aposteln gemeinsame Amt nach Christi Willen fortbestehen. Ohne dieses dreifache Amt kann die Kirche ihre Mission nicht

---

[1] Cf. *Benettis*, Privileg. Rom. Pontif. Romae 1756. t. I. art. VII. p. 69.

[2] *Leo M.* serm. 2. (al. 3) in anniv. assumt.: „Sicuti permanet, quod in Christo Petrus credidit, ita permanet, quod in Petro Christus instituit. Manet ergo dispositio veritatis et b. Petrus in accepta fortitudine petrae perseverans suscepta ecclesiae gubernacula non reliquit."

erfüllen. An das Lehramt hat Christus uns angewiesen. Wie das Opfer und die Sacramente, so muß die priesterliche Gewalt fortbestehen. Ebenso die Regierungsgewalt, der Christus zu gehorchen befiehlt.

8. Der römische Bischof der Nachfolger des hl. Petrus.

30. Muß der Primat Petri in der Kirche fortbestehen, so mußte Petrus einen Nachfolger im Primate haben. Das Priesterthum pflanzt sich fort durch die geistliche Zeugung in der Weihe. Die Weihe ist daher die all= gemeine Berechtigung zur Nachfolge im apostolischen Amte. Wer aber unter den Geweihten war berechtigt zum Nachfolger Petri? Petrus hat selbst mehrere Bischöfe geweiht, die von ihm empfangene Weihe kann also nicht ent= scheidend sein. Vielleicht ein ihn überlebender Apostel? Allein die Apostel hatten gleiche Berechtigung, auch wäre damit die Frage nur bis zum Tode des letzten Apostels hinausgeschoben gewesen. Wo allein können wir den Nachfolger Petri suchen? Offenbar nur da, wo Petrus seine Gewalt hinterließ, wo Petrus starb. Daß Petrus Bischof zu Rom war und dort den Martertod erlitt, ist eine unläugbare Thatsache, welche die Kirchengeschichte durch so zahl= reiche Zeugnisse beweist, daß man alle Geschichte umstoßen kann, wenn man diese Thatsache in Zweifel ziehen will [1].

31. Ebenso steht fest, daß der Primat des römischen Bischofs stets anerkannt wurde [2]. Wenn in den ersten Zeiten, in den Zeiten der blutigen Verfolgung der Primat weniger sichtbar hervortritt als später, so ist dies nicht anders möglich, haben wir doch aus den ersten Zeiten überhaupt nur wenig Documente; bei der Verfolgung der Kirche, dem erschwerten Verkehr war ein unmittelbares Eingreifen des Oberhauptes der Kirche nicht so leicht möglich, bei den einfachen Verhältnissen jener Zeit und dem Pflichteifer der Bischöfe aber auch selten nöthig [3]. Daß ein Recht des Primates in einer Zeit nicht ausgeübt wurde, beweist noch nicht, daß dieses Recht nicht vor= handen war, jus und exercitium juris darf nie verwechselt werden. Mit dem Wachsthum der Kirche mußte auch der Primat immer mehr hervortreten und die in ihm liegende Fülle der Gewalt sich entfalten. Daß im 3. und 4. Jahrhundert sich die römischen Bischöfe den Primat beilegen konnten, wird auch von Gegnern desselben zugegeben [4]. Woher aber stammt er? Haben

---

[1] Vgl. J. Card. Hergenröther, Kirchengeschichte. 3. Aufl. Bd. I. Freiburg 1884. S. 110 N. 1 u. 2, S. 298 ff. 553 ff.

[2] J. Hergenröther, Kath. Kirche u. christl. Staat. Freiburg 1872. S. 907 ff. 948 ff. Ders., Antijanus S. 67 ff. Schneemann, Der Papst als Oberhaupt der Gesammtkirche. Freiburg 1867. Hagemann, Die römische Kirche. Freiburg 1864. Döllinger, Christenthum und Kirche in der Zeit ihrer Grundlegung. 2. Aufl. Re= gensburg 1868. Ders., Kirche und Kirchen S. 31 ff.

[3] Vgl. Ritter, Kirchengeschichte I. S. 150.

[4] Vgl. Gieseler, Kirchengeschichte I. II. S. 400 ff.

ihn vielleicht die Concilien eingeführt? Particularsynoden vermochten dies sicher nicht; die allgemeinen Concilien aber setzen alle den Primat schon voraus[1]. Entstand er durch Concessionen der Kaiser? Gewiß waren die heidnischen Kaiser nicht Urheber des Primates. Die christlichen Kaiser erkennen ihn an, setzen ihn voraus[2]. Oder hat Usurpation der römischen Bischöfe, schlaue Gewandtheit und politische Klugheit derselben in Verbindung mit äußeren Umständen ihre höhere Gewalt begründet? Diese Annahme würde gerade die besten und heiligsten Päpste der unerhörtesten Anmaßung, die besten und heiligsten Bischöfe der Schmeichelei und Uebertreibung wie der Preisgebung ihrer Rechte beschuldigen. Gewiß müßte sich nicht bloß Renitenz von einigen wenigen (die immer vorkommen kann), sondern ein nachhaltiger Widerstand von Seite einer größeren Anzahl von Bischöfen finden. Die Fälle des Widerstandes beziehen sich auf bestimmte concrete Fälle, nicht auf das Recht des Primates an sich. Wäre die Bedeutung des römischen Stuhles von der größeren oder geringeren Begabung seiner Inhaber abhängig gewesen, so hätten sicher unter schwächeren oder minder kräftigen Päpsten die Bischöfe ihre Rechte wieder zu erringen gesucht. Die Zeitumstände und Verhältnisse waren keineswegs günstig. Die ältesten Bischöfe wahrten sorgfältig ihre Rechte, die griechischen hatten vielfaches Mißtrauen, der Hof von Byzanz, war den Päpsten nicht allzusehr geneigt, nur zu oft wollten die Kaiser selbst die Kirche regieren. Persönliche Vorzüge vieler Päpste konnten die Wirksamkeit des Primates unterstützen, aber nie für sich ein neues Recht absolut und für die Dauer einführen, noch eine solche Gewaltfülle begründen. Auch die Bedeutung der Stadt Rom kann den Primat nicht erklären. Der römische Primat entfaltete sich gerade da am glänzendsten, als die Bedeutung der Stadt Rom gesunken war und Neu-Rom (Byzanz) als kaiserliche Residenz ihm gegenüberstand.

Keine menschliche Ursache reicht hin zur Erklärung der Entwicklung und Entfaltung des Primates; all' diese menschlichen Ursachen stünden in gar keiner Proportion zu ihrer Wirkung. Der Primat gründet sich auf das göttliche Recht, auf das von Christus in der Person des Petrus allen seinen Nachfolgern verliehene Recht. Das Recht des Primates und die Nachfolge im Primat sind juris divini[3].

32. So sparsam auch die Quellen fließen aus der ältesten Zeit der

---

[1] Sie erkennen ihn an, bestätigen ihn, wie sie auch andere in der Heiligen Schrift klar enthaltene Lehren bestätigen, so z. B. die römische Synode 485 mit Berufung auf Matth. 16, 18, so das Florentinum.

[2] So beruft sich Hilarius (ep. 11) darauf, daß der Primat christianorum *quoque* principum lege anerkannt sei. Cf. *Huss.* art. 9.

[3] *Leo M.* ep. 65 c. 2: „Per beatum Petrum s. Romana ecclesia tenet supra omnes totius mundi ecclesias principatum." Cf. Syllab. n. 35.

Kirche, so finden wir doch schon in dieser die Anerkennung des Primates bezeugt. Dazu gehört schon die Anfrage der korinthischen Gemeinde in Rom zu einer Zeit, in der weit näher bei ihr der Apostel Johannes noch lebte, und das Schreiben des hl. Clemens [1], das erste Breve eines Papstes an die ferne Gemeinde, um ihre Zwistigkeiten beizulegen, das eines Papstes würdig sagt: „Freude und Wonne werdet ihr uns bereiten, wenn ihr, gehorsam dem, was wir euch durch den Heiligen Geist geschrieben, ausrottet die unbotmäßige Leidenschaft eurer Eifersucht nach der Ermahnung, die wir über Friede und Eintracht in diesem Briefe gegeben haben. Wir schicken aber auch gläubige und keusche Männer, die von Jugend an bis zum Greisenalter tadellos unter uns gewandelt, die zugleich Zeugen sein sollen zwischen euch und uns. Dies aber haben wir gethan, damit ihr sehet, daß die ganze Sorgfalt unsrer= seits darauf abzielte und abzielt, daß in Bälde der Friede bei euch wiederkehre." [2] So bethätigte er „die größte Sorgfalt, mit welcher die römische Kirche über alle wacht, die den Namen des Herrn an= rufen", wie Ignatius der Martyrer schreibt, der die römische Kirche die „Vorsteherin", die „Vorsteherin des Liebesbundes" nennt [3]. Auch die Thatsache ist nicht ohne Bedeutung, daß so viele nach Rom reisten, wie Polykarp und Hegesippus zu Papst Anicet, daß die Gnostiker, wie andere Häretiker sich stets, wenn auch vergeblich, Mühe gaben, den römischen Bischof für sich zu gewinnen. Selbst den Heiden blieb der Primat Roms nicht verborgen, wie ihn Amianus Marcellinus bezeugt [4]. Der hl. Cyprian beweist die Einheit der Kirche aus dem Primate; der Papst wird genannt locum Petri tenens (Cypr.), Pontifex maximus, benedictus Papa, wie Tertullian bezeugt, Sanctitas vestra, quae caput est omnium ecclesiarum (Kaiser Justinian an Papst Johann II.) u. s. w. Das Verfahren Victors I. in der Osterfrage, wie Stephans I. im Streite über die Ketzertaufe, zeigt entschieden den Vorrang und die Gewalt des römischen Bischofs. An ihn wird appellirt aus allen Theilen der Kirche, vor ihm verantworten sich die Bischöfe, wie Dionysius von Korinth vor dem gleichnamigen Papste. Die Päpste setzen Bischöfe ein und ab, fordern Unterwerfung unter ihre Ent=

---

[1] Nicht unwahrscheinlich ist, daß die ersten Nachfolger Petri, Linus, Cletus und Clemens, schon von Petrus zu Bischöfen geweiht und seine Gehilfen waren. Die Ab= fassung dieses Schreibens des hl. Clemens wird in die Zeit von 96—98, von anderen aber noch vor 70 gesetzt. Vgl. Nirschl, Lehrbuch der Patrologie und Patristik. Bd. I. Mainz 1881. S. 68.

[2] *Clem. Rom.* 1 ep. ad Cor. c. 63.

[3] Vgl. Schneemann a. a. O. S. 15 ff.

[4] *Amian. Marcellin.* Hist. Rom. XV. 18 sagt von Constantius, daß er sehr darnach verlangte und strebte, die Absetzung des Athanasius, obwohl er sie schon aus= geführt sah, „auctoritate, qua potiores aeternae urbis episcopi", bekräftigt zu sehen.

Hergenröther Ph., Kirchenrecht.

scheidungen, verwerfen zahlreich besuchte Synoden, wie die von Rimini und
Seleucia, wie andererseits das Concil vom Jahre 381 nur durch die Anerkennung des Papstes zur Geltung eines allgemeinen Concils gelangte u. s. w.

9. Die Bischöfe die Nachfolger der Apostel.

33. Daß die Bischöfe Nachfolger der Apostel sind, bezeugt das ganze
christliche Alterthum. Die Einsetzung der Bischöfe durch die Apostel bezeugt
aber auch die Heilige Schrift selbst. Die Apostel setzen Bischöfe ein mit dem
Auftrage, wieder andere zu weihen, und fordern für die von ihnen Eingesetzten
denselben Gehorsam, wie für sich selbst [1]. Wie die Apostel ihre Gewalt von
Christus empfangen hatten, ehe es christliche Gemeinden gab, so übertrugen
auch die Apostel ihre Gewalt ohne deren Vermittlung ihren Nachfolgern. Wenn
man den Episkopat als eine spätere Entwicklung aus einer ursprünglich demokratischen Form der Kirche hat darstellen wollen, so wäre dies 1) keine natur-
gemäße Entwicklung, sondern ein gewaltsamer Umsturz der ursprünglichen
Verfassung gewesen, der 2) unmöglich an allen Orten, zugleich und in gleicher
Weise, und das ohne Kampf, sich hätte durchführen lassen; es widerspricht
diese Hypothese 3) den Pastoralbriefen und den bedeutendsten Kirchenschrift-
stellern, die alle mit Berufung auf ältere Zeugen die Einsetzung der Bischöfe
auf die Apostel zurückführen [2]. Daß der Episkopat von den Aposteln eingesetzt sei (die selbst die ersten Bischöfe waren, weßhalb z. B. Theodoret [3] auch
die Bischöfe Apostel nennt), hat auch z. B. Rothe nachgewiesen, aber er sieht
in dem Episkopate nur eine temporäre Maßregel rein menschlicher Weisheit [4].
Allein die Heilige Schrift sagt, daß die Bischöfe gesetzt sind vom Hl. Geiste
(Apg. 20, 28), der hl. Cyprian sagt, daß durch göttliches Gesetz die Nachfolge der Bischöfe im Apostolate begründet sei, mit ihm die gesammte Tradition
und Lehre der Kirche [5]. 4) Die Fortdauer der Hirten war nothwendig und
von Christus gewollt (29), die Bischöfe sind an die Stelle der Apostel getreten; wie der Apostolat juris divini ist, so muß es auch der Episkopat sein.

34. Aber nicht der einzelne Bischof ist Nachfolger dieses oder jenes
Apostels, wie der römische Bischof Nachfolger des hl. Petrus ist. Hat sich
doch von den unmittelbar von den Aposteln gegründeten Kirchen nur die

---

[1] Vgl. Phil. 2, 25; Kol. 4, 17; Offenb. 2, 1 ff.; Apg. 14, 22; 20, 28; Tit.
1, 5 f.; 2, 15; 1 Tim. 3, 1 ff.; 4, 11; 5, 17. 19. 22; 2 Tim. 1, 6; 2, 2; 3 Joh.
9. 10; Hebr. 13, 17; 2 Kor. 7, 15; 8, 18.

[2] Vgl. J. Hergenröther, Kirchengeschichte a. a. O. S. 254 ff.

[3] *Theodoret.* in 1 Tim. c. 3: „Philippensium apostolus erat Epaphroditus;
ita Cretensium Titus et Asianorum Timotheus erant apostoli.“

[4] Rothe, Die Anfänge der christlichen Kirche und ihre Verfassung. Bd. I.
S. 311 ff. 207.

[5] *Cyprian.* ep. 27; cf. c. 6 D. 65 (Aug.); Trid. sess. XXIII. c. 4 de ordine.

römische durch alle Zeiten ununterbrochen erhalten. Wer wäre der Nachfolger des Andreas, Philippus u. s. w.? Auf welchen der Apostel wären alle die Bischöfe zurückzuführen, die in den nicht unmittelbar apostolischen Kirchen eingesetzt wurden? Zur Nachfolge im Apostolate gehört darum die von einem Bischofe empfangene bischöfliche Weihe und der Zusammenhang, die Uebereinstimmung mit der unmittelbar apostolischen römischen Kirche, mit dem Nachfolger Petri. Ohne diesen wäre der Episkopat hauptlos; ohne Petrus hatten auch die Apostel keine Gewalt empfangen. Es ist also nicht der einzelne Bischof Nachfolger eines bestimmten Apostels, sondern die Bischöfe in ihrer Gesammtheit sind die Nachfolger der Apostel, dem collegium Apostolorum ist das collegium episcoporum succedirt. Nur mit dem Haupte vereinigt, ist der Episkopat an die Stelle der Apostel getreten; durch und mit Petrus herrscht er über das Reich Christi, mit Petrus nehmen die Bischöfe Theil an der Regierung der Gesammtkirche; zunächst und unmittelbar aber haben sie nur einen bestimmten Theil der dem Petrus unterstehenden Heerde zu weiden.

35. Es hat demnach auch ein mehrfacher Unterschied statt zwischen den Aposteln und den Bischöfen. Daraus, daß die Bischöfe Nachfolger der Apostel sind, folgt keineswegs, daß sich auch in den Bischöfen alles finden muß, was die Apostel hatten[1]. Die Bischöfe sind Nachfolger der Apostel in dem ordentlichen Hirtenamte, in der dreifachen Gewalt, die in der Kirche fortdauern mußte. Aber sie sind 1) nur testes mediati, sie sind nicht wie die Apostel unmittelbare Zeugen der Lehre, Thaten und Auferstehung des Herrn, was auch der Nachfolger Petri nicht ist, 2) sie haben nicht die dona extraordinaria, Wundergabe und andere Charismen, womit die Apostel zur Begründung der Kirche ausgerüstet waren, auch der Nachfolger Petri nicht, außer dem ihm von Christus speciell Verheißenen (Luc. 22, 32) in Ausübung seines Lehramtes, 3) die Bischöfe haben eine räumlich beschränkte Jurisdiction. Das Princip der Abgrenzung der Episkopate ist ein von Gott durch die Apostel angeordnetes; die Verwirklichung derselben beruht auf historischen Verhältnissen. Die Heilige Schrift schon zeigt diese Beschränkung[2], wie auch die Apostel den Bischöfen bestimmte Vorschriften gaben[3]. Die Abgrenzung der Episkopate war aber auch nothwendig, sollte nicht eine Menge von Streitigkeiten zwischen den Bischöfen und die größte Verwirrung entstehen. So hielt man strenge daran fest, daß kein Bischof außerhalb seiner Diöcese weihe und Jurisdictionsrechte ausübe[4]; entschieden weisen z. B. Hieronymus und Augustinus jede Ein-

---

[1] Non requiritur in subrogato natura illius, cui subrogatur. nisi secundum id, quod satis est.
[2] Tit. 1, 5 f.; 1 Petr. 5, 2; Apg. 20, 28.
[3] 1 Tim. 3, 2. 6. 12; 5, 9.
[4] Can. apost. 34; c. 6 D. 65; c. 2 C. VIII. q. 3: c. 6. 8 C. IX. q. 2.

mischung in eine fremde Diöcese ab [1], wodurch die Entscheidungen der römischen Bischöfe, wie des hl. Clemens in der korinthischen Gemeinde (32), um so mehr an Bedeutung gewinnen.

Die Bischöfe heißen in partem sollicitudinis berufen, nicht aber haben sie die sollicitudo omnium ecclesiarum, wie die Apostel als solche und der Nachfolger Petri. Wenn den Bischöfen von einigen Vätern die allgemeine Sorge zugeschrieben wird, so ist dies richtig, insofern der Episkopat als Gesammtheit sie hat und daher auch der einzelne Bischof daran theilnimmt, und insofern die Bischöfe außer der speciellen Regierungsgewalt in ihren Diöcesen unter und mit dem Papste Antheil nehmen an der Regierung der ganzen Kirche, mit ihm auf Concilien Richter sind in Glaubenssachen und mit ihm die Disciplin aufrecht erhalten.

10. Episkopat und Presbyterat.

36. Den Irrthum, daß Bischöfe und Priester ursprünglich einander gleich gewesen wären, hat die Kirche an Aërius schon verurtheilt [2]. Man hat vor allem dafür geltend gemacht, daß in der Heiligen Schrift und noch bei einigen Vätern die Namen episcopi und presbyteri synonym gebraucht würden. Allein die Identität der Namen beweist noch keine Identität der Gewalt [3]. Auch würde der Beweis aus den Namen zu viel beweisen, weil man es dann auch auf die Diakonen ausdehnen könnte. Denn es werden die Apostel Diakonen genannt 1 Kor. 3, 5; 2 Kor. 3, 6; ja Christus selbst Röm. 15, 8, wie Hebr. 3, 1 Apostel, Hebr. 5, 5. 6 Priester; der Name Apostel wird auch anderen beigelegt Röm. 16, 7. 3; Philipp. 2, 25, während die Apostel sich Priester nennen 1 Petr. 5, 1; 2 Joh. 1, 1. Mochte wohl episcopus mehr bei Heiden-, presbyter bei Judenchristen gebräuchlich sein, so hat sich erst später der Sprachgebrauch fixirt, wie auch bei anderen Bezeichnungen, z. B. Sacrament. Sicher kann der Name des niedern Grades auch dem im höheren Befindlichen beigelegt werden, der Bischof ist auch Priester. Es konnte in mancher Gemeinde anfangs nur Bischöfe und Diakonen geben (vgl. Philipp. 1, 1); es konnten die πρεσβύτεροι κατὰ πόλιν Apg. 14, 22 auch die bischöfliche Weihe haben, wie die 20, 17. 28 genannten. Paulus konnte an einem Orte mehrere Priester zu Bischöfen geweiht haben, um sie

---

[1] *Hier.* ad Pammach.: „Ad Alexandrinum episcopum Palaestina quid pertinet?" *Aug.* ep. 34 ad Euseb.: „Hoc ridiculum est dicere, quasi ad me pertineat cura propria nisi Hipponensis ecclesiae. In aliis enim civitatibus tantum agimus, quod ad ecclesiam pertinet, quantum vel nos permittunt vel nobis imponunt earumdem civitatum episcopi fratres et consacerdotes nostri."

[2] *Epiphan.* haer. 75; cf. Trid. sess. XXIII. can. 7.

[3] Cf. *Thom.* 2. 2 q. 184 a. 6; J. Hergenröther, Kirchengeschichte a. a. O. S. 256 f.

sogleich zu anderen Gemeinden schicken zu können (Missionsbischöfe). War es doch vor allem nothwendig, den Episkopat fortzupflanzen; die Bischöfe konnten dann nach Bedürfniß Priester und Diakonen weihen. Gab es doch noch später auch in manchen Diöcesen Italiens nur Bischöfe und Diakonen[1].

37. Ignatius der Martyrer unterscheidet auch die Namen schon genau[2]; der Pastor Hermae unterscheidet die Bischöfe (praesides ecclesiarum), Lehrer (Priester) und Diakonen[3]; Justin nennt die Bischöfe προεστῶτες. Wenn Irenäus noch das Wort presbyter von den Bischöfen braucht, so unterscheidet er doch deutlich diese (Bischöfe) als Nachfolger der Apostel von den Priestern[4]. Von den späteren Zeugen der Tradition ist es unzweifelhaft, daß sie genau unterscheiden zwischen Episkopat und Presbyterat. Nur der hl. Hieronymus scheint an einigen Stellen in der Polemik zu Gunsten der Priester gegen Anmaßungen der Diakonen dem zu widersprechen[5]; aber auch er bezeugt deutlich den Unterschied, indem er den Bischof als Vater, den Priester als Sohn, die alttestamentliche Priesterordnung, Aaron, seine Söhne und die Leviten als Vorbild der Bischöfe, Priester und Diakonen bezeichnet und sagt, daß in jeder Stadt nur ein Bischof war, die Gemeinde erst durch den Bischof entsteht und nur mit ihm eine christliche Gemeinde ist, der Bischof allein die Gewalt zu weihen hat, was gerade den wesentlichsten Unterschied zwischen Episkopat und Presbyterat begründet[6].

11. Die monarchische Verfassung der Kirche.

38. Die Kirche als eine societas inaequalis perfecta muß eine bestimmte Verfassung haben. Diese kann nur die von Christus ihr gegebene sein, da sie unveränderlich in ihrem Wesen ist; auch von ihr müßte gelten:

---

[1] *Greg. M.* l. IV. ep. 40; Epiph. l. c.

[2] *Ignat. M.* ad Magnes. c. 6; ad Philad. c. 4. 7. 10; ad Smyrn. c. 8.

[3] *Pastor. Herm.* vis. III. 5.

[4] *Iren.* adv. haer. IV. 26, 2: „Quapropter eis, qui in ecclesia sunt, presbyteris obaudire oportet, his, qui successionem habent ab Apostolis, sicut ostendimus, qui cum episcopatus successione charisma veritatis certum secundum beneplacitum Patris acceperunt.“

[5] Er beruft sich auf die ursprüngliche Identität der Namen, sagt, daß, bevor die Schismen entstanden, die Kirchen communi presbyterorum consilio geleitet wurden, die Bischöfe seien *magis* consuetudine quam dispositionis dominicae veritate presbyteris superiores. In anderen Stellen (ep. 83 ad Evagr.) redet er nur von der Wahl des Bischofs durch die Presbyter u. s. w. In seiner Polemik ist Hieronymus übrigens von Uebertreibungen überhaupt nicht frei.

[6] Cf. ep. 52 an den Priester Nepotianus: „Esto subjectus Pontifici et quasi animae parentem suscipe;“ an Augustinus schreibt er (ep. 105): „Vale, mi amice carissime, aetate fili, dignitate parens;“ adv. Lucifer. c. 9: „Aut episcopum cum populo recipimus, quem facit christianum, aut si episcopum non recipimus, scimus etiam nobis populum rejiciendum.“ Cf. ep. 146; in ep. ad Philipp. 1, 1.

„mutata regiminis forma ipsa quoque civitas mutata censetur." So verschieden auch die Kirche von jedem weltlichen Reiche ist, so muß doch auch die Regierungsform der Kirche sich auf eine der drei Grundformen zurück= führen lassen, die Aristoteles bei den Staaten unterscheidet: die monarchische, aristokratische oder demokratische [1].

Die beste Verfassungsform an sich ist jene, welche am meisten Ordnung, Festigkeit, Dauer und Leichtigkeit der Regierung sichert. Bei der Kirche ist es besonders die Erhaltung der Einheit, welche durch ihre Verfassung und Regierung erreicht werden muß. Dazu aber ist die monarchische Verfassung am geeignetsten. Sie ist die älteste, aus dem patriarchalischen Leben, wie dieses aus dem Familienleben, erwachsen; auf sie weist nach Chrysostomus schon die Abstammung des Menschengeschlechtes von einem Menschen, nach Cyprian selbst der Instinkt in der Thierwelt hin [2]. In der Kirche fordert die unitas fidei einen höchsten Richter, die Ausbreitung der Kirche ein Centrum, von dem die Mission ausgeht (Röm. 10, 15). Die religiösen Interessen, das ewige Heil und die Heilsmittel, sind überall dieselben, die eine und allgemeine Kirche fordert eine einheitliche Leitung und Regierung, ihre Selbständigkeit ein Oberhaupt, das auch den verschiedenen Staaten gegen= über die Rechte der Kirche vertritt und wahrt. Es können die Staaten ver= schiedene Verfassungsformen haben, es kann eine Verfassungsform diesem oder jenem Lande und Volke, dieser oder jener Zeit entsprechender sein, sind doch die politischen Interessen so verschieden, die Schwierigkeiten einer einheitlichen Verwaltung auf politischem Gebiete weit größer als auf dem kirchlichen; an sich wird des griechischen Dichters wie der größten Philosophen Wort wahr bleiben, daß die Monarchie die beste Verfassungsform sei [3].

Jedenfalls muß es von der Kirche gelten, die weit entfernt ist von Absolutismus und die bei ihrer Einheit doch den einzelnen Theilen und dem Partikularrechte eine größere Selbständigkeit gewähren kann als ein Staat seinen Provinzen.

39. Wie die Kirche durch die alttestamentliche Theokratie vorgebildet und als ein Reich mit einem Hirten vorherverkündigt war (Ezech. 37, 22 ff.; Jer. 23, 5): so soll sie selbst das Abbild des Himmels sein, in dem die

---

[1] Vgl. Phillips, Kirchenrecht Bd. I. S. 242 ff.: „Man kann den Namen fallen lassen, die Sache bleibt doch dieselbe." Die Bezeichnung „Christokratie", wie Schenkl u. a. wollen, sagt nichts Bestimmtes über die Verfassung der sichtbaren Kirche aus. Vgl. *Thom.* c. gent. IV. 76.

[2] *Chrysost.*, Hom. 34 in 1 Cor. 13; *Cyprian.* de idolor. vanit.: „Nec hoc tantum de homine mireris, cum in hoc omnis natura consentiat; rex unus est apibus et dux in gregibus et in armentis rector unus."

[3] *Homer.* Il. II. 204: „Οὐκ ἀγαθὸν πολυκοιρανίη · εἷς κοίρανος ἔστω, εἷς βασιλεύς." *Arist.* Ethic VIII. 3: „Harum optima regnum, pessima respublica est." *Thom.* 1 q. 103 a. 3: „Optima gubernatio est, quae fit per unum."

vollkommenste Monarchie herrscht. Auf diese weisen auch die biblischen Bilder von der Kirche hin: familia (Luc. 12, 42), ovile (Joh. 10, 16), arca Noë (1 Petr. 3, 20), acies castrorum ordinata (Hoh. L. 6, 3. 9), navis (Luc. 5, 3)[1].

Christus, der göttliche Monarch der Kirche, hat in der That dieser eine monarchische Verfassung gegeben, indem er dem Petrus und seinem Nachfolger die höchste und volle Gewalt in der Kirche verlieh, von der jede andere kirch= liche Gewalt abhängt, der alle untergeordnet sind. Das Oberhaupt der Kirche hat über die ganze Kirche und alle Glieder unmittelbare und ordentliche Ge= walt, er selbst aber hat keinen menschlichen Richter über sich. Wer könnte lösen, was er bindet, oder schließen, was er öffnet, da er allein die Schlüssel des Himmelreichs empfing, das Fundament aller kirchlichen Gewalt ist? Das Oberhaupt der Kirche ist Christi Stellvertreter; so lange Christus sichtbar auf Erden weilte, war die Kirche sicher monarchisch, und darum muß sie es immer sein. Das sichtbare Oberhaupt, dem alle Gehorsam schulden[2], von dessen Urtheil nicht appellirt werden kann, und das keinen menschlichen Richter über sich hat[3], hat daher eine wahrhaft monarchische Gewalt in der Kirche, und diese erkennen schon die heiligen Väter an in dem primatus jurisdictionis des Papstes[4], wie sie vom zweiten Concil von Lyon und gegenüber den Anhängern der Basler Synode, den Gallicanern und Febronianern in der Definition des Concils von Florenz und von dem vaticanischen Concil offenbar ausgesprochen ist. Oder was anderes bezeichnet der „summus et plenus primatus super universam ecclesiam cum plenitudine potestatis" (Lugdun. II.), die „pascendi, regendi ac gubernandi universalem ecclesiam potestas" (Florentin.) als eine in Wahrheit monarchische Gewalt? „So steht die Kirche ihrer Einsetzung nach als eine Monarchie da mit dem sichtbaren Haupte, dem Papste, als Stellvertreter des unsichtbaren, des Königs Jesus Christus."[5]

40. So groß die Macht des Papstes ist, die auch über die Bischöfe sich erstreckt, die er einsetzen und absetzen kann, so ist sie zwar die höchste, aber nicht die einzige, die Vollgewalt, aber nicht eine schrankenlose. Auch die

_____

[1] *Hieronym.*: „In quamvis grandi exercitu unius signum exspectatur." *Cypr.*: „Navis vero una unum rectorem postulat."

[2] Bonifaz' VIII. Bulle „Unam sanctam" (c. 1 de major. et obed. in xvag. comm. I. 8): „Subesse Romano Pontifici omni humanae creaturae est de necessitate salutis."

[3] C. 16 C. IX. q. 3; c. 10. 13. 14. 17. 18 ib.: „Prima Sedes a nemine judicetur." Vatican. c. 3 de eccles. Dem steht nicht entgegen c. 41 C. II. q. 7; auch nicht c. 6 D. 40 und c. 13 C. II. q. 7, die nur hypothetisch und ohne besondere Autorität sind.

[4] Syllab. n. 34: „Doctrina comparantium Romanum Pontificem principi libero et agenti in universa ecclesia doctrina est, quae medio aevo praevaluit."

[5] Schulte, System des Kirchenrechts S. 182.

Bischöfe sind duces, principes ecclesiarum, sie haben eine ordentliche Gewalt und sind nicht etwa bloße Delegaten des Papstes[1]. Auch die Einzelkirche stellt so im kleinen den Gesammtorganismus der Kirche dar. Aber die Bischöfe haben ihre rechtliche Stellung nur im Zusammenhange mit dem Primate und sind dem Papste untergeordnet. Man nannte die Kirchenverfassung wohl auch eine eingeschränkte oder gemäßigte Monarchie[2], wogegen Phillips hervorhebt, daß diese Bezeichnung schon von der Voraussetzung ausgeht, daß in der Monarchie ein gewisses Unmaß liege. „Das rechte Maß gibt Gott dem Papste durch die ganze Art und Weise, wie er ihn zum Oberhaupte bestellt hat."[3] Der Papst ist nicht nur beschränkt durch das göttliche Gesetz, sondern auch durch Geist und Praxis der Kirche, durch das Beispiel Christi, dessen Stelle er vertritt (Luc. 22, 25—27), durch die Art und Weise, wie diese Gewalt geübt werden soll (in Liebe, als Hirte).

Die päpstliche Gewalt ist darum durchaus keine willkürliche, schrankenlose; in der Ausübung ist sie vielmehr mannigfach beschränkt. „Der Papst findet schon in der Natur und Einrichtung der katholischen Kirche, deren Oberhaupt er ist, gewisse Grenzen, die er nicht überschreiten darf, ohne sein Gewissen zu verrathen und jene höchste Gewalt zu mißbrauchen, welche Jesus Christus ihm übertragen hat, um sich derselben zur Erbauung, nicht aber zur Zerstörung seiner Kirche (2 Kor. 13, 10) zu bedienen. Unverletzbare Grenzen für das Oberhaupt der Kirche sind die Dogmen des Glaubens ...., aber auch in der Disciplin haben sich die Päpste immer heilige Grenzen gesetzt, sowohl dadurch, daß sie die Verbindlichkeit anerkannten, in gewissen Theilen derselben nie eine Neuerung vorzunehmen, als auch dadurch, daß sie andere Theile nicht Abänderungen unterwarfen, wenn nicht die wichtigsten und unerläßlichsten Gründe es geboten. In Beziehung auf diese Grundsätze haben die römischen Bischöfe nie geglaubt, daß sie je irgend eine Abänderung in jenen Theilen der Disciplin zulassen könnten, welche unmittelbar von Jesus Christus angeordnet sind, oder in jenen, welche ihrer Natur nach mit dem Dogma zusammenhängen, oder in jenen, welche von den Irrgläubigen angefochten werden, um ihre Neuerungen zu unterstützen, oder auch in anderen Theilen dieser Art, in welchen sie wegen der Folgen, die zum Nachtheile der Religion und der

---

[1] Conc. Vat. c. 3 de eccles.: „Tantum autem abest, ut haec Summi Pontificis potestas officiat ordinariae ac immediatae illi episcopalis jurisdictionis potestati, qua Episcopi, qui positi a Spiritu Sancto in Apostolorum locum successerunt, tanquam veri Pastores assignatos sibi greges, singuli singulos, pascunt et regunt, ut eadem a supremo et universali Pastore asseratur, roboretur ac vindicetur" (*Greg. M.* ad Eulog. ep. 30).

[2] Von einer aristokratisch gemäßigten Form, mit der Christus den Primat temperirt habe, redet z. B. die Apologie des zweiten Pseudoconcils von Pisa. Status Rom. Imper. (*Hard.*, Conc. t. IX. p. 1559. 1560). Vgl. Beidtel a. a. O. S. 590.

[3] Phillips, Kirchenrecht Bd. I. S. 242.

katholischen Grundsätze daraus hervorgegangen wären, keine Veränderungen zulassen zu können sich verpflichtet glaubten, welche Vortheile man auch immer anbieten oder mit welchen Uebeln man sie bedrohen mochte. . . . . Auch in anderen Theilen der Kirchendisciplin haben sie zu Abänderungen nur dann ihre Einwilligung gegeben, wenn die Nothwendigkeit oder der Nutzen der Kirche es erforderte."[1]

41. Daß in der Kirche von keiner demokratischen Verfassung die Rede sein kann, zeigt schon die Gründung der Kirche durch Christus; Christus hat so wenig dem Volke als den weltlichen Machthabern seine Gewalt ver= liehen. Man kann sagen, daß in der Kirche sich ein demokratisches Element insofern finde, als Ziel und Mittel allen gemeinsam sind, als jeder, der dazu befähigt ist, zur höchsten Würde gelangen kann. Man kann ein aristokratisches Element finden in dem Episkopate. Die Regierungsform der Kirche ist jedoch wesentlich eine monarchische.

12. Die kirchliche Hierarchie.

42. Der Zweck der Kirche ist die Heiligung, die kirchliche Gewalt eine heilige. Darum nennt man die Kirche Hierarchie (ἱερὰ ἀρχή, sacer principatus). Begründet diese im weitesten Sinne (das allgemeine Priesterthum) die Taufe, im engern Sinne die Weihe: so bildet doch die Hierarchie im eigentlichen Sinne nur die lehrende oder regierende Kirche. Die hierarchische Gewalt umfaßt das dreifache Amt, die drei Gewalten, in welchen sich Christi Propheten=, Königs= und hohepriesterliches Amt in der Kirche fortsetzt. Die Hierarchie aber selbst ist nur eine zweifache: die hierarchia ordinis und die hierarchia jurisdictionis, indem erstere die Weihegewalt, letztere die Lehr= und Regierungsgewalt in sich begreift. Man bezeichnet nach dem hl. Thomas die potestas ordinis gewöhnlich als die Gewalt über das corpus Christi verum (auch als hieratische Gewalt von der hierarchischen unterschieden), die potestas jurisdictionis als die Gewalt über das corpus Christi mysticum[2]. Beide Gewalten sind unterschieden 1) durch den Act der Ertheilung, je nachdem dieser sacramental ist oder nicht; die potestas

---

[1] Esposizione dei Sentimenti di Sua Santità (Pio VII.) v. Döllinger, Kirche und Kirchen S. 41 ff.; f. Münch, Die neuesten Concordate II. S. 378 ff.; cf. C. 1. 6. 14 C. XXIV. q. 1; c. 40 C. II. q. 7.

[2] *Thom.* 2. 2 q. 39 a. 3: „Spiritualis potestas una quidem *sacramentalis*, alia *jurisdictionalis*. Sacramentalis quidem potestas est, quae per aliquam consecrationem confertur, et talis potestas secundum suam essentiam remanet in homine, qui per consecrationem eam est adeptus, quamdiu vivit, sive in schisma sive in haeresim labatur. Potestas autem jurisdictionalis est, quae ex simplici injunctione hominis confertur, et talis potestas non immobiliter adhaeret. unde in schismaticis et haereticis non manet."

ordinis wird durch die Weihe ertheilt, die potestas jurisdictionis wird durch die missio legitima erlangt; 2) die potestas ordinis ist unverlierbar und unveränderlich, die potestas jurisdictionis kann beschränkt und entzogen werden. 3) Beide können getrennt vorhanden sein; so besteht der ordo sine jurisdictione, wenn ein Bischof resignirt hat, wenn er depositus ist, bei dem bloßen Hilfsbischof in spiritualibus (Weihbischof). Die jurisdictio sine ordine ist vorhanden in dem Kapitelsvikar sede vacante, in dem Bischof, der präconisirt, aber noch nicht consecrirt ist, ferner wenn z. B. ein General-vikar nur Diakon wäre, dieser könnte zum Beichthören approbiren, die Juris-diction ertheilen, ohne selbst Beicht hören zu können, weil dazu die priesterliche Weihe erforderlich ist.

Die potestas ordinis kann auch von einem Suspendirten, Abgesetzten oder Ercommunicirten noch (giltig) ausgeübt werden, sie geht nicht verloren, weil auch der character ordinis (Trid. s. XXIII. c. 4) nicht verloren gehen kann; die Jurisdictionsgewalt kann verloren und entzogen werden, so daß ihre Ausübung nicht bloß unerlaubt, sondern auch die Jurisdictionsacte ungiltig sind. 4) In der hierarchia jurisdictionis steht der Papst jure divino über den Bischöfen, in der potestas ordinis sind drei Stufen göt-licher Einsetzung: episcopi, presbyteri, ministri.

Aus diesem Unterschied zwischen der potestas ordinis und jurisdictionis ergibt sich, daß auch die Lehrgewalt nicht zum ordo, wie z. B. Schulte will, sondern zur potestas jurisdictionis zu rechnen ist. Denn 1) die Aus-übung des Predigtamtes fordert nicht nothwendig einen ordo, stets aber die ex jurisdictione zu ertheilende missio. 2) Der Papst steht über den Bischöfen nicht potestate ordinis, sondern jurisdictionis; er steht aber sicher auch über den Bischöfen potestate magisterii durch sein unfehlbares Lehramt[1] also ist die Lehrgewalt zur jurisdictio zu rechnen, nicht zur potestas ordinis. Die Verpflichtung der Gläubigen zur Annahme ist sicher ein Act der Jurisdiction. 3) Die Jurisdiction umfaßt die Gesetzgebung, Gesetz-anwendung und Gesetzvollziehung. Die Gesetze der Kirche beziehen sich a) auf den Glauben und die Sitten, b) auf den Cultus und c) auf die Disciplin. Ersteres ist Sache des Lehramtes, letzteres des Regierungsamtes. Indem der Papst aber auch durch seine Gesetzgebung den ganzen Cultus leitet, ist er zugleich Hohepriester, wie „das ganze Priesterthum sein Fundament hat in dem hohenpriesterlichen Charakter Petri"[2], obgleich er in Bezug auf den ordo den Bischöfen gleichsteht. Der Papst ist so in Wahrheit höchster Lehrer, hoher

---

[1] *Concil. Vatic. de eccles. c. 4:* „Ipso autem Apostolico primatu, quem Ro-manus Pontifex tanquam Petri principis Apostolorum successor in universam ec-clesiam obtinet, supremam quoque magisterii potestatem comprehendi, haec sancta Sedes semper tenuit" etc.

[2] Phillips, Kirchenrecht, Bd. I. S. 274.

Priester und höchster Regent der Kirche, aber er empfängt seine höchste Gewalt, die Vollgewalt, nicht durch eine eigene Weihe, sie setzt nur die bischöfliche Weihe voraus.

43. Die *potestas ordinis* hat ihren Höhepunkt im Episkopate, der allein die Macht hat, das Priesterthum fortzupflanzen. Episcopi, presbyteri und ministri sind göttlicher Einsetzung (Trid. XXIII. can. 6). Ministri (ὑπηρέται) heißen gewöhnlich die Diakonen. Aus dem Diakonat gingen die anderen Weihestufen hervor, fünf in der abendländischen, zwei in der griechischen Kirche. Die *jurisdictio* ist universell und total im Primate, partiell und particulär in den einzelnen Bischöfen. Die Bischöfe haben eine jurisdictio ordinaria pro utroque foro [1]. Ordinaria ist jene jurisdictio, die man jure proprio in Ansehung seines Amtes oder seiner Würde kraft eines Gesetzes oder einer legitimen Gewohnheit besitzt, jede andere ist eine stellvertretende, die durch Delegation (j. delegata) oder Mandat (j. mandata) übertragen wird. Da nur Primat und Episkopat, nicht aber die zwischen beiden bestehenden Mittelstufen, wie Patriarchen, Metropoliten, göttlicher Einsetzung sind, muß die höhere Gewalt eines Bischofs, wie des Metropoliten, über den andern als ein Ausfluß aus der höchsten Gewalt des Papstes betrachtet werden, wenn auch die Metropolitanverfassung aus dem Verhältniß der Mutterkirche zu den Töchterkirchen sich schon in ältester Zeit entwickelte. Als Resultat geschichtlicher Entwicklung konnten daher auch diese Verhältnisse sich verschieden gestalten im Laufe der Zeit.

44. So gewiß die Jurisdiction der Bischöfe eine ordentliche (j. ordinaria) ist, so ist doch die Frage, ob die Jurisdiction der Bischöfe unmittelbar von Christus oder durch den Papst ihnen zu Theil wird, auf dem Concil von Trient zwar vielfach besprochen, doch nicht entschieden worden. Nach der Ansicht der meisten Theologen [2] erhalten sie die Jurisdiction durch den Papst. Dafür scheint 1) schon die Heilige Schrift zu sprechen. Hat Petrus und in ihm sein Nachfolger die volle und ordentliche Jurisdiction über die ganze Heerde Christi erhalten, was de fide ist, so muß derjenige, welcher die ordentliche Jurisdiction über einen Theil dieser Heerde ausüben soll, sie auch durch Petrus (und seinen Nachfolger) erhalten. Hat Petrus die claves regni coelorum allein erhalten, communicandas ceteris, wie Optatus von Mileve sagt, so müssen sie die Bischöfe von ihm erhalten. 2) Die heiligen Väter heben die Einheit des Episkopates hervor, bezeichnen den Stuhl Petri als Fundament, Haupt, Wurzel, Quelle, Ursprung der geistlichen Autorität; sie leiten den Episkopat bald von Christus, bald von Petrus ab; beides mit Recht, wenn die Weihegewalt von Christus unmittelbar, die Juris-

---

[1] C. 7 de off. jud. ord. I. 16 in VI.
[2] J. Hergenröther, Kath. Kirche und christl. Staat, führt S. 880 für diese Ansicht 90 Autoren an.

dictionsgewalt aber von Christus durch den Papst ihnen zukommt. Käme aber auch die Jurisdictionsgewalt unmittelbar von Christus ihnen zu, so könnte nicht der Episkopat von Petrus hergeleitet werden. Es entspricht dies 3) dem (42) angegebenen Unterschiede zwischen potestas ordinis und jurisdictionis; bei ersterer ist der Spender bloßes Werkzeug, bei letzterer übt er Autorität. Die Jurisdictionsgewalt kann verloren werden, kann Beschränkungen erleiden und hat solche vielfach erlitten hinsichtlich der Materien, Personen (Exemptionen). Wäre die Jurisdictionsgewalt unmittelbar von Christus über= tragen wie die Weihegewalt, so könnte das wohl nicht statthaben, und wäre sie unverlierbar wie diese. 4) Es entspricht dies am meisten der monarchischen Verfassung der Kirche [1]. 5) Hat das Concil von Trient auch die Controverse nicht entschieden, so steht doch nach demselben fest, daß nur diejenigen wahre Bischöfe sind, die durch die Autorität des römischen Papstes auf= gestellt werden, die von der kirchlichen und canonischen Gewalt die gehörige Ordination und Mission haben [2]. Die Mission der Bischöfe geht aber von Papste aus. Diese ertheilt der Papst durch die Präconisation, welche der Bischof einer Kirche vorsetzt und ihm die Obsorge und Verwaltung derselben im Geistlichen und Weltlichen überträgt [3]. Das ist offenbar nicht bloß An= weisung einer Diöcese, sondern Ertheilung der Jurisdiction über dieselbe. 6) Es steht fest, daß der präconisirte Bischof die volle Jurisdiction (plenarie) auch vor seiner Consecration ausüben kann. Folglich erhält er sie nicht erst durch die Consecration. Es gibt aber sonst keinen Act, durch den Christus unmittelbar dem Bischofe die Jurisdiction ertheilte, er muß sie also durch den Papst erhalten. 7) Daß die bischöfliche Jurisdiction sub Papa ist, gaben auch die Gallicaner und Febronianer zu; der Papst kann sie beschränken und entziehen. Nach der Rechtsregel „omnis res, per quascunque causas nascitur, per easdem dissolvitur" (R. J. 1 x. V. 41) können wir umgekehrt schließen: Der Papst kann die Jurisdiction den Bischöfen entziehen, daher ist auch er es, der sie den Bischöfen ertheilt.

Wenn man dagegen einwendet [4], die Bischöfe seien vom Heiligen Geiste gesetzt (Apg. 20, 28), so gilt dies ebenso, wenn sie die Jurisdictionsgewalt durch den Papst von Christus erhalten, und folgt daraus keineswegs, daß sie

---

[1] *Benedict. XIV.* de syn. dioec. l. I. c. 4: „Ratio siquidem Monarchici regiminis, quod Christus in sua ecclesia constituit, videtur exposcere, ut totius ecclesiae jurisdictionis fons et origo resideat in ejusdem ecclesiae visibili capite, qui est Romanus Pontifex, atque ab eo profluat in cetera membra."

[2] *Trid.* sess. XXIII. de ordin. can. 8. 7, cap. 4.

[3] „Auctoritate Dei omnipotentis, P. et F. et Sp. S. et beat. Apostolorum Petri ac Pauli ac Nostra Ecclesiae N. de persona N. providemus ipsumque illi in Episcopum praeficimus et Pastorem, curam et administrationem ipsius eidem in spiritualibus et temporalibus plenarie committendo."

[4] Cf. *Schenkl,* Institut. jur. eccles. Ingolstad. 1797. P. I. p. 63.

ihnen unmittelbar vom Heiligen Geiste ertheilt wird, sowenig als aus dem Ausdrucke des Tridentinum: „divina ordinatione"; das Concil wollte eben über diese unter den Katholiken streitige Frage nicht entscheiden, sondern nur das der Irrlehre gegenüber Nothwendige feststellen. Wenn die Apostel ihre Jurisdiction unmittelbar von Christus empfangen haben, so folgt nicht daraus, daß auch ihre Nachfolger im bischöflichen Amte sie ebenso unmittelbar von Christus erhalten müssen; sie haben auch nicht die ganze Machtfülle der Apostel geerbt. In den ersten zehn bis zwölf Jahrhunderten, sagt man, seien die Bischöfe ohne Dazwischenkunft des Papstes eingesetzt worden. Allein jedenfalls ist eine menschliche Dazwischenkunft nachweisbar in der Thätigkeit der Provinz-Bischöfe, der Metropoliten, der Particularconcilien. Es ist auch nicht nothwendig, daß der Papst allen Bischöfen unmittelbar die Jurisdiction übertrage; es konnte dies auch geschehen durch die Patriarchen, Metropoliten, apostolischen Vikare, die diese Gewalt nur durch den Zusammenhang mit dem apostolischen Stuhle hatten. Die Päpste übten nicht bloß im Occident unbestreitbar ihre Autorität, sie schritten auch in anderen Patriarchaten oft unmittelbar ein, wie z. B. Papst Martin I. 649 dem Bischof Johannes von Philadelphia kraft der ihm vom Herrn durch Petrus übertragenen Vollmacht die Befugniß gab, in den Patriarchaten von Antiochien und Jerusalem als Legat des Heiligen Stuhles Bischöfe, Priester und Diakonen einzusetzen. Nie wurde jemand rechtmäßiger Bischof gegen den ausdrücklichen Willen des Papstes; stets war die mittelbare oder unmittelbare Einsetzung durch ihn, sein ausdrücklicher oder wenigstens stillschweigender Consens nothwendig. Das früher durch Patriarchen, Metropoliten geübte Recht konnte daher auch der Papst sich wieder unmittelbar vorbehalten, da jene es nicht ex jure divino, sondern nur mit seiner Zustimmung, als Ausfluß aus dem Primate, hatten.

Zweiter Abschnitt.
Die Kirche in ihrem Verhältniß zum Staate.

Die kirchliche Gesellschaft kann betrachtet werden in ihrem Verhältnisse zu anderen Gesellschaften (jus sociale ad extra) — im Verhältnisse zu dem Staate und zu anderen Religionsgesellschaften.

Wohl steht die Kirche nur den einzelnen Staaten gegenüber, deren Verhältniß zur Kirche sich verschieden gestalten kann. Insofern scheint es zu genügen, historisch zu verfahren und das thatsächliche Verhältniß zu behandeln, welches die einzelnen Staaten zur Kirche einnehmen. Allein auch das Rechtsverhältniß zwischen Kirche und Staat sollte im Christenthum nach der Lehre

der göttlichen Offenbarung sich normiren, nach den Grundsätzen des Christenthums, und diese Grundsätze bleiben ewig wahr, mögen sie in einem Staate
zur Geltung kommen oder nicht. Ist es auch einleuchtend, daß in dem heutigen
Staate, in dem die Glaubenseinheit nicht mehr besteht, nicht das volle kirchliche System seine Anerkennung finden kann, so darf doch auch dieser der
Kirche nicht ihre von Gott verliehenen und historisch wohl begründeten Rechte entziehen und verkürzen. Schon um dasjenige, was bei krankhaftem Zustand der
Gesellschaft als *minus malum* erlaubt, ja als ein r e l a t i v Gutes nöthig
sein kann, nicht f ü r ein G u t an s i c h zu halten, ist es nothwendig, die
kirchlichen Grundsätze zu kennen, mögen diese auch nie mehr vollständig verwirklicht werden. Daher erscheint es zweckmäßig, 1) das Verhältniß zwischen
Kirche und Staat nach katholischen Grundsätzen mit Rücksicht auf die heutigen
falschen Grundsätze, wie sie besonders in dem Syllabus errorum 1864 verworfen wurden, und 2) die historische Entwicklung dieses Verhältnisses in
ihren Grundzügen zu behandeln [1].

Erstes Kapitel.
Kirche und Staat nach katholischen Grundsätzen.

1. Ursprung beider Gewalten von Gott.

45. Beide Gewalten, die staatliche wie die kirchliche, sind von Gott angeordnet. Die K i r c h e ist, wie bereits gezeigt, eine von Gott gegründete,
nothwendige (16), sichtbare (12) und vollkommene (9) Gesellschaft und muß
als solche, ihrem Wesen nach unveränderlich (14), allezeit fortbestehen. Diese
eine von Christus gestiftete Kirche ist die römisch-katholische Kirche (17—21).

Aber auch der S t a a t [2], die societas civilis, ist eine von Gott gesetzte
Ordnung. Die bürgerliche Gesellschaft ist von Gott gewollt, hat Gott zum

---

[1] Vgl. Seidtel, Das canon. Recht u. s. w. Regensb. 1849; *Liberatore*, La
Chiesa e lo Stato. Napoli 1871; Moulart, Kirche und Staat; deutsch Mainz
1881; Rieß, Staat und Kirche. Freiburg 1869; v. Hammerstein, Kirche und
Staat. Freiburg 1883; Manning, Die Gesellschaft im Lichte des Christenthums;
deutsch Cöln 1873.

[2] „Der Staat ist eine Vereinigung von Menschen in festen Wohnsitzen, unter
welchen die Ordnung durch eine selbständige, nach außen unabhängige höchste Gewalt
äußerlich gehandhabt wird" (v. Moy, Freib. K.-Lex. 1. Aufl. Bd. 10, S. 321).
Stöckl a. a. O. S. 578: „Der Staat ist ein socialer Verband zum Zwecke der Aufrechthaltung und Geltendmachung der socialen Rechtsordnung durch Realisirung der
Rechtsforderungen, um dadurch die zeitliche Wohlfahrt der Glieder dieses socialen Verbandes zu ermöglichen und zu fördern." Der Zweck des Staates ist nicht bloß der
Rechtsschutz, sondern Ordnung und Friede, das öffentliche Gemeinwohl, das Gesammtwohl aller Glieder. Vgl. Th. Meyer, Die Grundsätze der Sittlichkeit und des
Rechts. Freiburg 1868. S. 124 ff.

Gründer. Durch das Naturrecht iſt der Menſch auf geſellſchaftliches Leben angewieſen; die Familie, die vor dem Staate da war, enthält ſchon die erſten Principien der Autorität, des Gehorſams und der Ordnung; dieſe Bedingungen der Geſellſchaft ſind göttlichen Urſprungs. Von Natur aus iſt es dem Men=ſchen angeboren, in der bürgerlichen Geſellſchaft zu leben; die bürgerliche Ge=ſellſchaft bedarf einer Autorität, die ſie regiert; wie die Geſellſchaft ſelbſt, hat auch dieſe in der Natur und ſomit in Gott ihren Urſprung. Die politiſche Gewalt an und für ſich hat Gott zum Urheber [1]. Daß die ſtaatliche Ord=nung und die Gewalt der weltlichen Obrigkeit von Gott iſt, iſt ſtets Lehre der Kirche geweſen. Irenäus und andere Väter bekämpften ſchon die antinomiſtiſchen Gnoſtifer, welche dem Böſen die Urheberſchaft der ſtaatlichen Ordnung beilegten [2]. Daß die ſtaatliche Gewalt von Gott ſei, iſt flarer Aus=ſpruch der göttlichen Offenbarung; denn „es gibt feine Gewalt außer von Gott" (Röm. 13, 1—7) [3].

46. Controverſe kann nur darüber beſtehen, ob die obrigkeitliche Gewalt unmittelbar von Gott ſei [4] oder mittelbar [5]. Erſteres ſcheint nach Suarez [6] und den Worten Leo's XIII. [7] das richtigere. Wenn auch das Volf, wie in einer Republif, einer Wahlmonarchie, die Perſon deſignirt, ſo wird dem Regenten doch nicht vom Volfe ſein Recht übertragen, dieſes fommt von Gott,

---

[1] *Encyclica Leon. XIII.* d. 1. Nov. 1885; deutſch Freiburg 1885. S. 10. Cf. *Encycl. Pii IX.* d. 21. Nov. 1873.

[2] Ganz mit Unrecht hat man einige Väter und Päpſte beſchuldigt, daß ſie ähn=lichen Irrthum getheilt hätten. Alle ſtimmen darin überein, daß die ſtaatliche Ord=nung von Gott gewollt und die Gewalt der Obrigkeit von Gott ſei. Sie weiſen, z. B. Auguſtinus, nur darauf hin, daß erſt nach dem Sündenfalle die Herrſchaft des Menſchen über ſeinesgleichen nothwendig ward, daß hiſtoriſch der Anfang der Herr=ſchaft oft von einer Uſurpation ausging, daß bei den Juden der Urſprung des König=thums mit einer Auflehnung gegen Gott verbunden war, obwohl Saul und David von Gott unmittelbar zu Königen gemacht wurden, ſie unterſcheiden die Gewalt an ſich, die von Gott iſt, und die tyranniſche Herrſchaft einzelner, ſie ſagen, wie Chry=ſoſtomus mit dem hl. Thomas: Omnis potestas a Deo est, at non potentes. Cf. *Iren.* adv. haer. V. 24; *Aug.* de civ. Dei XIX. 15 (Gen. 1, 26; 1 Kön. 8, 7); V. 1: „Divina providentia regna constituuntur."

[3] Vgl. 1 Petr. 2, 13; Weish. 6, 3 f.; Dan. 4, 14; 5, 21; Jer. 27, 6; C. 8 D. 10.

[4] Hammerſtein a. a. O. S. 61 ff.   [5] Moulart a. a. O. S. 81.

[6] *Suarez* de leg. III. 3: „In hac re communis sententia videtur esse, hanc potestatem dari *immediate* a Deo ut auctore naturae, ita ut homines quasi dis-ponant *materiam* et efficiant subjectum capax hujus potestatis, Deus autem tribuat *formam* dando hanc potestatem."

[7] *Leon.* XIII. Encycl. d. 29. Jun. 1881: „Interest autem attendere hoc loco. eos, qui reipublicae praefuturi sint, posse in quibusdam causis voluntate judicioque deligi multitudinis non adversante neque repugnante doctrina catholica. Quo sane delectu *designatur princeps, non conferuntur jura principatus neque mandatur imperium, sed statuitur, a quo sit gerendum.*"

„durch den die Könige regieren·und die Fürsten befehlen" (Sprichw. 8, 15. 16).
Sagen aber auch ältere Theologen, die Gewalt ruhe in der Gesammtheit, so
sind sie doch weit entfernt von der Theorie der Volkssouveränität im modernen
Sinne; sie betrachten die Gewalt doch immer als von Gott den Menschen
mitgetheilt, nicht aus freiem Willen kraft eines Vertrags, sondern mit Noth=
wendigkeit kraft des natürlichen und göttlichen Gesetzes vorhanden, weßhalb
sie auch nicht beliebig zurückgenommen werden kann.

2. Verschiedenheit beider Gewalten.

47. Beide Gewalten sind an sich verschieden. Das übernatürliche Ziel
des Menschen, die religiöse Ordnung liegt außerhalb des Zweckes des Staates.
Auch im bloß natürlichen Zustande hätte es eine religiöse Gesellschaft gegeben,
wenn auch beide Gewalten in einer Person vereinigt sein können [1]. Christus
hat für die religiöse Ordnung, für den übernatürlichen Zweck des Menschen
seine Kirche gegründet und hat beide Gewalten genau unterschieden.

Staat und Kirche, obwohl beide von Gott angeordnete Gesellschaften,
sind doch schon verschieden 1) *ratione originis* insofern die Kirche un=
mittelbar von Gott gegründet ist und von ihm ihre wesentliche Ver=
fassung hat; der einzelne Staat aber hat Gott nur mittelbar zum
Urheber vermöge der von Gott in die Menschen gelegten Socialität, die sich
aber erst in einem factum humanum zur concreten Societät verwirklicht
Der Staat an sich ist göttliche Anordnung, ist eine nothwendige Gesellschaft
aber nicht jeder einzelne Staat ist von Gott unmittelbar gegründet. Auch
hat Gott nicht dem Staate die besondere Form der Regierung vorgeschrieben,
wie es bei der Kirche der Fall ist, sonst wäre die Verschiedenheit der Regie=
rungsformen nicht zu erklären, wäre jede Verfassungsänderung eine Verletzung
des göttlichen Rechts. 2) *Ratione materiae* oder *objecti* unterscheiden sie
sich, indem der Staat es mit dem Menschen zu thun hat, insofern er Mensch
ist, die Kirche, insofern er Christ, Glied des Leibes Christi, der Kirche
ist. Ihr ist der Mensch gleichsam materia remota, dem Staate materia
proxima. Falsch wäre es, zu sagen, die Kirche habe nur die Seele, der
Staat den Leib zu regieren, denn die Kirche gebietet auch über den Leib,
sonst könnte sie nicht einmal ein Fastengebot erlassen; die Staatsgesetze ver=
pflichten das Gewissen, und der Leib kann ohne die Seele nicht gehorchen.
Beide umfassen den ganzen Menschen, aber nicht in gleicher Weise. 3) Der
wesentlichste Unterschied liegt in dem Zwecke beider Gesellschaften. Der Zweck
der Kirche ist der höchste (11), die Heiligung der Menschen für das jenseitige
Leben, ihre Erziehung für den Himmel, der Staat hat zum Zwecke das bonum

---

[1] *Thom.* 1. 2. q. 99 **a.** 3; *Suarez* de leg. III. 11; IV. 2. Stimmen aus Maria=
Laach 1876, S. 68 ff.

commune im diesseitigen Leben, er ist Rechts= und Wohlfahrtsanstalt für das irdische Leben. Wie immer man den Zweck des Staates auffassen mag, ob als „öffentliches Gemeinwohl" oder als „öffentlichen Rechtsschutz", immer ist er beschränkt auf das Diesseits als solches, die Kirche hat die Erziehung für das Jenseits zum Zwecke; auf das Diesseits sieht sie, inwiefern es zum Jenseits führt; sie leitet die Gewissen, in deren Inneres der Staat nicht ein=zudringen vermag. 4) Nach dem Zwecke müssen sich die Mittel richten; da auch die Kirche eine äußere, sichtbare Gesellschaft ist, haben beide manche Mittel gemeinsam; als *societas supernaturalis* (13) hat sie aber auch übernatürliche Mittel, die dem Staate fehlen. Der Staat als societas naturalis hat nur natürliche Mittel, er hat aber auch natürliche Mittel, welche der Kirche fehlen. 5) Der Extension nach umfaßt die Kirche die ver=schiedensten Länder und Zonen, sie ist für alle Völker bestimmt; der Staat ist auf einen bestimmten Flächenraum, auf ein Land, ein oder einige Völker beschränkt. Die Kirche ist nur eine, der Staaten sind viele. 6) Die Kirche ist unveränderlich und dauernd (14); der einzelne Staat hat keine Verheißung einer immerwährenden Dauer und Unveränderlichkeit. Die Staaten entstehen und vergehen. 7) Die Kirche gründet, bereits bestehend, von oben herab die einzelnen Communitäten; der Staat erwächst aus der Familie und den Gemeinden; er bildet sich aufwärts steigend als die Entfaltung und Ver=vollkommnung der natürlichen Gesellschaft, die Kirche, von Gott unmittelbar stammend, bewegt sich vom Göttlichen abwärts.

3. Selbständigkeit beider Gewalten.

48. Die Kirche ist absolut unabhängig und selbständig in ihrer Sphäre. Sie hat unmittelbar von Gott verliehene Rechte, Einrichtung und Ver=fassung. Ihr Zweck kann als der höchste nicht einem andern Zweck untergeordnet sein (9. 11). Christus hat beide Gebiete genau unterschieden (Matth. 22, 21); die Apostel haben dem hohen Rathe der Juden gegenüber, der ihnen verbot, im Namen Jesu zu predigen, die Freiheit und Unabhängigkeit der Kirche proclamirt: „Man muß Gott mehr gehorchen als den Menschen" (Apg. 4, 19; 5, 29), sie haben den göttlichen Auftrag vollzogen in dem die Kirche ver=folgenden heidnischen Staate, und indem die Kirche gegen den Willen des Staates sich ihre Existenz errang, hat sie von Anfang an ihre volle Selb=ständigkeit und Unabhängigkeit gezeigt. Sie ist die Weltkirche, für alle Völker bestimmt, und kann deshalb nicht von den Staaten abhängig sein [1]. Wäre die Kirche abhängig vom Staate, so wäre ihre Katholicität und Einheit ver=

---

[1] *Pradié*, L'église et l'état dans les sociétés modernes. Paris 1874. p. 660: „L'église est une puissance parfaite, ou elle n'est rien. Une puissance subordonnée n'est pas une puissance divine, tirant directement de Dieu sa raison d'être, son autorité."

nichtet; bei der Verschiedenheit der Staaten müßte auch die Kirche sich verschieden gestalten in den verschiedenen Ländern.

49. Aber auch der Staat ist selbständig und juridisch unabhängig in
seiner Sphäre. Moralisch ist der Staat vielfach abhängig von der häus-
lichen Gesellschaft, von den Verhältnissen des Landes und Volkes, vom Stande
der Wissenschaft, von den religiösen Ideen des Volkes. Wesentlich aber ist.
daß die Staatsgewalt von jeder andern Gewalt juridisch unabhängig sei.
Seine Selbständigkeit und Unabhängigkeit erstreckt sich aber nicht weiter, als
sein Zweck reicht. Was Christus gelehrt hat mit den Worten: „Gebet Gott,
was Gottes ist, dem Kaiser, was des Kaisers ist," das hat die Kirche allzeit
verkündet: die Kirche mischt sich nicht ein in das weltliche Gebiet des Staates,
der Staat darf nicht in das kirchliche Gebiet ·sich· einmischen[1]. In demjenigen,
was die weltliche Obrigkeit in Bezug auf das bonum civile anordnet, ist
ihr mehr zu gehorchen als der kirchlichen, wie der hl. Thomas lehrt, in dem
aber, was das Seelenheil angeht, ist der kirchlichen Gewalt mehr zu gehorchen
als der weltlichen[2].

50. Aus der Selbständigkeit beider Gewalten folgt, daß die Kirche nicht
als bloße Corporation im Staate betrachtet werden kann, die vom
Staate ihr Recht erhalte. Ist es schon falsch, was hier vorausgesetzt wird,
der Staat schaffe alle juridischen oder moralischen Personen, und diese hätten

---

[1] Cf. 3. 5. 8 D. 10; D. 96. Papst Nikolaus an Kaiser Michael: „Imperium
vestrum suis publicae rei administrationibus debet esse contentum, non usurpare.
quae Sacerdotibus Domini solum conveniunt." Gregor II. an Leo den Isaurier:
„Idcirco ecclesiis praepositi sunt pontifices a reipublicae negotiis abstinentes et Imperatores ergo similiter ab ecclesiasticis abstineant." Cf. c. 13 x de judic. II. 1;
c. 10 de foro compet. II. 2; vgl. die durch Johannes XXII. verworfenen propos.
1. 3. 5 des Marsilius von Padua und Johann Giandone; Syllab. n. 19: Ecclesia
non est vera perfectaque societas plane libera nec pollet suis propriis et constantibus juribus sibi a divino suo fundatore collatis, sed civilis potestatis est definire.
quae sint ecclesiae jura ac limites, intra quos eadem jura exercere queat. 20: Ecclesiastica potestas suam auctoritatem exercere non debet absque civili gubernii
venia et assensu.

[2] *Thom.* in 1. 2 sentent. d. 44 q. 2 ad 3: Dicendum, quod potestas spiritualis et saecularis, utraque deducitur a potestate divina et ideo *in tantum* saecularis potestas est sub spirituali, in quantum est *a Deo* supposita, scilicet in his,
quae ad salutem animae pertinent. Et ideo in his magis est obediendum potestati
spirituali quam saeculari. In his autem, quae ad bonum civile pertinent, est magis
obediendum potestati saeculari quam spirituali secundum Matth.: „Reddite, quae
sunt Caesaris, Caesari." Vgl. Hist.-pol. Blätter 1876 S. 283. *Tarquini* l. c. p. 49:
„Quidquid fit in rebus temporalibus sub respectu finis temporalis, est praeter finem
ecclesiae. Atqui generalis regula est, societates nihil posse in iis, quae sunt extra
finem proprium. Ergo" etc. *Encycl. Leon. XIII.* d. 1. Nov. 1885: „Quae in genere
rerum civilium versantur, ea in potestate supremoque imperio eorum (principum)
esse cognoscit et declarat."

nur vom Staate ihr Recht [1], so ist die Kirche jedenfalls eine große, neben dem Staate bestehende Gesellschaft, die nicht vom Staate ihre Existenz und ihre Rechte hat. Die Katholiken in einem Lande sind nur ein Theil der Ge= sammtkirche, diese steht unter keiner weltlichen Regierung. Die im Staate befindlichen Katholiken bilden keine Corporation für sich, sie sind Glieder der einen allgemeinen Kirche. Erkennt aber der Staat die katholische Kirche auch nur als eine Corporation an, so muß er doch ihr Recht als für alle Ver= hältnisse im Innern der Kirche geltend anerkennen und kann ihr gegenüber jedenfalls keine anderen Rechte geltend machen als gegen andere physische und moralische Personen (81).

51. Sagt man, die Kirche sei im Staate, also ihm unterworfen, oder, wenn selbständig, ein Staat im Staate, und dies sei nicht möglich, so ist dies falsch. Denn 1) ist nicht die katholische Kirche in einem einzelnen Staate, nur kirchliche Personen und Institute befinden sich im einzelnen Staat, der kirchliche Charakter dieser liegt nicht in der Sphäre des Staates. Der Umfang der Kirche ist ein viel weiterer; Nationalkirchen, für sich selbständig, von der Gesammtkirche getrennt, gibt es nicht (Syllab. n. 37). Die Kirche hat die Völker und Staaten zum Christenthum berufen, sie nahm die einzelnen Staaten, die sich bekehrten, in sich auf. Man könnte also auch sagen, die Staaten sind in der Kirche, ut receptum in recipiente, die Berufenen werden vom Rufenden aufgenommen, ut pars in toto, die Kirche ist aus Staaten zusammengesetzt, wie der Staat aus Familien; jeder Staat hat Grenzen, die Kirche ist regnum Christi universale, ihr gehört die ganze Erde, ut medium in fine, das irdische Leben ist Vorbereitung und Vorstufe zum jenseitigen, das Ziel und Gut der Kirche ist Norm für das Wohl des Staates [2]. 2) Abgesehen davon, daß auch weltliche Staaten in einem Reiche sein können, z. B. die Staaten im Deutschen Reiche, sind Kirche und Staat zwei Gesellschaften diversi generis. Zwei höchste Gewalten gleicher Art können allerdings nicht, wohl aber können zwei höchste Gewalten diversi generis nebeneinander in demselben Volke bestehen (11), deren Zwecke sich nicht ausschließen, sondern im Gegentheil sich gegenseitig unterstützen und fördern [3] (62).

4. Superiorität der Kirche.

52. Da beide Gewalten von Gott sind, können sie (ihrer Natur nach) einander nicht widerstreiten und müssen auch ihre von Gott angewiesenen

---

[1] Vgl. Archiv für kath. K.=R. 1863 S. 19 ff.; Beidtel a. a. O. S. 37; Rieß, Staat und Kirche S. 171; Walter, Naturrecht und Politik. Bonn 1863. S. 105.

[2] Civiltà cattolica Ser. X v. III. Le due autorità parallele p. 443.

[3] Scherer, Das Verhältniß zwischen Staat und Kirche. 2. Aufl. Mainz 1854. S. 13.

Grenzen haben; da beide in der ihnen eigenthümlichen Sphäre selbständig sind, auch die weltliche Gewalt in Bezug auf ihren Zweck die höchste in genere suo ist, erscheinen sie, so lange jede in dem ihr eigenthümlichen Gebiete sich bewegt, als zwei nebeneinander bestehende nothwendige Gesellschaften. Beide sind aber wesentlich verschieden, weil verschieden in ihrem Zweck. Der Zweck der Kirche ist der höhere, darum gebührt der Kirche der Vorrang. Daß die Kirche dem Range nach die höhere, die höchste Gesellschaft sei, steht für den Katholiken fest, der in ihr das Reich Gottes erkennt, dessen König Jesus Christus ist, das nimmermehr unter den weltlichen Reichen stehen kann. Der Zweck des Staates ist nicht der höchste und kann es nach christlicher An- schauung nicht sein; er steht dem Zwecke des ewigen Heiles nach, die natürliche Ordnung wird überragt von der übernatürlichen. „Der Zweck des Staates ist eben ein rein irdischer, der Zweck der Kirche dagegen ein überirdischer." [1] Der Zweck des Staates ist nicht parallel mit dem der Kirche. Es kann nicht zwei höchste Zwecke geben. Die Idee des Höchsten schließt die Gleichheit aus.

53. Diese Superiorität der Kirche ist die christliche Weltanschauung zu allen Zeiten. Die heiligen Väter sagen, daß die Kirche die weltliche Herr- schaft überrage, wie die Seele den Leib, wie der Himmel die Erde, wie die Sonne den Mond [2]. Das christliche Mittelalter sprach dies aus in dem Bilde von den beiden Schwertern; das geistliche Schwert gehört unmittelbar der Kirche, das weltliche Schwert ist in den Händen des Fürsten, aber zum Schutze der Kirche [3]. So schreibt auch der Protestant Hundeshagen: „Inner- halb des Christenthums gibt es keinen Standpunkt, wo nicht das als gewiß gälte, daß der Himmel das Höhere, die Erde das Niedere und Untergeordnete, daß das Heil der Seelen unvergleichlich mehr ist als alles irdische Wohl- befinden, daß von der Majestät des Heiligen jede andere Majestät unendlich überragt wird, daß die Handreichung zum Himmel vor jeder andern Art von Handreichung für die Zwecke des irdischen Lebens den ganz in der Natur der Sache liegenden Vorsprung besitzt. Das ist christliche Weltansicht und wird christliche Weltansicht bleiben. Es ist schlechterdings undenkbar, daß, solange es ein Christenthum gibt, diese Weltansicht ihren Einfluß auf die Gemüther jemals einbüßen könnte." [4]

---

[1] Geffcken, Staat und Kirche. Berlin 1875. S. 57.

[2] Chrysost. hom. 15 in 2 Cor. (Migne t. 61 p. 509); de sacerdot. III. 1 (ib. t. 48 p. 641); Constitut. apost. II. 34; Ambros. ep. 33 (c. 21 C. XXIII q. 8); Thom. 2. 2 q. 60 a. 3 ad 3. Vgl. J. Hergenröther, Kath. Kirche und christl. Staat, Bd. I. S. 373 ff.

[3] C. 1 de M. et O. in xvag. comm. I. 8: „Spiritualem et dignitate et nobili- tate terrenam quamlibet praecellere potestatem, oportet tanto clarius nos fateri, quanto spiritualia temporalia antecellunt." Cf. Bernard. de consid. IV. 3.

[4] Dove's Ztschr. für K.-R. Berlin 1861. Bd. I. S. 259 ff. Vgl. Bluntschli in Sybels histor. Ztschr. 1861 S. 35. 55.

Was die Rangordnung beider Gesellschaften betrifft, so zeigt sich der Vorrang der Kirche in all dem, worin sich beide Gesellschaften unterscheiden (47), und mit Recht sagt Phillips: „Wie kann das von Menschen gegründete Reich dem göttlichen, wie das durch Zeit und Raum beschränkte dem allumfassenden, wie das täglich wandelbare Gesetz dem ewigen, wie der Zweck irdischer Wohlfahrt dem der Seligkeit, der Herrschaft mit Christus coordinirt sein?"[1]

54. Ist daher auch der Staat selbständig in seiner Sphäre in Bezug auf seinen Zweck, so muß er sich doch ebenso wie der einzelne Mensch[2] der Kirche unterordnen in demjenigen, was über seinen Zweck hinausgeht und der höhere Zweck der Kirche fordert[3]. Jede Gewalt muß ihr eigenes Rechtsgebiet haben, in diesem sind beide selbständig; aber die Gewalt einer jeden Gesellschaft reicht auch nicht weiter, als der Zweck der Gesellschaft reicht; daher kann der Staat nicht für sich einseitig regeln, was über seinen Zweck hinaus- und den höhern Zweck der Kirche angeht. Hierin muß der Staat sich der höhern Ordnung unterordnen[4]. Diese Forderung ist für jeden Katholiken klar; ja man müßte den Staat für die höchste Gesellschaft mit dem höchsten Zwecke halten oder gar mit Hegel als Selbstzweck betrachten, man müßte das höhere Ziel des Menschen im jenseitigen Leben läugnen, wollte man dies bestreiten. Oder ist der Staat die Quelle alles Rechtes und sein Recht ein schrankenloses?[5] Diese widersinnige Behauptung der Neuzeit fordert eine nähere Beleuchtung.

5. Recht und Staat.

55. Woher hat der Staat sein Recht? Er hat es von Gott. Kein Regent nennt sich „von Volkes Gnaden", sondern mit Recht „von Gottes Gnaden". Hat der Staat aber sein Recht von Gott, so ist er nicht Ursprung und Quelle aller Rechte. „Die Gerechtigkeit ist das Fundament der Staaten."[6] sagt der hl. Augustinus, die Gerechtigkeit aber kommt von Gott, wird nicht vom Staate geschaffen. Die bloße Thatsache schafft nicht das Recht, weder

---

[1] Phillips, Kirchenrecht, Bd. II. Regensburg 1846. S. 619. 639.

[2] *Aug.* ep. 155: „Non aliunde beata civitas, aliunde homo, cum aliud non sit civitas quam concors hominum multitudo."

[3] *Aug.* de civ. Dei IV. 4; II. 21; *Suarez* de leg. IV. 9; *Pignatelli*, Consult. can. t. II. cons. 56 n. 6 seq. p. 111 seq. *Turrecremata*, Summa de eccles. I. 90. *Thom.* de reg. princ. I. 14: „Ei, ad quem finis ultimi cura pertinet, subdi debent illi, ad quos pertinet cura antecedentium finium."

[4] Vgl. Hugo, Naturrecht. Berlin 1809. S. 455; Dahlmann, Politik § 310: „Vor allem ist die Religion dem Staate überlegen."

[5] Syllab. n. 39: Reipublicae status utpote omnium jurium origo et fons jure quodam pollet nullis circumscripta limitibus.

[6] Cf. *Aug.* de civ. Dei IV. 4: „remota justitia quid sunt regna nisi magna latrocinia? Quia et ipsa latrocinia, quid sunt nisi parva regna?"

im Privatleben noch in der öffentlichen Ordnung; der Erfolg kann nie das
Unrecht zum Rechte stempeln[1]. Nur wer den Staat zu Gott macht, kann
ihn als Quelle alles Rechtes und sein Recht als ein schrankenloses betrachten.
Wohl begründet der Staat Rechte, aber er ist nicht die Quelle des Rechtes
oder aller Rechte, setzt er doch in seinen Anfängen die Familie voraus. Es
muß logisch vor dem Staate eine wirksame Rechtsordnung gedacht werden,
die nothwendig war, den Staat selbst organisch zu erbauen. Das natürliche
Recht des Individuums ist vor dem Staate und nicht von ihm. Stammen
nicht alle Rechte vom Staate, so kann er auch in seiner Gewalt nicht unbeschränkt sein. Die Societät geht nicht auf im Staate; er ist nur eine der
Gesellschaften. Recht ist nur dann Recht, wenn es unverletzlich ist. Die
Theorie, daß alles Recht vom Staate kommt, hebt die Unverletzlichkeit des
Rechtes auf; dieses muß unverletzlich sein, wie von Seite der Individuen,
so auch von Seite des Staates[2]. Ein unbeschränktes Recht hat nur Gott
allein, kein menschliches Recht kann unbeschränkt sein.

Der Staat und sein Recht hat Grenzen verschiedener Art, schon in seiner
geographischen Begrenzung, im Rechte der Individuen, der Familie; neben
ihm steht die Kirche mit von Gott verliehenen Rechten. Wäre sein Recht
innerlich unbegrenzt, so gäbe es ihm, wie Gott gegenüber nur Pflichten,
keine Rechte. Nun gibt es aber auch dem Staat gegenüber Rechte, hat auch
der Staat Pflichten gegen seine Unterthanen, also ist er moralisch begrenzt.
Ist das Recht des Staates ein schrankenloses, so hätte auch die sittliche Schranke
keine Geltung mehr für die Staatsgewalt. Alle mit den besten Rechtstiteln
erworbenen Rechte wären gleich den sittlichen Rechten unsicher. Ebenso steht
neben dem Staat die Kirche da, die ihr Recht von Gott hat und nicht
vom Staate, die ebenso eine rechtserzeugende selbständige Macht ist[3].

Die Theorie von dem schrankenlosen Rechte des Staates, die ihn an die
Stelle Gottes setzt, macht ihn so in der That nur zum zerbrechlichen Götzenbilde;
die Lehre des Christenthums, die in der Staatsgewalt Gottes Dienerin und Stell-
vertreterin erkennt und ehrt, macht sie in Wahrheit groß und verehrungswürdig.
Gewiß gibt niemand getreuer dem Kaiser, was des Kaisers ist, als wer nicht
aus Furcht und Nothwendigkeit, sondern um des Gewissens willen es ihm gibt,
eben weil er aus religiösen Rücksichten auch Gott gibt, was Gottes ist[4].

---

[1] Syllab. n. 58. 60. 61. 64. 56. 57.   [2] Stöckl a. a. O. S. 475.

[3] Vgl. E. Mayer, Die Kirchenhoheitsrechte des Königs von Bayern. Von der
jurist. Facultät der Univ. München gekrönte Preisschrift. München 1884 S. 126 f.:
„Der Herrscher ist die alleinige Rechtsquelle im Staate, kann keine zweite unabhängige
rechtserzeugende Macht neben sich haben. Von ihm geht denn auch der gesammte
Complex der Rechtsnormen in Bezug auf die Kirchen aus."

[4] Vgl. Röm. 13, 5. 6; Pii IX. Alloc. d. 23. Dec. 1872. Thom. 2. 2 q. 104
a. 1: „In rebus humanis ex ordine juris naturalis et divini tenentur inferiores suis
superioribus obedire."

6. Pflicht des Gehorsams. Kirchliches und weltliches Gesetz.

56. Wie die göttliche Offenbarung den Gehorsam gegen die kirchliche Autorität fordert, so schärft sie auch die Pflicht des Gehorsams gegen die weltliche Obrigkeit ein. „Fürchte Gott und den König," ruft uns schon der alte Bund zu (Sprichw. 24, 21). Christus selbst hat zum Beispiel der Seinigen den Tribut entrichtet (Matth. 17, 24 ff.), die Gewalt eines Pilatus als von oben gegeben anerkannt (Joh. 19, 10. 11) und die Pflicht des Gehorsams gegen die weltliche Obrigkeit ausgesprochen (Matth. 22, 21). Klar und deutlich hat sie der Völkerapostel entwickelt (Röm. 13, 1—7). So hat auch die Kirche stets bis auf den heutigen Tag die gleiche Lehre ver= kündet, den Gehorsam gegen die weltliche Obrigkeit gefordert und die Empö= rung gegen sie verdammt [1].

Aber sowenig das Recht des Staates ein schrankenloses ist, ebensowenig kann der ihm schuldige Gehorsam ein unbeschränkter, unbedingter sein. Das lehrt die Vernunft wie die Heilige Schrift und die heiligen Väter und erkennen die Staatsrechtslehrer an. Nur Gott allein kann einen unbedingten Gehorsam fordern, weil nur er allein ein unumschränktes Recht hat. Die Beschränkung des Gehorsams spricht schon der Heiland offenbar aus, indem er dem Kaiser, was des Kaisers ist, Gott aber, was Gottes ist, zu geben lehrt. Ebenso der Apostel, indem er die Obrigkeit Gottes Dienerin nennt (Röm. 13, 4), der um des Gewissens willen gehorcht werden soll (V. 5); das ist aber nicht möglich, wenn ihr Befehl dem Gewissen widerstreitet. „Man muß Gott mehr gehorchen als den Menschen," das ist ebenso Lehre der Vernunft als der Offenbarung. Das haben alle Martyrer und Väter der Kirche stets bekannt; das canonische Rechtsbuch spricht es in vielen Stellen aus [2], und niemand, der an die Existenz Gottes glaubt, vermag es zu läugnen [3]. „Wenn das Gebot der Obrigkeit gegen das Gebot Gottes geht, so hat der Unterthan die Pflicht, ihr (hierin) den Gehorsam zu verweigern." [4] „Der unbedingte oder absolute Gehorsam hat nur einen Sinn, wenn er im Verhältniß zu einem Gebieter gedacht wird, dem in Wahrheit eine absolute Macht zusteht, d. h. in dem Verhältniß zu Gott." [5] Niemand wird bezweifeln, daß einem Gesetze, das z. B. den Götzendienst gebieten würde, nicht gehorcht werden darf; also

---

[1] Cf. *Encycl. Pii IX.* d. 9. Nov. 1846; 4. Oct. 1847; 8. Dec. 1849; 26. Mart. 1860; *Syllab.* n. 63: Legitimis principibus obedientiam detrectare, imo et revellare licet; *Encycl. Leon. XIII.* d. 29. Jun. 1881: „Ex quo subesse cives et dicto au-dientes esse **principibus uti Deo** opportebit non tam poenarum formidine, quam verecundia majestatis, neque assentationis causa, sed conscientia officii."

[2] Cf. c. 92. 93. 98. 99 C. XI. q. 3; c. 1 D. 9 und a. a. O.

[3] Vgl. mein Schriftchen: Der Gehorsam gegen die weltl. Obrigkeit. Freib. 1877.

[4] Stahl, Rechts- und Staatslehre, Thl. II. Abschn. III. Kap. 19 § 151.

[5] Bluntschli, Staatswörterbuch IV. S. 80 ff.

ist der Gehorsam auch kein unbedingter und absoluter. Gegen einen klaren Ausspruch des Gewissens darf man nie handeln [1]. Dieser Pflicht gegenüber kann keine „Majestät des Gesetzes", kein „öffentliches Gewissen" geltend ge= macht werden [2]; dem Naturgesetze, dem positiv göttlichen Gesetze muß offen= bar mehr gehorcht werden als dem menschlichen Gesetze, sowie die ewige Straf= mehr zu fürchten ist als die zeitliche [3].

Es versteht sich von selbst, daß diese Verweigerung des Gehorsams (passiver Widerstand) nur erlaubt, aber auch Pflicht ist, wo es sich um eine unzweifelhafte, unmittelbare Forderung des Naturgesetzes oder um eine unzweifelhafte Forderung des göttlichen Gesetzes handelt, daß damit die Achtung gegen die Obrigkeit, der Gehorsam in allen übrigen (erlaubten) Dingen ver= bunden sein muß, und daß deßhalb kein activer Widerstand gegen die Obrig= keit erlaubt ist (Syllab. n. 63). Wenn mittelalterliche Theologen in gewissen Fällen auch einen activen Widerstand für erlaubt hielten, so setzen sie einer= seits den Fall voraus, wo es sich um die heiligsten Güter der Menschheit und die Selbsterhaltung des Volkes handelt, andererseits, daß dies nach dem öffentlichen Urtheil der ganzen Gesellschaft geschehe, dann auch eine Verfassung, nach der das Volk den Regenten wählt und er bestimmte Verpflichtungen übernimmt, bei deren Nichterfüllung er auch seine Regierung verlieren oder darin beschränkt werden könne [4].

57, Unzweifelhaft steht fest, daß einem Gesetze nicht gehorcht werden darf, welches mit dem Glauben und dem Sittengesetze in Widerspruch steht. Die Kirche aber ist die von Gott eingesetzte Heilsanstalt, welche das göttliche Gesetz zu erklären hat, welche darum auch von Gott das Recht hat, das zu verwerfen, was mit dem göttlichen Gesetze, mit der Glaubens= und Sittenlehre in Widerspruch steht. Es gibt auch Disciplinargesetze der Kirche, welche mit ihrer Glaubenslehre so enge zusammenhängen, daß sie nicht übertreten werden können, ohne diese zu verletzen. Es kann darum nie von der Kirche anerkannt werden, daß im Conflicte zwischen Staats= und Kirchengesetz das Staats= gesetz überwiege, und Pius IX. spricht nur die constante Lehre der Kirche aus, wenn er sagt, das Gebot, der obrigkeitlichen Gewalt zu gehorchen, könne von niemand ohne Sünde verletzt werden, es sei denn, es würde etwas be= fohlen, was den Gesetzen Gottes und der Kirche widerstreitet [5].

Das Recht des Staates hat seine Grenzen an dem Zwecke der bürger=

---

[1] Vgl. Röm. 14, 23; Eccli. 32, 27; Jac. 4, 17; 1 Joh. 3, 19; *Thom.* in Rom. c. 14; de Ver. Q. 17 Quodl. III. a. 27. VIII. a. 15.

[2] Cf. *Origen.* c. Cels. V. 10: Ἡμεῖς οὖν οἱ Χριστιανοὶ τὸν τῇ φύσει πάντων βα= σιλέα ἐπεγνωκότες νόμον.

[3] C. 97 C. XI. q. 3.   [4] Cf. *Thom.* 2. 2 q. 42 a. 2 ad 3 und a. a. O.

[5] *Encycl. Pii IX.* d. 9. Nov. 1846 (Acta Pii IX. p. 12). Syllab. n. 42: In conflictu legum utriusque potestatis jus civile praevalet.

lichen Gesellschaft. Die Untergebenen sind ihren Vorgesetzten Gehorsam schuldig in demjenigen, worin sie ihnen untergeben sind. Die Pflicht des Gehorsams aber hört auf, wenn der Obere etwas befiehlt in Dingen, worin der Unter=gebene ihm nicht unterworfen ist [1]. Der Staat hat kein Recht, einseitig das zu regeln, was Gott der höhern Gewalt, der Kirche, zugewiesen hat (54); ein weltliches Gesetz, das sich auf rein kirchliche Dinge bezieht, geht über die Competenz des weltlichen Gesetzgebers hinaus. Der Staat muß hierin der übernatürlichen Ordnung weichen. Er darf sich nicht in Widerspruch setzen mit dem von der Kirche gegebenen Gesetze: er darf nicht verbieten, was die Kirche gebietet, und nicht gebieten, was sie verbietet. Er ist zunächst also nur negativ gebunden, und sicher nicht zu seinem Nachtheile. Der christliche Staat soll allerdings auch positiv den Zweck der Kirche fördern. Aber nicht in gleicher Weise kann dies von jedem Staate erwartet werden. Daß jedoch die Staatsgewalt nicht in das kirchliche Gebiet eingreife, nicht sich in directen Widerspruch setze mit dem kirchlichen Gesetze, das muß von jedem Staate ge=fordert werden, wenn er einmal die Kirche und ihr Recht anerkannt hat.

Im Conflict zwischen kirchlichem und bürgerlichem Gesetze muß an und für sich dem kirchlichen der Vorzug gebühren; denn der Zweck der Kirche ist der höhere. Im einzelnen Falle gilt, was die Moral von der Collision der Pflichten lehrt, und ist zu unterscheiden zwischen positiven und negativen Pflichten, welch letztere immer und überall verbinden, so daß es unter keinen Umständen erlaubt ist, ihnen zuwider zu handeln; ferner ist auf die Größe der Verpflichtung, die größere oder geringere Nothwendigkeit zu sehen u. s. w. Aber gewiß ist, daß die Pflicht des Gehorsams auch da aufhört, wo ein bürgerliches Gesetz in das göttliche Recht der Kirche eingreift, wo es dem Zwecke des ewigen Heils hindernd in den Weg tritt, wo es von der Kirche ausdrücklich verworfen ist.

Der passive Widerstand setzt auch hier voraus eine unzweifelhafte Ueberschreitung ihrer Befugnisse von Seite der Staatsgewalt, die constatirte Erfolglosigkeit der auf verfassungsmäßigem Wege erhobenen Vorstellungen, die volle Bereitwilligkeit zum Gehorsam innerhalb der Schranken des Rechtes und die Bewahrung der der Obrigkeit allezeit schuldigen Ehrfurcht [2].

7. Gewalt der Kirche in Bezug auf das Zeitliche.

58. Der Kirche kann unmöglich jede Gewalt über zeitliche Dinge ab=gesprochen werden [3], sonst wäre sie eben keine äußere, sichtbare Gesellschaft,

---

[1] *Thom.* 2. 2 q. 104 a. 5: „Subditi in his tantummodo superioribus obedire tenentur, in quibus ipsi superiores sublimiori potestatis praecepto non adversantur et in quibus ipsi suis superioribus subjiciuntur."

[2] Stöckl a. a. O. S. 627.

[3] Syllab. n. 24: Ecclesia vim inferendi potestatem non habet neque potestatem ullam temporalem directam vel indirectam.

die Kirche würde aus der Welt verdrängt, auch ihrer zeitlichen Besitzungen verlustig, auf das rein Innere beschränkt, so daß sie nicht einmal die Sacramente spenden, ihr Opfer feiern könnte. Die Kirche hat keine Gewalt in weltlichen Dingen in Bezug auf den weltlichen Zweck der bürgerlichen Gesellschaft; hierin ist diese unabhängig. Aber sie muß auch ihre Gewalt in Bezug auf weltliche Dinge ausüben, soweit diese auf den geistlichen Zweck der Kirche gehen, soweit es der Zweck der Kirche erheischt. Diese Gewalt ist darum keine weltliche, sondern eine geistliche Gewalt, die nur mittelbar weltliche Dinge betrifft.

Wohl haben sich drei Systeme rücksichtlich der potestas ecclesiae in temporalia gebildet. Aber 1) das System der *potestas directa in temporalia,* das ohnehin nur wenige Vertreter fand, ist historisch und theologisch ganz unhaltbar. Gott hat dem Papste nicht die Vollmacht verliehen, die Welt auch im Zeitlichen zu regieren, so daß die weltlichen Regenten von ihm ihre Macht erhielten. So allgemein auch der Herr die Binde- und Löse=gewalt ausspricht („was immer du binden und lösen wirst"), so versteht sich doch von selbst die Beschränkung: „was zum Zwecke der Kirche gehört." Die staatliche Gewalt gründet sich auf das Naturrecht; sowenig die Gnade die Natur aufhebt, ebensowenig hebt die übernatürliche Gewalt der Kirche die natürliche des Staates auf, die Christus voraussetzt und anerkennt. Auch könnten doch nur die getauften Regenten ihre Gewalt vom Papste empfangen. Die rechtmäßige Gewalt auch der heidnischen Kaiser wurde aber stets in der Kirche anerkannt.

2) Ungenügend dagegen ist das System der *potestas directiva,* wonach die Kirche bloß eine directive, keine coactive Gewalt der weltlichen Autorität gegenüber hat, nur durch ihr Lehramt, ihre Mahnungen und Gebote die Gewissen der Völker und Fürsten aufzuklären, ihre Pflichten gegen Gott und die Kirche ihnen vorzuhalten und darüber zu entscheiden hat, was im Falle der Collision der Pflichten vor dem Gewissen erlaubt oder nicht er=laubt ist.

3) Die auf das canonische Rechtsbuch sich stützende allgemeine Lehre ist die von der *potestas indirecta in temporalia.* War auch der Name „indirecte Gewalt über das Zeitliche" bei Bellarmin neu, und erschien er daher anfangs anstößig, so ist doch seine Lehre mit derjenigen der älteren Theologen über=einstimmend. Unmittelbares Object der kirchlichen Gewalt ist die Regierung der Gläubigen in der übernatürlichen Ordnung. Indirect und de consequenti hat die Kirche auch das Recht, über zeitliche Dinge zu entscheiden, soweit es auf das geistliche Gebiet Bezug hat, in ordine ad bonum spirituale. Sicher steht das Urtheil über die Sünde, die bei weltlichen Dingen begangen wird, der Kirche zu, und das bezüglich aller Gläubigen, auch der Regenten. So spricht Innocenz III. in der Decretale Novit (1204) mit Berufung auf

Matth. 18, 15—17 aus, daß, nachdem der König von England die Vorschrift des Evangeliums ohne Erfolg beobachtet hat, das Oberhaupt der Kirche nicht über die Lehensfrage, wohl aber über die Sünde zu richten hat [1]. In der Decretale Per venerabilem weist der Papst das Gesuch des Grafen Wilhelm von Montpellier um Legitimation seiner unehelichen Kinder ab. Dabei wird ausgesprochen, daß der König von Frankreich, dem eine solche Legitimation ertheilt wurde, keinen Obern im Weltlichen über sich anerkennt, daher ohne Verletzung der Rechte eines Dritten sich der päpstlichen Jurisdiction unterwerfen konnte. Es wird zwischen der Legitimation für die kirchlichen und für die weltlichen Folgen unterschieden, und dem Papste eine temporalis jurisdictio nur ausnahmsweise, casualiter, im Incidenzfalle und aus dringenden Ursachen beigelegt [2].

8. Der Träger der Staatsgewalt und seine Stellung zur Kirche.

59. Daß auch katholische Regenten in kirchlichen Dingen der Kirche unterworfen sind, der kirchlichen Hierarchie, Gesetzgebung und Strafgewalt unterstehen, ist klar. Auch sie sind Glieder der Kirche, gehören zu der dem Petrus übergebenen Heerde Christi [3]. „Wenn die katholischen Fürsten in geistlichen und kirchlichen Angelegenheiten exemt von der kirchlichen Jurisdiction wären, so müßten sie aufgehört haben, Glieder und Söhne der Kirche zu sein, wären nimmer zum Reiche Christi gehörig; würde die Kirche in dem, was und soweit es geistlich ist, das Staatsoberhaupt als höher und über ihr stehend anerkennen, so wäre die Unabhängigkeit der Kirche dahin, der Landesherr wäre summus episcopus wie bei den Protestanten.“ [4] Die Staatsgewalt kann auch keine negative indirecte Gewalt in kirchlichen Dingen beanspruchen, nicht der katholische Regent, geschweige ein ungläubiger, denn eine solche Gewalt liegt außerhalb des Zweckes des Staates und wäre ein positiver

---

[1] C. 13 x de judic. II. 1: „Non enim intendimus judicare de feudo, cujus ad ipsum spectat judicium, nisi forte juri communi per speciale privilegium vel contrariam consuetudinem aliquid sit detractum, sed decernere de peccato, cujus ad nos pertinet sine dubitatione censura, quam in quemlibet exercere possumus et debemus.“

[2] C. 13 x qui filii sint legit. IV. 17: „certis causis inspectis temporalem jurisdictionem casualiter exercemus, non quod alieno juri praejudicare velimus“ etc.

[3] „Canonum statuta custodiantur ab omnibus“ (c. 1 x de constitut. I. 2). „Si imperator catholicus est, filius est, non praesul ecclesiae; quod ad religionem competit, discere ei convenit, non docere“ (c. 11 D. 96). „Imperator bonus intra ecclesiam est, non supra ecclesiam“ (c. 21 C. XXIII. q. 8).

[4] Litt. Apost. Multiplices inter d. 26. Jun. 1851. Syllab. n. 54: Reges et principes non solum ab ecclesiae jurisdictione eximuntur, verum etiam in quaestionibus jurisdictionis dirimendis superiores sunt ecclesia.

Eingriff in das Gebiet der Kirche, wie die daraus begründeten „Rechte" des Placet u. s. w. zeigen [1].

60. Es ist den Päpsten des Mittelalters vorgeworfen worden, daß sie ihre Gewalt überschritten und sich Rechte der Fürsten anmaßten [2], namentlich indem sie Regenten als abgesetzt erklärten. Ja, man hat in neuerer Zeit diese Frage in Verbindung mit der lehramtlichen Unfehlbarkeit des Papstes bringen wollen [3], worüber Pius IX. sich am 20. Juli 1871 aussprach: „Unter anderen Irrthümern, mit denen die päpstliche Unfehlbarkeit gefälscht wurde, sei einer der boshaftesten jener, welcher das Recht zur Absetzung der Fürsten und zur Entbindung von der Verpflichtung zur Treue darin eingeschlossen sehen wolle. Jenes Recht sei bisweilen in äußerster Noth von den Päpsten geübt worden, habe aber mit der Unfehlbarkeit durchaus nichts zu thun. seine Quelle sei nicht die Unfehlbarkeit, sondern die Autorität des Papstes gewesen. Diese habe sich nach dem damals geltenden öffentlichen Rechte und durch die Uebereinstimmung der christlichen Nationen, die im Papste den obersten Richter der Christenheit verehrten, auch dahin ausgedehnt, daß die Päpste auch *civiliter* über die Fürsten richteten. Ganz und gar davon verschieden seien aber die jetzigen Verhältnisse, und nur Bosheit könne so verschiedene Dinge und Zeitverhältnisse miteinander vermengen." [4] Alle stimmen darin überein, daß nur unter Verhältnissen, wie sie im Mittelalter waren, nicht aber unter heutigen Verhältnissen von einer Absetzung der Fürsten die Rede sein könne [5]. Darum liegt dieses Recht auch nicht im Primate allein [6], sondern verlangt als zweiten Factor das öffentliche Recht des Mittelalters. Denn 1) läge es im Primate an sich, so könnte es auch zu allen Zeiten geübt werden, gleichwie die Excommunication zu allen Zeiten auch über katholische Regenten verhängt werden kann. 2) Die weltliche Gewalt ist von Gott kraft des Naturrechtes. Ueber ungetaufte Regenten hat sicher der Papst nicht dieses Recht. Die Zugehörigkeit des Regenten zur katholischen Kirche gehört nicht nach dem Naturrecht zur Rechtmäßigkeit der weltlichen Gewalt, wohl aber forderte sie das

---

[1] Syllab. n. 41: Civili potestati vel ab infideli imperante exercitae competit potestas indirecta negativa in sacra, eidem proinde competit, nedum jus, quod vocatur *exequatur*, sed etiam jus *appellationis*, quam nuncupant ab *abusu*.

[2] Syllab. n. 23.: Romani Pontifices et Concilia oecumenica a limitibus suae potestatis recesserunt, jura principum usurparunt atque etiam in rebus fidei et morum definiendis errarunt.

[3] Vgl. Ueber das Vaticanische Concil. Mainz 1871. S. 36 ff.

[4] So nach der Voce della verità v. 12. Juli, Civ. catt. 19. Aug. 1871, Archiv für kath. K.=R. Bd. 26 S. LXXX, Period. Bl. über das vatic. Concil Bd. 3 H. 8.

[5] Molitor, Brennende Fragen. Mainz 1874. S. 149.

[6] Molitor a. a. O. S. 144 ff. Dagegen Katholik 1875 S. 214 ff.; vgl. J. Hergenröther, Kath. Kirche und christl. Staat I. S. 36 ff.

Recht des Mittelalters. 3) Die directe Absetzung eines Regenten durch den Papst setzte eine potestas directa in temporalia voraus. Denn dadurch übte der Papst offenbar eine weltliche Gewalt, eine solche liegt nicht in dem Primate. 4) Die Päpste beriefen sich bei Erklärung des Verlustes der Regierung auf das göttliche und menschliche Recht. Nach dem öffentlichen Rechte des Mittelalters hatte das Verharren in der Excommunication auch den Verlust der Regierung, wie überhaupt jedes Amtes, zur Folge. Der Papst als das Haupt der christlichen Völkerfamilie aber erklärte, wann diese Folge eingetreten sei, löste den Eid der Treue, den nicht die Unterthanen selbst zu lösen berechtigt waren. So ergab sich die Absetzung als Consequenz aus dem Primate unter den herrschenden Rechtsanschauungen (75). 5) Die Päpste übten dieses Recht nur, solange sie den Bestand des mittelalterlichen Rechtes voraussetzen konnten, weder früher[1], noch später. So verhängte Pius VII. den Bann über Napoleon I., erklärte aber, daß er die Strafe verhänge, die in seiner Macht liege, daß jedoch niemand auf Grund oder unter dem Vorwande dieses Urtheils den durch dasselbe Getroffenen irgend einen Schaden, Nachtheil, Beleidigung oder Verletzung zufügen oder sie an ihren Gütern und Rechten schädigen dürfe.

9. Nothwendigkeit der Eintracht zwischen beiden Gewalten und gegenseitiger Hilfeleistung.

61. Die Unabhängigkeit beider Gewalten ist nicht derart, daß keine der andern bedarf, keine auf die andere zu achten hat, sondern sie besteht in der Freiheit beider, für ihr Ziel zu wirken. Beide Gewalten bestehen nebeneinander, sie können einander nicht ignoriren. Die Kirche steht keinem Staate als solchem feindlich entgegen, ihr Einfluß kann ihm nur nützen[2]. Der Staat kann die Religion nicht ignoriren, ohne seiner eigenen Autorität zu schaden, er darf darum auch die Kirche nicht ignoriren. Kann er doch auch die klimatischen, industriellen Verhältnisse des Volkes, den Stand der Wissenschaft nicht ignoriren, so noch weniger die religiösen Verhältnisse des Volkes. Beide Gewalten sind durch das Bedürfniß aneinander gefesselt[3], beide sind von Gott

---

[1] Als erstes Beispiel wird die Absetzung Childerichs angeführt c. 3 C. XV. q. 6; Gratian bemerkt: „A fidelitatis etiam juramento Romanus Pontifex nonnullos absolvit, cum aliquos a sua dignitate deponit." Aber hier gab der Papst nur seine Zustimmung, erklärte nur, die Regierung dürfe entzogen werden.

[2] Syllab. n. 40: Catholicae ecclesiae doctrina humanae societatis bono et commodis adversatur. Cf. *Hugo Grotius* l. II. c. 20, 3: „Religio autem, quamquam per se ad conciliandam Dei gratiam valet, habet tamen et suos in civitate humana effectus maximos. Neque enim immerito Plato religionem propugnaculum potestatis ac legum et honestae disciplinae vinculum vocat." Cf. *Aristot.* Polit. l. VII. c. 8; *Cicero* de leg. II. 7.

[3] Nicolaus I. (c. 6 D. 96): „Idem mediator Dei et hominum Christus Jesus sic actibus propriis et dignitatibus distinctis officia potestatis utriusque discrevit,

geordnet, und deshalb zur Eintracht verpflichtet, denn Gott ist ein Gott des Friedens und will, daß beide ihre ihnen von Gott angewiesene Aufgabe in Frieden erfüllen[1]. Christus hat beide Gewalten geschieden, aber er lehrt auch, daß kein Widerspruch zwischen ihnen besteht, keine feindselige Trennung statt= haben soll, sondern die Eintracht, indem man Gott gibt, was Gottes, und dem Kaiser, was des Kaisers ist.

Beide Gewalten sind daher zur Eintracht und gegenseitigen Hilfeleistung verpflichtet wegen der Pflicht des Gehorsams gegen beide, wegen der Einheit des Subjects, des Menschen; alle Pflichten des Menschen müssen in Harmonie sein, sonst würde man die Einheit des Subjects zerreißen, das sie angehen. Man kann „zwischen den Pflichten des Privatmannes und jenen des Staats= bürgers nicht in der Art scheiden, daß die kirchliche Autorität im Privatleben Geltung habe, im öffentlichen dagegen keine Anerkennung finde"[2]. Aber auch die beiderseitigen Interessen, die sich so nahe berühren, verpflichten dazu. „Darum muß zwischen beiden Gewalten eine geordnete Einigung stattfinden . . . . denn das sollte doch allen als ein unverrückbares Gesetz gelten, was Ivo von Chartres (ep. 238) an Paschalis II. schrieb: Wenn Staat und Kirche ein= trächtig sind, wird die Welt gut regiert, blüht die Kirche und bringet Frucht. Wenn sie aber uneinig sind, dann wächst nicht nur das Kleine nicht, sondern auch das Große geht jammervoll unter."[3]

Zwar hatten die ersten Jahrhunderte der Kirche gezeigt, daß sie nicht absolut des Schutzes des Staates bedarf; aber zeigte sich in jenen Zeiten der Verfolgung ganz besonders der göttliche Schutz der Kirche, so war dies Verhältniß des der Kirche feindlichen Staates doch gewiß nicht das normale, nicht fortzudauern bestimmt. Die Kirche kann ihre Institutionen und Seg= nungen nur da frei und ungehindert entfalten, wo Eintracht zwischen Staat und Kirche herrscht. Sie hat die Aufgabe, die Schätze der Erlösung überallhin zu verbreiten und die übernatürliche Ordnung auf allen Ge= bieten zu verwirklichen, auf welche sich die sittliche Ordnung erstreckt. Auch

---

ut et christiani Imperatores pro aeterna vita Pontificibus indigerent et Pontifices pro cursu rerum tantummodo temporalium imperialibus legibus uterentur." Kaiser Justinian (Nov. 6): „Maxima in hominibus sunt dona Dei superna collata clementia, Sacerdotium et Imperium, et illud quidem divinis ministrans, hoc autem humanis diligentiam exhibens."

[1] Phillips, Kirchenrecht Bd. II. S. 496.

[2] Encycl. Leon. XIII. d. 1. Nov. 1885. Deutsch Freiburg, 1885. S. 54.

[3] Encycl. Leon. XIII. cit. p. 22. 30. Greg. XVI. Encycl. d. 15. Aug. 1832: „Concordia illa, quae semper rei et sacrae et civili fausta extitit et salutaris." Cf. c. 20. 22. 23 C. XXIII. q. 5; c. 6. 7 D. 10; c. 41 C. XXIII. q. 4; c. 4 D. 7; c. 21 C. XXIII. q. 5 (Leo M.): „Res autem humanae tutae esse non possunt, nisi, quae ad divinam confessionem pertinent, et Regia et Sacerdotalis defendat auctoritas."

der Staat ist ein Glied, ein Theil der sittlichen Ordnung. Mithin muß auch der Staat mit der Kirche in Verbindung stehen, muß er christlich sein, wenn er seiner Idee, seiner Bestimmung vollkommen entsprechen soll [1]. Der eigene Nutzen des Staates fordert, daß er die Kirche schütze und ihren Zweck unterstütze [2]; die Unterthanen haben ein Recht, den Schutz der Kirche zu fordern [3].

62. So unterstützt der Staat das Wirken der Kirche, indem er die äußere Rechtsordnung aufrechthält, durch Strafen äußere Vergehen fernhält, Personen und Eigenthum schützt, so daß die Kirche ungehindert ihr Wirken entfalten kann. Der Staat gibt der Kirche materiellen Schutz, und dieser ist für ihn Pflicht. Wohl hat er nur das zeitliche Wohl zu seinem Ziele, aber das zeitliche Wohl der Menschen, die Glieder des Staates und der Kirche sind; und dieses zeitliche Wohl ist nicht möglich ohne Religion, muß auf das Endziel bezogen, muß ihm untergeordnet sein. Darum muß der Staat auch die Religion schützen und darum soll er auch positiv den Zweck der Kirche fördern.

Die Kirche nützt dem Staate, sie gibt ihm moralische Festigkeit. 1) Sie befestigt das Band zwischen Regenten und Unterthanen. „Weit entfernt, die Majestätsrechte zu schmälern, ist es gerade die christliche Staatsordnung, welche ihnen eine größere Festigkeit und höhere Weihe verleiht; da empfängt die Autorität der Regenten eine überirdische Weihe und wird eben dadurch bewahrt, daß sie nicht abweiche von dem Pfade der Gerechtigkeit, noch im Befehlen das Maß überschreite [4]. Da wird der Gehorsam der Bürger geadelt und eine menschenwürdige That, weil nun nicht mehr ein Mensch dem andern dient, sondern Gottes Willen botmäßig wird, der durch Menschen seine Herrschaft übt. Wer von all dem eine klare Ueberzeugung gewonnen, dem kann es keinen Augenblick zweifelhaft sein, daß es durchaus eine Pflicht der Gerechtigkeit ist, in Ehrfurcht sich zu beugen vor der Könige Majestät, standhaft und treu zu bleiben im Gehorsam, keinen Aufruhr zu erregen, alle staatsbürgerlichen Pflichten gewissenhaft zu erfüllen." [5] 2) Sie verbindet auch die Staatsbürger untereinander durch das Band der Religion; die Gottesfurcht ist es, welche die Verbindung der Menschen untereinander wahrt; die Kirche aber lehrt die Gottesfurcht. 3) Die Kirche fordert nicht bloß äußere Legalität, sie fordert den Gehorsam um des Gewissens willen,

---

[1] Katholik 1872 S. 687 ff.

[2] *Greg. XVI. Encycl.* d. 15. Aug. 1832: „Pro principum imperio et quiete geritur, quidquid pro ecclesiae salute laboratur."

[3] Vgl. Bohl, Die Religion vom polit.=jurid. Standpunkt. Paderborn. S. 369.

[4] *Encycl. Leon. XIII.* cit. p. 22 seq. 24; vgl. p. 26 nach Aug. de mor. eccles. cath. 30, 63; cf. *Encycl. Pii IX.* d. 8. Dec. 1849: „docet reges prospicere populis, monet populos se subdere regibus."

[5] *Encycl. Leon. XIII.* cit. l. c. p. 24.

auch gegen schlechte Obere [1], sie unterwirft auch die inneren Sünden ihrem Richterstuhle und so hält sie mehr von Verbrechen ab als die äußere Gewalt des Staates. 4) Sie heiligt die Ehe, die so wichtig ist für den Staat, und schützt den Eid, den er nicht entbehren kann. 5) Sie gleicht das Mißverhältniß aus zwischen arm und reich durch das Gebot christlicher Liebe und Enthalt= samkeit. Von großer socialer Bedeutung ist auch der Ordensstand der Kirche, der das beständige, erhabene Beispiel freiwilliger Armuth, des Gehorsams und der Entsagung denen gibt, die in unfreiwilliger Abhängigkeit, in gezwungener Armuth leben und auf die Ehe verzichten m ü s s e n. 6) Sie sorgt in segens= voller Weise für die Armen und wirkt, wo sie ungehindert ihre Thätigkeit entfalten kann, auch den Ursachen und Folgen der Armuth entgegen, wie es eine erzwungene staatliche Armenpflege nicht vermag. 7) Sie fördert aber auch durch ihre übernatürlichen Mittel das öffentliche Wohl, durch ihr Opfer ihre Segnungen, ihre Gebete (1 Tim. 2, 1—3).

Mit Recht sagt darum der hl. Augustin: „Möchten doch jene, welche behaupten, die christliche Lehre widerstrebe dem Wohle des Staates, solche Kriegsleute uns geben, wie sie die christliche Lehre will, solche Unterthanen, solche Ehemänner, solche Frauen, solche Eltern, solche Kinder, solche Herren, solche Diener, solche Könige, solche Richter, endlich selbst solche Steuerzahler und Steuereinnehmer, wie sie nach der Vorschrift des Christenthums sein sollen, und dann mögen sie es wagen, zu behaupten, die christliche Lehre widerstrebe dem Wohle des Staates; sie werden im Gegentheil keinen Anstand nehmen, zu bekennen, daß, wenn ihr Gehorsam geleistet wird, sie in hohem Maße das Staatswohl fördert." [2]

10. Wirkungskreis beider Gewalten.

63. Beide Gewalten, weil von Gott geordnet, müssen ihre bestimmten Grenzen haben, welche ihre Natur und ihr nächster und unmittelbarer Gegen= stand und Zweck bestimmen. Man unterscheidet daher res ecclesiasticae und res civiles, und da dieselbe Sache in verschiedener Hinsicht dem beider= seitigen Rechte unterstehen kann, res mixtae [3]. Ganz falsch wäre es, unter den kirchlichen Gegenständen nur unsichtbare, unter weltlichen die sichtbaren Gegenstände zu verstehen. Sind doch selbst die Sacramente etwas Sichtbares und stehen offenbar doch nur der Kirche zu; andererseits müßte dem Staate die Beurtheilung der menschlichen Handlungen (Imputabilität) abgesprochen werden. Die Religion tritt sichtbar in das Leben ein, und der Mensch soll mit Körper und Geist Gott dienen. Auch der Staat hat es mit dem ganzen Menschen zu thun, mit Seele und Leib (sed in diverso ordine). Es wäre

---

[1] 1 Petr. 2, 13 ff. 18; c. 9 C. XIV. q. 5.
[2] *Aug.* ad Marcellin. 2, 15 (ep. 138, al. 5) in Leon. XIII. Encycl. cit. p. 28.
[3] *Encycl. Leon. XIII.* cit. p. 20.

falsch, zu sagen, das Innere gehört der Kirche, das Aeußere dem Staate zu. Auch die Unterscheidung wäre unrichtig: die zeitlichen Sachen gehören dem Staate, die geistlichen der Kirche zu. Denn die Kirche kann nicht von allem Zeitlichen ausgeschlossen werden (58). Zeitliche Sachen und Rechte, die mit geistlichen Materien und Rechten verbunden sind, wie die kirchlichen Beneficien, sind doch offenbar kirchliche Gegenstände.

Um im einzelnen zu bestimmen, was der Kirche, was dem Staate zusteht, müssen wir vor allem I. fragen, ob die göttliche Offenbarung sich darüber ausgesprochen hat. Aus dieser ist z. B. unzweifelhaft klar, daß die Verkündigung der geoffenbarten Wahrheit, die Spendung der Sacramente, die Regelung des Gottesdienstes formell nur der Kirche übertragen ist. Anderes ergibt sich als nothwendige Folge aus der göttlichen Wahrheit, wie z. B. daß die Verkündigung der Glaubenslehre nicht von einer Erlaubniß, einem Placet einer Staatsregierung abhängig sein kann.

II. Wo die göttliche Offenbarung sich nicht direct ausspricht, ist auf die innere Natur der Gegenstände und ihre unmittelbare Bestimmung oder ihren unmittelbaren Zweck zu sehen. Es gibt 1) Gegenstände, die ihrer inneren Natur nach res ecclesiasticae sind, z. B. die Gelübde und die Bedingungen ihrer Ablegung. 2) Andere Gegenstände können ihrer Natur nach materiell sein, aber sie sind doch res ecclesiasticae wegen ihrer directen Beziehung zur geistlichen Ordnung, ihres directen kirchlichen Zweckes. Darum sagt Leo XIII.: „Was immer daher im Leben der Menschen heilig ist, was immer auf das Heil der Seelen und den göttlichen Dienst Bezug hat, sei es nun dieses an sich und seiner Natur nach oder wegen seiner Beziehung zu demselben, alles das ist der kirchlichen Gewalt und ihrem Ausspruche unterstellt; alles andere dagegen, was das bürgerliche und politische Gebiet angeht, ist mit vollem Rechte der staatlichen Gewalt unterthan.“

III. Endlich kommt auch das historische Recht in Betracht. Es können durch wechselseitige Concessionen oder Privilegien besondere Rechte zu Gunsten der einen oder der andern Gesellschaft eingeführt sein; es kann der Staat solche Concessionen der Kirche machen, es kann die Ausübung secundärer kirchlicher Rechte von der Kirche dem Staate zugestanden werden. „Zuweilen“, fährt Leo XIII. fort, „treten Zeitumstände ein, da noch auf eine andere Weise eine Einigung stattfindet zur Herstellung des Friedens und der Einheit, wenn nämlich die Staatsgewalt und der römische Papst in einer speciellen Frage ein Uebereinkommen treffen. In solchen Zeiten offenbart die Kirche in ganz besonderer Weise ihre mütterliche Liebe, indem sie so viel Nachgiebigkeit und Entgegenkommen zeigt, als nur immer möglich ist.“ [1]

---

[1] *Encycl. Leon. XIII.* cit. p. 22. Vgl. Cathrein, Die Aufgaben der Staatsgewalt und ihre Grenzen. Freiburg 1882. L. v. Hammerstein, Kirche und Staat. Freiburg 1883. S. 124 ff.

Gemischte Gegenstände (res mixtae) können so genannt werden, 1) in=
dem sie auf dem Wege historischer Entwicklung diesen gemischten Charakter
erhalten haben. Hier ist das historische Recht aufrecht zu halten, wofern es
dem göttlichen Rechte nicht widerspricht, wohl erworben, gesetzlich verjährt ist,
solange nicht die historische Entwicklung der Verhältnisse oder eine Verein=
barung zwischen beiden Gewalten einen neuen Zustand herbeiführen [1]. 2) Andere
Gegenstände können so heißen, bloß insofern die eine Gewalt der andern zur
leichtern Execution beisteht; hier gehört die Sache doch nur einer Gewalt zu,
die andere darf die Bahn der bloßen Hilfeleistung nicht verlassen; hier bildet
sich die Grenze nach dem Princip des Schutzes. 3) Eigentlich gemischte
Gegenstände sind nur jene, welche mit Rücksicht auf ihren doppelten Zweck,
ihre doppelte Bestimmung auf die geistliche und weltliche Ordnung zugleich
Bezug haben. Hier ist aber zu unterscheiden, ob sie ihrer innern Natur
nach und unmittelbar auf den Kirchenzweck Bezug haben; solche
kann der Staat nicht einseitig seinen Gesetzen unterwerfen; z. B. die Ehe ist
als Sacrament bezüglich ihres Wesens, ihrer Giltigkeit der übernatürlichen
Ordnung der Kirche zugehörig; über die bürgerlichen Wirkungen hat der Staat
zu entscheiden. Hier sollen Staat und Kirche sich in Eintracht verständigen,
wie Leo XIII. sagt: „In Dingen gemischten Rechtes liegt es in der Natur
der Sache und entspricht zugleich dem Willen Gottes, daß Staat und Kirche
sich nicht voneinander scheiden und noch weniger sich gegenseitig bekämpfen,
sondern in aller Eintracht im Hinblick auf das Verhältniß beider Gewalten
zusammengehen." [2]

64. I. Als res ecclesiasticae, worüber die Kirche als vollkommene
Gesellschaft (9) nach ihren von Gott verliehenen Rechten (8), nach ihrem
Zweck und ihrem dreifachen Amte (10. 11) zu bestimmen hat, müssen gelten [3]:

1) Dogma und Moral der Kirche nach ihrer inneren und äußeren
Seite, nicht bloß der innere Glaube, sondern auch die Verkündigung des=
selben, die Verbreitung der Lehre, die Vertheidigung derselben gegen Angriffe
der Gegner, die Entscheidung über Glaubensfragen und die freie Mittheilung
derselben an die Gläubigen, der religiöse Unterricht, der nur Gegenstand der
kirchlichen Gesetzgebung sein, nur aus ihrem Auftrag (missio canonica) er=
theilt werden kann. „Jede Abhängigkeit des kirchlichen Lehramts von der
weltlichen Obrigkeit ist mit dem göttlichen Rechte der Kirche unvereinbar,
und es dürfen daher weder der Religionsunterricht in Predigt und Katechese,
noch Hirtenbriefe, noch dogmatische Decrete in den Bereich jener Gewalt ge=

---

[1] Jura legitime acquisita et divino juri haud contraria sarta tecta servari
debent usque eo, donec modo legitimo alius rerum status inducatur. Servetur fides
data. Standum est pactis legitimis. De statu legitimae possessionis dejici nemo debet.
[2] *Encycl. Leon. XIII.* cit. p. 42. Cf. Encycl. d. 10. Febr. 1880.
[3] Cf. Syllab. n. 19. 20. 26. 27.

stellt werden und weder das eine nach das andere von ihrer Genehmigung abhängig gemacht werden." [1]

2) Der Cultus, die Sacramente, Ablässe, die Ordnung des Gottesdienstes und der öffentlichen Gebete [2].

3) Die zur Erziehung des christlichen Volkes nothwendige Disciplin, daher

a) die Kirchenaufsicht durch Papst und Bischöfe, freier und ungehinderter Verkehr mit dem Papste, wie zwischen ihm, den Bischöfen, Ordensoberen und den übrigen Gliedern der Kirche, Clerus und Laien;

b) das Recht der kirchlichen Gesetzgebung [3];

c) die kirchliche Gerichtsbarkeit, Richter- und Strafgewalt [4];

d) die Aufnahme in den Clerus und die Erziehung desselben, die Aufstellung der Diener der Kirche, Einrichtung, Pflichten und Rechte der Kirchenämter;

e) Errichtung und Leitung der religiösen Orden;

f) Erwerb, Verwaltung und Verwendung der Kirchengüter;

g) Bedingungen der Aufnahme von Ungläubigen und Häretikern in den Schoß der Kirche;

h) Verhinderung und Ahndung kirchlicher Mißbräuche [5].

II. Res civiles sind:

1) Die bürgerliche und politische Stellung der Staatsbürger, mögen dieselben geistlichen oder weltlichen Standes sein;

2) die civilrechtliche Durchführung von Privatrechten, privatrechtliche Verbindlichkeiten der Individuen;

3) bürgerliche und politische Folgen kirchlicher Acte;

4) Ahndung der Verletzung von Staatsgesetzen;

5) Allgemeine polizeiliche Bestimmungen.

65. Der Staat hat die Aufgabe und Pflicht, die Rechte der Individuen und der Familie zu schützen, und daher auch im Anschluß an das Naturrecht [6]

---

[1] Phillips, Kirchenrecht Bd. II. S. 545; vgl. Schulte, Die Lehre von den Quellen des K.-R. S. 395. Syllab. n. 28. 29. 41. „Scis, Imperator", schrieb Gregor II. ep. 21 c. 4 an Leo den Isaurier, „sanctae ecclesiae dogmata non Imperatorum esse, sed Pontificum."

[2] Syllab. n. 41.

[3] Innocenz III. (c. 10 x de constitut. I. 2): „Nos attendentes, quod Laicis (etiam religiosis) super ecclesiis et personis ecclesiasticis nulla sit attributa facultas, quos obsequendi manet necessitas, non auctoritas imperandi: a quibus si quid motu proprio statutum fuerit, quod ecclesiarum etiam respiciat commodum et favorem, nullius firmitatis existit, nisi ab ecclesia fuerit approbatum." Cf. c. 1 h. t.; c. 1 D. 19; Trid. sess. XXV. c. 18 de ref. Syllab. n. 28. 41.

[4] C. 31 x de sent. excomm. V. 39: „unde jus prodiit, interpretatio quoque procedat"; c. 2 x de privileg. V. 33.

[5] Cf. Syllab. n. 50—53. Trid. sess. XXV. c. 3 de ref.

[6] Cf. *Thom.* 1. 2 q. 95 a. 1. 2. 4.

Gesetze zu diesem Zwecke aufzustellen und entsprechende Strafen zur Herstellung der Rechtsordnung zu verhängen, auch die Todesstrafe [1]. Der Staat hat das Recht, die nothwendigen Abgaben von seinen Unterthanen und zur Abwehr der Gefahren von außen die Mitwirkung derselben zu fordern. Die schuldigen Abgaben zu leisten, ist unzweifelhaft Gewissenspflicht der Unterthanen; denn der Apostel fordert (Röm. 13, 5—7): „Seid unterthan aus Nothwendigkeit, nicht allein der Strafe, sondern auch des Gewissens wegen, darum entrichtet ihr auch Steuer" u. s. w. [2] Hat der Staat an sich nun diese Rechte in Bezug auf alle seine Unterthanen, so wird doch der katholische Staat, der den Segen der Kirche für die bürgerliche Gesellschaft erkennt, die kirchliche Immunität achten, die nicht durch das weltliche Recht allein [3], sondern auf Grund der natürlichen Billigkeit aus dem jus divinum abgeleitet, aus der der Kirche und ihren Dienern schuldigen Achtung eingeführt wurde. Die Befreiung der Cleriker vom Kriegsdienste ist gewiß durch das natürliche Recht und die Billigkeit gefordert.

Der Staat hat die Pflicht, sich selbst zu erhalten, daher auch das Recht, die ihm drohenden directen und indirecten Gefahren abzuwenden. Eine indirecte Gefahr für den Staat liegt auch in den Angriffen auf die Religion. Daher ist der Staat berechtigt wie verpflichtet, Angriffe auf den Glauben und die Sitten, den Cultus und die Diener der Kirche abzuwehren.

Der Zweck des Staates ist nicht bloß der Rechtsschutz, sondern die irdische Wohlfahrt des Volkes überhaupt; deshalb hat er auch Bildung und Cultur, wie Ackerbau, Handel und Gewerbe zu fördern, ohne daß er berechtigt wäre, in die Rechte der Familie, z. B. auf die Erziehung der Kinder, direct einzugreifen. Seine Thätigkeit kann in dieser Beziehung nur eine ergänzende sein für das in der Familie und durch Privatmittel nicht Erreichbare. Beschränken kann er die Rechte der Individuen und Familien, die nicht von ihm, sondern vor ihm vorhanden sind, nur insoweit, als es das Gesammtwohl erfordert. Auch die Rechte der Gemeinde und der freien Genossenschaften im Staate zu erlaubten Zwecken hat er zu schützen; selbst bei der Gemeinde ist ein unmittelbares Eingreifen des Staates nur gerechtfertigt, wo es das öffentliche Interesse der Gesammtheit erfordert [4]. Die Kirche steht als selbständige Gesellschaft neben dem Staate, ihr freies und ungehindertes Wirken kann dem Staate nur nützen, in dasselbe einzugreifen ist der Staat nie berechtigt; sollte aber eine kirchliche Behörde und ein geistlicher Richter

---

[1] Röm. 13, 1—5; c. 27—33. 37. 39. 41. 47. 50—52 C. XXIII. q. 5; c. 21 x de homicid. V. 12; *Thom.* 2. 2 q. 64 a. 2.

[2] „Lex vectigalium et tributorum fundatur in justitia commutativa"; *Engel*, Colleg. univ. jur. can. P. I. Salisburgi 1759. l. I. t. I. § III. p. 39.

[3] Syllab. n. 30—32.

[4] Vgl. Brandis, Der Staat auf christl. Grundlage. Regensb. 1860. S. 97. 104.

sein Rechtsgebiet überschreitend in das des Staates eingreifen, so ist der Staat das Urtheil als incompetent zurückzuweisen berechtigt. Mit Anerkennung der Kirche, die selbst eine societas composita ist und in sich moralische Personen, Genossenschaften begreift, muß der Staat auch diese anerkennen. Dies gilt auch von den religiösen Orden, die zwar nicht zur Verfassung der Kirche gehören, aber als von der Kirche gebilligt und empfohlen in ihr nothwendig sind, insofern es zu ihrem Dogma gehört, daß die Befolgung der evangelischen Räthe ein Mittel zur Vollkommenheit ist und daher diese Lebensweise in ihr möglich sein muß.

Sind Staat und Kirche im Einklang, so werden sie über alle jene kirch-lichen Gegenstände, an die sich bürgerliche Folgen knüpfen, sich leicht ver-ständigen, wie Errichtung neuer Kirchenämter, öffentliche Schulen, Einführung oder Aufhebung von Festtagen und dergleichen.

Bei etwaigen Collisionen, besonders Competenzconflicten, die nicht in der Natur beider Gewalten, sondern in den Fehlern der Menschen ihren Grund haben, ist eine Vereinbarung beider Gewalten im Interesse beider gelegen. Dazu dienen besonders die Concordate.

11. Die Concordate.

66. Concordate nennt man vorzugsweise [1] Uebereinkünfte des Ober-hauptes der Kirche mit der Regierung eines Landes zur Regelung bestimmter Rechtsverhältnisse, besonders bezüglich der res mixtae. Dem Wesen nach stehen sich gleich die *conventiones expressae*, welche in Form eines Vertrages von den Bevollmächtigten beider Theile unterzeichnet und vom Papste und dem Staatsoberhaupte ratificirt werden, und die *conventiones virtuales* durch eine auf Grund der getroffenen Vereinbarung vom Papste erlassene Bulle, deren Inhalt das betreffende Staatsoberhaupt seinerseits als Staatsgesetz erklärt.

Die Concordate sind völkerrechtliche Verträge, die das Staats-oberhaupt als Souverän mit dem die katholische Kirche vertretenden Papste abschließt, dem gleichfalls die Souveränität nicht abgesprochen werden kann. Dies ist 1) die Ansicht der Mehrzahl der Canonisten, auch der römischen [2]. 2) Als Verträge erklären sie die Contrahenten ausdrücklich, indem sie dieselben

---

[1] Kann auch ein Bischof mit dem Träger der Staatsgewalt eine Vereinbarung schließen, so doch nicht mit Abänderung des jus commune. Im weiteren Sinne nennt man auch andere Verträge Concordate, z. B. schweizerische Zollconcordate. S. meinen Art. „Concordat" im Freib. Kirchenlexikon 2. Aufl. Thl. III. S. 816 ff.

[2] Vgl. J. Hergenröther, Kath. Kirche und christl. Staat II. S. 796 ff. Vering (Lehrbuch des K.-R. S. 360 ff.), Phillips (K.-R. Bd. III. S. 674 ff.), Schulte (K.-R. Bd. I. S. 455 ff.), Balve (Concordat. München 1863. S. 213) nennen sie völkerrechtliche, Andere staatsrechtliche Verträge. Geffcken, Die völker-rechtl. Stellung des Papstes, Berlin 1885, S. 56: Sie sind Verträge des öffentlichen Rechtes, aber keine völkerrechtlichen. Cf. *De Angelis*, Praelect. jur. can. t. I. Append. ad t. 4 L. I. p. 97.

abschließen in der Vertragsform, für sich und ihre Nachfolger sich verpflichten, dieselben zu beobachten, indem sie auf einseitiges Handeln verzichten bezüglich der stipulirten Punkte und etwaige Schwierigkeiten gemeinschaftlich beizulegen versprechen. Die Stipulation vollständiger Reciprocität setzt den Vertrags=charakter voraus [1]. 3) Die Päpste [2] wie die in Rom approbirten neueren Particularconcilien [3] sprechen diesen aus; die Verletzung der Concordate wird als Vertragsbruch bezeichnet [4]. 4) Der Papst will sich also im Concordate wirklich verpflichten, und wer könnte bezweifeln, daß er dies kann? Die Päpste haben auch nie die Concordate verletzt. Der Staat, der mit ihm das Concordat abschließt, setzt offenbar auch diese beiderseitige Verpflichtung voraus. 5) Die Concordate haben den Zweck, vorzugsweise bezüglich der gemischten Gegenstände, die eine Beziehung auf den Zweck beider Gewalten haben, die Grenzen beider Gewalten festzusetzen, und hier können unzweifelhaft die beiden selbständigen Gewalten durch einen Vertrag feststellen, wie Conflicte vermieden und ein einträchtiges Behandeln der gemischten Gegenstände stattfinden soll. Bezüglich rein weltlicher Gegenstände können die Concordate offenbar auch den Charakter eines Vertrages haben. Bezüglich rein geistlicher Gegenstände haben sie den Charakter eines Particulargesetzes. Die Concordate enthalten wohl Privilegien, aber doch nicht ihrem ganzen Inhalte nach [5], und jedenfalls er=scheinen sie ihrer Form nach als Verträge.

67. Daß die Concordate auch Privilegien enthalten, macht demnach noch nicht die Concordate selbst zu Privilegien. Es ist fälschlich in neuerer Zeit behauptet worden, nach der in Rom geltenden Theorie seien die Con=cordate keine wirklichen gegenseitigen Verträge, sondern vom Papste ver=liehene Privilegien, deren Fortdauer vom Gutdünken des Papstes abhänge [6].

---

[1] Vgl. z. B. Concorb. Pius' IX. mit Neapel 1818, art. 33: Utraque contrahentium pars spondet, se successoresque suos omnia, de quibus in his articulis utrimque conventum est, sancte servaturos. Art. 30: Si qua vero in posterum supervenerit difficultas, Sanctitas sua et Majestas sua secum conferre sibi reservant. In ganz ähn=licher Weise geschieht dies in allen übrigen Concordaten, z. B. im österreichischen, art. 35, im bayerischen, art. 17.

[2] So Calixt III., Clemens VII., Julius III., Urban VIII., Paul V., Gregor XIII. Leo X. (1516): „Illam (concordiam) veri contractus et obligationis inter nos et Sedem Apostolicam ex una et praefatum Regem et Regnum suum ex altera parte legitime initi vim et robur obtinere."

[3] So das von Aix 1850, tit. 3: Concordata, utpote quae vim habent conventionis inter duas potestates supremas initae, eo usque civilem potestatem obligant, ut huic non liceat . . . contra illa quidquam statuere (Coll. Lac. IV. 971).

[4] Pius IX. (Alloc. d. 1. Nov. 1850): „Earum (conventionum) vi ac jure contemto et labefactato aliorum quoque publicorum privatorumque pactorum ratio concideret." Vgl. Alloc. d. 17. Dec. 1860 u. s. w.

[5] Vgl. Bayer. Concorb., art. 17—19; Französ. Concorb. v. 1801, art. 1. 12. 14. 15.

[6] Vgl. Eichstätter Pastoralblatt 1872 S. 106.

Wenn auch ältere deutsche Canonisten, wie Schmalzgrueber [1], in neuerer Zeit besonders in Rom Tarquini sie Privilegien nannten, so gilt doch auch vom Privilegium „privilegium principis decet esse mansurum", und haben die Päpste stets ausdrücklich erklärt, daß sie sich durch die Concordate verpflichten und dieselben gewissenhaft halten wollen [2]. Die Kirche macht allerdings in den Concordaten der weltlichen Gewalt oft große Zugeständnisse, was manche sogar in die Definition aufgenommen haben [3], aber sie verbürgt diese in vollständig vertragsmäßiger Weise. Was man für die **Privilegien-theorie** vorbringt, ist keineswegs beweisend. Weder kann von einer Simonie die Rede sein, noch von **Veräußerung** kirchlicher Rechte. Jura inalienabilia des Primates kann der Papst weder durch ein Privileg noch durch einen Vertrag preisgeben [4]. Aber kann der Papst nicht dem Concordate derogiren, wenn es das Wohl der Kirche fordert? Das gilt auch vom Vertrag bei physischer oder moralischer Unmöglichkeit der Erfüllung. Dasselbe Recht muß auch dem Staate zugestanden werden, wenn er der Kirche Concessionen gemacht hat, das Gemeinwohl aber die Aufhebung derselben verlangt. Aber in den neueren Concordaten seit 1801 finden wir vom Staate

---

[1] *Schmalzgrueber* in l. III. Decret. t. 5 § 4 n. 271 gibt zu, daß die Concordate aliquam vim pacti haben, aber doch mehr Privilegien seien.

[2] Wie schon Calixt III. erklärte, se nullatenus intendere, concordatis contravenire, Julius III.: Nos attendentes, concordata praedicta vim pacti inter partes habere, et quae ex pacto constant, absque partium consensu abrogari non consuevisse neque debere, so Pius VII. (Const. Ecclesia Christi): Omniaque in eis contenta ac promissa sincere et inviolabiliter ex Nostra hujusque Sedis parte adimpletum et servatum iri, tam Nostro quam Nostrorum successorum nomine promittimus ac spondemus.

[3] *De Angelis* l. c. p. 96: „Concordata sunt pactiones inter Ecclesiam et Statum, quibus Ecclesia de exercitio suorum jurium aliquid remittit favore Status, ut ab eo protecta Deo suo secura possit servire libertate."

[4] *Tarquini* l. c. p. 73 definirt das Concordat: Lex particularis ecclesiastica pro aliquo regno Summi Pontificis auctoritate edita ad instantiam Principis ejus loci, speciali ejusdem principis obligatione confirmata, se eam perpetuo servaturum. Er nennt sie privilegia gratuita, höchstens remuneratoria, nicht aber onerosa (wie z. B. Pignatelli [t. IX. consult. 58] sie bezeichnet). Wenn man sich auf eine Decis. Rotae vom 15. März 1610 beruft, so wird dort nur unter den Entscheidungsgründen, die niemals einen Rechtssatz bilden, von den Concordaten Deutschlands gesagt, diese seien nicht Verträge, weil geistliche Dinge durch Gnadenbezeugung verliehen würden, der Papst von seinem Rechtsanspruch nur vieles nachgelassen habe. Allein in diesen Concordaten handelte es sich eben vorzugsweise um Beneficialsachen, in Bezug auf welche der Papst sich im Concordat von 1448 vorbehalten hatte: nisi ex rationabili et evidenti causa ... de digniori et utiliori duxerimus providendum. Verträge im allgemeinen Sinne (contractus est duorum in idem placitum consensus) waren sie gewiß. Von einem Tausch oder Verkauf geistlicher Dinge um Weltliches findet sich keine Spur.

der Kirche nur das zugestanden, was er ihr an sich oder als Restitution in Folge der Säcularisation zuzugestehen auch ohne Vertrag verpflichtet ist; dagegen ist von der Kirche dem Staate die Ausübung sehr wichtiger secundärer kirchlicher Rechte, z. B. das Nominationsrecht für Bisthümer, eingeräumt; hier ist es klar, daß eine solche Concession, wenn sie zum offenbaren Verderben der Kirche gereichen müßte, wenn das Wohl der Kirche es absolut erfordert. wenn der andere Contrahent seine übernommenen Verpflichtungen nicht erfüllt, zurückgenommen werden kann. Es ist überhaupt ein großer Unterschied zwischen den Concordaten des Mittelalters, bei denen es sich stets nur um einzelne untergeordnete Dinge handelte, Staat und Kirche aber principiell auf demselben Standpunkte standen, und den neueren Concordaten (seit 1801), in welchen erst eine Anerkennung der wesentlichsten Rechte der Kirche ausgesprochen wird, die der Staat theils sich angemaßt, theils beeinträchtigt hatte. Mit akatholischen Regierungen kann auch nach Tarquini die Kirche nur in Form eines Vertrags ein Concordat schließen, nicht aber mit katholischen Regenten, weil in geistlichen Dingen der Staat der Kirche untergeordnet sei[1]. Muß dies aber nicht auch bei katholischen Regenten gelten, wenn katholische Regierungen, zumal in confessionell gemischten Ländern, fast denselben Standpunkt einnehmen wie protestantische?

68. Ebenso sagen die Vertreter der Legaltheorie: Der Staat kann mit der Kirche keinen Vertrag schließen, weil diese dem Staate untergeordnet ist, ja sie sehen in den Concordaten bloße Punktationen, bloß einen Ausdruck von der Identität der Ansichten, die erst durch die Staatsgewalt und nur, solange diese es will, Verbindlichkeit erhalten[2]. Diese Anschauung geht von einem Standpunkte aus, der die katholische Kirche ganz negirt. Man muß von der alles Recht negirenden Behauptung ausgehen, der Staat sei die Quelle alles Rechtes (55), und der Kirche jedes natürliche und von Gott ihr verliehene Recht absprechen, um die Verbindlichkeit eines Vertrages zwischen Staat und Kirche zu läugnen[3]. Uebrigens könnte der Staat selbst mit Untergebenen Verträge abschließen. Auch wenn er die Kirche nicht als göttliche Stiftung anerkennt (sie besteht eben einmal neben dem Staate), kann er nicht um des Friedens und der Ordnung willen einen Vertrag mit ihr schließen, mit ihr, die er doch einmal nicht ignoriren kann, eine Vereinbarung eingehen,

---

[1] *Tarquini* l. c. p. 80. 74.

[2] Syllab. n. 13: Laica potestas auctoritatem habet rescindendi, declarandi ac faciendi irritas solemnes conventiones (vulgo Concordata) super usu jurium ad ecclesiasticam immunitatem pertinentium cum Sede Apostolica initas sine hujus consensu, imo et ea reclamante.

[3] Vgl. Eichst. Past.-Bl. 1872 S. 106; Archiv für kath. K.-R. IX. S. 453; XII S. 69 ff.; XXVII. S. 51 ff. J. Hergenröther, Kath. Kirche und christl. Staat S. 793 ff.

um einen modus vivendi festzusetzen, ohne daß die Principienfrage, ob der Staat (in geistlichen Dingen) der Kirche untergeordnet ist oder nicht, darin berührt wird? (vgl. 83—85). Wenn der Staat einmal die Kirche anerkannt hat, so beeinträchtigt ein Vertrag mit ihr, in dem die Kirche von ihrem jus commune abweicht, die Souveränität des Staates gewiß nicht mehr als das Recht der Kirche überhaupt. Ein solcher Vertrag aber verpflichtet kraft des Naturrechts [1].

69. Durch die päpstliche Confirmation werden die Concordate **kirch= liche**, durch die landesherrliche Ratification und Publikation **bürgerliche Gesetze**, denen durch einseitige bürgerliche Gesetze nach der Natur der Con= cordate als völkerrechtlicher Verträge und nach der in den Concordaten aus= drücklich übernommenen feierlichen Verpflichtung nicht derogirt werden kann. Soweit für die Ausführung des Concordats eine Abänderung bestehender Staatsgesetze oder neue Staatsbelastung nöthig ist, wird in constitutionellen Staaten die verfassungsmäßige Zustimmung der Kammern erfordert.

70. Die **authentische Interpretation** eines Concordates kann nur durch freie Zustimmung der beiden Contrahenten geschehen. Für die **richter= liche und doctrinäre Interpretation** gelten die allgemeinen Grundsätze der Interpretation. Im stricten Sinne muß das Concordat erklärt werden in jenen Punkten, in denen es vom jus commune der Kirche abweicht und welche vom Heiligen Stuhle gemachte Concessionen enthalten (R. J. 15 in VI).

Ungiltig wäre ein Concordat, dem die materia licita oder der liber consensus fehlte.

Abänderungen sollen nur mit beiderseitiger Zustimmung gemacht werden. Wo eine physische oder moralische Unmöglichkeit der Erfüllung eintritt, ist die verpflichtende Kraft aufgehoben; Treubruch des einen Contrahenten berechtigt den andern zum Rücktritt von der Convention.

12. Irrige Lehren über das Verhältniß von Staat und Kirche.

71. Wie der göttliche Stifter der Kirche in sich Gottheit und Mensch= heit vereinte, so sollen nach Christi Willen auch die übernatürliche Heilsanstalt, die Kirche, und die natürliche staatliche Gesellschaft, gleichsam ehelich ver= bunden [2], in Eintracht zusammenwirken. „Wie in dieser" (der Incarnation), schreibt Görres, „die göttliche und die menschliche Natur ohne Verwirrung und Vermischung und ohne gegenseitige Ausschließung doch in die Einheit einer Persönlichkeit sich verbünden, so auch sollte die göttlich geoffenbarte

---

[1] Pignatelli (l. c.) sagt, die Concordate verpflichten ex contractu ratione con- sensus, qui est de jure naturali, cui etiam Imperator et Papa subjiciuntur.

[2] Vgl. **Phillips**, K.-R. Bd. II. S. 639. Auch **Bluntschli** braucht das Bild von der Ehe, bezeichnet aber die Kirche als das weibliche, den Staat als das männliche Princip.

Ordnung der Dinge in der Kirche und die natürliche Ordnung im Kaiser=
thum in eine große moralische Persönlichkeit, ohne Verwirrung oder Identifi=
cation der Gegensätze (Unterschiede), geeinigt werden, um jene Incarnation im
historisch auseinandergezogenen Nachbild fortzuführen."[1]

Wir dürfen daher wohl auch die irrigen Lehren über das Verhältniß von
Kirche und Staat vergleichen mit den Irrthümern über die Verbindung der gött=
lichen und menschlichen Natur in der Person des göttlichen Stifters der Kirche.
Gleichwie Heiden und Juden die Gottheit Christi verwarfen, so der mo=
derne Unglaube die göttliche Autorität der Kirche, die alle zum Heile erziehen
soll. Die Doketen läugneten die von Christus angenommene menschliche Natur;
einzelne Secten, wie die Wiedertäufer, verwarfen die bürgerliche Gesellschaft,
die Nothwendigkeit jeder Obrigkeit und der staatlichen Ordnung.

Die Häretiker bestritten die Verbindung zwischen Gottheit und Mensch=
heit 1) durch Separation (Nestorianer). So wollen die Vertreter des atheisti=
schen Staates (nach Machiavelli) jede Verbindung von Staat und Kirche
aufgelöst, beide getrennt wissen.

2) Durch Confusion (Eutychianer). So wird z. B. bei den Mormonen
der Staat von der „Kirche" absorbirt; so läßt Hegel und seine Anhänger
die Kirche vom Staate absorbirt werden.

3) Durch Corruption, indem der angenommenen Menschheit diese oder
jene Eigenschaft abgesprochen wird (Monotheleten) oder die Natur des Logos
deren Stelle vertreten soll (Apollinaristen). Aehnlich sprachen die Waldenser,
Wiklefiten und Husiten der Staatsgewalt alles Recht ab, wenn der Träger
derselben in Todsünden sei. Andererseits wird die Kirche ihrer Rechte und
ihrer Freiheit beraubt durch den Gallicanismus, Febronianismus, Josephinismus,
Liberalismus.

72. Es ist ebenso falsch, Staat und Kirche zu confundiren, als
beide feindselig zu trennen. Der Protestantismus hat die Kirchengewalt
factisch an die Staatsgewalt ausgeliefert und die landesherrliche Kirchengewalt
auch als System zu rechtfertigen versucht (77). Es war nur die letzte Con=
sequenz davon, wenn nach der Hegel'schen Schule der Staat im vollendeten
Zustand der Menschheit auch die Kirche in sich aufnehmen soll. Damit wird
nur die reine Humanität anerkannt, alles auf die natürliche Offenbarung be=
schränkt und der Charakter der übernatürlichen Offenbarung geläugnet.

Das System der Suprematie des Staates über die Kirche
erkennt den Staat als höchste Potenz in der menschlichen Entwicklung an, als

---

[1] Görres, Kirche und Staat. Weißenburg 1842. S. 89. v. Scherer (Hand=
buch des K.=R. I. S. 57 N. 25) bemerkt, diese Vergleichung verstoße gegen den Grund=
satz, wonach das Symbol immer unter dem zu erklärenden Gegenstande stehen soll.
Allein die Vereinigung Christi mit der Kirche steht auch nicht unter der Ehe, welche
der Apostel (Eph. 5, 23 ff.) als Nachbild jener bezeichnet.

absolutes Recht und Quelle aller Rechte. Damit wird der ordo supernaturalis und die göttliche Stiftung der Kirche geläugnet, ja auch die natürliche Ordnung verkannt. Der Staat kann die höchste Potenz in der Entwicklung der Mensch= heit, die höchste Gesellschaft mit dem höchsten Zwecke nur dann sein, wenn Zweck und Bestimmung des Menschen rein auf das diesseitige Leben beschränkt sind. Hat der Mensch eine unsterbliche Seele, dann ist es falsch, daß sein höchstes Ziel auf Erden zu suchen und durch den Staat zu verwirklichen ist (52—54).

Ist der Staat auch selbständig in den auf seinen Zweck bezüglichen Dingen (49), so ist doch auch falsch das System der absoluten Unab= hängigkeit des Staates von der Kirche, das von der übernatürlichen Ordnung gänzlich abstrahirt. Gott ist der Schöpfer des Staates und der Kirche, es gibt nur eine einzige Weltordnung, einen höchsten Zweck der Schöpfung, dem alle anderen Zwecke untergeordnet sein müssen. In den auf das ewige Wohl bezüglichen Dingen muß auch die Staatsgewalt und deren Träger sich der übernatürlichen Heilsanstalt unterordnen.

Die Kirche verwirft (principiell) das System der Trennung des Staates von der Kirche[1], die auseinanderreißt, was Gott verbunden hat (61. 62); sie schädigt die Kirche in ihren Rechten, noch mehr aber den Staat selbst, den sie seiner höhern Weihe und Würde beraubt. Gleichwie die Kirche den Indifferentismus des einzelnen verwirft, so auch den von Seite des Staates, welcher die Grundlage aller socialen Ordnung untergräbt[2]. Wie sie den Abfall des einzelnen von der Kirche als Abfall von seiner Be= stimmung betrachtet, so muß sie auch die Trennung des christlichen Staates von der Kirche als einen Abfall von seiner Idee und Bestimmung ansehen. Die Trennung des christlichen Staates von der Kirche ist seinerseits eine Ver= läugnung der christlichen Weltordnung, ein Rückfall in das Heidenthum. Sie ist auch nicht nothwendig zur Beseitigung von Conflicten, die bei gutem Willen sich stets auch auf andere Weise beseitigen ließen; ja sie führt eher zu schwereren Conflicten. Denn durch diese Trennung verliert die Kirche keines ihrer von Gott verliehenen Rechte; der Staat aber müßte verzichten auf die ihm nur durch Concession der Kirche verliehenen Rechte. Der Staat, der von der Kirche sich losfagt, wird auch dahin getrieben werden, sich mit der Kirche in Widerspruch zu setzen, und wenn seine Gesetze in Widerspruch stehen mit den göttlichen und kirchlichen Gesetzen, so werden die Unterthanen immer in die Alternative versetzt, entweder gegen ihr Gewissen zu handeln oder gegen den Staat ungehorsam zu sein. Auch die Denkschrift der deutschen Bischöfe vom 14. November 1848 verwirft diese Trennung: „Eine Trennung herbeizuführen

---

[1] Syllab. n. 55: Ecclesia a statu statusque ab ecclesia sejungendus est. Cf. Gregor. XVI. Alloc d. 15. Aug. 1852. Vgl. Katholik 1872. S. 86. 687 ff. Stimmen aus Maria-Laach 1869. S. 211.

[2] Syllab. n. 16—18. 79.

vom Staate, liegt nicht im Willen der Kirche. Wenn auch der Staat sich
von ihr trennt, so wird die Kirche, ohne es zu billigen, geschehen lassen, was
sie nicht hindern kann; sie wird jedoch die von ihr selbst im wechselseitigen
Einverständniß geknüpften Zusammenhangsfäden ihrerseits nicht trennen, wo
nicht etwa die Pflicht der Selbsterhaltung dies geböte. Die Kirche, betraut mit
der heilig=ernsten Mission ‚wie mich der Vater gesandt hat, so sende ich euch‘,
nimmt für die Aus= und Durchführung dieser ihrer Sendung (wie immer sich
die öffentliche Ordnung der Staaten gestalten mag) nur die vollste Freiheit
und Selbständigkeit in Anspruch.“

So verwerflich aber auch an sich die Trennung von Staat und Kirche
ist, so kann es doch Umstände und Verhältnisse geben, unter denen sie im
Vergleich zu den bestehenden Zuständen als *minus malum* erscheinen
und als solches jenen vorgezogen werden kann. Wenn der Staat das Christen=
thum aus dem öffentlichen Leben, von den Institutionen der Ehe, des Eides,
der Schule verbannt, sich die sogenannten gemischten Sachen und auch einen
guten Theil der rein kirchlichen Rechte zuschreibt, die Kirche bevormundet und
unterdrückt, religionslos ist, was der von der Kirche getrennte Staat nicht
zu sein braucht[1]: dann ist eine aufrichtige Trennung beider das Bessere; bei
dieser erkennt der Staat für sich keinerlei Verpflichtung an, auf die Forde=
rungen der übernatürlichen Ordnung Rücksicht zu nehmen, gewährt aber auch
der Kirche gleiche Freiheit und Selbständigkeit, für ihre Zwecke zu wirken.
Jene, welche wollen, daß der Kirche die Macht über das Volk entrissen werde,
wollen daher auch keine Trennung von Kirche und Staat, bei der die Kirche
nur gewinnen könne, die noch allzusehr mit dem Volke verwachsen sei[2].

Man weist auf Nordamerika hin. Allein factum non probat jus.
Dann handelte es sich hier nicht um Trennung eines bereits christlichen Staates
von der Kirche, bei der mit der ganzen geschichtlichen Entwicklung völlig müßte
gebrochen werden. Die reale Spaltung und die dortigen Verhältnisse konnten die
Trennung als ein relatives Gut erscheinen lassen. Und in der That ist die
Kirche in Nordamerika frei in ihrer Gesetzgebung, in Errichtung von Bis=
thümern, Klöstern, Besetzung der Kirchenämter, sie ist nicht rechtslos, aber
auch nicht als eine manus mortua betrachtet, nicht durch Forderung eines
Placet oder eine Appellation von angeblichem Mißbrauch beengt; doch auch
dort zeigt sich schon allein im amerikanischen Schulsystem das Nachtheilige dieser
Trennung, so daß v. Döllinger schreibt: „Möge Europa durch die traurigen
Folgen, die dieses System in Amerika erzeugt hat, sich von der Betretung
der gleichen Bahn abschrecken lassen.“[3]

---

[1] Maas, Zum Frieden zwischen Staat und Kirche. Freiburg 1890. S. 143.

[2] So Prof. Dr. Friedberg in einem Vortrag zu Leipzig am 18. Nov. 1872 und
in „Die Grenzen zwischen Staat und Kirche“ (Tübingen 1872) S. 477 ff.

[3] v. Döllinger, Kirche und Kirchen S. 318.

Zweites Kapitel.

Geschichtliche Entwicklung des Verhältnisses zwischen Staat und Kirche.

13. Die Kirche und das heidnische Römerreich.

73. Die Geschichte der drei ersten Jahrhunderte zeigt die Kirche als völlig selbständige Gesellschaft, durch Gott gegründet und verbreitet ohne jede Hilfe der weltlichen Gewalt, trotz aller Verfolgung von außen, frei in ihrem innern ihr eigenen Gebiete.

Wie die Apostel das Reich Gottes verbreiteten trotz dem Verbote der jüdischen Synagoge (Apg. 4, 17 ff.; 5, 17 ff.), so konnte auch die Verfolgung der heidnischen Kaiser nicht der Ausbreitung des Reiches Gottes Einhalt thun. Der heidnische Staat, in dem der Polytheismus so mit dem Staatsleben verwachsen war, daß die Kirche, indem sie das Heidenthum bekämpfte, zugleich auch die staatliche Ordnung zu bekämpfen schien, was die Apologeten widerlegten, betrachtete das Christenthum als staatsgefährlich, die Kirche galt als collegium illicitum, sie war fast immer rechts- und schutzlos dem heidnischen Staate gegenüber, wenn sie auch zeitweise einige Ruhe genoß. So trat die Unterscheidung zwischen den beiden Gewalten, die Scheidung des Ewigen und Zeitlichen, die in dem Heidenthum in einander aufgegangen waren, durch diesen Gegensatz deutlich hervor[1]. Die kirchliche Gerichtsbarkeit, das kirchliche Eherecht, Vermögensrecht u. s. w. bildete sich ganz selbständig und unabhängig vom Staate aus. Die göttliche Vorsehung wollte zeigen, daß die Kirche durch ihre eigene innere Kraft, unabhängig von den Begünstigungen menschlicher Gewalthaber, die ihr zukommende freie Stellung und freie Entfaltung sich zu erringen und ihre Aufgabe zu erfüllen im Stande sei. Durch ihr Martyrium überwand die Kirche das Heidenthum. Stets die Pflicht des Gehorsams auch gegen die heidnische Obrigkeit, auch gegen die Verfolger der Kirche in allen weltlichen Dingen lehrend und übend, haben die Christen aber auch ihr Gewissen unbefleckt bewahrt und den gottlosen menschlichen Gesetzen, die dem Glauben entgegen waren, den Gehorsam verweigert[2].

Durch das Edict von Mailand, das Constantin der Große, wenn auch erst vor seinem Tode (337) getauft, doch sicher lange zuvor schon seiner Ueberzeugung nach Christ[3], im Jahre 313 gemeinschaftlich mit Licinius erließ, wurde die christliche Religion als erlaubt erklärt.

14. Die Stellung der christlichen römischen Kaiser zur Kirche.

74. Die christlichen Kaiser betrachteten sich als advocati ecclesiae, die wechselseitige Unterstützung des sacerdotium und imperium wurde als nothwendig anerkannt.

---

[1] **Phillips**, K.-R. Bd. III. S. 11; **Gams**, Möhlers Kirchengesch. I. S. 240. [2] *Cyprian.* ep. 31 c. 3. [3] Vgl. Innsbr. theol. Ztschr. 1882. S. 558 ff.

Das Werk Constantins vollendete Theodosius der Große, indem er das Heidenthum gesetzlich verbot, obwohl sich noch lange Heiden, besonders auf dem Lande (pagani), erhielten. Schon Constantin hatte die Kirche vielfach begünstigt und befördert. Es wurden allmählich die der Kirche feindseligen Gesetze abgeschafft, die Staatsgesetze mehr und mehr mit den kirchlichen in Einklang gebracht, der Gehorsam gegen sie wie gegen die kaiserlichen Gesetze gefordert [1], kirchliche Gesetze in den Reichscodex aufgenommen [2]. Es herrschte allgemein die Vorstellung von den zwei Gewalten, die in Eintracht zusammen- wirken und sich gegenseitig unterstützen sollen (61). Die Privilegien der heidnischen Staatsreligion wurden auf die Kirche übertragen und noch er- weitert, die audientia episcopalis anerkannt [3], die Bischöfe wurden mit staatlichen Functionen betraut, der Kirche, welche die Sclaverei milderte, der Armen sich annahm, auch auf das politische und sociale Leben hervorragende: Einfluß eingeräumt. Die eine katholische Kirche mit dem weltlichen Arme zu schützen, erschien als Pflicht des Staates; zu ihr gehören nach den kaiserlichen Gesetzen aber nur jene, welche mit dem Papste im Glauben übereinstimmen [4] Daher ward die Häresie zugleich als bürgerliches Verbrechen bestraft (97).

Aber diese Begünstigungen der Kirche von Seiten der Kaiser brachten nach und nach den Nachtheil, daß Politisches und Kirchliches oft vermengt ward und die Kaiser auch auf kirchlichem Gebiete ihren Einfluß geltend machten. Abgesehen jedoch von Julian dem Abtrünnigen, der in gefährlicherer Weise die Kirche verfolgte als die früheren heidnischen Kaiser, und von den zu Gunsten des Arianismus gewaltthätigen Kaisern, einem Constantius und Valens, waren doch die meisten Kaiser sich bewußt, daß sie nur Beschützer der Kirche waren. Wenn Constantin der Große sich episcopus externus nannte, so bezeichnete er sich doch auch als gehorsamen Sohn der Kirche. Daß mehrfache Uebergriffe in das kirchliche Gebiet vorkamen, erklärt sich theils aus den noch nicht ganz überwundenen heidnischen Vorstellungen von der kaiser- lichen Allgewalt und aus dem Reize des Vielregierens, theils aus der Dank- barkeit der Christen gegenüber den christlichen Kaisern als Beschützern der Kirche, der Aufforderung der Bischöfe zum Einschreiten, besonders aber der

---

[1] Cf. Nov. 6: nos itaque maximam habemus sollicitudinem circa vera Dei dogmata et circa sacerdotum honestatem. Sacrarum regularum observatio custo- diatur. Nov. 83: Secundum sacras et divinas regulas, quas etiam nostrae non dedignantur leges. Nov. 131 c. 1: Quatuor synodorum dogmata sicut sanctas scri- pturas accipimus et regulas sicut leges observamus.

[2] Cf. Tit. de summa Trinitate et fide catholica, de sacros. eccles., ne sanc- tum baptisma iteretur.

[3] Cf. c. 35 C. XI. q. 1.

[4] L. 1 Cod. 1. 1 (Theodos. M. 380); cf. *Euseb.* H. E. X. 5; den Primat selbst erkennt Justinian ausdrücklich an Nov. 9: Summi pontificatus apicem apud eam (Romam) esse. nemo est, qui dubitet.

Häretiker, aus dem steigenden bischöflichen Ansehen in politischen Dingen und der Willfährigkeit einzelner Hofbischöfe, die sich wie Reichsbeamte gerirten. Seit Justinian mehrten sich die Eingriffe, selbst in das Glaubensgebiet, wie das Henotikon des Kaisers Zeno und andere kaiserliche Glaubensgesetze es zeigen. Dagegen erhoben sich aber auch kräftige Bischöfe, wie Ambrosius [1], Hosius von Corduba, Athanasius, Hilarius von Poitiers, Basilius von Cäsarea, Chrysostomus, und insbesondere die Päpste [2], welche einen wahrhaft großartigen Kampf für die Freiheit der Kirche kämpften und wenigstens der Kirche des Abendlandes eine freiere Entwicklung sicherten, während im Orient in Folge des photianischen und cärularianischen Schisma dieser Widerstand beseitigt wurde und die byzantinische Kirche, der kaiserlichen Willkür unterthan, in den Fesseln eines in aller Verfeinerung leblosen und erstarrten Staatsmechanismus unterging.

15. Papstthum und römisch-deutsches Kaiserthum im Bunde.

75. In den Stürmen der Völkerwanderung hatte nur die Kirche sich ungeschwächt erhalten; sie brachte den siegreichen Barbaren mit dem Lichte der Wahrheit auch Civilisation und Bildung. In den germanischen Reichen stieg der Einfluß der Kirche noch höher als im christlichen Römerreiche. Hatten doch unter dem segensreichen Einfluß der Kirche erst geordnete Zustände, Disciplin und feste Grundsätze, eine geläuterte Gesetzgebung sich gebildet, war doch der Clerus durch Kenntnisse und Tugend, durch Charakter und Autorität die festeste Stütze der öffentlichen Ordnung. So war es natürlich, daß ihm auch die wichtigsten Interessen anvertraut, ihm besondere Privilegien, wie der befreite Gerichtsstand, zugestanden und auch die äußeren Mittel seiner Macht und seines Einflusses gemehrt wurden. Die Bischöfe hatten hohen politischen Einfluß, wirkten im Rathe des Königs, übten Aufsicht auch über die weltliche Rechtspflege. Um so mehr mußte das Ansehen des Oberhauptes der Kirche sich steigern, in dem man den gemeinsamen Vater verehrte, qui in omni mundo caput ecclesiarum Dei et sacerdotum est, wie der Longobarde Luitprand ihn nennt. Daß er der anerkannte Schiedsrichter zwischen Fürsten und Völkern war, das erschien als eine nothwendige Consequenz aus der Stellung dieser zum Oberhaupte der Kirche, sollte doch alles Christo und seinem Reiche dienen, war doch allgemein anerkannt, wie später selbst ein Friedrich II. in dem Bilde von den beiden Schwertern aussprach, daß das

---

[1] C. 21 C. XXIII. q. 8.
[2] Cf. c. 12 D. 96 (Gelasius I.); c. 4—8 ib. (Nikolaus I.); c. 8 D. 10. Gregor II. an Leo III., den Isaurier: „quemadmodum pontifex inspiciendi in palatium potestatem non habet ac dignitates regias deferendi, sic neque imperator in ecclesias introspiciendi et electionem in clero peragendi . . .; Imperatores, qui pie vixerunt, ecclesiarum pontificibus obedire minime recusaverunt" (*Jaffé*, Reg. n. 1674).

Zeitliche dem Ewigen untergeordnet, daß das irdische Schwert zum Schutze des geistlichen bestimmt ist, und beide in Eintracht gegenseitig sich unterstützen müssen [1].

Den Bund zwischen Staat und Kirche besiegelte die Kaiserkrönung Karls des Großen durch Leo III. Die Idee dieses Kaiserthums war, die Einheit des Reiches Christi auf Erden herzustellen und zu befördern [2]. Der Kaiser sollte der Schutzherr der Christenheit, der Schirmvogt der römischen Kirche, Papst und Kaiser sich in wechselseitiger Treue verbunden sein. Wie das Kaiserthum, das vom deutschen Königthum wohl zu unterscheiden ist, vom Papste ausgegangen war, der Kaiser auch dem Papste ritterliche Dienste (officium strepae et stratoris) leistete: so war auch im Princip die Superiorität der Kirche durchaus anerkannt.

Wohl fehlte es nicht an Conflicten zwischen beiden Gewalten. Hatten schon früher die Concilia mixta zur Vermengung von Geistlichem und Weltlichem geführt, machte der Heerbann und das Feudalwesen die Bischöfe abhängig, waren die Bischofswahlen beeinträchtigt, ja ein Ernennungsrecht dazu geltend gemacht worden; so finden wir auch nach Karl dem Großen vielfach Papstthum und Kaiserthum im Kampfe. Aber theils handelte es sich bei diesen Conflicten doch nur um untergeordnete einzelne Rechte und Vorrechte, Besetzung der Kirchenämter, Kirchengut, Regalien- und Spolienrecht u. s. w., theils waren es Kämpfe, in denen es sich um die absolut nothwendige Freiheit und Reinheit der Kirche handelte, wie im Investiturstreit, den Gregor VII. führen mußte nicht bloß gegen die zu irrigen Vorstellungen über den Ursprung der geistlichen Gewalt führende Belehnung der Bischöfe und Aebte mit Ring und Stab, sondern auch gegen Simonie und Unsittlichkeit. Wurde doch „der Handel mit Bisthümern und Abteien von den Königen und anderen Großen des Reiches auf eine allen Gesetzen der Sittlichkeit und der Kirche hohnsprechende Weise getrieben, so daß eine nicht durch Simonie erlangte Würde förmlich als eine großartige Ausnahme gelten konnte" [3].

---

[1] Cf. *Greg. M.* l. 2 ad Maurit. Imper.: „Ad hoc potestas Dominorum meorum (sc. Imperatorum) coelitus data est super omnes homines, ut, qui bona appetunt, adjuventur, ut coelorum via latius pateat, ut terrestre regnum coelesti famuletur." So sprach König Edgar 969 zu den Bischöfen: „Ego Constantini, vos Petri gladium habetis in manibus. Jungamus dexteras, gladium gladio copulemur." So sprach der Sachsenspiegel Buch I. Art. I. aus: „Zwei Schwerter beschirmen die Christenheit, dem Papste ist gesetzt das geistliche, dem Kaiser das weltliche. Was der Papst nicht mit dem geistlichen Gericht bezwingen mag, das soll der Kaiser mit dem weltlichen Gericht bezwingen, dem Papste zu gehorchen. So soll auch seine geistliche Gewalt helfen dem weltlichen Gericht, wo es seiner bedarf." Cf. c. 11 D. 96. Friedrich II. (Const. 26. April 1220): „Gladius materialis constitutus est in subsidium gladii spiritualis."

[2] v. Scherer, Handbuch des K.-R. I. S. 34.

[3] Schulte, System des K.-R. S. 224.

Viele Fürsten hatten ihre Länder unter den unmittelbaren Schutz des Heiligen Stuhles gestellt und ihm zinspflichtig gemacht; über die Lehensreiche des Römischen Stuhles übte dieser ohnehin auch rechtlich eine weltliche Gewalt aus. Wenn er aber als oberster Richter in kirchlichen Dingen selbst dem Kaiser gegenüber von seiner Strafgewalt Gebrauch machte und den Eid der Treue als gelöst erklärte, so übte er nur seine geistliche Gewalt aus durch die Excommunication und die Erklärung, daß der Eid der Treue nicht mehr verpflichte, weil dies ja eine anerkannte Folge des Ver= harrens in der Excommunication war (58. 60). Auch Friedrich II. bestritt nicht dieses Recht des Papstes, erkannte vielmehr an, daß er wegen Abfalls von der Kirche des Thrones verlustig erklärt werden könne. Der Kampf der Staufer gegen die Kirche schädigte diese schwer, wie das Kaiser= thum selbst; Friedrich II. besonders war Bedrücker, nicht Beschützer der Kirche. Am glänzendsten hatte sich das päpstliche Ansehen geltend gemacht unter Innocenz III. Auch Bonifaz VIII., der den Anmaßungen Frankreichs gegen= über die kirchlichen Grundsätze vertrat, beanspruchte keine Universalherrschaft in bürgerlichen Dingen, aber im Geistlichen, dem das Weltliche unter= stehen muß, wie er selbst sich gegen die Mißdeutungen seiner Bulle „Unam sanctam" in Frankreich erklärte: „Wir sagen es, daß wir in nichts uns die Gerichtsbarkeit des Königs anmaßen wollen; aber weder der König, noch ein anderer Christ kann läugnen, daß er in Ansehung der Sünde uns untergeben sei."

16. Allmähliche Entfremdung und Erhebung des Staates über die Kirche.

76. Mit dem 14. Jahrhundert beginnt die Reaction des Staates gegen die Macht der Kirche; es suchte der Staat sich dem Einflusse der Kirche immer mehr zu entziehen und selbst die Suprematie über die Kirche zu erringen. „Es bereitete sich alles zu dem großen Risse vor, durch welchen das Staats= leben von dem kirchlichen getrennt werden sollte. Von Frankreich aus ist vorzugsweise der christliche Staat in seinen Grundprincipien zerstört worden. In Philipp dem Schönen war der Kirche der von ihr sich lostrennende und über sie sich erhebende Staat personificirt entgegengetreten." [1] War das innige Verhältniß zwischen Staat und Kirche schon durch die Kämpfe der Kaiser gegen die Kirche gelockert, so begann jetzt der Staat sich immer mehr von der Kirche loszureißen und über sie die Herrschaft zu erstreben.

War der Papst bisher nicht bloß geistliches Oberhaupt der Kirche und weltlicher Souverän, Oberlehensherr über einzelne Länder, sondern auch Vater und Haupt der europäischen Völkerfamilie, so lösten sich diese Bande und die christliche Völkerfamilie selbst immer mehr auf, der Heilige Stuhl ward den Völkern immer mehr entfremdet.

---

[1] Phillips, K.=R. III. S. 267.

Viele Umstände wirkten mit, die Autorität des Papstes in den Augen der Völker zu schwächen und die Erhebung des Staates über die Kirche zu begünstigen, von denen nur folgende angedeutet werden sollen:

1) Die Verlegung des Päpstlichen Stuhles nach Avignon (sogen. captivitas babylonica der Päpste, 1308—1378), wodurch die Völker ihm mehr und mehr entfremdet wurden.

2) Der Zwiespalt mit Deutschland unter Ludwig dem Bayern, in welchem alles aufgeboten wurde, den in Avignon residirenden Papst verhaßt zu machen, und in dem ein leidenschaftlicher Schriftwechsel sich entspann für und gegen den Papst und den Kaiser. Die Opposition zu Gunsten der weltlichen Gewalt gegen die kirchliche, welche die volle Unterwerfung letzterer unter die erstere zu begründen suchte (Marsilius von Padua, Johann Giandone, Wilhelm Occam u. a.), rief das andere Extrem hervor, die Uebertreibung der päpstlichen Gewalt als des absoluten Gebieters der Welt auch im Zeitlichen (Augustinus Triumphus, Alvarus Pelagius u. a.). Der Defensor pacis des Marsilius und Johannes Giandone enthielt bereits rein protestantische Lehren, und Phillips bemerkt mit Recht: „Nachdem die Lehren eines Marsilius von Padua und Wilhelm von Occam, begünstigt durch einen Fürsten, welcher die Zügel der Regierung Deutschlands ein ganzes Menschenalter hindurch in seinen Händen hatte, ungehindert hatten fortwuchern können, ist es in der That zu verwundern, daß das große Ereigniß der Glaubenstrennung erst im 16. Jahrhundert und nicht schon damals vor sich ging." [1]

3) Dazu kam das große päpstliche Schisma, aus dem so viele Unordnungen hervorgingen.

4) Die sogenannten Reformsynoden von Konstanz und Basel. Zu Konstanz siegte der Particularismus der einzelnen Völker über den Universalismus der Kirche; noch weiter ging die hauptlose und zuletzt schismatische Synode von Basel, aus deren Beschlüssen Frankreich seine pragmatische Sanction (1438) entnahm. Die Theorie von der Superiorität der Concilien über den Papst, die Appellationen vom Papst an ein künftiges Concil, die trotz der wiederholten Verwerfung durch die Kirche in Frankreich und Deutschland so oft wiederholt wurden, das Schlagwort der „Reform an Haupt und Gliedern", zumeist im Munde derjenigen, die mehr an Erhebung der eigenen Macht und ihres eigenen Besitzes als an eine sittliche Besserung dachten, die fortdauernde kirchliche Opposition in Deutschland verwirrten immer mehr die Geister.

5) Wie das päpstliche Ansehen, so war auch das kaiserliche gesunken; es erhob sich die Macht der einzelnen Fürsten, welche die weltliche und geistliche Aristokratie zu bemüthigen suchten.

6) Die kirchlichen Censuren waren vielfach mißachtet und nicht mehr

---

[1] Phillips a. a. O. S. 318.

gefürchtet, es herrschte Unzufriedenheit wegen drückender Abgaben, zu denen sich die Päpste genöthigt sahen.

7) Immer häufiger wurden die weltlichen Uebergriffe in das geistliche Gebiet, der Widerwille gegen die kirchliche Gerichtsbarkeit.

8) Die Häresie hatte einen viel allgemeineren Charakter als früher, griff nicht mehr bloß einzelne Dogmen, sondern deren Gesammtheit in ihrer Wurzel an.

9) Mit Wiederbelebung der classischen Studien erwachte auch wieder der heidnische Geist, in dem viele den heidnischen Staat als Ideal erfaßten.

10) Die Universitäten, früher kirchliche Anstalten, kamen unter die welt= liche Gewalt und verweltlichten.

11) Die Laien erhoben sich über den Clerus, dieser war zum Theil er= schlafft und verweltlicht.

12) Die Wissenschaft war vielfach unkirchlich und irreligiös, die Politik selbstsüchtig und unsittlich, mit den neuen Erfindungen und Entdeckungen und dem Aufschwung des Handels wuchs der Egoismus der Nationen, das ma= terielle Interesse herrschte; das Princip der Autorität war erschüttert, und der Drang zur Revolution zeigte sich in immer bedenklicherer Weise [1].

17. Die Glaubensspaltung und die protestantische Kirchengewalt des Landesherrn.

77. Im Protestantismus wurde die oberste Kirchengewalt an die Landes= herren ausgeliefert. Wohl hatte Luther anfangs dem Volke („der Gemeind", so übersetzte er auch ecclesia) die kirchliche Gewalt zugesprochen; aber bald wurde er der Patron des exclusivsten Staatskirchenthums [2]. Es wurde herr= schende protestantische Doctrin, daß die Fürsten das höchste Richteramt über Religion, Lehre und Kirche hätten, und daß es ihr Recht und ihr Beruf sei, jede von der ihrigen abweichende Glaubensmeinung zu unterdrücken. „Darin," schreibt v. Döllinger, „stimmten Lutheraner und Reformirte überein . . . Die Kirche wurde ganz in den Staat eingefügt, als ein Rad in der großen Staatsmaschine betrachtet . . . Die protestantischen Fürsten waren aber nicht bloß Päpste in ihrem Lande, sie waren mehr, sie vermochten, was nie einem Papste eingefallen war . . . Das protestantische Volk wurde von seinen fürst= lichen Oberbischöfen und deren Beamten zu einer früher nie dagewesenen Knecht= schaft herabgedrückt. Diesem System der Fürstenherrschaft über Religion und Gewissen drückte der westphälische Friede das Siegel auf." [3]

So hat die „Reformation" einerseits einen Despotismus ins Leben ge= rufen, den kein früheres Zeitalter jemals gekannt hatte, andererseits wurde sie

[1] Vgl. Phillips a. a. O.; J. Hergenröther, Kirchengesch. 3. Aufl. Bd. II. S. 582 ff. 605 und a. a. O.

[2] Maassen, Neun Capitel über freie Kirche und Gewissensfreiheit. Graz 1876. S. 273.

[3] v. Döllinger, Kirche und Kirchen S. 53. 57. 56. 58.

die Quelle der revolutionären Ideen unserer Zeit[1]. Der westphälische Friede erkannte das jus reformandi mit Beschränkungen durch das Normaljahr an (99), weßhalb Papst „Innocenz X. gegen dieses dem Friedensschlusse zu Grunde liegende tief unchristliche und unsittliche Princip ‚cujus regio, illius et religio‘ protestiren mußte."[2] Dieser Protest des Papstes, der nicht Contrahent des Friedensschlusses war, gegen die kirchenfeindlichen Bestimmungen desselben hindert aber keineswegs, daß auch Katholiken auf dieses Reichsgesetz in anderen Punkten sich berufen dürfen.

Nachdem in den der neuen Lehre ergebenen Ländern die Landesherren, die zur Vergrößerung ihrer Macht und ihres Einkommens an der kirchlichen Revolution vielfach theilgenommen hatten, die höchste Leitung der religiösen Angelegenheiten an sich gebracht, suchte man diese landesherrliche Kirchengewalt (jus majestaticum circa sacra) sogar aus der Heiligen Schrift zu begründen (Pf. 23, 7; Isai. 49, 23 u. s. w.). Erst später entstanden darüber drei gleich unrichtige Systeme:

1. Das Episkopalsystem, begründet von Stephani († 1646), vertheidigt besonders von Fr. C. Moser (1761), ging von der Thatsache aus, daß durch den Augsburger Religionsfrieden 1555 die Jurisdiction der katholischen Bischöfe über die Bekenner der Augsburger Confession bis zur gütlichen Ausgleichung der Religionsstreitigkeiten suspendirt worden sei; dieselbe sei nun auf die Landesherren devolvirt, sei als potestas devoluta auf die Fürsten als einstweilige Bischöfe übergegangen. Allein aus einer Suspension folgt noch keine Devolution[3]. Eine solche Uebertragung war nach dem Standpunkt des katholischen Kirchenrechts, worauf es doch, um den Sinn jenes Religionsfriedens zu bestimmen, mit ankommt, gar nicht möglich. Dieses System muß wenigstens bis zum Jahre 1555 die Rechtmäßigkeit der Jurisdiction der katholischen Bischöfe anerkennen. Man fühlte daher auch die Unhaltbarkeit desselben und suchte es theils dadurch zu stützen, daß man die Fürsten als die edelsten und vorzüglichsten Glieder der Kirche, als die Hüter der beiden Gesetztafeln erklärte, ja selbst auf die byzantinischen Kaiser und heidnischen Imperatoren recurrirte, theils indem man ihm die Wendung gab, durch die Suspension der kirchlichen Jurisdiction sei diese nicht sowohl an die weltliche Gewalt devolvirt, als vielmehr an sie als an die Quelle, von wo sie ursprünglich ausgegangen,

---

[1] Vgl. Hist.-polit. Bl. Bd. I. 1838 S. 237.

[2] v. Döllinger a. a. O. S. 50. Vgl. *Innocent. X. Const.* Zelo domus Dei d. 26. Nov. 1648. I. P. O. art. V. § 30: „cum statibus immediatis cum jure territorii et superioritatis etiam jus reformandi exercitium religionis competat."

[3] So sagt auch Nettelbladt (de trib. system. § 5 not. k [observat. jur. eccles. Halae 1783]): „Jus suspensum tantum non est jus extinctum; hinc illud ipsum seu quoad substantiam manet penes eum, qui hactenus illud habuit." Vgl. Walter, K.-R. 14. Aufl. § 38 ff. S. 83 ff.

revolvirt. Im letzteren Falle fällt es aber zusammen mit dem folgenden Systeme.

II. Das Territorialsystem (Chr. Thomasius 1695, J. H. Böhmer 1712) legt direct dem Landesherrn die äußere Kirchengewalt bei; der Landesherr übt sie als solcher. Er hat das jus reformandi, das Recht, die Religionsübung im Staate zu bestimmen, das jus inspectionis und advocatiae. Die äußere Kirchengewalt ist nicht von der Staatsgewalt verschieden, und der Landesherr übt sie als solcher nach den Gesetzen des Staates [1].

Ist die Kirche nur eine unsichtbare, so gibt es keine eigentliche Kirchengewalt. Ihre Glieder sind nur durch Glaube, Hoffnung und Liebe verbunden; die äußere Kirchengewalt, die hier identificirt wird mit der Staatsgewalt, soll nur das äußere Rechtsgebiet, den äußern Frieden und die Toleranz wahren.

III. Das Collegialsystem (durch Pfaff 1756 und Mosheim 1760 ausgebildet, zu dem aber Pufendorf schon den Grund legte) geht von der durch die Gründung der Kirche und ihre Geschichte widerlegten falschen Behauptung aus, die kirchliche Gewalt habe ursprünglich in der Gemeinde geruht; nach ihrer Ausscheidung aus der katholischen Kirche habe diese die kirchliche Gewalt (wenigstens großentheils) an die Fürsten übertragen, die aus dem Rechtstitel einer Delegation und kraft eines Vertrages die Häupter der Landeskirchen seien. Die Reformationszeit weiß jedoch nichts von einem solchen jus delegatum. Weder die Geschichte noch die Vorstellungen jener Zeit bieten dafür irgend einen haltbaren Grund dar.

Man unterschied aber auch jura collegiata in sacra, die der Kirche (Gemeinde) zustehen und an die Fürsten übertragen seien, und ein jus circa sacra der Fürsten als solchen.

Das Beispiel der protestantischen Fürsten suchten auch bald katholische nachzuahmen. Das Concil von Trient erinnerte dieselben an ihre Pflichten der Kirche gegenüber; aber die Ausführung seiner Beschlüsse fand allenthalben die größten Hindernisse. Hatten die katholischen Fürsten sich anfangs mehr im Interesse der Erhaltung des katholischen Glaubens in kirchliche Dinge ein-

---

[1] Einen Ausdruck findet dieses System z. B. in einem Bericht der Clevischen Regierung vom 18. März 1669, wonach „in hac materia jurisdictionis ecclesiasticae ein anmerklicher Unterschied ist zwischen einem evangelischen und einem römisch-katholischen Fürsten oder Landesherrn. Sintemalen einem römischen das hohe Regal der kirchlichen Botmäßigkeit per usurpationem pontificiam notorie entzogen ist, also daß er imperium in imperio dulden muß; wogegen ein evangelischer Fürst im römischen Reich vermög des Religionsfriedens (wie auch alle auswärtigen Potentaten und Herrschaften) excusso jugo pontificio sowohl das geistliche als weltliche Schwert in Händen hat. Allermassen demzufolge die päpstliche und Episkopal-Jurisdiction in territoriis principum evangelicorum mit der landesfürstlichen Hoheit, prout erat in principio. jure quasi postliminii wiederum ist consolidirt." Bachem, Preußen und die kath. Kirche S. 21; Lämmer a. a. O. S. 316.

gemischt, so wurden doch auch in katholischen Ländern die protestantischen jura circa sacra bald immer mehr geltend gemacht.

18. Gallicanismus, Febronianismus und Josephinismus.

78. In Frankreich, wo Ludwig XIV. den Staat völlig centralisiren, die Kirche aber decentralisiren wollte, wurden die sogenannten „gallicanischen Freiheiten" in der auf Verlangen des Königs entworfenen Declaration des französischen Clerus 1682 festgesetzt, welche 1) die völlige Unabhängigkeit des Königs vom Papste in zeitlichen Dingen, 2) die Oberhoheit der Concilien über den Papst, 3) die Pflicht des Papstes, die Gewohnheiten der gallicanischen Kirche zu achten, aussprach, und 4) die Unfehlbarkeit des Papstes läugnete, indem seine Entscheidungen in Glaubenssachen nicht unabänderlich seien, wenn nicht die Zustimmung der Kirche hinzukomme. Was aber unter den „Gewohnheiten der gallicanischen Kirche" zu verstehen sei, hatte schon 1594 Peter Pithou in einer Schrift ausgeführt, indem er 83 solcher „Freiheiten" anführte, worin den französischen Königen das Recht beigelegt wird, Concilien in ihrem Lande zu versammeln, Gesetze und Verordnungen in Kirchensachen zu erlassen, päpstlichen Legaten die Ausübung der Jurisdiction im Lande, den Bischöfen die Reise ins Ausland zu versagen, zu geistlichen Würden zu ernennen, geist-liche Beamte wegen jeder Art von Vergehen zu bestrafen; dem Könige wird das Recht des Placet, der Appell gegen Mißbrauch, die Berufung vom Papste an ein künftiges allgemeines Concil beigelegt, dem Papste aber das Recht abgesprochen, Bullen ohne königliches Patent verkünden zu lassen, königliche Beamte wegen amtlicher Acte zu excommuniciren, kirchliche Steuern ohne königliche Erlaubniß zu fordern u. s. w. Die Obergewalt des Königs über die französische Kirche hatte Dupuy 1638 zu begründen gesucht und die Par-lamente handelten nach diesen Grundsätzen. Dem Staate ward nach und nach alles vindicirt, was in der Kirche unter äußerlich sichtbaren Formen erschien, ein Recht der Aufsicht (droit de la surveillance) und des Einflusses (droit de l'influence), das die kirchliche Jurisdiction vernichtet. Obwohl die Declaration 1690 vom Papste verworfen worden war, mehrere Bischöfe sie widerriefen, der König selbst am 14. September 1693 eine beruhigende Er-klärung gegeben hatte, blieben die alle Freiheit der Kirche vernichtenden Grund-sätze, für welche auch die Jansenisten Partei nahmen, doch in Geltung, und der Geist der staatlichen Opposition verbreitete sich im 18. Jahrhundert von Frankreich aus über Spanien, Portugal, Italien und Deutschland.

79. Hier überbot die gallicanischen Lehren noch Nicolaus von Hontheim, Weihbischof von Trier, Schüler des van Espen in Löwen, 1763 unter dem Namen Justinus Febronius in seiner Schrift De statu ecclesiae et legitima potestate Romani Pontificis liber singularis ad reuniendos dissidentes in religione christianos compositus. Er läugnete nicht bloß

die Unfehlbarkeit des Papſtes, ſondern beſtritt überhaupt deſſen Jurisdictions=
primat; der Papſt iſt nach Febronius nur primus inter pares, die Schlüſſel=
gewalt radicaliter und principaliter der Geſammtheit verliehen, den Biſchöfen
nur usualiter und usufructualiter; von den Rechten des Papſtes ſind ihm
nur jene weſentlich, ohne welche die Einheit nicht erhalten werden kann, die
anderen, ſpäter erworbenen, theils anerkannte, theils ſtreitige, die ihm wieder
entzogen werden können, ja er fordert die Fürſten auf, durch gemeinſames
Vorgehen den frühern Zuſtand der Kirche wieder herzuſtellen.

80. Das febronianiſche Syſtem, deſſen praktiſche Durchführung in Oeſter=
reich Joſeph II. ſich zur Aufgabe machte (Joſephinismus), wurde nicht
bloß von ſervilen Hofcanoniſten vertheidigt, ſondern auch die drei geiſtlichen
Kurfürſten nebſt dem Erzbiſchof von Salzburg brachten es in der Emſer
Punktation (1786), die Pius VI. am 14. November 1789 beantwortete
und verwarf, zum Ausdruck. In Italien erneuerte die janſeniſtiſchen und
gallicaniſchen Lehren die Pſeudo=Synode von Piſtoja (1786), aus der
85 Sätze durch die Bulle Auctorem fidei Pius' VI. vom 28. Auguſt 1794
verworfen wurden.

Mit der Aufhebung des Jeſuitenordens (1773) war ein Hauptbollwerk
gegen die Aufklärungsſucht gefallen, die der „Illuminatenorden" verbreitete
und der eine liberale, rationaliſtiſche Theologie vielfach huldigte. Es mehrten
ſich die ſtaatlichen Verordnungen über kirchliche Sachen in den meiſten Ländern.
Der Geiſt des Indifferentismus, das Hegel'ſche Princip der Staatsomnipotenz
machte ſich immer mehr geltend. Die Frucht der Revolution gegen die Kirche
war die Revolution gegen den Staat geweſen.

Die franzöſiſche Revolution beraubte nicht nur die Kirche in
Frankreich ihrer rechtmäßigen Beſitzungen, ſondern machte ſie auch völlig recht=
los und verfolgte ſie mit blutiger Tyrannei. Aber auch auf andere Länder
blieb ſie nicht ohne Einwirkung. In Deutſchland erfolgte im Jahre 1803
die große Säculariſation. Im Jahre 1806 ging auch das römiſch=deutſche
Kaiſerthum völlig unter. Die Fürſten ſchalteten mit größter Willkür; es
ſchien die Zeit gekommen, in der die Kirche bloß durch landesherrliche Edicte
regiert werden ſollte.

19. Die Theorie der Majeſtätsrechte über die Kirche.

81. Die Theorie der Kirchenhoheitsrechte des Staates oder der Majeſtäts=
rechte des Staates über die Kirche hat das proteſtantiſche Syſtem zur Grund=
lage. Der einzelne Staat und die Geſammtheit der Staaten hat kein Majeſtäts=
recht über die Kirche als ſolche. Denn das Majeſtätsrecht des Staates reicht
nicht über deſſen Zweck hinaus (54. 55). Die Kirche als ſolche iſt unabhängig
in ihrer Sphäre von jeder andern Gewalt (9. 48). Das Staatsoberhaupt
iſt nicht Oberhaupt der Kirche. Die Kirche iſt eine, die verſchiedenartigſten

Staaten umfassend; Nationalkirchen gibt es nur im protestantischen System. Die Kirche ist kein Staatsinstitut, hängt selbst in ihrer Existenz nicht vom Staate ab. Sie hat es in den Zeiten der Verfolgung gezeigt, daß sie nicht absolut des Staatsschutzes zu ihrer Existenz bedarf; und wenn sie des Staatsschutzes bedarf zu ihrer ungehinderten Wirksamkeit, so folgt daraus noch keine rechtliche Abhängigkeit [1]. Der Schutz der Kirche ist Pflicht des Staates. Erkennt er die Kirche als die übernatürliche, von Jesus Christus gestiftete Heilsanstalt an, so kann er kein Kirchenhoheitsrecht über dieselbe beanspruchen. Erkennt er die Kirche aber auch nur als eine Corporation im Staate an, so folgt auch daraus noch keineswegs das behauptete Kirchenhoheitsrecht, sondern sobald er einmal die Kirche im Staate anerkannt hat, muß er auch ihr Recht auf dem Gebiete der Kirche anerkennen, und kann ihr gegenüber doch nicht jene Ausnahmsgesetze, die man unter den sogen. Kirchenhoheitsrechten versteht, beanspruchen (50).

Diese vermeintlichen Rechte des Staates können keine ihm wesentlich in-härirenden Rechte sein, denn sie sind erst später aufgebracht worden, bestehen nicht überall, ohne daß der Staat weder in jenen Zeiten, wo man sie nicht kannte, noch an den Orten, in denen man heute noch sie nicht kennt, an Souveränität etwas verloren hätte. Ihre Folgen sind nur nachtheilig selbst für den Staat, obschon der bloße Nutzen auch noch kein Rechtsgrund wäre. Die Geschichte Frankreichs und anderer Staaten zeigt, daß sie dem Staate keinen Nutzen bringen, nur die Anhänglichkeit an den Staat, der die Kirche zur Polizeianstalt entwürdigen will, selbst zu schwächen vermögen. Mit Recht bemerkt Beidtel: „Glaubt der Staat der Kirche positiv entgegenwirken zu müssen, so soll er lieber sich offen als ihren Feind bekennen. . . . Aber auf der einen Seite erklären, man gestatte den Katholiken Religionsfreiheit, und dann nicht bloß im Factum, sondern selbst im Grundsatz einen solchen Krieg gegen den katholischen Cultus organisiren, ist nicht nur der Regierung un-würdig, sondern kann auch von bedenklichen Folgen sein." [2]

82. Unter dem von Thomasius herrührenden Namen jura circa sacra haben auch die Canonisten des vorigen Jahrhunderts [3] meist ein ganzes System angeblicher Kirchenhoheitsrechte zusammengestellt, die auch in den landesherr-lichen Verordnungen in Kirchensachen und in der Praxis großentheils noch heute geübt werden, nachdem seit den trefflichen Leistungen in der Kirchenrechts-wissenschaft von Phillips, Beidtel, Walter u. a. jenes System längst seine Widerlegung und Verwerfung gefunden hat.

---

[1] Vgl. Hammerstein, Staat u. Kirche S. 104 ff.
[2] Beidtel a. a. O. S. 219. 268.
[3] So Eybel, Lacicz, Pehem, Riegger, Rautenstrauch, Kreitmayer, Schenkl, Wede-kind, Brendel u. a.

Wie der Protestantismus das jus reformandi, advocatiae (protectionis) und inspectionis (77, II.) als wesentliche Rechte des Landesherrn aufgestellt hatte, so hat man diese auch auf die katholische Kirche, die nie einen Summ= episkopat des Landesherrn anerkennen kann wie der Protestantismus, aus= gedehnt und daraus weitere Rechte abgeleitet [1].

I. Das *jus advocatiae* (protectionis). Einen wahren Schutz, der für den christlichen Staat Pflicht ist, nimmt die Kirche dankbar von jedem Staate an. Der paritätische Staat ist verpflichtet, jede Confession in ihren Rechten zu schützen (101); ja selbst ein nichtchristlicher Staat ist, wenn er einmal die Kirche im Staate anerkannt hat, verpflichtet, ihr den allgemeinen Rechtsschutz für ihre Institute, Diener und Eigenthum nicht zu versagen. Aber ein Schutz gegen den Willen des Beschützten, ein „Schutzrecht" als Bevormundung einer Gesellschaft in ihrem eigenen Wirkungskreis, ein von der Kirche nicht erbetener, ihren Zwecken entgegengesetzter „Schutz" ist Unter= drückung und verletzt die Freiheit des Gewissens. Zu einer vollen Staats= vormundschaft und Mitaufsicht aber wird diese „Schutzhoheit", wenn man aus ihr das Recht begründen will, bei Aufstellung der Kirchenbeamten in entscheidender Weise mitzuwirken, ein Anstellungsrecht Geistlicher wie bei welt= lichen Beamten geltend macht, das Patronatrecht mit dem Verleihungsrecht identificirt, außer den allgemeinen Anforderungen die Bestimmung über die Erziehung und Prüfung der Geistlichen und Ordensleute dem Staate beilegt, statt der Kirchengewalt selbst die gegen sie ungehorsamen Glieder beschützt u. s. w. Nur ex concessione ecclesiae kann dem Staate ein Recht bei Auf= stellung der Kirchenbeamten zustehen, da diese sicher eine der wesentlichsten inneren Kirchensachen und unzertrennlich von der Selbständigkeit und Auto= nomie der Kirche ist. Auch die Exclusive gegen personae ingratae kann nur auf Concession der Kirche beruhen.

II. Das *jus cavendi*, das Recht, Vorkehrungsmaßregeln zu treffen gegen allenfallsige Nachtheile, die dem Staate von seiten der Kirche zugefügt werden könnten. Aber ist es nicht ein Widerspruch, wenn der Staat einerseits die Kirche und ihren Zweck anerkennt und eben deßhalb sie schützt, und zugleich gegen diese Kirche wie gegen einen gefährlichen Feind besondere Vorsichts= und Sicherheitsmaßregeln aufstellen zu müssen glaubt? Ist das nicht ein Ausnahmsgesetz gegen die Kirche, mit dem jedwedes einzelne Ausnahmsgesetz gegen die Kirche und ihre Diener begründet, die Kirche in Ausübung ihrer von Gott verliehenen Gewalten stets gehindert und ihren Zwecken entgegen= gewirkt werden kann? Es spricht sich darin das ärgste Mißtrauen gegen die Kirche aus. Wegen etwa möglicher Mißbräuche ein solches Recht gehässiger Präventivmaßregeln aufzustellen, als ob in jedem Augenblick dem Staate

---

[1] Vgl. Syllab. n. 20. 28. 29. 41. 44. 49. 51. 54.

Gefahr drohe [1], das heißt offenbar der Kirche den Charakter der Anrüchigkeit
aufprägen. „Die Staatsgewalt hat allerdings das Recht, Rechtswidrigkeiten,
die in das bürgerliche Gebiet fallen, auch an kirchlichen Beamten mit bürgerlichen Strafen zu beahnden und im gerichtlichen Wege zu verfolgen, sie hat
aber nicht das Recht, so wenig gegen den unbescholtenen Privatmann als gegen
die Kirche, ein System von Präventivmaßregeln aufzustellen, die ihr den
Charakter der Anrüchigkeit aufprägen." [2]

III. Das *jus supremae inspectionis*, das Aufsichtsrecht über kirchliche
Acte und Institute — ein sehr dehnbarer Begriff, mit dem eine förmliche
Kirchendirection verbunden werden kann [3]. Mit diesem Aufsichtsrechte
hat man auch rechtfertigen wollen alle staatlichen Verordnungen über den
Cultus, die Processionen, Missionen u. s. w., die Disciplin, den religiösen
Unterricht, die Controle über Predigten und Katechesen, das Gebot der Staats-
censur theologischer Werke und die staatliche Genehmigung für päpstliche und
bischöfliche Erlasse, die Zwangsregulirung der geistlichen Amtsbezirke und
Klöster, das Verbot, auswärtige theologische Lehranstalten zu besuchen, welches
das Princip des Katholicismus verletzt und die Vielseitigkeit der Bildung
benachtheiligt, die Administration und Curatel des Kirchenvermögens, die vollständige Durchführung des Beamtenverhältnisses der Geistlichen, das Verbot
des unmittelbaren Verkehrs mit dem Papste, überhaupt der Geistlichen und
Laien mit ihren Kirchenoberen, der Ordensleute mit auswärtigen Provincialen
und Generalen, das der Katholicität der Kirche widerspricht. Insbesondere
muß die Verbindung mit dem Mittelpunkt der Einheit, mit dem Papste, stets
frei sein. Dieser darf nicht als ein fremder, auswärtiger Fürst betrachtet
werden, was auch Febronius zugibt. Die Correspondenz der Kirche muß
frei sein, ist es doch selbst die der Handels- und anderer Gesellschaften. Und
was läßt sich nicht alles auch begreifen unter diesem Aufsichtsrechte über
kirchliche Amtsführung, kirchlichen Cultus u. s. w., das die Kirche zur reinen
Staatsanstalt machen kann?

IV. Das *jus reformandi*, das ursprünglich gefaßt wurde als das
Recht, beliebig die Religion des Landes zu bestimmen, Religionsgenossenschaften
zuzulassen im Staate oder nicht (99), in welchem Sinne es doch nur auf neu

---

[1] „Ex his, quae forte uno aliquo casu accidere possunt, jura non constituuntur.
Nam ad ea potius debet aptari jus, quae frequenter et facile, quam quae perraro
eveniunt."

[2] Walter a. a. O. § 46 a S. 105.

[3] Jarcke, Ges. Schriften. Paderborn 1854 IV. 103 ff.: „Die Kirche ist der
Todfeind des Staates; darum muß derselbe gegen sie Vorsichtsmaßregeln treffen; kraft
dessen ist vor allem unausgesetzte, alle Selbständigkeit des Gegners nach Kräften auf-
hebende, jede seiner Bewegungen umlauernde, jede Regung, zu welcher nicht Erlaubniß
eingeholt wurde, von vornherein verbietende Aufsicht heilige Pflicht. Das nennt man
jus inspectionis."

entstehende Religionsparteien bezogen werden kann, nicht auf die katholische Kirche, die mit ihren Rechten längst recipirt ist. Febronius versteht darunter das Recht, in der Kirche eingeschlichene Mißbräuche abzustellen, wie auch z. B. Pehem sagt: „Der Staat kann Mißbräuche in der Kirche abstellen und den Vollzug der canones betreiben." [1] Allein der Staat ist nicht competent, darüber zu urtheilen, was abusus in der Kirche und welcher canon rechtsgiltig ist. Dadurch maßt sich der Staat eine geistliche Gewalt an, erklärt sich als obersten Richter dessen, was in der Kirche rechtmäßiger Gebrauch und was kirchlicher Mißbrauch ist, worüber nur der geistliche Richter entscheiden kann; dadurch hätte der Staat die ganze Kirchenverfassung in der Hand [2].

V. Das *jus supremi dominii*, das Obereigenthumsrecht (dominium eminens) über das Kirchengut. Man hat damit die Säcularisation beschönigen wollen, die immer ein Gewaltstreich bleibt; andererseits wollte man daraus das weltliche Besteuerungsrecht über das kirchliche Vermögen begründen. Allein das Besteuerungsrecht entspringt nicht aus dem Obereigenthums-, sondern aus dem Rechte des Staates, daß jene, die seine Vortheile genießen, auch an den Lasten tragen müssen; auch über das Privateigenthum der einzelnen Individuen hat der Staat kein Obereigenthumsrecht. Das Ganze ist juristisch unhaltbar. Erkennt der Staat auch den heiligen Charakter des Kirchengutes als eines Gott geweihten nicht an, so muß er doch die Kirche als eine juristische Person und ihr Eigenthum als Privateigenthum so gut wie jedes andere anerkennen. Dieses früher prätendirte Recht hat man daher auch aufgegeben, nur für den Nothfall nehmen manche ein jus extremae necessitatis an [3], und noch bestehen die den Erwerb des Kirchengutes beschränkenden Amortisationsgesetze.

VI. Das *jus placeti* (placetum regium, pareatis, exequatur), das Recht, von kirchlichen Verordnungen und Erlassen vor ihrer Publication Einsicht zu nehmen und sie erst durch die staatliche Genehmigung für vollziehbar zu erklären. Dieses Recht wurde von den Gallicanern, van Espen, Febronius und den meisten Canonisten im vorigen Jahrhundert vertheidigt, von Brendel sogar für eine Wohlthat, in neuester Zeit von Nuytz für ein wesentliches Majestätsrecht erklärt.

Dagegen streitet: 1) wäre es ein wesentliches Majestätsrecht, so würde es wohl auch früher und überall sich geltend gemacht haben. „Die Souverä-

---

[1] *Febron.* de statu eccles. I. c. 9 § 6; Pehem, Kirchenrecht I. § 786.

[2] Beidtel a. a. O. S. 259; cf. Trid. sess. XXV. c. 3 de ref.

[3] Brendel, Kirchenrecht S. 603, der aber zugibt, daß dieses seine nothwendigen Grenzen habe. Allein welches sind diese Grenzen? Verfügt der Staat nach Willkür über Kirchen- und Stiftungsgut, so ist es ein Eingriff ebenso wie in das Privatgut einzelner. Wer würde, dieses Recht angenommen, auch noch Lust haben, kirchliche Stiftungen zu machen? Im wirklichen Nothfall ist die Kirche stets bereit gewesen, für das allgemeine Beste die größten Opfer zu bringen, und wird es stets thun. Aber ein Eingriff, ohne sie zu befragen, gegen ihren Willen, ist nie gerechtfertigt.

nität von römischen Kaisern, eines Karl des Großen, Otto des Großen, eines Friedrich Barbarossa konnte es ertragen, daß die Päpste Gesetze verkündeten, ohne vorher die Erlaubniß des Kaisers eingeholt zu haben. Auch jetzt noch kennen es viele Staaten nicht, wie Belgien, England, Nordamerika, selbst die Türkei; verlieren sie dadurch etwas an Souveränität?"[1] Seine ersten Anfänge finden sich in England unter Wilhelm I., dem Eroberer (1066—1087)[2]. Zur Zeit des großen päpstlichen Schisma wollte jeder Souverän nur die Verordnungen des von ihm anerkannten Papstes vollzogen wissen und verlangte daher, daß päpstliche Verordnungen von ihm als solche anerkannt worden seien. Von den bourbonischen Höfen wurde es dann weiter ausgebildet, die durch Unterdrückung der Kirche den Untergang ihrer Herrschaft beförderten[3]. 2) Die Kirche hat es nie anerkannt, sondern stets dagegen protestirt, so Paschal II. gegen das Placet in England, Innocenz VIII. in Portugal, Innocenz X. in Oesterreich, Alexander VII. in Spanien u. s. w., wie wieder Gregor XVI. 1839 in Preußen, Pius IX.[4] und das Vaticanische Concil es verworfen haben[5]. Es kann also auch weder durch Herkommen, noch durch eine Concession der Kirche begründet werden. 3) Ebensowenig bieten Bestätigungen und Publicationen von Kirchengesetzen durch die ersten christlichen Kaiser einen Grund dafür, denn sie bezogen sich nicht, wie das Placet, auf die Wirksamkeit der kirchlichen Gesetze innerhalb der kirchlichen Sphäre, sondern nur auf die Unterstützung durch den weltlichen Arm, flossen nicht aus dem Oberaufsichts= oder Verhütungsrecht, sondern aus der Pflicht des Schutzes der Kirche durch den Staat und entsprangen aus beiderseitigem Einvernehmen[6]. 4) Das Placet ist unvereinbar mit der Selbständigkeit und Autonomie der Kirche und macht die ganze Gesetzgebung und Verwaltung innerhalb eines Landes vom Willen der Staatsgewalt abhängig. Die Kirche müßte ihre von Gott ihr verliehene Gewalt, ihre göttliche Sendung verläugnen, wollte sie zugeben, daß der Gehorsam gegen ihre Gesetze und Vorschriften erst von einer staatlichen Genehmigung abhängig sei. Die Bischöfe sind gesetzt vom Heiligen Geiste, die Kirche Gottes zu regieren (Apg. 20, 28), die Gläu-

---

[1] Papius im Archiv für kath. K.=R. 1867 S. 232.

[2] Das. S. 166. Phillips, Engl. Recht und Rechtsgesch. I. S. 105.

[3] Vgl. Archiv für kath. K.=R. Bd. V. S. 231.

[4] Encycl. d. 8. Dec. 1864; Syllab. n. 41, cf. 28. 29.

[5] Vatican. de eccles. c. 3: „Quare damnamus illorum sententias, qui hanc supremi capitis cum pastoribus et gregibus communicationem licite impediri posse dicunt aut eandem reddunt saeculari potestati obnoxiam, ita ut contendant, quae ab Apostolica Sede vel ejus auctoritate constituuntur, vim ac valorem non habere, nisi potestatis saecularis placito confirmentur." Vgl. auch Const. Apostolicae Sedis moderationi unter den dem Papste speciali modo reservirten Excommunicationen n. 7 u. 8.

[6] Walter a. a. O. § 44 S. 90; c. 2 D. 96. Warnkönig, Die staatliche Stellung der kath. Kirche. Erlangen 1855 S. 27 ff.

bigen zu gehorchen verpflichtet, und die Giltigkeit ihrer Anordnungen sollte von einem Gliede der Kirche abhängen, das selbst der Kirche Gehorsam schuldet, oder gar von einer akatholischen Regierung; der kirchliche Gehorsam sollte erst dann anfangen, erlaubt zu sein, wenn die weltliche Gewalt es gestattet? Der Befehl der weltlichen Gewalt enthielte dann den letzten Grund des dem Unter= gebenen obliegenden Gehorsams, die Staatsgewalt wird zur obersten Kirchen= gewalt gemacht. Wenn man freilich „der Kirchengewalt die Autonomie gänzlich, die Gerichtsbarkeit im Rechtssinn beinahe gänzlich abspricht," [1] dann kann man von diesem protestantischen Standpunkte aus auch die Forderung eines Placet vertheidigen. 5) Nicht einmal die Grenzen dieser auf unbegründetem Mißtrauen gegen die Kirche beruhenden Präventivmaßregel sind bestimmt. Selbst die Vertheidiger dieser Maßregel sind darüber uneinig; die einen nehmen Glaubensgesetze und Erlasse rein geistlichen Inhaltes davon aus, andere wollen es auf alle bischöflichen und päpstlichen Erlasse ausgedehnt wissen, ja selbst auf bereits angenommene Constitutionen, „die nur so lange in Anwendung bleiben, als die staatliche Autorität nicht anders verfügt". Und in der That, das Princip einmal zugegeben, kann die Anwendung auch auf Predigten und Katechesen wie auf Hirtenbriefe, auf mündliche Befehle so gut wie auf schrift= liche ausgedehnt werden; damit aber wird alles Recht der Kirchenoberen negirt, alle Begriffe kirchlichen Gehorsams verwirrt [2]. 6) Eine Ausdehnung des Placet auf Glaubenslehren der Kirche widerspricht a) der staatlichen Anerkennung der Kirche. In dem Augenblicke, wo die Staatsgewalt sich herausnimmt, ein Dogma nicht zu placetiren, einem Glaubenssatze der Kirche die Anerkennung zu versagen, erklärt sie, daß sie die katholische Kirche über= haupt nicht anerkenne. Denn nach Hinwegnahme eines declarirten Dogmas ist die katholische Religion nicht mehr die katholische. Würden die Katholiken eines Landes ihren Glauben nach der Entschließung der Staatsbehörde in solchem Falle reguliren, das verpönte Dogma nicht lehren und nicht glauben, so hörten sie auf, Katholiken zu sein [3]. Sie widerspricht b) dem Begriffe des Gesetzes, das etwas Mögliches, Erreichbares bezwecken und den Forderungen der Vernunft entsprechen muß. Soll das Placet einen Sinn haben, so kann es nur angewandt werden bei Gegenständen, die verschieden behandelt werden, die hier angenommen, dort zurückgewiesen werden können. Glaubenssätze aber können absolut nicht verschieden behandelt werden, sie verpflichten alle Glieder der Kirche, sobald diese sichere Kenntniß davon haben [4]. Daher ist diese Maß=

---

[1] E. Mayer, Die Kirchenhoheitsrechte des Königs von Bayern. Von der juri= stischen Facultät der Universität München gekrönte Preisschrift. München 1884. S. 154.
[2] Beidtel a. a. O. S. 290 f. Vgl. Eichst. Pastoralblatt 1871 S. 133 ff.
[3] Münchener Pastoralblatt 1872 Nr. 1.
[4] *Van Espen*, Tract. de promulg. leg. eccles. P. V. c. 2 § 1: „Indubitatum est, ecclesiam catholicam eandem semper et ubique fidem ex traditione Apostolica

regel hier c) auch ganz zweck= und erfolglos. Wohl kann der Staat die
Katholiken verfolgen, aber er kann nie über ihren Glauben gebieten. Glaubens=
lehren bedürfen zu ihrer verpflichtenden Kraft nicht der Publication durch
den einzelnen Bischof, geschweige einer staatlichen Genehmigung. Oder kann
die Staatsgewalt der weiteren Entwicklung und Entfaltung der kirchlichen
Lehre willkürlich eine Grenze setzen, die Definition einer Offenbarungswahrheit
verhindern, z. B. mit dem Tridentinum jede Entfaltung der Lehre als ab=
geschlossen erklären? 7) Während jedermann bei der heutigen Preßfreiheit die
Kirche schmähen und angreifen kann, wird die Kirche in schlimmere Lage
versetzt als ihre Gegner; sie soll eines Placets bedürfen, wenn sie an die
Gläubigen sich wendet zur Vertheidigung ihrer Lehre. Welch ein Widerspruch
gegen die so gepriesene „Gleichheit aller vor dem Gesetz", gegen Preß= und
Censurfreiheit; es ist das Placet, wie Haller sagt, „eine Erniedrigung und
Demüthigung der Kirche, welche durch nichts zu rechtfertigen ist, und nur
aus einem Geiste des Hasses und der Verfolgung hervorgehen kann" [1]. „Zwie=
tracht ist seine Mutter, Servilität seine Nahrung, Tod der kirchlichen Freiheit
seine Frucht, Verdammung durch die Kirche sein Brandmal." [2]

VII. Die *appellatio tanquam ab abusu* (recursus ad principem),
das Recht, gegen einen behaupteten Mißbrauch der kirchlichen Amtsgewalt
den Recurs an die Staatsgewalt zu ergreifen, wird gleichfalls aus dem jus
inspiciendi oder dem jus cavendi abgeleitet und wurde im 14. Jahrhundert
zuerst in Frankreich ausgebildet; von da ging es mit theilweisen Modifica=
tionen in die meisten Länder über. Es ist keine Frage, daß es erlaubt ist,
an den weltlichen Richter zu recurriren, wenn der geistliche Richter seine
Sphäre überschreitet und in das Gebiet der weltlichen Jurisdiction eingreift,
daß die staatliche Gewalt einschreiten kann, wenn es sich um ein in den
bürgerlichen Gesetzen vorgesehenes bürgerliches Vergehen handelt [3]. Hier findet
aber keine Appellation statt. Allein die Staatsgewalt zur höheren Rich=
terin über den kirchlichen Richter in kirchlichen Sachen machen, heißt
doch nichts anders, als einen staatlichen Mißbrauch gegen einen etwa mög=
lichen kirchlichen Mißbrauch statuiren. Nur die Gewalt, von der das Gesetz

---

sive scripto sive non scripto conservasse nec circa articulos fidei quidquam novi
post tempora Apostolorum accidisse. Ulterius certum est, nequaquam necessarium
esse ad hoc, ut quis fide divina dogma aliquod revelatum credere debeat, dogma
illud aliqua positiva lege fuisse ipsi propositum aut intimatum. Itaque nequaquam
pendet a publicatione vel executione decreti seu bullae dogmaticae, ut quis dog=
mati assensum fidei praebere teneatur." *De Marca* de concord. l. II. c. 10 § 9:
„Non indigent ea decreta imperio principis, ut Christianos adstringant, cum jure
divino nitantur, quod ceteris omnibus praecellit."

[1] v. Haller, Restaur. der Staatspolitik Bd. 4 § 408.
[2] Schneemann, Stimmen aus Maria=Laach 1872 S. 29.
[3] Henner, Die kirchl. Frage in Bayern. Würzburg 1854. S. 63.

ausging, hat es auch zu interpretiren und anzuwenden [1]. Der kirchliche Richter applicirt das Kirchengesetz, ein vom Staate unabhängiges. Ein Beamter, der Mißbräuche in der Ausübung seines Amtes begeht, kann nur von der Autorität gerichtet werden, der dieses Amt selbst unterworfen ist. Wenn der weltliche Richter per abusum ein falsches Urtheil erläßt, so entscheidet der höhere weltliche Richter. Ebenso ist es in der Kirche. Das geistliche Gericht steht nicht unter dem weltlichen Gerichte, beide gehören verschiedenen Ordnungen an [2]. Der weltliche Richter ist incompetent, darüber zu urtheilen, ob der kirchliche Richter sich einen Mißbrauch erlaubt hat; er ist nicht berechtigt, in das Urtheil des geistlichen Richters einzugreifen. Innerhalb der kirchlichen Sphäre vorgekommene Amtshandlungen können auch nur von dem höheren kirchlichen Richter abgeändert werden. Deshalb besteht in der Kirche ein Instanzenzug. Von jedem dem Bischof untergeordneten Richter kann man an diesen, vom Bischof an den Metropoliten, von diesem an den Papst appelliren. Die „Appellation" vom Kirchenoberen an die Staatsgewalt in kirchlichen Sachen widerspricht dem Begriffe der Appellation, die a judice inferiori ad judicem superiorem zu geschehen hat, denn in kirchlichen Dingen ist der weltliche Richter kein höherer für den geistlichen Richter, und ist von der Kirche auch stets verworfen worden [3].

20. Die neueren Concordate und die gegenwärtigen Verhältnisse.

83. Als in Frankreich Napoleons Militärdespotismus die Ordnung wiederherstellte, trat er auch mit dem Papste in Unterhandlung in richtiger Erkenntniß, daß die Wiederherstellung der christlichen Religion auch für eine sichere Regierung unabweisbares Bedürfniß war. Am 15. Juli 1801 wurde das französische Concordat abgeschlossen, aber schon am 9. April 1802 erließ Napoleon die sogen. organischen Artikel, eine einseitige, willkürliche Erläuterung des Concordates, welche den alten Gallicanismus erneuerte, die Declaration von 1682, den appell come d'abus, das Placet u. s. w. Dieses Beispiel wurde auch von anderen Staaten nachgeahmt. Der Papst protestirte gegen die organischen Artikel; spätere Versuche eines neuen Concordates blieben erfolglos. In Deutschland kam es nicht zu einer gemeinsamen Ordnung

---

[1] C. 31 de sent. excomm. V. 39: „unde jus prodiit, interpretatio quoque procedat."

[2] C. 2 de privileg. x V. 33: „Sicut in judiciis laicorum privilegia turbare nolumus, ita eis praejudicantibus nobis moderata volumus auctoritate resistere."

[3] Trid. sess. XXV. c. 3 de ref.: „Nefas autem sit saeculari cuilibet magistratui prohibere ecclesiastico judici, ne quem excommunicet, aut mandare, ut excommunicationem revocet sub praetextu, quod contenta in praesenti decreto non sint observata, *cum non ad saeculares, sed ad ecclesiasticos haec cognitio pertineat.*" Syllab. n. 41. Cf. Const. Apost. Sedis moderat. unter den dem Papste speciell reservirten Excommunicationen n. 6. 7.

der kirchlichen Verhältnisse; auch der Wiener Congreß (September 1814 bis Juni 1815) rechtfertigte nicht die Hoffnung, die man auf ihn gesetzt hatte. Da aber die Kirchenverfassung bis in ihre Fundamente erschüttert, die bischöf=lichen Sitze verwaist, die Capitel aufgelöst waren, sahen sich die einzelnen Regierungen genöthigt, mit dem Papste in Unterhandlungen zu treten.

84. Bayern schloß zuerst ein Concordat ab, nachdem schon seit 1802 bis 1807 und wieder 1814 Vertragsentwürfe gemacht worden waren. Am 24. October 1817 wurde das Concordat (mit Beibehaltung des Datums des frühern, nicht ratificirten vom 5. Juni) endlich von Maximilian I. ratificirt und auch die im Concordat zugestandene Nomination zu Bisthümern vom König vollzogen und am 6. April 1818 vom Papste bestätigt. Aber er¹ am 26. Mai 1818 wurde das Concordat mit der Verfassungsurkunde und deren zweiter Beilage: „Edict über die äußeren Rechtsverhältnisse der Einwohner des Königreichs Bayern in Beziehung auf Religion und kirchliche Gesellschaften", publicirt. Beide widersprechen sich direct in den wesentlichsten Bestimmungen, und dieser Widerspruch ist bis heute ungelöst geblieben. Mag man sich stillschweigend die alten „Kirchenhoheitsrechte" bei Abschluß des Concordates reservirt haben, so kann dies der ausdrücklichen feierlichen Verpflichtung gegenüber in einem völkerrechtlichen Vertrage daß die früheren, der Kirche feindlichen Gesetze abgeschafft sein sollen, nicht von rechtlicher Bedeutung sein ¹.

Für die doctrinelle Interpretation beider Staatsgesetze muß festgehalten werden, daß 1) das Concordat weit, das Religionsedict stricte zu interpretiren ist (70), 2) daß in den sich widersprechenden Bestimmungen das Concordat dem Religionsedicte vorgeht. Man hat dagegen geltend gemacht, das Reli=

---

¹ Conc. art. XVI: Per praesentem conventionem leges, ordinationes et decreta in Bavaria hucusque lata, in quantum illi adversantur, abrogata habebuntur. Art. XVII: Caetera, quae ad res et personas ecclesiasticas spectant, quorum nulla in his articulis expressa facta est mentio, dirigentur omnia et administrabuntur juxta doctrinam ecclesiae ejusque vigentem et approbatam disciplinam. Si vero in posterum supervenerit difficultas, Sanctitas Sua et Regia Majestas secum conferre et rem amice componere sibi reservant. Art. XVIII: Utraque contrahentium pars spondet, se successoresque suos omnia, de quibus in his articulis conventum est, sancte servaturos, et a Majestate Regia praesens conventio lex status declarabitur. Praeterea Majestas Sua Regia spondet, nihil unquam se successoresque suos quavis de causa articulis hujus conventionis addituros neque in iis quidquam immutaturos vel eosdem declaraturos esse absque Sedis Apostolicae auctoritate et cooperatione. Nach v. Sicherer (Staat und Kirche in Bayern bis zum Jahre 1851. München 1854) soll Art. 18 diesen Vorbehalt voraussetzen! Thudichum, Deutsches Kirchenrecht des 19. Jahrhundert. Leipzig 1877, sagt S. 9: „In Bayern kam ein wahres Concordat zur Verkündigung, aber unter Erklärung desselben zum Staatgesetz und unter Unnöthigerklärung mehrerer Bestimmungen desselben (wo ist dies erklärt worden?). Art. 17. 18 haben nie Geltung erlangt."

gionsedict als die lex posterior gehe dem Concordat als der lex prior vor. Allein factisch ist das Religionsedict das ältere Gesetz, denn es ist wesentlich nichts anderes als das Religionsedict von 1809, das durch Artikel 16 des Concordates als abgeschafft erklärt ist. Uebrigens wurden beide gleichzeitig promulgirt, so daß, wenn kein anderer Auslegungsbehelf vorhanden ist, die Widersprüche nach allgemeinen Interpretationsregeln beseitigt werden müssen, so also, daß das specielle Gesetz (das Concordat) dem generellen (dem Religionsedicte) vorgeht [1].

Den einzigen gesetzlichen Auslegungsbehelf findet die erwähnte, von der Juristenfacultät München gekrönte Preisschrift in Tit. IV. § 9 der Verfassungsurkunde und § 109 des Rel.-Ed. [2] Allein Tit. IV. § 9 der Verf.-Urk. sagt bloß: „Die übrigen näheren Bestimmungen über die äußeren Rechtsverhältnisse der Bewohner des Königreichs Bayern in Beziehung auf Religion und kirchliche Gesellschaften sind in dem der gegenwärtigen Verfassungsurkunde beigefügten Edict enthalten." Nun sind nicht alle übrigen Bestimmungen in Bezug auf die Religion im Religionsedicte enthalten, sondern doch auch im Concordat, das auch nach Mayer „durch die Verbindung mit dem Religionsedicte nur seinen ‚gefährlichen‘ (!) Bestimmungen nach aufgehoben ist, während die Regierung die vortheilhaften, Nomination der Bischöfe, Genehmigung der Pfründenbesetzung, fortbestehen ließ" [3]; es setzt vielmehr dieser Paragraph wie schon die Ueberschrift des Religionsedictes das Concordat als ein specielles Gesetz über die inneren Verhältnisse der katholischen Kirche voraus. Das bestätigt § 103 des Rel.-Ed.: „In Ansehung der übrigen inneren Kirchenangelegenheiten sind die weiteren Bestimmungen in dem mit dem Päpstlichen Stuhl abgeschlossenen Concordat vom 5. Juni 1817 ... enthalten." [4] Es kann diese Unterscheidung nicht den Sinn haben: innere Angelegenheiten, die das Religionsedict regelt, und innere Angelegenheiten, die es dem Concordat überläßt; denn das Religionsedict nimmt ausdrücklich nur „äußere Rechtsverhältnisse" für sich in Anspruch. Allerdings greift factisch das Religionsedict in innere Gewissenssachen ein, während das Concordat fast ausschließlich äußere Verhältnisse regelt. Nun hat der Geber der Verfassung selbst das Religionsedict als ein allgemein verbindliches, das Concordat als ein besonderes Staatsgesetz erklärt [5], ferner ausdrücklich aus-

---

[1] E. Mayer a. a. O. S. 121.

[2] Das. S. 123.   [3] Das. S. 119.

[4] Von den Vertretern der Regierung selbst wurde 1818 der § 103 in dem Sinne erklärt: „In Ansehung der übrigen (nämlich), der inneren Kirchenangelegenheiten." Vgl. Eichst. Pastoralbl. 1871, S. 173 ff.

[5] Der kgl. Erlaß v. 7. Nov. 1818 nennt das Religionsedict ein allgemein verbindliches Staatsgesetz, wie dessen Aufschrift zeige und § 103 ausdrücklich ausspreche, das die inneren katholischen Kirchenangelegenheiten ordnende Concordat ein besonderes Staatsgesetz.

gesprochen, daß das Concordat als Staatsgesetz gelte, „als solches angesehen
und vollzogen werden solle und daß allen Behörden obliege, sich genau nach
seinen Bestimmungen zu richten, daß nach den Bestimmungen der Constitution
selbst der auf dieselbe abzulegende Eid lediglich auf die bürgerlichen
Verhältnisse sich beziehe"[1]: daher können 1) Constitution und Religionsedict sich nur auf die äußeren Rechtsverhältnisse und die bürgerlichen Wirkungen beziehen, und ist 2) das Concordat offenbar ein specielles, das
Religionsedict ein generelles Gesetz. Das specielle Gesetz aber geht
dem generellen vor (R. J. 34 in VI.). Zudem ist das Concordat
1) Staats- und Kirchengesetz und hat jedenfalls als solches seine Geltung;
es ist 2) zugleich ein feierlicher Vertrag, der ausdrücklich einseitige Abänderung
ausschließt; es ist 3) ebenso als Staatsgesetz erklärt wie das Religionsedict,
ist mit allen seinen Artikeln publicirt und kein einziger ausdrücklich aufgehoben
worden, kann auch nicht durch einfache Gesetze und Verordnungen beseitigt
werden[2].

85. Dem bayerischen Concordate folgte das preußische durch die Bulle
„De salute animarum" vom 16. Juli 1821, das von König Wilhelm III.
als bindendes Statut für die preußischen Katholiken am 23. August anerkannt
ward; für die oberrheinische Kirchenprovinz erließ Pius VII. nach
vorausgegangenen Unterhandlungen die Bulle „Provida solersque" vom
16. Aug. 1821 und Leo XII. die Bulle „Ad Dominici gregis custodiam"
vom 11. April 1827; die betheiligten Regierungen ertheilten die Staats-
genehmigung mit Ausnahme zweier Artikel, hielten aber in ihren Verordnungen an den Kirchenhoheitsrechten fest; für Hannover erfolgte die Circum-
scriptionsbulle „Impensa Romanorum Pontificum" vom 26. März 1824.
Das österreichische Concordat vom 18. Aug. 1855 wurde nur in wenigen
Punkten vollzogen, durch Staatsgesetze einseitig außer Kraft gesetzt und 1874
völlig beseitigt. Das württembergische Concordat vom 8. April 1857
und das badische vom 28. Juni 1859 wurden von den Kammern verworfen.

Ebenso kamen in anderen Ländern die Concordate entweder gar nicht
oder nur theilweise zur Ausführung oder wurden durch einseitige staatliche
Bestimmungen beseitigt, wie das mit dem Königreich der vereinigten Niederlande vom 18. Juni 1827 und das mit Rußland (1847), die Concordate
mit den italienischen Staaten, besonders mit Sardinien, das immer mehr die

---

[1] Edict von Tegernsee 15. Sept. 1821.
[2] E. Mayer a. a. O. S. 125. Wenn derselbe S. 119 sagt, „daß das Concordat Bayern dem Ideale eines katholischen Staates nahe gebracht hätte",
so ist dies sicher unbegründet, denn die Verhältnisse der übrigen Confessionen blieben
durch das Concordat gänzlich unberührt, ein Ideal kann aber in diesen durch das
Concordat geregelten Verhältnissen in keiner Weise gefunden werden.

kirchlichen Rechte verletzte, bis das neue Königreich Italien durch Annexion des Kirchenstaates und eine Reihe kirchenfeindlicher Gesetze die Kirche auf das schwerste schädigte. Die neuesten Concordate in Amerika, wie mit Venezuela (1862), das gleich anderen keineswegs zur vollen Ausführung kam, Ecuador (1862), Bolivia (1851), Guatemala (1853), San Salvador und Honduras (1862), Nicaragua (1862), Costa=Rica (1853), Haiti und Westindien (1860), zeigen, wie leicht eine Verständigung bei einigem guten Willen möglich ist.

86. In Preußen entbrannte seit 1870 der große sogenannte Cultur=kampf, der nicht ohne Einwirkung auf das ganze deutsche Reich blieb [1] und der die Kirchenhoheitsrechte wieder in schroffster Weise zur Geltung brachte. Erst in neuester Zeit wurden die kirchenfeindlichen Gesetze zum Theil abge=ändert und durch Vereinbarung mit dem Heiligen Stuhle die Anbahnung des Friedens erreicht. In anderen Ländern herrscht gleichfalls noch die der Kirche feindliche Richtung, wie in Frankreich; in der Schweiz hat der „Culturkampf" sich in neuester Zeit einigermaßen gelegt. In der Theorie weicht der Polizei=staat dem Rechtsstaat, der Gleichheit aller vor dem Gesetze proclamirt, aber dennoch an der staatlichen Kirchenhoheit festhält. Das im Munde Montalem=berts wahre Wort „l'église libre dans l'état libre" wurde im Munde eines Cavour u. a. nur ein politisches Schlagwort. Es herrscht nur zu sehr nicht bloß Indifferentismus gegen die Religion für den staatlichen Bereich, sondern noch mehr die pantheistische und atheistische Weltanschauung, nach welcher der Staat Selbstzweck ist. Während die drohenden Gefahren durch das Freimaurerthum, durch Socialismus und Communismus gegen den Staat sich immer mehr erheben, hemmt dieser vielfach die Kirche in ihrer Wirksam=keit, als wäre sie die Feindin des Staates, sie, mit der allein er die drohenden Gefahren überwinden kann. „Illic trepidaverunt timore, ubi non erat timor" (Ps. 52, 6).

Dritter Abschnitt.
Die Kirche in ihrem Verhältnisse zu anderen Religionsgesellschaften [2].

1. Die Kirche und die Ungetauften.

87. Die Ungetauften (qui foris sunt 1 Kor. 5, 12. 13) stehen außer=halb der kirchlichen Jurisdiction, sind nicht dem kirchlichen Rechte unter=

---

[1] Vgl. Reichsgesetze vom 10. Dec. 1871; 26. Febr. 1876; 4. Juli 1872; 4. Mai 1874; 6. Febr. 1875.

[2] Phillips, K.=R. Bd. II. S. 392 ff. *Tarquini* l. c. p. 70 seq. Linde, Staatskirche, Gewissensfreiheit und religiöse Vereine. Mainz 1845. Schöttl, Die

worfen [1], sondern nur dem jus naturale divinum. Die Kirche kann weder das Judenthum, noch den Islam und das Heidenthum anerkennen, sie ist als die Weltkirche für alle Menschen gestiftet und hat von Gott das Recht und die Pflicht, das Evangelium allen Völkern zu verkünden. Diese ihre Aufgabe, alle, die noch außerhalb des ovile Christi sich befinden, zum Reiche Gottes zu berufen, erfüllt sie seit den Zeiten der Apostel durch ihre Missionsthätigkeit. Aber die Kirche will nicht, daß gegen ein heidnisches Volk bloß deshalb ein Krieg begonnen werde, weil es noch nicht christlich ist. Wenn sie einst die Sarazenen bekämpfte und die christlichen Fürsten zum Kampfe gegen sie aufforderte, so war dies ein zum Schutze der Christen gegen die Verfolger des Glaubens nothwendiger Krieg. Den auch dem natürlichen Gesetze widerstreitenden mit schändlichen Lastern verbundenen Götzendienst kann sie verbieten; aber niemand kann zum Glauben gezwungen werden; die gewaltsame Bekehrung und Taufe hat die Kirche stets verboten. Ad fidem nullus est cogendus invitus [2].

Daher ist es auch nicht erlaubt, Kinder ungetaufter Eltern gegen den Willen dieser zu taufen wegen des natürlichen Rechtes der Eltern, der Gefahr des Abfalls des Kindes und der Entweihung des Sacramentes [3]. Erlaubt wäre es nur, wenn das Kind in Todesgefahr sich befindet, wenn der eine Theil der Eltern oder väterliche Großeltern die Taufe für dasselbe begehren, wenn das Kind stets blödsinnig oder wenn es ausgesetzt und von den Eltern verlassen ist, wenn es ihnen nicht zurückgegeben werden kann, oder wenn das Kind schon die nöthige Verstandesreife hat und selbst getauft zu werden verlangt. Die einmal giltig (wenn auch unerlaubter Weise) ertheilte Taufe muß aber die Kirche anerkennen, denn das natürliche Recht der Eltern kann die Taufe nicht ungiltig machen [4].

88. Den Juden hat die Kirche stets Duldung gewährt und sie gegen Verfolgungen in Schutz genommen. Sind sie doch mit ihren heiligen Büchern

---

gegenseitige Gemeinschaft in Culthandlungen zwischen Katholiken und Akatholiken. Regensburg 1853. Silbernagl, Verfassung und Verwaltung sämmtlicher Religionsgenossenschaften in Bayern, 2. Aufl. Regensburg 1883.
[1] C. 8 x de divort. IV. 19: „constitutionibus canonicis non arctantur." — Ecclesia de infidelibus non judicat.
[2] C. 3 x de baptism. III. 42: „Verum id est religioni christianae contrarium, ut semper invitus et penitus contradicens ad recipiendam et servandam christianitatem aliquis compellatur; cf. c. 9 x de Judaeis V. 6.
[3] *Bened. XIV.* Const. Postremo und Probe te (Bullar. Bened. XIV. t. II. p. 186; t. III. p. 417 seq.); de syn. dioec. l. VI. c. 4 n. 2. Cf. *Thom.* 2. 2 q. 10 a. 12. Vgl. auch c. 2 x de convers. infidel. III. 33.
[4] Vgl. Edgardo Mortara und das ungläubige Israel. Stimmen aus Rom. Schaffhausen 1860. Cf. c. 11 C. XXVIII. q. 1; c. 5 x de Jud.; c. 2 eod. Extravag. comm. V. 2.

ein Zeugniß für die Wahrheit des Christenthums[1] und sollen fortbestehen bis
ans Ende, dereinst sich mit der Kirche vereinigen[2].
Wie die Kirche für die zum Christenthum Bekehrten besondere Vorsorge
traf[3], so wurde auch im Mittelalter durch gesetzliche Bestimmungen der Ver=
kehr der Christen mit den Ungläubigen beschränkt und geregelt, damit nicht
jüdische Sitten und Gebräuche sich einschlichen und der Gefahr des Abfalls
vom Christenthum begegnet werde, aber auch um Abscheulichkeiten zu verhin=
dern, die bei Juden vorkamen[4]. So sollten Christen nicht freiwillig in den
Dienst der Juden treten, aber auch nicht Juden in Dienst nehmen, Christinnen
nicht Ammen bei Jüdinnen werden, Christen nicht jüdische Aerzte oder Heb=
ammen brauchen, nicht mit ihnen speisen, das heilige Sacrament nicht durch
die Straßen der Juden getragen werden, die Juden mußten getrennt wohnen,
selbst besondere Abzeichen tragen[5]. Wenn ihnen einst im Kirchenstaat geboten
war, zu bestimmten Zeiten eine Predigt zu hören, so lag darin kein Zwang
zu einer Bekehrung, und Schulte bemerkt nicht mit Unrecht, es frage sich, ob
jene Verordnung weniger für sich habe als die Zwangspflicht, eine Schule zu
besuchen, auch wenn die Eltern und Kinder es nicht wollen[6].

2. Die Kirche und die akatholischen Christen.

89. Die Kirche als die eine von Christus gestiftete, nothwendige und
alleinseligmachende Heilsanstalt (16) kann ihrem Dogma gemäß jede andere
Lehre nur als Abirrung von der Wahrheit bezeichnen, sie kennt außerhalb der
einen katholischen Kirche nur infideles, haeretici und schismatici. Sie
kennt keine religiös=dogmatische Toleranz. Gegen den Irrthum
gibt es keine Toleranz, diesen muß man bekämpfen. Gegen die Menschen,
die irren, lehrt die Kirche nicht bloß Toleranz, sondern sie gebietet die Liebe
aller Menschen. Aber es wäre absurd, um der Liebe zu den Menschen
willen zu verlangen, daß man auch die religiöse Meinung eines andern, die
man als falsch erkennt, als wahr annehme, daß man Irrthum und Wahrheit

---

[1] Cf. c. 11 C. XXIII. q. 8; c. 3. 7. 9 de Jud.; c. 3 D. 45. *Aug.* serm. 77 in
Ps. 56: „Per omnes gentes dispersi sunt Judaei testes iniquitatis suae et veritatis
nostrae. Ipsi habent codices, de quibus prophetatus est Christus, et nos tenemus
Christum. Etsi quando forte aliquis paganus dubitaverit, cum eis dixerimus pro-
phetias de Christo, de codicibus Judaeorum probamus. Librarii quoque nostri
facti sunt, quomodo solent servi post dominos codices ferre." Den Talmud haben
dagegen die Päpste, wie Julius III., Clemens VIII., verboten.

[2] Vgl. Osee. 3, 4. 5; Sophon. 3, 8; Ezech. 34, 23; Röm. 11, 25. 26.

[3] C. 10. 11. 12. 13. 15. 17 C. XXVIII. q. 1.

[4] Cf. c. 13 x de Jud. V. 6.

[5] Cf. c. 8 1. 15. 13 de Jud.; cf. c. 13 x de poenit. V. 38; c. 13. 14 C. XXVIII.
q. 1 etc.

[6] v. Schulte, System des K.-R. S. 464.

gleichstelle oder gegen beide indifferent sei. Auch ist es recht wohl vereinbar und keineswegs ein Widerspruch, die Menschen, auch wenn sie irren, zu lieben, ihnen Liebesdienste zu erweisen, um so mehr ihre Rechte zu achten, und den Irrthum, dem sie anhängen, als solchen zu verwerfen und zu verabscheuen. Es widerspricht darum keineswegs der Lehre der Kirche die bürgerliche und politische Toleranz, welche ein Staat gewährt, vielmehr verlangt die Kirche, diese zu achten [1] (96, III.). Auf dem religiösen Gebiete aber kann die Kirche nie eine Gleichberechtigung der Häresie und des Schisma mit der Kirche anerkennen, sie verwirft das Princip der freien Forschung, das die Vernunft zur Richterin über die Aussprüche Gottes und seines Lehramts macht; sie weiß sich als die eine wahre Kirche und kann nicht etwa den Protestantismus als eine andere ebenso berechtigte Form des Christenthums anerkennen, sie kann nicht anerkennen, daß man bei jeder beliebigen Religion, daß man außerhalb der Kirche ebenso wie in der Kirche Gott gefallen könne [2].

90. Aber ebenso hat die Kirche stets zwischen formellen und materiellen Häretikern unterschieden [3], wie Pius IX. ausspricht, daß jene, welche

[1] Vgl. Merkle, Die Toleranz nach kath. Principien (Programm). Dillingen 1865.

[2] Vgl. Syllab. n. 15—18. 21. Wenn die Kirche den Satz verwirft: „Es steht jedem frei, diejenige Religion anzunehmen, welche er, vom Lichte der Vernunft geleitet, für wahr hält" (15), so verwirft sie damit keineswegs jene Prüfung der Vernunft, welche der Annahme des Glaubens vorausgeht, sondern das vermeintliche Recht der Vernunft, über die Aussprüche Gottes und seines Lehramtes sich zur Richterin aufzuwerfen, um etwa zu verwerfen, was über die menschliche Vernunft hinausgeht, das Princip, daß die Vernunft zur Richterin über die Offenbarung, über die Bibel macht. Ebenso falsch ist es, „die Menschen könnten bei Beobachtung jeder beliebigen Religion den Weg des Heils finden und das ewige Heil erreichen (16), wenigstens müsse man gute Hoffnung hegen bezüglich des Heiles aller jener, die in der wahren Kirche Christi sich auf keine Weise befinden" (17). Satz 18: „Der Protestantismus ist nichts anderes als eine verschiedene Form einer und derselben christlichen Religion, in welcher Form es ebenso möglich ist, Gott zu gefallen, als in der katholischen Kirche." Satz 21: „Die Kirche hat nicht die Befugniß, dogmatisch zu definiren, daß die Religion der katholischen Kirche die einzig wahre sei." Wenn Richter (Kirchenrecht 4. Aufl. § 39 und a. a. O.) der katholischen Kirche zum Vorwurf macht, daß sie die evangelische Kirche negire und nicht als ebenbürtig anerkenne, so kann sie eben, ohne sich aufzugeben, nie den Protestantismus auf dogmatischem Gebiete als „ebenbürtige Kirche" anerkennen. Auch der Protestantismus kann dies nicht gegen die katholische Kirche, ohne sich selbst aufzugeben. Die Apol. Conf. Aug. c. 4 hielt an dem Satze fest „extra ecclesiam nulla salus". Erst bei dem Entstehen unzähliger Secten und dem Eindringen des Rationalismus hat man diese Lehre preisgegeben.

[3] Von den formellen Häretikern sagt Augustinus: „Firmissime tene et nullatenus dubites, omnem haereticum vel schismaticum cum diabolo et angelis ejus aeterni ignis incendio participandum, nisi ante finem vitae catholicae fuerit incorporatus et redintegratus ecclesiae" (c. 3 x de haeret. V. 7). Von den bloß ma-

in Bezug auf unsere heilige Religion in un ü berwindlicher Unwissen=
heit befangen sind, durch die Kraft göttlicher Erleuchtung und Gnade das
ewige Heil erlangen können, da Gott niemand verdammt, der nicht eine frei=
willige Sündenschuld auf sich hat; daß aber jene, welche halsstarrig (con-
tumaces) die Autorität der Kirche verkennen und von der Einheit der Kirche
halsstarrig getrennt bleiben, das ewige Heil nicht erreichen können [1].
Ferner: „Es ist nach dem Glauben festzuhalten, daß außerhalb der katholischen
römischen Kirche niemand das Heil erlangen kann, daß sie die einzige Arche
des Heiles ist, und daß, wer nicht in sie eintritt, in der Sündflut untergeht.
Aber es ist ebenso für gewiß anzunehmen, daß die, welche sich in Unwissen=
heit über die wahre Religion befinden, falls jene unüberwindlich ist, deshalb
mit keiner Schuld vor den Augen des Herrn belastet sind. Nun aber wer
sollte sich soviel anmaßen, daß er die Grenzen einer solchen Unwissenheit be=
zeichnen könnte nach Maßgabe der verschiedenen Verhältnisse und der Mannig=
faltigkeit der Völker, der Gegenden, der Geister und so vieler anderer Dinge?" [2].
Wo keine Einsicht in das Wesen der kirchlichen Autorität vorhanden ist, wo
nur Vorurtheile herrschen, zumal bei denen, deren Vorfahren schon vor langer
Zeit sich von der Kirche getrennt haben, da kann von strafbarer Häresie
keine Rede sein. Wann und wo bei solchen der Irrglaube Sünde wird, kann
nur Gott beurtheilen [3].

91. Das Verhältniß der Kirche zu den Secten ist ein rein negatives,
sie kann dieselben niemals auf ihrem Gebiete anerkennen; sie kann daher auch
nicht die Gleichberechtigung jeder Secte wünschen, sie verwirft principiell die
Freiheit aller Culte. Freiheit des Cultus ist an sich ein Uebel. Die freie
Verbreitung des Irrthums kann niemand wünschen, der den Irrthum als
solchen erkennt. Die Kirche kann die allgemeine Cultusfreiheit nur als ein
Uebel betrachten, nicht als etwas an sich Gutes und Wünschenswerthes [4].

teriellen Häretikern aber: „Qui sententiam suam, quamvis falsam atque perversam
nulla pertinaci animositate defendunt, praesertim quam non audacia suae prae-
sumptionis pepererunt, sed a seductis et in errorem lapsis parentibus acceperunt,
quaerunt autem cauta sollicitudine veritatem, corrigi parati, cum invenerint, nequaquam sunt inter haereticos deputandi" (c. 29 C. XXIV. q. 3). Die Kirche ver=
warf den Satz des Bajus (68): Infidelitas pure negativa in his, quibus Christus
non est praedicatus, peccatum est. Ebensowenig kann die bloß materielle Häresie
eine Sünde sein.

[1] *Encycl. Pii IX.* d. 10. Aug. 1863; d. 17. Dec. 1847.
[2] *Alloc. Pii IX.* d. 9. Dec. 1854; d. 8. Dec. 1864.
[3] Lämmer a. a. O. S. 293.
[4] *Encycl. Pii IX.* Quanta cura d. 8. Dec. 1864: *Optimam societatis publicae
rationem civilemque progressum* omnino requirere, ut humana societas constituatur
et gubernetur nullo habito ad religionem respectu, ac si ea non existeret, vel saltem
nullo facto veram inter falsasque religiones discrimine. Libertatem conscientiae
et cultuum *esse proprium cujusque hominis jus*, quod lege proclamari et asseri

Das kann nur derjenige, welcher alle Religionen für gleich gut hält. „Wenn man aber der Meinung ist," sagt Leo XIII., „es sei kein Unterschied zwischen den verschiedenen und sich widersprechenden Religionsformen, so geht dies schließlich darauf hinaus, daß man für keine sich entscheiden, keine üben will. Eine solche Ansicht mag daher dem Namen nach von der Gottesläugnung sich unterscheiden, in der Sache ist kein Unterschied. Denn wenn einer von Gottes Dasein überzeugt ist, der muß doch nothwendig einsehen, will er nicht ganz unvernünftig sein und sich selbst widersprechen, daß die gottesdienstlichen Ein= richtungen, so verschieden und in den wichtigsten Punkten sich entgegengesetzt, unmöglich gleich wahr, gleich gut, gleich Gott wohlgefällig sein können." [1]

92. Die Kirche muß bestrebt sein, alle für ihre Lehre zu gewinnen; sie betet um die Bekehrung der Irrgläubigen, für ihre Rückkehr zur Kirche, sie sucht durch Belehrung und Nachweis des Irrthums der Gegner zu überzeugen. Daß dabei alle Mittel der Gewalt, List, Lockungen durch zeitliche Vortheile ausgeschlossen sind, versteht sich von selbst. „Auch darüber pflegt die Kirche angelegentlich zu wachen, daß keiner gegen seinen Willen zur Annahme des katholischen Glaubens genöthigt werde, denn glauben, mahnt wohlweise Augustinus, kann der Mensch nur mit seinem freien Willen." [2] Es können und müssen, wo dies nützlich ist, Controversen in Wort und Schrift behandelt werden, aber stets mit würdigem Ernste und ruhiger Mäßigung, nur den Irrthum, nicht die Person der Irrenden bekämpfend.

93. Die Kirche betrachtet alle Getauften als ihren Gesetzen unterworfen. Wer immer giltig getauft ist, der ist durch die Taufe ein Glied der einen Kirche Christi geworden. An die Taufe knüpft sich die Verpflichtung zur Er= füllung des ganzen christlichen Gesetzes, die Unterordnung unter die Juris= diction der Kirche. Wegen des Taufcharakters sind alle Getauften auch zur Beobachtung der Kirchengesetze im allgemeinen verpflichtet. Die Häretiker sind,

---

debet *in omni recte constituta societate.* Syllab. n. 77: *Aetate hac nostra non amplius expedit,* religionem catholicam haberi tanquam unicam status religionem ceterisque quibuscumque cultibus exclusis. 78: Hinc *laudabiliter* in quibusdam *catholici nominis regionibus* lege cautum est, ut hominibus illuc *immigrantibus* liceat publicum proprii *cujusque* cultus exercitium habere. 79: Enimvero falsum est, civilem cujusque cultus libertatem itemque plenam potestatem omnibus attri- butam quaslibet opiniones cogitationesque palam publiceque manifestandi conducere ad populorum mores animosque facilius corrumpendos ac indifferentismi pestem propagandam.

[1] *Encycl. Leon. XIII.* d. 1. Nov. 1885 l. c. p. 36. Cf. *Encycl. Greg. XVI.* d. 15. Aug. 1832. Der Protestant Brückner (Die Kirche. Leipzig 1865. S. 187) schreibt: „Die Gleichberechtigung der Religionen, die man fordert, beruht auf Gleich= giltigkeit gegen die Religion, die man hat. Man streitet für Religionsübung und meint damit das Recht der Religionslosigkeit."

[2] *Encycl. Leon. XIII.* cit. p. 42.

soweit ihre Häresie verschuldet ist, sie formelle Häretiker sind, filii rebelles, entziehen sich durch ihr Vergehen der kirchlichen Jurisdiction, niemanden aber darf sein Vergehen zum Schutze gereichen. Wären sie der kirchlichen Juris= diction nicht unterworfen, so könnte die Kirche auch nicht sie wegen der Häresie bestrafen[1]. Strafen kennt die Kirche nur gegen formelle Häretiker.

Die Kirche kann daher Acte der Akatholiken vor ihrem Forum auch nur nach ihrem Rechte beurtheilen, obschon es Umstände geben kann, unter denen man annehmen darf, daß die Kirche die Häretiker nicht durch ihre Gesetze verpflichten wolle. Nie kann aber die Kirche ein anderes Kirchenrecht als das ihrige, z. B. ein protestantisches Eherecht, anerkennen, wenn es sich auf ihrem Gebiete um Beurtheilung der Acte der Akatholiken handelt.

Durch ihre factische Trennung von der Kirche haben dagegen die Akatho= liken den Genuß der kirchlichen Rechte und Vortheile verloren, sie können keine positiven Leistungen von der Kirche beanspruchen.

3. Communicatio in sacris.

94. Im allgemeinen ist sowohl die Theilnahme eines Katholiken an Cultushandlungen der Akatholiken (communicatio in sacris activa) als das Zulassen von Akatholiken zu Cultushandlungen der katholischen Kirche (com- municatio in sacris passiva) verboten[2].

Was die erstere anlangt, so darf natürlich nie ein Katholik an solchen Cultushandlungen der Akatholiken theilnehmen, in denen an sich schon eine Anerkennung und Billigung des akatholischen Cultus läge, wie am protestanti= schen Abendmahl. Dagegen kann eine Theilnahme an solchen Cultushandlungen, die nicht einen specifisch confessionellen Charakter an sich tragen, wohl erlaubt sein, wenn nur 1) darin sich keinerlei Billigung des akatholischen Cultus ausspricht, 2) keine Gefahr des Abfalls damit verbunden ist, 3) kein Aergerniß daraus entsteht, aber ein anderer vernünftiger Grund dafür vorliegt, z. B. Be- gleitung der Leiche eines Akatholiken zu Grabe aus Freundschaft, Verwandt= schaft u. s. w. Auch die gemischte Ehe läßt die Kirche unter gewissen Be- dingungen zu; nur darf die Ehe nicht vor dem akatholischen Geistlichen

---

[1] Cf. *Trid.* sess. VII. de baptism. can. 4. 7. 8; *Aug.* (c. 38 C. XXIII. q. 4): „Vos oves Christi estis, characterem dominicum portatis in sacramento, quod ac- cepistis, sed erratis." *Suarez* de leg. l. IV. c. 18 n. 2. *Bellarmin.* de eccles. l. III. c. 4 sagt, die Häretiker seien non de ecclesia, sed pertinere ad ecclesiam.

[2] Vgl. Lehmkuhl, communicatio in sacris im Freib. Kirchenlexikon 2. Aufl. Bd. 3 S. 712 ff. Unter communicatio in sacris versteht man auch die von dieser wesentlich verschiedene Theilnahme an einem andern Ritus innerhalb der katholischen Kirche, da bei voller Einheit im Glauben doch zur Vermeidung von Unordnungen eine gewisse Scheidung zwischen dem lateinischen Ritus und den orientalischen Riten angeordnet ist.

contrahirt werden. Protestantische Predigt und protestantischen Religions=
unterricht zu besuchen, könnte schon dadurch, daß Katholiken Aergerniß nehmen
und Akatholiken in ihrem Irrthum bestärkt werden, nicht erlaubt sein, ebenso
die Theilnahme am Gottesdienst Andersgläubiger überhaupt [1].

Ist der Simultangebrauch von Kirchen und Kirchhöfen mit Akatho=
liken auch dem Rechte der Kirche entgegen, so ist er doch, sei es durch den
westphälischen Frieden auf Grund des Normaljahrs oder durch Noth oder
Zwang, bezüglich der Katholiken und Protestanten vielfach eingeführt und
tolerirt; bezüglich der neuen Secte der sogenannten „Altkatholiken" ist der
Simultangebrauch der Kirchen strenge verboten; die Kirchen, in welchen diese
ihren Gottesdienst feiern, sind mit dem Interdict belegt [2].

95. Die communicatio in sacris passiva betreffend, ist klar, daß
Akatholiken nicht an jenen Cultushandlungen theilnehmen können, die ihrer
Natur nach signa distinctiva der katholischen Gemeinschaft sind und daher
nur Gliedern der Kirche mitgetheilt werden können, oder für die ihnen die
Disposition fehlt, welche von den Theilnehmern gefordert wird.

---

[1] Vgl. die Instruction ex mandato Leonis XIII. vom 12 Juli 1878 an die
Pfarrer Roms, worin es u. a. heißt: „Peccant etiam graviter tum qui ex mera
curiositate Protestantium conferentias audiunt nec non ceremoniis acatholicis utut
materialiter assistunt" etc.

[2] Encycl. d. 12. Mart. 1873. Die sogen. „Altkatholiken", anderwärts „Christ=
katholiken", behaupteten nach Döllingers Rath, Katholiken zu sein. Dieser sträubte sich
auf dem ersten altkatholischen Congreß zu München gegen die Sectenbildung, indem
er sprach: „Ich bitte Sie vor allem, daß Sie nicht vor der Welt als Männer er=
scheinen, die sich widersprechen, die katholisch bleiben und zugleich eine Secte begründen
wollen. Glauben Sie denn, daß der Staat Ihre Gemeinden, die Sie ohne Papst, ohne
Bischöfe und meist auch ohne Priester gründen wollen, als die katholische Kirche an=
erkennen und der bisherigen katholischen Kirche, welche doch immer die große
katholische Kirche bleiben wird, die staatliche Anerkennung entziehen werde?
Oder wollen Sie dem Staate zumuthen, daß er zwei katholische Kirchen nebeneinander
anerkennen solle? Keines von beiden wird geschehen, sondern wenn Sie Gemeinden und
Pfarreien gründen, so werden diese vom Staate einfach als das behandelt werden, was
sie in der That sind, als Secten. Wir müssen in der Kirche bleiben. ... Ich
weiß, wohin eine Spaltung nothwendig führen muß, und auf Grund dieses Wissens
warne ich Sie eindringlich vor dem, was die katholische Welt nur eine Secte nennt
und was auch in der That eine Secte sein wird." Trotzdem hat lange Zeit
die (nach Döllingers eigenen Worten constituirte) Secte als zur katholischen Kirche
gehörig staatliche Anerkennung gefunden. Als Secte haben sich die „Altkatholiken"
constituirt, indem sie zur katholischen Kirchenverfassung in vollen Gegensatz traten,
vom Papste und Bischofe sich trennten; als Häretiker sind sie durch Läugnung des
Dogmas der Unfehlbarkeit des Papstes wie der des allgemeinen Concils der dem Papste
speciell vorbehaltenen Excommunicatio latae sententiae (Const. Apostolicae Sedis
moderationi n. 1. 3, Vatican. sess. IV. cap. 4) verfallen und ausdrücklich excom=
municirt durch die Encycl. d. 21. Nov. 1873; cf. Encycl. d. 6. Dec. 1876. Vgl.
Archiv für kath. K.=R. Bd. 30 S. 349 ff.

Wohl dürfen sie an der **Predigt** theilnehmen (Röm. 10, 14), auch dem katholischen Gottesdienste beiwohnen, was heutzutage nur mehr den nominatim Excommunicirten zu verweigern ist. Wohl können und sollen für sie wie für alle Menschen *preces privatae* verrichtet werden, wie die Kirche auch in ihrer Liturgie besonders am Charfreitag für ihre Bekehrung betet, *preces publicae* s. communes aber dürfen nicht singillatim s. *nomine singulorum expresso* für sie verrichtet werden. Wohl können auch *missae privatae* applicirt werden pro acatholicorum conversione, ohne daß jedoch der Name des Akatholiken verkündigt wird. *Missae solemnes* können nur für einen regierenden akatho= lischen Fürsten dargebracht werden, weil zugleich für das Wohl des Staates, nicht aber für verstorbene Akatholiken, auch nicht, wenn sie Regenten waren. Denn hier könnte die Messe **nur** für die Seele des verstorbenen Regenten dargebracht werden, und dies ist nicht erlaubt bezüglich derer, die nicht in der Gemeinschaft der Kirche gestorben sind. Daß jeder für verstorbene Akatholiken beten kann, auch der Priester in der Messe, versteht sich von selbst; ja es ist auch die Meinung nach Aichner u. a. nicht zu verwerfen, daß der Priester eine missa privata darbringen dürfe für Akatholiken, die mit offenkundigen Zeichen der Buße verstorben sind, ohne daß sie zuvor der Kirche beitreten konnten.

Die **Sacramente** können den Akatholiken nicht gespendet werden. Wie es außer dem Nothfall nicht erlaubt ist, sich von Akatholiken taufen zu lassen, so sollen auch (außer dem Nothfalle, wie in periculo mortis) nicht Kinder der Akatholiken vom Priester getauft [1], Akatholiken auch nicht als Taufpathen zugelassen werden [2].

Auch der kirchlichen **Segnungen und Benedictionen** können Akatho= liken nicht theilhaftig werden, z. B. der Aussegnung der Wöchnerinnen; durch ihre factische Trennung von der Kirche haben sie keinen Antheil an den Gnaden, welche die Kirche in den Sacramentalien erfleht; wohl können sie durch den **Privat=Gebrauch** benedicirter Sachen in sich die Frömmig= keit nähren.

Was die speciellen **Strafen** anlangt, so verfallen nach der Constitution „Apostolicae Sedis moderationi" 1) der dem Papste vorbehaltenen Ex= communication jene Cleriker, welche mit einem vom Papste *nominatim* **Excommunicirten** wissentlich und freiwillig in kirchlichen Dingen Gemein= schaft pflegen und ihn zur Theilnahme an kirchlichen Diensten zulassen; 2) der nicht reservirten Excommunication verfallen diejenigen, welche befehlen oder

---

[1] Cf. Instr. Past. Eystett. p. 69. 60; *Aichner*, Comp. jur. eccl. ed. 6. Brixinae 1887. p. 155; *Alph. Liguori*, Moral. l. VI. n. 127 vol. V. Paris 1834. p. 123 seq.

[2] Rit. Roman.: „Sciant parochi, ad hoc munus non esse admittendos infideles aut haereticos, non publice excommunicatos aut interdictos." Von der gemischten Ehe, Patronatrecht, kirchlichem Begräbniß wird später gehandelt werden.

zwingen, daß notorische Häretiker oder namentlich Excommunicirte oder namentlich Interdicirte kirchlich begraben werden; 3) dem Interdict ab ingressu ecclesiae verfallen jene, welche namentlich Excommunicirte zum Gottesdienste, zu den heiligen Sacramenten oder zum kirchlichen Begräbnisse zulassen.

4. Standpunkt des Staatsrechts und der Politik.

96. I. Auch für den Staat ist Einheit der Religion wünschenswerth, und wo sie besteht, darf er sie schützen, soweit es ohne Beeinträchtigung der Gewissen geschehen kann.

„Wie die Fieberkranken von Hitze in Kälte fallen, so erzeugt das Nebeneinanderbestehen mehrerer Religionen bald Streit und Zwietracht, bald Gleichgiltigkeit und Indifferentismus" (Görres). Durch die Einheit der Religion bleibt die Nationalität in ihrer Frische, wird die Verfassung auf das engste mit der Religion verkettet und die Gesetze werden durch sie sanctionirt. Ist die Einheit und Ordnung Zweck der Staatsgewalt, der Friede das größte Gut des socialen Lebens[1], so muß auch die Einheit der Religion für das öffentliche Wohl und den wahren Fortschritt wünschenswerth sein. Die Geschichte zeigt, daß Religionsspaltungen stets ein Unglück für den Staat waren[2].

II. Der Staat ist nicht gehalten, unbedingte Religionsfreiheit jeder Religionspartei einzuräumen.

Eine unbedingte Anerkennung oder auch nur Duldung aller möglichen Culte kann vom Staate sicher nicht gefordert werden, sonst müßte er auch solchen Religionsparteien sie gewähren, welche die staatliche Ordnung selbst gefährden. Der Staat kann aber nicht gehalten sein, sich selbst zu zerstören. „Es hat die Möglichkeit," schreibt Trendelenburg, „verschiedene Religionsparteien in sich zu dulden, für jeden Staat seine Grenze, wie selbst der auf Dissidententhum gegründete nordamerikanische Freistaat die Mormonen als ein unverträgliches Element in sich verspürte." Damit stimmen alle einsichtigen Rechtslehrer und Politiker überein. Jedenfalls muß der Staat die natürlichen Wahrheiten und Grundlagen der Religion als die Grundlagen seiner eigenen Gewalt festhalten und kann über diese hinaus keine Religionsübung ge-

---

[1] *Thom.* de reg. princ. I. 2.

[2] Bluntschli, Deutsche Staatslehre für Gebildete. Nördlingen 1874. S. 225: „Der Staat als solcher ist nicht mehr confessionell, sondern steht unbefangen und unparteiisch den verschiedenen Religionen gegenüber. Der moderne Staat ist interconfessionell. Auch in der Politik hat er die Aufgabe, sich möglichst frei zu halten von confessionellen Vorurtheilen und Leidenschaften." Auf dem 3. Protestantentage zu Bremen vertrat Bluntschli die These, die Verbindung verschiedener Confessionen in einem Lande sei für den modernen Staat vortheilhaft, die Glaubenseinheit der Nationen eher ein Nachtheil als ein Vorzug (Allgem. Ztg. 7. Juni 1868).

statten[1]; er darf sicher nicht einen Cult zulassen, der die ersten Principien der Moral und Vernunft, die Principien, auf denen die menschliche Gesellschaft beruht, verachtet, einen Cult, der die nothwendigen natürlichen Wahrheiten läugnet, die das Fundament der socialen Ordnung selbst sind.

III. Ist auch die Cultusfreiheit an sich ein Uebel und darf sie nie ohne Nothwendigkeit, nie aus Indifferentismus eingeführt werden, so kann doch auch ein katholischer Regent sie (in beschränkter Weise) gewähren, wo das gemeine Beste es fordert, wo außerdem größere Uebel entstehen würden, wo überhaupt eine Nothwendigkeit dazu vorliegt.

Es kann eine neue Glaubenspartei entstehen durch die Erwerbung neuer Provinzen oder durch eine im Lande vollzogene Spaltung. Und in solchem Falle kann der Staat dieser Religionspartei Religionsübung und Gleichheit der bürgerlichen und politischen Rechte gewähren; es fordert eine solche Gesellschaft, die sich in Bezug auf die Offenbarung nicht in normaler Lage befindet, daß Regierung und Gesetze sich eben dem Krankheitszustande anpassen[2]. Es können die Nothwendigkeit, das wechselseitige Zusammenleben der Bürger so gut als möglich zu erhalten, die außerdem zu befürchtenden größeren Uebel die Freiheit mehrerer Bekenntnisse rechtfertigen.

„Die Kirche," sagt Leo XIII., „tadelt deswegen nicht die Regierungen, wenn sie wegen großer staatlicher Vortheile oder um Uebles zu verhindern, nach Herkommen und Gewohnheit dulden, daß verschiedene fremde Religionsformen im Staate bestehen."[3] Die principielle Verwerfung der Cultusfreiheit steht daher keineswegs in Widerspruch mit den Verfassungen heutiger Staaten, welche sie garantiren; die Kirche kann sie nicht als ein Gut an sich betrachten, sondern nur unter Umständen als ein minus malum; aber niemand kann in Zweifel ziehen, daß, wo dieselbe staatsrechtlich besteht, die Katholiken insgesammt, sowie jede geistliche und weltliche Behörde verpflichtet sind, das einmal erworbene Recht zu respectiren[4].

IV. Nichtchristlichen Einwohnern sollte ein christlicher Staat nur Duldung, nicht aber die volle Gleichberechtigung mit den Christen gewähren.

5. Geschichtliche Entwicklung.

a. Der katholische Staat und die Härefie.

97. In der Kirche wurde die Härefie stets als eines der schwersten Verbrechen betrachtet; aber auch das weltliche Recht erkannte an: „longe gravius

---

[1] Hift.-pol. Bl. 1859 S. 224 ff. So fordert z. B. das Preuß. Landrecht Thl. II. Tit. 11 § 13 als Grundbedingung der Anerkennung einer Religionsgesellschaft Ehrfurcht gegen die Gottheit, Treue gegen den Staat und Einflößung sittlich-guter Gesinnung.

[2] *Liberatore*, La Chiesa e lo Stato II. a. 1 p. 131 seq.

[3] *Encycl. Leon. XIII.* cit. p. 42.

[4] Civ. catt. 1865. Ser. V. vol. 10 p. 546; Ser. VI. vol. 1 p. 419.

esse, aeternam quam temporalem laedere majestatem", und „quod in
religionem divinam committitur, in omnium fertur ruinam" [1]. Hatte
schon das Heidenthum die Religion als die nothwendige Grundlage des Staates
erkannt, als das Erste im Staate nach Aristoteles, die Vorhalle der staatlichen
Ordnung nach Plato (vgl. S. 61 N. 2), und eben deshalb die Religion mit
dem Staate so enge verbunden und vermischt und die Christen als Feinde
der heidnischen Staatsreligion zugleich als Feinde des Staates betrachtet: so
mußte der christlich gewordene Staat zwar auf diese Verschmelzung beider
verzichten und in den religiösen Angelegenheiten der übernatürlichen Heilsanstalt,
der Kirche, sich unterordnen, aber bei der innigen Verbindung zwischen Kirche
und Staat betrachtete auch er den Abfall von der Kirche, die Zerreißung der
kirchlichen Einheit und die Empörung gegen die von Gott verliehene Gewalt
der Kirche zugleich als ein bürgerliches Verbrechen, und die katholischen Kaiser
hielten sich als advocati ecclesiae für verpflichtet, die kirchliche Einheit zu
schützen und zu vertheidigen.

Schon Constantin der Große erließ Gesetze gegen die Donatisten, namentlich
wurden gegen die Manichäer strenge Gesetze erlassen, von Theodosius selbst die
Todesstrafe gegen die sogenannten Enkratiten; Justinian bestätigte die Infamie,
Rechtslosigkeit, Verbannung und Güterentziehung als Strafen der Häretiker.

Das Einschreiten gegen die Häretiker wurde von Augustinus und anderen
Vätern begründet 1) aus der Heiligen Schrift des Alten und Neuen Bundes
den Strafen über die falschen Propheten (Deut. 13, 5; 18, 20) und der
Strafen, die der Apostel z. B. über Hymenäus und Alexander verhängt
(1 Tim. 1, 20); 2) aus den kaiserlichen Gesetzen gegen den heidnischen Götzendienst, welche auch die Häretiker, wie die Donatisten, als gerechtfertigt anerkannten; 3) aus der Bestrafung von Mord, Ehebruch und anderen Verbrechen durch den Staat. Nicht minder strafbar erschienen „die Ketzereien
falscher Lehrer, die sich selbst schnelles Verderben bereiten" (2 Petr. 2, 1 ff.;
Tit. 3, 10. 11), die, wie die heiligen Väter sagen, Christi mystischen Leib,
die Kirche, ans Kreuz schlagen, gleich Giftmischern die reine Lehre verfälschen,
als Kirchenräuber und Seelenmörder gleich einer Pest zu fliehen sind. Der
Treubruch gegen Gott ist schwerer als der Treubruch gegen den Ehegatten [2];
4) aus den Gewaltthätigkeiten der Häretiker, wie der Circumcellionen, gegen
die Katholiken, gegen die man den Schutz des Staates anrufen müsse; 5) aus
der Nothwendigkeit, ein Glied der Kirche zu sein, und aus der Erfahrung,
daß sehr viele Menschen nur durch äußere Mittel, namentlich durch Leiden, zur
Besinnung und Besserung gebracht werden, und damit wenigstens die Kinder der

---

[1] Cod. Theodos. XVI. 1. 4. 5; Cod. Justin. I. 5 de haeret. l. 19; cf. c. 10 x
de haeret. V. 7.

[2] *Aug.* ep. 185: „An fidem non servare levius est animam Deo, quam feminam viro?"

Häretiker gerettet werden. So hebt dies besonders Augustinus hervor, der früher sich wider alles strenge Einschreiten gegen die Häretiker erklärt hatte, aber seine Ansicht änderte, indem er darauf hinweist, daß ganze Städte dadurch wieder zum Glauben zurückgeführt worden seien: „wo die Liebe nichts wirkt, da soll wenigstens die Furcht zum Guten antreiben. . . . Nicht der Mensch wird verfolgt, sondern das Böse in ihm, die Lüge. Wenn du deinen Feind von Wahnsinn ergriffen sich in den jähen Tod stürzen siehst, heißt es nicht Böses mit Bösem vergelten, wenn du ihn nicht mit Gewalt abhältst?" [1]

98. Dieselben Grundsätze fanden auch in den germanischen Reichen Anwendung. Bei der noch innigeren Verbindung zwischen Kirche und Staat im römisch = deutschen Kaiserreiche wurde die Häresie analog dem Majestätsverbrechen behandelt und bestraft. Karl der Große nannte sich devotus sanctae ecclesiae defensor humilisque adjutor; eine Folge davon war der Schutz der Einheit der Kirche, die Vertheidigung wider Aufruhr gegen die Kirche, die Bestrafung des b ö s w i l l i g e n A b f a l l s von dem der Kirche kraft des Taufcharakters schuldigen Gehorsam. Die Art der Bestrafung war im Mittelalter wohl eine harte, die Zeit nach heutigen Begriffen roh, und wie sie, ihre Strafen [2]. Man vergesse aber auch nicht, daß die härtesten Strafgesetze von Kaisern, wie Friedrich II., ausgingen, die Päpste oft zur Milderung bestimmten, dann den Charakter der Häresien, die seit dem 13. Jahrhundert ein strenges Einschreiten erforderten, von denen v. Döllinger schreibt: „Jene gnostischen Secten des Mittelalters, die Katharer und Albigenser, welche namentlich die Härte und unerbittliche Gesetzgebung des Mittelalters gegen die Häresie hervorriefen und in blutigen Kriegen bekämpft werden mußten, waren die Socialisten und Communisten jener Zeit. Sie griffen Ehe, Familie und Eigenthum an. Hätten sie gesiegt, ein allgemeiner Umsturz, ein Zurücksinken in Barbarei und heidnische Zuchtlosigkeit wäre die Folge gewesen."

Auch die sogenannten Reformatoren im 16. Jahrhundert forderten Bestrafung der Ketzerei und übten sie. So wurde Servede zu Genf 1553 verbrannt, Gentilis 1566 zu Bern enthauptet, Krell 1601 in Sachsen hingerichtet, so nach Berechnung des Geschichtschreibers Mackintosh in England von 1660 bis 1685 gegen 25 000 Personen der Religion wegen eingekerkert und 1500 Familien zu Grunde gerichtet u. s. w. [3]

b. Entwicklung seit der sogen. Reformation.

99. Hatten früher nur vorübergehend einzelne Häresien eine Begünstigung von Seite des Staates erlangt, so bildete sich ein ganz neues Verhältniß seit

---

[1] *Aug.* retract. II. 5; c. 3 § 1 C. XXIII. q. 6; cf. ib. c. 1. 2. 3; q. 4 c. 37 44. 48. 52; q. 5 c. 1. 2. 4. 35. 42; C. XXIV. q. 3 c. 16. 26—31. 34.

[2] G a m s, Möhlers Kirchengesch. II. S. 650 f.

[3] D ö l l i n g e r, Kirche und Kirchen S. 68 ff.; Reformation I. S. 389 ff.

der sogenannten Reformation des 16. Jahrhunderts insbesondere in Deutsch=
land aus. Der Augsburger Religionsfriede (1555) führte eine
Parität aller Reichsunmittelbaren ein. Kein Reichsstand war aber verpflichtet,
in seinem Territorium eine Parität seiner Unterthanen zu handhaben. Nur
in den Reichsstädten, in denen die Reichsunmittelbarkeit nicht dem die Stadt
regierenden Magistrate, sondern der ganzen Corporation zustand, sollten beide
Theile in der Ausübung ihrer Religion ungestört bleiben, in den übrigen
Territorien hatten nur die Reichsstände eine völlig freie Wirksamkeit für ihren
Glauben, und jeder Landesherr konnte für die Einheit der Religion in seinem
Lande sorgen, d. h. die Unterthanen zu seiner Religion zwingen (jus reformandi), nur mußte er den zur Auswanderung sich Entschließenden dieselbe
gestatten, ohne sie mit höheren Abzugsgeldern zu beschweren als andere Aus=
wanderer. Ein geistlicher Reichsstand aber sollte künftig, wenn er protestantisch
wurde, sofort sein Kirchenamt und die damit verbundenen Einkünfte verlieren
(reservatum ecclesiasticum).

Der westfälische Friede (I. P. O. a. 7) von 1648 dehnte den Augs=
burger Religionsfrieden auch auf die calvinischen Reichsstände aus und fügte
den Bestimmungen desselben nur folgende Abänderungen (a. 5) bei: Es
sollten den Protestanten alle bis zum 1. Januar 1624 (dies decretorius)
gegen den geistlichen Vorbehalt der katholischen Kirche entzogenen Bisthümer,
Abteien und Stiftungen verbleiben. Das Jahr 1624 wurde als annus
normalis in Betreff der Ausübung der Religion angenommen, so daß der
Landesherr in den einzelnen Orten seinen Unterthanen diejenige öffentliche oder
Privatreligionsübung gestatten mußte, welche dieselben während des Jahres 1624
dort gehabt hatten. Für solche Orte aber, an denen eine Confession sich nicht
auf das Normaljahr berufen konnte, hatte der Landesherr noch immer das
jus reformandi. Doch empfahl der westfälische Friede im allgemeinen, auch
solchen die auf den Kreis der Familie beschränkte Hausandacht (devotio
domestica) zu gewähren. Unter den Reichsständen wurde in Beziehung auf
die Reichsverfassung eine völlige Rechtsgleichheit der drei Confessionen fest=
gestellt. In Religions= und Kirchensachen sollte auf dem Reichstag ein jus
eundi in partes stattfinden, d. h. es sollte das corpus catholicorum oder
das corpus evangelicorum für sich berathen, und dann sollte durch gütliche
Verhandlung mit den Reichsständen der andern Confession die Sache erledigt
werden (77).

Seit dem westfälischen Frieden unterschied man zwischen ecclesiae re-
probatae, die ganz ausgeschlossen und verboten sind, und probatae oder
receptae, die unbedingt oder nur mit beschränkenden Bedingungen aufgenommen
sind. Die ecclesia recepta hat die Anerkennung als äußere zum exercitium
cultus berechtigte Gemeinschaft. Ferner unterschied man ecclesia publica,
privata und tolerata, je nachdem die öffentliche Religionsübung (religionis

exercitium publicum), oder die private, aber doch gemeinſchaftliche Religions=
übung (religionis exercitium privatum), oder die bloße Hausandacht, und
zwar mit dem Rechte, einen Geiſtlichen beizuziehen (devotio domestica
qualificata), oder die einfache Hausandacht ohne dieſes Recht (devotio domestica simplex) gewährt wird.

100. Der Reichsdeputationshauptſchluß vom 25. Februar 1803, welcher
23 Bisthümer und eine große Zahl von Collegiatſtiften, Abteien und Klöſtern
„ſäculariſirte“ und deren Güter den Landesherren zuwies, garantirte das
Kirchengut und die Rechte der drei Confeſſionen und erledigte auch die Frage
bejahend, ob es dem Landesherrn freiſtehe, neben den drei berechtigten Con=
feſſionen auch andere Glaubensparteien zu dulden und ihnen den vollen Ge=
nuß der bürgerlichen Rechte zu geſtatten. Die Rheinbundsacte und dann die
deutſche Bundesacte vom 8. Juni 1815 hob allen Unterſchied der drei chriſt=
lichen Confeſſionen in bürgerlicher Beziehung auf, keine derſelben konnte re=
probirt werden. Damit war das jus reformandi bezüglich der drei Con=
feſſionen ausgeſchloſſen, aber noch nicht die nothwendige Gewährung freier
und öffentlicher Religionsübung ausgeſprochen, wie man es erwarten ſollte [1].
Das norddeutſche Bundesgeſetz vom 3. Juli 1869 und das Reichsgeſetz vom
27. April 1871 beſtimmte endlich: Alle noch beſtehenden, aus der Verſchieden=
heit des Religionsbekenntniſſes hergeleiteten Beſchränkungen der bürgerlichen und
ſtaatsbürgerlichen Rechte werden hiemit aufgehoben. Insbeſondere ſoll die
Befähigung zur Theilnahme an der Gemeinde= und Landesvertretung und zur
Bekleidung öffentlicher Aemter vom religiöſen Bekenntniſſe unabhängig ſein.

c. Der paritätiſche Staat.

101. So hat ſich in Deutſchland der paritätiſche Staat ausgebildet.
Die Parität begreift nach Walter [2] das gleiche Recht der freieſten öffentlichen
Religionsübung mit allen dem Cultus und ſeinen Dienern zukommenden Rück=
ſichten, die gleiche Anerkennung jeder Kirche als einer mit Eigenthumsfähigkeit
begabten Corporation, die gleiche Fähigkeit ihrer Mitglieder zu den bürgerlichen
und ſtaatsbürgerlichen Rechten, wie die Bekleidung der öffentlichen Aemter,
und den gleichen Schutz der Staatsgewalt, die gleiche Berückſichtigung ihrer
Bedürfniſſe in den Schulen und anderen öffentlichen Anſtalten. Der pari=
tätiſche Staat muß jedes der von ihm als Kirchen anerkannten Bekenntniſſe
gegen Rechtsverletzungen ſchützen, jeder Confeſſion die freie Entwicklung ihrer
Lehre und ihres kirchlichen Lebens geſtatten, er muß in gemiſchten Anſtalten
für die religiöſen Bedürfniſſe des einen wie des andern Theils ſorgen, er
darf Controverſen und Polemik, die der gehörigen Mäßigung nicht entbehrt,

---

[1] Schulte, Syſtem des K.=R. S. 458; Lämmer, Inſtit. des K.=R. S. 318 N. 13.
[2] Walter, Naturrecht und Politik. Bonn 1863. S. 491.

wie den Uebertritt von einer Confession zur andern nicht hindern. Es kann wohl der Monarch der Religion, zu welcher er sich bekennt, seinerseits eine besondere Begünstigung gewähren, wenn nur die Rechte der übrigen dadurch nicht verletzt werden. Nie aber darf zu Gunsten des einen Theils dem andern eine Vorschrift gemacht werden, die gegen seine Religionsgesetze geht. Es darf der Staat nicht die eine Religionsgesellschaft nach dem Maße der andern oder alle nach einer generalisirenden Norm behandeln, die, eben weil sie eine gemeinsame sein soll, keiner einzigen entspricht, sondern er muß jede nach ihrer Verfassung und ihren Rechten schützen [1].

Der paritätische Staat muß deshalb noch nicht völlig indifferent gegen die Religion sein, ja „die deutschen Staaten können einer gewissen Verbindung mit der Kirche zur Realisirung ihrer Lebenszwecke nicht entbehren, weil sie ihre historisch gewordene christliche Grundlage, ihre darauf gebauten, wenn auch durch langjährige Negation großentheils untergrabenen Institutionen nicht durchaus aufgeben können. Die staatserhaltenden Elemente der deutschen Staaten sind christlich, und bedürfen diese der sittlichen und volkswirthschaftlichen Machtmittel der Kirche" [2]. Auch der paritätische Staat ist negativ gebunden, nicht durch seine Gesetze der einmal anerkannten Kirche diese Anerkennung wieder zu entziehen und gewaltthätig in das Dogma und die Verfassung der Kirche einzugreifen, wenn auch von ihm nicht dieselbe positive Förderung wie vom katholischen Staate erwartet und gefordert werden kann. Vom Standpunkt des paritätischen Staates kann allerdings eine principielle Lösung der Frage über das Verhältniß von Kirche und Staat nicht erfolgen, wohl aber eine den praktischen Verhältnissen entsprechende Regelung der streitigen Rechte, wozu das Oberhaupt der Kirche stets seine Hand bietet.

6. Rückkehr zur Kirche. Religionswechsel und dessen Folgen.

102. Den Uebertritt eines einer Secte Angehörigen zur katholischen Kirche bezeichnet diese ihrem Dogma gemäß als Rückkehr zur Kirche. Diese Bezeichnung ist dogmatisch wie historisch unangreifbar, denn die katholische Kirche ist die ursprüngliche von Christus gestiftete Kirche, alle Secten entstanden nur durch Losreißung von der katholischen Kirche, die sie zu verbessern, zu „reformiren" vorgaben; sie enthält aber auch weder ein Unrecht noch eine Verletzung gegen die staatsrechtlich garantirte Rechtsgleichheit der Confessionen.

Als Bedingung setzt die Aufnahme in die Kirche das erforderliche Unterscheidungsalter, das siebente Lebensjahr [3], gehörigen Unterricht und Vorbereitung

---

[1] Schulte a. a. O. S. 461.
[2] Maas, Zum Frieden zwischen Staat und Kirche. Freiburg 1880. S. 149. Auch Bluntschli gibt zu: „Der heutige Staat ist historisch ein christlicher."
[3] Cf. c. 2 x de convers. infidel. III. 33. *Bened. XIV.* Const. „Postremo".

voraus. Wenn die weltlichen Regierungen für den Uebertritt von einer Con=
fession zur andern theils das 14., wie in Preußen, das 18., wie in Oester=
reich, theils das 21. Lebensjahr, wie in Bayern, verlangen, so kann dies
sich nur auf etwaige bürgerliche Folgen, auf die Anerkennung des erfolgten
Uebertritts von Seiten des Staates beziehen, und in keiner Weise die Giltig=
keit oder Ungiltigkeit des Uebertritts berühren. Denn es kann der weltlichen
Macht nie zustehen, das, was kirchlich giltig ist, kirchlich zu annulliren.

Zuweilen findet sich in Erbeinsetzungen, Legaten und dergleichen die Be=
dingung: „falls N. N. zur katholischen (protestantischen) Religion übertreten
wird.“ Diese Bedingung wird von manchen als eine conditio inhonesta,
turpis für wirkungslos, pro non adjecta erklärt. Allein um dies anzu=
nehmen, müßte juridisch die geflissentliche Verlockung von Seiten des Erb=
lassers oder die absichtliche nur turpis lucri gratia erfolgte Religionsänderung
des andern constatirt sein. Ist die so bedingte Erbeinsetzung n u r i n d e r
A b s i c h t, d a m i t der andere seine Religion wechsle, geschehen, dann kann sie
als conditio turpis verworfen werden. Das darf aber nicht präsumirt,
sondern muß bewiesen werden. Die Bedingung ist aber aufrecht zu halten,
wenn die Erbeinsetzung erfolgt ist nur für den Fall, w e n n d e r E r b e a u s
f r e i e m E n t s c h l u ß sich einer andern Confession zuwendet.

Nach dem römischen Rechte (und wo dieses gilt) steht dem katholischen
Erblasser das Recht zu, seinen Notherben wegen Abfalls von der katholischen
Religion zu enterben[1]. In diesem Abfall kann der Erblasser ein crimen
domesticum s. familiare erblicken. Da aber das römische Recht nur v o m
A b f a l l v o n d e r k a t h o l i s c h e n R e l i g i o n redet, anderweitige, dort nicht
aufgenommene Enterbungsgründe ausschließt, kann auch keine logische Aus=
dehnung des Gesetzes auf den Religionswechsel eines Nichtkatholiken statt=
finden. Die meisten Staaten erkennen übrigens überhaupt diesen Enterbungs=
grund nicht an, Oesterreich nur für den Abfall zu einer nicht=christlichen
Religion.

---

[1] Nov. 115 c. 3 § 14; c. 4 § 8; Bayer. Landrecht P. III. c. 3 § 17 n. 13.

8*

Zweites Buch.
Quellen des Kirchenrechts.

Erster Abschnitt.
Allgemeine Beschaffenheit der Rechtsquellen.

1. Begriff und Eintheilung der Quellen.

103. Man kann unter Quelle des Rechts den innern Grund, auf welchem das objective Recht beruht, verstehen, die Entstehungsgründe des Rechtes, und dies ist in der Kirche der Wille Christi, der die Kirche gegründet hat, und die gesetzgebende Gewalt, welche er der Kirche verlieh. Das ist die Urquelle des Rechtes, die Quelle der Rechtsquellen (fontes juris ecclesiastici *essendi*)[1]. Hier aber fragt es sich: welches sind die Erkenntnißquellen des kirchlichen Rechtes, woraus kann dieses geschöpft werden? Und in diesem, dem gewöhnlichen Sinne sind Quellen des Kirchenrechtes (loci, sedes probationum, fontes juris ecclesiastici *cognoscendi*) jene Principien und Materien, aus denen die kirchliche Rechtswissenschaft ihre Lehrsätze (Gesetze) schöpft und in welchen sie hinreichenden Grund ihrer Geltung findet. Jeder Rechtssatz ist entweder abgeleitet aus einem unmittelbaren Ausspruch der Vernunft und dem Rechtsbewußtsein des Volkes oder aus einem Ausspruch der gesetzgebenden Gewalt oder aus der Wissenschaft als der weitern Entwicklung von beiden.

Die Rechtsquellen sind geschriebene (Gesetzesrecht) oder ungeschriebene (Gewohnheitsrecht). Dem Gewohnheitsrecht kann in der Kirche nur eine untergeordnete Stellung eingeräumt werden (107 ff.), insofern in der Kirche die gesetzgebende Gewalt nicht im Volke ruht, gegen den ausdrücklich erklärten Willen des Gesetzgebers, ohne seine Zulassung keine Gewohnheit Rechtskraft erlangen kann und bei der genauen Regelung der kirchlichen Verhältnisse durch die Gesetzgebung zu neuen Gewohnheiten (praeter leges) kein weiter Spielraum gegeben ist. Wohl aber beruhten viele Institutionen früher auf dem Gewohnheitsrecht, ehe Gesetze darüber gegeben wurden.

Die kirchlichen Rechtsquellen theilen sich vor allem in göttliche und menschliche Quellen; letztere in allgemeine und particuläre, in orientalische und occidentalische, in altes (abrogirtes) und neues

---

[1] Siehe Buch IV. Abschn. I.

(geltendes) Recht, oder in ältere (bis zu Gratians Decret), neuere (von da bis zum Concil von Trient) und neueste Rechtsquellen (vom Triden=tinum bis zur Gegenwart).

Materielle Quellen nennt man die einzelnen gesetzlichen Bestimmungen, die canones selbst, formelle die Rechtssammlungen, z. B. das corpus juris canonici.

2. Quellen aus der göttlichen Offenbarung.

104. I. Die Heilige Schrift[1]. Den Keim der kirchlichen Dis=ciplin enthält die Heilige Schrift des Neuen Bundes. Viele positive Kirchen=gesetze sind nur nähere Bestimmungen und Applicationen der in der Hei=ligen Schrift enthaltenen göttlichen Gebote. Aber auch in den Vorschriften des Neuen Bundes sind zu unterscheiden 1) solche, die Christus selbst un=mittelbar oder die Apostel in seinem Auftrage gegeben haben, 2) solche, welche die Apostel aus eigenem Ermessen gegeben haben[2]. Erstere sind unverän=derliche, unumstößliche Gesetze; letztere können aufgehoben oder außer Gebrauch gesetzt werden.

Vom Alten Testament gelten allezeit seine Moralvorschriften (Matth. 5, 17); sein Ceremonialgesetz hat seine verbindende Kraft verloren; manche Rechtsvorschriften desselben hat die Kirche ausdrücklich erneuert[3]; andere bilden als Typen oft ein argumentum de congruentia.

Die von Christus gestiftete Eine Kirche ist es allein, die uns die Echt=heit und Unverfälschtheit, wie insbesondere die göttliche Autorität und In=spiration der Heiligen Schrift verbürgt[4]; sie hat die Heilige Schrift stets bewahrt, apokryphe Schriften verworfen. Sie ist es auch, die den Sinn der Heiligen Schrift erklärt. Die Schrift für sich, getrennt vom Lehramte der Kirche, ist nicht Quelle des Rechtes; Christus hat nicht die Heilige Schrift als Gesetzbuch der Kirche hinterlassen, sondern nur mit und nach der Erklärung des von Christus eingesetzten unfehlbaren Lehramtes ist sie Rechts=quelle. Sie muß daher stets im Sinne der Kirche und darf nicht gegen die einmüthige Erklärung der heiligen Väter ausgelegt werden. Für kirchen=rechtliche Fragen genügt der Text der Vulgata, ohne daß damit das Zurück=gehen auf den Urtext ausgeschlossen wäre.

---

[1] „Ex auctoritatibus V. et N. T. processerunt canonicae sanctiones", c. 24 x de accus. V. 1. Vgl. Phillips, K.=R. Bd. III. S. 599.

[2] Apg. 15, 28. 29; vgl. 1 Kor. 7, 10. 12. 25.

[3] Cf. Exod. 21, 14. 16. 18 seq.; 22, 2. 16 u. c. 1 x de homicid. V. 12; c. 1 de furtis V. 18; c. 1 de injur. V. 36; c. 3 de homicid. V. 12; c. 1 de adulter. V. 16.

[4] *Aug.* c. ep. fund. c. 5: „Ego vero Evangelio non crederem, nisi me catho-licae Ecclesiae commoveret auctoritas."

II. Die Tradition, welche theils erklärend, theils ergänzend an die Heilige Schrift sich anreiht, oder vielmehr als verbum Dei non scriptum die gesammte christliche Offenbarung, den rein bewahrten und fortgepflanzten christlichen Gesammtglauben in sich einschließt. Da die Apostel nicht alles niedergeschrieben haben, was sie lehrten, wie sie den Gläubigen ausdrücklich befahlen, alles zu glauben und zu halten, was sie *sive* per sermonem *sive* per epistolam gelehrt [1]; da die Heilige Schrift selbst nur eine spätere Fixirung der ursprünglichen παράδοσις der christlichen Lehre war: so verhält sie sich eigentlich zur Tradition, wie der Theil zum Ganzen. Inwiefern aber die Tradition selbst theils erklärend für das in der Bibel Enthaltene ist, theils mehreres enthält, was nicht in der Bibel niedergeschrieben ward, wird traditio interpretativa (παράδοσις ἐξηγητική) und trad. constitutiva (π. συστατική) unterschieden.

Dem Ursprung nach ist aber zu unterscheiden: 1) *traditio divina*, solche Wahrheiten, Gebote und Institutionen, die ihren Ursprung in der göttlichen Offenbarung haben, mögen sie von Christus den Aposteln übergeben oder den Aposteln als Organen der Offenbarung durch Eingebung des Heiligen Geistes geoffenbart sein (trad. divino-apostolica), und 2) *trad. (mere) apostolica*, die von den Aposteln als den ersten Trägern der Kirchengewalt herstammt. Letztere wie die von den Nachfolgern der Apostel stammende (traditio ecclesiastica) sind nur traditiones humanae und können nach Bedürfniß der Zeit abrogirt werden, nicht aber die göttliche Tradition.

Die sanctorum Patrum statuta [2] standen stets in der Kirche in hohem Ansehen. Aussprüche einzelner Kirchenväter und Kirchenlehrer sind an sich kein Kirchengesetz; wo aber die heiligen Väter als Zeugen der Tradition auftreten, wo der consensus unanimis sanctorum Patrum eine Lehre oder Institution bezeugt, da ist dieser auch als Quelle des Kirchenrechts zu betrachten.

3. Allgemeine menschliche Quellen.

105. Allgemeine Gesetze für die ganze Kirche können nur ausgehen von dem Oberhaupte der Kirche, dem Papste, sei es, daß sie von ihm allein erlassen sind oder in Gemeinschaft mit den Bischöfen, ohne oder mit dem allgemeinen Concil. Allgemein giltige Quellen sind also:

a) die Beschlüsse der allgemeinen Concilien und

b) die päpstlichen Constitutionen.

---

[1] 2 Thess. 2, 14; vgl. 2 Tim. 2, 2; 1 Kor. 11, 34; Joh. 20, 30; 21, 25.

[2] C. 1 D. 20; cf. c. 7 D. 16; c. 6 D. 64; c. 11 D. 11; c. 7. 9 C. XXV. q. 1; c. 2 D. 12.

a) Die allgemeinen Concilien sind folgende: 1) von Nicäa I. (325), 2) Constantinopel I. (381), 3) Ephesus (431), 4) Chalcedon (451), 5) Con= stantinopel II. (553), 6) Constantinopel III. (680), 7) Nicäa II. (787), 8) Constantinopel IV. (869), 9) Lateran I. (1123), 10) Lateran II. (1139), 11) Lateran III. (1179), 12) Lateran IV. (1215), 13) Lyon I. (1245), 14) Lyon II. (1274), 15) Vienne (1311), 16) Konstanz=Ferrara (1414—1418, soweit es vom Papste bestätigt ward), 17) Ferrara=Florenz (1439), 18) Lateran V. (1512—1517), 19) Trient (1545—1563), 20) Vatican (1869—1870).

b) Die päpstlichen Constitutionen [1] sind theils für die ganze Kirche erlassene allgemeine Gesetze (constitutiones generales, statuta generalia, decretalia constituta, edicta generalia), theils Erlasse parti= culärer Natur für einzelne Theile der Kirche oder für einzelne Personen und Fälle (constitutiones speciales). Der Papst kann aber auch nicht bloß die motu proprio, sondern auch die ex consultatione, auf Bitten und An= fragen Einzelner erlassenen Decrete (rescripta) auf alle ausdehnen, was er aber ausdrücklich zu erkennen geben muß, da ein Gesetz der Promulgation bedarf [2]. Außerdem sind particuläre Rescripte doch als authentische Inter= pretationen des Gesetzes von allen, die Kenntniß von ihnen haben, zu beachten [3].

Bei dem brieflichen Verkehr der Päpste mit den Bischöfen wurden oft die Briefe gleich anfangs in mehreren gleichlautenden Exemplaren ausgefertigt, um sie gleichzeitig in verschiedene Gegenden senden zu können (a pari, a pa= ribus, τὰ ἴσα), während eine Copie in dem seit dem 4. Jahrhundert ein= gerichteten päpstlichen Archiv hinterlegt wurde [4].

---

[1] „Sic omnes Apostolicae Sedis sanctiones accipiendae sunt tanquam ipsius divini Petri voce firmatae", c. 2 D. 19; cf. c. 17 C. IX q. 3; c. 13 x de constitut. I. 2; c. 56 x de appellat. II. 28.

[2] So zeigt z. B. nach der Glosse zu c. 4 de elect. (I. 6) in VI. der Satz „per= petuo edicto providemus", daß dies eine allgemeine Constitution sei.

[3] Innocenz III. (c. 19 x de sent. et re jud. II. 27): „Cum in similibus casibus ceteri teneantur similiter judicare." Cf. c. 2. 11. 20. 22 x de rescript. I. 3; c. 5. 6 x de crimine falsi V. 20.

[4] Der Sprachgebrauch bezüglich der Benennung päpstlicher Erlasse ist schwankend. Für die brieflichen Vorschriften der Päpste wurden die Namen gebraucht: monita, responsa, decretalia constituta, statuta, auctoritates, decretales epistolae, Synodica decreta, generalia decreta, epistolae Synodicae (letzteres sowohl für die von Synoden als an Synoden gerichteten Schreiben, besonders Entscheidungen in Glaubenssachen, cf. c. 3. § 15. D. 15). Decreta heißen namentlich die motu proprio, decretales epi= stolae die auf Bitten und Anfragen erlassenen, decisiones die über controverse Rechts= principien, decreta, sententiae vorzugsweise die Entscheidungen von Rechtssachen, mandata Aufträge an kirchliche Behörden, instructiones Vollzugsanweisungen. Auch unterscheidet man im technischen Sinne literae Apostolicae, die kraft päpstlicher Voll= macht, im Auftrag des Papstes, aber von ihm selbst nicht unterzeichneten Schreiben, und Chirographa, welche die Unterschrift des Papstes tragen.

Für feierliche Erlasse in wichtigen Fällen wurde die Form der Bullen (von bulla, Kapsel, das Siegel, das wesentlich zur Form der Bullen gehört [1]) üblich, für minder wichtige die der Breven (breves literae, in forma *brevi*). Die Ausfertigung der Bullen erfolgte früher auf dunklem Pergament in gothischer Schrift mit einem bleiernen Siegel, die Apostelfürsten Petrus und Paulus darstellend, das an einer hanfenen oder seidenen Schnur herabhing; seit 29. Dec. 1878 gewöhnlich mit lateinischer Schrift und einem eingedrückten rothen Siegel. Bullae consistoriales heißen die auch von den Cardinälen unterzeichneten, außerdem non consistoriales. Bullae dimidiae werden jene genannt, welche der Papst in der Zwischenzeit von seiner Erwählung bis zu seiner Krönung erläßt. Die Breven werden in gewöhnlicher lateinischer Cursivschrift gefertigt, tragen oben den Namen des Papstes und werden vom Secretär der Breven oder dem Cardinalstaatssecretär unterzeichnet und mit dem Fischerring (annulus piscatoris) gesiegelt.

Heutzutage ist die gewöhnlichste Art der Kundgebung allgemeiner päpstlicher Erlasse die der *Encyclicae*, welche gedruckt den Bischöfen zugesendet werden.

Daß das Oberhaupt der Kirche auch seine Jurisdiction delegiren kann und auch die von ihm für bestimmte Materien eingesetzten Congregationen allgemeine Gesetze erlassen können, unterliegt keinem Zweifel. Daher gehören auch hierher c) allgemein verbindliche Entscheidungen der römischen Cardinalscongregationen und d) für die darin geregelten Verhältnisse in gewissem Sinne auch die apostolischen Kanzleiregeln.

4. Particularrechtliche Quellen.

106. Dem Princip der kirchlichen Einheit steht nicht die Mannigfaltigkeit, sondern nur die Verschiedenheit und Trennung entgegen [2]. Die Kirche ließ es zu, daß neben dem allgemeinen Kirchenrecht und in Unterordnung unter dasselbe sich besondere Gesetze, Statuten für einzelne Theile der Kirche bildeten. Der Umfang der Geltung der particulären Bestimmungen ist ein verschiedener, indem sie theils auf einzelne Diöcesen, theils auf Provinzen und Länder sich erstrecken.

Außer den päpstlichen Erlassen für einzelne Theile der Kirche oder einzelne Personen oder Klassen von Personen gehören hierher:

1) Die Concordate (66—70; 83).

2) Die Beschlüsse von National- und Provincialsynoden.

3) Die bischöflichen Erlasse (mandata, constitutiones, ordinationes) secundum oder praeter jus commune, mit der Diöcesansynode (statuta synodorum dioecesanarum) oder ohne dieselbe erlassen, wie z. B.

---

[1] C. 5 x de crimine falsi V. 20.
[2] C. 8 D. 11; c. 80 D. 4.

die Instructio Pastoralis Eystettensis, oder durch Hirtenbriefe (litterae pastorales) und Ordinariatsmandate. Den bischöflichen Erlassen stehen gleich die der Praelati nullius mit eigenem Territorium.

4) Die Statuten einzelner Corporationen, wie der Kapitel und der religiösen Orden.

5) Weltliche Gesetze, die von der Kirche recipirt worden sind (leges canonizatae) oder doch durch die Praxis Aufnahme in der Kirche gefunden haben.

Als formelle Quelle des Kirchenrechtes hat die Kirche staatliche Gesetze an sich nie anerkannt [1]. Wohl aber hat sie manche Gesetze tolerirt, ohne sie gutzuheißen, und sind viele staatliche Gesetze für das Verhältniß der Kirche in einzelnen Ländern von großer Wichtigkeit, wie in Deutschland der Passauer Vertrag (1552), der Augsburger Religionsfriede (1555), der Westphälische Friede (1648), der Reichsdeputations-Hauptschluß (1803). Vgl. 77. 99. 100.

5. Das Gewohnheitsrecht.

a. Begriff und Arten der Gewohnheit.

107. Das Gewohnheitsrecht (consuetudo juris) ist eine durch wiederholte Acte derselben Art (consuetudo facti) unter Zulassung des Gesetzgebers begründete Rechtsnorm [2]. Gegen den Willen des Gesetzgebers kann in der Kirche keine Gewohnheit Rechtskraft erlangen; nicht der consensus populi, die major pars populi kann ein Recht schaffen, ohne irgend eine Zustimmung dessen, der die kirchliche Gewalt hat. Aber es unterscheidet sich das Gewohnheitsrecht 1) vom Gesetzesrecht dadurch, daß letzteres von der gesetzgebenden Gewalt ausgeht, das Gewohnheitsrecht unter Zulassung des Gesetzgebers durch die wiederholten Acte der Communität entsteht; 2) von der Tradition, die nichts Neues schafft, sondern nur das vom Gesetzgeber herrührende Recht überliefert; 3) von der Präscription, die unter Privaten statthat, nur ein singuläres oder particuläres Recht begründet, auch als erronea cum bona fide giltig ist, cum damno unius et lucro alterius geschieht; 4) von der Observanz, vermöge deren zwei Betheiligte oder eine Corporation durch sofortige Uebung stillschweigend festsetzen können, wie sie es in einer Sache halten wollen; 5) von der Doctrin, d. i. aucto-

---

[1] v. Scherer l. c. S. 159. Cf. c. 1 D. 96; c. 26 C. XVI. q. 7; c. 10 x de constitut. I. 2.

[2] Consuetudo (von consuesco, consuefacio) juris est jus per similium alicujus communitatis actuum frequentiam acquisitum. Vocatur autem consuetudo, quia in communi est usu (c. 4 D. 1; cf. c. 7 D. 11); c. 3 D. 1: Jus quoddam moribus institutum, quod pro lege suscipitur, cum deficit lex. Cf. Grat. ad c. 3 D. 6 über den Ursprung des Gewohnheitsrechts; Phillips, K.-R. Bd. III. S. 680 ff.; v. Scherer S. 10. 131.

ritas extrinseca doctorum, die keine rechtsverbindliche, zwingende, sondern nur eine moralische Kraft hat und nur mittelbar Quelle kirchlichen Rechtes werden kann. Die Wissenschaft hat auf die Entstehung von kirchenrechtlichen Normen Einfluß, leitet die Gesetzgeber, ergänzt das Gesetz, hat es insbesondere zu interpretiren (interpretatio doctrinalis). Die doctrinelle Interpretation ist von der Usualinterpretation (durch das Gewohnheitsrecht) und von der Legalinterpretation (durch den Gesetzgeber) zu unterscheiden, welche beide authentische genannt werden.

108. Man unterscheidet 1) *consuetudo generalissima* [1], die in der ganzen Kirche, *generalis* [2], die in der Kirche eines Landes oder einer Kirchenprovinz, *specialis* [3], die nur in einer einzelnen Kirche, einer Stadt oder Corporation gilt.

2) Consuetudo *secundum legem* (legis interpretativa) [4], *praeter legem* (juris constitutiva) und *contra legem* (legi contraria, legis desuetudo), je nachdem sie das Gesetz interpretirt, als Uebung des Gesetzes selbst erscheint, oder eine Lücke des Gesetzes ausfüllt, oder dem Gesetze derogirt. Letztere ist meist nur eine *consuetudo particularis* oder *singularis*, selten eine *cons. universalis*.

3) Die consuetudo ist *a jure non repulsa* oder *a jure repulsa*, und zwar a) *a jure abrogata*, z. B. durch die Clausel non obstante quacunque consuetudine, wodurch die vorhergehende Gewohnheit abrogirt wird; b) *a jure prohibita*, z. B. durch die Clausel: nolumus contra hanc legem aliquam consuetudinem valere, wodurch auch die zukünftige verboten wird; c) *a jure reprobata*, wodurch sie zugleich als mala, irrationabilis verworfen wird (z. B. durch die Worte: consuetudinem illam penitus reprobantes; non est consuetudo, sed corruptela).

4) Ihrer innern Beschaffenheit nach ist sie *bona* oder *mala* (intrinsece oder extrinsece mala); ferner *positiva* oder *negativa*, je nachdem sie auf Setzung oder Unterlassung von Handlungen beruht.

5) Die consuetudo ist *judicialis* oder *extrajudicialis*. Erstere besteht in dem Gerichtsgebrauch (usus fori), d. h. die Norm, welche sich in der gleichförmigen, längere Zeit hindurch fortgesetzten Handlungsweise eines Gerichtes ausprägt. Man unterscheidet formellen Gerichtsgebrauch (mos judiciorum, stylus), der sich auf den Gang des Verfahrens, die processualischen Formen bezieht, und materiellen Gerichtsgebrauch, der in der längere

---

[1] Cons. universalis ecclesiae (c. 12 D. 12), cons. generalis ecclesiae (c. 13 x de celebr. miss. III. 41), totius ecclesiae.

[2] C. 5 x de auct. et usu pallii I. 8; cons. regionis (c. 9 x de sepult. III. 28); cf. c. 11. § 1. D. 12.

[3] C. 10 x de jurejur. II. 24. Eine consuetudo specialissima, z. B. einer Familie, findet keine Berücksichtigung im Rechte.

[4] Consuetudo est optima legum interpres; c. 8 x de consuetud. I. 4.

Zeit hindurch fortgesetzten gleichförmigen Anwendung eines Rechtssatzes besteht (auctoritas rerum perpetuo similiter judicatarum). Von letzterem gilt der Satz: „Stylus curiae habet vim legis."

b. Erfordernisse zur Rechtskraft der Gewohnheit.

109. Damit eine Gewohnheit Rechtskraft erlange, wird gefordert:

a) *ex parte communitatis:* die Gewohnheit muß eingeführt werden von einer communitas, die gesetzgebende Gewalt hat oder der auch ein Gesetz auferlegt werden kann, a majori parte communitatis (sc. habilium), sie muß eingeführt sein ex certa scientia (nicht aus Unwissenheit, Irrthum), per actus liberos et publicos, per actus continuos, ex opinione necessitatis s. juris, d. h. es muß die Uebung aus dem Rechtsbewußtsein hervorgehen, aus der Ueberzeugung der Nothwendigkeit, dem Willen der Verpflichtung, nicht bloß z. B. aus Andacht, Gefälligkeit u. dgl.

b) *ex parte consuetudinis* wird erfordert, daß die consuetudo *rationabilis* sei[1]. Irrationabel und daher ohne Rechtskraft ist 1) jede Gewohnheit, die dem natürlichen oder positiven göttlichen Rechte oder dem Glauben zuwider ist. 2) Irrationabel ist ferner jede Gewohnheit, welche Gelegenheit zur Sünde bietet[2] oder dem allgemeinen Besten schädlich ist. Ist das Gesetz eine ordinatio *rationis ad bonum commune*, so darf auch die Gewohnheit, wenn sie Gesetzeskraft haben soll, sicher nicht irrationabel und nicht dem bonum commune schädlich sein. 3) Irrationabel ist sie ferner, wenn sie der Verfassung der Kirche entgegen, gegen die Freiheit und Immunität der Kirche gerichtet ist[3]; wenn sie gegen den Geist der kirchlichen Disciplin verstößt, nervum ecclesiasticae disciplinae disrumpens ist[4], wenn sie wider das Rechtsprincip geht, das einem Institute zu Grunde liegt[5]. 4) Irrationabel ist sie

---

[1] C. 11 x h. t.: „Cum tanto sint graviora peccata, quanto diutius infelicem animam detinent alligatam, nemo sane mentis intelligit naturali juri (cujus transgressio periculum salutis inducit) quacunque consuetudine (quae dicenda est verius in hac parte corruptela) posse aliquatenus derogari. Licet etiam longaevae consuetudinis vis non sit vilis auctoritatis, non tamen est adeo valitura, ut vel juri positivo debeat praejudicium generare, nisi fuerit rationabilis et legitime praescripta." Cf. Matth. 15, 3. 6; c. 5. 7. 8 D. 8: „Consuetudo sine veritate vetustas erroris est "

[2] C. 10 h. t.: „Non valet consuetudo, per quam quis inducitur ad peccandum" (Summar.).

[3] Cf. c. 1 h. t.: „Consuetudines, quae ecclesiis gravamen inducere dignoscuntur, nostra nos decet consideratione remittere."

[4] C. 5 h. t.: „Nos igitur cognito, quod ex tali consuetudine, si qua foret, disrumperetur nervus ecclesiasticae disciplinae, ipsam duximus irritandam." Cf. c. 3. 4. 8. 11 D. 12.

[5] Cf. c. 2 h. t. in VI.: „Non valet consuetudo, quod ab Officiali Episcopi ad Episcopum appelletur." Cf. c 4 eod. in VI; c. 5. 7 x h. t.

endlich, wenn sie ausdrücklich als mala, abusiva, exstirpanda, als corruptela [1] oder mit ähnlichen Ausdrücken vom Gesetzgeber reprobirt ist.

c) *ex parte legislatoris* ist der Consens oder die Zulassung von Seite des Gesetzgebers nothwendig. Man unterscheidet 1) einen *consensus generalis*, i. e. legalis (juridicus) oder consensus legis, wenn das Gesetz im allgemeinen vernünftige Gewohnheiten zuläßt, und 2) *consensus specialis* (legislatoris), der *expressus* oder *tacitus* sein kann. Ein stillschweigender Consens des Gesetzgebers kann nur angenommen werden, wenn derselbe die Gewohnheit kennt und ihr nicht widerspricht, obschon er es könnte. Denn das Stillschweigen kann nicht immer als Billigung angesehen werden, sondern ist oft eine conticentia mere oeconomica aus Klugheitsrücksichten [2].

Das canonische Recht läßt im allgemeinen vernünftige Gewohnheiten zu [3]. Dieser consensus legalis oder die Zulassung der Gewohnheit durch das Gesetz selbst tritt ein, wenn der Gesetzgeber die Gewohnheit nicht kennt. Denn wenn er sie kennt und zuläßt, obwohl er dagegen reclamiren könnte, ist consensus tacitus vorhanden. Wo aber dem Gesetzgeber die facultas reclamandi fehlt, da kann kein consensus tacitus desselben präsumirt werden.

d) *ex parte temporis* soll die *consuetudo legitime praescripta* sein (c. 11 h. t. cit.). Während die Glosse zu c. 11 und die älteren Canonisten für die derogirende Gewohnheit (cons. contra legem) die Zeit von 40 Jahren fordern, wie sie für die Klagen der Kirche läuft, haben später andere überall nur die Zeit von 10 Jahren gefordert, neuere überhaupt keine bestimmte Zeitdauer, da es von dem Ermessen des Richters abhänge, ob die Zeit zur Begründung eines Gewohnheitsrechtes genüge [4].

---

[1] Cf. c. 3 D. 8; c. 10. 7 x h. t.; c. 30 x de praeb. III. 3.

[2] C. 18 x de praeb. III. 5: „cum multa per patientiam tolerentur, quae si deducta fuerint in judicium, exigente justitia non debeant tolerari."

[3] C. 1 de constitut. (I. 2) in VI.: „Licet Romanus Pontifex, qui jura omnia in scrinio pectoris sui censetur habere, constitutionem posteriorem condendo priorem, quamvis de ipsa mentionem non facit, revocare noscatur, quia tamen locorum specialium et personarum singularium consuetudines et statuta, cum sint facti et in facto consistant, potest probabiliter ignorare, ipsis, dum sint rationabilia, per constitutionem a se noviter editam, nisi expresse caveatur in ipsa, non intelligitur in aliquo derogare."

[4] Vgl. Biederlack, Innsbr. theolog. Zeitschr. 1882. S. 449: die Forderung von 40 Jahren beruhe auf Verwechslung von Privatrecht und Gesetz. Cf. c. 50 x de elect. (I. 6); c. 3 x de causa possess. (II. 12); c. 25 x de V. S. (V. 40); c. 1 de constitut. in VI. (I. 2). *De Angelis* (l. c. I, 1 t. IV. n. 9. p. 82 seq.) fordert auch nur 10 Jahre; mit Recht verwirft er die Unterscheidung der consuetudo contra legem receptam und non receptam. Ebenso *Santi* l. c. p. 46 seq. Gegen Schulte, welcher in den betreffenden Decretalen consuetudo auch nur als die Ausübung eines öffentlichen Rechtes im subjectiven Sinne faßt, das durch die Ausübung während der canonischen Verjährungsfrist ersessen werden könne, und die Nothwendig-

Ist auch das Gewohnheitsrecht von der eigentlichen Präscription ganz verschieden, so besteht doch zwischen beiden die Analogie, daß für beide ein Zeitlauf erfordert wird und es daher consequent ist, bei Gewohnheiten, die zunächst als Thatsachen erscheinen und welche die Kirche nur als Ausnahmen zuläßt, falls sie gegen das kirchliche Gesetz gerichtet sind, dieselbe Zeitdauer zu ihrer Giltigkeit zu fordern, wie bei der Verjährung kirchlicher Rechte. Das c. 11 h. t. sagt: Obschon das Ansehen der *consuetudo longaeva* nicht gering sei, müsse sie doch, um **gegen** das positive Recht zu gelten, *legitime praescripta* sein, womit doch wohl nur die vierzigjährige Dauer gemeint sein kann.

Keine Frage ist, daß eine consuetudo intrinsece mala, irrationabilis durch keine Zeitdauer Geltung erlangen kann. Wo ein consensus expressus oder tacitus legislatoris hinzukommt, bedarf es keiner bestimmten Zeitdauer, auch bei dem consensus legis nicht für die consuetudo secundum legem. Für die cons. praeter legem genügen jedenfalls 10 Jahre, für die cons. contra legem 40 Jahre.

c. Aufhebung der Rechtsgewohnheit.

110. Aufgehoben kann eine Gewohnheit werden:

I. *Per consuetudinem contrariam.* War die frühere Gewohnheit contra jus und führt die spätere das jus commune zurück, so bedarf es sicher keines bestimmten Zeitlaufs; bei einer consuetudo praeter jus jedenfalls nicht mehr als 10 Jahre.

II. *Per legem supervenientem.* Ein allgemeines Gesetz abrogirt die entgegenstehende allgemeine Gewohnheit, auch wenn es sie nicht besonders er-wähnt. Denn die lex posterior abrogirt die lex prior, darum auch die frühere Gewohnheit. Von allgemeinen Gewohnheiten muß vorausgesetzt werden, daß der Gesetzgeber sie kennt; indem er ein entgegengesetztes Gesetz erläßt, kann keinerlei Consens zu der Gewohnheit mehr angenommen werden.

Anders verhält es sich nach c. 1 de constit. in VI. (S. 124 N. 3) mit particulären Gewohnheiten. Diese werden durch ein allgemeines Gesetz nicht aufgehoben, wenn dasselbe sie nicht ausdrücklich ausschließt. Dazu genügt jedoch die Clausel „non obstante quacunque consuetudine", außer wenn die Gewohnheit eine unvordenkliche (consuetudo immemorialis) ist. *Con-suetudo immemorialis* ist jene, deren Entstehen über das Gedächtniß der

---

leit der Verjährungsfrist auch für cons. contra legem bestreitet, siehe *Kreutzwald*, De canon. juris consuetudinarii praescript. Friburgi 1873. Schon die Einreihung von cap. 11 x und c. 3 in VI. unter den Titel de consuetudine zeigt, daß es sich um die consuetudo selbst handelt, und der Text ist, wie v. Scherer S. 133 N. 15 sagt, zu gewaltig, als daß man ihn auf die Acquisitivverjährung subjectiver Rechte beschränken könnte.

Menschen hinausreicht [1]; dieser ist die hundertjährige gleichgesetzt [2]. Die cons. immemorialis und centenaria heißen cons. privilegiatae. Damit auch diese durch das spätere allgemeine Gesetz aufgehoben werden, müßte die Clausel sie ausdrücklich benennen: „non obstante quacunque consuetudine etiam immemoriali (privilegiata)“. Eine consuetudo irrationabilis oder eine als solche ausdrücklich reprobirte Gewohnheit wird immer durch das Gesetz aufgehoben [3].

III. *Per legem antecedentem* kann der Gesetzgeber auch künftige entgegenstehende Gewohnheiten im voraus verbieten. Allein ein bloßes Verbot verhindert nicht jedwede künftige Gewohnheit und es ist bei demselben doch immer die Clausel zu denken: „nisi mutetur ratio legis et mutentur circumstantiae“ [4]. Denn 1) sind im allgemeinen bei den Kirchengesetzen vernünftige und präscribirte Gewohnheiten zugelassen. 2) Ein bloßes Verbot erklärt noch nicht jede entgegenstehende Gewohnheit für irrationabel. Es können sich trotz dem Verbote vernünftige Gewohnheiten bilden, selbst wenn jene, die zuerst dem Gesetz zuwiderhandeln, sündigen [5]. 3) So gut der Gesetzgeber sein Gesetz zurücknehmen kann, ebenso kann er zulassen, daß sein Gesetz durch eine entgegengesetzte Gewohnheit aufgehoben werde. Kennt er die entgegenstehende Gewohnheit und läßt er sie zu, obwohl er dagegen reclamiren könnte, so ist anzunehmen, daß er seinen Willen geändert hat und sein Gesetz zurücknehmen will. 4) Es können sich die Umstände, unter denen er sein Gesetz erlassen hat, im Laufe der Zeit gänzlich ändern, so daß die ratio legis hinwegfällt, darum kann auch ein solches Verbot nicht für alle Zukunft der consuetudo rationabilis et praescripta die Kraft entziehen.

Die Wirkung eines solchen Verbotes künftiger entgegenstehender Gewohnheiten ist jedenfalls, a) daß die Wächter des Gesetzes die Einführung einer entgegengesetzten Gewohnheit verhindern sollen, b) daß die Untergebenen wegen des ausdrücklich erklärten Willens des Gesetzgebers eine größere Verpflichtung haben, von einer solchen Gewohnheit sich zu enthalten, c) daß dieselbe schwerer und jedenfalls nur bei veränderten Umständen und gesetzmäßiger Präscription dem Gesetze derogiren kann, d) daß im Zweifel, ob die consuetudo rationabilis oder irrationabilis sei, letzteres anzunehmen ist [6].

---

[1] C. 26 x de verb. sign. V. 40: „ex antiqua consuetudine a tempore, cujus non exstat memoria, introducta.“ Cf. Trid. s. XXV. c. 9 de ref.

[2] Nicht aber wohl die cons. quadragenaria (*de Angelis* l. c. n. 14. p. 91).

[3] Cf. c. 5. 10 x h. t.   [4] *Santi* l. c. n. 17 p. 48.

[5] *Alphons. Ligor.*, Theol. moral. l. I tr. 2 n. 107: „Etiam peccando potest fieri consuetudo. Consuetudo enim triplicem statum habet. Initio introducentes consuetudinem omnes peccant. In progressu non peccant illa jam a majoribus introducta utentes, sed possunt a principe puniri. In fine autem nec peccant nec puniri possunt illa jam praescripta utentes.“

[6] Cf. *Soell*, De praescriptionibus. Dilingae 1722.

111. In dieser Beziehung besteht besonders die Controverse, ob gegen die Reformdecrete des Concils von Trient eine Gewohnheit Geltung erlangen könne. Bald nach dem Concil wurde der Satz geltend gemacht: „contra Concilium Tridentinum non admittitur consuetudo" und von den bedeutendsten Canonisten, wie Benedict XIV., Cardinal Luca, Devoti u. a., wiederholt. Allein, daß dieser Grundsatz für alle Zukunft gelten müsse, läßt sich in keiner Weise darthun. Unvordenkliche Gewohnheiten sind jedenfalls davon ausgenommen. Es haben sich nun offenbar mehrfache Gewohnheiten gebildet, die dem Tridentinum entgegenstehen. Mit Recht wird daher von neueren Canonisten, wie Söll, Aichner, de Angelis, v. Scherer, Bieberlack u. a., angenommen, daß auch gegen das Tridentinum sowohl allgemeine als particuläre Gewohnheiten Geltung erlangen können[1]. Das Concil von Trient, sagt de Angelis[2], hat dieselbe Autorität wie die anderen allgemeinen Concilien; wenn also die consuetudo gegen die Disciplinargesetze allgemeiner Concilien Geltung erlangen kann, so auch gegen die des Tridentinum. Andererseits haben die Päpste, indem sie die unverletzliche Beobachtung dieser Gesetze vorschrieben, der Kraft der legitimen Gewohnheit nicht derogirt. Es ist zu beachten, daß mehrere gegen die Decrete dieses Concils entstandene Gewohnheiten verworfen wurden, weil sie *consuetudines irrationabiles* sind, und der Richter über die Irrationabilität ist hier der Papst oder die S. Congregatio Concilii. Könnte keine Gewohnheit gegen die Bestimmungen des Tridentinum Rechtskraft erhalten, so müßte man z. B. annehmen, daß alle Verleihungen von Pfarreien ohne den vom Tridentinum vorgeschriebenen Pfarrconcurs ungiltig seien[3] u. s. w.

Es kann infolge völlig veränderter Umstände etwas, was als Mißbrauch in einer Zeit verboten wurde, aufhören, Mißbrauch zu sein, ja, wie Suarez bemerkt, sogar löbliche Praxis werden. Selbst ein Verbot künftiger Gewohnheiten gegen das Gesetz erschwert wohl die Entstehung einer Rechtsgewohnheit, schließt deren Möglichkeit aber noch nicht für alle Zukunft aus. Es ist stets wohl zu unterscheiden zwischen der Abrogation einer bestehenden Gewohnheit, dem Verbot der Bildung einer neuen und der ausdrücklichen Reprobation einer Gewohnheit[4]. Ein allgemeines Verbot aller künftigen ent-

---

[1] *Bouix*, Tract. de princ. jur. can. Monasterii 1853. P. II. s. 6 c. 4 p. 322, nennt beide Meinungen probabel, hält aber an dem Grundsatze fest. Die Entscheidungen der S. Congreg. Concilii Trid. betreffen nur einzelne Fälle. Die im restrictus enthaltenen Gründe sind nur vor der Congregation vorgetragen, nicht von ihr selbst ausgesprochen. *Bouix* l. c. bemerkt: „Utrum haec praxis tribunalium S. Sedis constans sit quoad *omnia* Tridentina decreta, nobis nondum est plane perspectum."

[2] *De Angelis* l. c. n. 12 p. 88.

[3] Cf. Trid. s. XXIV. c. 18. 2. 4. 8; s. XXII. c. 9; s. XXI. c. 2; s. XXIII. c. 5 de ref.

[4] *Suarez*, De leg. l. VII. c. 19 n. 18 seq.; Bieberlack, Innsbr. theolog. Zeitschr. 1882. S. 439 ff.

gegenstehenden Gewohnheiten ist aber auch weder vom Concil selbst noch in den Constitutionen Pius' IV. ausgesprochen, der in der Bulle „Benedictus Deus" irritirt, was gegen die Bestimmungen dieser Bulle geschieht, und in der Bulle „In principis Apostolorum" alle Privilegien, Exemtionen und Gnaden, die mit dem Concil in Widerspruch stehen; nirgends aber wird die consuetudo hier genannt. Auch bei Concilsbeschlüssen gilt das 110, III. Bemerkte.

Zweiter Abschnitt.
Geschichte der Quellen.

1. Erste Periode bis zum Toleranzedict Constantin des Großen (313).

112. In der ältesten Zeit waren die Anordnungen Christi und der Apostel, Schrift und Tradition, die alleinigen Rechtsquellen; das ganze Leben der Christen war, wie Phillips [1] bemerkt, gleichsam eine allgemeine consuetudo secundum legem. Es war die Zeit nicht zum Schreiben, sondern zum Handeln; man kann auf sie das Wort anwenden: „Ibi boni mores plus valent, quam alibi bonae leges". Auch konnte sich in der verfolgten Kirche eine genaue Gesetzgebung noch nicht entwickeln. Wir besitzen aus dieser Zeit nur:

a) Außer dem Briefe des hl. Clemens an die Korinther Briefe von Papst Cornelius (drei Briefe) und von Dionysius. Die Ausübung des päpstlichen Gesetzgebungsrechtes bezeugen u. a. die Entscheidungen der Päpste Victor I., Stephan I. (32).

b) Auch von den Synoden der ältesten Zeit ist nur weniges vorhanden, wie Stücke der Synoden zu Carthago 255 und 256.

c) Sogen. canonische Briefe von Bischöfen, so des hl. Ignatius von Antiochien, des Dionysius von Alexandrien, des Gregorius Thaumaturgus.

Unter dem Namen der Apostel wurden in den ersten Jahrhunderten viele Schriften verbreitet, die apokryph sind; denn Form und Inhalt beweist, daß sie nicht von den Aposteln herstammen. Dahin gehören:

1) Die *doctrina Apostolorum* (διδαχή τῶν δώδεκα ἀποστόλων) [2].

2) *Constitutiones Apostolicae* (διατάξεις τῶν Ἀποστόλων), über die Verfassung und Disciplin der Kirche, ursprünglich 6 Bücher (διδασκαλία τῶν

---

[1] **Phillips**, Kirchenrecht Bd. 4. S. 3 ff.

[2] Die 1883 erst veröffentlichte kleine Schrift in 16 Kapiteln wird dem Anfange des zweiten Jahrhunderts oder dem Ende des ersten zugeschrieben. Vgl. Freiburger Kirchenlexikon. Bd. 3. S. 1869 ff.; v. Scherer l. c. S. 180. N. 9.

Ἀποστόλων), zu denen noch vor 325 ein siebentes mit moralischen und li=
turgischen Vorschriften und ein achtes Buch über die Ordination und andere
bischöfliche Functionen hinzukamen. Ihre Heimat ist Syrien.

3) *ordinatio ecclesiastica* Apostolorum.

4) *definitio canonica* (ὅρος κανονικὸς τῶν ἁγίων ἀποστόλων).

5) Die *canones Apostolorum*, 85, von denen nur die 50 älteren im
Abendlande Anerkennung fanden.

2. Zweite Periode von 313 bis zur Kaiserkrönung Karls des Großen (800).

113. Erst in dieser Periode, in welcher sich besonders die Thätigkeit
der Concilien entfaltete, entstanden eigentliche Kirchenrechtssammlungen. Von
päpstlichen Decretalen haben sich aus dem 4. Jahrhundert erhalten, außer
Fragmenten von Liberius, solche von Damasus, elf von Siricius[1]; von
Innocenz I. an fließt die Quelle der päpstlichen Gesetzgebung fast ununter=
brochen.

A. Griechische Collectionen:

I. Sammlungen rein kirchlicher Verordnungen:

Die älteste Sammlung im Orient enthält nur die canones von Nicäa
(325), die von Ancyra und Neucäsarea (314), von Gangra (zwischen 362
und 370), wozu dann noch die von Antiochia (332) kamen. Weitere Samm=
lungen fügten die canones von Laodicea, Constantinopel (381) und Chal=
cedon (451) hinzu. Dann nahm man die canones von Sardica (347),
von Ephesus (431) und seit dem 6. Jahrhundert auch die 85 canones
Apostolorum auf.

Hatte man sich bisher begnügt, die canones einfach chronologisch an=
einander zu reihen, so compilirte Johannes Scholasticus von Antio=
chien, seit 557 Patriarch von Constantinopel, eine neue in systematischer
Ordnung in 50 Titeln; waren die bisherigen nur Privatsammlungen, so
ging die erste kirchlich autorisirte Sammlung von dem *Concilium Trullanum*
(quinisextum) 692 aus[2].

II. Kaiserliche Verordnungen:

Kaiser Theodosius II. ließ durch 16 Rechtsgelehrte die Constitutionen
von Constantin d. Gr. bis auf seine Zeit in 16 Büchern zusammenstellen
(*Codex Theodosianus*) und 483 publiciren.

---

[1] Siricius beruft sich auf generalia decreta des Papstes Liberius und schreibt:
„Quae a nobis ... salubriter sunt constituta, intemerata permaneant et omnibus
in posterum excusationibus aditus, qui jam nulli apud nos patere poterit, ob-
struatur.“ Cf. c. 3. § 16. D. 15; c. 18 C. XXV. q. 2; c. 11 D. 11.

[2] Der dem Johannes Jejunator († 595) zugeschriebene Canonenauszug
über das Bußwesen ist wohl jüngern Ursprungs.

Dieſer wurde jedoch bald verdrängt durch die Geſetzbücher Juſtinians:

1) *Codex Justinianeus* (529), der durch Trebonian und vier andere Juriſten umgearbeitet als *Codex repetitae praelectionis* 534 publicirt wurde. Er beſteht aus 12 Büchern, die in Titel getheilt ſind. Citirt wird c. (constitutio) mit der Zahl derſelben, C. (Codex), worauf die Zahl des Buches und Titels folgt mit der Ueberſchrift des Titels; z. B. c. (oder l. = lex) 11 C. de praediis V. 11 [1].

2) *Digesta sive Pandectae* juris enucleati ex omni vetere jure collecti in 50 Büchern, 533 publicirt, ſtellen das Brauchbarſte aus den Schriften der berühmteſten älteren Juriſten zuſammen. Die Pandecten ſind bis auf einige Fragmente durchaus gloſſirt; bedeutender iſt die Zahl der ungloſſirten Stellen beim Codex. Es gilt als Regel: Quidquid non agnoscit glossa, nec agnoscit forum. Die Pandecten werden citirt mit L. (lex) oder fr. D. (oder P., in älteren Druckwerken mit ff.); z. B. L. 1 § 14 D. ad legem Falcidiam 35. 2.

3) Gleichzeitig ließ Juſtinian auch ein kurz gefaßtes Rechtsſyſtem ausarbeiten, *Institutiones* in 4 Büchern. Citirt wird z. B. § 6 I. de legatis II. 20.

4) Wichtiger für das Kirchenrecht ſind die *Novellae* (168). Dieſe Conſtitutionen (Extravagantes) wurden theils griechiſch, theils lateiniſch abgefaßt und bald nach Juſtinians Tod geſammelt. Sie wurden von der Gloſſatoren Authenticorum liber genannt und in 11 Collationes, dieſe in Titel getheilt, daher citirte man z. B. Authent. De haeredib. ab intest. § Si quis Coll. IX. Tit. I; jetzt gewöhnlich nur die Novelle und das Kapitel, z. B. Nov. CXXIII. c. 1.

Aus den Novellen wurden Auszüge gefertigt, ſo excerpirte Julian um 556 lateiniſch 125 Novellen (Juliani epitome Novellarum), beſonders Auszüge der die Kirche betreffenden Verordnungen, wie von Johannes Scholaſticus in 87 Kapiteln der Hauptinhalt von 10 Novellen.

III. Gemiſchte Sammlungen *(Nomocanones)*, die kirchliche (κανόνες) und weltliche (νόμοι) Geſetze verbanden, wie eine ſolche namentlich von Photius um 883 in 14 Titeln gefertigt wurde.

B. Occidentaliſche Collectionen:

I. Kirchliche Verordnungen:

a) In Italien hatte man zuerſt den canones des Concils von Nicäa, das in verſchiedenen Ueberſetzungen verbreitet ward, in fortlaufender Zahlenreihe die Decrete von Sardica, die gleich anfangs griechiſch und lateiniſch abgefaßt wurden, angereiht. Dazu kamen im 5. Jahrhundert die Canones

---

[1] Die früheren Codices, der Gregorianus, Hermogenianus und Theodosianus, werden mit C. Greg., C. Herm., C. Th. bezeichnet.

der anderen griechischen Synoden in verschiedenen Ueberfetzungen, deren eine die Itala oder prisca, eine andere die spanische oder isidorische Version heißt, letztere so genannt, weil sie in die spanische Sammlung überging. Gegen Ende des 5. Jahrhunderts fertigte der scythische Mönch Dionysius Exiguus († 536) eine Sammlung, die von großer Wichtigkeit für den Occident wurde (Dionysiana), oder vielmehr 1) eine Sammlung von Concilsbeschlüssen und 2) eine Zusammenstellung der päpstlichen Decretalen von Siricius (385) bis Anastasius II. (496—498). Eine dritte Sammlung, welche nur die in der ganzen Kirche geltenden Beschlüsse lateinisch und griechisch enthielt, ist bis auf die Vorrede verloren gegangen. Neben der Sammlung des Dionysius entstanden noch andere Sammlungen, die aber nur wenig Verbreitung fanden. Die sogen. Avellana sammelte Schreiben der Kaiser und Päpste[1].

Von Bedeutung sind besonders auch die Ritual=, Formel= und Pönitentialbücher: die ordines romani, der liber diurnus (c. 714) und das poenitentiale Romanum.

b) In Afrika entstand aus den Beschlüssen der afrikanischen Concilien der codex canonum ecclesiae Africanae. Systematische Sammlungen lieferten Fulgentius Ferrandus um 547 (breviatio canonum) und Cresconius um 697 (concordia canonum) mit Benützung auch griechischer canones.

c) In Spanien und Portugal finden sich gleichfalls mehrere Sammlungen aus den spanischen Synoden, deren älteste die von Elvira 305 ist, aus päpstlichen Schreiben (epistolae decretales, synodicae) und den griechischen Concilien, unter denen die collectio canonum ecclesiae Hispanae die bedeutendste war, welche fälschlich später dem hl. Isidor von Sevilla († 636) zugeschrieben ward und wahrscheinlich mit den Bemühungen des dritten Concils von Toledo 589 zusammenhängt. Erzbischof Martin von Braga († 580) lieferte eine kurze Bearbeitung griechischer und spanischer Synoden, welche in 68 Kapiteln die Rechte des Clerus und die rein geistlichen Gegenstände, in 16 weiteren die Rechte der Laien und die weltlichen Gegenstände behandelt (capitula Martini).

d) In England und Irland entstanden erst im 7. und 8. Jahrhundert eigene Sammlungen, so die capitularia Theodori Cantuarensis († 690), eine große irische Canonensammlung, während die dem Erzbischof Egbert von York († 767) zugeschriebene Sammlung de jure sacerdotali aus dem fränkischen Reiche stammt; Egbert verfaßte dagegen einen kurzen Dialog über kirchliche Institutionen. Pönitentialbücher verfaßten Theodor von Canterbury, Beda u. a.

---

[1] Maaßen, Gesch. der Quellen I. S. 441 ff. Siehe überhaupt die 7, 2 angegebene Literatur, dann v. Scherer, Kirchenrecht S. 182 ff.

c) In Gallien und im fränkischen Reiche wurden die versio hispana und prisca, später auch die Dionyfische gebraucht; eine Sammlung aus dem Ende des 5. Jahrhunderts in 98 Titeln (nach dem Herausgeber Quesnelliana genannt) wurde viel gebraucht. Man verband die verschiedenen Quellen mit einheimischen Provinzialsynoden und päpstlichen Decretalen (autoritates), dazu kamen die capitula oder capitularia episcoporum, z. B. die Kapitel des hl. Bonifacius 745, die Regel Chrodegangs von Metz 760, durch Amalarius erweitert (*regula Aquisgranensis* 816), die Kapitel Theodulphs von Orleans 797, Pönitentialbücher von Columban, Cummean, Hrabanus Maurus, Halitgar von Cambray. Besonders aber wurde die vermehrte Dionyfische Sammlung, die Papst Hadrian I. 774 Karl dem Großen geschenkt hatte *(collectio Dionysio-Hadriana)*, als Codex Hadrianus auf der Synode in Aachen 802 recipirt und gebraucht. Die *collectio Acheriana* (nach d'Achery, dem Herausgeber, benannt) behandelte bereits im 8. Jahrhundert den Stoff systematisch in drei Büchern (de poenitentia, de accusationibus, de ordine).

II. Weltliches Recht:

Hier kommt in Betracht 1) das ostgotische Gesetz von Theodorich 500, 2) das Breviarium Visigothorum, von Alarich II. 506 veröffentlicht, auch nach dessen Minister Anianus benannt, 3) die burgundica lex, 4) **Marculphi monachi formularum libri II.** (650), 5) der Codex Justinians, besonders die epitome Juliani und die Novellen, 6) die capitularia regum Francorum (constitutiones, edicta), welche Abt Ansegisus 827 in vier Büchern zusammenstellte.

III. Als eine Fortsetzung der Capitularienfammlung des Ansegisus werden gewöhnlich bezeichnet die drei Bücher des **Benedictus Levita aus Mainz** (845), die aber aus den verschiedensten kirchlichen und weltlichen Quellen geschöpft sind, aus echten und unechten Stücken bestehen. Noch enger als diese dem Benedictus zugeschriebene Arbeit stehen mit Pseudo-Isidor in Verbindung die *capitula Angilramni*, die weder diesem (Angilram, Bischof von Metz, † 768) zugehören, noch, wie man glaubte, in Rom entstanden [1], sondern sicher fränkischen Ursprungs sind; sie sind handschriftlich meist mit der Pseudo-Isidoriana verbunden und vielleicht, sei es als Vorarbeit oder als Auszug aus dieser, von demselben Verfasser.

3. Dritte Periode von 800 bis zu Gratian (c. 1150).

114. Seit dem 9. Jahrhundert wurde die kirchliche Gesetzgebung noch um vieles vermehrt. Die Abnahme der Disciplin, das Auftauchen verschiedener Irrthümer riefen neue canones hervor. In diese Periode fällt das achte,

---

[1] Capitula Hadriani nach Gratian c. 6 C. VI. q. 1; c. 11 C. XXV. q. 1.

neunte und zehnte allgemeine Concil und das Wormser Concordat (1122). Die Zahl der Sammlungen wuchs immer mehr, die Behandlung ward syste= matischer, auch einzelne Materien wurden näher erörtert. Schon in früheren Sammlungen waren aus Mangel an Kritik manche unechte Bestandtheile aufgenommen worden, wie die canones Apostolorum, die epistola Cle= mentis ad Jacobum, die donatio Constantini, das constitutum S. Syl= vestri u. a. m. Außer den früheren Apokryphen enthält aber deren noch mehr die pseudoisidorische Sammlung.

I. Die pseudoisidorischen Decretalen[1].

Diese Sammlung kündigt sich in der Vorrede als die spanische unter dem Namen des Isidor Mercator[2] an (auch mercatus, peccator) und wurde in einer seltenern kürzern und in einer ausführlichern Form verbreitet. Sie enthält 1) 50 canones Apostolorum und 58 unechte Decretalbriefe, die den ältesten Päpsten von Clemens bis Melchiades († 314) zugeschrieben werden, den tractatus de primitiva ecclesia et Synodo Nicaena, die Schenkungs= urkunde Constantins u. a. 2) Der zweite Theil enthält zwei Stücke aus der spanischen und der alten gallischen Sammlung des 5. Jahrhunderts, die grie= chischen, afrikanischen, gallischen und spanischen Concilien, nach der vermehrten spanischen Sammlung, wie sie im fränkischen Reiche in Gebrauch war, mit nur wenigen Interpolationen. 3) Der dritte Theil enthält Decretalen von Sylvester († 335) bis Gregor II. († 731), worunter sich 35 unechte Decre= talen und mehrere erdichtete Synoden befinden.

Die Fälschung ist schon durch die Anachronismen schlagend erwiesen. Pseudo=Isidor nahm seinen Stoff aus den verschiedensten Quellen, aus den Geschichtswerken von Rufinus, Cassiodorus, Sozomenus und Theodoret, dem liber Pontificalis, aus dem römischen Rechte, aus Kirchenvätern, aus der Correspondenz des hl. Bonifacius, aus späteren echten Decretalen und Con= cilienbeschlüssen, die er in die älteste Zeit verlegte, u. s. w. Eine beträchtliche Anzahl der unechten Stücke war nachweisbar längst vor Pseudo=Isidor be= kannt; es finden sich Spuren, daß solche Decretalen auch in griechischen Hand= schriften verbreitet waren; die unechten Decretalen wurden nicht von einem Verfasser und nicht zur gleichen Zeit verfertigt. Auch von den Stücken, für die man kein älteres Exemplar aufweisen kann, ist es wahrscheinlich, daß sie vor Pseudo=Isidor vorhanden waren.

Nach Febronius' Vorgang hatten viele behauptet, es sei diese Sammlung ein römisches Machwerk, zur Erhebung der päpstlichen Gewalt in Rom gefertigt, was als gänzlich unhaltbar längst erwiesen ist. Die Sammlung ist weder

---

[1] Literatur siehe bei J. Card. Hergenröther, K.=G. 3. Aufl. Bd. 2. S. 16 ff.
[2] Wahrscheinlich durch ein Excerpt aus Marius Mercator entstanden. Dove's Zeitschr. für K.=R. 1866. S. 148 ff.

in Spanien, wo sich keine Handschrift davon findet, auch spätere Schriftsteller sie nicht kennen, noch in Rom gefertigt, sondern unzweifelhaft im fränkischen Reiche, vielleicht begonnen in Mainz, am wahrscheinlichsten wenigstens vollendet in der Kirchenprovinz Rheims [1] um die Mitte des 9. Jahrhunderts (um das Jahr 852). Alle Handschriften sind fränkischer Abkunft; fränkische Schriftsteller und Synoden benützten sie zuerst; die meisten Quellen sowie die Idiotismen und Gallicismen weisen auf das fränkische Reich hin; auch was der echten spanischen Sammlung entnommen ist, findet sich mit jenen Lesarten und Umänderungen, mit denen diese im fränkischen Reiche verbreitet war. Die Bestrebungen des Pseudo-Isidor stehen in Zusammenhang mit dem Zustande der fränkischen Kirche nach Karl dem Großen. Die Vulgata scheint nach Alcuins Recension benützt. Der oder die Urheber der Sammlung lassen sich nicht bestimmen. Es werden Ebbo von Rheims, Rothard von Soissons, Wenilo von Sens, Benedictus Levita, Otgar von Mainz u. a. genannt.

Was den Einfluß der Sammlung betrifft, so hat man ihn vielfach zu hoch angeschlagen [2]. Gewiß hätte sich ohne diese Sammlung die kirchliche Verfassung und Disciplin in voller Consequenz ebenso entwickelt, wie es geschah. Wäre die Compilation ihrem Inhalte nach nicht mit dem Bewußtsein der Zeit übereinstimmend gewesen, so hätte sie nicht ohne Widerspruch überall Aufnahme gefunden. Pseudo-Isidor vertritt nur die kirchenrechtlichen Grundsätze seiner Zeit, denen er allerdings durch den Schein des Alterthums neuen Glanz verleihen wollte. Es ist daher kein Grund, an dem Zwecke des Urhebers zu zweifeln, den er selbst angibt, die vernachlässigte kirchliche Disciplin (durch das Ansehen älterer Autoritäten) festzustellen, insbesondere die Rechte der Bischöfe gegen die weltliche Gewalt und die Metropoliten festzuhalten, die Befreiung des Clerus von dem drückenden Einfluß der Staatsgewalt; nur secundär erscheint dabei die Hervorhebung des Primates.

Der Einfluß der Sammlung auf die Praxis kann nur als ein äußerst geringer bezeichnet werden [3]. Denn Pseudo-Isidor nahm 1) nichts wesentliches Neues in seine Sammlung auf; 2) das unwesentliche Neue, das sich darin findet, ging entweder gar nicht oder wenigstens nicht durch Pseudo-Isidor ins Rechtsleben über.

Man hat als Nova angeführt: 1) jede Synode bedürfe der Genehmigung oder Bestätigung ihrer Beschlüsse durch den Papst, was auch Nicolaus I.

---

[1] Nach Wasserschleben wäre die kürzere Form in Mainz entstanden und in Rheims erweitert worden.

[2] Zorn, Lehrb. des Kirchenrechts. Stuttgart 1888. S. 97: „Es beginnt nunmehr eine Periode der Weltgeschichte, welche charakterisirt ist durch das systematische Bestreben der Kirche, nach Maßgabe der pseudoisidorischen Decretalen jeden weltlichen Einfluß auf kirchliche Dinge zu beseitigen, anderseits aber alle weltlichen Dinge unter ihren Einfluß zu bringen."

[3] Lämmer l. c. S. 20 f.

anführt; aber dafür brauchte er nicht auf Pseudo=Jsidor sich zu stützen, sondern nur auf Papst Gelasius u. a. Dieser Satz enthält das ganz richtige Princip, daß kein Concil Geltung hat, das der Papst nicht stillschweigend oder ausdrücklich genehmigt; es ist aber weder vor Pseudo=Jsidor noch nachher praktisch geworden, was hier aus Sokrates aufgenommen ward, daß ohne den Papst keine Synode gehalten werden dürfe (cf. c. 1 C. XXV. q. 1). 2) Daß die Fülle der Macht dem Papste zustehe, war ebenso früher schon ausgesprochen. 3) Daß die Bischöfe nur dienende Gehilfen des Papstes seien (Delegaten), widerspricht anderen Aeußerungen des Urhebers der Sammlung, der gerade den Episkopat als göttliche Einsetzung und die Rechte der Bischöfe besonders hervorhebt. 4) Daß immer und überall an den Papst appellirt werden dürfe, war sicher nichts Neues, und dafür konnte Nicolaus I. den echten Brief des Julius anführen. 5) Die Beschränkung des Wirkungskreises der Synoden auf die Voruntersuchung gegen Bischöfe entspricht dem alten Grundsatze, den Innocenz I. ausspricht, daß die causae majores vor den Apostolischen Stuhl zu bringen sind (cf. c. 11 C. II q. 6; c. 3 C. II q. 6). 6) Ebenso war es ein alter Rechtsgrundsatz, daß ein gewaltsam entsetzter Bischof vor der Verhandlung wieder in seine Stelle einzusetzen sei. 7) Daß kein Laie als Ankläger gegen einen Geistlichen auftreten dürfe, ist so wenig wie anderes praktisch durchgeführt worden. C. 2 C. XV q. 6, der sich auf Pseudo=Alexander in dieser Sammlung beruft, gehört erst dem 11. Jahrhundert (Nicolaus II.) an. Vor diesem Jahrhundert hatte die Sammlung in der römischen Kirche kein besonderes Ansehen[1].

II. Aus den übrigen zum Theil noch ungedruckten Sammlungen vom 9.—12. Jahrhundert seien besonders erwähnt:

1) Eine noch ungedruckte Sammlung, die zugleich eine *lex Romana canonice compta* (aus Justinians Codex und Novellen) enthält.

2) Die *collectio Anselmo dedicata* gegen Ende des 9. Jahrhunderts.

3) Die *libri duo de synodalibus causis et disciplinis ecclesiasticis* des Abtes Regino von Prüm (c. 905).

4) Das *magnum decretorum volumen* in 20 Büchern des Bischofs Burchard von Worms († 1025), das viele pseudoisidorische Stücke enthält.

5) Die noch ungedruckte *collectio Anselmi Lucensis* († 1086) in drei= zehn Büchern.

6) Desgleichen eine *collectio duodecim partium*, meist aus Burchard von Worms geschöpft.

7) Die *collectio canonum* des Cardinal Deusdedit (c. 1086), aus dem römischen Archiv, aber auch aus Pseudo=Jsidor geschöpft.

8) Das *decretale s. syntagma decretorum* des Bischofs Bonizo von Sutri (1089) in 10 Büchern.

---

[1] Vgl. J. Card. Hergenröther, K.=G. I. c. S. 17 f.

9) Des Jvo von Chartres († 1117) *decretum* in 17 Büchern und der *liber decretorum s. Panormia;* letzteres ein Auszug aus dem Decret, von Jvo ſelbſt oder von einem Späteren.

10) Die *collectio trium partium.*

11) Der ebenfalls noch ungedruckte *Polycarpus* des Cardinal Gregorius (um 1118).

12) Eine Sammlung in 15 Büchern nach der Handſchrift von Saragoſſa *(Caesar-Augustana)* genannt.

13) Der *liber de misericordia et de justitia* und der *liber sententiarum* des Algerus von Lüttich († 1128).

14) Eine andere Sammlung in 5 Büchern in Italien.

15) Die Sammlung des Abtes Abbo von Fleury († 1004).

16) Eine ſogen. *compilatio juris canonici* in 40 Kapiteln.

17) Das Breviar des Cardinal Atto (c. 1080).

18) Die ſogen. britiſche Sammlung aus dem 12. Jahrhundert.

19) Eine ſpaniſche Sammlung in 15 Büchern u. a.[1]

4. Vierte Periode von Gratian bis zum Concil von Trient 1545.

115. In dieſer Periode nahmen die Provincialconcilien ab, aber eine ſehr geordnete Rechtspflege bildete ſich aus. Dieſe Zeit wird charakteriſirt durch die abſoluten Ordinationen, die Pluralität der Beneficien, die Trennung der mensa episcopalis von den Capitelsgütern, die Vermehrung der Appellationen, Reſervationen, Exemtionen, Dispenſationen und Privilegien, durch die Einführung neuer religiöſer Genoſſenſchaften. Am wichtigſten aber iſt ſie durch die Entſtehung des canoniſchen Rechtsbuches. Der Einfluß der Rechtsſchule zu Bologna war damals ein ſehr bedeutender. Das Kirchenrecht ward als ſelbſtändige Wiſſenſchaft von den Canoniſten (opp. Legiſten) in ſcholaſtiſcher Methode behandelt. Es bildeten ſich aber auch einzelne Landrechte aus. Auch die Kämpfe zwiſchen Kaiſern und Päpſten, zwiſchen Welfen und Ghibellinen trugen zur Förderung der kirchenrechtlichen Studien bei. Dazu kamen innere kirchliche Fragen; die Synoden von Konſtanz und Baſel riefen neue Unterſuchungen hervor.

In dieſe Periode fallen das 11. bis 18. allgemeine Concil[2]; nicht öfumeniſch ſind die Concilien von Piſa (1409) und Baſel (1431—1437);

---

[1] Gratian benützte ſicher die hier genannten Sammlungen unter Nr. 2—7, 9—13. Vgl. Prolegomena zum decretum Gratiani, ed. Friedberg, Lipsiae 1879. p. XIII seq.

[2] Wenn dem V. Lateranconcil von den Gallicanern wegen der geringen Anzahl der Biſchöfe, wie ſpäter von den Proteſtanten dem Tridentinum, der Charakter der Oekumenicität abgeſprochen ward, ſo geſchah es, weil das Concil die pragmatiſche Sanction Frankreichs verwarf; nicht die Zahl der Biſchöfe, ſondern einzig die päpſtliche Beſtätigung iſt das Kriterium für die Oekumenicität eines Concils.

von dem Konstanzer Concil hat nur dasjenige Geltung, was vom Papste
bestätigt wurde. Die ältesten gedruckten römischen Kanzleiregeln sind
von Johann XXIII. (1410) und Martin V. (1418). Von particular=
rechtlichen Quellen gehören hierher das Deutsche Concordat mit Martin V.
(1418), die Frankfurter Concordate mit Eugen IV. (1446) und das Wiener
Concordat (1448).

Das canonische Rechtsbuch.

a. Das decretum Gratiani.

116. Gratian, aus der Congregation der Camaldulenser im Kloster
St. Felix und Nabor zu Bologna, wo er zuerst das jus canonicum als
Rechtswissenschaft vortrug, suchte die Widersprüche zwischen den einzelnen
Rechtsbestimmungen der verschiedenen Sammlungen auszugleichen durch sein
Werk, das concordia discordantium canonum, später corpus decretorum,
decreta, dann allgemein decretum Gratiani genannt ward. Hatten die
Früheren nur gesammelt, so wollte Gratian (durch seine dicta) in die ver=
schiedenen canones (capita) Einklang bringen [1]. So bilden seine Aussprüche
eine wissenschaftliche Abhandlung über das Kirchenrecht, wozu die canones
die Belegstellen sind. Aus der Benützung der verschiedenen bereits vorhan=
denen Sammlungen erklärt es sich, daß auch pseudoisidorianische Stücke mit
einflossen und die griechischen canones sich bald nach dieser, bald nach jener
Uebersetzung finden. Hat auch Gratians System manche Mängel, sind auch
seine Ansichten mitunter falsch, so war doch sein Werk eine für das Kirchen=
recht epochemachende Arbeit, die durch die Reichhaltigkeit der Materien und
praktischen Geist sich empfahl, durch Nachbildung des weltlichen Rechtes auch
die Juristen gewann. Originell im Geiste der Philosophie des Mittelalters,
ward das „goldene Decret des Herrn und Magister Gratian" als eine für
die geistlichen Gerichte wie die Schule, für Kanzel und Beichtstuhl vorzüglich
nützliche Arbeit bezeichnet. Die Abfassung des Decretes fällt zwischen 1140
bis 1151 [2].

Das Werk zerfällt in drei Theile (de personis, de rebus, de actio-
nibus oder ministeria, negotia, sacramenta). Der erste Theil, später in
101 distinctiones getheilt, deren jede mehrere canones enthält, handelt von
den Rechtsquellen (D. 1—20 tractatus decretalium), vom Clerus, der
Hierarchie und Ordination (D. 21—59 tractatus ordinandorum), von der

---

[1] Cf. Dict. p. c. 24 D. L.: „Quomodo igitur hujusmodi auctoritatum disso-
nantia ad concordiam revocari valeat, breviter inspiciamus."

[2] Die Abfassung des Decrets nach 1139 ist zweifellos, da Gratian das in diesem
Jahre abgehaltene II. Lateranconcil und Decretalen Innocenz' II. benützte. Vgl.
E. Friedberg in Dove's Zeitschrift für K.=R. 1882. S. 397 ff.

Wahl, Conſecration und rechtlichen Stellung der Prälaten (D. 60—90), von
der Gewalt der Legaten, Primaten (D. 91—101), wobei vieles andere damit
verbunden iſt, D. 96 z. B. von dem Verhältniß der weltlichen Gewalt zur
kirchlichen. Der zweite Theil enthält 36 Rechtsfälle (causae), zu denen ver-
ſchiedene Fragen (quaestiones) aufgeſtellt und dieſe durch die canones beantwortet werden. Sie betreffen die richterliche Gewalt und das Strafrecht,
insbeſondere das Vermögensrecht (C. 10—14), Regularenrecht (C. 16—20),
Eherecht (tractatus conjugii C. 27—36). Der tractatus de poenitentia in
ſieben Diſtinctionen wurde als quaestio 3 in die Causa 33 eingeſchoben.
Der dritte Theil (liber de sacramentis) in fünf Diſtinctionen (handſchriftlich
auch Causa 37) handelt von der Liturgie, den Sacramenten und Sacramentalien [1]. Die Eintheilung des erſten und dritten Theiles rührt von
Gratians Schüler Paucapalea her, von dem auch die ſpäteren Zuſätze,
die mit palea bezeichnet ſind, theils herſtammen, theils doch den Namen
haben [2].

Bis zum 16. Jahrhundert wurden die canones des Decretes (wie die
capita der Decretalenſammlungen) mit den Anfangsworten citirt, ſpäter mit
der Zahl und den Anfangsworten oder der Zahl allein und die Diſtinctionen
mit D., die causae mit C., die quaestiones mit q. mit Hinzufügung der
Zahl, z. B. beim erſten Theile can. nulli fas est D. XIX oder c. 5 d. 19;
beim zweiten Theile c. Clericus C. XI q. 3 oder c. 30 C. XI q. III;
c. clericus 3 C. 11 q. 3 oder c. 30 XI 3, auch Cs. XI q. 3 c. 30. Bei
dem tractatus de poenitentia (C. 33 q. 3) wird der canon und die distinctio wie bei pars I citirt mit dem Zuſatze de poenitentia, z. B. c. mul-
tiplex D. I de poenit. oder c. 49 d. I de poenit. Beim dritten Theil
mit dem Zuſatze de consecratione, z. B. can. omnes fideles D. 5 de
consecr. oder c. 1 de consecr. D. V.

Das Decret Gratians verdrängte nicht bloß die früheren Sammlungen,
ſondern es konnten auch andere Sammlungen und Verſuche, es umzugeſtalten,
gegen daſſelbe nicht aufkommen, wie die abbreviatio decreti von Omnibonus, ſpäter Biſchof von Verona (1157—1185), der Codex compilationis
von Cardinal Laborans († 1189) u. a.

Das Decret wurde in den Schulen wie von Gratian, ſo auch von ſeinen
Schülern (magistri decretorum, decretistae) erklärt und ſchriftlich erläutert.
Im Vortrag gab man die Ueberſicht über einen Abſchnitt (summa), las den
Text (litera), gab einen Rechtsfall, glich die ſcheinbaren Widerſprüche aus

---

[1] Von den Abſchreibern des Decrets wurde dieſes in vier Theile getheilt:
1) Pars I; 2) Pars II, Causa 1—12; 3) Causa 13—26; 4) Causa 27—36 und
Pars III.

[2] Nach anderen von πάλιν, πάλαια oder post alia, palea (Spreu), wie Huguccio
(zu c. 51 C. XXVII. q. 2) ſagt: „palea utilior grano" (Schulte a. a. O. S. 11).

und gab am Schluß einen kurzen Rechtsspruch (regula canonica, regula juris, auch brocardicon, brocardon, von Burchard von Worms so benannt). Wie das römische Recht durch Glossen (Interlinear=, dann Marginal=Glossen) erläutert ward, so wurde auch das decretum mit Glossen versehen, die sich allmählich zu ausführlichen Erklärungen des ganzen Textes, zu Commentaren (apparatus) erweiterten; außerdem gab es summae, casus, repetitiones (nähere Erklärungen besonders schwieriger Materien), distinctiones, allegationes u. s. w.

Berühmt wurden als Decretisten Paucapalea, Omnibonus († 1185 als Bischof von Verona), Roland Bandinelli (Alexander III.) Rufinus, Stephan von Tournay, Johannes Faventinus, Sicardus, Huguccio (Hugo) von Pisa, der Cardinal Gratian u. a. Der Apparat des Johannes Semeca (Zemeke), genannt Johannes Teutonicus, der c. 1240 als Propst von Halberstadt starb, wurde revidirt von Bartholomäus von Brescia als Glossa ordinaria aufgenommen.

b. Die päpstlichen Decretalensammlungen.

a. Die Decretalen Gregors IX.

117. Von den nach Gratians Sammlung erlassenen päpstlichen Decretalen (Extravagantes), wie von denen Innocenz' III. (pater juris) wurden 17 Collectionen veranstaltet, von denen fünf (jetzt compilationes antiquae genannt) in den Schulen recipirt wurden: 1) das breviarium Extravagantium des Bernhard von Pavia, das Decretalen bis auf Clemens III. († 1191) enthält und in fünf Bücher getheilt war, welcher Eintheilung ebenso die späteren Decretalensammlungen folgten; 2) als compilatio secunda wird die des Johannes von Wales (Galensis) bezeichnet, obwohl 3) die tertia des Petrus von Benevent (1210) älter ist, die von Innocenz III. publicirt ward und so als die erste authentische Decretalensammlung erscheint; 4) die quarta von unbekanntem Verfasser enthält außer dem IV. Lateranconcil weitere Decretalen von Innocenz III.; 5) die quinta (auch Honoriana) ward auf Veranstaltung des Papstes Honorius 1226 gefertigt und an die Universitäten Bologna und Padua gesandt. Diese compilationes erhielten auch Glossen, die erste von Alanus, die erste und dritte von Laurentius Hispanus und Vincentius Hispanus; diese benützte Tancred († c. 1230) in seinem Apparate zu den drei ersten Compilationen, die vierte glossirte Johannes Teutonicus, die fünfte Jakob de Albenga.

118. Gregor IX. ließ durch seinen Pönitentiar Raymund von Pennaforte, später General des Dominicanerordens, der auch eine summa de poenitentia und summa de matrimonio schrieb, 1230—1234 aus den fünf genannten compilationes und seinen eigenen Decretalen wie einigen Extravaganten von Innocenz III. eine neue Sammlung fertigen, die vom

Papste 1234 mit der Bulle Rex pacificus durch Zusendung an die Universitäten Bologna und Paris publicirt wurde mit der Weisung: „Volentes igitur, ut hac tantum compilatione universi utantur in judiciis et in scholis, districtius prohibemus, ne quis praesumat aliam facere absque auctoritate Sedis Apostolicae speciali." Das Werk, das in fünf Büchern 185 Titel enthält, die in Kapitel zerfallen, hieß liber extravagantium oder libri extra (sc. decretum), codex Gregorianus, Decretales, auch Pentateuch, und wurde wie das Decret in den Schulen von den Decretalisten erklärt und erhielt ebenso Glossen, Apparate und Summen, wie z. B. von Vincentius Hispanus († 1240), Sinnibaldus Fliscus (canonistarum dominus, nachher Papst Innocenz IV., † 1254), Bernhard de Botone (Parmensis, † c. 1266), dessen Apparat die glossa ordinaria wurde, Heinrich von Susa (Hostiensis, † 1272), dessen Werk summa aurea genannt ward, Nicolaus de Tudeschis (Abbas Panormitanus, † 1443) u. a.

Raymund hatte die Anfangsworte des Originals, auch wenn er die Decretale unter mehrere Titel vertheilte[1], meist beibehalten und zeigte das Weggelassene durch et infra an. Oft fängt aber auch das Kapitel an mit praeterea, secundo, insuper, tertio, postremo, de cetero, wie es schon in den früheren Compilationen vorkam. Er nahm nur soviel auf, als ihm erforderlich schien, um eine kurze Entscheidung zu geben, die dem Richter als Norm dienen konnte, ließ die Parteierzählung, die series facti (p. d. = partes decisae) hinweg und schloß alles aus, was durch spätere Constitutionen aufgehoben und was nicht mehr anwendbar war.

Man citirte früher nur die Anfangsworte des Kapitels und die Titelrubrik, jetzt meist die Zahl des Kapitels und Titelrubrik und fügt die Zahl des Buches und Titels bei. Die übliche Bezeichnung der Decretalen Gregors mit X oder x (extra) kann auch wegbleiben, da die übrigen Sammlungen ihre eigene Bezeichnung haben. Man citirt also z. B. cap. venerabili X de censib. oder cap. 14 x de vit. et hon. cler. 3, 1. c. 12 tit. 11 ë de temp. ord. (l. I). c. 5 § 2 (Ut lite non contest.) II. 6. c. 13 Novit x de judic. (II. 1); c. 13 qui filii sint legit. 4. 17; Greg. c. 31 de sent. excomm. V. 39; c. 31 x V. 39; c. 24 Greg. III. 39. Bei manchen Titeln wird das rubrum oft nur mit den Anfangsbuchstaben bezeichnet, so de J. J. R. (I. 41), de S. E. (V. 39), de V. S. (V. 40), de R. J. (V. 41), de N. O. X. (V. 32). de M. et O. (I. 33).

---

[1] So ist die Decretale Pastoralis vertheilt unter die Titel de rescriptis (c. 14. I. 3), de offic. et pot. jud. deleg. (c. 28. I. 29), de off. jud. ordin. (c. 11. I. 31), de sacram. non iterand. (c. 1. I. 16), de appell. (c. 53. II. 28), de jure patron. (c. 29. III. 38), de privileg. (c. 19. V. 33), de his quae fiunt a prael. (c. 9. III. 10), de decim. (c. 28. III. 30), de donat. (c. 7. III. 24), de fide instrum. (c. 8. II. 22), de except. (c. 4. II. 25), de judic. (c. 14. II. 1).

3. Der liber Sextus.

119. An die Decretales Gregorii IX. schlossen sich bald drei weitere kleine Sammlungen an: 1) von Innocenz IV. mit den Beschlüssen des I. Concils von Lyon und anderen Decretalen dieses Papstes, 2) von Gregor X. mit den Beschlüssen des II. Concils von Lyon, 3) einige Decretalen von Nicolaus III. (1277—1280). In einigen Handschriften wurden solche Extravaganten an der treffenden Stelle in die Gregorianische Sammlung eingerückt. Bonifaz VIII. ließ nun durch Wilhelm de Mandagoto, Berengar Fredoli und Richard de Senis eine neue Sammlung verfertigen, welcher der Florentiner Legist Dinus Mugelanus 86 Rechtsregeln beifügte, und publicirte sie 1298 in gleicher Weise als authentischen Codex mit der Bulle „Sacrosanctae", indem er zugleich verbot, in der Schule und in den Gerichten eine Decretale aus der Zeit von 1234—1294, die weder hier recipirt noch reservirt sei, als Quelle des gemeinen Rechtes zu benützen.

Auch der liber sextus (so genannt als Anhang zur Gregorianischen Sammlung oder von der Zahl 6 als Bild der Vollkommenheit — Vollendung der Gregoriana) wurde ebenso glossirt, so von Johannes Monachus († 1313), Guido de Baysio (Archidiaconus, † 1313), Johannes Andreä († 1348, glossa ordinaria), der Rabbi doctorum, fons et tuba juris genannt wurde. An sie schlossen sich an die Commentare von Dominicus de Geminiano c. 1410, Petrus de Anchorano († 1416), Ludwig Gomez († 1553) u. a.

Citirt wird wie bei den Decretalen Gregors, nur mit dem Zusatz Sexti oder in Sexto; z. B. c. qui per ambitiosam de rescript. in VI^to; cap. Licet Romanus 1 d. constit. in 6to (I. 2); Sexti c. 3 de V. S. (V. 12); c. 15 Sext. I. 3; c. un. in VI. 1. 17; c. un. I. 17 in 6.

γ. Die Clementinae.

120. Spätere Constitutionen Bonifacius' VIII. wie seines Nachfolgers Benedikts XI. hießen constitutiones extravagantium libri sexti und wurden bereits auch glossirt von Johannes Monachus. Clemens V. ließ nun die Beschlüsse des Concils von Vienne sowie seine Decretalen nach den bekannten Rubriken sammeln (Clementinae sc. constitutiones), publicirte sie am 21. März 1314 im Consistorium zu Monteaur bei Carpentras und sandte sie an die Universitäten Paris und Orleans. Am 20. April desselben Jahres starb Clemens V. und es unterblieb so jede weitere Versendung. Da nun Zweifel an ihrer Giltigkeit entstanden, wurde die Sammlung unverändert von Johannes XXII. mit der Bulle Quoniam nulla juris sanctio 1317 aufs neue publicirt. Während man früher die Sammlung auf 1313 setzte und nach einem Gerüchte („ut fertur"), das Johannes Andreä mittheilt, annahm, sie sei von Clemens V. wieder zurückgezogen und erst von Johannes XXII. in verbesserter Gestalt publicirt worden, steht nun fest, daß

Clemens V. ſie nicht am 21. März 1313, ſondern erſt am 21. März 1314 publicirte und bereits an die zwei genannten Univerſitäten ſchickte. Dies bezeugt Konrad von Halberſtadt ausdrücklich; andere Zeugen ſagen, daß Clemens V. 30 Tage nach deren Publication geſtorben ſei; nun ſtarb er am 20. April 1314; wenn dieſelben Zeugen dennoch die Publication auf 1313 ſetzen, ſo erklärt ſich dies daraus, daß ſie ſich der Florentiniſchen Zeit-rechnung bedienten, nach welcher das Jahr am 25. März begann. Ptolemäus Lucenſis führt Decretalen als 1314 publicirt an, die in den Clementinen ſtehen, darunter eine vom Tode Heinrichs VII. († 23. Aug. 1313) handelnde. Friedberg in ſeinen Prolegomena zu den Decretalenſammlungen weiſt ferner nach, daß Johannes XXII. ſie in unveränderter Geſtalt abermals verſandte; was Johannes Andreä als durch dieſen Papſt weggelaſſen bezeichnet, findet ſich in mehreren Handſchriften, die offenbar die Clementinen enthalten, wie ſie Johannes XXII. publicirte[1].

Die Clementinae ſind ebenſo eingetheilt, wie die früheren päpſtlichen Decretalenſammlungen; ſie wurden mehrfach als liber septimus bezeichnet. Glossa ordinaria dazu ward die des Johannes Andreä, verbeſſert durch die lectura super Clementinis von Franziskus de Zabarellis († 1417).

Bei der Citation fügt man in Clementinis hinzu; z. B. cap. cum concessa de elect. in Clement. oder Clem. c. 1. de poenis et remiss.; Clem. (sc. Clementina constitutio) 2. II. 12; c. 8 Clem. I. 3; c. un. de homicid. V. 4 in Clem.

c. Die Extravagantenſammlungen.

α. Die Extravaganten Johannes' XXII.

121. Die Clementinen ſchloſſen nicht, wie der liber sextus, andere Extravaganten von der Zeit Bonifaz' VIII. an aus; die zahlreichen Con-ſtitutionen Johannes' XXII. und ſeiner Nachfolger wurden nun einzeln ge-braucht, auch den Clementinen angefügt. Drei Decretalen Johannes' XXII. wurden von Wilhelm de Monte Lauduno (1317) und 17 andere von Zen-zelinus da Caſſanis gloſſirt. Dieſe 20 Extravaganten nahm im Jahre 1500 Johann Chappuis in ſeine Pariſer Ausgabe des corpus juris canonici auf und theilte ſie in 14 Titel ein.

Man citirt hier z. B. Extravag. Joh. ep. quia nonnunquam de verb. signif. oder xtr. Joa. c. 2 de V. S. (tit. 14); c. 1 de elect. Xvag. Joh. (t. 1); c. 2 xvag. Joh. 14.

β. Extravagantes communes.

Desgleichen nahm Johann Chappuis 70 Decretalen aus der Zeit von Bonifaz VIII. bis Sixtus IV. auf in 5 Büchern, nur fehlten neuere Con-

---

[1] *Friedberg*, Corp. jur. can. P. II. Decretalium collect. Lipsiae 1881. Proleg. p. LVII seq.

ftitutionen über das Eherecht („liber quartus vacat"). Im Gegensatz zu den Extravaganten Johannes' XXII. wurden sie Extravagantes communes genannt, wohl wegen ihres gewöhnlichen Gebrauches und regelmäßigen Vorkommens in den Ausgaben.

Man citirt wie bei den früheren Sammlungen, z. B. Extravag. comm. cp. execrabilis de praeb. oder c. 4 de praeb. (III. 2) in Xvag. comm.; E. C. c. etsi deceat 3 de M. et O. I. 8; xtr. co. c. 3 de maj. et ob. 1. 8; c. 3 xvag. c. I. 8; c. 3 de M. et O. in E. C. (I. 8).

Da den Candidaten der Theologie das corpus juris canonici gewöhnlich nicht zur Hand ist, sie aber doch mit demselben sich einigermaßen bekannt machen sollen, um leicht nachschlagen zu können, auch die älteren Werke über das Kirchenrecht meist der Eintheilung der Decretalen folgen, erscheint es nicht überflüssig, die Titelrubriken der Decretalensammlungen hier folgen zu lassen.

Rubricae Decretalium Gregorii IX.	In Sexto.	In Clementinis.	In Extravag. Joann. XXII.	In Extravag. communib.
Liber I.	Lib. I.	Lib. I.	Tit.	Lib. I.
Tit. 1. De summa Trinitate et fide catholica .	Tit. 1.	Tit. 1.	—	—
2. De constitutionibus .	2	—	—	—
3. De rescriptis .	3	2	—	1
4. De consuetudine	4	—	—	—
5. De postulatione Praelatorum .	5	—	—	2
6. De electione et electi potestate	6	3	1	3
7. De translatione Episcopi .	—	—	—	—
8. De auctoritate et usu pallii .	—	—	—	4
9. De renuntiatione	7	4	—	—
10. De supplenda negligentia Praelatorum . . .	8	5	—	—
11. De temporibus ordinationum et qualitate ordinandorum	9		—	—
12. De scrutinio in ordine faciendo	—	—	—	—
13. De ordinatis ab Episcopo, qui resignavit Episcopatui	—	—	—	—
14. De aetate et qualitate et ordine praeficiendorum	10	6	—	—
15. De sacra unctione	—	—	—	—
16. De sacramentis non iterandis	—	—	—	—
17. De filiis presbyterorum ordinandis vel non . .	11	—	—	—
18. De servis non ordinandis et eorum manumissione	—	—	—	—
19. De obligatis ad ratiocinia ordinandis vel non .	—	—	—	—
20. De corpore vitiatis ordinandis vel non . . .	12	—	—	—
21. De bigamis non ordinandis	—	—	—	—
22. De clericis peregrinis	—	—	—	—
23. De officio Archidiaconi	—	—	—	—
24. De officio Archipresbyteri	—	—	—	—
25. De officio Primicerii	—	—	—	—

Decretales Gregorii IX.	In Sexto.	In Clementinis.	In Extravag. Joann. XXII.	In Extravag. communib.
(Liber I.)	Lib. I.	Lib. I.	Tit.	Lib. I.
26. De officio Sacristae	—	—	—	—
27. De officio Custodis	—	—	—	5
28. De officio Vicarii	13	7	—	—
29. De officio et potestate judicis delegati	14	8	—	6
30. De officio Legati	15	—	—	—
31. De officio judicis ordinarii	16	9	—	7
32. De officio judicis	—	—	—	—
33. De majoritate et obedieutia	17	—	2	8
34. De treuga et pace	—	—	—	9
35. De pactis	18	—	—	—
36. De transactionibus	—	—	—	—
37. De postulando	—	—	—	—
38. De procuratoribus	19	10	—	—
39. De Syndico	—	—	—	—
40. De iis, quae vi metusve causa fiunt	20	—	—	—
41. De in integrum restitutione	21	11	—	—
42. De alienatione judicii mutandi causa facta	22	—	—	—
43. De arbitris	—	—	—	—

Liber II.

	Lib. II.	Lib. II.		Lib. II.
Tit. 1. De judiciis	1	1	—	1
2. De foro competenti	2	2	—	—
3. De libelli oblatione	—	—	—	—
4. De mutuis petitionibus	—	—	—	—
5. De litis contestatione	3	—	—	—
6. Ut lite non contestata non procedatur ad testium receptionem	—	—	—	—
7. De juramento calumniae	4	—	—	—
8. De dilationibus	—	—	—	2
9. De feriis	—	—	—	—
10. De ordine cognitionum	—	—	—	—
11. De plus-petitionibus	—	—	—	—
12. De causa possessionis et proprietatis	—	3	—	—
13. De restitutione spoliatorum	5	—	—	—
14. De dolo et contumacia	6	4	—	3
15. De eo, qui mittitur in possessionem causa rei servandae	7	—	—	—
16. Ut lite pendente nihil innovetur	8	5	—	—
17. De sequestratione possessionis et fructuum	—	6	—	—
18. De confessis	9	—	—	—
19. De probationibus	—	7	—	—
20. De testibus et attestationibus	10	8	—	—
21. De testibus cogendis vel non	—	—	—	—

Decretales Gregorii IX.	In Sexto.	In Clementinis.	In Extravag. Joann. XXII.	In Extravag. communib.
(Liber II.)	Lib. II.	Lib. II.	Tit.	Lib. II.
22. De fide instrumentorum	—	—	—	—
23. De praesumptionibus	—	—	—	—
24. De jurejurando	11	9	—	—
25. De exceptionibus	12	10	—	—
26. De praescriptionibus	13	--	—	—
27. De sententia et re judicata	14	11	—	—
28. De appellationibus, recusationibus et relationibus	15	12	—	—
29. De clericis peregrinantibus	--	—	—	—
30. De confirmatione utili vel inutili	—	—	—	—

Liber III.

	Lib. III.	Lib. III.		Lib. III.
Tit. 1. De vita et honestate clericorum	1	1	—	1
2. De cohibitatione clericorum et mulierum . . .	—	—	—	
3. De clericis conjugatis	2	—	—	—
4. De clericis non residentibus in ecclesia vel praebenda	3	—	—	—
5. De praebendis et dignitatibus . . .	4	2	3	2
6. De clerico aegrotante vel debilitato . .	5	—	—	—
7. De institutionibus	6	—	—	—
8. De concessione praebendae et ecclesiae non vacantis	7	3	4	—
9. Ne sede vacante aliquid innovetur	—	—	5	3
10. De iis, quae fiunt a praelatis sine consensu capituli	8	—	—	—
11. De iis, quae fiunt a majori parte capituli . .	—	—	—	
12. Ut ecclesiastica beneficia sine diminutione conferantur	—	—	—	—
13. De rebus ecclesiae alienandis vel non	9	4	—	4
14. De precariis	—	—	—	—
15. De commodato	—	—	—	—
16. De deposito	—	—	—	—
17. De emptione et venditione	—	—	—	5
18. De locato et conducto	—	—	—	—
19. De rerum permutatione	10	5	—	—
20. De feudis	—	—	--	—
21. De pignoribus et aliis cautionibus	—	—		—
22. De fidejussoribus	—	—		—
23. De solutionibus	—	—	—	—
24. De donationibus	—	—	—	—
25. De peculio clericorum	—	—	—	—
26. De testamentis et ultimis voluntatibus . . .	11	6	—	—
27. De successionibus ab intestato	—	—	—	—
28. De sepulturis	12	7	—	6

Decretales Gregorii IX.	In Sexto.	In Clementinis.	In Extravag. Joann. XXII.	In Extravag. communib.
(Liber IV.)	Lib. IV.	Lib. IV.	Tit.	Lib. IV.
13. De eo, qui cognovit consanguineam uxoris suae vel sponsae	—	—	—	—
14. De consanguinitate et affinitate	—	1	—	—
15. De frigidis et maleficiatis et impotentia coëundi	—	—	—	—
16. De matrimonio contracto contra interdictum ecclesiae	—	—	—	.
17. Qui filii sint legitimi	—	—	—	—
18. Qui matrimonium accusare possunt vel contra illud testificari	—	—	—	—
19. De divortiis	—	—	—	—
20. De donationibus inter virum et uxorem et de dote post divortium restituenda	—	—	—	—
21. De secundis nuptiis	--	—	--	—
Liber V.	Lib. V.	Lib. V.		Lib. V.
Tit. 1. De accusationibus, inquisitionibus et denuntiationibus.	1	—	—	—
2. De calumniatoribus	—	—	—	—
3. De simonia et ne aliquid pro spiritualibus exigatur vel promittatur.	—	—	—	1
4. Ne Praelati vices suas vel ecclesias sub annuo censu concedant	—	—	—	—
5. De magistris et ne aliquid exigatur pro licentia docendi	—	1	—	—
6. De Judaeis, Saracenis et eorum servis . . .	—	2	8	2
7. De haereticis	2	3	—	3
8. De schismaticis et ordinatis ab eis	3	—	—	4
9. De apostatis et reiterantibus baptisma . . .	—	—	—	—
10. De iis, qui filios occiderunt	—	—	—	—
11. De infantibus et languidis expositis	—	—	—	—
12. De homicidio voluntario vel casuali .	4	4	—	—
13. De torneamentis	—	—	9	—
14. De clericis pugnantibus in duello . . .	—	—	—	—
15. De sagittariis	—	—	—	—
16. De adulteriis et stupro	—	—	—	--
17. De raptoribus, incendiariis et violatoribus ecclesiarum	—	—	—	—
18. De furtis	—	—	--	5
19. De usuris	5	5	—	—
20. De crimine falsi	—	—	10	6
21. De sortilegiis	—	—	—	—
22. De collusione detegenda	—	—	—	—
23. De delictis puerorum	—	—	—	—

Decretales Gregorii IX.	In Sexto.	In Clementinis.	In Extravag. Joann. XXII.	In Extravag. communib.
(Liber V.)	Lib. V.	Lib. V.	Tit.	Lib. V.
24. De clerico venatore	—	—		—
25. De clerico percussore	—	—	—	—
26. De maledicis.	—	—	—	—
27. De clerico excommunicato, deposito vel interdicto ministrante	—	—		
28. De clerico non ordinato ministrante	—	—	—	—
29. De clerico per saltum promoto . . .	—	—	—	—
30. De eo, qui furtive ordinem suscepit . . .	—	—	—	—
31. De excessibus Praelatorum et subditorum .	6	6	—	—
32. De novi operis nuntiatione.	—	—	—	—
33. De privilegiis et excessibus privilegiatorum . .	7	7	11	7
34. De purgatione canonica	—	—	—	—
35 De purgatione vulgari . . .	—	—	—	—
36. De injuriis et damno dato .	8	—	—	—
37. De poenis.	9	8	12	8
38. De poenitentiis et remissionibus	10	9	—	9
39. De sententia excommunicationis, suspensionis et interdicti	11	10	13	10
40. De verborum significatione	12	11	14	—
41. De regulis juris	13	—	—	—

d. Anhänge zum corpus juris canonici.

122. Dem corpus juris canonici ſind mehrere Beigaben und Anhänge einverleibt, ſo Ueberſichten des Inhalts des Decrets (decretum abbreviatum in Proſa und in Verſen), der Decretalentitel, alphabetiſche Indices der Kapitelanfänge, der arbor consanguinitatis und affinitatis mit dem Commentar des Johannes Andreä, 47 canones poenitentiales, die canones Apostolorum, dann die *institutiones juris canonici* von Paulus Lancelottus aus Perugia und der *liber septimus* des Matthäus aus Lyon. Inſofern kann man wie im corpus juris civilis Inſtitutionen, dann Digeſten (decretum Gratiani), Codex (die drei päpſtlichen Decretalenſammlungen) und Novellen (Extravaganten) unterſcheiden [1].

---

[1] An die Gloſſatoren ſchließen ſich zahlreiche Commentatoren an; auch wurde beſonders das Eherecht, wie von Bernard von Pavia, der auch eine summa de electione verfaßte, von Tancred, das Bußweſen, wie von Johann von Freiburg (summa confessorum), die summa de casibus Astesana von einem unbekannten Franziskaner, und der Proceß, wie von Tancred, Aegidius Fuscararius, Garſias Hiſpanus, das speculum judiciale des Wilhelm Durantis, Johann de Deo (liber cavillationum de cautela advocatorum), u. a. behandelt.

e. Ausgaben des corpus juris canonici.

123. Das corpus juris canonici wurde anfangs mit den Glossen in drei Theilen durch Schrift und Druck verbreitet: 1) decretum, 2) Gregoriana, 3) liber sextus, Clementinae und Extravagantes. Seit Mitte des 16. Jahrhunderts wurde das Ganze meist mit Weglassung der Glossen in einem Bande vereinigt [1].

Um die Textkritik erwarben sich besonders Verdienste Anton Demochares (Paris 1547), Karl Demoulin (Molinäus, Lyon 1554), der die einzelnen Kapitel mit Zahlen versah, und Anton Le Conte (Contius, Paris 1556), welcher in seiner Antwerpener Ausgabe (1569—1571) die partes decisae mit aufnahm.

Die unter Pius V. eingesetzte Commission von Cardinälen und Gelehrten (correctores Romani) vollendete ihre Aufgabe 1580 und i. J. 1582 erschien die verbesserte Ausgabe, deren Text Gregor XIII. durch ein beigefügtes Breve für unveränderlich erklärte. Weitere Ausgaben besorgten namentlich die Gebrüder Pithou (Paris 1687. Leipzig 1695), Böhmer (Halle 1747), der gleich L. Richter (Leipzig 1833. 1839) die partes decisae aufnahm. Die neueste Ausgabe von E. Friedberg schließt sich bei den Decretalen an den römischen Legaltext an, gibt aber auch den Wortlaut der ursprünglichen Decretale.

5. Fünfte Periode vom Concil von Trient bis zur Gegenwart.

124. Für das neueste Kirchenrecht bildet die Hauptgrundlage das *Concilium Tridentinum.* Dieses wurde von Paul III. (1534—1549) berufen und dauerte mit mehrfacher und langer Unterbrechung bis 1563, so daß sich drei Perioden desselben unterscheiden lassen: 1) 1545—1547; 2) 1551—1552; 3) 1562—1563. Von den 25 Sitzungen kommen nur 13 in Betracht, da die übrigen 12 sich auf die Versammlung als solche, ihre Verlegung u. s. w. beziehen. Das Concil hat 30 der älteren canones und Decretalen ausdrücklich erneuert, damit aber keineswegs den übrigen ihre Rechtskraft entzogen, soweit es eben nicht ausdrücklich ihnen derogirt. Die allgemeine Verbindlichkeit des Tridentinums begann mit dem 26. Januar 1564 mit der päpstlichen Bestätigung. Pius IV. verbot, daß irgend jemand ohne besondere Autorität des päpstlichen Stuhles das Concil zum Gegenstand von

---

[1] Von einem corpus juris canonici clausum kann nur insofern die Rede sein, als thatsächlich mit den Clementinen die authentischen Gesetzbücher ihren Abschluß fanden. Wenn die Basler Synode s. XXIII c. 6 von den reservationes in corpore juris clausae spricht, so bezeichnete sie damit nur die im corpus juris canonici enthaltenen Reservationen.

Gloſſen und Commentaren mache [1], vielmehr ſolle man in allen zweifelhaften Fällen ſich nach Rom wenden. Die authentiſche Interpretation der Disciplinardecrete des Concils ward der *S. Congregatio Concilii Tridentini* (130, III.) übertragen.

Das *Concilium Vaticanum* (1869—1870) erließ nur die zwei Conſtitutionen de fide catholica und de ecclesia Christi. Die Disciplinarfragen [2] harren noch ihrer Entſcheidung.

Für das **Particularrecht** ſind eine Hauptquelle die neueren Concordate (66—69. 84. 85). **Provinzialſynoden** fanden im 17. und 18. Jahrhundert ſelten ſtatt; in neueſter Zeit ſind ſolche beſonders in Amerika, auch in Frankreich und Italien u. ſ. w., in Deutſchland zu Köln 1860 gehalten worden. Dagegen fanden ſeit 1848 mehrmals in Deutſchland **Biſchofsverſammlungen** [3] ſtatt.

Für Deutſchland kommen auch in Betracht der weſtfäliſche Friede (99) und die neueren Staatsgeſetze (100, 86 N. 1), ſoweit ſie die kirchlichen Verhältniſſe berühren.

---

[1] Die darauf geſetzten Strafen ſind weggefallen. Während Gallemarts († 1625) und Barboſa's († 1649) Editionen und Remiſſionen auf den Index kamen, wird gegenwärtig die Ausgabe Richters mit Auszügen aus den Reſolutionen der Congreg. Concilii auch in Rom gebraucht (Canones et decreta Conc. Trid. ex edit. Rom. Lipsiae 1853).

[2] Schneemann, Die Canones und Beſchlüſſe des Vatican. Concils 187.. Vgl. Martin, Die Arbeiten des Vatican. Concils. Paderborn 1873; omnium concilii Vaticani documentorum collectio 1873.

[3] Siehe Art. „Biſchofsverſammlungen" im Freib. Kirchenlexikon, 2. Aufl. Bd. 2 S. 873 ff.

Dritter Abschnitt.
Geltung und Anwendbarkeit der Quellen.

1. Das corpus juris canonici.

a. Das decretum Gratiani.

125. Alle früheren Sammlungen vor Gratian haben nur noch histori=
schen Werth. Für das decretum Gratiani gilt als Regel: die Rechts=
normen (canones) desselben haben keine weitere Autorität, als ihnen *ex fonte*
zusteht, d. h. die Conciliencanones haben als solche, Constitutionen der Päpste
als solche und alle anderen Bestandtheile haben nur insoweit Rechtskraft, als
sie echt sind und die Urheber derselben sie zu Gesetzen machen konnten und
wollten. Aussprüche von Kirchenvätern, deren sich viele darin finden, haben
wohl mehr Gewicht als die anderer Lehrer, als die dicta Gratiani; aber ein
einzelner Kirchenvater hat seinen Ausspruch nicht zu einem Gesetze machen
wollen und können. Anderes ist aus dem weltlichen Rechte geschöpft und ist
ohne Geltung. Viele Bestimmungen desselben sind durch spätere Gesetze ab=
rogirt oder bedeutend modificirt und bieten hierin nur ein historisches In=
teresse. Das decretum Gratiani ist an sich eine Privatsammlung wie die
früheren, die Aufnahme in diese Sammlung konnte den einzelnen capita
(oder canones) keine höhere Autorität verleihen, als sie an sich schon hatten.
Das Decret verdankt seine Aufnahme der Schule, von der es in das forum
überging, und kann sich darum dem Einflusse der fortschreitenden Wissenschaft
nicht entziehen. Es ward aufgenommen zu einer Zeit, in der man noch
keinen Zweifel an der Echtheit der darin enthaltenen Stücke hatte. Die
Authenticität der einzelnen Stücke hat hier keine Garantie. Es ist weder von
einem Papste bestätigt worden[1], noch hat die Revision desselben durch die
correctores Romani, welche auf die Originalien zurückgingen, aus denen
Gratian geschöpft hatte, und die Aufnahme in die Ausgabe des corpus juris
canonici ihnen eine förmliche Bestätigung verliehen. Gregor XIII. hat es
keineswegs den drei päpstlichen Decretalensammlungen dadurch gleichgestellt[2].

---

[1] Fälschlich hat man mehrfach eine Bestätigung durch Eugen III. angenommen;
cf. *Sentis*, Decretales Clementis VIII. Frib. 1870 Praef. p. XXXIII seq.

[2] Gregor XIII. hat nur angeordnet, „ut quae emendata et reposita sunt, quam
diligentissime retineantur, ita ut nihil addatur, mutetur aut imminuatur."

Stets konnten und durften die Canonisten eine freie Kritik an dem Decret üben, wie sie es bei gegentheiliger Ansicht der römischen Behörden nicht oder wenigstens nicht in diesem Maße gedurft hätten[1]. Die dicta Gratiani, Rubriken, Summarien und Glossen haben keinerlei Rechtskraft; sie haben nur doctrinellen Werth.

b. Die päpstlichen Decretalensammlungen.

126. Anders verhält es sich mit den decretales Gregorii IX., dem liber sextus und den Clementinae. Diese wurden unter päpstlicher Autorität gefertigt und von den Päpsten als Gesetzbücher promulgirt. Hier garantiren die Päpste die Echtheit des Stoffes. Es kommt daher nicht darauf an, ob sie Sätze enthalten, die ursprünglich nicht von den Päpsten herstammen, sondern z. B. aus Kirchenvätern, aus dem weltlichen Rechte; es gilt hier der Satz: „Omnia nostra facimus, quibus nostram impertimur auctoritatem". Dagegen wurden von Gregor IX. die sogen. compilationes antiquae abrogirt. Es kommt bei den Decretalensammlungen nicht auf die Richtigkeit der Inscription an, auch darauf nicht, ob eine Decretale an alle Bischöfe und Gläubigen oder an einzelne gerichtet ist, es sei denn, daß aus dem Inhalt und Zusammenhang der Decretale hervorgehe, daß sie nur für ein ganz singuläres Verhältniß erlassen sei, wie z. B. c. 1 de locato III. 18.

Die Rechtskraft erstreckt sich in allen Sammlungen der Decretalen nur auf die *capita* als die eigentlichen Rechtsnormen, nicht auf die Summae von den Kapiteln, die nicht vom Papste selbst herstammen, sondern von der Glossatoren, nicht auf das damit verbundene historische Material. Die partes decisae (allegationes partium, pars exornativa rescripti Pontificii) haben gleich den Glossen nur doctrinellen Werth. Die Superscriptionen der einzelnen Kapitel sind rechtlich gleichgiltig, insofern sie die Originalquelle bezeichnen, nicht aber, wenn sie denjenigen qualificiren, an den das Schreiben gerichtet ist; ob z. B. c. 25 de privileg. V. 33 wirklich einem Schreiben

---

[1] Cf. Benedict. XIV. Const. „Redditae" d. 5. Dec. 1744; de syn. dioeces. l. VII c. 15 n. 6. Decis. Rotae Rom.: „Nec refert, illos canones recenseri in decreto a Gratiano compilato, quia cum Gratianus non publica authoritate infinita quaeque illa canonum et legum etiam saecularium capitula in suum librum contulerit, nec legis contendae authoritatem habuerit, nec ab aliquo Romano Pontifice liber ille tanquam authenticus et legalis approbatus fuerit, inde fit, quod quilibet canon inibi relatus non habeat majorem authoritatem, quam in proprio loco consistens de sui natura esset habiturus. Nec Gregorius XIII. Gratiani librum tanquam legalem authorizavit, cum solum emendari jusserit et mandaverit observari."

des Honorius III. entnommen ist oder nicht, ist gleichgiltig; die Ueberschrift
Anglorum reginae aber zeigt, daß es sich um Ausübung weltlicher Juris=
diction über Cleriker handelt. Aus der Ueberschrift Patriarchae Gradensi
et S. Vitalis Presbytero Cardinali (c. 23 de appell. II. 28) schloß man,
daß ersterer damals den Cardinalpriestern dem Range nach vorging, weil er
zuerst genannt wird. Die rubra, die Titelüberschriften können selbst
als Beweis gebraucht werden, wenn sie ein Gebot oder Verbot enthalten
(rubricae speciales), wie II. 6: Ut lite non contestata non procedatur
ad testium receptionem vel ad sententiam definitivam, so II. 16; III.
9. 12; V. 4. Außerdem sind sie doch oft Hilfsmittel der Interpretation
(rubricae generales); z. B. daß die vom Papste bestellten Executoren und
Conservatoren eine delegirte Jurisdiction haben, folgt schon daraus, daß von
ihnen unter dem rubrum de officio et potestate judicis delegati gehandelt
wird; die Decretale 3 Bonae memoriae scheint unter Titel II. 28 zu ge=
hören; ihre Einreihung unter II. 30 zeigt, daß es sich nur um eine einfache
Confirmation handelt. Bei den drei päpstlichen Decretalensammlungen ist der
Text der römischen Ausgabe der authentische.

c. Die Extravagantensammlungen.

127. Bezüglich der allgemeinen Giltigkeit der Extravagantes Joan-
nis XXII. und der Extravagantes communes besteht Controverse. Aller=
dings sind diese nicht vom päpstlichen Stuhle ausgegangen, sondern als
Sammlungen Privatarbeit[1]. Auch hat sie Gregor XIII. durch die Auf=
nahme in die römische Sammlung keineswegs ausdrücklich bestätigt oder sie
den drei päpstlichen Decretalensammlungen gleichgestellt, wohl aber gab die
Revision und Aufnahme eine größere Garantie für ihre Echtheit. Die Re=
ception von Seite der Wissenschaft und der Praxis gilt zunächst von den
einzelnen Stücken, die ja auch vor Entstehung der Sammlung schon glossirt
wurden. Durch die Aufnahme von Seite des Chappuis haben sie sicher nicht
Rechtskraft erlangt. Es hat zunächst allerdings nur die einzelne Extravagante
Anspruch auf Geltung, soweit ihr eine solche an und für sich zukommt; aber
die beiden Sammlungen geben päpstliche Gesetze in der authentischen Form
wieder und haben deshalb wie Gesetzbücher gemeingiltige Kraft[2]. Es kann

[1] v. Scherer l. c. S. 274: „Sie haben den Charakter eines buchhändlerischen
Anhangs auch später nicht verloren." S. 269: „Die Compilation Chappuis' ...
steht nur, wie so manches andere, anhangsweise in den Drucken des corpus juris
canonici."

[2] So Lämmer l. c. S. 31.

der Gegner jedoch excipiren gegen die Echtheit und Giltigkeit der einzelnen Decretalen in der ihnen hier gegebenen Fassung.

Die übrigen Anhänge des corpus juris canonici haben keinerlei Rechts=kraft [1].

d. Das corpus juris canonici als Ganzes.

128. Das corpus juris canonici bildet nicht nur in kirchlichen Dingen das gemeingiltige Recht, sofern ihm nicht das Tridentinum, neuere päpstliche Gesetze, die Concordate, gesetzliches Herkommen und die Particulargesetze dero= giren, sondern es wurde im Mittelalter mit dem corpus juris civilis auch als Quelle des bürgerlichen Rechtes recipirt [2]. In letzterer Beziehung ist seine praktische Giltigkeit durch die Particulargesetzgebungen der Staaten sehr beschränkt oder ganz beseitigt.

Dagegen gilt es auch heute noch in kirchlichen Dingen als gemeines Recht, ohne die particulären kirchlichen Gesetze aufzuheben, die freilich sehr vieles modificirt haben. Die Anwendung muß eine durchaus umsichtige sein. Was z. B. einzig in den Verhältnissen des Mittelalters seinen Grund hat, kann natürlich heutigen Tages keine Anwendung mehr finden.

Febronius erkannte dem corpus juris canonici nur ex receptione et observantia, durch die Annahme von Seite jedes Bischofs verbindende Kraft zu. Dagegen muß festgehalten werden, daß die Berufung auf das= selbe die praesumptio (juris tantum) für sich hat, donec probetur con- trarium, d. h. der Gegner muß beweisen, daß die Stelle nicht mehr giltig oder nicht anwendbar sei (oder auch beim decretum Gratiani und den Extra- vagantensammlungen nicht echt sei).

Ergibt sich ein Widerspruch zwischen einzelnen Theilen, der nicht durch Interpretation gehoben werden kann, so geht das Gesetz der jüngern Samm- lung dem der ältern vor; die Decretalensammlungen immer dem decretum Gratiani, der liber sextus den Decretalen Gregors, die Clementinen dem liber sextus; die Extravaganten Johannes' XXII., die Reception der De- cretale vorausgesetzt, den Clementinen, den Extravaganten Johannes' XXII. unter gleicher Voraussetzung die Extravagantes communes. Hier kommt es nicht darauf an, ob das einzelne Gesetz selbst, z. B. des liber sextus,

---

[1] Unter den Canonisten besitzen auch bei den römischen Behörden besonderes An- sehen: Benedict XIV., Giralbi, be Luca, Vincentius Petra, Prosper Fagnani, Mona- celli, Ferraris, Riganti, Devoti, Gonzalez Tellez, Barbosa, Suarez; in Ehesachen Sanchez, ferner Reiffenstuel, Schmalzgrueber, Pirhing, Engel, Zallinger, Wiestner, Schmier und Leuren.

[2] Friedrich II. recipirte es 1237 zu Mainz. Der Schwabenspiegel setzt sowohl das Decret als die Decretalen in Rechtskraft voraus. Es hieß „des Reiches ge- meines Recht".

jünger ist als das der Decretalen Gregors. Innerhalb derselben Sammlung hat das jüngere Gesetz den Vorzug vor dem ältern; so geht z. B. c. 28 de praeb. et dign. III. 5 von Innocenz III. als das jüngere Gesetz den Bestimmungen in c. 7 de praeb. et dign. und c. 3 de cler. non resid. III. 4 von Alexander III. vor. Kann das nicht ermittelt werden und stehen sich die Quellen an Autorität gleich, so ist jene Stelle vorzuziehen, welche als die bessere, d. h. die den allgemeinen Principien des Rechts und der Idee der kirchlichen Gesetzgebung entsprechendere dargethan werden kann.

2. Bullarien und Conciliensammlungen.

129. Nach dem Abschluß des corpus juris canonici kam es zu keiner Decretalensammlung mehr. Wohl hatte Gregor XIII. eine Cardinalscommission eingesetzt, um eine collectio canonum recentiorum zu veranstalten, wofür auch Sixtus V. thätig war, aber die von Pinelli u. a. gelieferte Arbeit „*Decretales Clementis VIII.*“ (Liber septimus, Rom 1608) wurde nicht publicirt[1]. Die neueren Constitutionen wurden in den Bullarien chronologisch gesammelt, so im Bullarium Romanum von Laertius Cherubini, dann von Karl Cocquelines (Rom 1733 ff.), Tomassetti u. a. Die Continuatio Bullarii Romani (Rom 1835 ff.) enthält Constitutionen von Clemens XIII. bis Gregor XVI. Die Erlasse Pius' IX. (Rom 1848 ff.) enthalten die Acta Pii IX.

Nur das Bullarium Benedikts XIV. ist von diesem Papste selbst ausgegangen und insofern die letzte authentische Decretalensammlung[2]; alle anderen Bullarien sind nicht authentische Gesetzsammlungen wie die im corpus juris enthaltenen.

Die Conciliensammlungen, theils der allgemeinen, wie von Harduin, Mansi u. s. w., theils der particulären, wie der deutschen von Hartz-

---

[1] Clementis P. VIII. Decretales, quae vulgo nuncupantur Liber Septimus Decretalium mit Einschaltung der neueren Constitutionen edirt von F. Sentis. Freiburg 1870.

[2] Benedikt XIV. sagt in der das erste volumen seiner Constitutionen begleitenden Bulle „Jam fere“ an die Universität Bologna (1746): „Quodsi appellatione corporis, ut ajunt, juris canonici comprehendi tantum debeant congestae a Gregorio IX., Bonifacio VIII. et Clemente V. Decretales, hoc volumen nostrum isto sane nomine haud contineri certum est; sin autem appellatione corporis juris canonici intelligendum sit quidquid ab Apostolica auctoritate promanat (qua omnes Romani Pontifices aeque praediti sunt), tum hujusmodi nuncupatione librum quoque nostrum comprehendi nemo inficiabitur, ut constat ex responso Nicolai I. can. Si Romanorum D. 19.“

heim, Binterim, der neueren Concilien aller Länder (Collectio Lacensis)[1], sind als Sammlungen Privatarbeiten; die römische Ausgabe des V. Lateran-concils von Cardinal Anton de Monte 1520 wurde vom Papste Leo X. selbst durch die Constitution Cum in moderno Lateran. Concilio zum Gebrauche in judiciis et scholis empfohlen[2].

Beim Concil von Trient, dessen erste Ausgabe der Secretär des Concils Angelus Massarelli verbesserte, sind die Summarien der Kapitel nicht vom Concil selbst, außer die de justificatione, de Eucharistiae Sacramento, de poenitentiae et extremae unctionis sacramentis et de communione sub utraque specie et puerorum. Gesetzliche Giltigkeit haben nur die canones und capita, nicht die actiones, relationes, die geschichtlich wohl wichtigen Protokolle. Während man früher die Disciplinarbeschlüsse meist canones (θεσμοί, ὅροι) nannte, die den Glauben betreffenden dogmata, ana-thematismi (διατυπώσεις), heißen beim Tridentinum die Disciplinardecrete decreta de reformatione, die den Glauben betreffenden zerfallen in de-creta de doctrina (wie die de reformatione in capita getheilt) und ca-nones (anathematismi)[3].

Die Beschlüsse allgemeiner Concilien sind allgemein verpflichtend, soweit nicht neuere allgemeine Gesetze oder Gewohnheitsrecht ihnen derogiren. Der Papst, durch dessen Bestätigung Concilsbeschlüsse erst allgemein verpflichtende Kraft erhalten, kann natürlich auch den Gesetzen allgemeiner Concilien dero-giren und sie abrogiren, wozu schon die Clausel „non obstantibus quibus-cunque" genügt[4].

3. Die Entscheidungen der römischen Cardinalscongregationen.

130. Die ständigen römischen Cardinalscongregationen (212) haben in dem ihnen vom Papste dauernd zugewiesenen Wirkungskreise eine jurisdictio ordinaria oder quasi ordinaria; sie bilden ein Tribunal mit

---

[1] Acta et decreta S. Concilior. recens. Collectio Lacensis. Frib. 1870 seq. Vgl. Freib. Kirchenlexikon 2. Aufl. Bd. 2 S. 809 f.

[2] Hard. Conc. t. IX. p. 1561 seq.

[3] Da im Kirchenrecht zunächst die decreta de reformatione in Betracht kommen, sind im Folgenden diese stets ohne diesen Zusatz citirt und nur die de doctrina näher bezeichnet.

[4] Cf. c. 4 de elect.: „cum omnia concilia per Romanae Ecclesiae auctoritatem et facta sint et robur acceperint et in eorum statutis Romani Pontificis patenter excipiatur auctoritas." Trid. s. XXV c. 21 de ref.: „S. Synodus. . . . omnia et singula, quae . . . statuta sunt, declarat ita decreta fuisse, ut in his salva semper auctoritas Sedis Apostolicae et sit et esse intelligatur."

dem Papste und entscheiden im Namen des Papstes und kraft päpstlicher
Autorität. Ihre jurisdictio ist universalis quoad personas et loca.

I. Mit Fragen, die den Glauben berühren, beschäftigt sich die S. *Congregatio Inquisitionis* und ihre Entscheidungen fordern sicher nicht bloß ein
silentium obsequiosum, sondern einen consensus religiosus. Aber als
unfehlbare Glaubensentscheidungen ex cathedra können sie (und
noch weniger die der S. *Congregatio Indicis*) nicht betrachtet werden, auch
wenn sie vom Papste bestätigt sind; denn sie bleiben doch immer actus congregationis und sind keine *actus Papales;* zu einer Entscheidung ex cathedra
gehört, daß derjenige spricht, der die cathedra inne hat; die Unfehlbarkeit ist
eine persönliche Gabe, insofern sie an die Person des Nachfolgers Petri geknüpft ist, und kann nicht anderen mitgetheilt werden [1].

II. Was den Cultus angeht, so haben die declarationes der S. *Congregatio Rituum*, die expresse Urbi et Orbi erlassen sind oder aequi-
valenter, indem ein dubium bezüglich einer allgemeinen Rubrik gelöst wird,
allgemein verbindende Kraft [2].

III. Für die Disciplin kommen hauptsächlich die Entscheidungen der
S. *Congregatio Concilii Tridentini* in Betracht. Ihr ist die authentische
Interpretation der Disciplinardecrete des Tridentinum übertragen; sie hat
aber auch richterliche Gewalt in Streitigkeiten der Disciplin, und zwar durchaus selbständig, wo nach der Ansicht der Congregation ihnen ein jus certum zu
Grunde liegt, sie kann ferner Normen und Maßregeln zur Execution der tridentinischen Reformen vorschreiben und bestimmte Gnaden und Dispense ertheilen.

1) Es ist klar, daß *decisiones, resolutiones*, die in forma judicii zur
Beendigung von Streitigkeiten und Controversen Privater erlassen werden,
nur ein singuläres Recht zwischen den Parteien begründen [3].

2) Auch die ex consultatione für einen bestimmten Fall
erlassenen decisiones können für andere Richter in ganz ähnlichen
Fällen zur Entscheidung dienen; ja sie müssen beachtet werden, wenn durch
wiederholte gleichförmige Entscheidungen dieser oder einer andern Carbinals-

---

[1] Cf. de *Angelis* l. c. I, II p. 213 seq.; *Santi* l. c. p. 291; Grisar, Galilei-
studien. Regensburg 1882. S. 153 ff.

[2] Decl. S. Congr. Rit. d. 23. Mai 1846: „An decreta a S. Congregatione
emanata et responsiones quaecumque ab ipsa propositis dubiis scripta formaliter
editae eamdem habeant auctoritatem, ac si immediate a S. Pontifice promanarent,
quamvis nulla facta fuerit de iisdem relatio Sanctitatis Suae, respondit ‚affirmative‘
et facta de praemissis omnibus SS. D. N. Pio IX. P. M. relatione Sanctitas Sua
rescripta a S. Congreg. in omnibus ac singulis approbavit confirmavitque.“

[3] „Res inter alios acta nobis neque prodesse neque nocere potest“; cf. c. 25
de sent. et re jud.

congregation sich eine Regel gebildet hat, die ein jus traditionale begründet (105, 4)[1].

3) *Declarationes extensivae*, die nicht bloß das Tridentinum inter= pretiren, sondern es weiter ausdehnen oder auch beschränken (*restrictivae*), sind novae constitutiones und werden von der S. Congregatio Concilii nicht erlassen, außer ex speciali Papae mandato, in welchem Falle sie auch pro= mulgirt werden und unzweifelhaft allgemein verpflichten.

4) Controverse kann nur bestehen bezüglich der *declarationes com= prehensivae*, die im Zweifel das Gesetz erklären. Da die Cardinäle dieser Congregation vom Papste die Vollmacht haben, als die legitimi interpretes die tridentinischen Reformbecrete authentisch im Namen des Papstes zu erklären, so sind ihre declarationes comprehensivae auch für alle verpflichtend, mögen sie vom Papste bestätigt sein oder nicht[2], und zwar sowohl declarationes generales als die ex aliorum consultatione erlassenen. Zu einer bloßen Interpretation eines Gesetzes ist auch keine Promulgation erforderlich; es ge= nügt, daß der Sinn des Gesetzes durch authentische Interpretation fest steht; denn niemand darf das Gesetz anders nehmen als im Sinn des Gesetzgebers.

Alle Congregationsentscheidungen müssen, um Authenticität zu haben, mit den Unterschriften des Präfecten und Secretärs und mit dem Congregations= siegel versehen sein[3].

Von hoher Bedeutung sind auch die *decisiones Rotae Romanae*, wenigstens aus früherer Zeit; denn jetzt wird auch, was früher von allgemeinerer Be= deutung ihr zugewiesen ward, durch die Congregationen (S. Concilii, Epi= scopor. et Regular.) entschieden.

4. Die römischen Kanzleiregeln.

131.   Die *regulae Cancellariae Apostolicae*[4] (72 gewöhnlich an Zahl), seit Nicolaus V. († 1455) als edicta perpetua ähnlich den edicta trala-

---

[1] *Schmalzgrueber*, Jus univ. eccles., dissert. prooem. n. 384: „Uniformitas responsorum ac sententiarum super eodem articulo saepius et uniformiter reddi= torum inducit stylum et praxim curiae; stylus autem et praxis curiae jus. facit."

[2] „Nobis tamen consultis" in Sixti V. Const. *Immensa* involvirt keine feier= liche Bestätigung des Papstes, sondern zeigt vielmehr, daß eine solche nicht nothwendig ist, und daß es genügt, daß die Entscheidung der Congregation vom Secretär in Privataudienz dem Papste referirt wird und dieser ihrer Publication nicht widerspricht. *Santi* l. c. p. 283.

[3] *Mühlbauer*, Thesaurus resolut. S. Congreg. Conc. Monach. 1872 seq. *Ana= lecta juris Pontific.*, Recueil des dissertations de droit canonique, liturgie et théo= logie. Rome 1853 seq. *Acta S. Sedis* (ex iis decerpta, quae apud s. sedem ge= runtur) in compendium redacta Romae 1865 seq.

[4] Bei *Walter*, Fontes jur. eccles., Bonnae 1862, p. 483 seq. *Riganti*, Com= mentaria in reg. Cancellariae Apostolicae. Colon. 1751.

ticia der römischen Prätoren u. s. w., mit geringen Modificationen beibehalten, werden von jedem Papste nach seinem Regierungsantritt bestätigt oder verändert. Sie beziehen sich meist auf den Verkehr mit der Curie, auf die Reservation von Kirchenämtern (regulae beneficiales, reservatoriae), theils auf processualische Verhältnisse, wie die Appellationen (reg. judiciales), theils auf die Form päpstlicher Urkunden, Taxen (reg. directivae) u. s. w.

Einige derselben wurden früher auch als bürgerliches Recht in Deutschland recipirt, so:

1) Reg. 19 de viginti, welche bestimmt: Wenn ein Beneficiat resignirt, so gilt das Beneficium nur dann als durch Resignation erledigt, wenn derselbe noch 20 Tage von der Resignation an lebt; außerdem wird die Resignation als nichtig und das Beneficium als durch Tod erledigt betrachtet.

2) Reg. 20 de idiomate: Der Beneficiat muß der Sprache des Landes mächtig sein, in dem er ein Beneficium erhalten soll.

3) Reg. 35 de annali possessore: Wer ein Beneficium bereits ein Jahr lang ruhig besessen, dem kann es nur dann streitig gemacht werden, wenn die Klage nebst den Beweismitteln innerhalb 6 Monaten bei dem competenten Richter angebracht wird und der Rechtsstreit innerhalb Jahresfrist erledigt ist.

4) Reg. 36 de triennali possessore: Dem Beneficiaten, der ein Beneficium unter rechtmäßigem Titel erworben und drei Jahre lang ohne Anfechtung inne gehabt hat, kann dasselbe nicht mehr bestritten werden.

5. Vigens ecclesiae disciplina.

132. Das kirchliche Recht, das sich in den früheren Zeiten allmählich entwickelt hat, ist in neuerer Zeit so ausgebildet und genau firirt, daß der Hinweis auf die *vigens ecclesiae disciplina*, wie er z. B. in den Concordaten sich findet (Bayer. Conc. Art. 17), genügt. In der Anwendung des Rechtes ist der herrschende Brauch der Kirche entscheidend. Das göttliche Recht gilt natürlich immer und überall. Die Grundlage für das neuere Recht bildet das Tridentinum mit den Interpretationen der S. Congregatio Concilii. Zur Ergänzung der Particularrechte dient das corpus juris canonici, soweit seine Anwendung auf die Gegenwart möglich ist. Auch die Bildung von Gewohnheitsrechten in der Kirche ist nicht ausgeschlossen. Ja die herrschende Uebung der Kirche selbst ist ein Gewohnheitsrecht der Kirche, der kirchlichen Autorität, das mit umsichtiger Beurtheilung der Verhältnisse oft das strenge Recht mildert und ihm derogirt, das aber wohl zu unterscheiden ist von der bloßen Tolerirung mancher Zustände, die momentan nicht ohne größere Nachtheile bekämpft werden können, wie mancher staatlichen

Bestimmungen in Kirchensachen, in deren Duldung die Kirche heutzutage beim Festhalten an ihren Principien doch so nachgiebig als möglich sich erweist.

Insbesondere weisen die Päpste schon in alter Zeit auf die consuetudo Romanae ecclesiae hin [1], wie z. B. in neuester Zeit die Synode von Neugranada (1868) auf die vigens ecclesiae disciplina a S. Sede approbata [2].

Bei Anwendung der Rechtsquellen, besonders des corpus juris canonici, ist darum stets die vigens ecclesiae disciplina wohl zu beachten.

---

[1] C. 11 D. 11; cf. c. 2 D. 14.

[2] Collect. Lacens. t. VI p. 468. Vgl. v. Scherer l. c. S. 131. 300.

II. Besonderer Theil.

Drittes Buch.
Verfassung der Kirche.

Die Vorbedingung zur Uebernahme eines Kirchenamtes ist die Weihe. Nur der Clerus ist berufen, an der Regierung der Kirche theilzunehmen. Es ist daher zuerst vom Clerikalstande zu handeln, an den sich der Ordens= stand anreiht, insofern er an der Auszeichnung des Clerikalstandes vielfachen Antheil hat, die Cleriker und Religiosen als personae ecclesiasticae die specielle Widmung für den Dienst Gottes gemein haben, dann von den Kirchenämtern und den Trägern der Kirchengewalt.

Erster Abschnitt.
Die kirchlichen Personen.

Erstes Kapitel.
Der Clerikalstand.

1. Clerus und Laien.

133. Wie schon aus der göttlichen Gründung der Kirche (9), der Ein= setzung der Hierarchie, dem sacramentalen Charakter der Weihe hervorgeht und das christliche Alterthum bezeugt, gibt es in der Kirche zwei Stände, Cleriker und Laien, welcher Unterschied auf göttlichem Rechte beruht. Daher unterscheidet man den *status ecclesiasticus communis* und *specialis*.

Alle Gläubigen sind durch die Taufe geheiligt, „eine königliche Priester= schaft, darzubringen geistige, Gott wohlgefällige Opfer durch Jesus Christus" (1 Petr. 2, 9. 5)[1]; darum legen ihnen auch die heiligen Väter ein all= gemeines Priesterthum bei[2]; aber dieses schließt das besondere und

---

[1] Vgl. Exod. 19, 6; Offenb. 5, 10; 20, 6.
[2] *Iren.*, adv. haer. IV. 20: „Omnes justi sacerdotalem habent ordinem." *Aug.*, Serm. 94 in Matth.: „Nos ergo (die Priester) dispensatores sumus, nos ero- gamus, vos accipitis. Sed etiam ad vos nolite existimare non pertinere erogationem. Non potestis erogare de isto loco superiori, sed potestis, ubicunque estis. Agite

eigentliche Prieſterthum des Neuen Bundes ſo wenig aus, als im
Alten Bunde, ſo wenig, als das allen beigelegte regnum das Königthum
oder die weltliche Regierung überhaupt ausſchließt. Wohl nehmen auch die
Laien am kirchlichen Leben und Wirken theil durch innere geiſtige Opfer,
indem ſie mit und durch den Prieſter opfern, durch verdienſtliche Handlungen,
Stiftungen, Bruderſchaften, religiöſe Vereine u. ſ. w. die kirchlichen Zwecke
fördern, ſacramentale Acte ſetzen können in der Taufe und Ehe, in ihrem
Kreiſe ein Lehramt ausüben, wie in der Familie, (Diakoniſſinnen), auch kirch=
liche Rechte ausüben, wenn die Kirche ihnen ſolche zugeſteht, wie das Pa=
tronatrecht. Aber eine eigentliche kirchliche Gewalt kommt ihnen nicht zu und
können ſie nicht verleihen.

　　Der Clerus iſt ausgeſondert aus dem Volke, auserwählt, er gehört dem
Herrn an, der Herr iſt ſein Antheil (Pſ. 15, 5). Darum ſoll der Cleriker, von
dem Geräuſche der Welt entfernt, als ein Kriegsmann Gottes (2 Tim. 2, 3. 4)
dem Gebete und der Betrachtung ergeben ſein[1]. Dieſe specialis dedicatio
cultui divino facta kommt auch dem Ordensſtande zu, der auf den Gelübden
und Regeln beruht. Die religiosi, die entweder ſelbſt Cleriker oder Laien
(fratres laici, conversi) ſind, heißen regulares; ihnen gegenüber alle anderen
saeculares. Daraus ergibt ſich die Unterſcheidung zwiſchen Säcular= und
Regularclerus.

2. Tonſur und Weihe.

　　134. Mußten ſich die Cleriker ſtets durch eine gewiſſe Beſcheidenheit
in Bezug auf die Pflege der Haare auszeichnen, ſo galt das Abſchneiden der
Haare als beſonderes Zeichen der Buße und eines von der Welt abgewandten
Sinnes. Seit dem 4. Jahrhundert kam der Gebrauch der Tonſur von den
Mönchen zum Clerus und galt als Symbol des königlichen Prieſterthums,
als etwas Ehrenvolles; ſie wird bezeichnet als temporalium omnium de-

---

vicem nostram in domibus vestris.“ Tertullian wirft den Häretikern vor: „e
laicis sacerdotalia munera imponunt.“ Als Montaniſt hat er allerdings das allge=
meine Prieſterthum ſehr ſtark hervorgehoben.

[1] Vgl. 1 Kor. 12, 29; Apg. 13, 2; Röm. 1, 1; c. 7 C. XII. q. 1: „Duo sunt
genera christianorum. Est autem unum genus, quod mancipatum divino officio et
deditum contemplationi et orationi ab omni strepitu temporalium cessare convenit,
ut sunt clerici et Deo devoti, videlicet conversi. Κλῆρος enim graece, latine sors.
Inde hujusmodi homines vocantur clerici, id est electi. Omnes enim Deus in suos
elegit. Aliud vero genus est christianorum, ut sunt laici; λαός enim graece est,
populus latine.“ C. 5 C. XII. q. 1: „Clerici vocantur, vel quia de sorte sunt
Domini, vel quia Dominus ipse sors, i. e. pars clericorum est.“ C. 1 D. 21:
„Cleros et clericos hinc appellatos credimus, quia Mathias sorte electus est, quem
primum per apostolos legimus ordinatum.“

positio und als signum regni, quod in Christo exspectatur [1]. Anfangs groß (volle Rasur), wurde sie im Occident allmählich kleiner (corona S. Petri). Das vierte Concil von Toledo (633) can. 41 schrieb sie auch den niederen Clerifern vor, wie sie Bischöfe, Priester und Diakonen längst trugen. Sie zu tragen, ist Pflicht des Clerifers, es sei denn, daß Verfolgung u. dgl. eine Ausnahme begründeten [2].

Die Tonfur ist keine Weihe, sondern nur die Bestimmung zu der= selben (pracambulum ad ordines); sie ist der Act der Aufnahme in den Clerifalstand [3], daher mit Uebergabe des geistlichen Kleides verbunden, und erwirbt die clerifalen Standesrechte.

135. Weihe (ordo) bezeichnet im weitern Sinne einen heiligen Ritus, wodurch ein Getaufter von den übrigen Gläubigen ausgeschieden und zur Ausübung kirchlicher Gewalt nebst dem Berufe auch die Vollmacht erhält; es bezeichnet aber ordo auch den Stand, die erhaltene Gewalt, die Weihe= stufe. Der ordo als Sacrament (sacra ordinatio, χειροτονία) [4] begreift sicher in sich Episkopat, Presbyterat und Diakonat. Diese sind die ordines hierarchici, sacramentales. Denn in ihnen wird der Heilige Geist mit= getheilt durch die Worte: „accipe Spiritum sanctum", in ihnen findet die Handauflegung statt, die sicher die wesentliche Materie des Weihesacramentes ist [5]. Bezüglich der Salbung spricht das Tridentinum in can. 5 keines= wegs die wesentliche Nothwendigkeit derselben aus. Die porrectio in= strumentorum fand vor dem 9. Jahrhundert nicht statt [6]. In praxi gilt natürlich der Grundsatz „pars tutior tenenda est".

---

[1] C. 7 C. XII. q. 1; vgl. Apg. 21, 24; 1 Kor. 11, 14. 15; von Papst Anicet sagt der lib. Pontif.: „Constituit, ut clericus comam non nutriat secundum prae= ceptum Apostoli." C. 21 D. 23 (Pf.=Isid.).

[2] Die Synode von London 1842 flagt über Cleriker, welche die Tonfur nicht trugen, mit den Worten: „Coronam, quae regni coelestis et perfectionis est in= dicium, deferre contemnunt." Die von Lambeth 1261 sagt: „Non erubescant ipsius portare stigmata, qui pro eis spineam non dedignatus est portare coronam." C. 7 x III. 1: „Clerici, qui comam nutriunt et barbam, etiam inviti a suis archidiaconis tondeantur." C. 4 h. t.: „Si quis ex clericis comam relaxaverit, anathema sit."

[3] C. 11 x I. 14: „Per primam tonsuram juxta formam ecclesiae datam cleri= calis ordo confertur."

[4] Vgl. 1 Tim. 4, 14; 2 Tim. 1, 6. Die Glosse zu c. 74 C. I. q. 1 unterscheidet eine manus impositio consecratoria, confirmatoria, reconciliatoria, curatoria, ordinatoria.

[5] Vgl. Apg. 13, 1—4; 14, 20—24; 1 Tim. 4, 14; 5, 22; 2 Tim. 1, 6; Apg. 6, 6.

[6] Die Instructio Eugenii IV. pro Armenis ist keine dogmatische Definition, sondern eine praktische Anweisung und nennt deshalb die porrectio instrumen= torum als Materie, wie sie in der römischen Kirche in Gebrauch war, aber nicht bei den Armeniern. Die Handauflegung war beiden gemeinsam, über diese schweigt daher die instructio ganz. Daß die porrectio instrumentorum wesentliche Materie des Weihesacramentes sei, folgt keineswegs daraus.

Hat man auch meistens nur sieben Weihen gezählt und Episkopat und Presbyterat als sacerdotium majus und minus (sacerdotes primi ordinis und secundi ordinis) zusammengefaßt, so ist doch der Episkopat als ein vom Presbyterat verschiedener, selbständiger und sacramentaler ordo zu betrachten, da er eine nova potestas mittheilt, ihm allein die vis generativa sacerdotii eigen ist. Die bischöfliche Consecration begründet nach Form und Inhalt einen eigenen ordo, der die Quelle der übrigen ordines, der Gipfel des Weihesacramentes ist [1].

Dagegen sind das Subdiakonat und die vier niederen Weihen (Ostiariat, Lectorat, Exorcistat, Akolythat) nicht in der *sacra ordinatio* begriffen, von der can. 4 der 23. Sitzung des Tridentinums handelt und die nach can. 3 Sacrament ist. Auch beim Subdiakonat, das erst seit dem 12. Jahrhundert allgemein den höheren Weihen beigezählt wurde, findet keine Handauflegung statt noch das Wort: „accipe Spiritum sanctum“. Subdiakonat und niedere Weihen sind nach der sententia communior der Theologen [2] nur kirchlicher Einsetzung und nicht sacramental. Die Griechen haben nur Subdiakonat und Lectorat. Ministri heißen vorzugsweise die Diakonen (cf. Trid. l. c. can. 6). Die Cleriker der vier niederen Weihen werden schlechtweg clerici im canonischen Rechtsbuch genannt, während die anderen Weihestufen gewöhnlich mit ihren eigenen Namen benannt werden. Wie in der hierarchia jurisdictionis sich Mittelstufen von oben herab bildeten, die nur kirchlicher Einsetzung sind (Metropoliten u. s. w.), so gingen auch in der hierarchia ordinis aus dem Diakonat die übrigen Weihen hervor und zwar schon in den ältesten Zeiten; sicher waren die vier niederen Weihestufen im 3. Jahrhundert schon in Rom vorhanden. Wie jene Mittelstufen nicht juris divini sind, so sind auch die aus dem Diakonat abgeleiteten Weihen wohl nicht in der hierarchia *divina ordinatione* instituta (can. 6) enthalten, sondern nur kirchlicher Einsetzung. Nachdem die niederen Kirchendienste von Laien besorgt werden, sind sie jetzt nur noch gradus, per quos ad sacerdotium ascenditur [3].

136. Spender des Weihesacramentes ist der Bischof (Trid. l. c. can. 7; cp. 4); die Ausnahmen beziehen sich nur auf die niederen Weihen und das Subdiakonat (142, II. 3). Die Weihe muß innerhalb der Diöcese des Ordinators (Trid. s. VI. c. 5), die höheren Weihen inter missarum

---

[1] Vgl. Phillips, K.-R. Bd. I. S. 309 ff. Oswald, Die dogmatische Lehre von den heiligen Sacramenten. Münster 1864. Bd. II. S. 315 ff. Schulte-Plaßmann, Der Episcopat ein vom Presbyterat verschiedener, selbständiger und sacramentaler Ordo. Paderborn 1883. Trid. s. XXIII. can. 2. 4. 6 und cap. 4. 2 spricht dafür.

[2] Cf. *Santi* l. c. l. I. t. 11 n. 11 p. 118.

[3] Cf. Trid. l. c. can. 2; c. 17 de ref.

solemnia, an den Quatemperſamstagen, Samstag vor Paſſionsſonntag oder Charſamstag ertheilt werden, ſoweit nicht kraft päpſtlicher Facultät auch an anderen (Sonn= oder Feſt=)Tagen es geſtattet iſt. Die Conſecration des Biſchofs geſchieht am Sonntag oder einem Apoſteltage. Die niederen Weihen ſollen vormittags und können an jedem Sonn= oder Feſttag ertheilt werden[1]. Zwiſchen den niederen Weihen und dem Subdiakonat ſowie zwiſchen jeder höhern Weihe ſoll ein Jahr nach kirchlicher Computation (d. i. von Oſtern zu Oſtern) in der Mitte liegen[2]. Der Biſchof kann jedoch bezüglich der Interſtitien dispenſiren, nur dürfen nicht zwei höhere Weihen oder die niederen Weihen und das Subdiakonat an dem nämlichen Tage ertheilt werden. Es darf keine Weiheſtufe überſprungen werden[3]. Der übergangene ordo wird nach kirchlicher Anordnung nachträglich ertheilt. Im Zweifel an der Giltig= keit des Weiheactes wird derſelbe bedingnißweiſe wiederholt.

Die Wirkungen des Weiheſacramentes ſind: 1) Der character spiri- tualis indelebilis, der gebunden werden kann, ſo daß der Ordinirte ſeine Gewalt nicht mehr *licite* ausüben kann, nicht aber aufgehoben; auch durch die Degradation geht er nicht verloren. Aus ſehr dringenden Urſachen kann in außerordentlichen Fällen durch den Papſt eine reductio ad statum lai- calem ſtattfinden, wobei vom Cölibat dispenſirt wird, der Charakter bleibt. 2) Vermehrung der heiligmachenden Gnade (gratia secunda). 3) Die gratia sacramentalis, die Anwartſchaft auf die actuellen Gnaden zur rechten Aus= übung der Gewalt.

3. Abſolute Unfähigkeit zum Empfang der Weihe.

137. Nicht alle ſind zur Weihe befähigt und tauglich. Abſolut un= fähig (inhabilis, incapax) iſt:

I. Jeder Ungetaufte. Ohne die Taufe iſt kein anderes Sacrament giltig, kann keine Weihe empfangen werden.

II. Unfähig ſind Perſonen weiblichen Geſchlechts; ihnen ſpricht der Apoſtel ſchon die Lehrbefugniß ab, ſie ſind vom Altardienſt ausge=

---

[1] Trid. s. XXIII. c. 8; cf. c. 4. 5. 7 D. 75; c. 2. 3. 8. 9. 13 de temp. ordin. Const. Pii II. „Quum ex sacrorum“, Pii IX. „Apostolicae sedis moder.“, Suspens. Pontif. reserv. 3.

[2] Trid. l. c. c. 11. 13. 14; S. Congr. Conc. d. 7. Mai. 1707; cf. c. 13. 15 de temp. ordin.

[3] C. 10 D. 61; c. 3 D. 77; c. 29 C. XVI. q. 1; c. un. de cleric. per salt. promot. Trid. l. c. Giltig wäre die höhere Weihe, da ſie die niedere in ſich ſchließt. Der Epiſkopat ſetzt freilich das Presbyterat voraus. „Uebrigens iſt es heute noch nicht ſo unbezweifelt ausgemacht, daß zur Giltigkeit der Biſchofsweihe der vor- herige Empfang der Prieſterweihe erforderlich ſei“ (Schulte=Plaßmann l. c. S. 130 ff.). Vgl. J. Hergenröther, Photius. Regensburg 1867. Bd. I. S. 679 f.

schlossen[1]. Hermaphroditen dürfen nicht zur Weihe zugelassen werden; giltig wäre die Weihe wohl, wenn das männliche Geschlecht prävalirt.

III. Ungiltig wäre die Weihe auch, wenn ein Erwachsener nur mit Gewalt geweiht würde, aber ernstlich und positiv dem sich widersetzte.

Wohl könnte ein Kind, ein Wahnsinniger giltig geweiht werden, „cum aliud sit, non consentire, aliud sit, positive dissentire"[2]. Auch bei Erwachsenen genügt eine intentio saltem interpretativa, und nur eine *coactio absoluta*, nicht aber eine coactio causativa (conditionata), z. B. ex metu gravi, macht die Weihe ungiltig.

Die Kindern ertheilte Weihe wäre giltig. Wenn aber auch Eltern ihre Kinder Gott weihten (Oblaten), so konnten sie doch nicht zum Gelübde der Keuschheit gezwungen werden; sie empfingen die Tonsur, sollten aber erst mit 18 (c. 5 D. 28) oder 16 Jahren (Bullar. Benedicti XIV. t. 1 n. 129) sich entscheiden müssen, ob sie in die Welt zurückkehren oder sich zur Ehelosigkeit verpflichten wollen.

4. Relative Unfähigkeit (Irregularität).

138. Während die von Natur, vermöge einer von Gott gesetzten Schranke Unfähigen nicht giltig geweiht werden können, wenn auch der äußere Ritus an ihnen vorgenommen wird, ist die Weihe eines relativ Unfähigen vermöge eines von der Kirche gesetzten Hindernisses, das sie daher auch heben kann, nur unerlaubt (contra regulam, daher irregularis), aber nicht ungiltig.

Die Irregularität ist der Mangel einer persönlichen Eigenschaft, die entweder von der Würde des heiligen Berufes vorausgesetzt wird, oder ohne welche man den Obliegenheiten desselben nicht in entsprechender Weise nachkommen kann, welcher Mangel nach der ausdrücklichen Bestimmung eines allgemeinen Kirchengesetzes den Empfang der Tonsur oder der Weihe oder die Ausübung der empfangenen Weihe unerlaubt macht[3]. Die Bezeichnung

---

[1] 1 Kor. 14, 34. 35; 1 Tim. 2, 12; Const. apost. III. 6; c. 12. 15. 17 C. XXXIII. q. 5; c. 29 D. 23; c. 1 x III. 2: „Prohibendum est, ut nulla femina ad altare praesumat accedere aut presbytero ministrare." Die Diakonissinnen hatten keine Weihe und wurden zu den Laien gerechnet. Gegen Anmaßungen von Aebtissinnen erhebt sich z. B. Innocenz III. in c. 10 x V. 38.

[2] C. 3 x III. 42: „Ille vero, qui nunquam consentit, sed penitus contradicit, nec rem nec characterem suscipit sacramenti, cum plus est, expresse contradicere, quam minime consentire, sicut nec ille notam alicujus reatus incurrit, qui penitus contradicens et reclamans thurificare idolis cogitur violenter."

[3] Impedimentum canonicum prohibens, ne quis clero adscribatur vel ad ordinem superiorem ascendat vel functiones ordinis suscepti exerceat. Oder: Im-

irregularitas[1] findet sich erst dafür seit dem 13. Jahrhundert, die Bestimmung selbst ist uralt, hat ihre Grundlage schon in den alttestamentlichen Gesetzen und in den Pastoralbriefen des hl. Paulus (1 Tim. 3, 2 ff.; 5, 22; Tit. 1, 6 ff.).

Die Irregularität ist:

1) Entweder *antecedens*, wenn sie vor Empfang der Weihe (oder Tonsur) vorhanden ist, oder *consequens*, wenn sie erst nachher eintritt. Zwischen beiden hat insofern ein Unterschied statt, als mancher Mangel, der, vor der Weihe entstanden, vom Empfang derselben ausschließt, nicht ebenso die Ausübung der schon empfangenen Weihe verhindert, wie bei defectus corporis und mentis.

2) Dem Grunde nach, aus dem sie hervorgeht, ist sie irregularitas *ex defectu* oder *ex delicto*[2]. Letztere setzt ein peccatum mortale, externum et consummatum voraus. Da aber die Irregularität nicht *directe* eine Strafe, sondern ein impedimentum canonicum ist, tritt sie a) ipso facto ein und bedarf keiner sententia judicis, so daß es Sünde ist, in derselben sich weihen zu lassen oder die Functionen des ordo auszuüben; b) befreit von ihr auch keine ignorantia invincibilis, denn diese kann nicht bewirken, daß dasjenige, was die Kirche als indecens, indecorum erklärt hat, decorum werde; c) hebt die Absolution vom Verbrechen nicht die irregularitas ex delicto auf, auch wenn man Buße gethan hat[3]. Delicte vor der Taufe begangen, begründen keine Irregularität.

3) Der Zeitdauer nach ist die irregularitas *perpetua*, die nur durch Dispens gehoben werden kann, oder *temporalis*, die mit der Zeit oder vermöge veränderter Umstände von selbst aufhört, sobald die Ursache wegfällt (cessatione causae), wie die ex defectu libertatis, fidei confirmatae, scientiae, aetatis, natalium legitimorum. Letztere wird für die Weihe gehoben a) per matrimonium subsequens genitorum (verum vel putativum), wenn nur zur Zeit der Conception des Illegitimen eine giltige Ehe zwischen den Eltern hätte eingegangen werden können[4]; b) durch professio religiosa solemnis, c) durch Dispens und d) durch legitimatio von Seite des Papstes.

Die Dispensation von Irregularitäten steht dem Papste zu; den Bischöfen nur in gewissen Fällen ex jure oder ex speciali facultate, so ex jure bei

---

pedimentum canonicum directe impediens ordinum assecutionem vel eorundem jam susceptorum exercitium, indirecte vero beneficiorum aut magistratuum ecclesiasticorum provisionem.

[1] Irregularis, alienus a regula (c. 2 D. 47) hieß ein Geistlicher, der aus der Matrikel der Kirche, welcher er angehörte, ausgestrichen wurde.

[2] Nota defectus und nota delicti c. 14 x V. 34.

[3] C. 18 C. I. q. 1: „Sanitas post vulnus secuta sine cicatrice esse non poterit."

[4] Man unterscheidet filii naturales, manzeres, nothi (ex adulterio), spurii (ex incestu) sacrilegi (ex sacrilegio).

Irregularität ex delicto occulto, ausgenommen das homicidium voluntarium, ex defectu natalium für die niederen Weihen und Erlangung eines beneficium simplex, bei bigamia similitudinaria, bei Tödtung zur Vertheidigung non servato moderamine inculpatae tutelae, nach den Quinquennalfacultäten vom Mangel eines Jahres am gesetzlichen Alter zum Empfang der Priesterweihe.

4) Dem Umfang nach ist die irregularitas *totalis* oder *partialis*. Erstere macht die susceptio und das exercitium einer jeden Weihe ungiltig, letztere gilt nur für die eine oder andere Weihe oder nur für einzelne Functionen eines und desselben ordo.

Die Irregularität hat **direct** die Wirkung, daß die Weihe nicht empfangen oder nicht ausgeübt werden darf; **indirect** aber auch, daß sie von der Erlangung eines Kirchenamts ausschließt. Der Verlust eines bereits erlangten Kirchenamtes aber könnte nur ex verbis legis oder ex sententia judicis erfolgen. Dagegen hindert sie nicht die Ausübung der Jurisdictionsrechte, noch weniger der Rechte, welche auch den Laien zustehen. *In dubio juris* (im Zweifel, ob für einen Act im Rechte Irregularität bestimmt sei [1]) wird sie nicht contrahirt; *in dubio facti* (im Zweifel, ob man die Handlung wirklich begangen, ob die Sünde schwer sei) jedenfalls beim Mord; außerdem nach vielen gleichfalls nicht. Der Bischof hat zu beurtheilen, ob eine Irregularität vorhanden sei; ad cautelam wird pro foro interno auch im Zweifel über das Vorhandensein der Irregularität um Dispens nachgesucht.

a. Irregularitas ex defectu.

139. Zu diesen gehören:

I. *Defectus animi.* Darunter begreift man: 1) den defectus sanae mentis (Wahnsinnige, Energumenen); 2) defectus scientiae; 3) defectus fidei confirmatae (neophyti, clinici). Unerlaubt ist die Weihe von solchen, die von Natur aus oder durch Krankheit ihres Verstandes beraubt sind. Auch wenn solche nach ärztlichem Gutachten geheilt sind, können sie mit bischöflicher Erlaubniß in der bereits erhaltenen Weihe fungiren, aber ohne Dispens keine andere Weihe empfangen [2]. Unwissende (rudes, ignari, illiterati) sollen nicht geweiht werden [3]. Heutzutage wird gefordert das Maturitätszeugniß, philo-

---

[1] Im Rechte wird die Irregularität gewöhnlich bezeichnet mit den Ausdrücken: nunquam ordinetur; non est ordinandus; in clerum nullatenus admittatur. Dagegen kann auch von der Suspension gesagt sein: ad ministerium non accedat; ab altaris ministerio abstineat; in sacris ordinibus non debet ministrare.

[2] C. 2. 3. 4 D. 33.

[3] Vgl. Osee 4, 6; Malach. 2, 7; c. 3 D. 38: „Si in laicis vix tolerabilis videtur inscitia, quanto magis in iis, quae praesunt, nec excusatione digna est nec venia." C. 1 D. 36: „Illiteratos ... nullus praesumat ad clericatus ordinem promo-

sophische und theologische Studien und Seminarbildung. Die geweiht werden, sollen im Glauben befestigt sein; darum verlangt das Tridentinum auch schon für Empfang der Tonsur die Firmung und wäre der vor Empfang der Firmung Tonsurirte irregulär[1].

II. *Defectus corporis*[2], nämlich 1) defectus sanitatis, 2) defectus integritatis corporis und 3) notabilis deformitas, also ein physisches Ge= brechen am Leibe, das entweder zu den geistlichen Amtsverrichtungen un= tauglich macht oder dem Volke zum Anstoß gereicht, Spott oder Widerwillen erregt; schwere andauernde oder oft wiederkehrende Krankheit, besonders Epi= lepsie und Aussatz; Mangel eines nöthigen Gliedes oder Sinnes, wie des Zeigefingers oder Daumens, des (linken) Auges (oculus canonis); ferner sind irregulär: Taube, Stumme, Lahme, solche, welche die Ceremonien nicht vornehmen können, auffallend Verunstaltete (monstrosi).

III. *Defectus aetatis (legitimae)*, und zwar wird zum Episkopat das vollendete 30. Lebensjahr, für das Presbyterat das 25. (vermöge Dispens 24.), für das Diakonat das 23., für das Subdiakonat das 22. erfordert. Die ordines minores und die Tonsur dürfen nicht vor dem 7. Lebensjahr em= pfangen werden; die niederen Weihen sollen aber auch nicht vor dem 14. oder doch 12. Jahre ertheilt werden[3].

IV. *Defectus legitimorum natalium* (138, 3)[4].

V. *Defectus libertatis* und zwar 1) servitus, Leibeigenschaft; 2) die Ehe, wofern nicht die Frau einwilligt und in ein Kloster tritt oder doch, wenn sie schon bejahrt ist, chelos zu leben gelobt; 3) bindende Dienstverhält= nisse aus weltlichen Geschäften bei Justiz= und Administrativbehörden[5].

---

vere, quia literis carens sacris non potest esse aptus officiis"; cf. c. 1 D. 38; c. 2 D. 49; Trid. s. XXIII. c. 18; 11—14. Leo XIII. (d. 20. Maji 1885): „Plane quidem intelligis, quod saepe nos et non sine causa diximus, summa esse con= tentione et assiduitate enitendum, ut clericorum ordo quotidie magis doctrinarum cognitione floreat" etc.

[1] *Trid.* l. c. c. 4, ed. Richter (Congr. Conc. 15. Maji 1802) p. 181, 1.

[2] Vgl. Lev. 21, 17 ff.; c. 1 D. 49; c. 5 D. 33; c. 1 D. 36; D. 55; x I. 20; III. 6; c. 4 D. 55 wird besonders Entmannung erwähnt.

[3] Trid. l. c. c. 4. 11. Die älteren Bestimmungen siehe in c. 3 D. 77 (c. 4 D. 78); c. 3 Clem. I. 6; c. 7 D. 77 (Deut. 8, 24); Nov. CXXIII. 13; c. 2 D. 78; c. 4 in VI. (I. 9).

[4] C. 1. 6 x IV. 17; x I. 17; cf. c. 1 D. 56; Trid. s. XXV. c. 15. Die Klausel „dummodo paternae incontinentiae imitator non sit" fordert, daß der Bi= schof untersuche, ob der Betreffende zehn Jahre rechtschaffen gelebt hat. Den Beweis der ehelichen Geburt liefert die Taufmatrikel (cf. Acta S. Sedis I. p. 350 seq.; III. p. 557 seq.). Auch Kinder, deren Eltern unbekannt sind, werden ad cautelam dispensirt.

[5] X I. 18. 19; c. 5 x III. 32. Auch lebenslängliche separatio wegen Ehebruchs der Frau berechtigt zum Empfang der Weihe c. 4 x IV. 19.

VI. *Defectus lenitatis.* Irregulär sind jene, die freiwillig einen Act vorgenommen haben, der in directer Beziehung zur Tödtung oder Verstüm- melung eines Menschen steht, und zwar 1) bei Gericht, daher Richter, die ein Todesurtheil sprechen, Ankläger und Zeugen, wegen deren Angabe das Todesurtheil erfolgte, die dabei mitwirken und die das Todesurtheil vollziehen. 2) Cleriker der höheren Weihen, die Chirurgie ausüben, soweit sie in Schneiden und Brennen besteht, andere wohl nur dann, wenn sie da- durch Tod oder Verstümmelung verursachen[1]. 3) Im Kriege, wobei man zwischen Vertheidigungskrieg, gerechtem und ungerechtem Angriffskrieg unter- schied[2]. Bei unserer heutigen Militärpflicht scheint aber diese Unterscheidung ohne Bedeutung, die nur auf freiwilligen Kriegsdienst paßt. Der Soldat, der Kriegsdienst leisten muß, befindet sich in casu praecisae necessitatis, welcher Art immer der Krieg sein mag. Dispens wird für den Soldaten jedoch nachzusuchen sein, wenn er in der Schlacht jemand getödtet hat oder auch an der Schlacht betheiligt war, in der Feinde getödtet wurden, wenigstens ad cautelam. Sicher wird nicht irregulär, wer zu einem gerechten Kampfe aufmuntert. Wer in vollkommen erlaubter Nothwehr einen andern tödtet, wird nicht irregulär[3].

VII. *Defectus sacramenti (sc. matrimonii)* oder defectus mysticae significationis matrimonii, der Mangel an Reinheit in einer frühern Ehe, der die mystische Nachbildung der Vereinigung Christi und seiner Kirche (Eph. 5, 32) fehlt. Die höhere Idee der Ehe fordert Einheit, ihr steht die Bigamie entgegen[4], die 1) *vera* (simultanea oder successiva) oder 2) *inter- pretativa* (ficta) ist, d. i. die zwar nur einmalige Ehe, aber mit einer Wittwe, einer Gefallenen, einer Geschiedenen oder auch nur ehelicher Umgang mit dem eigenen ehebrecherischen Weibe nach erlangter Kenntniß vom Ehebruch. 3) Die bigamia *similitudinaria*, die per sacrilegium attentirte (und consummirte) Ehe von Seite dessen, der durch professio religiosa oder das Subdiakonat ge- bunden war[5]. Diese (wie die bigamia simultanea) entsteht jedoch ex delicto.

VIII. *Defectus famae.* Die öffentlichen Büßer waren von der Weihe ausgeschlossen; so sind noch jetzt alle jene irregulär, welche sich notorischer

---

[1] C. 9 x III. 50. Cf. *Trid.*, ed. Richter (Congr. Conc. 15. Febr. 1872) p. 95, 22.

[2] Benedict. XIV. Institut. 101 p. 673 seq.; vgl. Pruner, Moraltheologie S. 344.

[3] C. 10. 18 x V. 12; Clem. un. V. 4; Trid. s. XIV. c. 7.

[4] 1 Tim. 3, 2. 12; Tit. 1, 6; c. 5 de bigam. non. ordin.: „Ubi deficit inter conjuges commixtio corporum, non deest istiusmodi signaculum sacramenti"; c. un. h. t. in VI.; c. 20 D. 34; c. 1 D. 55; c. 1. 2 D. 33; c. 6—14 D. 34; c. 8 D. 50; Trid. s. XXIII. c. 17; s. XXIV. c. 6; auch wenn die erste Ehe vor der Bekehrung zum Christenthum bestand, tritt die Irregularität ein; c. 2—4 D. 26; cf. C. XXVIII.

[5] C. 4 x III. 3; c. 1. 2 x IV. 6; c. 32 C. XXVII. q. 1.

und infamirender Verbrechen ſchuldig gemacht haben [1]. Die Ehrloſigkeit kann eintreten a) *(infamia juris)* durch richterliches Urtheil (per sententiam judicis declaratoriam aut condemnatoriam) oder gerichtliches Geſtändniß (infamia mediata), oder b) *(infamia facti)* durch ein Delict, mit welchem das Geſetz ipso facto die Infamie verbindet (infamia legalis facti, immediata), oder das nach dem Urtheil der Verſtändigen und Guten den Verluſt der Ehre mit ſich bringt (infamia popularis). Die Infamie tritt ex lege ein durch Abfall von der Kirche zur Häreſie, wenn man ein Jahr in der Excommunication verharrt, durch thätlichen Angriff auf einen Cardinal, hier (wie beim Majeſtätsverbrechen) auch für Kinder und Enkel der Angreifenden, bei Duellanten und Betheiligung am Duell, beim raptus und bei anderen entehrenden Verbrechen [2]. Wenn aber das canoniſche Recht ausſpricht: „Omnes infames esse dicimus, quos leges saeculi infames appellant" [3], ſo bezog ſich dies auf das römiſche Recht und kann nicht ſtets jede bürgerliche Infamie auch eo ipso als kirchliche gelten [4]. Die Irregularität ex infamia facti hört auf durch notoriſche Beſſerung (manche verlangen eine dreijährige Beſserung), die ex infamia juris durch Dispenſation des Papſtes, durch restitutio famae von Seite des Papſtes, wie bei der vom Civilgerichte eingeführten von Seite des Regenten; die infamia popularis hört auf durch Reinigung von einer falſchen Diffamation, ja ſie kann durch Veränderung des Ortes hinwegfallen [5].

b. Irregularitas ex delicto.

140. I. *Abusus baptismi* und zwar 1) *baptismi iteratio:* Irregulär ſind jene, die wiſſentlich, öffentlich und abſolut die Taufe wiederholen oder ſich wiedertaufen laſſen oder bei der Wiedertaufe öffentlich dienen [6]. 2) Jene,

---

[1] 1 Tim. 3, 7; „Infamibus portae non pateant dignitatum" (R. J. 87 in VI.); c. 11 x V. 31; Greg. M.: „Quis enim, quem paulo ante vidit jacentem, veneretur antistitem?" (c. 3 D. 61).

[2] C. 5 in VI. (V. 9); Trid. s. XXV. c. 19; s. XXIV. c. 6; cf. c. 15 D. 34; c. 17 C. VI. q. 1; c. 2. 15 in VI. (V. 2); c. 13 § 5 x V. 7.

[3] C. 2 C. VI. q. 1.

[4] Cf. *Craisson* (Manuale tot. jur. can. t. II. Pictavii 1875 n. 1912 p. 225): Hodie juxta D. Stremler (des peines eccles. p. 43) haec regula, quod omnis infamia civilis sit etiam ecclesiastica, non amplius est admittenda, „depuis que . . . certains législateurs notent d'infamie des actions qui, aux yeux de l'Eglise, ne pourraint jamais être criminelles".

[5] Die ſogen. *levis nota* (aus einer niedrigen, gemeinen Beſchäftigung oder Lebensweiſe) begründet keine eigentliche Irregularität, wenn ſie auch von den Weihen ausſchließt.

[6] C. 2 x V. 9: „si publicum est." Es tritt die Irregularität daher wohl nur bei der feierlichen öffentlichen Wiedertaufe ein, nicht bei jenen, welche ohne hinreichenden Grund die Nothtaufe sub conditione wiederholen. Cf. Benedict. XIV. de syn. dioeces. l. VII. c. 6 n. 3.

die ſich (ohne Noth) von einem Häretiker taufen laſſen, nicht aber ſolche, die
als Kinder von Häretikern getauft wurden [1].

II. *Abusus ordinis:* 1) *Ordinum usurpatio.* Cleriker, die wiſſentlich
und feierlich in den Gewändern des *ordo* einen Act einer höhern Weihe
ausüben, die ſie gar nicht empfangen haben [2]. Die Irregularität bezieht ſich
auf den ordo, den ſie ausüben, ohne ihn erhalten zu haben. 2) *Violatio
censurae;* die Ausübung einer empfangenen Weihe trotz einer entgegenſtehenden
Cenſur zieht Irregularität nach ſich [3]. Der excommunicirte, ſuspendirte, in=
terdicirte Cleriker darf den ordo nicht ausüben; thut er es doch, ſo verfällt
er der Irregularität, die auch nach Abſolution von der Cenſur noch durch
Dispens gehoben werden müßte. Wer die Weihe wiſſentlich von einem ex=
communicirten, ſuspendirten, interdicirten, häretiſchen oder ſchismatiſchen Bi=
ſchof empfängt, verfällt der Suspenſion; auch wer dabei bona fide war, darf
doch die Weihe nicht ausüben, bis er Dispens erlangt hat. Auch der per
saltum Ordinirte iſt ſuspendirt. Irregulär werden ſolche, wenn ſie trotz der
Cenſur die Weihe ausüben. Wer die Weihe empfängt im Stande der Ex=
communication oder verheiratet gegen den Willen ſeiner Frau (ante matrim.
consummat.) oder von einem Biſchof, der reſignirt hat, oder simoniace oder
furtive, darf die ſo empfangene Weihe vor erlangter Dispens nicht ausüben.
Hat der Biſchof vor der Weihe gegen die furtiva susceptio die Excommuni=
cation ausgeſprochen, dann iſt der furtive Ordinirte auch irregulär [4].

III. *Haeresis et apostasia publica* (externa). Die Häreſie macht ir=
regulär, ſowohl wenn man in einer häretiſchen Secte getauft ward, als wenn
man erſt von der Kirche zur Irrlehre abfiel, und zwar gilt es auch von den
Anhängern, Vertheidigern und Hehlern, ſowie von den Kindern (und väter=
licherſeits auch von den Enkeln) der Häretiker, wenn die Eltern noch in der
Häreſie verharren oder in ihr geſtorben ſind. Wenn auch ſtaatsrechtlich
der infamirende Charakter einer Häreſie hinweggefallen iſt, ſo iſt deshalb nicht
die kirchenrechtliche Folge, die Irregularität, hinweggenommen [5].

IV. *Homicidium* und *mutilatio.* Nur das vorſätzliche (*homicidium
dolosum*) oder durch grobe Fahrläſſigkeit ſchuldbare (*culposum*), nicht aber

---

[1] C. 18 C. I. q. 1; c. 3 C. I. q. 4. Hierher rechnete man auch die clinici,
welche abſichtlich die Taufe bis zu einer lebensgefährlichen Krankheit verſchoben.

[2] Nach der Titelrubrik de *clerico* non ordinato ministrante trifft die Irregula=
rität nur Cleriker, nicht Laien. Craiſſon u. a. nehmen an, daß auch der Diakon, der
außer dem Nothfall feierlich tauft oder die Euchariſtie austheilt, irregulär werde, weil
er nicht minister ordinarius ſei. Für die ordinum usurpatio ſoll Excommunication
verhängt werden nach c. 1 x V. 28.

[3] C. 18 de sent. excomm. in VI.

[4] Cf. x I. 28. 27. 30. 13; Trid. s. XXIII. c. 14 de ref. Const. „Apost. Sed.
moderat.", Suspens. Pontif. reserv. 6; interdict. 2.

[5] C. 2 § 2 in VI. (V. 2); cf. c. 21 C. I. q. 7. Vgl. S. 171 N. 4.

das homicidium mere casuale macht irregulär. Dasselbe gilt von der mutilatio, Trennung eines Theiles des Körpers, der eine eigene Bestimmung für ſich hat, eines Hauptgliedes vom Leibe, wie Hand, Arm, Fuß, Auge, auch eines Fingers (c. 6 D. 55). Auch im Zweifel, ob man in ſchwer ſündhafter Weiſe an dem gewiß erfolgten Tode ſchuld war, tritt die Irregu=larität ein. Sie tritt ein nicht bloß für den Thäter, ſondern auch für jene, die durch Befehl oder Rath mitwirken. Hierher gehört beſonders auch der abortus (287) und die Selbſtentmannung [1].

Zu der Irregularität ex delicto gehört die bereits angeführte bigamia similitudinaria, die attendirte Ehe eines Majoriſten oder Ordensprofeſſen, und die ex infamia.

5. Erforderniſſe von Seite des Ordinators.

141. Giltiger Weiſe kann jeder ſelbſt giltig conſecrirte Biſchof die Weihen ertheilen, wenn er die weſentliche Form und Materie der Weihe beobachtet; aber auch nur der Biſchof kann die ſacramentalen Weihen er=theilen. Wohl aber kann der Papſt auch einem Prieſter die Vollmacht er=theilen, die ordines minores, ja auch das Subdiatonat zu ſpenden (142, II. 3) [2].

Es iſt demnach auch die von einem häretiſchen, ſchiſmatiſchen, ercom=municirten, abgeſetzten Biſchof ertheilte Weihe als giltig zu betrachten. Eine Reordination, Wiederholung der Weihe (sub conditione) findet nur ſtatt, wenn an der Giltigkeit der Materie und Form oder der Conſecration des Ordinators Zweifel beſteht [3].

Wenn für die von einem häretiſchen (ſchiſmatiſchen u. ſ. w.) Biſchof ertheilte Weihe ſich in den canones die Bezeichnung *irrita ordinatio* findet [4], ſo iſt zu beachten, daß oft nicht ausdrücklich zwiſchen ordo und jurisdictio unterſchieden ward, der Ausdruck nicht in ſacramentaler, ſondern in

---

[1] C. 7. 18. 23 x V. 12. Trid. s. XIV. c. 7. 18. 23; c. 8 D. 50; c. 23 D. 1 de poenit.; c. 6 D. 55; cf. Thom. Aq. 2. 2. q. 64 a. 8 ad 3. Auch die Nothwehr wird beim Cleriker ſtrenge beurtheilt c. 12 h. t.; c. 2. 3. 10 cod.; c. 44 D. 50; c. 20 C. XXIV. q. 3; c. 20 h. t.: „Abortum procurantes foetus animati effectu secuto; *supponunt canones*, foetum masculinum quadragesimo, femininum octoge-simo post conceptionem die animari." Iſt auch dies nicht mehr die herrſchende Anſicht, ſo gilt ſie doch hier noch in der Praxis. Vgl. Pruner l. c. S. 345. 389. 393 ff.

[2] Trid. l. c. can. 4 u. 7; cap. 4; c. 10 de ref. s. VII. can. 9.

[3] Als ungiltig ſind die Weihen in der ſchwediſchen, däniſchen, anglikaniſchen Kirche anzuſehen. Vgl. Bender, War Parker ein giltig geweihter Biſchof? 1877.

[4] C. 1 de schismat. et ordin. ab eis; c. 1 C. IX. q. 1; c. 33 C. IX. q. 1; c. 31. 33 C. XXIV. q. 1; c. 6 C. VII. q. 1; c. 18 C. I. q. 1; c. 24. 25 C. I. q. 1; c. 5 C. IX. q. 1; c. 8 C. I. q. 7 iſt von der Handauflegung beim reconciliatoriſchen Ritus zu verſtehen.

rechtlicher Beziehung zu verstehen ist und das Uncanonische, rechtlich keine Folge nach sich ziehende bezeichnet[1], wie auch die ohne Zustimmung des Diöcesanbischofs an einen fremden Geistlichen, die sine titulo ertheilte Weihe[2], ja auch die Weihe, bei der keine Gnadenertheilung stattfand[3], irrita genannt wurde; ferner, daß ordinare oft im weitern Sinne für constituere, eligere gebraucht ward[4], wie den ordo verlieren oft heißt: des geistlichen Amtes entsetzt werden. Solange keine absoluten Ordinationen stattfanden, sondern jeder nur für ein bestimmtes Kirchenamt geweiht (143, II.), bei illicite Geweihten nur höchst selten eine Dispens ertheilt ward: erschien es ziemlich gleich, ob die Weihe der Substanz nach als nichtig oder nur als unberechtigt erklärt ward[5]. Der von der Kirche abgefallene Bischof hat noch die Weihegewalt, die nicht verloren werden kann, wenn ihm auch die Jurisdiction und die Berechtigung zur Ertheilung der Weihe fehlt[6].

142. Andere Requisite gehören zur **Erlaubtheit** und **Rechtmäßigkeit** der Weihe.

1. *Jure ordinario* ist berechtigt zur Ertheilung der Weihe:

1) Der Papst in der ganzen Kirche, wie er auch einem zu Weihenden die Vollmacht geben kann, sich von einem andern oder von jedwedem Bischof weihen zu lassen. Hat der Papst einen Cleriker ordinirt, so darf kein anderer Bischof ohne specielle Delegation vom Papste ihm die noch fehlenden Weihen ertheilen[7]. Letzteres fordert die Ehrfurcht gegen den obersten Hirten, den Vater aller Gläubigen, der in der ganzen Kirche jurisdictio ordinaria hat.

2) Der *episcopus legitimus et proprius*, der rechtmäßige, d. i. der in Gemeinschaft der römischen Kirche stehende, von Censuren freie, in recht-

---

[1] „Quae contra jus fiunt, debent utique pro infectis haberi." R. J. 64 in VI

[2] C. 3 D. 71; c. 7 C. IX. q. 2; c. 40 C. I. q. 1; c. 1 D. 70; die Gl. vacuam erklärt: quoad executionem. Der absolute Geweihte war suspendirt (143, II).

[3] C. 97 C. I. q. 1.

[4] C. 1—3 D. 60.

[5] Vgl. J. Hergenröther, Photius Bd. II. S. 321 ff. und Oesterr. Vierteljahrsschr. für kathol. Theol. 1862. S. 207 ff. 387 ff. Die Kirche unterschied sachlich aber stets zwischen ungiltiger und unerlaubter Taufe und Weihe, wie sie z. B. Taufe und Weihe der Novatianer als giltig, die der Paulianisten als ungiltig erkannte, wenn auch einzelne, wie bei der Taufe, so bei der Weihe schwankten.

[6] C. 97 § 2. 3 C. I. q. 1: „Sicut autem in baptismo, quod per eos (schismaticos) dari possit, sic in ordinatione jus dandi: utrumque quidem ad perniciem suam, quamdiu charitatem non habent unitatis, sed aliud est, prorsus non habere, aliud perniciose habere. Quidquid non habetur, dandum est, cum opus est dari; quod vero perniciose habetur, per correctionem depulsa pernicie agendum est, ut salubriter habeatur." Cf. c. 29 C. II. q. 7: „Non omnes episcopi sunt episcopi" (Hieron.).

[7] C. 12 x I. 11; c. 3 eod. (I. 9) in VI.; c. 20. 21 C. IX. q. 3; c. 122 C. I. q. 1.

mäßiger Verbindung (Ehe) mit einer Diöceſe lebende, und für den Weihe=
candidaten competente Biſchof[1]. „Unusquisque a proprio episcopo
ordinetur" (Trid. s. XXIII. c. 8). War zuerſt episcopus proprius der=
jenige, welcher die Taufe ertheilt hatte, dann der episcopus originis, dann
namentlich derjenige, welcher das Kirchenamt zu ertheilen hatte, für das man
geweiht ward, ſo bildete ſich ſpäter ein vierfacher Competenzgrund zur
Weihe aus[2]:

a) *Ratione originis* iſt der Biſchof zur Weihe berechtigt, in deſſen Diö=
ceſe der Weihecandidat geboren wurde, wofern nicht die Geburt zufällig, z. B.
auf einer Reiſe der Mutter, dort erfolgte.

b) *Ratione domicilii* iſt derjenige Biſchof episcopus proprius, in deſſen
Diöceſe der zu Weihende ſchon zehn Jahre ſeinen Wohnſitz behauptet oder
doch ſich häuslich dort niedergelaſſen und die Abſicht hat, hier domiciliren
zu wollen. Innocenz XII. verlangte in beiden Fällen den Eid, daß man
dort zu bleiben geſonnen ſei.

c) *Ratione beneficii* iſt der Ordinarius competent, in deſſen Diöceſe der
Weihecandidat bereits ein eigentliches beneficium hat, welches die congrua
sustentatio gewährt.

d) *Ratione familiaritatis* (s. commensalitii), wofern der zu Weihende
volle drei Jahre ununterbrochen in der unmittelbaren Umgebung des Biſchofs
gelebt hat und dieſer ihm ſofort (innerhalb eines Monats) ein beneficium
verleiht[3].

Titularbiſchöfe (episcopi in partibus sc. infidelium) können auch
nicht ratione commensalitatis weihen. Der episcopus originis bleibt
immer episcopus proprius, wenn auch ein anderer aus anderem Titel zu=
gleich berechtigt iſt. Wenn jemand mehrere Domicile hat, überhaupt wenn
mehrere Biſchöfe berechtigt ſind, hat der Weihecandidat die Wahl und kann
auch bei den einzelnen Weihen wechſeln.

II. *Jure extraordinario* (als minister extraordinarius) darf jeder
andere episcopus legitimus die Weihe ertheilen: 1) wenn er vom Papſte
delegirt iſt oder der Weihecandidat vom Papſte das Privilegium hat, ſich
a quocunque weihen zu laſſen; 2) wenn der Weihecandidat von ſeinem

---

[1] Cf. Const. „Apost. Sed. moder.", Suspens. Pontif. reserv. G. 3.

[2] Die Grundlage dafür bietet c. 3 in VI. (I. 9): „Cum nullus clericum parochiae (= dioecesis) alienae praeter superioris ipsius licentiam debeat ordinare.
superior intelligitur in hoc casu episcopus, de cujus dioecesi est is, qui ad ordines
promoveri desiderat, oriundus, seu in cujus dioecesi beneficium obtinet ecclesiasticum, seu habet (licet alibi natus fuerit) domicilium in eadem."

[3] Innocent. XII. Const. „Speculatores" d. 4. Nov. 1694; Trid. s. XIV. c. 2;
s. XXIII. c. 3. 8. 9; s. VII. c. 11; Benedict. XIV. Const. „Impositi"; *Richter*,
Trid. p. 530—533; 187, 9; 188, 11; 195, 28; 187, 7; 191 seq.; 197, 2; 196. 1;
186, 6.

episcopus proprius Dimissorien [1] beibringt. Diese Dimissorien sind entweder eigentliche **Entlaßscheine** (dimissoriales perpetuae, excorporationis)[2], wie dies der Fall war, bevor die absoluten Weihen stattfanden, oder sie ermächtigen bloß zur Ertheilung der Weihe (oder Tonsur) von einem bestimmten, namentlich genannten Bischof oder von jedwedem Bischof; im letztern Fall muß eine legitima causa in denselben angegeben sein, warum der episcopus proprius nicht weihen kann. Diese dimissoriae temporales (licentiatoriae) gehen auf eine oder mehrere Weihen und meist auf bestimmte Zeit. Ausstellen kann sie: a) der episcopus proprius, wenn er auch noch nicht consecrirt, aber confirmirt ist; b) der Generalvikar, wenn der Bischof in remotis ist (228, II. 2); c) der Capitularvikar erst nach zwölfmonatlicher Sedisvacanz, vorher nur, wenn außerdem dem zu Weihenden der Verlust eines Beneficiums droht[3]; d) Klosteräbte cum jurisdictione quasi episcopali können ihren Regularen Dimissorien an einen benachbarten Bischof ausstellen, wenn der competente Bischof in remotis ist oder zur üblichen Weihezeit nicht weiht[4].

Die Dimissorien enthalten auch die **Testimonialen**; solche (literae testimoniales) muß aber auch der episcopus proprius fordern, wenn der Weihecandidat sich nicht seit seinem siebenten Lebensjahre in der Diöcese aufgehalten hat oder überhaupt so lange außerhalb seiner Diöcese lebte, daß er ein canonisches Hinderniß sich dort zuziehen konnte. Der Ordinator kann den zu Weihenden selbst nochmals prüfen ("posse, non teneri")[5]. *Literae formatae* heißt die Bescheinigung über die empfangene Weihe. 3) Vermöge Privilegs dürfen Cardinalpriester ihren familiares, Aebte, die Priester und vom Bischof benedicirt sind, ihren ratione voti religiosi Untergebenen Tonsur und niedere Weihen, manche Aebte ex speciali indulto Papae auch das Subdiakonat ertheilen (141).

---

[1] Cf. c. 1 D. 73. In der älteren Zeit werden literae dimissoriae (c. 1 C. XXI. q. 2; c. 1 D. 72), pacificae und commendatitiae (c. 7. 8 D. 71), litterae canonicae oder auch formatae (c. 9 D. 71) genannt. Das Trid. s. XIV. c. 2; s. VII. c. 10 nennt die Dimissorien auch literae commendatitiae, reverendae, sonst Empfehlungsschreiben für reisende Cleriker. Cf. Trid. s. VII. c. 11; s. XXIII. c. 10.

[2] "In qua ecclesia quilibet titulatus est, in ea perpetuo perseveret", c. 2 D. 70; cf. Trid. s. XXIII. c 16. Hat ein nicht bepfründeter Geistlicher ein mit Residenzpflicht verbundenes Beneficium in einer fremden Diöcese erhalten, so ist er dadurch aus seiner früheren Diöcese ausgetreten.

[3] Trid. s. XXIII. c. 10.

[4] Der nicht berechtigte Ordinator, der einen fremden Diöcesanen weiht, ist a collatione ordinum auf ein Jahr, der ordinatus von Ausübung des ordo auf solange suspendirt, als es seinem episcopus proprius gut erscheint. Const. "Apost. Sed. mod.", Suspens Pontifici reserv. 3.

[5] *Richter*, Trid. p. 180, 1 (S. C. d. 16. Jan. 1595).

6. Erforderniſſe von Seite des Ordinanden.

143. I. *Scrutinium.* Wer geweiht werden will, ſoll nicht bloß frei ſein von ſchwerer Sünde, von Cenſuren, Irregularitäten und anderen Weihehinderniſſen, ſondern er ſoll auch den Beruf zum Clerikalſtand haben, die rechte Intention und ſoll mit dem nöthigen Wiſſen auch die Rechtſchaffenheit des Lebens verbinden [1].

Daher wurde allzeit eine Prüfung der Weihecandidaten gefordert [2]. Für höhere Weihen ſchreibt das Tridentinum s. XXIII. c. 5. 7 ein dreifaches Scrutinium vor:

1) Das Aufgebot, das von den zuſtändigen Pfarrern der Weihecandidaten in der Kirche einen Monat vor der Weihe vorzunehmen iſt, und die Prüfung ihres Wandels über etwaige Weihehinderniſſe derſelben durch den Pfarrer oder einen biſchöflichen Commiſſär.

2) Das eigentliche Scrutinium kurz vor der Weihe vor Biſchof oder Generalvikar und den Synodalexaminatoren über Orthodoxie, wiſſenſchaftliche Befähigung u. ſ. w.

3) Das feierliche Zeugniß des Archidiakons und die Aufforderung an das Volk, wenn jemand etwas gegen den Weihecandidaten habe, es zu ſagen (bei Diakonat- und Prieſterweihe) [3].

II. *Titulus ordinationis.* Nach dem ältern Rechte ſollte jeder nur für eine beſtimmte Kirche geweiht werden, niemand durfte erlaubter Weiſe abſolut, d. h. ohne die Beſtimmung für den Dienſt an einer gewiſſen Kirche geweiht werden [4]. Daher die Vorſchrift, ut nemo sine titulo ordinetur [5].

---

[1] *Benedict. XIV.*, De syn. dioec. l. 10 c. 2 n. 17; *Thom.*, Suppl. q. 35 a. 1 ad 3: „Ad idoneam executionem ordinum non sufficit bonitas qualiscunque, sed requiritur bonitas excellens"; cf. Trid. s. XXIV. c. 12; s. XXIII. c. 4. 12; Hebr. 5, 4.

[2] C. 2 D. 24 (Carthag. III. a. 397); c. 4 D. 81.

[3] „Scis illos dignos esse?" worauf der Archidiakon antwortet: „Quantum humana fragilitas nosse sinit, et scio et testificor, ipsos dignos esse ad hujus onus officii." Biſchof: „Deo gratias. — Quoniam, fratres charissimi, rectori navis et navigio deferendis eadem est vel securitatis ratio vel communis timoris, par eorum esse debet sententia, quorum causa communis existit. Neque enim fuit frustra a patribus institutum, ut de electione illorum, qui ad regimen altaris adhibendi sunt, consulatur etiam populus, quia de vita et conversatione praesentandi, quod nonnunquam ignoratur a pluribus, scitur a paucis, et necesse est, ut facilius ei quis obedientiam exhibeat ordinato, cui assensum praebuerit ordinando."

[4] Chalcedon. 4. 51 c. 6 (c. 1 D. 70): „Neminem absolute (ἀπολελυμένως) ordinari presbyterum vel diaconum vel quemlibet in ecclesiastica ordinatione constitutum, nisi manifeste in ecclesia civitatis sive possessionis aut in martyrio aut in monasterio qui ordinatur, mereatur ordinationis publicatae vocabulum."

[5] C. 2 D. 70. Mehrere Concilien eiferten gegen die clerici vagi, acephali. Cf. c. 23 § 5 D. 93; c. 24 ib. Die Zahl der Cleriker ſollte dem Bedürfniß der Kirche entſprechen. Cf. c. 3 x III. 1.

Titulus[1] hieß die Kirche (z. B. titulus Lucinae, titulus Damasi), dann das Kirchenamt; der an einer Kirche ständig Angestellte titulatus, intitulatus. Der Geistliche bezog seinen Unterhalt von der Kirche, an welcher er angestellt war. Als später die Kirchengüter ausgeschieden und einzelne Beneficien errichtet wurden, hieß auch das mit dem Kirchenamte verbundene Beneficium titulus (c. 3 x. III. 3); allmählich verstand man unter titulus überhaupt den für den Cleriker nothwendigen standesgemäßen Lebensunterhalt. So hat die kirchliche Vorschrift „sine titulo nemo ordinetur" nach heutigem Rechte den Sinn erhalten: Niemand soll zu den (höheren) Weihen befördert werden, für dessen Unterhalt nicht standesgemäß gesorgt ist. Die Vorschrift des dritten Lateranconcils[2] wurde auch auf das Subdiakonat ausgedehnt, womit es vielleicht zusammenhängt, daß nun auch dieses den höheren Weihen beigezählt wurde[3].

Heutzutage wird als titulus betrachtet:

1) *Titulus beneficii*, ein bestimmtes kirchliches Beneficium, welches die congrua sustentatio gewährt[4].

2) *Titulus patrimonii*, eigenes, ausreichendes Vermögen.

3) *Titulus pensionis*, der Bezug einer lebenslänglichen ausreichenden Pension.

4) *Titulus religionis, paupertatis* bei Religiosen.

5) *Titulus missionis*, wie bei den der Propaganda unterstehenden Anstalten.

6) *Titulus mensae*. Der sogen. Tischtitel, wie er sich besonders in Deutschland ausgebildet hat, ist nur ein Ersatz *(quasi-titulus)* für den eigentlichen Ordinationstitel, welcher den wirklichen Besitz verlangte, und besteh in der Zusicherung von Seite einer dritten Person (Landesherrn, Corporationen u. a.), für den Fall der Dienstunfähigkeit des Geweihten für den nöthigsten Unterhalt desselben sorgen zu wollen.

III. Das Concil von Trient verlangt ferner **Bildung und Erziehung der Cleriker in Seminarien.** Unbestreitbar haben die Bischöfe, die für ihre Cleriker, ihre Gehilfen, wie für sich selbst Gott verant-

---

[1] *Titulus*, Kennzeichen, Wahrzeichen, Rechtsanspruch (c. 1 C. XVI. q. 6), Titel, Kirche; vgl. Gen. 28, 18. 22.

[2] C. 4 x III. 5: „Episcopus si aliquem sine titulo, de quo necessaria vitae percipiat, in diaconum vel presbyterum ordinaverit, tamdiu ei necessaria subministret, donec in aliqua ecclesia ei convenientia stipendia militiae clericalis assignet, nisi talis ordinatus de sua vel paterna haereditate subsidium vitae possit habere."

[3] Innocenz III. in c. 16 x III. 5.

[4] Trid. s. XXI. c. 2. Vgl. Const. „Apostol. Sed. mod.", Suspens. Pontific. reserv. 2. 4.

wortlich sind, die heilige Pflicht und darum auch das Recht, die Erziehung und Bildung derselben zu leiten [1]. Schon in den frühesten Zeiten wurden die Cleriker von den Bischöfen und an den Bischofsschulen unterrichtet [2], dann in Klosterschulen. Besonders wohlthätig wirkte die Einführung der vita communis an den Stiften (229); auch nach Auflösung dieses canonischen Lebens blieben die geistlichen Schulen und Erziehungsanstalten noch eine Zeitlang in Form eines Clerikalconvictes unter Leitung des bischöflichen Scholasters bestehen. Die aufblühenden Universitäten, meist aus kirchlichen Anstalten hervorgegangen, waren von den Päpsten und Bischöfen vielfach beaufsichtigt und begünstigt. Seit der Reformation waren die Universitäten verfallen, die Studien wie die Sittlichkeit lagen darnieder. Deßhalb bestimmte das Concil von Trient, daß in jeder Diöcese eine Pflanzschule (seminarium) errichtet werden solle, worin die künftigen Priester schon vom zwölften Lebensjahre an erzogen und unterrichtet würden [3]. Diese Anordnung wurde jedoch vielfach nicht oder wenigstens nicht ganz im Sinne des Tridentinum durchgeführt. Wesentlich erscheint jedenfalls die Anforderung einer Seminarbildung für die Cleriker, sei es während ihrer theologischen Studien oder zum mindesten nach Vollendung derselben ein Jahr hindurch zur praktischen Vorbereitung auf die Seelsorge. Sind auch Universitäten und Lyceen (Akademien) meist staatliche Anstalten, so ist doch nothwendig, daß den Professoren der Theologie vom Bischofe die missio legitima nicht versagt worden sei. Das Concil von Trient hat jedenfalls durch seine Vorschrift den Universitäten nicht präjudiciren wollen [4].

7. Clerikale Standespflichten.

[a. Allgemeine.

144. Der Clerikalstand soll den Laien als Tugendmuster voranleuchten. Der Cleriker soll nicht bloß untadelhaft sein (1 Tim. 3, 2 ff.; Tit. 1, 7 ff.), sondern auch ein leuchtendes Vorbild der Gläubigen, in allem ein Vorbild guter Werke (1 Petr. 5, 3; Tit. 2, 7). Das Tridentinum (s. XXII. c. 1) sagt: „Nichts gibt es, was andere beharrlicher zur Frömmigkeit und zur Ver-

---

[1] Syllab. n. 46: „Imo in ipsis clericorum seminariis methodus studiorum adhibenda civili auctoritati subjicitur"; cf. n. 45.

[2] Socrat. H. E. I. 11 berichtet z. B. von Bischof Alexander von Alexandrien: „Pueros in ecclesia educari jubet studiisque doctrinae erudiri." Das zweite Concil von Toledo 527 (c. 5 D. 28) bestimmte: „Statuimus observandum, ut mox detonsi vel ministerio lectorum traditi in domo ecclesiae sub episcopali praesentia a praeposito sibi debeant erudiri." Cf. c. 3. 7 D. 77; c. 1 C. XII. q. 1.

[3] Trid. sess. XXIII. c. 18.

[4] Vgl. J. Hergenröther, Universitäts- oder Seminarbildung der Geistlichen. Beilage zur Augsb. Postztg. 10. Juli 1869.

ehrung Gottes anweist, als das Leben und Beispiel derer, welche sich dem
göttlichen Dienste gewidmet haben. Denn da man sie von den Dingen der
Welt zu einer höhern Stellung erhoben sieht, so richten die Uebrigen ihre
Augen auf sie wie auf einen Spiegel und nehmen von ihnen sich ab, was
sie nachahmen." „Ministros ecclesiae fide et opere debere esse per-
fectos" (Pontific.) [1]. Insbesondere soll der Cleriker dem Gebete und der
Betrachtung obliegen, die geistlichen Uebungen jährlich halten, eifrig dem
Studium sich widmen, Keuschheit, Mäßigkeit, Gastfreundschaft und Wohlthätigkeit üben, das decorum clericale stets wahren, die Tonsur und die
clerikale Kleidung juxta episcopi ordinationem et mandatum (Trid.
s. XIV. c. 6) tragen [2].

Namentlich verbieten die canones den Clerikern:

1) Jede Unmäßigkeit, Zusammenkünfte zu Trink- und Gastgelagen, den
Besuch der Wirthshäuser [3].

2) Nicht bloß jede Unkeuschheit, sondern auch das, was den Schein eines
unenthaltsamen Lebens auf ihn werfen könnte (non solum caste, sed et
caute), jede Vertraulichkeit mit dem weiblichen Geschlechte. Cleriker sollen
nur verwandte oder doch ältere, jeden Verdacht ausschließende Frauenspersonen

---

[1] *Hier.* (c. 21 C. VIII. q. 1): „Qualis erit aedificatio discipuli, si se intel-
ligat magistro esse majorem? Unde non solum episcopi, presbyteri et diaconi
debent magnopere providere, ut cunctum populum, cui praesident, conversatione
sermone et scientia praecedant, verum etiam et inferior gradus, exorcistae, lectores
aeditui, acolyti et omnes omnino, qui domui Dei serviunt; quia vehementer ecclesiam Christi destruit, meliores laicos esse quam clericos." *Isidor. Pelus.* l. II
ep. 205: „Tantum inter sacerdotem et quemlibet probum interesse debet, quantum
inter coelum et terram discriminis est." *Aug.* (de vit. christ. c. 9): „Tales esse
convenit graves, prudentes, pios, irreprehensibiles, immaculatos, ut, quisquis viderit
eos, stupeat et admiretur et dicat: Ii homines sunt Dei, quorum talis est conversatio." *Trid.:* „Levia in laicis delicta sacerdotibus maxima." Cf. c. 12. 5
D. 40. Tit. de vita et hon. cleric. III. 1; Dist. 23—50; Trid. l. c. et s. XXIII.
c. 14; s. XXIV. c. 6. 12; s. XXV. c. 1.

[2] Trid. s. XIV. c. 6: „Etsi habitus non facit monachum, oportet tamen
clericos vestes proprio congruentes ordini semper deferre, ut per decentiam habitus
extrinseci morum honestatem intrinsecam ostendant"; c. 2 x III. 1: cf. c. 2 eod.
in Clem. Cleriker sollen keine Ringe, keinen Bart tragen, keine Perücke bei der Celebration der heiligen Messe ohne Erlaubniß des Papstes, sie sollen das Haar nicht eitel
pflegen. Vgl. Thalhofer im Augsb. Pastoralblatt 1863 (Ueber den Bart der
Geistlichen) und Kirchenlexikon 2. Aufl. Bd. I. Sp. 2049 ff.

[3] Cf. Lev. 10, 9; Num. 6, 3; Eph. 5, 18; „vinum et ebrietas incendium est"
c. 6 D. 35; cf. c. 9 (can. apost. 42. 43); c. 4. 8 D. 35; „tabernas prorsus evitent,
nisi forte causa necessitatis in itinere constituti"; c. 4. 9. 2 D. 44; c. 14 x III. 1
(Lateran. III.): „Praesertim a crapula et ebrietate omnes clerici diligenter abstineant
nec ad bibendum alios evitent aut se mutuo ad aequales haustus provocent."

in ihrem Hause haben; sich vor allen unanständigen Scherzen, Reden u. s. w. sorgfältig hüten [1].

3) Sie sollen das Theater meiden, besonders obscöne Productionen, Ballete, Seiltänzerproductionen u. dgl. Ebenso sollen sie nicht an Maskeraden theilnehmen [2].

4) Dem Clerifer ist der Tanz verboten, auch bei Hochzeiten [3]; ferner

5) Würfel= und Hazardspiele [4]. Ueberhaupt darf der Clerifer, wie kein Wirthshausgänger, so auch kein Spieler sein, und kann auch ein an sich erlaubtes Spiel für ihn sündhaft werden durch Zeitverlust oder Gewinnsucht, überhaupt wenn es zur Leidenschaft wird oder dem Volke zum Aergerniß gereicht.

6) Der Clerifer soll sich nicht der Jagdlust hingeben. Ist zunächst auch nur die venatio clamorosa (cum strepitu, Treib= und Koppeljagd) strenge verboten, so erscheint doch auch die venatio quieta für den Clerifer nicht passend und kann jedenfalls vom Bischof verboten werden [5].

7) Die Clerifer sollen keine Waffen tragen, außer etwa auf Reisen [6], wie sie ohnehin keine Kriegsdienste leisten sollten.

8) Der Clerifer soll sich nicht in weltliche Geschäfte einmischen (2 Tim. 2, 4; x. III. 50), daher keine öffentlichen Dienste in Staats= und Gemeindeämtern übernehmen. Ist der Geistliche auch frei in Ausübung seiner politischen Rechte, so ist es doch sicher Aufgabe des Bischofs, darüber zu wachen, daß der Clerifer hierin wie in seiner literarischen Thätigkeit nicht kirchliche Rechte und Interessen verletze [7].

9) Den Geistlichen ist der Handel untersagt, Kauf und Verkauf zum Zwecke des Gewinnes (1 Tim. 3, 8), noch strenger natürlich aller Wucher [8].

---

[1] „Mare, ignis et mulier tria mala. Sed tamen minus tempestuosum est mare, ignis minus inflammat, in muliere omnia nocent." Cf. c. 16 D. 32; c. 25. 27 D. 81; c. 1 D. 34; c. 3 D. 23; c. 7 D. 44; c. 6 D. 46.

[2] C. 15 x III. 1; c. 6 D. 46.

[3] C. 19 D. 34.

[4] C. 1 D. 35 (can. apost. 43. 44): „Episcopus aut presbyter aut diaconus aleae atque ebrietati deserviens aut desinet aut certe damnetur. Subdiaconus aut lector aut cantor similia faciens aut desinat aut communione privetur." C. 15 x III. 1: „Ad aleas et taxillos non ludant nec hujusmodi ludis intersint." Trid. s. XXIV. c. 12.

[5] C. 1. 2 de clerico venat.; c. 2. 3 D. 34. Trid. s. XXIV. c. 12 scheint „illicitis venationibus et aucupiis" nur auf die allgemein als unerlaubt geltende venatio clamorosa (Gl. zu c. 1 x V. 24; c. 1 § 4 Clem. III. 10) zu gehen, gleichwie illicitis ludis auf die durch die canones verbotenen Spiele.

[6] C. 5. 6 D. 50. D. 53; c. 15 D. 63; c. 1. 4 D. 51; C. XXIII. q. 8; c. 2 x III. 1; c. 6 in VI. (V. 11).

[7] Vgl. v. Scherer l. c. S. 380.

[8] C. 2. 9. 10. 13 D. 88; c. 3 C. XIV. q. 4; c. 4 D. 47; c. 1 x III. 1; Trid. s. XXII. c. 1; c. 6 x III. 50; Benedikts XIV. Const. „Apostolicae servitutis".

10) Ebenso ist ihnen verboten, Gewerbe und Handwerk zu treiben,

11) Ausübung der Medicin und Chirurgie[1], sowie

12) der Criminalgerichtsbarkeit.

Der Cleriker soll überhaupt Beschäftigungen wie Belustigungen meiden, die mit dem geistlichen Stande und seiner Würde unvereinbar sind. Er soll insbesondere frei sein von Geiz, Streitsucht, Putz- und Modesucht[2], er soll die Zurückgezogenheit lieben, so nothwendig es auch andererseits für ihn, zumal in der Gegenwart, ist, auch außer der Kirche in katholischen Vereinen u. dgl. zu wirken.

b. Besondere Pflichten der Majoristen.

a. Cölibat[3].

145. Die höhere Vollkommenheit des Cölibats, des um Gottes willen freiwillig gewählten ehelosen Lebens, vor dem Ehestande spricht der Heiland (Matth. 19, 11. 12) sowie der hl. Paulus (1 Kor. 7, 32 ff.) ganz allgemein aus und hat das Concil von Trient (s. XXIV. can. 10) ausdrücklich definirt. Hat sich doch selbst im Heidenthum bei allem sittlichen Verfall in vielen Sagen der Vorzeit, in der Achtung, welche die Vestalinnen genossen, u. a. die Werthschätzung der Virginität noch in etwas erhalten[4]. Die Ehe macht getheilt; die Jungfrau ist nur bedacht, wie sie Gott gefallen möge (1 Kor. 7, 32, 33), daß sie heilig sei dem Leibe und dem Geiste nach (v. 34), daß sie dem Dienste des Herrn gewidmet sei ohne Hinderniß (v. 35). Darum bezeichnet der Apostel es als melius und beatius (v. 38. 40), ehelos zu bleiben. Wenn er v. 26 auf die obwaltende Bedrängniß hinweist, so ist damit keineswegs die Verfolgung gemeint, von der in Korinth damals keine Spur war, sondern nach v. 28 die Bedrängniß dem Fleische nach. Auf die strenge Beobachtung der Keuschheit und die Virginität bei den ersten Christen berufen

---

[1] Mit Recht ist auch die Ausübung der Homöopathie und Elektrohomöopathie vielfach ausdrücklich untersagt. Das Verbot des Studiums des weltlichen Rechts wie desjenigen der Medicin (c. 10 x III. 50; c. 5 x V. 5; c. 28 x V. 33) hat nur historische Bedeutung; es sollte der Gefahr der Vernachlässigung des theologischen Studiums steuern, sowie der Entfremdung des Clerikers von seinem eigentlichen Berufe (vgl. 8).

[2] Cf. c. 2 D. 22; c. 4 D. 46; c. 3. 22 D. 23; c. 1 D. 45; c. 1 C. XXI. q. 4; c. 4. 15. 5 x III. 1.

[3] Vgl. Möhler, Gesammelte Schriften I. S. 177 ff.; (Clarus) Der Cölibat, Regensburg 1841; Döllinger, Kirche und Kirchen S. 372; Laurin, Der Cölibat der Geistlichen, Wien 1880; *Roskovány*, Coelibatus et Breviarium, t. I—IV. VI. VII. Pesth. et Nitr. 1861—1877; Jakob Schmitt, Der Priestercölibat, Münster 1870.

[4] Vgl. Hettinger, Apologie II. 2. Freiburg 1867. S. 635: „Casta placent Superis."

sich die Apologeten [1], den Cölibat vertheidigten die Väter, wie Hieronymus gegen Jovinian und Vigilantius [2].

Diese höhere Vollkommenheit der Virginität ist im allgemeinen die Grundlage des kirchlichen Gesetzes, welches die Cleriker der höheren Weihen zum ehelosen, jungfräulichen Leben verpflichtet. Sie sollen ein Leben der Vollkommenheit führen, den Gläubigen als Muster voranleuchten, auch denen predigen und die Seelen derer leiten, die das Wort des Herrn (Matth. 19, 11. 12) zu fassen vermögen. Die Gründe, weshalb der hl. Paulus allen den Rath gibt (1 Kor. 7, 25. 40), gelten vor allem von den Dienern des Altars, die als homines Dei (1 Tim. 6, 11) ungetheilt und ohne Hinderniß dem Dienste des Herrn gewidmet sein müssen, die nur darauf bedacht sein sollen, wie sie Gott gefallen. Sie müssen selbst das Wort des Herrn zu fassen vermögen, den Sieg des Geistes über das Fleisch an sich als möglich erweisen. Das Priesterthum soll in der Menschheit das Ideal der Reinheit repräsentiren; seine Functionen fordern eine ungetheilte Hingabe an den Herrn. Schon der Alte Bund forderte eine besondere Reinheit und Enthaltsamkeit wenigstens für die Zeit, in welcher der Priester den Opferdienst zu versehen hatte [3]. Aber jenes vorbildliche Priesterthum pflanzte sich durch leibliche Abstammung fort, das neutestamentliche durch die geistige Zeugung in der Weihe. Und so erhaben das neutestamentliche Opfer über die des Alten Bundes ist, so muß auch die propria sacerdotalis pudicitia des neutestamentlichen Priesters eine vorzüglichere sein. In der Ehe werden Menschen geboren, im Priesterthum Heilige; der Priester soll zeugen im Feuer des Heiligen Geistes durch das Wort, weiter zeugen durch die Sacramente [4]. Nur eine Jungfrau durfte den Heiland gebären; darum ziemt es sich, daß auch nur jungfräuliche Hände der Welt das Mensch gewordene Wort spenden [5]. Das tägliche heilige Opfer, die innige Beziehung des Priesterthums zu Jesus im allerheiligsten Sacramente sind der tiefste Grund des Cölibatsgesetzes [6].

Außerdem sprechen noch viele andere Gründe für dieses Gesetz. Die Ehe wäre sicher ein Hinderniß für die Aufopferung, welche vom Priester gefordert wird, zumal am Krankenbette, bei ansteckenden Krankheiten, in der Wohl-

---

[1] Cf. *Justin.*, Apolog. I. c. 15; *Athenagor.*, Legat. c. 33; *Tertull.*, Ad uxor. I. c. 8. 3. 6. 7; de virg. veland. c. 16.

[2] Cf. c. 3 D. 82; c. 4 D. 31; *Hier.*, advers. Jovinian. l. I. c. 34.

[3] Vgl. Levit. 15, 1 ff.; 21, 9. 13. 14; 1 Kön. 21, 4; Ezech. 44, 22; Jf. 52, 11.

[4] Vgl. Phillips, Kirchenrecht. Bd. I. S. 708.

[5] Vgl. Hettinger, Apologie l. c.

[6] *Hier.* l. c.: „Sacerdoti, cui semper pro populo offerenda sunt sacrificia, semper orandum est; si semper orandum est, ergo semper carendum est matrimonio." *Origen.*, Hom. 23 in Num.: „Videtur mihi, quod illius solius est offerre sacrificium, qui indesinenti ac perpetuae se devoverit castitati."

thätigkeit, schwer vereinbar mit dem Beichtstuhl, mit dem Wirken des Missio=
närs [1]. Der Seelsorger ist der geistliche Vater seiner Pfarrkinder; mit allen,
die er tauft, tritt er in eine geistliche Verwandtschaft, die ein Ehehinderniß
zwischen ihm und diesen begründet.

Der Cölibat hält die Erblichkeit der Pfründen und die Simonie fern,
macht das Kirchenvermögen gewissermaßen zu einem Gemeingut [2], befestigt die
Freiheit der Kirche nach außen [3]. Die meisten Gegner des Cölibats standen
in dogmatischer Beziehung außerhalb des kirchlichen Dogmas und sind, wie
Möhler bemerkt, in der Regel auch Gegner des Primates, da beide, Primat
und Cölibat, von einem höhern Ursprung und höhern Zweck der Kirche
zeugen, beide ganz besonders die Freiheit der Kirche verbürgen.

146. Nach dem Beispiel Christi und der Apostel [4] war der Cölibat
vorhanden, ehe es eine geschriebene Gesetzgebung darüber gab. Das Gesetz
über den Cölibat der Majoristen ist ein kirchliches [5]; aber das ganze Alter=
thum führt den Cölibat auf die Lehre und Anordnung der Apostel zurück [6].

---

[1] Daß, wie z. B. Frantz (Lehrbuch des Kirchenrechts. Göttingen 1887. S. 102)
sagt, die Ehe eine gute Schule für den Geistlichen zur Erziehung des Volkes bilde
und ein verheirateter Geistlicher weit segensreicher wirken könne als ein unverhei=
rateter, werden wohl nicht alle protestantischen Pastoren behaupten. Selbst die Confessio helvetica II. 29 gestand ein: „Aptiores autem hi, qui donum habent coelibatus, sunt curandis rebus divinis, quam si privatis familiae negotiis distrahantur."

[2] Vgl. Beidtel, Das canonische Recht. S. 592.

[3] Möhler l. c. S. 69: „Ohne den Cölibat wäre die Kirche unfehlbar an den
Staat übergegangen." Gregor VII. l. III. ep. 7 konnte mit Recht in seiner Zeit sagen:
„Non liberari potest ecclesia Dei a servitute laicorum, nisi liberentur clerici ab
uxoribus."

[4] Es folgt dies aus dem Worte Petri Matth. 19, 27: „Wir haben alles verlassen" und der Antwort des Herrn: „Wer Vater und Mutter, Weib und Kinder
um meinetwillen verläßt" u. s. w. Wenn man aus 1 Kor. 9, 5 folgern wollte, daß
Paulus verheiratet gewesen sei, so steht 7, 7. 8 dem direct entgegen; mulier soror
ist eine als Schwester zur Seite stehende weibliche Person, wie schon die Analogie der
Christus dienenden Frauen (Matth. 27, 55; cf. Hier., adv. Jovin. I. 14) und das
spätere Verbot, die Frau nach Empfang der Weihe als Schwester bei sich zu haben,
zeigt. C. 18 D. 32; c. 5 D. 28. Gregor d. Gr. (Dial. IV. 11) spricht von einem
Priester, der auch auf dem Sterbebette die sich ihm nahende Gattin entfernte mit den
Worten: „Recede a me, mulier, adhuc igniculus vivit, paleam tolle."

[5] Thom. 2. 2 q. 88 a. 11. Sanchez, De matrim. l. 7 disp. 27 n. 4 leitet ihn
ex jure divino ab.

[6] Vgl. Bickel, Innsbr. theolog. Zeitschr. 1878. S. 26 ff.; 1879. S. 792 ff.;
1880. S. 792; Funk, Tübing. theolog. Quartalschr. 1880. S. 202 ff. und Kraus,
Realencyclopädie der christl. Alterth. 1882. S. 304 ff.; Histor.=polit. Blätter. Bd. 87.
S. 160. Der Protestant Kurtz, Kirchengeschichte 8. Aufl. I, 1 S. 165 sagt: „Alle
namhaften lateinischen Kirchenlehrer kämpfen eifrig für die allgemeine Verbindlichkeit
clerikaler Cölibats=Verpflichtung." Das zweite Concil von Carthago 251 can. 2 (c. 3
D. 84) sagt: „Episcopos, presbyteros et diaconos ita placuit, ut condecet sacro-

Sah sich die Kirche anfangs genöthigt, meist aus der Zahl der Ver=
heiratheten ihre Diener zu nehmen [1], so stand doch fest, daß Bischöfe, Priester
und Diakonen nur einmal verheiratet gewesen sein durften und daß sie nach
der Ordination enthaltsam leben mußten, sowie daß nach empfangener Weihe
keine Ehe mehr eingegangen werden durfte. Vor Gregor VII. war der
Cölibat auf mehr als 200 Synoden schon eingeschärft worden. Die schrift=
liche Gesetzgebung über den Cölibat fängt mit Beginn des 4. Jahrhunderts
immer reicher zu werden an, als eben eingerissene Mißbräuche sie nothwendig
machten. Die Synode von Elvira verbot den Geistlichen, mulierem extra-
neam im Hause zu haben und verlangte Enthaltsamkeit unter Verlust ihrer
Würde; die von Neocäsarea sprach die Absetzung über Priester aus, die sich
verheiratheten [2]. Nur in Betreff des Subbiakonats war anfangs die Gesetz=
gebung noch schwankend; Leo d. Gr. dehnte das Cölibatsgesetz auf die Sub=
biakonen aus und seit der Mitte des 5. Jahrhunderts wurde auch kein Sub=
biakon mehr geweiht, der nicht castitatem professus oder separationem ab
uxore gelobt hätte [3].

Während im Abendlande der Cölibat strenge gefordert ward, wurde in der
morgenländischen Kirche zwar an dem Verbote der Eingehung einer Ehe nach
Empfang der Subbiakonatsweihe festgehalten, von Kaiser Justinian sogar
die Nichtigkeit der Priesterehen ausgesprochen [4], aber nur vom Bischof die Ent=
haltsamkeit auch von der vorher geschlossenen (einmaligen) Ehe strenge gefordert.

Als im 10. und 11. Jahrhundert die Verletzung der Cölibatsgesetze um
sich griff, wirkten besonders Petrus Damiani und die Päpste von Leo IX.
(1049—1054) bis auf Gregor VII dagegen und wurden die Cölibatsgesetze
aufs neue eingeschärft und mit Energie durchgeführt [5]. Die Ungiltigkeit
der Ehe der Majoristen stand jedenfalls schon längst gewohnheitsrechtlich fest,

---

sanctos antistites et Dei sacerdotes nec non et levitas vel qui sacramentis divinis
inserviunt, continentes esse in omnibus, quo possint simpliciter quod a Domino
postulant impetrare, ut *quod apostoli docuerunt et ipsa servavit antiquitas*, nos
quoque custodiamus."

[1] Bei den Römern war durch die lex Julia und lex Poppaea die Ehelosigkeit
mit Vermögensnachtheilen verbunden.

[2] C. 6—9 D. 28; c. 13 D. 32; c. 10 D. 31.

[3] C. 1 D. 32; c. 19 D. 34; c. 5 D. 28; c. 1 D. 31; c 20 C. XXVII. q. 2.

[4] L. 41. 44 § 1 Cod. I. 3 de episc. et cleric. Nov. 6 c. 1 §§ 3. 4.

[5] Leo IX. wiederholte die früheren Cölibatsgesetze c. 14 D. 32; ebenso Stephan X.
(dem wohl c. 14 D. 31 zuzuschreiben ist); Nikolaus II. und Alexander II. verboten
unter Strafe der Excommunication, bei einem verheiratheten Priester Messe zu hören
c. 5. 6. 14. 11 D. 32; c. 16. 17 D. 81. Daß Gregor VII. die Ungiltigkeit solcher
Ehen ausgesprochen habe, läßt sich aus dem Beschlusse der Synode von Amalfi nicht
mit Bestimmtheit folgern; cf. c. 15 D. 81; c. 10. 12 D. 32. Nach dem neunten
Concil von Toledo sollten Frauen von Priestern in den Stand der Unfreien (focariae)
gesetzt werden.

ehe das erſte und zweite Lateranconcil ſie ausdrücklich ausſprach [1], und ſeitdem
wurde das Eheverbot auch für die Cleriker der niederen Weihen als ver-
bindlich angeſehen [2].

Die Verpflichtung zum jungfräulichen Leben iſt an den Empfang des
Subdiakonats geknüpft ſowohl durch das Kirchengeſetz als durch ein
votum implicitum (tacitum) [3]. Die attentirte Ehe der Majoriſten iſt ipso
jure null und nichtig, zieht Excommunication nach ſich und macht der Häreſie
verdächtig [4]. Der Minoriſt verliert durch Eingehung einer Ehe ſein Beneficium.

g. Breviergebet.

147. Mit Cölibat und Opfer enge zuſammenhängend iſt die Pflicht
des Breviergebetes [5]. Es iſt das *officium divinum* das mündliche Gebet, welches die Kirche durch die hierzu verpflichteten Glieder täglich in feſt-
geſetzter Ordnung und zu beſtimmten Stunden (daher horac canonicae
genannt) verrichten läßt, um Gott den ſchuldigen Dienſt des Lobes und den
Gläubigen die Vermittlung der Gnade ununterbrochen zu leiſten; es iſt das
Gebet der Kirche, dargebracht im Namen der ganzen Kirche und für
dieſelbe von ihrem öffentlichen Diener, in dem Chriſtus betet, wie er durch
ihn opfert in der heiligen Meſſe. Es iſt die divina Psalmodia, wodurch
das Prieſterthum ſich einigt mit den Lobgeſängen der ſeligen Geiſter, die
Vorbereitung auf das heilige Opfer, daher Matutin und Laudes vor der
heiligen Meſſe zu beten; es iſt der ſtändige ſchützende Begleiter der Gott geweihten Perſonen, ein mächtiges Mittel zur eigenen Heiligung und zum ſegens-
reichen Wirken für das Heil anderer. Es iſt das breviarium (breve orarium) auch in der That eine Ausleſe, eine Sammlung der ſchönſten Gebete
und Leſungen, wie Tertullian (de or. c. 1) das Vaterunſer breviarium
totius evangelii nennt.

Das Breviergebet iſt ſeinem Weſen nach ſo alt wie die Kirche. An den
altteſtamentlichen Gebrauch ſich anſchließend [6], finden wir in der Heiligen

---

[1] C. 40 C. XXVII. q. 1; c. 8 D. 27; c. 4 x III. 3; cf. tit. I. 21; III. 2. 32; IV. 6.

[2] Cf. c. 10 x III. 1; c. un. III. 2 in VI.; c. 1 Clem. III. 1. Trid. s. XXIII c. 6.

[3] Cf. c. 6 de cler. conjug.: „Nos igitur attendentes, quod *orientalis ecclesia
votum continentiae non admisit.*“

[4] Trid. s. XXIV. can. 9; Const. „Apost. Sedis moder.“, excomm. episcopo
reserv. 1.

[5] Vgl. Thalhofer, Erklärung der Pſalmen mit Rückſicht auf das Brevier.
Regensburg 1847. Allioli, Ueber die inneren Motive der canoniſchen Horen. Augs-
burg 1847. *Roscovány*, Coelibatus et Breviarium t. V. und VIII. Propſt, Bre-
vier und Breviergebet. 2. Aufl. Tübingen 1868. *Lämmer*, Coelestis Urbs Jerusalem.
Freiburg 1866. Pleithner, Aelteſte Geſchichte des Breviergebetes. Kempten 1887.
Innsbrucker theolog. Zeitſchr. 1884. S. 289 f.

[6] Vgl. Klagel. 2, 19; Richt. 7, 19; Exod. 14, 24; 1 Kön. 11, 11.

Schrift des Neuen Bundes und bei den Vätern bestimmte Gebetszeiten, so Terz, Sext, Non, Mitternacht [1]. Allmählich bildeten sich verschiedene Gebets=formularien aus, bis die in einzelnen Büchern enthaltenen Officien unter Gregor VII. auf kürzere Formeln reducirt (breviarium) und unter späteren Päpsten revidirt wurden. Der Ausgabe Pius' V. mit der Recognition Clemens' VIII., Urbans VIII. und Leo's XIII. haben sich alle zum Brevier=gebet Verpflichteten zu bedienen mit Ausnahme der Orden, die ein eigenes Brevier haben, und jener Kirchen, deren Brevier bei der Publication des römischen Breviers 1601 und 1602 schon über 200 Jahre in Gebrauch war.

148. Verpflichtet sind zum täglichen Breviergebete unter schwerer Sünde:

1) alle Majoristen vom Subdiakon an;

2) alle zum Chor verpflichteten Canoniker, Vikare und Regularen;

3) alle Beneficiaten, wenn sie auch noch Minoristen wären, und zwar sub onere restitutionis. Diese Restitutionspflicht tritt ein, nachdem der Beneficiat sechs Monate im Besitze seiner Pfründe ist; der einfache Bene=ficiat ist zur vollen Restitution seiner Einkünfte verpflichtet, wenn er es gar nicht betet; wenn er es theilweise vernachlässigt, zu entsprechender Restitution [2]. Beim Bischof oder Pfarrer nimmt man an, daß dieselben nur zur Restitution des vierten Theils der Früchte, Canoniker zum dritten Theile (nach anderen zum fünften, beziehungsweise vierten Theil) verpflichtet seien. Zweimalige Unter=lassung innerhalb 15 Tagen genügt, wenn man nach erfolgter Mahnung hartnäckig bleibt, zur sententia privationis beneficii.

Auch moniales, die vota solemnia in einem vom Heiligen Stuhle approbirten Orden abgelegt haben, sind zum Chorgebet verpflichtet. Der Subdiakon ist verpflichtet von der Stunde an, in der er die Weihe empfängt, also von dem der Zeit der Weihe entsprechenden Theile an. Unterlassung einer pars notabilis ist schwere Sünde. Als solche gilt eine Nocturn, drei

---

[1] Apg. 3, 1; 10, 9; 12, 12; 16, 25. *Cyprian.*, De or. dom. c. 34. 35: „Oran-dum hora tertia, sexta, nona, in matutino et in vesperis." Wie die zwölf Stunden des Tages, so war auch die Nacht in vier Theile (vigiliae) getheilt. Prima vigilia (6—9 Uhr Abends): 1. Nocturn; secunda (conticinium, bis Mitternacht): 2. Noc-turn; tertia (gallicinium, 12—3 Uhr): 3. Nocturn; quarta (matutina, 3—6 Uhr früh): Laudes. Erster Theil des Tages (6 Uhr): Prim; zweiter (9 Uhr): Terz; britter (12 Uhr): Sext; vierter (3 Uhr Nachmittags): Non. Die vesperae entsprechen dem sacrificium vespertinum des Alten Bundes, das Complet der letzten Stunde des Tages. Vgl. Marc. 13, 35. Die Matutin hieß officium nocturnum.

[2] Pius' V. Const. „Ex proximo Lateranensi": „Statuimus, ut qui horas omnes uno vel pluribus diebus intermiserint, omnes beneficii fructus, qui illi vel illis diebus responderent, si quotidie dividerentur, qui vero tantum Matutinum, dimi-diam, qui ceteras alias horas, aliam dimidiam, qui horum singulas, sextam partem fructuum ejus diei amittant."

Lectionen mit den Responsorien, eine der kleinen Horen oder ein Theil, der ihr an Größe entspricht.

Die canonischen Tagzeiten sollen gebetet werden juxta ritum debitum, vocaliter, integre, distincte, modo continuo, ordinate, tempore debito. Es sollen zwar, wo möglich, die kleinen Horen (wenigstens bis zur Non oder Sext) vormittags, die Vesper (außer an den Werktagen der Fastenzeit) und das Complet nachmittags gebetet werden: Verpflichtung unter schwerer Sünde aber ist nur, daß das ganze Officium an jedem Tage, also von Mitternacht bis Mitternacht gebetet werde. Matutin und Laudes können für den folgenden Tag anticipirt werden von der Zeit an, wo die Sonne ihrem Untergang näher ist.

Es soll das Brevier attente et devote gebetet werden, mit der (wenigstens virtualis et implicita) intentio, Deum colendi. Die attentio externa fordert, daß nicht zu gleicher Zeit etwas geschehe, was mit der attentio interna unvereinbar ist. Die attentio interna kann gerichtet sein ad verba, ad sensum, ad Deum.

Von der Pflicht, das Brevier zu beten, kann befreien impotentia physica et moralis, z. B. Krankheit, Verlust des Breviers, gravis metus, wenn man es nicht ohne große Gefahr oder Nachtheile beten kann, gravis occupatio, z. B. im Beichtstuhl, bei Kranken, die den ganzen Tag in Anspruch nimmt, dispensatio und zwar zeitweilig vom Bischof, für immer durch den Papst. Wer nicht das ganze Brevier, aber doch einen Theil beten kann, ist dazu auch verpflichtet [1].

8. Clerikale Standesrechte.

149. I. Die Cleriker haben den kirchlichen Vorrang vor den Laien und den Vortritt bei kirchlichen Feierlichkeiten, wie allein den ständigen Platz im Presbyterium. Unter den Clerikern selbst kann der Vorrang (majoritas, excellentia, eminentia) begründet sein: 1) durch die höhere Weihe, die der niedern vorgeht, oder 2) durch die höhere Jurisdiction, wie z. B. der Archidiakon dem Archipresbyter vorgeht [2], 3) durch die Zeit der empfangenen

---

[1] Zu beachten sind die propos. damnat. ab Innocent. XI. n. 54: wer Matutin und Laudes nicht beten könne, wohl aber die übrigen Horen, sei zu nichts verpflichtet; ab Alexandro VII. n. 34: am Palmsonntag das Osterofficium zu beten, genüge (wenn auch sonst gelten kann: officium pro officio valet, so darf doch kein kürzeres statt des längeren gebetet werden); n. 21: man könne es durch einen andern beten lassen; n. 20: die Restitutionspflicht trete nicht ein ante sententiam declaratoriam judicis; n. 33: der Restitutionspflicht könne Genüge geschehen durch Almosen, das der Beneficiat vorher schon gegeben habe; n. 35: unico officio potest quis satisfacere duplici praecepto pro die praesenti et crastino. Cf. Trid. s. XXIV. c. 12; x III. 41.

[2] Cf. c. 15 de M. et O.; c. 4 de consuetud.

Weihe bei gleichem Weihegrade [1], 4) durch den Vorzug des Weihenden, so geht der vom Papste Geweihte allen anderen gleicher Weihestufe vor [2], 5) durch die enge Verbindung, Verwandtschaft mit dem Höherstehenden, so geht das Metropolitankapitel den anderen Domkapiteln, das Domkapitel den Collegiat= kapiteln, das Domkapitel, wenn es capitulariter auftritt, dem General= vikar und einem päpstlichen Hausprälaten vor, obwohl der Generalvikar und Prälat, auch wenn sie nicht dem Domkapitel angehören, den einzelnen Cano= nikern und Dignitären vorgehen. Die Dignitäre gehen im Kapitel dem Generalvikar vor, dieser aber geht den einzelnen Priestern der ganzen Diöcese vor [3]. Der Säcularclerus geht dem Regularclerus, unter den Re= gularen die canonici regulares den Mönchen, den übrigen Mendicanten die Dominikaner vor, wobei die consuetudo und die frühere Errichtung eines Klosters an dem betreffenden Orte in Berücksichtigung kommt [4].

Die der majoritas entsprechende *obedientia* bezeichnet sowohl im all= gemeinen die schuldige reverentia, als den eigentlichen canonischen Gehorsam, den der neugeweihte Priester dem Bischof gelobt, wie er insbesondere auch an die Uebernahme eines Kirchenamtes geknüpft ist [5].

II. Das sogen. *privilegium canonis* („Si quis suadente diabolo" des zweiten Lateranconcils) soll den Cleriker schützen vor thätlicher Injurie. Ward die Verletzung eines Geistlichen stets strenge bestraft, die eines Bischofs na= mentlich mit Excommunication [6], so hat das zweite Lateranconcil (c. 29 C. XVII. q. 4) den Arnoldisten gegenüber bestimmt, daß eine vorsätzliche und thätliche Injurie gegen einen Cleriker (der durch Tonsur und clerikale Klei= dung als solcher kenntlich ist) oder gegen eine Ordensperson (Mönch, Nonne, Novize) ipso jure die Excommunication zur Folge hat, welche dem Papste vorbehalten ist [7]. Der actu degradirte Cleriker hat keinen Anspruch mehr auf das Privileg [8]. Minoristen verlieren es sogleich, wenn sie die geistliche

---

[1] R. J. 54 in VI.: „Prior in tempore, potior in jure"; c. 1 de M. et O.

[2] C. 7 h. t.; c. 31 de praebend. in VI.

[3] v. Scherer, Kirchenrecht. Bd. I. S. 580.

[4] C. 1 de decim.; c. un. § fin. de excess. praelat. in VI. Const. Gregor. XIII. „Exposcit" d. 15. Jul. 1583.

[5] Vgl. Heiner, Die canonische Obedienz oder der Diöcesanclerus und sein Bischof. Paderborn 1882.

[6] Cf. c. 24 C. XVII. q. 4; c. 21. 22. 23 ead.

[7] Const. „Apostolicae Sedis mod.", excomm. Pap. reserv. 2; cf. c. 33 x V. 39; c. 21 § 1 Sext. V. 11. Auch Tertiarierinnen, die das Ordensgewand tragen, wenn sie unverheiratet sind, auch wenn sie nicht klösterlich zusammenleben, genießen das Pri= vileg nach Leo's X. Const. „Dum intra" und „Nuper" vom 19. December 1516 und 1. März 1518.

[8] C. 2 de poenis in VI.; cf. c. un. (III. 1) in VI.; c. 1 eod. in Clem.; c. 25 x V. 39.

Kleidung ablegen. Die Excommunication tritt nicht ein: 1) wenn der Thäter
eiblich erweist, daß er den Stand des Verletzten nicht kannte; 2) wenn Cleriker untereinander ohne leidenschaftliche Aufregung aus Scherz oder Leicht-
sinn sich schlagen; 3) wenn ein geistlicher Oberer als Richter einen Cleriker
oder Mönch schlagen läßt, was per clericum oder monachum geschehen
muß, oder wenn der magister einen geistlichen Scholaren corrective schlägt.
auch nicht, wenn der Vater seinen Sohn züchtigt [1].

Die Excommunication trifft nach c. 6 x V. 39 nicht bloß die Thäter
sondern auch die Mitschuldigen; in der Constitution Apostolicae Sedis moderationi sind jedoch diese nicht genannt, und da dieselbe die früheren Censuren latae sententiae beschränkt, scheint sie auch nicht mehr die Mitschuldigen in sich zu begreifen [2].

Der Bischof kann absolviren de jure, wenn die Mißhandlung unbedeutend
ist, wenn Frauen oder Unmündige einen Cleriker injuriren, wenn clerici infra
annos impuberes einander schlagen; außerdem kraft päpstlicher Vollmacht
(Quinquennalfacultäten), wenn die Sache geheim und nicht vor Gericht gezogen ist, sofern nicht Tödtung oder tödtliche Verwundung oder Verstümmelung vorliegt [3].

III. Kraft des *privilegium competentiae* soll einem Geistlichen, der seine
Schulden nicht zahlen kann, doch der nöthige Lebensunterhalt nicht entzogen
werden. Dieses Rechtes soll jedoch derjenige verlustig sein, welcher die Schuld
abläugnete und dann überführt wurde oder der seinen Clerikalstand verläugnet
oder im Vertrauen auf dieses beneficium leichtsinnig durch Spiel u. dgl.
Schulden gemacht hatte. Auch darf er sich nicht der Flucht verdächtig gemacht haben und nicht einem solchen gegenüberstehen, der ärmer ist als er [4].

150. IV. *Privilegium immunitatis.* Die Immunität im allgemeinen
ist eine dreifache, immunitas *personalis*, *localis* und *realis* und ist mediate
im göttlichen Rechte begründet, nicht aber jede einzelne Art derselben oder in
gleicher und bestimmter Weise. Offenbar ist ein Unterschied zwischen den einzelnen Arten der Immunität; was z. B. von der Befreiung des geistlichen
Standes vom Kriegsdienste gilt (vgl. 65. 139, V. 144, 7) [5], kann nicht in
—

---

[1] Cf. c. 4 x V. 39; Glosse zu c. 1 eod.; vgl. ferner c. 1—3. 10. 24. 36
x V 39.

[2] So *Penarchi*, Comment. in Const. Apost. Sedis I. Rom. 1883 p. 478 seq.
(Acta S. Sedis XI. App. XVII.) Dagegen: Revue des sciences ecclésiastiques
1884 p. 209 seq.; v. Scherer a. a. O. S. 397.

[3] Cf. c. 1. 3. 6. 17. 37 x V. 39. Die frühere Forderung, persönlich in Rom
die Absolution zu erlangen, ist im neueren Rechte nicht mehr Regel.

[4] Cf. c. 3 x III. 33; Trid. s. XXI. c. 2. Civilproceßordnung für das Deutsche
Reich vom 30. Januar 1877 § 749 Nr. 8.

[5] Syllab. n. 30. „Ecclesiae et personarum ecclesiasticarum immunitas *a jure
civili* ortum habuit." 32: „Absque ulla naturalis juris et aequitatis violatione potest

gleicher Weise von der Steuerfreiheit [1] gesagt werden, auch nicht vom befreiten Gerichtsstand des Clerus. Nie waren alle Arten der Immunität gleichzeitig und in gleicher Weise anerkannt. Die Päpste selbst haben vielfach die Beschränkung der Immunität zugestanden, in ihre Beseitigung oder Modification eingewilligt [2], was nicht hätte geschehen können, wenn jede Art der Immunität zu dem stricten jus divinum gerechnet worden wäre. Auch das Tridentinum s. XXV. c. 20 („Dei ordinatione") entscheidet die Frage nicht, ob die Immunität immediate oder nur mediate im göttlichen Rechte begründet sei (vgl. 44, 5. 184, 3).

Wohl aber ergab sich die Immunität, analog ähnlichen Bestimmungen des Alten Testamentes, als Folgerung aus Sätzen des jus divinum, aus dem auf göttlichem Rechte beruhenden Unterschiede zwischen Clerus und Laien (133. 65) und wurde dann durch kirchliche und weltliche Gesetze anerkannt. In dem Maße, in dem im öffentlichen Leben die der Kirche und ihren Dienern schuldige Achtung abnahm und der Staat sich über die Kirche erhob, wurde auch die Immunität immer mehr verkannt und mißachtet [3].

Die *immunitas personalis* umfaßt: a) das *privilegium servitiorum*, die Befreiung der Geistlichen von persönlichen Lasten, vom Kriegsdienst, von sogen. munera sordida und Frohnden, von Gemeindeämtern, Vormundschaft, und b) das *privilegium fori*, wonach der competente Richter des Geistlichen der Bischof ist (248). Die Wiederherstellung dieses befreiten Gerichtsstandes ist von unserer Zeit nicht zu erwarten. Einst verschaffte schon der Clerikalstand dem Geistlichen Achtung, in der Gegenwart muß der Cleriker sich diese selbst erringen durch persönliche Tüchtigkeit [4].

---

abrogari personalis immunitas, qua clerici ab onere subeundae exercendaeque militiae eximuntur; hanc vero abrogationem postulat civilis progressus maxime in societate ad formam liberioris regiminis constituta." Cf. c. 2 x de immun.

[1] *Thom.*, in ep. ad Rom. c. 13 lect. 1: „Ab hoc debito sc. solvendi tributa liberi sunt clerici ex privilegio principum, quod quidem aequitatem naturalem habet."

[2] C. 4. 7 x III. 49 und besonders die neueren Concordate. Cf. *Thom.* 1. 2 q. 97 a. 4.

[3] Cf. *Bellarmin*, De cleric. I. 28. Suarez sagt, daß die Cleriker an der Immunität des Papstes participiren, diese ihnen aber nicht immediate vom göttlichen Rechte zugetheilt sein kann, sondern durch positive Gesetze näher bestimmt, daher auch nicht überall die gleiche ist; ihr eigentlicher Grund sei: „quia sine hac exemtione non potest decentia et dignitas clericalis status cum debita reverentia et honestate conservari." Vgl. Gutachten der theolog. Facultät Würzburg. Würzburg 1869. S. 36 ff.

[4] Archiv für kathol. Kirchenrecht Bd. VII S. 200 ff.: „Die Wiederherstellung der Immunität zu verlangen, wäre eine Thorheit; es muß dies vielmehr, vielleicht in veränderter Form, von dem stillen Wirken der Zeit und der Wiederkehr der solche Institute begreifenden Gesinnung erwartet werden. Doch soll der diesem Privileg unterliegende Gedanke stets erhalten und möglichst im Leben durchgeführt werden."

Zweites Kapitel.
Der Ordensstand.
9. Wesen des Ordensstandes. Arten desselben.

151. Der *status religiosus*[1] im allgemeinen ist der Stand derjenigen, welche durch Befolgung der drei evangelischen Räthe, zu der sie durch ein in die Hände des rechtmäßigen Obern abgelegtes Gelübde sich verpflichtet haben, und unter einer gemeinsamen Regel nach höherer Vollkommenheit streben. Die Grundlage des Ordensstandes ist die perfectio christiana oder die drei evangelischen Räthe, welche der dreifachen Wurzel alles Bösen (1 Joh. 2, 16) direct entgegengesetzt sind; dauernder Zustand (status) wird er durch das Gelübde, das von einem Menschen an Gottes Statt angenommen sein muß; als Opfer, das man Gott bringt, und als ein quasi-contractus, der beiderseitige Verpflichtungen zwischen dem Orden und dem Religiosen herbeiführt.

Zu unterscheiden sind die **eigentlichen Orden** (*religiones, ordines religiosi* oder *formales*), die vom **Papste** als solche approbirt sein müssen, und **religiöse Congregationen** (*congregationes religiosae*), die auch vom Bischof anerkannt werden können. Nur in ersteren werden *vota solemnia* abgelegt.

Der Ordensstand an sich beruht auf göttlichem Rechte, insofern sein Wesen, die Befolgung der evangelischen Räthe, juris divini ist[2], nicht aber die einzelnen besonderen Orden, wie sie bestehen. Die Befolgung der evangelischen Räthe muß in der Kirche möglich sein; sie gehört zu ihrem Dogma (65). Daher ist die Verfolgung der von der Kirche approbirten Orden ein Eingriff in das Dogma der Kirche, das diese Lebensweise gutheißt und empfiehlt, eine Verfolgung der Kirche selbst, wie ein Eingriff in die persönliche Freiheit. In dem Ordensleben, der großen Zahl bewunderungswürdiger Heiligen, die Gründer der Orden waren oder aus dem Ordensstande hervorgingen, zeigt sich ganz besonders die Heiligkeit der Kirche (20). Stets blühte das Ordensleben der Kirche in dem Maße, in dem überhaupt das christliche Leben sich hob und segensreich entfaltete.

War auch die Befolgung der evangelischen Räthe von Anfang an in der Kirche vorhanden, so ist doch der hl. Antonius († 356) als Stifter des Cönobitenlebens, das sich auch später noch neben dem Klosterleben (Memo-

---

[1] x III. 31. 32. 35—37; Trid. s. XXV. de regular. et monial.; *Bouix*, De jure regular. Paris. 1857; Mittermüller, Canonisches Recht der Regularen von Dr. Bouix (Auszug), Landshut 1861; Montalembert, Die Mönche des Abendlandes, Regensburg 1860.

[2] Matth. 19, 21; 19, 11. 12; 16, 24; 10, 38; Encycl. Pii IX. d. 25. Dec. 1864.

riten, Inclusen, Styliten) erhielt, der hl. Pachomius aber als der eigent=
liche Begründer des Klosterlebens zu betrachten. Er gründete bereits viele
Klöster, von denen das Hauptkloster 3000 Mönche zählte, und die unter
einem gemeinsamen Abte (Abbas, Archimandrit) standen. Die eifrigsten Be=
förderer desselben waren der hl. Basilius, dessen Regel im Orient die vor=
herrschende blieb [1], Athanasius, Ambrosius, Augustinus, dann besonders der
hl. Benedikt († 543), dessen Regel sich im ganzen Abendlande verbreitete und
mit zeitgemäßen Abänderungen verzweigte, wie in den Cluniacensern (910),
Camaldulensern (1018), Cisterciensern, später Vernhardinern (1098); dann
Karthäusern (1084), Prämonstratensern oder Norbertinern (1120) u. a.
Zu den Mönchen kamen die regulirten Chorherren. Seit dem 13. Jahrhundert
kamen dazu die Mendicantenorden durch den hl. Dominicus (Predigerbrüder)
und Franziskus von Assisi (Franziskaner, dann Kapuziner); dann die Augustiner=
Eremiten, Carmeliten; die Kreuzzüge gaben den Anlaß zu den Ritterorden,
besonders der Tempelherren, Johanniter, Deutschherren, dann zu dem Orden
de redemptione captivorum; später entstand die Gesellschaft Jesu und die
Redemptoristen und viele andere. Viele haben neben den drei gewöhnlichen
Gelübden noch ein ihrem besonderen Zwecke entsprechendes viertes Gelübde.

Wie schon in den ersten Zeiten der Kirche Jungfrauen, die das Gelübde
immerwährender Keuschheit ablegten, vom Bischof den Schleier empfingen
(virgines Deo sacratae, sanctimoniales), so entstanden auch gleichzeitig
mit den männlichen Orden, nur mit den nöthigen Abänderungen, Frauenklöster
nach der Regel des hl. Benedikt u. s. w.; ähnlich den regulirten Chorherren
auch canonissae regulares, dann Franziskanerinnen (Clarissinnen), Domini=
kanerinnen, Carmelitinnen, Kapuzinerinnen u. a., besonders in neuester Zeit
zahlreiche Congregationen, wie die englischen Fräulein, Schulschwestern, Schwestern
vom heiligen Kreuz und viele andere.

Als die vier großen Regeln des Ordensstandes bezeichnet man die des
hl. Benedikt, Augustinus, Franziskus und Basilius. Nach dem Zwecke sind
die Orden theils ordines activi, theils contemplativi (z. B. die Trappisten)
oder mixti, ferner clericales et monachales, militares et non militares,
mendicantes et non mendicantes.

10. Errichtung und Aufhebung der Orden und Klöster.

152. Die Errichtung neuer Orden ist dem Papste vorbehalten [2];
bloße Congregationen können unter Genehmigung des Bischofs entstehen,
und wenn auch ihre Statuten vom Heiligen Stuhle (durch die S. Congr.

---

[1] Ueber den orientalischen Regularclerus vgl. Archiv für katholisches Kirchenrecht.
Bb. VIII. S. 74 ff.

[2] C. 9 x III. 36; c. un. cod. tit. in VI. (III. 17).

Ep. et Reg.) approbirt werden, sei es, indem sie überhaupt belobt und empfohlen oder für eine bestimmte Zeit (drei, fünf Jahre) versuchsweise gutgeheißen werden[1], so ist dies doch nur eine approbatio im weiteren Sinne. Die approbatio in sensu proprio errichtet ein Institut als ordo formalis.

Die Errichtung neuer Klöster (monasterium, coenobium, conventus) schon bestehender Orden fordert den Consens des Bischofs, der zuvor die dabei Interessirten, namentlich den Pfarrer, hören soll; diese können Einspruch erheben, wenn ihnen dadurch ein bedeutender Nachtheil (grave praejudicium) erwachsen würde. Es muß für den Unterhalt der Religiosen gesorgt sein, so daß wenigstens zwölf im Convente leben können; ebenso soll auch bei den Nonnenklöstern, die nur in Städten und volkreichen Orten errichtet werden sollen, die Zahl der Nonnen festgesetzt sein; von den bloßen Congregationen gilt dies nicht[2]. Heutzutage wird auch staatliche Genehmigung zur Gründung von Klöstern meist gefordert. Die Zustimmung des Papstes muß eingeholt werden wenigstens bei Errichtung eines exemten Klosters und bei Mendicantenklöstern[3].

Die Aufhebung eines Ordens oder Ordenshauses kann nur durch den Papst erfolgen. Wohl aber kann der Bischof im Einverständnisse mit dem Ordensoberen Versetzung von Mönchen aus einem Convente in einen andern bewirken[4].

Bei einer gewaltsamen Aufhebung des Klosters durch die Staatsgewalt bleiben die Rechte des gewaltsam vertriebenen Ordens bestehen[5]; es bleiben die Privilegien der Regularen bestehen, soweit sie nicht an das Zusammenleben unter der klösterlichen Disciplin gebunden sind.

11. Eintritt in den Orden. Noviziat.

153. Der in den Orden oder die Congregation Aufzunehmende muß literae testimoniales von seinem episcopus originis, sowie von dem Bischofe desjenigen Ortes beibringen, an dem er sich nach seinem vollendeten 15. Lebensjahre ein Jahr lang aufhielt. Der Aufnahme soll eine sorgfältige Prüfung und ein doppeltes scrutinium vorausgehen[6].

---

[1] Vgl. Archiv für kathol. Kirchenrecht. Bd. XV. S. 412 ff.

[2] Trid. s. XXV. l. c. c. 3. 5; cf. c. 3. 4. 6—8 x III. 36.

[3] *Benedict. XIV.*, De syn. dioec. l. 9 c. 1, 9; Leon. XIII. Const. „Romanos Pontific." Acta Leon. XIII. p. 492.

[4] C. 7 x III. 50.

[5] Cf. R. J. 64 in VI.: „Quae contra jus fiunt, debent utique pro infectis haberi." 52: „Non praestat impedimentum, quod de jure non sortitur effectum." „Jus collegii remanet in uno."

[6] Cf. Decret. S. Congr. super statu Regular. „Romani Pontifices" und „Regulari disciplinae" d. 25. Jan. 1848. Archiv für kathol. Kirchenrecht. Bd. VIII. S. 143 ff.; Bd. IX. S. 436; Bd. XVI. S. 353 ff. 360 ff.; Bd. III. S. 480.

Abgesehen von Particulargesetzen und den besonderen Bestimmungen ein=
zelner Orden sollen nicht aufgenommen werden:

1) Bischöfe, sobald sie auf ein Bisthum confirmirt sind, außer mit Zu=
stimmung des Papstes [1].

2) Verheiratete post consummationem matrimonii, außer mit freier
Zustimmung des andern Ehetheils und wenn dieser selbst ins Kloster tritt
oder doch, falls er schon sehr bejahrt und keine Gefahr der Unenthaltsamkeit
vorhanden ist, das einfache Gelübde der Keuschheit ablegt [2]. Ohne die freie
Zustimmung des andern Ehetheils wäre die professio religiosa ungiltig;
der sie Ablegende verlöre aber das jus petendi debitum [3], weil er auf dieses
Recht verzichtet hat, müßte es jedoch dem Ehegatten leisten, weil er nicht de
bonis alienis das votum ablegen konnte; stirbt sein Ehegatte, so steht das
votum einer neuen Ehe entgegen, aber nur verbietend als votum simplex [4].
Hatte jedoch der eine Ehetheil das jus petendi debitum verloren durch
Ehebruch oder einfaches Gelübde der Keuschheit, so darf der andere ins
Kloster treten und ist seine Profeß giltig. Will der Ehetheil, der einen Ehe=
bruch beging, ins Kloster treten, so bedarf er der Zustimmung des un=
schuldigen Ehegatten und dieser muß, wenn er zustimmt, das zeitliche Ge=
lübde der Keuschheit (für die Zeit, so lange der Gatte lebt) ablegen [5].

3) Ausgeschlossen sollen ferner sein solche, die noch Rechenschaft über
ihre Verwaltung abzulegen haben, namentlich wenn ein Proceß darüber be=
steht oder befürchtet wird; ferner jene, die viele Schulden haben, Infamirte
und mit körperlichen Gebrechen Behaftete [6]. Auch Kinder, deren Eltern oder
Geschwister sich in schwerer Noth befinden, sollen nicht aufgenommen werden [7].

154. Das Noviziat (tempus probationis) muß bei den Orden ein
Jahr dauern; die Frist ist de momento in momentum zu rechnen; es muß
das Probejahr vollständig und ununterbrochen sein, so daß kein Tag und
keine Stunde daran fehlt [8]. Der Bischof soll bei Jungfrauen vor der Ein=
kleidung wie vor der Profeßablegung persönlich oder durch einen Stellvertreter
prüfen, ob sie frei und nicht gezwungen oder überredet seien. Ueber jene,
die eine Frauensperson zwingen, ins Kloster zu treten oder ohne Grund daran
hindern, spricht das Concil von Trient die Excommunication aus [9].

---

[1] C. 10 x I. 9; c. 2 x I. 7; c. 18 x III. 31.

[2] C. 1. 4. 8. 13. 16. 17 x de convers. conjug.; c. un. de voto in VI.

[3] „Actus, si non valet, uti ago, valere debet, uti agere possum." Cf. c. 3. 12
x III. 32.

[4] C. 3 h. t. *Santi* l. c. p. 296 seq.

[5] C. 15 h t. S. Congr. Conc. d. 2. Maji 1722; *Santi* l. c. p. 297.

[6] C. 4. 6 x IV. 19; c. 1 D. 53; Sixti V. Const. „Cum de omnibus" 1587 und
Clem. VIII. d. 19. Mart. 1603; c. 12 C. XVI. q. 1. Ausgeschlossen sind ferner Her=
maphroditen, Sklaven ohne Bewilligung ihrer Herren.

[7] C. 1 D. 30.   [8] Trid. l. c. c. 15. 17.   [9] Ib. c. 18.

Die Novizen können jederzeit wieder in die Welt zurückkehren [1]. Verfügungen über ihr Vermögen zu Gunsten des Klosters oder eines andern frommen Zweckes sind nur dann giltig, wenn sie in den zwei letzten Monaten vor der Ordensprofeß und mit bischöflicher Erlaubniß gemacht wurden und die Ordensprofeß wirklich erfolgt ist. Den austretenden Novizen muß das Kloster alles, was sie in dasselbe mitgebracht haben, zurückgeben mit Ausnahme der Auslagen für Kost und Kleidung während ihrer Probezeit [2].

Beneficiaten können während ihres Noviziates nicht resigniren auf ihr Beneficium, das der Bischof verwalten lassen muß [3]; nach abgelegtem einfachen Gelübbe aber kann der Bischof ihnen eine Zeit bestimmen, innerhalb welcher sie zu ihrem Beneficium zurückkehren oder es verlieren sollen. Durch die professio solemnis geht es ipso facto verloren.

Die Novizen genießen das privilegium fori und canonis und müssen die Gelübbe und die Ordensregeln beobachten, zwar nicht ex stricta obligatione, sondern ex honestate et decentia und eben des Zweckes des Noviziates wegen, um sich darin zu erproben.

12. Die Ordensprofeß und deren Wirkungen.

155. Die *professio religiosa*, durch die erst die Ordensmitgliedschaft im vollen Sinne erworben wird, ist die Ablegung der Ordensgelübde und zwar im strengen Sinne der *vota solemnia*. Eine professio tacita ist nach neuestem Rechte nicht mehr giltig [4].

Die Giltigkeit der professio religiosa verlangt, daß sie von einer für den Orden fähigen Person, nach vollendetem Noviziat, im bestimmten Alter, völlig frei (frei von Betrug, List, Furcht und Zwang) in die Hände des rechtmäßigen Ordensoberen abgelegt werde. Das Tridentinum bestimmte als erforderliches Alter das vollendete 16. Lebensjahr [5]. Das neueste Recht aber schreibt für alle männlichen Orden, die feierliche Gelübbe haben, vor daß nach Bestehung des Noviziates und vollendetem 16. Lebensjahre zuerst vota simplicia abgelegt und diese drei Jahre hindurch fortgesetzt werden; dann erst dürfen vota solemnia abgelegt werden. Letztere können vom Ordensoberen hinausgeschoben werden, jedoch nicht über das 25. Lebensjahr. Aber auch wer beim Eintritt in den Orden schon 25 Jahre alt ist, muß doch die dreijährige Ablegung der vota simplicia beobachten [6].

---

[1] Trid. l. c. c. 16. Vgl. 137, III.

[2] Trid. l. c. c. 16.

[3] C. 4 de regul. in VI. Vgl. Silbernagl a. a. O. S. 543 A. 12.

[4] S. Congr. Conc. d. 12. Jun. 1858 n. XI.; cf. *Santi* l. c. p. 280 seq.

[5] Trid. l. c. c. 15.

[6] Pii IX. Const. „Romani Pontifices" und „Regulari disciplina" d. 25. Jan. 1848.

Sind auch die vota simplicia von Seite des Gelobenden perpetua, so können sie doch gelöst werden durch Dispensation des Papstes und Entlassung aus dem Orden. Sie machen theilhaft aller Gnaden und Privilegien des Ordens, sowie des Stimmrechts in den Kapiteln, außer wo es sich um Zulassung zu den feierlichen Gelübden handelt, sie verpflichten auch ebenso zur Beobachtung der Regeln, wie die vota solemnia.

Behauptet ein Professe die Ungiltigkeit der Profeß, so muß er innerhalb fünf Jahren vom Tage der Ablegung an vor dem rechtmäßigen Klosteroberen und dem episcopus loci sie geltend machen. Verläßt er aber eigenmächtig das Kloster mit Ablegung der Ordenstracht, so verliert er dieses Recht, wenn er nicht ins Kloster zurückkehrt. Der Bischof kann jedoch aus wichtigen Gründen dem Professen gestatten, provisorisch das Kloster zu verlassen mit dem eidlichen Versprechen, im Falle einer ihm ungünstigen Entscheidung dahin zurückkehren zu wollen. Nach Ablauf von fünf Jahren kann der Professe nur reclamiren, wenn er vom Heiligen Stuhle die restitutio in integrum erlangt hat, die namentlich dann nachgesucht werden kann, wenn der Professe früher das Hinderniß und die Nichtigkeit der Profeß nicht kannte oder die Klage nicht stellen konnte [1].

156. Was die Wirkungen der Ordensprofeß anlangt, so zeigt sich hier vor allem der allerdings nur auf kirchlichem Rechte beruhende [2], aber wesentliche Unterschied der vota solemnia und vota simplicia.

1) Nur das *votum solemne* (professio religiosa im strengen Sinne) löst nicht bloß frühere Sponsalien, sondern auch das matrimonium non consummatum und macht unfähig, eine giltige Ehe einzugehen; in letzterer Beziehung steht ihm auch das einfache Gelübde der Jesuiten gleich. Außerdem macht das *votum simplex* die Ehe bloß unerlaubt.

2) Das *votum solemne* entzieht das Eigenthum und die Fähigkeit, Eigenthum für sich zu erwerben, sowie den freien Gebrauch der Güter. Was der Ordensprofesse erwirbt, erwirbt er für das Kloster. Eine vor vollendetem Noviziat in articulo mortis abgelegte Profeß gibt jedoch dem Kloster kein Recht auf das Vermögen des Verstorbenen. Die Kapuziner und Franziskaner de observantia dürfen auch als Orden kein Vermögen besitzen. Das *votum simplex* entzieht nicht das dominium radicale [3], nicht die Fähigkeit,

---

[1] Trid. l. c. c. 19; Const. Benedicti XIV. „Sed datam hominibus“ d. 4. Mart. 1748.

[2] C. un. in VI. (III. 15): „Voti solemnitas ex sola ecclesiae constitutione est inventa.“ *Santi* l. c. p. 277: „Votum solemne est, quod emittitur in religione approbata a S. Sede cum solemnitate votorum.“

[3] *Santi* l. c. p. 284 seq.: „Dominium radicale s. in actu primo (*Ferraris* v. votum a. 11 n. 119) est metaphorica locutio ex arbore deducta, in qua distingui possunt duo, radix nempe et externa evolutio. Hinc in dominio distingui potest 1) purum et nudum jus s. mera capacitas, 2) plena potestas ad exercitium s. evo-

Vermögen zu erwerben, sondern nur den Gebrauch und Genuß desselben. So lange der durch votum simplex dem Ordensstande Angehörige im Orden verbleibt, kann er allerdings nicht selbständig darüber verfügen; scheidet er (freiwillig oder unfreiwillig) aus, so tritt er in die Dispositions- und Nutzungs= rechte seines Vermögens wieder ein[1].

3) Das *votum solemne* hebt alle früheren einfachen Gelübde auf, auch das Gelübde, in einen strengeren Orden einzutreten, als der ist, in dem man es ablegt[2]. Daß Gelübde, die mit der Ordensregel unvereinbar sind, auch durch das *votum simplex* im Orden gelöst werden, ist ohnehin klar. Frühere wie spätere einfache Gelübde kann der Ordensobere irritiren.

4) Die feierliche Ordensprofeß entzieht ipso facto früher innegehabte Beneficien;

5) hebt die Irregularität ex defectu natalium auf, außer für Ordens= prälaturen;

6) befreit von der patria potestas;

7) gibt alle clerikalen Standesprivilegien;

8) begründet eine gegenseitige Verpflichtung zwischen dem Orden und dem Professen, der Anspruch auf lebenslänglichen Unterhalt im Orden erlangt.

13. Austritt aus dem Orden.

157. Nach der feierlichen Ordensprofeß kann ein Austritt aus dem Orden stattfinden:

1) Legitime durch richterliche Irritation des Gelübdes (155).

2) Durch Eintritt in einen anderen Orden. Der Uebertritt in einen minder strengen Orden ist verboten, der in einen gleich strengen Orden soll nicht leicht zugelassen werden. Der Uebergang in einen strengeren Orden ist vom Rechte gestattet; jedoch soll der Professe seinen Oberen unter An= gabe des Grundes um die Erlaubniß angehen, die beim Vorhandensein ge=

---

lutio juris. Primum dici potest dominium in radice sua s. dominium radicale. Secunda dici potest plenum dominium in sensu juridico, quo quis potest libere uti, frui rebus propriis, de iisque disponere."

[1] Declr. S. Congr. d. 12. Aug. 1858: „Professi votorum simplicium domi-nium radicale uti ajunt suorum bonorum retinere poterunt, sed eis omnino inter-dicta est eorum administratio redituum, erogatio atque usus. Debent propterea ante professionem votorum simplicium eodem pro tempore, quo in eadem votorum simplicium professione permanserint, administrationem et usufructum et usum, quibus eis placuerit, remittere ac etiam suo ordini, si ita pro eorum libitu existi-maverint."

[2] C. 4 de voto: „Reus fracti voti aliquatenus non habetur, qui temporale obsequium in perpetuam noscitur religionis observantiam commutare." Vgl. Bru= ner l. c. S. 296. 333 ff. 343. 553 ff. 726 f.

nügender Gründe nicht verweigert werden kann, und Dimissorien von demselben beibringen [1]. Beim Uebertritt von einem Orden, der zum Gelübde
verpflichtet de non procuranda sibi dignitate vel praelatura extra proprium ordinem, bleibt dieses bestehen. Bei Nonnenklöstern kann der Uebertritt nur ausnahmsweise durch den Großpönitentiar gestattet werden.

3) Durch päpstliche Dispens vom Ordensgelübde ex causa gravi
et publica [2].

4) Durch ein *indultum saecularisationis*, indem der Papst einem Regularen gestattet, mit Aufrechthaltung der substantialia vota als Weltpriester
unter dem Gehorsam gegen den Bischof außerhalb des Klosters zu leben [3].

5) Unfreiwillig durch Ausstoßung aus dem Orden bei beharrlicher
Unverbesserlichkeit. Bei erfolgter Besserung kann der ejectus wieder auf-
genommen werden, sofern nicht die Statuten des Ordens es ausschließen.
Die ausgestoßenen Regularen bleiben an das Gelübde der Keuschheit und
Armuth und den Gehorsam gegen den Bischof gebunden, sind aber vom
exercitium ordinum suspendirt [4].

6) Durch Verbrechen (*apostasia a religione*). Apostatae und fu-
gitivi verlieren die Privilegien des Ordens, sind aber gleichfalls an die
Ordensgelübde gebunden und zur Rückkehr ins Kloster verpflichtet [5].

7) Durch Aufhebung des Ordens (152) oder Aussterben
desselben.

14. Exemtion. Verhältniß der Regularen zum Bischof.

158. Schon frühzeitig erhielten viele Orden mancherlei Privilegien, die
auch andern gemeinsam sind (*privilegiorum communicatio*) [6]. So haben die
Mendicantenorden unter sich privilegiorum communionem, an welcher
auch die Gesellschaft Jesu theilnimmt. Die Orden wurden exemt von den
Parochialrechten [7], viele auch von der lex dioecesana (222, V. 7), dann
auch von der bischöflichen Jurisdiction, so daß sie unmittelbar unter päpstlicher Aufsicht standen [8]. Das päpstliche Schisma trug bei, die Exemtionen

[1] C. 5. 18 x III. 31; Trid. l. c. c. 19; cf. s. XIV. c. 11 de ref.; Decret.
Urban. VIII. d. 21. Sept. 1624; d. 24. Febr. 1643; Pii V. Const. „Decori"
d. 1. Febr. 1569; Benedicti XIV. „Pastor bonus" d. 13. April. 1744 § 36.

[2] C. 5 in E. C. (V. 9).

[3] S. Congr. Ep. et Reg. d. 4. Jan. 1862; Archiv für katholisches Kirchenrecht.
Bd. VIII. S. 464 f.

[4] Const. „Apost. Sed. mod.", Suspens. 5.

[5] Cf. Trid. l. c. c. 4. 19; sess. VI. c. 3 de ref.; c. 5. 6 x V. 9.

[6] Cf. c. 5—7. 19 C. XVIII. q. 2.

[7] C. 2 x III. 37; c. 16 x V. 31.

[8] Cf. *Thomassin.*, N. et V. eccl. discipl. P. I. l. III. c. 31; Phillips, Kirchenrecht. Bd. VII. Abthl. 2. S. 903 ff.

zu vermehren, wogegen Leo X. zweckmäßige Anordnungen traf. Das Concil von Trient beschränkte sie bedeutend und stellte nebstdem die Bischöfe als delegati Sedis Apostolicae für die Exemten auf [1].

Man unterscheidet eine *exemtio personalis, localis* und *mixta*; ihrer Entstehung nach *nativa*, wo eine klösterliche Niederlassung bestand, bevor es zur Organisation von Diöcesen kam, *dativa*, die auf einem Privileg, und *praescriptiva*, die auf Verjährung beruht. Die Exemtionen sind ferner *totales* oder *particulares*.

Jene Ordensprälaten, die zwar nicht den bischöflichen ordo, aber eine jurisdictio quasi-episcopalis besitzen, nennt man *praelati nullius (dioeceseos)*. Genauer sind jedoch drei Klassen zu unterscheiden:

1) *Praelati vere* oder *proprie nullius*, die mehr als exemt sind, in keiner Beziehung zu einer bischöflichen Diöcese gehören, sondern in einem gänzlich von dieser getrennten Territorium über Clerus und Volk active Jurisdiction haben und alle bischöflichen Rechte ausüben, die nicht den bischöflichen ordo erfordern *(exemtio activa totalis)*. Solche heißen auch Semiepiscopi, Ordinarii. Zur Berufung einer Synode bedürfen sie jedoch eines speciellen Privilegs.

2) *Praelati nullius*, die über Clerus und Volk eine active *(semiplena)* Jurisdiction haben, deren Gebiet aber nicht ein von der Diöcese abgetrenntes, sondern in einer solchen gelegen ist *(exemtio activa partialis)*. Solche haben, wie die praelati inferiores, auch zum Diöcesanseminar beizusteuern, wenn sie kein eigenes haben, und auf der Diöcesansynode zu erscheinen, wenn sie nicht unter einem Generalkapitel stehen [2]. Zur Provinzialsynode sind sie zu berufen in der Kirchenprovinz, der sie sich angeschlossen haben (219. 244).

3) *Praelati inferiores* (infimae speciei), die nur über bestimmte Personen, die zu einem Kloster oder einer Kirche gehören, Jurisdiction besitzen; sie sind exemt von der bischöflichen Jurisdiction, sind aber innerhalb der Diöcese.

159. Nach dem Tridentinum sind von der bischöflichen Visitation jene Klöster ausgenommen, deren Aebte eine Quasi=Episkopalgewalt haben, sowie jene, in welchen die Generaläbte oder sonstigen höchsten Ordensvorstände (capita ordinum) leben, und die unter Generalkapiteln stehenden. Klosterkirchen, die zugleich Pfarrkirchen sind, sind jure ordinario der bischöflichen Visitation unterworfen, ebenso die einem Kloster ständig unirten Curatbeneficien [3].

[1] Trid. s. XXV. de regular., besonders c. 3. 4. 12. 13; s. V. c. 1. 2; s. VI. c. 3. 4; s. VII. c. 8. 14; s. VIII. c. 7. 14; s. XXI. c. 9; s. XXII. c. 8; s. XXIII. c. 10. 18; s. XXIV. c. 2. 9. 11 de ref.
[2] Trid. s. XXIII. c. 18; s. XXIV. c. 2.
[3] Trid. s. VII. c. 7 de ref.

Alle Regularen, auch exemte, sind dem Bischof Ehrfurcht schuldig, der auch in ihren Klosterkirchen pontificiren kann. Die Anordnungen des Bischofs in Bezug auf kirchliche Festtage und Censuren, Bittgänge und Processionen müssen auch die Exemten beobachten[1]. Die Regularen selbst dürfen ohne Erlaubniß des Bischofs Processionen nur innerhalb ihres Klosters und prope muros ecclesiae halten[2]. Regularen, die außerhalb des Klosters leben, unterstehen der Jurisdiction des Bischofs[3]. In exemten Frauenklöstern soll der Bischof als Delegat des Apostolischen Stuhles über die Beobachtung der Clausur wachen und, wenn sie nicht Ordensprälaten untergeordnet sind, sie in geistlichen Dingen leiten.

15. Rechte und Pflichten der Regularen nach außen.

160. Regularen können Kirchenämter bekleiden (166, 3), können zum Episkopat, Cardinalat, Pontificat erhoben werden. Ein Regulare, der Bischof wird, bleibt an die substantialia vota und die mit dem Episkopat vereinbaren Regeln gebunden; er kann Erbschaften und Legate annehmen, so daß er die Nutznießung, seine Kirche aber das Eigenthum hat. Regularen können ferner zu academischen Graden und Lehrstellen, Synodalexaminatoren u. dgl. erhoben werden.

Predigen dürfen sie nur mit Erlaubniß des Bischofs, dem sie sich vor Beginn ihres Predigtamtes vorstellen müssen. Die Erlaubniß kann vom Bischof aus guten Gründen wieder entzogen werden[4].

Zur Spendung des Bußsacramentes an ihre Regularen, Novizen und Diener erhalten sie die Jurisdiction und Approbation von ihren Ordensprälaten, die quasi-episkopale Jurisdiction haben. Diese können sich auch gewisse Fälle unter Censuren reserviren[5]. Um aber Säcularen Beicht zu hören, bedürfen sie der Approbation des Bischofs, wenn sie nicht eine Pfarrei inne haben[6]. Die vom Bischof ertheilte Jurisdiction kann ihnen auch von ihren Ordensoberen nicht entzogen werden. Jene, die der Bischof als tauglich erkennt, muß er approbiren und kann die nicht beschränkt, sondern absolut nach vorhergegangenem Examen ertheilte Approbation nicht zurücknehmen, wenn nicht ein neuer Grund dafür hinzukommt. Um Nonnen Beicht zu

---

[1] Trid. s. XXV. c. 12. 13 de regular.

[2] Cf. Trid. ed. *Richter-Schulte* p. 416.

[3] Trid. s. VI. c. 3 de ref.   [4] Ib. s. V. c. 2.

[5] Ohne Consens des General= oder Provinzial=Capitels aber nicht mehr als elf. Decr. Clement. VIII. d. 26. Maji 1593; Urbani VIII. d. 21. Sept. 1624. Andere Sünden als die im Decret Clemens' VIII. enthaltenen dürfen sie nicht mit Censuren belegen. S. Congr. Episc. et Reg. d. 7. Julii 1617.

[6] Trid. s. XXIII. c. 15; S. Congr. Ep. et Reg. d. 2. Mart. 1866; Clementis X. Const. „Superna" d. 2. Julii 1670.

hören, müssen sie, wie auch andere Priester, vom Diöcesanbischof dazu approbirt sein, wenn auch der Ordensprälat für die ihm untergebenen Nonnenklöster einen Beichtvater bestimmen kann. Den ordentlichen Beichtvater der Nonnen stellt der Bischof auf drei Jahre auf, neben welchem ein außerordentlicher Beichtvater ihnen wenigstens zwei= bis dreimal im Jahre gegeben werden soll. Beim Beichthören kranker Säcularen müssen die Regularen den Pfarrer davon benachrichtigen und kann dies unter Strafe der Suspension von der Facultät, Beicht zu hören, vom Bischof geboten werden[1].

Die Regularen dürfen oratoria privata in ihren Klöstern haben, in denen mehrere Messen des Tages gelesen werden dürfen, auch von Welt= priestern, und die heilige Messe an Sonntagen gehört werden darf. Der Bischof kann aber verlangen, daß sie Weltpriester und solche Ordenspriester, die nicht ihrem Orden angehören, nicht celebriren lassen, bevor der Bischof oder dessen Generalvicar ihre literae commendatitiae eingesehen hat. Das allerheiligste Sacrament öffentlich zur Anbetung auszusetzen, ist ihnen nur mit bischöflicher Erlaubniß oder kraft einer consuetudo legitime prae= scripta gestattet. Ihren Dienern, die im Kloster wohnen, dürfen sie die österliche Communion und Wegzehrung spenden, sowie die heilige Oelung, auch ihr Begräbniß vornehmen.

16. Verfassung der Orden und Ordensdiscipliu.

161. Jedes Kloster hat einen eigenen Vorstand (abbas, abbatissa); bei denen, die unabhängig von anderen sind, so daß der Religiose immer in demselben Kloster bleibt (stabilitas loci), wird der Obere in der Regel auf Lebensdauer gewählt. Bilden mehrere Klöster zusammen eine Congregation, so werden Rectoren oder Visitatoren alle drei Jahre auf dem Kapitel ge= wählt. Bei den Mendicantenorden und regulirten Clerikern sind die Lokal= oberen dem Provinzial, die Provinziale dem Ordensgeneral untergeordnet, der regelmäßig in Rom residirt. Den Ordensprovinzial wählt das Provinzial=, den General das Generalkapitel. Letzteres hat auch bei der Gesellschaft Jesu statt, die anderen Oberen aber werden vom General ernannt.

Actives Wahlrecht haben nur professi, die wenigstens Subdiakonen sind; der Gewählte soll ehelich geboren, wenigstens 25 Jahre alt und Priester sein. Auch die Vorsteherinnen der Nonnenconvente werden von den professae des Klosters in geheimem scrutinium durch $2/3$ Stimmenmehrheit gewählt, auf Lebensdauer oder auch auf drei Jahre. Die Gewählte soll professa, 40 (wenigstens 30) Jahre alt sein und wenigstens 8 (5) Jahre in demselben Convente gelebt haben.

[1] Es genügt, wenn sie diese Mittheilung schriftlich beim Kranken hinterlassen. Const. cit. d. 2. Julii 1670. Vgl. Schäffler, Der Bischof und die Regularen seiner Diöcese. Augsburg 1871.

Alle Orden stehen unter dem Papste, der seine Gewalt ausübt durch die S. Congregatio Episcoporum et Regularium und durch Cardinal=protectoren, die er für einzelne Orden ernennt.

Man unterscheidet eine *potestas jurisdictionalis* und die *potestas domi-nativa s. domestica*. Letztere entspringt aus dem Gelübde des Gehorsams. Der Klosterobere kann das Gewissen der Untergebenen binden durch Vor=schriften, die aber (saltem indirecte) in der Regel enthalten sein müssen. Beständige Gesetze (statuta generalia) zu erlassen, steht nur den General=kapiteln zu, und nur insoweit, als die von ihnen erlassenen Statute mit der Regel übereinstimmen. Jeder selbständige Klosterprälat kann Anordnungen bezüglich der Disciplin, wie über die Verwaltung des Vermögens treffen; er kann sich einen Gehilfen und zeitlichen Stellvertreter (vicarius) ernennen, Novizen aufnehmen, Vergehen seiner Untergebenen rügen und bestrafen, wo=gegen der Bestrafte nur dann appelliren kann, wenn das Maß der Strafe überschritten ward. Aebte, die Priester und vom Bischof benedicirt sind, können Pontificalinsignien führen, in einigen Fällen dispensiren, Tonsur und die ordines minores ertheilen, für ihre Klöster Kirchen, Gefäße und Paramente weihen und benediciren; in anderen Kirchen können sie mit Erlaubniß des Bischofs Weihen vornehmen, bei denen keine Salbung stattfindet [1].

In allen wichtigen Angelegenheiten hat der Abt den Rath des conventus zu hören, in einzelnen Fällen bedarf er der Zustimmung desselben, wie bei Veräußerung von Klostergütern.

162. Die Pflichten der Regularen sind vor allem:

1) Die Beobachtung der Ordensgelübde (156). Verletzung des Ge=lübbes der Armuth beraubt auf zwei Jahre des activen und passiven Wahl=rechts und soll nach den Bestimmungen des Ordens bestraft werden [2]. Der Gehorsam verpflichtet zu allem, was nicht der Regel widerstreitet oder Sünde wäre [3].

2) Beobachtung der Regeln und Ordensstatuten.

3) Tragen des Klosterhabits, der ohne Erlaubniß nicht abgelegt wer=den darf [4].

4) Beobachtung der Clausur. Bei männlichen Orden fordert das Ge=setz der Clausur, daß a) die Religiosen nicht ohne Erlaubniß ihres Oberen

---

[1] Einige Aebte standen früher unmittelbar unter Kaiser und Reich (praelati immediati), andere mittelbar (praelati mediati); mehrere führten den Titel und die Würde von Reichsfürsten (Fürstäbte, wie die von Fulda, Chiemsee, St. Emmeran in Regensburg).

[2] Trid. s. XXV. c. 2 de reg.

[3] C. 1 de V. S. in E. Joh. (t. 14) Die Verpflichtung zum Chordienst hängt von der Ordensregel ab.

[4] C. 2 ne cler. vel. mon. in VI.

das Kloster verlassen, b) daß keine Frauen die Clausur betreten unter Strafe der excommunicatio Pontifici reservata ipso facto incurrenda [1].

Für Nonnen aber ist a) unter gleicher Strafe jedes Hinausgehen der-selben außerhalb der Mauern der Clausur verboten, ausgenommen den Noth-fall, z. B. Brand, Epidemie, in welchem Falle jedoch, wenn möglich, die Erlaubniß des Bischofs eingeholt werden soll. b) Unter gleicher Strafe ist der Eintritt irgendwelcher Personen (cujuscunque generis aut conditionis, sexus vel aetatis fuerint) in die Clausur ohne rechtmäßige Erlaubniß ver-boten, ausgenommen den Bischof oder den Ordensprälaten zur Visitation und Fälle der Noth, z. B. beim Arzte [2]. Dies gilt jedoch nur von der eigent-lichen clausura papalis, von der Bischöfe nur in den in den päpstlichen Constitutionen aufgezählten Fällen dispensiren können, nicht von der bischöf-lichen Clausur [3].

Intra chorum vel septa monasterii in Nonnenklöstern darf das Sanc-tissimum nur mit päpstlicher Erlaubniß aufbewahrt werden.

17. Die religiösen Congregationen. Religiöse Institute.

163. Zahlreiche männliche und besonders weibliche Congregationen und Institute [4] sind namentlich in den letzten Zeiten entstanden, die durch Unter-richt und Erziehung, Krankenpflege, Sorge für verwahrloste Kinder u. s. w. segensreich wirken. Für diese quasiregulares sind besonders die Constitutionen Clemens' VIII. Quoniam ad instantiam v. 23. Juli 1603 und Gregors XV. Cum alias v. 17. Aug. 1622, Benedikts XIV. Emanavit v. 21. Jan. 1758 (betreffs der Oratorianer) und Quamvis justo v. 27. Mai 1749 (betreffs der Englischen Fräulein) maßgebend. Wollte auch Pius' V. Constitution Circa pastoralis (1566) nur Nonnenklöster mit Clausur, so breiteten sich doch, nament-lich die Tertiarierinnen, immer mehr aus und der Heilige Stuhl tolerirte sie, unterwarf sie den Bischöfen und billigte die Congregationen, die sich bewährten.

Die Bedingungen der Aufnahme sind in den Constitutionen [5] der verschiedenen Congregationen näher bestimmt. In männlichen Congre-gationen werden die drei einfachen Gelübde gewöhnlich für Lebenszeit ab-

[1] Const. „Apostolicae Sedis moder." b, 7.

[2] Trid. s. XXV. c 5 l. c. Const. Pii V. „Decori" d. 24. Jan. 1570. Const. „Apost. Sedis moder." b, 6.

[3] S. Congr. Episc. et Reg. d. 1. Aug. 1839. Cf. *Ferraris* s. v. Monialis a. 3 n. 84. 85.

[4] Schels, Die neueren religiösen Frauencongregationen, Schaffhausen 1857; Schuppe, Das Wesen und die Rechtsverhältnisse der religiösen Frauengenossenschaften, Mainz 1868; Archiv für kathol. Kirchenrecht, Bd. XII. S. 205 ff.; Bd. XV. S. 412 ff.

[5] Die Regeln, Statuten der Congregationen heißen constitutiones, nur bei eigentlichen Orden regulae. Bei letzteren unterscheidet man regulae, die ursprüngliche Ordensregel, und constitutiones, die später hinzukommenden Ordensbestimmungen.

gelegt; in den Frauencongregationen meist für eine bestimmte Zeit oder es gelobt auch die Professin, die Congregation nie zu verlassen.

Der Austritt steht frei, wenn das Gelübde auf eine bestimmte Zeit abgelegt war und diese abgelaufen ist; außerdem bedarf es der Dispens. Was in die Congregation an Vermögen mitgebracht wurde, muß beim Austritt zurückgegeben werden außer dem für Verpflegungskosten u. dgl. Aufgewandten (153).

Männliche Congregationen, die über mehrere Diöcesen verbreitet sind, stehen unter einem Generaloberen, der nebst zwei bis vier Assistenten vom Generalkapitel gewählt wird. Wo keine Provinziale bestehen, werden auch die Lokaloberen vom General unter Zustimmung der Assistenten bestellt. Gemeinhin stehen die Männercongregationen unter der Jurisdiction des Bischofs, die jedoch sich nicht auf die inneren Congregationsangelegenheiten erstreckt, außer wo eine Congregation nur auf diese eine Diöcese beschränkt ist.

In den weiblichen Congregationen geht dem Noviziat ein sogenanntes Postulat voraus, eine Probezeit, nach deren Ablauf die Einkleidung und das Noviziat (von einem, zwei oder drei Jahren) folgt. Der Bischof muß stets die Freiheit des Entschlusses prüfen (153). Die weiblichen Congregationen haben eine Generaloberin (superiorissa generalis), die nebst drei bis sechs Assistentinnen (consilium generale) meist auf bestimmte Zeit (gewöhnlich sechs Jahre) durch geheime Abstimmung gewählt wird. Es entscheidet absolute Majorität. Die Generaloberin, welche als solche nicht unter dem Bischof steht, in dessen Diöcese sie ihren Sitz hat, ernennt oder bestätigt die gewählten Oberinnen der Provinzial-Mutterhäuser, hat das Recht der Visitation, ist aber an die Zustimmung ihrer Assistentinnen gebunden bei Aufnahme ins Noviziat, Zulassung zur Profeß, Gründung und Auflösung von Häusern, Aufstellung und Abberufung von Oberinnen, Abschluß von Verträgen in Vermögensangelegenheiten u. dgl. Errichtung und Veränderung von Noviziaten, Mutterhäusern, Provinzen bedarf der Genehmigung des Heiligen Stuhles, die von einzelnen Häusern (Filialen) der des Bischofs. Manchmal hat die Generaloberin einen *Pater spiritualis* als Rathgeber zur Seite; wo die Congregation nur an eine Diöcese gebunden ist, einen Superior (curator, rector) mit besonderen Rechten. Der Generaloberin steht die directio domestica zu; alle wichtigeren Beschlüsse bedürfen der Genehmigung des Cardinalprotectors.

Dem Bischof steht das Recht zu wie die Pflicht, über Glaube, Leben, Sitten, Abstellung von Mißbräuchen zu wachen; ohne seine Genehmigung darf kein kirchliches Institut in der Diöcese gegründet und niemand in ein solches aufgenommen werden. Das Gesuch soll daher vier Wochen vor der Einkleidung oder Profeß ihm eingereicht werden, er nimmt persönlich oder durch einen Commissär die Gelübde ab. Der Bischof ernennt den ordentlichen und außerordentlichen Beichtvater auf drei Jahre (160); nur die zweite Ernennung desselben Beichtvaters soll vom Consens der Schwestern abhängen [1]. Der Beichtvater soll sich in andere Angelegenheiten, namentlich in die Vermögensverwaltung, nicht einmischen. Die Controle über diese steht dem Bischof zu; nur das an das eigentliche General-Mutterhaus gebundene Vermögen einer über mehrere Diöcesen verbreiteten Congregation unterliegt nicht der bischöflichen Aufsicht, sondern wird lediglich von der Congregation unter Aufsicht des Cardinalprotectors und der heiligen Congregation der Bischöfe und Regularen verwaltet. Die Ausstoßung einer Schwester soll nicht ohne Befragen des Bischofs und des Heiligen Stuhles erfolgen (157). Die Entlassung kann jedoch auch ohne Grund erfolgen, wenn die zu Entlassende zustimmt. Die Visitation durch die Generaloberin soll dem Bischof respectvoll angezeigt werden. Congregationen haben nur die clausura episcopalis (162), soweit sie mit ihrer Aufgabe vereinbar ist [2].

164. Auch ohne Ablegung von Gelübden kann ein gemeinsames Leben nach einer festgesetzten Ordnung bestehen. Solche kirchliche Institut: unterliegen der Approbation des Bischofs, dem sie unterstellt sind. Uebrigens pflegt auch hier nach Art der Orden ein Noviziat zu bestehen und soll de: Geist der Armuth beobachtet werden.

Auch die Errichtung von Bruderschaften bedarf der Genehmigung des Bischofs. Sie sind Vereinigungen zur Erreichung kirchlicher Zwecke ohne gemeinsames Leben und stehen, wie nach kirchlichem Rechte auch alle loca pia, unter der Jurisdiction des Bischofs.

Besonders empfohlen hat Leo XIII. den dritten Orden des hl. Franziskus [3]

Zweiter Abschnitt.

Die Kirchenämter.

1. Begriff und Eintheilung der Kirchenämter.

165. Kirchenamt [4] (*officium ecclesiasticum*) ist ein bestimmter Umkreis von Rechten und Pflichten zur Ausübung kirchlicher Amtsgewalt (zum Gottesdienst, zur Seelsorge, zur Kirchenregierung), die durch den kirchlichen

---

[1] Die Oberin darf ein Bekenntniß der Fehler von Seite der Schwestern nicht verlangen, nisi relate ad publicam transgressionem regulae et ad progressum in virtutibus. Vgl. Archiv für kathol. Kirchenrecht. Bd. XV. S. 414.

[2] Von den barmherzigen Schwestern sagt Vincenz von Paul: „Als Klöster haben sie die Häuser der Kranken, als Clausur den Gehorsam, als Gitter die Furcht Gottes, als Schleier die heilige Bescheidenheit."

[3] Leon. XIII. Encycl. d. 17. Sept. 1882; d. 30. Maji 1883; d. 20. April. 1884.

[4] Vgl. *Thomassin.*, Vet. et nova eccles. discipl. circa beneficia, Paris 1688; *Rebuffi*, Praxis beneficior. Paris 1664; *Garcias*, De benef. Colon. 1636; *Leuren.*

Oberen einer persona ecclesiastica in Bezug auf bestimmte Personen oder an einem bestimmten Orte dauernd verliehen ist [1]. Das mit dem Kirchen= amte dauernd verbundene Einkommen oder das Recht, die Früchte aus dem mit dem Amte verbundenen kirchlichen Gute zu beziehen, heißt Pfründe, *beneficium ecclesiasticum* [2]. Die Temporalien verhalten sich zu den Spiri= tualien wie das accessorium zum principale; da es aber im allgemeinen Regel ist, daß das Beneficium mit dem Amte verbunden sein soll, so wird mit Beneficium auch das Kirchenamt bezeichnet und officium und beneficium synonym gebraucht [3].

Zu einem Kirchenamt im stricten Sinne gehört:

1) Die *perpetuitas*, und zwar die perpetuitas objectiva (essentialis), daß das Amt ständig errichtet sei, und die perpetuitas subjectiva (ordi- naria, normalis), daß es dem Inhaber auf Lebenszeit verliehen ist, er nicht willkürlich vom Amte entfernt werden kann. Solche sind im strengen Sinne nur die beneficia titulata, nicht die **Manualpfründen** (*beneficia ma- nualia)* [4], deren Inhaber ad nutum amovibiles sind. Aehnlich ist das Ver=

For. benefic. Colon. 1702; *Squanin*, Tract. beneficiar. Romae 1752; *Berardi*, Jus eccles. univ., dissert. praelim. ad tract. de benefic.; Phillips, Kirchenrecht. Bd. VI. Abthl. 1.

[1] *Aichner* l. c. p 254 sq.: „Est officium ecclesiasticum (objective sumtum) certa et determinata mensura functionum ecclesiasticarum, ad quas clerici a su- periore ecclesiastico stabiliter deputantur. Subjective sumtum est jus et obligatio, ejusmodi functiones vi stabilis et legitimae deputationis in certo loco aut quoad certas personas exercendi." Frantz, Lehrbuch des Kirchenrechts, Göttingen 1887, S. 41: „Die Reformatoren statuirten um der Ordnung willen ein geistliches Amt. Das geistliche Amt der evangelischen Kirche ist lediglich durch Zweckmäßigkeits= gründe geboten und nicht, wie in der katholischen Kirche, die Consequenz einer innern Nothwendigkeit."

[2] *Devoti*, Instit. jur. can. t. II. tit. XIV. § 4 p. 383: „Beneficium ecclesia- sticum est jus perpetuum percipiendi fructus ex bonis ecclesiasticis provenientes propter officium, cui jus illud auctoritate ecclesiastica est annexum." Wo der Staat das Pfründgut einzog und statt dessen eine Geldsumme zahlt, ist diese doch als ein kirchliches Beneficium zu betrachten (S. Poenitent. d. 19. Jan. 1819).

[3] Beneficium wurde in der römischen Kaiserzeit für die Ländereien und Be= sitzungen gebraucht, welche verdienten Soldaten überlassen wurden. Beneficium und officium werden unterschieden in c. 2 D. 28; c. 10 D. 32: gewöhnlich aber pro- miscue gebraucht; cf. c. 16 de V. S. V. 40; selbst das Amt des Papstes heißt beneficium c. 1 de maledicis V. 26. Praebenda dagegen wird nur für das jus percipiendi fructus gebraucht, besonders im Unterschiede von den distributiones quotidianae.

[4] Der Ausdruck manualitas, beneficia manualia weist auf die revocatio ad manum hin, nach anderen auf die manus injectio bei Sklaven. Vgl. Phillips l. c. S. 275. Auch die Manualpfründen werden zu den eigentlichen Beneficien gerechnet, so von Leuren, Bouix, Craisson. *De Angelis* (nach Reiffenstuel in t. III. 5 n. 52)

hältniß der Succursalpfarrer (parochi amovibiles, curés desservants) in
Frankreich und den preußischen Landestheilen, die anfangs dieses Jahrhunderts
zu Frankreich gehörten, wo man gegen das Concordat von 1801 die Dota-
tionen der Pfarreien (Cantonalpfarrer) bedeutend beschränkte, in England,
Schottland, Irland, Nordamerika.

2) Amt und Pfründe müssen verbunden sein; „beneficium datur
propter officium" (c. 15 de rescript. in VI.). Eine Ausnahme bilden
die Commenden (commendae), Verleihungen der Einkünfte von Kirchenämtern ohne die entsprechenden Amtspflichten, wie sie im Mittelalter häufig
vorkamen; solche erhielten advocati, die Schutzherren der Kirche, vertriebene
Bischöfe, Gelehrte, besonders auch Cardinäle [1]. Den Mißbräuchen trat schon
Bonifaz VIII., dann das fünfte Lateranconcil entgegen, das Tridentinum
wie Gregor XIII., Innocenz X. haben sie bedeutend beschränkt.

3) Das Kirchenamt muß von dem kirchlichen Oberen (Papst, Bischof)
als solches errichtet sein. Stiftungen bilden noch kein beneficium, solange
nicht die förmliche Errichtung desselben durch die kirchliche Autorität erfolgt ist.

166. Die Kirchenämter werden eingetheilt:

1) Dem Range nach in höhere und niedere (beneficia majora und
minora). Erstere sind die Prälaturen, deren Inhaber eine jurisdictio ep-
scopalis oder quasiepiscopalis haben (beneficia consistorialia). Diese
werden in odiosis nicht unter den beneficiis begriffen [2]. Alle anderen sind
beneficia minora [3]. Doch werden auch andere, wie die Dignitäten an den
Dom- und Collegiatkirchen, (praelati minores) im weitern Sinne den höheren
gewöhnlich beigezählt.

2) Dem Wirkungskreis nach unterscheidet man beneficia mere ecclesiastica, die auch Minoristen haben können, und sacra, die höhere Weihe,
besonders die Priesterweihe erfordern. Diese sind simplicia (Incuratbeneficien),
die nicht zur Seelsorge, sondern nur zu bestimmten Messen u. dgl. verpflichten,
oder duplicia, Seelsorgsbeneficien und solche, mit denen eine jurisdictio pro
foro externo (dignitates) oder ein höherer Ehrenvorzug (praeeminentia)
verbunden ist (personatus) oder ein anderes kirchliches Amt, kirchliche Verwaltung (officia simpliciter) [4].

---

l. c. t. II. P. I. p. 130: „Sunt vera beneficia propter perpetuitatem objectivam
investitus autem non reputatur ut verus beneficiatus, nisi in favorabilibus." Cf
Trid. s. VII. c. 7; s. XXIII. c. 16; s. XXIV. c. 13.

[1] Vgl. Innsbrucker theolog. Zeitschr. 1877. S. 284.

[2] Santi l. c. in l. VI. t. V. n. 15 p. 79.

[3] Santi l. c.; Devoti l. c. n. IX. p. 386; v. Scherer l. c. S. 407; cf. c. 8 x
III. 5; c. 32 x V. 40.

[4] Cf. c. 1 in VI. (I. 4); c 38 x III. 5.

3) Nach ihrem Inhaber unterscheidet man *beneficia regularia* und *saecularia*. Als Regel gilt: Saecularia saecularibus, regularia regularibus[1]. Außer den Regularbeneficien, die ex natura sua solche sind, z. B. das Ordensgeneralat, die Abtswürde, das Priorat, kann per accidens ein Bene=ficium ein beneficium regulare sein per fundatoris voluntatem oder per institutionem superioris, namentlich durch die incorporatio monasterio facta, oder per praescriptionem, durch vierzigjährige Verjährung[2]. Besteht ein Zweifel darüber, ob ein beneficium regulare oder saeculare sei, so steht die Rechtsvermuthung (praesumptio juris) für das letztere, schon wegen des spätern Ursprungs der beneficia regularia.

4) Nach der Art der Verleihung unterscheidet man *beneficia collativa, electiva, patronata* und *mixta.*

5) Nach ihrem wechselseitigen Verhältniß sind die Kirchenämter *beneficia compatibilia* oder *incompatibilia.*

2. Errichtung der Kirchenämter.

167. Die Errichtung (constitutio, erectio) eines höhern Kirchen=amtes muß durch den Papst geschehen; insbesondere ist die Errichtung von Bisthümern seit dem 11. Jahrhundert dem Papste vorbehalten. Kathedral= und Collegiatkapitel, neue Dignitäten oder Wiederherstellung einer erloschenen Dignität bedürfen gleichfalls der Genehmigung des Papstes. Eine Mitwirkung der Staatsgewalt kann an sich nicht gefordert werden, soweit es sich nicht um staatliche Beschaffung von Geldmitteln u. dgl. handelt, oder Concordate eine solche Mitwirkung einräumen. Ohne Consens des Bischofs (beziehungs=weise des Papstes) kann kein Kirchenamt errichtet werden. Das Recht des Bischofs zur Errichtung der (niederen) Kirchenämter in seiner Diöcese, soweit der Papst dieses Recht nicht beschränkt, schließt auch die Pflicht in sich, da=bei das Bedürfniß der Diöcese zu berücksichtigen und über die Bedürfnißfrage zu entscheiden.

Zur Errichtung eines Kirchenamtes bedarf es:

1) Einer *justa causa*, wie necessitas oder evidens utilitas und in=crementum cultus[3].

2) Eines *locus fundationis congruus.*

3) Der *dos* oder *fundus totalis sufficiens.* Der Bischof darf keine Kirche consecriren, bevor ihr die ausreichende Dotation angewiesen ist[4].

---

[1] Trid. s. XIV. c. 10.
[2] C. 5 de praeb. in VI.
[3] C. 3 x III. 48; Trid. s. XXIV. c. 13.
[4] C. 2 D. 1 de cons.; c. 8 x III. 40.

4) Es sollen nicht Rechte Dritter verletzt werden; daher sollen alle dabei Interessirten, z. B. der Pfarrer des Ortes, vorher gehört werden, die Einsprache erheben können (novi operis nunciatio)[1].

Ein Beneficium kann jeder stiften, der über sein Vermögen frei verfügen kann; dabei gemachte Bedingungen, die nicht uncanonisch sind, müssen strenge beobachtet werden[2]. Solchen Bedingungen wird auch nicht durch eine allgemeine Clausel in einem apostolischen Schreiben derogirt, wenn nicht von jenen Bedingungen ausdrücklich Erwähnung geschieht[3]. Nach der Fundation darf kein Vorbehalt mehr gemacht werden[4].

3. Veränderungen der Beneficien.

168.   Jedes Beneficium soll im allgemeinen in seiner Integrität erhalten werden[5]. Ausnahmsweise darf eine *innovatio beneficii*, womit man jedwede Veränderung an Amt und Pfründe bezeichnet, durch den zur Errichtung des Kirchenamtes berechtigten kirchlichen Oberen erfolgen, wo Nothwendigkeit oder augenscheinlicher Nutzen der Kirche es fordert. Der Bischof ist hierzu an den Consens seines Domkapitels gebunden; auch müssen alle dabei Interessirten gehört werden, die, wenn sie sich verletzt glauben, den Rechtsweg betreten können, jedoch ohne Suspensivwirkung.

Das Concil von Trient untersagt insbesondere die Umwandlung von Seelsorgsbeneficien in einfache und die Aufhebung der mit Beneficien verbundenen Verpflichtungen[6].

Veränderungen können an Amt und Einkommen zugleich oder nur an einem von beiden vorkommen. Zu ersteren gehören:

I. *Unio* (perpetua et realis) ist die bleibende[7] Uebertragung zweier oder mehrerer Kirchenämter an einen Inhaber sowohl zur Verwaltung des Amtes als zum Bezuge der Einkünfte desselben. Die Vereinigung kann geschehen per aequalitatem (*unio aeque principalis*)[8], indem die Rechtsverhältnisse beider Beneficien und selbst ihre Namen bestehen bleiben, wie z. B. bei dem Erzbisthum Gnesen-Posen, oder die Vereinigung (*unio inaequalis*) geschieht durch Verschmelzung (confusione), so daß beide ein neues drittes bilden (*unio promiscua*) oder durch Unterordnung (per subjectionem), so daß eines vom andern abhängig wird (*unio accessoria, subjectiva*). Die

---

[1] C. 44 C. XVI. q. 1; c. 36 x III. 5; c. 2 x V. 32.

[2] C. 11 x III. 5; c. 16 x III. 39; c. 23 III. 38; Trid. s. XXV. c. 5. 9.

[3] *Santi* l. c. n. 40 p. 87.   [4] C. 41 x II. 20.

[5] x III. 12; c. 15 C. I. q. 3

[6] Trid. s. XXIV. c. 13; s. XXV. c. 5. 16.

[7] Dagegen fiele eine unio temporaria et personalis unter das Verbot de pluralitate beneficiorum. Trid. s. VII. c. 4; s. XIV. c. 9.

[8] C. 48. 49 C. XVI. q. 1; c. 33 x III. 5; c. 1 x III. 9.

subjectio kann eine *absoluta* sein, indem eine Kirche als Tochterkirche der andern als **ecclesia matrix** völlig untergeordnet wird, so daß der Pfarrer der Mutterkirche Cultus und Seelsorge jure proprio durch seinen Hilfsgeistlichen (excurrendo) ausübt, oder eine *relativa* (secundum quid), wenn die Filiale einen ständigen expositus für ihren regelmäßigen Gottesdienst hat und die Filialisten nur an einzelnen Functionen in der Mutterkirche theilnehmen müssen.

Bisthümer können wohl vereinigt werden, aber nicht Beneficien verschiedener Bisthümer[1]. Die Vereinigung von Beneficien wie die Theilung derselben verlangt: 1) eine justa causa[2], 2) Zustimmung des Kapitels[3] sowie Zustimmung des Laienpatrons[4], wenn die Patronatskirche mit einer Collegiatkirche vereinigt oder in eine solche umgewandelt werden soll. Werden zwei Patronatspfründen vereinigt, so wird der Patron der einen compatronus des vereinigten Beneficiums mit dem Rechte alternativer Präsentation. Waren beide Wahlpfründen, so wählen jetzt alle Stimmberechtigten beider Beneficien. Beneficia liberae collationis sollen nicht mit Patronatspfründen vereinigt werden, wenn dadurch ihre Freiheit verloren geht[5]. Der Bischof darf keine Beneficien mit seiner mensa episcopalis uniren, auch nicht mit der mensa capitularis, Regularbeneficien darf er nicht uniren ohne Zustimmung der betreffenden Aebte[6]. Ohne Zustimmung seines Kapitels darf er auch nicht einzelne Kirchen oder deren Erträgnisse einem Kloster überlassen.

Im Falle eines Zweifels ist für die geringere Art der Vereinigung zu präsumiren[7].

II. Unter dem Namen „Union" und „Subjection" begreifen die Quellen auch die schon seit dem 9. Jahrhundert vorkommende Verbindung von Kirchen und Beneficien mit einem Kloster, Stifte oder einer andern geistlichen Corporation oder Dignität, welche seit dem 14. Jahrhundert *incorporatio* (adnexio) genannt ward. Von der unio unterscheidet sich die incorporatio dadurch, daß das unirte Kirchenamt mit dem Tode oder der Versetzung des Inhabers erledigt, das incorporirte aber nie vacant wird, solange der eigentliche Inhaber existirt; nur der vicarius wechselt. Bei der Union können Temporalien und geistliche Amtsrechte nicht voneinander getrennt werden, wohl aber bei der Incorporation.

---

[1] Trid. s. XIV. c. 9.

[2] C. 33 de praeb.; Trid. s. VII. c. 6.

[3] C. 7 de donat.; c. 2 de reb. eccles. alien. in Clem.

[4] Das Tridentinum nennt nur den Laienpatron. Hier gilt „inclusio unius exclusio alterius". Trid. s. XXIV. c. 15.

[5] Trid. s. XXV. c. 9.

[6] C. 1 in Clem. III. 4; c. 9 x III. 10; c. 1 § 6 in Clem. III. 10.

[7] Der Ausdruck „unimus illud et illud beneficium" bezeichnet die unio aequalis; „unimus (annectimus) beneficium illi beneficio" die unio per subjectionem. Die unio per confusionem heißt auch unio translativa, exstinctiva.

Die *incorporatio* hat statt *jure non pleno* (quoad temporalia tantum), wenn nur die Einkünfte einverleibt werden, die Seelsorge aber von einem auf Präsentation des Klosters, Stiftes u. s. w. vom Bischof aufgestellten Pfarrer geübt wird; *jure pleno*, wenn Amt und Einkünfte einverleibt sind, so daß das Kloster oder der Ordensprälat u. s. w. der parochus habitualis ist, die Seelsorge aber von einem aus dem Convente zu bestimmenden vicarius aus= geübt wird, den das Kloster präsentirt und sustentirt; *jure plenissimo*, wenn eine Kirche einem exemten Kloster oder Institut incorporirt wird, so daß das exemte Kloster oder Institut (dessen Vorstand) der eigentliche Pfarrer ist und den Vikar ein= und absetzt (158).

Das Tridentinum hat weitere Incorporationen von Pfarrkirchen verboten[1]. Bei der Incorporation tritt das Kloster u. s. w. wie ein Erbe in die Vermögensvortheile und Lasten der incorporirten Kirche ein, so daß deßhalb auch die Baulast betreffs der unirten Kirche auf dasselbe, und wo dieses säcularisirt wurde, auf den Fiscus überging.

III. *Divisio* (sectio), Theilung eines Beneficiums in mehrere kann statt= finden bei zu großen, allzu ausgedehnten Kirchen, wegen zu weiter Entfernung, erschwerter Communication, auch bei solchen, die früher getrennt waren und unirt wurden, wofern der Grund der Union wegfällt[2]. Der Bischof kann einen Theil des Einkommens der alten Pfründe der neuen zuweisen, wenn nur dem erstern Beneficiaten die congrua verbleibt[3]; in der Regel wird ein Erledigungsfall abgewartet. Wird die neue Pfarrei aus den Einkünften der Mutterkirche dotirt, so wird der Pfarrer dieser Patron der neuen Pfarrkirche. Die Theilung heißt auch *dismembratio*, womit man auch bloß die Zuweisung eines Theiles der Einkünfte zu einer andern Kirche bezeichnet, gewöhnlich aber die Zutheilung von Parochianen zu einer andern, bereits bestehenden (nähern, günstiger gelegenen) Pfarrei.

IV. *Suppressio*, die gänzliche Aufhebung eines Kirchenamtes kann durch den kirchlichen Oberen verfügt werden wegen physischer oder moralischer Un= möglichkeit der Erfüllung des Stiftungszweckes, wegen zu geringer Zahl der Einwohner, solcher Verminderung des Einkommens, daß es zur Sustentation eines Geistlichen nicht mehr reicht, auch zur Strafe eines Verbrechens. Auch Episkopate können vom Papste aufgehoben werden; Canonikate kann wohl der Bischof aufheben, nicht aber Dignitäten an den Kapiteln[4].

Extinctio heißt die Zerstörung der Kirche und des Beneficiums zu= gleich; *translatio* die Uebertragung eines Beneficiums an einen andern

---

[1] Trid. s. VII. c. 7; s. XIV. c. 9; s. XXIV. c. 13; cf. s. XXIII. c. 18; s. XXI. c. 7; s. XXIV. c. 15.

[2] C. 3 x III. 48; Trid. s. XXI. c. 4.

[3] Trid. s. XXI. c. 4; s. XXIV c. 13; c. 3 x III. 48.

[4] Trid. s. XXIV. c. 15; c. 33 x V. 40; c. 25 C. XXV. q. 2.

Ort, Verlegung aus einer Kirche in eine andere, namentlich die frühere Mutterkirche [1].

Veränderungen, die nur am Einkommen oder nur am Amte vorgehen, sind:

V. *Diminutio*, Abtrennung, Entziehung eines Theiles des Einkommens, um ihn einer andern Pfründe zuzuweisen, was ausnahmsweise und besonders dann vom Bischof (unter Zuziehung aller Betheiligten) geschehen kann, wenn die eine Kirche sehr reich, die andere bei gleicher Nothwendigkeit ihres Bestandes ganz verarmt ist [2].

VI. *Oneratio*, neue Belastung, sei es durch ein *onus personale*, Vermehrung der Amtsfunctionen, oder *onus reale*, Schmälerung der Einkünfte. Letzteres kann geschehen durch die dem Inhaber auferlegte Aufnahme eines **Passivkapitals** *ad onus successorum*, wo nothwendige Reparaturen oder Neubauten an den Pfarrgebäuden nicht durch andere Mittel bestritten werden können, oder durch Auflegung einer **Abgabe**. Eine solche kann entweder eine außerordentliche und nur ein oder das andere Mal treffende *(exactio)* oder regelmäßig, in bestimmten Fristen wiederkehrende sein, die zeitlich *(pensio)* oder fortdauernd *(census)* ist. Die *pensio* kann sein *laicalis* (temporalis), so an den Patron bei unverschuldeter Verarmung desselben (179, b), *clericalis* (spiritualis), so an einen andern Priester, z. B. Vikar, Kaplan, *mixta* (media), an den freiresignirenden Beneficiaten in jährlichen Raten auf Lebensdauer. Pensionen dieser Art finden sich schon sehr frühe, z. B. um abgesetzte Bischöfe zu verpflegen, arme Geistliche zu unterstützen, nützliche Dienste zu belohnen [3].

Der *census* [4] ist *antiquus* oder *novus*, je nachdem er von der Stiftung her auf der Pfründe lastete oder ihr später erst auferlegt ward. Pensio und census wird auch promiscue gebraucht [5].

Neue onera spiritualia kann der Bischof ohne päpstliche Autorität dem Beneficiaten nicht auferlegen, wie dies aus dem Tridentinum (s. XXV. c. 5) und den wiederholten Entscheidungen der S. C. C., z. B. vom 9. December 1865, hervorgeht [6]. Neue Belastungen der Pfarrkirchen sind verboten, der census antiquus darf nicht erhöht werden [7]. Wohl aber kann der Bischof in bestimmten Fällen eine zeitliche Pension (ad dies vitae) genehmigen.

[1] Trid. s. XXI. c. 7; c. 12 de constitut. I. 2.
[2] Vgl. Archiv. für kath. Kirchenrecht Bd. VII. S. 400 ff.
[3] Aehnlich war es mit den **Panisbriefen**, die Kaiser und Landesherren jemandem an ein Stift oder Kloster mitgaben.
[4] Census, Bekenngeld, Zinsgeld, diente überhaupt zur Anerkennung der Unterwürfigkeit oder eines erhaltenen Vorrechts, z. B. einer Exemtion.
[5] Cf. c. 6 de rel. domib. III. 36.
[6] Cf. *Fagnanus* in c. 11 x III. 5; *Reiffenstuel* l. III. tit. 12 n. 6.
[7] Trid. s. XXIV. c. 13. 14; Bened. XIII. Const. „Quanta" (1724); c. 7 x III. 39.

4. Die canonische Besetzung der Kirchenämter.

169. Ein Kirchenamt kann rechtlich nur erworben werden durch die canonische Uebertragung (*provisio canonica*, institutio im weiteren Sinne) [1]. Diese umfaßt:

1) Die *designatio personae idoneae*, sei es vermöge der libera collatio des Bischofs, bezw. des Papstes, oder durch Wahl, Postulation, Präsentation, Nomination [2].

2) Die *collatio tituli* (institutio collativa) durch den Bischof oder durch päpstliche Confirmation.

3) Die *institutio corporalis*, Einweisung in den Besitz des Amtes und der Pfründe als äußere Vollendung, inthronisatio bei Bischöfen, installatio bei Canonikern genannt.

Die designatio personae gibt nur ein jus ad rem, ein Prioritäts-recht, das eine actio in personam begründet; das Recht auf das Amt selbst (jus in re) gibt die collatio tituli oder institutio im eigentlichen Sinne.

Abgesehen von dem höheren Rechte des Papstes in Bezug auf alle Kirchenämter (182) ist die Regel, daß höhere Aemter (166, 1), besonders das Episkopat vom Papste, alle beneficia minora vom Diöcesanbischof verliehen werden.

Jus provisionis plenae heißt das Recht desjenigen, der zu allen drei Acten der Provision berechtigt ist; außerdem heißt es *jus provisionis minus plenae*. Wo der Bischof nicht die volle Verleihung (*collatio libera*) hat, sondern an das Recht eines Dritten, des Patrons u. s. w. gebunden ist, findet *collatio necessaria* statt. Wenn der regelmäßig zur Verleihung des Kirchenamtes Berechtigte diese vornimmt, heißt sie *collatio ordinaria;* wenn das Amt vom höheren Kirchenoberen jure devolutionis (181) besetzt wird oder vom Papste kraft specieller Reservation (182), nennt man die Verleihung *collatio extraordinaria* [3].

---

[1] Die Quellen bedienen sich für Verleihung der Kirchenämter der Ausdrücke: collatio (conferre beneficium), donatio, provisio, concessio, assignatio, institutio (instituere clericum). Cf. x III. 7; III. 8; Trid. s. XXIII. can. 7.

[2] Institutio latissime sumitur pro quovis modo canonico beneficium acquirendi. Est alia collativa tituli seu juris in re, aut libera, aut necessaria. Alia est institutio corporalis seu immissio in beneficium, quae a multis vocatur investitura. *Zallinger* in l. III. t. 7 n. 118; R. J. 1 in VI.: „Beneficium ecclesiasticum non potest licite sine institutione canonica obtineri.‟

[3] Wahlen durch die Gemeinde können nur im Sinne einer Präsentation zulässig sein. Ueber eigentliche Pfarrwahlen durch die Gemeinden sind strenge Strafen ausgesprochen. Encycl. d. 21. Nov. 1873; decr. d. 23. Maji 1874; cf. c. 4 x de jure patron.; c. 12—14 C. XVI. q. 7; c. 16—20 ib.

5. Requiſite der Proviſion.

170. Zur canoniſchen Proviſion wird erfordert:

1) Daß das Beneficium dotirt, *de facto* et *de jure* vacant ſei, d. h., daß niemand weder den rechtmäßigen Titel noch den factiſchen Beſitz inne hat. Jede Exſpectanz auf ein Beneficium iſt verboten, außer bei dem Coadjutor eines Biſchofs cum jure succedendi [1].

2) Der Beneficiat muß *persona digna et idonea* ſein. Insbeſondere gehört dazu a) der status clericalis, coelibatus, der für das Amt nöthige ordo, oder doch die Erlangung desſelben innerhalb Jahresfriſt [2]; b) die vitae integritas (gravitas morum), auch das Freiſein von Cenſuren und Irregularitäten (138, 4); c) *literarum scientia* [3]; d) *aetatis maturitas;* für den Biſchof iſt das vollendete 30., bei beneficiis duplicibus das be= gonnene 25., bei Dignitäten und Perſonaten das 22., beim Pönitentiar das 40. vorgeſchrieben [4]; e) *thorus legitimus* (138, 3. 4) [5].

Iſt einen Würdigen auszuwählen ſtrenge Pflicht, ſo ſoll doch auch der dignior dem dignus vorgezogen werden [6], d. h. derjenige, der in Anbetracht aller Umſtände für dieſes Amt vorausſichtlich der Entſprechendere iſt, außer bei einem Beneficium, das für eine beſtimmte Familie geſtiftet iſt oder bei Collegien und Klöſtern für Perſonen aus dieſen ſelbſt. Insbeſondere aber muß die persona dignior vorgezogen werden bei dem Epiſkopate, bei allen Seelſorgsämtern und bei Präſentationen von ſeiten des geiſtlichen Patrons [7].

---

[1] Trid. s. XXV. c. 7; s. XXIV. c. 19; cf. s. XXV. c. 21: „salva tamen Sedis Apostolicae auctoritate"; Sexti III. 8; Clem. III. 3; c. 5. 6 C. VIII. q. 1.

[2] C. 14 in VI. (I. 6); c. 34. 35 eod.; c. 8 in VI (III. 4). Der Biſchof ſoll ſchon Prieſter geweſen ſein und wenigſtens ſechs Monate einen ordo sacer bekleidet haben. Trid. s. XXII. c. 2.

[3] Man unterſcheidet scientia eminens, mediocris, sufficiens. Das Tridentinum ſchreibt das Doctorat oder Licentiat der Theologie oder des canoniſchen Rechtes vor für den Biſchof oder doch ein akademiſches Zeugniß über ſeine Lehrbefähigung, ebenſo für den Kapitelstheologen, Pönitentiar und Archidiakon, und wünſcht dasſelbe für alle Dignitäten und wenigſtens die Hälfte der Canoniker. Trid. s. XXII. c. 1. 2; s. XXIII. c. 18, s. XXIV. c. 16. 18.

[4] Für die päpſtliche Würde iſt kein Alter vorgeſchrieben c. 6 x I. 6. Neuere Concordate verlangen für alle Canoniker die Prieſterweihe und das 25. Lebensjahr. Für beneficia simplicia genügt nach dem jus commune das 14. Jahr, ſofern nicht ein höherer ordo für ſie verlangt iſt. Cf. Trid. s. XXIV. c. 12. 8; s. XXIII. c. 6.

[5] Die Dispenſation durch den Papſt ſchließt gewöhnlich aus die Erlangung von Dignitäten und Canonikaten. Cf. Trid. s. XXV. c. 15.

[6] C. 15 C. VIII. q. 1; Trid. s. XXIV. c. 18; x I. 14.

[7] Trid. s. XXIV. c. 18; s. XXIV. c. 1. Die Ernennung eines dignus mit Umgehung des dignior iſt jedenfalls giltig; auch nennt es Pirhing (synops. l. III. t. I. § II.) valde probabile, daß bei niederen Curatbeneficien, Pfarreien u. dgl. keine

Für Pfarreien schrieb das Tridentinum einen Specialconcurs vor, an dessen Stelle meist ein jährlich oder alle zwei Jahre abzuhaltendes allgemeines Pfarrbefähigungs-Examen getreten ist [1]. Zuweilen ist auch durch Concordate zugestanden, daß nur (dem Regenten) personae gratae ein Kirchenamt erlangen sollen [2].

3) Hinsichtlich der Zeit wird gefordert, daß die Provision statuto tempore erfolge und zwar im allgemeinen innerhalb sechs Monaten vom Tage der erlangten Kunde der Vacatur an. Die Wahl zum Episkopat oder einer Prälatur soll innerhalb drei, die Präsentation von Seiten des Laienpatrons innerhalb vier Monaten erfolgen, während beim geistlichen Patronat die Frist sechs Monate beträgt. Wird die Frist nicht eingehalten, so tritt das jus devolutionis (181) ein.

4) Was die Art der Verleihung betrifft, so muß die collatio libere, gratuito, sine simonia (286), sine diminutione (168, V. VI), und absolute erfolgen. Simonistische Verleihung hat außer den auf die Simonie gesetzten Strafen Nichtigkeit des Actes, simonistische Präsentation für den Patron Verlust seines Präsentationsrechtes zur Folge.

6. Formen der ordentlichen Provision.

a. Bei Episkopaten und Prälaturen.

171. Die ersten Bischöfe wurden von den Aposteln eingesetzt ohne Mitwirkung des Volkes (33), die insbesondere nach dem ersten allgemeinen Concil hinzukam, aber nie entscheidend sein konnte; vielmehr lag die Entscheidung entweder allein bei den Bischöfen der Provinz und dem Metropoliten oder doch die Bestätigung nach vorausgegangener Wahl durch den Clerus der verwaisten Diöcese. Der Clerus wählte in Gegenwart des Volkes, nur an einzelnen Orten ward auch Zustimmung des Volkes gefordert; an anderen Orten wählten die Bischöfe mit Zustimmung des Clerus und des

---

Verpflichtung bestehe, den dignior zu wählen, und derjenige nicht sündige, der nur einen wirklich Würdigen ernennt, wenn er auch den Würdigeren übergeht. Cf. c. 12. 13 D. 61. *Thom.* 2. 2 q. 63 a. 2.

[1] Trid. s. XXIV. c. 18; s. VII. c. 13 und spätere Constitutionen ed. *Schulte* p. 579 seq. Archiv für kath. Kirchenrecht Bd. II. S. 285 ff. Der tridentinische Specialconcurs bei jedem Erledigungsfalle wäre bei heutigen Verhältnissen in großen Diöcesen kaum praktisch. In Bayern ist durch kgl. Verordnung vom 28. Sept. 1854 ein von einer gemischten Commission abzuhaltender Concurs eingeführt.

[2] Es kann sich dabei, wie Vering (Kirchenrecht 1. Aufl. S. 483) bemerkt, nur um eine aus erheblichen und auf Thatsachen gestützten Gründen hervorgehende Mißfälligkeit in rein bürgerlicher und politischer Hinsicht handeln, wie dies in den an das Würtembergische und Badische Concordat sich anschließenden Instructionen auch ausdrücklich erklärt worden ist. Vgl. Phillips, Kirchenrecht l. c. S. 559 ff.

Volkes. Das Volk wirkte mit postulatione, expetitione, voto, desiderio. Daß man aber zwischen mehreren Bewerbern um das Episkopat das Volk habe abstimmen lassen, davon findet sich keine Spur und ist dies nie kirch= liche Sitte geworden [1]. Die Mitwirkung des Volkes schwand bei Vergrößerung der Diöcesen, namentlich seit dem 9. Jahrhundert. Dagegen machte die welt= liche Gewalt ihren Einfluß auf die Besetzung der Bisthümer und Präla= turen geltend (74 ff.), der ihr nicht an sich, sondern nur durch Concessionen der Kirche zustehen kann [2]. Seit Mitte des 14. Jahrhunderts ward die Be= stätigung der Bischöfe ausschließlich dem Papste vorbehalten, wie früher schon die der Patriarchen; aber auch viele Bischöfe bestätigte und weihte der Papst früher schon unmittelbar, wenn es auch meist durch das Provincialconcil oder durch den Metropoliten und die Bischöfe der Provinz geschehen war (vgl. 44).

Seit dem 12. Jahrhundert wurde die Wahl der Bischöfe durch die Domkapitel die Regel; nebstdem findet sich durch Concession der Kirche die nominatio regia, zuweilen die libera electio Summi Pontificis und die commendatio plurium durch die Provinzialbischöfe oder den Clerus der verwaisten Diöcese zur Auswahl des Würdigsten durch den Papst.

I. *Electio canonica.* Der Wahl geht voraus die namentliche Ein= ladung der Stimmberechtigten mit Einberufung der Abwesenden zu dem innerhalb drei Monaten von der Vacatur an anzuberaumenden Wahltermine. Wird auch nur ein Stimmberechtigter nicht eingeladen, so kann er die Wahl angreifen; wird ein Drittheil übergangen, so ist die Wahl ungiltig. Ab= wesende, die ihre Abwesenheit gehörig entschuldigen können, dürfen sich per procuratorem vertreten lassen, der aus dem Kapitel (Collegium) selbst sein muß, wenn nicht das Kapitel einstimmig auch einen anderen Procurator zu= läßt. Das Wegbleiben oder Weggehen mehrerer Wahlberechtigter hindert aber die Wahl nicht; ja wenn der gesetzliche Wahltermin zu Ende geht oder alle

---

[1] Döllinger, Christenthum und Kirche S. 307. Cf. c. 2 D. 62: Docendu= est populus, non sequendus. C. 1 D. 62; c. 19 D. 63.

[2] Concil. oecum. VI. can. 22: „Concilium oecumenicum definit, statuit atque jure promulgat, neminem laicorum principum vel potentum semet inserere electioni vel promotioni Patriarchae vel Metropolitae aut cujuslibet Episcopi, ne videlicet in- ordinata hinc et incongrua confusio fiat, vel contentio, praesertim cum nullam in talibus potestatem quemquam potentum vel ceterorum laicorum habere conveniat, sed potius silere et attendere sibi. usque quo regulariter a collegio Ecclesiae sus- cipiat finem electio futura Pontificis.“ Cf. Trid. s. VII. c. 1. 13; s. XXII. c. 2; s. VI. c. 1; s. XXIV. c. 1; s. XXV. c. 9; s. XXIII. can. 7. 8 de ord.; Syllab. n. 50: „Laica auctoritas habet per se jus praesentandi episcopos et potest ab illis exigere, ut ineant dioecesium procurationem, antequam ipsi canonicam a S. Sede institu- tionem et Apostolicas literas accipiant.“ 51: „Imo laicum gubernium habet jus deponendi ab exercitio pastoralis ministerii episcopos. neque tenetur Romano Pon- tifici obedire in iis. quae episcopatum et episcoporum respiciunt institutionem.“

bis auf einen unfähig sind, so könnte dieser allein wählen[1], nur darf niemand sich selbst die Stimme geben. Niemand darf zur Wahl gezwungen werden.

Der Wahl geht voraus feierlicher Gottesdienst, Ausschließung der activ Wahlunfähigen und Beeidigung der Wähler.

Die Wähler müssen wenigstens Subdiakonen sein, dürfen nicht nominatim excommunicirt, nicht total, nicht ab officio suspendirt, nicht persönlich interdicirt, nicht des Stimmrechts verlustig sein; sie müssen Sitz und Stimme im Kapitel haben; bei Wahl von Ordensprälaten sind ausgeschlossen, die noch nicht Profeß abgelegt haben und die fratres laici. Regularen, die das votum paupertatis verletzt haben, sind auf zwei Jahre der voce activa et passiva beraubt[2].

Wählbar sind nur jene, welche die canonischen Eigenschaften haben (170), die nicht irregulär oder mit Censuren behaftet sind, bei Ordensprälaturen nur Professen. Die Kapitularen, die wissentlich einen Unwürdigen wählen, sind für diesmal des Stimmrechts beraubt und auf drei Jahre von den Beneficien an dieser Kirche suspendirt[3]. Passiv wahlunfähig sind auch außer Häretikern, Schismatikern, Simonisten jene, die zu ihrer Wahl mitgewirkt oder im voraus ihren Consens erklärt haben, wer schon auf ein Bisthum confirmirt ist, wer mehrere beneficia incompatibilia ohne Dispens beibehalten hat.

Die Wahl kann geschehen:

1) *Per scrutinium*, durch förmliche Abstimmung. Es werden drei Scrutatoren gewählt, welche die Stimmen secreto et singillatim einsammeln und protokolliren. Die Scrutatoren haben sodann die Zahl der abgegebenen Stimmen mit der Zahl der Anwesenden zu vergleichen, wornach keiner sein votum mehr ändern (variare) darf. Ist keine absolute Majorität erreicht, so müssen die Scrutinien solange fortgesetzt werden, bis diese erzielt ist[4].

2) *Per compromissum*, indem alle Wähler einstimmig ihr Wahlrecht in die Hände eines oder mehrerer legen, sei es absolut oder unter bestimmten Bedingungen[5]. Re adhuc integra, d. h. solange die Wahl nicht vollzogen ist von den Compromissaren, kann der Compromiß per vota majora zurückgenommen werden. Auch beim Compromiß wird absolute Majorität erfordert.

---

[1] Collegium remanet in uno. Cf. c. 19. 18 x I. 6. Vgl. Archiv für kathol. Kirchenrecht. Bd. XIX. S. 347, wornach drei Personen zu einer canonischen Wahl verlangt werden.

[2] Trid. s. XXV. c. 2 de regul.

[3] C. 7 x I. 6. „Probabile est, hanc censuram etiam post Bullam Pii IX. ‚Apostolicae Sedis‘ subsistere“, *Aichner* l. c. ed. 6 p. 278.

[4] C. 42 h. t.; cf. Trid. s. XXV. c. 6 de reg.; cf. c. 50. 53. 55. 57 x I. 6.

[5] C. 42. 30. 32. 52. 33. 7. 8. 21 h. t. Bei einem compromissum absolutum kann auch Postulation stattfinden.

3) *Per acclamationem* (quasi-inspirationem), wenn alle Wähler ein=
stimmig ohne weitere Verhandlung ihre Stimme auf eine Person vereinigen[1].

Der Gewählte ist von der auf ihn gefallenen Wahl (innerhalb acht
Tagen) zu benachrichtigen, um seine Zustimmung zu erklären, was er inner=
halb Monatsfrist thun muß, sonst verliert er sein jus ad rem. Es folgt
die Bitte um Bestätigung an den Papst (innerhalb drei Monaten), der processus informativus in partibus (vom Nuntius oder einem delegirten Bi=
schof geführt), definitivus in curia und endlich die confirmatio (praeconi-
satio) durch den Papst im Consistorium. Der electus episcopus erlangt
durch die bulla confirmationis das jus in re und hat, sobald er dem
Kapitel diese vorlegt, sodann die volle Gewalt der Jurisdiction und Ad=
ministration (232, γ. 2), ausgenommen was auch die bischöfliche Weihe erfordert, wozu er aber einen andern Bischof delegiren kann. Ist die Wahl
canonisch vor sich gegangen und steht dem Gewählten kein Hinderniß ent=
gegen, so muß der Papst die Wahl bestätigen[2]. Zuweilen kann auch die
pars minor siegen, wenn sie sich als die sanior erweist, zumal wenn die
pars major postulirt, die minor gewählt hat. Innerhalb drei weiteren
Monaten soll die Consecration des confirmirten Bischofs nach geleistetem Eid
der Treue und abgelegter professio fidei durch den (vom Papste beauftragten)
Erzbischof oder Bischof unter Assistenz von zwei Bischöfen erfolgen[3].

II. *Postulatio*[4]. Ein mit einem dispensablen canonischen Hindernisse
Behafteter kann nicht gewählt, sondern nur postulirt werden, wenn er nicht
zuvor ein Breve de eligibilitate vom Papste erlangt hat. Auch die Postu=
lation eines Unwürdigen oder eines solchen, der nicht postulirt werden kann
(impostulabilis), beraubt für diesen Fall des Wahlrechts.

Nur uneigentlich heißt Postulation *(postulatio simplex)* das Gesuch um
Admission eines an sich Wählbaren, der nur durch sein bisheriges Dienst= oder
Abhängigkeitsverhältniß verhindert ist, die Wahl unbedingt anzunehmen, z. B.
Cardinalpriester oder Cardinaldiakone, Cleriker fremder Diöcesen, Regularen.

---

[1] C. 42 x I. 6; cf c. 55 h. t.

[2] Concordat. Vienn. 1448: „et si canonice factae sunt (electiones). Papa
eas confirmet, nisi ex causa rationabili evidenti et de fratrum consilio de digniore
et utiliore persona duxerit providendum".

[3] Das Recht vergleicht die Wahl mit den Sponsalien, die Confirmation mit dem
matrimonium ratum, die Consecration mit dem matrim. consummatum c. 4 x I. 7.

[4] Postulatio est petitio facta a collegio electorum apud superiorem de eo, qui
ob canonicum impedimentum eligi nequit. Die Wähler müssen sich des Wortes
postulare bedienen. C. un. in VI. h. t. (I. 5) verwirft die Formeln: eligo postu-
lando, postulo eligendo, eligo postulandum, postulo eligendum; x I. 5; xvag. comm.
I. 2. Für Preußen ist durch die Bulle „De salute animarum" der formelle Unter=
schied zwischen Wahl und Postulation aufgehoben.

Die eigentliche Postulation (*postulatio propria, solemnis, qualificata*) findet statt, wenn der Begehrte bereits auf ein Bisthum (auch nur als episcopus titularis) confirmirt ist, wenn er mit geringeren canonischen Defecten, in denen dispensirt zu werden pflegt, behaftet ist, wie defectus aetatis bei demjenigen, der noch nicht 30, aber doch bereits 26 Jahre alt ist, defectus natalium (dummodo ne ex incestu), defectus subdiaconatus, bei Ordensprälaturen professio nondum emissa. Dagegen können nicht postulirt werden die impedimentis majoribus innodati, wie Verbrecher, bigami, Verstümmelte u. s. w.; auch nicht Laien, Mendicanten nicht für Prälaturen anderer Orden.

Auch bei der Postulation entscheidet absolute Stimmenmehrheit; wenn aber der eine Theil einen Wählbaren wählt, der andere jemand postulirt, so muß der Postulirte volle zwei Drittheile der Stimmen für sich haben.

Die admissio erfolgt bei der Postulation via gratiae, der Papst kann daher ein solches Gesuch auch verwerfen.

III. *Nominatio regia.* An die Stelle der Wahl und Postulation ist an vielen Orten durch päpstliches Indult die landesherrliche Nomination getreten. Man unterscheidet ein bloßes Supplicationsrecht (jus supplicandi), wie es früher oft vorkam, das Präsentationsrecht, das aus dem Patronat folgt, und das Nominationsrecht, das auf päpstlichem Indult beruht. Die nominatio regia kann nie als ein landesherrliches Recht an sich oder als ein Ernennungs- oder Anstellungsrecht gefaßt werden, sondern sie ist nur die *designatio personae* (169) [1]. Wer nicht wählbar ist, kann auch nicht nominirt, wer nur postulirbar ist, kann auch durch die Nomination nur postulirt werden. Alles, was auf die Wahl folgt und der Confirmation vorausgeht, findet ebenso auch bei der Nomination statt [2]. Die Nomination ist ein privilegium speciale, das als contra jus commune strenge zu interpretiren und nicht weiter auszudehnen ist, als das Indult enthält; es

---

[1] Vgl. Archiv. für kath. Kirchenrecht 1878. S. 193 ff. Oberkamp, die königl. Nomination der Bischöfe in Bayern. München 1878. Nominatio und praesentatio wird gleichbedeutend gebraucht, in der Regel aber unterschieden, so von Gregor XIII. (1577): jus praesentandi ex legitimo patronatu, jus nominandi ex privilegio apostolico, jus tantummodo supplicandi. Es kommt vor, daß einer das jus nominandi hat, der Patron aus den Nominirten einen präsentiren muß. Hat der erstere das Recht, nur einen zu nominiren, den der Patron präsentiren muß, so ist das Recht des Patrons allerdings ein bloßes Ehrenrecht. Zuweilen hat nominatio auch die Bedeutung von collatio, aber das kann nur bei geistlichen Personen der Fall sein, so bei den jure plenissimo exemten kirchlichen Corporationen incorporirten Beneficien.

[2] *Schenkl*, Instit. jur. can. P. II. § 454 p. 96: „Nominatio regia, quum in electionis aut postulationis locum succedat, earum naturam imitatur et eosdem producit effectus."

ist ein nur katholischen Regenten verliehenes jus personale; akatholische er=
halten nur das Recht der Exclusive gegen eine persona minus grata.

Erst die päpstliche Confirmation gibt die bischöfliche Jurisdiction (44)[1];
daher darf ein Nominirter oder Gewählter die Regierung der Diöcese nie an=
treten, bevor er die literae Apostolicae über seine Confirmation empfangen hat
und vorlegt, und zwar unter schweren Strafen für alle Betheiligten[2] (232, γ).

b. Bei niederen Kirchenämtern.

172. Für alle beneficia minora ist die Regel die libera collatio episcopalis. Alle Ausnahmen davon müssen im Falle des Zweifels bewiesen
werden, da jene die praesumtio juris für sich hat[3].

Als Ausnahme ist es zu betrachten, wenn ein anderer die designatio
personae vorzunehmen berechtigt ist, in welchem Falle collatio non libera,
sed necessaria stattfindet, falls kein canonisches Hinderniß der designirten
Person entgegensteht. Es kann ein solches Recht durch besondere Privilegien
oder durch Verjährung erworben werden; insbesondere schließt das Patronat=
recht in der Regel das jus praesentandi in sich.

Es kann aber auch eine kirchliche Dignität oder Corporation ein volles
Verleihungsrecht für bestimmte Beneficien haben[4], nie aber Laien. Nur
Landesherren haben meist an ihren Hofkapellen kirchliche Aemter zu besetzen.
Nie aber geht die Befugniß eines andern so weit, daß dieser auch die mit
dem Amte verbundene Seelsorge übertragen könnte. Dieses (institutio autori-
zabilis) ist ausschließlich bischöfliches Reservat[5].

Insbesondere waren bei den Kapiteln die Rechtsverhältnisse verschieden;
bald fand freie Wahl des Kapitels, bald getheiltes Recht zwischen Bischof
und Kapitel, bald bischöfliche Verleihung, bald Verleihung durch den Landes=
herrn statt (jus primarum precum, dann mandata de providendo).
Neuere Concordate haben den Landesherren hierin vielfache Rechte eingeräumt[6].

---

[1] „Per confirmationem Summi Pontificis non transfertur potestas exercendi ea,
quae sunt ordinis. Illa enim transferuntur per consecrationem." *Abbas* in c. 15 x I. 6.
Also wird durch jene übertragen die potestas exercendi ea, quae sunt jurisdictionis.

[2] Const. „Romanus Pontifex" d. 28. Aug. 1873.

[3] C. 3 C. X. q. 1; c. 10 C. XVI. q. 7. C. 1 in VI. (II. 13) schließt auch die
Verjährung aus, die nicht einen titulus justus für sich hat oder eine unordentliche ist.

[4] Cf. c. 6 x III. 7; c. 18 x II. 26; c. 3 § 2 x V. 33. Insbesondere hatten
die Kapitel solche Rechte, weshalb sich selbst Bischöfe Canonicate verschafften, um dann
als Canoniker mitzustimmen. C. 15 x III. 8; c. 11 in VI (II. 15).

[5] Trid. s. XXIII. c. 15; c. 4 x I. 23. Oft hat das Kapitel und der Bischof
gemeinsam das Besetzungsrecht.

[6] So ist z. B. im Bayerischen Concordate dem Könige die Nomination zugestanden
für den Dombechant (seit 1841 auch für den Dompropst) und für die Canonicate, die
in den ungeraden (päpstlichen) Monaten erledigt werden, während im Februar, Juni
und October der Bischof, im April, August, December das Kapitel sie besetzt.

7. Patronatrecht.

a. Begriff und Arten des Patronats.

173. Den Erbauern von Kirchen und Gründern kirchlicher Stiftungen
wurden von frühester Zeit an gewisse Ehrenrechte, im Orient schon durch
Justinian das Präsentationsrecht zuerkannt[1]. Im Abendlande bestimmte dies
das Concil von Orange (441) für den Bischof, der in einer fremden Diöcese eine Kirche erbaut[2]. Nach Phillips kommt das Wort patronus im
jetzigen Sinne nicht vor dem Jahre 847 vor[3]. Insbesondere wurde das
Patronatrecht seit dem 12. Jahrhundert im Abendlande ganz selbständig
ausgebildet.

Hier hatte die Kirche zu kämpfen gegen die unberechtigten Ansprüche,
welche die Grundherren und Schutzherren (advocati) auf Grund der germanischen Institute der Gewere und der Vormundschaft (mundium,
mundeburdium, advocatia, Vogtei) erhoben. Die altdeutsche „Gewere"
bestand in der Herrschaft des freien Mannes über sein Grundstück und das,
was sich auf demselben befand, also auch über die darauf befindliche Kirche,
die er verkaufen, an andere verleihen konnte[4] u. s. w. Die „Vormundschaft" war das aus der Gewere hervorgehende Schutzrecht über die auf
seinem Grundstück sich aufhaltenden Personen, resp. die Abhängigkeit derselben vom Grundherrn, also auch bezüglich des Geistlichen. Auch die den
Klöstern bestellten Schutzherren erlaubten sich viele Eingriffe. Laien be-
mächtigten sich verschiedener kirchlicher Einkünfte, namentlich der Zehnten, und
das besonders in jener Zeit, in der die Kirche zugleich den Kampf gegen
die Verletzung der Cölibatsgesetze und die Simonie, sowie gegen die Investitur
von seiten der weltlichen Gewalt führen mußte. Es war insbesondere
Alexanders III. und seiner Nachfolger Gesetzgebung, die das Patronat als
eine kirchliche Begünstigung, die den Charakter eines Privilegs hat, feststellte,
kein Eigenthum der Grundherren an den Kirchen (c. 3. h. t.), sondern nur
ein Präsentationsrecht (c. 31. h. t.) anerkannte.

Das Patronat ist ein Inbegriff von Rechten und Pflichten, die einer
Person, die nicht schon durch ihre hierarchische Stellung als solche dazu berufen ist, in Bezug auf eine Kirche und namentlich in Beziehung auf die
Besetzung des Kirchenamts von der Kirche eingeräumt ist. Es ist quasi
per modum privilegii verliehen (causa formalis, fundamentum juris),
wenn es auch auf verschiedene Weise historisch entstanden ist (rationes his-

---

[1] Nov. 57 c. 2 (a. 537); Nov. 123 c. 18 (a. 546).

[2] Cf. c. 1 C. XVI. q. 5.

[3] Phillips Bd. 7 Abth. 2 S. 611 ff.: „Mit Unrecht will die Glosse in
c. 26. 27 C. XVI. q. 7 bereits ein ausgebildetes Patronat erkennen." Cf. x III. 38.

[4] Cf. c. 5 x II. 14.

toricae) [1]. Da das Präsentationsrecht das wichtigste Recht des Patrons
ist, obschon es nicht nothwendig und nicht immer damit verbunden ist, wird
das Patronatrecht selbst auch definirt als jus offerendi (praesentandi)
clericum instituendum ad beneficium vacans, verbunden mit anderen
Privilegien.

174. Das Patronatrecht ist:

1) *Jus patronatus ecclesiasticum, laicale et mixtum.* Hiebei kommt
es nicht darauf an, ob ein Geistlicher oder Laie es ausübt, sondern a) auf
die Natur der Güter, aus welchen ein Beneficium gegründet ist; b) auf den
Titel, auf welchen hin jemand das Patronatrecht besitzt. Geistliches
Patronat ist daher jenes, welches durch Gründung der Kirche oder des
Kirchenamts aus geistlichem Amtseinkommen oder aus dem Vermögen einer
kirchlichen Corporation entstand [2], oder welches dem Inhaber eines bestimmten
Kirchenamtes als solchem zusteht, z. B. dem jedesmaligen Pfarrer eines
Ortes, einem Kloster oder sonstigen kirchlichen Institut. Wenn aber ein
Laie oder auch ein Geistlicher aus seinem Patrimonialvermögen die
Kirche oder das Kirchenamt gestiftet hat, ist es ein Laienpatronat. Es
kann also sowohl ein Cleriker ein Laienpatronat haben, als auch ein Laie
ein kirchliches Patronatrecht ausüben, wenn er es intuitu ecclesiae besitzt [3].
Gemischtes Patronatrecht ist dann vorhanden, wenn es ein geistlicher
Würdenträger als solcher und ein Laie (oder auch ein Cleriker) aus privat=
rechtlichem Titel gemeinsam besitzen oder wenn das Kirchenamt zum Theil
aus geistlichen, zum Theil aus weltlichen Mitteln gegründet ist (zusammen=
gesetztes Patronat). Im letztern Falle wird es regelmäßig wie ein Laien=
patronat behandelt; auch im erstern Falle dann, wenn die Inhaber ihr Recht
gemeinsam ausüben; wird es aber alternirend (per turnum) geübt, so wird
es das eine Mal als geistliches, das andere Mal als Laienpatronat behandelt.

2) *Jus patronatus personale*, das unmittelbar einer bestimmten physi=
schen oder moralischen Person zusteht, und *reale*, das dem jedesmaligen (des
Patronats fähigen) Besitzer eines bestimmten Gutes zusteht, wenn derselbe das
Gut auf einen von den Kirchengesetzen anerkannten Erwerbstitel hin besitzt [4].

---

[1] Schulte, System des Kirchenrechts S. 668.

[2] Sexti c. un. h. t. III. 19.

[3] Die Unterschiede zwischen clerikalem und Laienpatronat bezeichnete man mit
den Versen (*Fagnan.* in c. 27 h. t. n. 23):

> Clericus et laicus distant per plura patroni:
> Poenitet et tempus, subjectio poenaque forsan,
> Et ratio, titulus (c. 30 h. t.), donum conjungitur illis.

Wozu reservatio besonders noch anzureihen wäre (vgl. 179).

[4] Realpatronat wird aber auch zuweilen dasjenige genannt, das mit einer geist=
lichen Würde oder einem kirchlichen Amte ständig verbunden ist.

In dubio wird für das persönliche Patronatrecht entschieden. In Deutschland sind jedoch die dinglichen Patronate häufiger und das preußische Landrecht nimmt die Präsumtion für das dingliche in Anspruch.

Das persönliche Patronat kann nicht veräußert werden; wohl aber kann ein Gut veräußert werden, auf dem ein dingliches Patronatrecht ruht, nur darf für das Patronatrecht selbst kein Geld oder Geldeswerth gegeben oder angenommen werden, sonst würde das Geschäft als simonistisches mit Verlust des Patronats, Excommunication und Interdict bestraft [1].

3) Das Laienpatronat ist, wenn es nicht auf die Person des Stifters beschränkt ist (höchstpersönliches, *jus patr. personalissimum*), entweder Erbpatronat (*jus patr. haereditarium*), das auf jeden Erben übergehen kann, oder Familienpatronat (*jus patr. gentilitium*), das nur auf die Glieder einer bestimmten Familie beschränkt ist [2], so daß, wenn diese ausstirbt, die libera collatio eintritt. Das Familienpatronat kann auch auf die Agnaten beschränkt sein (*jus patr. agnatitium*).

Man unterscheidet ferner auch:

4) Ein landesherrliches (*jus patr. regium)* und Privatpatronat (*jus patr. privatum*). Es können einem Landesherrn verschiedene Arten des Patronats zustehen, auch ein geistliches, z. B. als Vorstand eines geistlichen Ritterordens; nie aber gibt es ein landesherrliches Patronatrecht, das als Ausfluß der Landeshoheit als solcher zu betrachten wäre. Ein Unterschied zwischen dem Patronatrecht des Landesherrn und dem Privater wird von den Canonisten meistens insofern angenommen, als der Landesherr nicht an die gewöhnliche Präsentationsfrist gebunden sei [3].

5) *Jus patronatus plenum*, volles Patronatrecht, hat statt, wenn der Inhaber alle durch Gesetz und Herkommen dem Patron eingeräumten Befugnisse genießt, beschränktes (*jus patr. minus plenum*), wenn ihm nur einige derselben zustehen.

6) Alleinpatronat (*patr. singularis*) und Mitpatronat oder getheiltes (compatronatus). Das Patronatrecht ist nicht reell theilbar. Haben daher mehrere daran Antheil, so müssen die Compatrone das Recht entweder gemeinsam oder nach einem Turnus ausüben. Bei gemeinsamer Ausübung hat jeder der ursprünglichen Stifter, also auch seine Erben eine Stimme.

---

[1] Trid. s. XXV. c. 9; c. 13. 16 h. t.; c. 5 x III. 19.

[2] Andere unterscheiden *jus patr. familiare*, das nur auf die Descendenten (familia extensiva) und jus patr. gentilitium, das auch auf die Seitenverwandten übergeht (familia contentiva).

[3] *Riganti*, Comm. ad Reg. Cancell. Apost. 42 n. 42 t. III. p. 235; Decl. 18 ad Trid. s XXV. c. 9 ed. *Schulte* p. 455 seq.; Phillips l. c. S. 683; Vering l. c. S. 488.

7) Von dem gewöhnlichen Patronat (*jus patr. activum*) unterscheidet sich das *jus patronatus passivum*, das darin besteht, daß nach dem Willen der Stifter einzelne Personen, z. B. aus einer bestimmten Familie, aus einem bestimmten Orte, den Vorzug bei der Präsentation haben.

b. Entstehung und Erwerbung des Patronatrechtes.

175. I. Ein volles Patronatrecht entsteht durch die mit Consens des Bischofs geschehene vollständige Gründung einer Kirche, wozu die Ueberlassung des Bauplatzes zu kirchlichem Eigenthum (fundatio), die wirkliche Erbauung (exstructio) und die Ausstattung (dotatio) gehören[1].

Es können mehrere zusammen diese Handlungen setzen, diese haben dann das Patronatrecht in solidum. Es kommt nicht darauf an, wie viel jeder einzelne beiträgt, wenn nur fundatio, constructio und dotatio vollständig vorhanden sind; aber darauf kommt es an, ob der einzelne sein Recht auf einen oder mehrere Rechtstitel gründet, so daß z. B. wenn einer Grund und Boden anweist und die Kirche dotirt, drei andere sie erbauen, der erste zwei Stimmen, die drei anderen zusammen nur eine Stimme haben[2].

Auch Wiederaufbau einer ecclesia collapsa oder Dotation einer schon bestehenden, aber verarmten Kirche wird als Rechtstitel auf das Patronat anerkannt, wenn der Erbauer oder Dotator sich dasselbe ausdrücklich vorbehalten und der Bischof es genehmigt hat[3].

Der Gründer einer Collegiatkirche oder eines Klosters erwirbt nur die übrigen Rechte des Patrons, das Präsentationsrecht kann er nur durch päpstliches Indult erhalten. Durch dieses kann überhaupt auch ein Patronatrecht erlangt werden[4].

176. Unfähig des Patronatrechtes sind alle Ungetauften. Geht das Gut, woran das Patronat haftet, an einen Ungetauften über, so erlischt das Patronatrecht. Nach kirchlichem Rechte sind auch Häretiker, Schismatiker, Simonisten und Infamirte davon ausgeschlossen. Allein in Deutschland und anderwärts üben factisch sowohl Protestanten das Patronatrecht über katholische, als Katholiken über protestantische Kirchen aus. Es ist dies von der Kirche geduldet, kann aber auch durch noch so lange Zeit-

---

[1] Glosse ad c. 26. C. XVI. q. 7: „Patronum faciunt dos, aedificatio, fundus." Es können jedoch auch die einzelnen Beneficien, Oratorien, Altäre und loca pia einem Patronatrecht unterstehen.

[2] Cf. c. 25 h. t.; Trid. l. c. *Schmalzgrueber* t. V. tit. 38 n. 50 sq.: „Quando duae causae seu jura ejusmodi concurrunt in una persona, tunc duae voces eidem competunt; quando una in pluribus, una etiam vox pluribus competit."

[3] Trid. l. c.; s. XIV. c. 12.

[4] Ausgenommen vom Patronat sind gänzlich die Cardinalskirchen. Für alle Prälaturen ist der Vorbehalt des Patronats von päpstlicher Genehmigung abhängig.

Hergenröther Kirchenrecht., Kirchenrecht. 15

dauer keine consuetudo legitima begründen. Denn, wie Schulte[1] bemerkt, „es ist gegen das innerste Wesen der Kirche, daß Andersgläubige an der Regierung der Kirche theilnehmen, worin eine communicatio in sacris sich findet."

Der in der Excommunication Befindliche kann wohl das Patronat= recht erwerben, aber nicht ausüben, bevor er von der Excommunication be= freit ist. Frauen, Minderjährige können es erwerben und ausüben, Un= mündige können es nur durch ihre Tutoren ausüben[2].

177. II. Eine translatio[3] des Patronats kann stattfinden:

1) *Successione*, falls es nicht ein höchstpersönliches ist. Es kommt hier auf die bei der Fundation gemachten Bestimmungen an, ob es auf alle Erben (testamentarische und Intestaterben übergeht, oder nur auf solche, die zugleich Erben und Descendenten (haeredes et successores legitimi) des testirenden Stifters sind (jus patr. mixtum ex utroque oder ex pacto et providentia). Ist die Succession nicht in limine fundationis auf die wirklichen Familienglieder beschränkt, so kann es durch Testament auch auf extranei übergehen. Auch das *jus patronatus agnatitium* kann beim Aus= sterben des Mannesstammes auf Frauen übergehen[4], wenn nicht der Fun= dator ausdrücklich bestimmt hat, daß nur Männer succediren dürfen.

Sind bei dem Tode des letzten Patrons mehrere Erben da, so succe= diren diese gleichmäßig in das Erbe[5]; folgen die Söhne dem Erblasser nach, so findet eine successio per capita statt, nicht aber, wenn neben den Söhnen auch die Enkel zur Erbfolge gelangen. Hier hat jeder Sohn eine Stimme für sich, jeder Stamm von Enkeln auch nur eine Stimme. Stammen die Erben von verschiedenen ursprünglichen Patronen, so succediren dieselben per stirpes, nicht per capita. Stirbt von mehreren Compatronen einer ohne Erben, so erlischt sein Recht zu Gunsten der übrigen Compatrone. Stirbt der Alleinpatron oder alle Compatrone ohne Erben, so tritt die libera collatio episcopalis ein.

Das Realpatronat geht auf den Erben über, welchem das Grundstück zufällt, an welchem es haftet, ohne daß die übrigen Erben eine Entschädigung dafür erhielten. Ist das Patronat aber ein persönliches, so müssen die Erben in Gemeinschaft des Patronats bleiben. Ueber die Ausübung ihrer Rechte können sie eine Uebereinkunft treffen[6]. Sind gerade so viel Patronate als Erben vorhanden, so kann jedem Erben ein Patronat zugetheilt werden.

---

[1] Schulte, System des Kirchenrechts S. 672; cf. c. 2 de haeret. in VI.; Archiv für katholisches Kirchenrecht Bd. 17 S. 209 ff.

[2] *Schmalzgrueber* in h. t. n. 74.

[3] Glosse zu c. 26 C. XVI. q. 7: „Jura patronatus transire facit novus haeres et res permutata, donatio, venditioque," wobei aber die praescriptio fehlt.

[4] „Provisio hominis non tollit provisionem juris communis."

[5] C. 2 h. t. in Clem.   [6] C. 2 cit.

2) *Donatione.* Zur Schenkung eines geistlichen Patronats bedarf es der Genehmigung des Bischofs, ebenso bei der eines persönlichen Laienpatronates, es sei denn, daß es einer Kirche, kirchlichen Corporation, Kloster, einer Dignität u. dgl. oder dem Compatron geschenkt wird [1].

3) *Emtione fundi,* durch Verkauf des Gutes, auf dem ein dingliches Patronat ruht (174, 2; 178).

4) *Permutatione.* Für das dingliche Patronat gilt dasselbe wie beim Kauf. Es kann aber auch ein Patronat gegen ein anderes oder gegen eine andere res spiritualis, z. B. gegen das jus decimas percipiendi, mit Erlaubniß des Bischofs vertauscht werden [2].

5) *Praescriptione* adversus alium patronum und zwar gegen den Laienpatron inter praesentes durch eine quasi possessio von 10, inter absentes von 20 Jahren, gegen den geistlichen Patron von 40 Jahren [3]. Ein dingliches Patronatrecht wird mit dem Gute in der gewöhnlichen Verjährungszeit erseßen.

Ein unvordenklicher Besitz *(praescriptio immemorialis)* begründet eine praesumptio legitimae acquisitionis, wenn derselbe bewiesen wird aus wiederholt während eines Zeitraums, der Menschengedenken übersteigt, erfolgten Präsentationen und da, wo leicht eine Usurpation vermuthet werden kann, durch Urkunden, welche die während eines Zeitraums von 50 Jahren ununterbrochen geschehenen und von Erfolg begleiteten Präsentationen nachweisen [4].

Durch den bloßen Nichtgebrauch des Patronatrechtes geht nur das jus praesentandi für den einzelnen Fall verloren. Widerspricht der Bischof einem behaupteten Präsentationsrechte und der Patron beruhigt sich dabei, so geht sein Präsentationsrecht nach 30, beziehungsweise 40 Jahren verloren.

178. Ob ein dingliches Patronat bei Confiscation des Gutes durch den Staat an den Fiscus übergehe, ist Controverse. Dafür spricht wohl das allgemeine Princip, daß ein dingliches Laienpatronat auf den des Patronats fähigen Erwerber des Gutes übergeht; dagegen aber, daß in diesem Falle mit dem Delinquenten auch die Kirche gestraft würde, weil beim Uebergang auf den Fiscus jede Aussicht auf Befreiung der Kirche hinwegfällt, daher, wenn ein Patron ohne Erben stirbt, der Fiscus wohl das Gut

---

[1] C. un. h. t. in VI.; c. un. de reb. eccles. non alien. in xvag. comm.

[2] C. 40 C. XVI. q. 7; c. 5 x h. t. Das jus patr. reale geht auch auf den fideicommissarius über, auch meist (datione in feudum vel emphyteusim) auf den Vasall oder Emphyteut (Erbpächter) c. 13 h. t.

[3] Bona fides wird vorausgesetzt, wohl auch titulus justus; sine titulo 30 Jahre gegen den Laienpatron, gegen den geistlichen cum titulo 40 Jahre, sine titulo eine Immemorial-Präscription.

[4] Trid. s. XXV. c. 9. Die Erfitzung des Patronatrechtes an einer ecclesia libera in 40 Jahren ist nach dem Tridentinum (s. XIV. c. 12) nicht mehr zulässig

erbt, aber das daran haftende Patronatrecht erlöschen und die libera collatio episcopalis eintreten sollte.

Durch die Säcularisation konnte jedenfalls das Patronatrecht nicht rechtlich an den Staat übergehen, denn

1) waren die Patronatrechte der aufgehobenen Klöster, Stifter und geistlichen Würden geistliche Patronate und konnten nicht ohne Genehmigung des Bischofs (oder Papstes) an Laien übergehen. Das gilt auch von den dinglichen Patronaten derselben; persönliche gingen mit den juristischen Personen ohnehin unter.

2) Die Säcularisation bildet keinen rechtlichen Erwerbstitel, sie war eine Beraubung der Kirche und auf solche ist die Strafe des Verlustes des Patronatrechtes gesetzt[1].

3) Der Reichsdeputationshauptschluß vom 25. Februar 1803 selbst wollte nur Länder und Vermögensrechte übertragen. Zu solchen gehört das Patronatrecht nicht. Das Reichskammergericht hatte kurz vor seiner Aufhebung noch mehrere Urtheile in diesem Sinne erlassen[2].

Wie sollte nun durch eine Gewaltthat, die den Verlust des Rechtes nach sich zieht, dasselbe erworben werden können? Wie sollte der Uebergang des Patronatrechtes stattfinden „zum Zwecke der finanziellen Erleichterung"? Diesen Zweck gibt der Reichsdeputationshauptschluß selbst an für die Säcularisation. Ein persönliches Patronatrecht kann aber nicht einmal durch Kauf an einen andern übergehen, beim dinglichen muß bei der Preisbestimmung dafür das Patronat außer Anschlag bleiben. Wo das früher berechtigte Subject nicht mehr existirt, da ist nach canonischem Rechte das Patronatrecht untergegangen und tritt die libera collatio episcopalis ein. Bei Aufhebung der Landeshoheit der Bischöfe und Aebte ebenso; denn ihre Patronate waren geistliche, die nicht durch die Säcularisation laicale werden konnten[3].

Durch Concordate sind übrigens kraft päpstlichen Indultes solche Patronate vielfach anerkannt worden[4].

c. Rechte und Pflichten des Patrons.

179. Man unterscheidet jura honorifica, onerosa, utilia[5].

I. Zu den Ehrenrechten gehört das jus processionis, Vortritt bei Processionen, dignior sedes in ecclesia, bevorzugter Platz in der Kirche,

---

[1] Trid. s. XXII. c. 11.

[2] Vgl. Archiv für kath. Kirchenrecht Bd. VII. S. 216 N. 2.

[3] Das. S. 227; Aichner l. c. p. 322.

[4] Concord. Bav. art. 11; Concord. Austriac. art. XXV.

[5] Gl. zu c. 25 h. t.:

> Patrono debetur honos, onus utilitasque,
> Praesentet, praesit, defendat, alatur egenus.

aber außerhalb des Chores, auch darf kein Baldachin darüber gespannt sein, außer beim Landesherrn; das *jus publicarum precum,* Erwähnung seines Namens im allgemeinen Kirchengebete, honor aquae benedictae, vor den Parochianen, aber nicht mit dem Aspersorium, auch thurificatio (einfach, nicht triplici ductu) und Friedensgruß (pax), das *jus listrae,* das Recht, in der Kirche seinen Namen einschreiben und sein Wappen aufhängen zu lassen, luctus ecclesiasticus, Trauergeläute; dagegen ist das *jus sepulturae in ecclesia* meist abgeschafft.

II. a. Das wichtigste Recht des Patrons ist das **Präsentationsrecht,** das aber nicht immer mit dem Patronat verbunden ist. Es kann ein Patronat bestehen ohne Präsentationsrecht, z. B. in Betreff einer Conventualkirche, indem hier die Prälaturen durch Wahl besetzt werden, wozu der Patron nur seine Zustimmung zu geben hat [1]; es kann ein Stifter gleich anfangs auf das Präsentationsrecht verzichten oder durch Nichtgebrauch desselben stillschweigend es aufgeben.

1) Das *jus praesentandi* besteht in dem Rechte des Patrons, dem Bischof (beziehungsweise dem Papste) für ein de jure et de facto erledigtes Beneficium einen Geistlichen vorzuschlagen, welchen der Bischof instituiren muß, wenn alle canonischen Bedingungen erfüllt sind [2]. Es muß der Präsentirte die canonischen Eigenschaften haben, die für das Amt gefordert sind, er muß persona digna et idonea sein; der geistliche Patron soll auch unter den Tauglichen die persona dignior (bei Curatbeneficien) präsentiren [3]. Der Patron kann auch einen (würdigen) Verwandten, auch seinen Sohn präsentiren [4], für sich selbst kann er nur gratiosam petere admissionem. Wohl aber können von mehreren Compatronen diese einen aus ihrer Mitte präsentiren. Der Patron kann natürlich auch mehrere zur Auswahl des Bischofs vorschlagen. Hat durch Bestimmung des Stifters eine bestimmte Familie u. dgl. den Vorzug, so muß sich der Patron auch an diese Bestimmung halten.

Steht das Präsentationsrecht mehreren Personen zu, so können diese über einen turnus sich vereinigen, so daß nur derjenige, den es für diesen Fall trifft, das Recht ausübt; es kann nach ihrem Uebereinkommen jeder für sich dem Bischof eine Person bezeichnen, so daß sie ihm die Auswahl überlassen, oder sie schreiten zu einer Wahl, bei der relative Stimmenmehrheit

---

[1] C. 25 h. t.

[2] Verweigert der Bischof sine rationabili causa die Institution des Präsentirten und instituirt er einen andern, den der Patron nach Recusation des ersten vorschlägt, so muß er dem zuerst Präsentirten ein entsprechendes anderes Beneficium verleihen. C. 29 h. t.

[3] Trid. s. VII. c. 13; s. XXIV. c. 18.

[4] C. 15 h. t.

entscheidet; bei Stimmengleichheit entscheidet der Bischof (derogatio medie-
tatis vocum). Das Loos darf sowenig wie bei der electio überhaupt entscheiden. Kommt gar keine Präsentation zu Stande, so besetzt der Bischof
frei das Beneficium [1].

Steht das geistliche Patronatrecht einer Corporation zu, so kann je nach
besonderen Bestimmungen entweder der Prälat als Präsentant auftreten, oder
der zu Präsentirende ihm durch Wahl des Conventes bestimmt werden, zu
der dann alle Wahlberechtigten berufen werden müssen und bei der absolute
Majorität entscheidet, wie dies bei Kapiteln u. s. w. zu geschehen hat, wofern nicht die besondere Verfassung der Corporation anders bestimmt [2]. So
kann auch bei einer bürgerlichen Corporation, z. B. einer Stadtgemeinde, je
nach Verfassung und Statuten zur Wahl nur der Magistrat und Gemeinde-
rath berechtigt sein oder aber alle (katholischen) Gemeindebürger.

Bei dem gemischten Patronat kann gleichfalls ein turnus verabredet sein
oder jeder für sich präsentiren, so daß der Bischof die Auswahl hat.

2) Der geistliche Patron muß innerhalb sechs, der Laienpatron innerhalb vier Monaten vom Tage der erlangten Kenntniß der Vacatur an präsentiren [3]. Auch beim gemischten Patronat wird eine sechsmonatliche Frist
angenommen [4]. Bei Prälaturen ist innerhalb drei Monaten zu präsentiren.
Die Frist ist ein tempus continuum, d. h. sie läuft ununterbrochen fort,
auch wenn ein Rechtsstreit über das Patronat besteht. Hat dagegen die Präsentation stattgefunden, aber wegen Verzicht oder Todes des Präsentirten
keinen Erfolg gehabt, so fängt die Frist von neuem an zu laufen [5].

Beim geistlichen Patronat hat der Präsentirte durch die erfolgte Präsentation sogleich ein jus ad rem erworben; beim weltlichen erst nach Ablauf
der Präsentationsfrist.

3) Der Laienpatron kann, solange die Frist noch nicht verstrichen und
der zuerst von ihm Präsentirte noch nicht die canonische Institution vom
Bischof erhalten hat, noch einen zweiten oder mehrere nach einander präsentiren (jus variandi). Diese variatio ist jedoch keine privative, sie schließt
den zuerst Präsentirten nicht aus, sondern eine cumulative, der Bischof kann
aus den nach einander Präsentirten einen auswählen [6]. Der Bischof ist in
diesem Verfahren (Gratification genannt) frei; nur wenn sich unter den Präsentirten einer befindet, der die anderen an Verdienst weit überragt, muß er
diesen instituiren. Der Patron kann sich dem Bischof (aber nicht dem Prä-

---

[1] C. 3. 12. 27 x; Clem. 2 h. t.   [2] C. 6 x III. 10; c. 28. 36 x I. 6.
[3] C. un. h. t. in VI.; cf. c. 3. 27. 22 x h. t.
[4] „Privilegiatus ad se trahit non privilegiatum.“
[5] C. 26 de elect. in VI.
[6] C. 24 x h. t. Die Controverse darüber, ob die variatio eine cumulativa oder
privativa sei, kann als abgeschlossen betrachtet werden.

sentirten) gegenüber verpflichten durch ein pactum de non variando. Der Bischof ist nicht gehalten, den Ablauf der Frist abzuwarten. Wenn ihm der zuerst Präsentirte tauglich erscheint, kann er ihn sogleich instituiren.

Die Präsentation geschieht gewöhnlich durch ein förmliches Präsentations= schreiben, kann aber auch mündlich oder durch einen Procurator geschehen[1].

4) Versäumt der Patron die gesetzliche Frist, so verliert er für diesen Fall sein Recht, es tritt das Devolutionsrecht (181) ein; ebenso, wenn ein geistlicher Patron wissentlich einen Unwürdigen präsentirt. Der Laienpatron kann jedoch auch in diesem Falle, solange die Frist noch läuft, von seinem Variationsrecht Gebrauch machen[2]. Beweist der Patron, daß er die Un= würdigkeit des Präsentirten nicht gekannt habe, so ist ihm eine neue Frist zu gewähren.

5) Ist das *jus patronatus* streitig, so hat der possessor (bonae fidei) das jus praesentandi. Instituirt der Bischof den Präsentirten, so bleibt dieser im Amte, auch wenn der Besitzer unterliegt. Ist aber der Be= sitz des Gutes streitig, woran das Patronat geknüpft ist, so bleibt, wenn der Proceß nicht innerhalb der gesetzlichen Frist erledigt ist, das Prä= sentationsrecht suspendirt und der Bischof überträgt frei die Pfründe.

b. Der Patron hat, falls er vom Stifter abstammt, im Falle con= statirter unverschuldeter Verarmung, wenn kein Glied seiner Familie vor= handen ist, das eine specielle Verpflichtung zu seiner Unterstützung hat, einen Anspruch auf Alimentation aus den disponiblen Rentenüberschüssen der Patronatskirche. Niemals aber hat eine juristische Person als Patron diesen Anspruch. Sind mehrere Compatrone verarmt, so erhält der am meisten, der am meisten für die Kirche beigetragen hat[3].

III. Die Lasten des Patrons *(jura onerosa)* sind:

a. die Beschützung der Kirche *(advocatia)* gegen gewaltsame Unter= drückung und Beraubung.

b. Die Aufsicht über die Verwaltung des Kirchengutes *(cura beneficii)*. Er hat daher das Recht der Einsichtnahme von der Ver= waltung, um Pflichtwidrigkeiten dem Bischof zur Anzeige zu bringen, aber nicht ein Mitverwaltungsrecht, es sei denn, daß ihm dieses stiftungsgemäß

---

[1] Der Patron darf sich nur der Worte bedienen: nomino, praesento, offero, nicht aber confero beneficium.

[2] Nov. 123 c. 18 bestimmt allerdings in diesem Falle das Gleiche für den Laien= patron wie für den geistlichen. Die Frage hat zu einer lebhaften Controverse Anlaß gegeben. Nach c. 4 x I. 31 und der Glosse dazu ist aber der Laienpatron hierin milder zu behandeln. Cf. *Fagnani*, Comment. in c. 4 cit. n. 34 seq.; Phillips l. c. S. 809.

[3] C. 25 h. t.; c. 30 C. XVI. q. 7; c. 23. 25 x h. t.; c. 16 x III. 19; Trid. s. XXV. c. 9.

ober durch päpstliches Privileg zuständе[1]. Er hat auch das Recht der Ein-
rede bei wichtigen Veränderungen an dem Beneficium, wie unio, divisio
(168, I.). Bei Theilung einer Patronatskirche wird der Pfarrer der Mutterkirche Patron an der durch divisio neu errichteten Kirche und präsentirt unter
canonischer Zustimmung des Patrons[2]. Wird in einer Patronatskirche eine
Kapelle oder Altar mit einem beneficium errichtet, so wird der rector
ecclesiae Compatron für dieses mit dem ursprünglichen Patron.

c. Eventuelle Baulast, wovon später gehandelt wird.

d. Verlust des Patronatrechtes.

180.	Das Patronatrecht erlischt:

1) Durch ausdrückliche Verzichtleistung (*renunciatio expressa*).
Der Patron kann jederzeit auf sein Recht verzichten, es dem Bischof, der
Kirche oder einer geistlichen Corporation cediren. Damit aber die dem Patron
etwa obliegenden besonderen Lasten, z. B. eine directe Baupflicht, aufhören
bedarf es der Genehmigung des Bischofs.

2) Durch stillschweigenden Verzicht (*renunc. tacita*), indem der
Patron ohne Reservation seines Patronatrechtes in eine unio beneficii einwilligt, durch welche das Patronatrecht erlischt, wie unio per suppressionem,
per subjectionem mit einer ecclesia libera.

3) Durch Ersitzung (*praescriptio acquisitiva*) von Seite eines dritten
(177, 5) oder *usucapio libertatis* von Seite des Bischofs. Wenn der Bischof innerhalb der Verjährungsfrist von 30, gegen den geistlichen Patron
von 40 Jahren die Pfründe frei besetzt und der Patron sich dabei beruhigt,
so tritt die usucapio libertatis ein, ebenso wenn der Bischof Alleinpatron
wird bei einem persönlichen Patronate (consolidatio).

4) Durch gänzlichen Untergang der Kirche oder der Dotation[3],
durch Aufhören der berechtigten juristischen Person, Aussterben der Familie
oder überhaupt der nach der Stiftung Berechtigten.

5) Durch gewisse Verbrechen des Patrons, wie Tödtung oder
Verstümmelung eines an der Patronatkirche angestellten Geistlichen (per se
oder per alium)[4], simonistische Veräußerung des Patronats, Usurpation der
Vermögensrechte der Kirche[5].

---

[1] Trid. l. c.; s. XXIV, c. 3. 18; c. 31 C. XVI. q. 7.

[2] So Schulte l. c. S. 313 f. Vgl. Archiv für kath. Kirchenrecht. 1877. S. 472 ff.;
c. 3 x III. 48.

[3] Trid. s. XXI. c. 7; c. 38 seq. D. 1 de cons.

[4] C. 12 x V. 37. Conc. Lat. IV. can. 45.

[5] C. 12 cit. Trid. s. XXV. c. 9. Nach canonischem Rechte auch durch Häresie,
Schisma, Apostasie. Durch Simonie ist jedenfalls die Ausübung des Präsentationsrechtes suspendirt.

Der Papst kann durch eine Reservation auch dem Patronatrechte dero=
giren; eine allgemein ausgesprochene Reservation wirkt aber nicht auf das
Laienpatronat (oder gemischte), wenn dieses nicht ausdrücklich erwähnt wird.

8. Außerordentliche Provision.

a. Devolutionsrecht.

181. Eine *provisio extraordinaria* hat statt, wenn nicht der collator
ordinarius, sondern ausnahmsweise ein anderer das Kirchenamt zu besetzen
hat. So hatten öfter namentlich die Domkapitel ein außerordentliches Ver=
leihungsrecht[1]. Laien können es nur durch apostolisches Privileg haben.

Insbesondere hat eine solche statt durch das *jus devolutionis*[2]. Hält
der jure ordinario zur Verleihung eines Kirchenamtes oder zur Präsentation
Berechtigte die canonischen Bestimmungen aus eigenem Verschulden nicht ein,
so geht das *jus providendi* für diesen Fall an den nächst höhern Kirchen=
oberen über:

1) An den Bischof bei allen Aemtern, die eine seiner Jurisdiction
unterworfene physische oder moralische Person, der Patron, auch das Kapitel,
nicht canonisch innerhalb der gesetzlichen Frist besetzt.

2) An den Metropoliten:

a) wenn der Bischof das Amt nicht canonisch besetzt[3] (Pfarrkirchen, die
nicht Patronatskirchen sind, behielt jedoch Pius V. jure devolutionis dem
Papste vor[4]); wenn der Bischof dem Präsentirten nicht (innerhalb zwei Mo=
naten) das Beneficium verleiht;

b) wenn Bischof und Kapitel gemeinsam zu besetzen haben und beide
Theile die Frist verstreichen ließen oder uncanonisch verfuhren;

c) wenn das Domkapitel nicht sede vacante innerhalb acht Tagen den
vicarius capituli wählt.

3) An den Papst bei Vernachlässigungen des Metropoliten oder exemter
Bischöfe und bei versäumten und uncanonischen Bischofswahlen[5].

Uebt der Papst sein Devolutionsrecht nicht aus, so fällt es (nach fünf
Monaten?) an den collator ordinarius zurück (Resuscitation der provisio
ordinaria, *jus postliminii*).

---

[1] Cf. c. 11. 27. 34. 37 x III. 5; c. 4. 10 de concess. praeb. non vac.

[2] x I. 10; Clem. I. 5. Vgl. Phillips Bd. VII. Abth. 1 S. 484.

[3] Wenn nach c. 5 x III. 8 die Devolution vom Bischof an das Kapitel statt=
fand, so gilt dies nach neuerem Rechte keineswegs mehr. *Santi* l. c. in h. t. n. 4 p. 109.

[4] Const. „In conferendis“ d. 15. Apr. 1567.

[5] In der oberrhein. Kirchenprovinz z. B. ist den Kapiteln eine zweite Wahl
gestattet.

Eine Besetzung durch den collator ordinarius nach Ablauf des tempus utile ist ungiltig, wenn nicht der jure devolutionis Berechtigte sie zuläßt und anerkennt [1].

b. Päpstliche Reservation.

182. An sich hat der Papst das höchste Collationsrecht in der ganzen Kirche, und sein Recht ist ein ordentliches, weil er die jurisdictio ordinaria in der ganzen Kirche besitzt [2]. Gleichwie der Papst Angehörige jeder Diöcese weihen kann (142, I. 1), so kann auch der Papst in der ganzen katholischen Kirche Anordnungen über das Kirchengut treffen und Kirchenämter besetzen. Und wenn der Papst einmal Hand an ein Beneficium angelegt hat, so ist dieses afficirt [3] und kein Bischof darf, wenn es sich um die vollständige Verleihung handelt, zur Collation desselben schreiten [4]. Dieses Recht des Papstes steht unzweifelhaft fest und wurde auch schon frühzeitig und oft geübt in heilsamer, wenn auch in verschiedener Weise [5].

Im 12. und 13. Jahrhundert werden epistolae monitoriae, praeceptivae und executoriae (mandata de providendo) unterschieden [6].

---

[1] C. 4 h. t.; cf. c. 18 x de praeb.: „Multa fieri per patientiam tolerantur, quae, si deducta fuissent in judicium, exigente justitia non debeant tolerari."

[2] C. 2 de praeb. in VI. (III. 4); c. 1 Ut lite pend. in Clem. (II. 5): ... „salva tamen in praemissis omnibus Romani Pontificis potestate, ad quem ecclesiarum, personatuum, dignitatum aliorumque beneficiorum ecclesiasticorum plena et libera dispositio ex suae potestatis plenitudine noscitur pertinere." C. 14 E. C. (III. 2).

[3] „Affectio est quaedam tacita reservatio facta per appositionem manus Papae super dispositione alicujus beneficii, ratione cujus impeditur ordinarius collator, ne pro ea vice tale beneficium conferre possit." *Zaccaria*, Antifebronius P. II. l. 5 c. 6 t. 4.

[4] C. 14 de praeb. in E. C.

[5] Vgl. Phillips, Kirchenrecht Bd. V. Abth. 2 S. 471 ff. So gibt zu Anfang des 5. Jahrh. Innocenz I. dem Bischof Marcianus den Auftrag, den von Bonosus vor seiner Verurtheilung geweihten Priestern und Diakonen Kirchenämter zu verleihen. Leo d. Gr. befahl dem Anatolius von Constantinopel, einem widerrechtlich abgesetzten Archidiakon sein Beneficium zurückzugeben. Gregor d. Gr. schickte den Priester Dominicus an den Bischof Importunus von Atellana mit der Aufforderung, ihm eine Kirche, deren Erledigung Gregor vernommen, zu übergeben. Die Frage der Zweckmäßigkeit ist von der des Rechtes hier wohl zu unterscheiden. Uebrigens übten die Päpste dieses Recht, um verdienstvolle, gelehrte, dem Heiligen Stuhle besonders ergebene Cleriker zu belohnen oder für verfolgte oder vertriebene Vorsorge zu treffen in einer, zumal in manchen Zeiten und Ländern, ersprießlichen Weise.

[6] C. 5 x I. 3: „aut mandatum nostrum reverenter adimpleas, aut per literas tuas, quare adimplere non possis, rationabilem causam praetendas, quia patienter sustinebimus, si non feceris, quod prava nobis fuerit insinuatione suggestum." Cf. c. 6 x III. 5.

Insbesondere übte der Papst sein Besetzungsrecht aus:

1) *Jure concursus.* Wer zuerst Kenntniß von der Erledigung des Kirchenamtes erhielt, Papst oder Bischof, besetzte es *(collatio cumulativa)* [1].

2) *Jure praeventionis,* durch Anticipation, indem die Anwartschaft auf ein noch nicht erledigtes Kirchenamt *(gratia exspectativa)* verliehen ward (170, 1) [2].

3) *Jure reservationis* [3], durch Reservation bestimmter Pfründen. So wurden durch Clemens IV. und Bonifaz VIII. zunächst die per obitum in curia [4] vacant gewordenen Beneficien reservirt, denen Johannes XXII. und Benedict XII. viele andere hinzufügten [5]; Martin V. beschränkte sie auf acht Monate und führte durch das Wiener Concordat die alternativa mensium ein. Reservirt wurden die in den sechs ungeraden Monaten (menses papales) erledigten Beneficien (ausgenommen die erste Kapitelsdignität; auch Laienpatronatspfründen, sowie Manualpfründen sind von einer generellen Reservation ausgenommen), ferner die durch Translation, Privation, Renunciation und im Falle cassirter Wahl oder zurückgewiesener Postulation zu besetzenden beneficia majora, die durch Promotion zu einer höhern Dignität, Annahme eines incompatiblen Beneficiums oder Resignation zu Gunsten eines Dritten erledigten Beneficien, dann die wegen des Verbrechens der Häresie erledigten (Pii V. Const. „Cum ex apostolatus"), diejenigen, bei deren Verleihung simonia confidentialis stattfand (Pii V. Const. „Intolerabilis") und jene, bei deren Verleihung die tridentinische Form nicht beobachtet wurde (Pii II. Const. „In conferendis").

Durch die neueren Concordate sind die Reservationen größtentheils beseitigt worden.

9. Canonische Institution und Einweisung.

183. Die Institution im engern Sinne fällt bei der collatio libera episcopalis mit der Ernennung zusammen. Der Nominirte, Präsentirte hat sie vom Bischof zu erhalten. Die institutio tituli collativa oder verbalis

---

[1] C. 31 de praeb. in VI. R. J. 54 in VI: „Qui prior in tempore, potior jure."

[2] Das dritte Lateranconcil verbot die von Bischöfen ertheilten Anwartschaften (c. 2 x III. 8), was jedoch die vom Papste verliehenen, namentlich auf das von mehreren Beneficien zuerst vacant werdende, nicht beseitigte (c. 4 x III. 8). Auch das Trid. s. XXIV. c. 19 hat das Recht des Papstes nicht aufgehoben (cf. s. XXV. c. 7. 21).

[3] „Reservatio est avocatio beneficii vacaturi a collatore ordinario ad superiorem, qui potestatem habet ad id jure agendum." Auch legati a latere übten früher dieses Recht aus (c. 3 de offic. legati in VI).

[4] Am Sitze der Römischen Curie und in Orten, die nicht über zwei Tagreisen davon entfernt sind (c. 34 de praeb. in VI).

[5] C. 2. 3 de praeb. in VI; c. 4. 13 in xvag. comm. (III. 2). Reg. Cancell. Rom. 9 de mensibus papalibus.

soll innerhalb acht Wochen am Sitze des Bischofs nach vorgängiger Prüfung und Approbation, Ablegung der professio fidei und des Obedienzeides vor dem Bischof oder Generalvikar (sede vacante vor dem Kapitelsvikar) er= folgen. Die Urkunde darüber heißt Investiturbrief[1].

Die Einweisung in den Besitz (institutio corporalis) erfolgt dar= auf durch einen bischöflichen Commissär, früher durch den Archidiakon[2], jetzt den Dechanten. Bei den Canonikern findet die Aufschwörung im Kapitelshause statt[3], worauf sie in ihre sedes in choro eingeführt werden. Bei Bischöfen ist die päpstliche Präconisation die institutio collativa et auctorizabilis; die introductio (inthronisatio) findet in der Kathedrale statt, und zwar unmittelbar nach der Consecration, wenn diese in der Kathedrale vollzogen wird. Fand sie extra dioecesin statt, so wird der im Pilgergewande auf= ziehende Bischof nach altherkömmlicher Weise am Weichbilde seines Sitzes empfangen, in der nächsten Kirche mit dem bischöflichen Ornate bekleidet und in feierlicher Procession in seine Kathedrale eingeführt.

10. Verbot der Pluralität der Beneficien.

184. Die Pluralität oder Cumulation der Beneficien ist im all= gemeinen verboten[4]. Auch diese riß, nachdem schon seit dem 5. Jahrhundert einzelne Fälle vorgekommen, besonders in jener Zeit ein, in der auch die Simonie und Clerogamie eingerissen war. Nachdem Gregor VII. diese unter= drückt, Calixtus II. die Abschaffung der Investitur durch Laien mit Ring und Stab erlangt hatte, wirkte besonders Alexander III. der cumulatio beneficiorum entgegen[5]; aber auch seine wie der späteren Päpste Gesetz= gebung fand keine vollständige Anwendung[6], bis das Concil von Trient auch hier Abhilfe schaffte.

Es können zwei Aemter unvereinbar (incompatibel) sein ratione resi= dentiae, indem beide Residenz fordern, ratione servitii s. ministerii, indem die Functionen derselben sich nicht vereinigen lassen, ratione congruae susten= tationis, indem jedes für sich schon die congrua sustentatio gewährt. Man

---

[1] Investitur heißt die Einweisung in den Besitz, aber auch die eigentliche Col= lation; es findet sich eine investitura per annulum, per librum, per librum et panem, per pileum, per calamum, per chordas campanarum etc. Cf. c. 4 x III. 8; c. un. x III. 12; c. 7 x III. 7; Phillips, Kirchenrecht Bd. VII. Abth. 1 S. 508.

[2] C. 15 x I. 29; cf. c. 4 x I. 23.

[3] Es findet sich auch noch die receptio in canonicum et fratrem erwähnt, nament= lich wenn jemand durch päpstliches mandatum de providendo eine Stelle im Kapitel zugewiesen ward. Cf. c. 19 x III. 5. ·

[4] C. 1 D. 89; c. 3 C. X. q. 3; c. 1 C. XXI. q. 1.

[5] C. 5 x III. 5; c. 3 § 1 x III. 4; c. 4 x I. 14.

[6] C. 28 x III. 5; c. un. in xvag. Joan. (t. 3); c. 4 E. C. (III. 2).

unterscheidet daher beneficia compatibilia und incompatibilia, beneficia uniformia und difformia, je nachdem die damit verbundenen Functionen gleich oder verschieden sind, beneficia sub uno tecto und sub diverso tecto, in einer und derselben oder in verschiedenen Kirchen.

Man unterschied ferner eine *incompatibilitas primi generis*, bei der durch Annahme des zweiten Beneficiums ipso jure das erste vacant wird, so bei zwei Bisthümern, Dignitäten und Personaten (auch sub diverso tecto), zwei Regularbeneficien, auch zwei einfachen beneficia uniformia sub eodem tecto; eine *incompatibilitas secundi generis* (s. ex accidenti), bei welcher der Beneficiat das jus optandi zwischen beiden hatte, so bei zwei beneficia simplicia oder einem beneficium simplex cum curato vel dignitate vel personatu, wenn beide die congrua gewähren, zwei Canonicaten in ver= schiedenen Kirchen oder solchen, die ratione residentiae nicht verbunden werden können, auch wenn jedes für sich die congrua nicht gewährt.

Nach dem Tridentinum [1] können zwei Kirchenämter in einer Person nur vereinigt werden: 1) wenn sie beneficia difformia sind, i. e. dispar, sed compatibile officium habentia in derselben oder verschiedenen Kirchen; z. B. die cura animarum mit einem Canonicate; 2) wenn eine Kirche als Tochterkirche von der andern als der ecclesia matrix abhängig ist; 3) ein Curatbeneficium, das die congrua nicht gewährt, mit einem beneficium simplex, wenn beide sonst nicht collidiren. Die optio kann nur noch statt= haben, wenn zwei Aemter gleichzeitig übertragen würden. Außerdem kann nur der Papst dispensiren.

11. Wirkungen der Provision. Residenzpflicht.

185. Die Wirkungen der vollendeten Provision sind, daß der Bene= ficiat in alle mit seinem Amte verbundenen Rechte und Pflichten sowie in den Besitz der Temporalien eintritt. Dreijähriger Besitz begründet einen Präscriptionstitel (131, 4).

Die allgemeinen Pflichten der Beneficiaten sind:

1) Der canonische Gehorsam gegen den Kirchenoberen. Bei Ca= nonicaten oder Seelsorgsbeneficien wie bei Erlangung des Doctorates der Theologie oder des Lehramts ist die professio fidei vorgeschrieben [2].

2) Das Breviergebet (148, 3).

---

[1] Trid. s. VII. c. 2. 4; s. XXIV. c. 17.

[2] Die von Pius IV. (d. 13. Nov. 1564) vorgeschriebene forma juramenti pro-
fessionis fidei mit dem Zusatz (decr. S. Congr. Conc. d. 20. Jan. 1877): „et ab
oecumenico Concilio Vaticano tradita, definita ac declarata, praesertim de Rom.
Pontificis primatu et infallibili magisterio.“

3) Die **Residenzpflicht**, d. i. die Verpflichtung zu persönlichem und ununterbrochenem Aufenthalte am Orte des Beneficiums (residentia materialis) und wirklicher Dienstleistung (residentia vera et formalis)[1]. Sie gründet sich (mediate) auf das jus divinum, die natürliche Billigkeit und ist durch positive Gesetze strenge vorgeschrieben[2]. Bei Seelsorgsämtern ist die Residenz eine nothwendige Folge aus dem göttlichen Gebote; bei Incuratbeneficien kommt es jedoch auf die Verpflichtungen derselben und auf die Fundation zunächst an.

Insbesondere sollen Bischöfe, Canoniker und Präbendaten an Dom- und Collegiatkirchen nicht über zwei, höchstens drei Monate im Jahre abwesend sein. Der Bischof soll namentlich auch in der Adventszeit, an den drei höchsten Festen und Frohnleichnam sich nicht von seinem Sitze entfernen, wenn er nicht anderwärts in seiner Diöcese bischöfliche Functionen vorzunehmen hat. Bei längerer Abwesenheit bedarf er päpstlicher Erlaubniß[3].

Als Gründe längerer Abwesenheit gelten christiana charitas, z. B. mit benachbarten Völkern das Evangelium zu verkünden, Häretiker zu bekehren, urgens necessitas, z. B. Krankheit, Flucht vor Verfolgung, debita obedientia, z. B. Erscheinen bei Synoden oder Reichstagen, evidens ecclesiae vel reipublicae utilitas, z. B. Anwesenheit am Hofe des Fürsten im Streit über kirchliche Rechte u. dgl.

Pfarrer und Seelsorgsbeneficiaten überhaupt dürfen gleichfalls nicht über zwei Monate sine gravi causa abwesend sein und das nicht ohne Erlaubniß des Bischofs. Ueberhaupt dürfen sie nicht vom Pfarrorte sich entfernen, ohne Vorsorge für die Seelsorge getroffen zu haben, und ohne Erlaubniß des Dechanten oder des Bischofs (oder Generalvikars)[4]. Aus Furcht vor ansteckender Krankheit darf der Seelsorger nie seine Gemeinde verlassen.

---

[1] „Residentia (ligia) est assidua vel moraliter continua in loco beneficii commoratio ad effectum servitii personalis" (x III. 4; Sexti III. 3).

[2] C. 19—25. 47—49 C. VII. q. 1; Trid. s. VI. c. 2; s. XXIII. c. 1; s. XXIV. c. 12. Pius IV. sprach in der Consistorial-Allocution vom 1. März 1564 aus: „Licet vero neque in illo (Conc. Later. IV.), neque in isto Concilio (Trident.) clare definitum sit, an residentia de jure divino esse censeatur, quod neque etiam Nos nunc ex improviso definire audemus etc." Gregor IX. unterscheidet offenbar Beneficien, welche die Residenz erfordern, und solche, welche sie nicht verlangen.

[3] Urbani VIII. Const. „Sancta Synodus" d. 12. Dec. 1634 (cf. Trident. s. XXIII. c. 1).

[4] Die Diöcesanstatuten verlangen bald bei Abwesenheit von 2—6 Tagen, bald bis 14 Tagen Erlaubniß des Dechanten, bei längerer Abwesenheit schriftliche Erlaubniß vom Bischof oder Generalvikar, bald bei Abwesenheit über eine Nacht die des Dekans, wenn über 2 Tage, die des Generalvikars. Cf. Instr. Past. Eystettensis 1871 p. 409.

Bei ungeſetzlicher längerer Abweſenheit verliert der Biſchof (je nach der Dauer der Abweſenheit) das Recht auf die Früchte; dauert die Abweſenheit über ein Jahr, ſo wird ihm der Eintritt in die Kirche unterſagt und iſt an den Papſt zu berichten. Gegen Seelſorgsbeneficiaten kann der Biſchof außer der Entziehung der Früchte des Beneficiums mit Cenſuren, ſelbſt mit privatio beneficii einſchreiten. Canoniker verlieren das erſte Jahr die Hälfte, beim zweiten Falle alle Früchte. Nach Ablauf von drei Jahren und erfolgter Citation tritt Suspenſion oder Excommunication, eventuell privatio beneficii ein.

Ausnahmen von der Reſidenzpflicht läßt das Recht zu bei Pfründen, die per unionem inaequalem vereinigt ſind, ſo daß nur die Hauptkirche die Reſidenz erfordert, ferner wo der eigentliche Pfarrer eine moraliſche Perſon (Stift oder Kloſter) iſt und bei ſolchen, die via dispensationis ein Lehr= amt zugleich bekleiden, oder auch des Studiums wegen auf fünf Jahre[1].

12. Erlebigung der Kirchenämter.

186. Erledigt wird ein Kirchenamt:

I. Durch den Tod des Beneficiaten. Bei gänzlicher Verſchollenheit wird nach Ablauf von zehn Jahren und dreimaliger Citation der Tod angenommen[2].

II. Durch Reſignation. Man unterſcheidet eine:

1) *Renunciatio tacita*, durch Handlungen, in denen ein ſtillſchweigender Verzicht liegt, die Erlebigung ipso jure eintritt, wie durch Annahme eines zweiten Reſidenzialbeneficiums zu dem frühern und in den 146, 154, 170, 2, a angegebenen Fällen.

2) *Renunciatio expressa*, und zwar:

a) *Pura*, absoluta, ohne Vorbehalt; ſie ſetzt voraus: völlig freien Willen[3], eine causa sufficiens[4], Einwilligung des Kirchenoberen[5], Nicht= verletzung der Rechte Dritter.

Die Biſchöfe wie die Praelati nullius müſſen in die Hände des Papſtes reſigniren, andere in die Hände des Biſchofs, sede vacante des Kapitel= vikars. Nur der Kirchenobere, welcher die canoniſche Inſtitution zu dem Kirchenamte zu ertheilen und die Entſetzung von demſelben auszuſprechen be=

---

[1] C. 5 x V. 5; Trid. s. V. c. 1; s. XXIII. c. 6.

[2] Jede bei der Verleihung über die Succeſſion getroffene Vereinbarung wird als verabſcheuungswürdig verworfen c. 5 x I. 35.

[3] Cf. c. 2 x I. 40.

[4] Gloſſe zu c. 10 x I. 9:

Debilis, ignarus, male conscius, irregularis.
Quem mala plebs odit, dans scandala cedere possit.

Trid. s. XXI. c. 2.

[5] Nur der Papſt kann frei reſigniren, weil er keinen Kirchenobern über ſich hat c. 1 (I. 7) in VI.

fugt ist, hat auch die Renunciation zu prüfen und anzunehmen [1]. Eine Resignation in Laienhände ist (abgesehen von einem päpstlichen Privileg) gänzlich unstatthaft. Viele Canonisten fordern bei Patronatspfründen die Zustimmung des Patrons, die aber supplirt werden könne [2]; allein nur wenn den Rechten des Patrons oder derjenigen, die ein Präsentations-, Nominations- oder Wahlrecht haben, dadurch präjudicirt wird, wie bei der Resignation zu Gunsten eines Dritten, nicht aber bei der renunciatio pura kann wohl deren Zustimmung gefordert werden [3].

Solange der betreffende Kirchenobere die Resignation noch nicht angenommen hat, steht dem Resignirenden das Reuerecht zu, er kann seine Resignation noch zurücknehmen, nachher nicht mehr. Pius V. legt den Bischöfen ans Herz, nur aus hinreichenden Gründen eine Resignation anzunehmen [4]. Der Bischof soll aber dann das Beneficium weder an seine eigenen Verwandten noch an die Verwandten und Verschwägerten des Resignanten verleihen.

b) Soll die Renunciation oder cessio in der Regel unbedingt geschehen, so kann doch ausnahmsweise auch eine bedingte Resignation zulässig sein, und zwar:

α) Durch Vorbehalt einer lebenslänglichen Jahresrente aus dem niedergelegten Beneficium (*reservatio pensionis*). Diese fordert Consens des Bischofs (oder Papstes), sie darf sich nicht über die Lebensdauer des Resignirenden hinaus erstrecken und nur einen mäßigen Betrag abwerfen. Innocenz III. sah sich genöthigt, Verträge zu verbieten, wodurch sich jemand alle Früchte des Beneficiums vorbehielt [5]; Benedict XIV. verbot, daß jemand zu Gunsten eines andern resignire und das Beneficium zugleich mit einer Pension belaste, über deren Ablösung mit einer Aversalsumme ein Nebenvertrag geschlossen werde; er bedroht solche „profani beneficiorum distractores" (beide Theile) mit dem Verluste aller Gerechtsame aus dem Beneficium [6].

β) *Resignatio in favorem tertii* [7], die nur mit ausdrücklicher päpstlicher Genehmigung zulässig ist. Eine solche Resignation besteht darin, daß der

---

[1] C. 15. 4 h. t. — „Is potest renunciationem accipere, qui potest destituere."

[2] Phillips l. c. Bd. VII. Abth. 2 S. 851 mit Berufung auf *Berardi*, comment. in jus eccles. univ. t. II. p. 360.

[3] *Schmalzgrueber* in h. t. § 2 n. 7: „Simpliciter et pure haec beneficia etiam sine consensu Papae (Reservatpfründen), electorum et Patronorum resignari et resignationes illorum sic factae etiam ab Ordinariis admitti possunt, modo sine praedictorum consensu ab his non conferantur aliis . . . quia in resignatione juri non praejudicatur Patronorum, bene tamen in collatione sine ejus consensu facta."

[4] Const. „Quanta cura" 1568, wo die Gründe zur Resignation aufgeführt werden.

[5] C. un. x III. 12.

[6] Const. „In sublimi" 1741.

[7] Von besonderer Bedeutung ist hier die Reg. Cancell. Apost. 19 de viginti oder de infirmis resignantibus (131, 1). Da auch dies umgangen wurde, indem

Inhaber eines Beneficiums dasselbe in die Hände des Kirchenoberen nieder=
legt, aber unter der Bedingung, daß eben dieses Beneficium einer bestimmten
dritten Person verliehen werde. Diese Resignationen waren so häufig ge=
worden, daß für sie der Name resignatio vorzugsweise der eigentliche tech=
nische Ausdruck wurde [1].

γ) **Entsagung behufs eines Tausches.** Ohne Genehmigung des
Kirchenoberen dürfen Beneficiaten nie einen Tausch ihrer Pfründen vornehmen,
was Urban III. verbot und Innocenz III. mit dem Verluste der Beneficien
bestrafte [2]. Es kann daher ein Tausch nur in der Weise stattfinden, daß
beide ihre Beneficien in die Hände des Kirchenoberen resigniren unter der
von diesem genehmigten Bedingung, daß das Beneficium niemand anders als
dem andern Contrahenten verliehen werde [3]. Es ist daher auch eigentlich
eine resignatio in favorem tertii und fordert wie diese den Consens des
Patrons oder der Wähler, weil durch dieselbe sonst ihr Recht in Bezug auf
die Wiederbesetzung verletzt wird. Es dürfen beim Tausche keine anderweitigen
Nebenverträge, namentlich nicht über gegenseitige Compensation der Früchte,
stattfinden [4], es darf aber auch kein solches Beneficium sein, das zur Zeit
gar keine Früchte trägt; besteht ein Rechtsstreit über dasselbe, so darf es nur
an einen Streitgenossen cedirt werden [5].

δ) Verboten ist dagegen die *reservatio ingressus*, Verzichtleistung auf
ein bereits übertragenes, aber noch nicht in Besitz genommenes Beneficium
mit der Bedingung, es seiner Zeit wieder annehmen zu dürfen; *reservatio
regressus*, Verzichtleistung auf eine schon innegehabte Pfründe mit dem Vor=
behalt, bei einer neuen Erledigung sie wieder zu erhalten; *reservatio aggressus*,
Vorbehalt eines Beneficiums, das einstweilen verwaltet werden soll, für einen
Knaben (286).

III. Durch *translatio*, die als Strafe (300), aber auch propter bonum
publicum per modum provisionis administrativae *(remotio oeconomica)*
stattfinden kann. Letztere fordert bei einem in titulum verliehenen Beneficium
nach gemeinem Rechte den Consens des Beneficiaten; wider seinen Willen

---

manche noch in gesunden Tagen resignirten, die Resignation aber geheimhielten, erließ
Innocenz VIII. die Kanzleiregel de publicandis resignationibus. Greg. XIII. Const.
„Humano ex judicio" 1584.

[1] Gregor IX. hatte alle Verträge pro quibusdam spiritualibus obtinendis ver=
boten c. 8 x I. 35. Benedict XII. bespricht de syn. dioec. l. 13 c. 10 n. 15 seq.
die Gründe, die für und gegen eine solche Resignation sprechen, und will sie nicht als
verwerflich bezeichnen.

[2] C. 5. 7. 8 x III. 19.

[3] C. un. eod. in Clem. (III. 5).

[4] C. 5 cit. Reg. Cancell. Apostol. 40.

[5] C. 2 in VI (II. 8).

kann sie ex causa gravi nur auf eine bessere oder äquivalente Pfründe geschehen. Bei Bischöfen kommt nicht leicht eine translatio vor, die nur aus
höchst wichtigen Gründen vom Papste verfügt werden kann[1].

IV. Durch Strafe kann ein Beneficium erledigt werden: 1) durch
privatio beneficii und *translatio*, 2) durch *depositio* und *degradatio* (300).
Daß nur durch den kirchlichen Oberen eine Absetzung erfolgen kann und
die Staatsgewalt, der weltliche Richter nie zu einer solchen berechtigt ist, ist
klar; „die Kirche befände sich in einem rechtlosen Zustande, wenn ihre Beamten durch die Staatsregierung nach deren einseitigem Gutdünken gewaltsam
von ihren Stellen vertrieben werden könnten"[2].

Dritter Abschnitt.
Die Träger der Kirchengewalt.

Erstes Kapitel.
Der Papst und seine Gehilfen.

1. Die Papstwahl.

187. Die Wahl des römischen Bischofs war in den ersten Zeiten nicht
wesentlich verschieden von der anderer Bischöfe[3]. Sie war frei und unabhängig von dem Einflusse der Staatsgewalt. Erst Odoaker verbot 483, ohne
sein Vorwissen einen Papst zu wählen, dem sich aber der römische Clerus
standhaft widersetzte. Theodorich setzte die Wahl Felix' IV. (III.) 526 durch.
Kaiser Justinian forderte die kaiserliche Bestätigung der Wahl und Entrichtung einer Taxe, die Kaiser Constantin Pogonatus wieder aufhob. Im
8. Jahrhundert wurde die Papstwahl durch mehrere Concilien näher geregelt;
unter der fränkischen Herrschaft fand größtentheils Freiheit dabei statt, obwohl

---

[1] C. 34 C. VII. q. 1; x I. 7 S. Congr. Conc. d. 19. Dec. 1857; Archiv für
kath. Kirchenrecht Bd. III. S. 408 ff.

[2] Walter, Kirchenrecht § 243 S. 549.

[3] *Ferraris*, Prompta bibl. can. s. v. Papa Art. I. n. 13. 14 u. a. sagen, die
Wahl habe zuerst das Collegium der 24 Priester und Diakonen Roms, welche Petrus
dazu erwählt hatte, vollzogen; nach Papst Sylvester sei erst der übrige Clerus und
das Volk beigezogen worden. Kopatsch, Die Erledigung und Wiederbesetzung des
Apostol. Stuhles. Innsbruck 1843. Die Papstwahl. Münster 1872. Ph. Laicus,
Die Papstwahl. Einsiedeln 1878. Cf. c. 2 D. 97; c. 2. 10 D. 79; c. 1 D. 23;
c. 1. 9 D. 79.

sie in Gegenwart eines kaiserlichen Commissärs vorgenommen ward. Im 9. und 10. Jahrhundert machten verschiedene Parteien in Italien ihren Einfluß geltend; die Bestätigung der Wahl durch den römisch-deutschen Kaiser ward dann wieder eingeholt.

Nikolaus II. übertrug 1059 dem Cardinalscollegium die Wahl des Papstes, worauf der übrige römische Clerus und das Volk ihre Zustimmung äußern sollten[1]. Der Einfluß des Volkes fiel seit dem 12. Jahrhundert ganz weg und die Papstwahl wurde durch die folgenden Päpste näher geregelt[2].

Ist der Papst gestorben, so wird dies den auswärtigen Cardinälen mitgetheilt und zehn Tage auf die abwesenden gewartet. Zur Giltigkeit der Wahl wäre jedoch die Einberufung der abwesenden Cardinäle wohl nicht nöthig. Auch excommunicirte und suspendirte Cardinäle werden berufen, damit kein Schisma entstehe[3]. Alle Conclavisten verpflichten sich durch einen Eid, kein Geheimniß zu verrathen. Die Wähler müssen mindestens Diakonen sein; Stellvertretung findet nicht statt. Wer der Häresie oder Simonie sich schuldig gemacht hat, ist nicht wählbar. Seit Urban IV. wurden nur Cardinäle gewählt.

Das früher den drei katholischen Mächten (dem römisch-deutschen Kaiser, dann Oesterreich, Frankreich und Spanien) eingeräumte Recht der Exclusive konnte nur gegen einen Cardinal durch den Cardinalprotektor der Nation, vor vollendeter Stimmzählung (ehe Zweidrittels-Majorität für einen Candidaten erreicht war) geltend gemacht werden. Heutzutage kann von diesem ohnehin eine sonst giltige Wahl nicht beeinträchtigenden veto keine Rede mehr sein[4].

Der Papst kann nähere Bestimmungen treffen über die Art und Weise der Wahl, die auch außerhalb Roms stattfinden kann, kann von bestimmten Förmlichkeiten der Wahl entbinden, kann einen Nachfolger empfehlen, nicht aber ernennen.

---

[1] Vgl. J. Card. Hergenröther, K.-G. II. Bd. 3. Aufl. S. 55 f. 271 f.

[2] C. 1 D. 23; c. 6 x I. 6; c. 3 cod. in VI; Clem. 2 (I. 3); Const. Greg. XV. „Aeterni Patris“ und „Decet Roman. Pontif.“ 1621; Pii IX. „Cum. Rom. Pontif.“ 1869, „In hac sublimi“ 1873, „Licet per Apostolicas“ 1874 und „Consultori“ 1877.

[3] Clem. c. 2 § 4 de elect. I. 3.

[4] Vgl. Archiv für kath. Kirchenrecht Bd. XXVIII. S. 668 ff. Hinschius, Kirchenrecht Bd. I. S. 294: „Eine Nichtbeachtung der erhobenen Exclusive könnte übrigens keinen Einfluß auf die sonst giltig erfolgte Wahl äußern, weil das ganze Institut nur auf Convenienz beruht und die Nichtbeachtung eines derartigen Protestes nirgends in den Constitutionen über die Papstwahl erwähnt, geschweige denn als Bedingung der Giltigkeit anerkannt ist.“ Noch weniger kann irgend eine andere Regierung einen rechtlichen Einfluß auf die Papstwahl üben.

Die Wahl selbst geschieht in der gewöhnlichen Weise (171, I), ent= weder 1) durch das *scrutinium*, durch Abgabe versiegelter Stimmzettel. Führt das scrutinium zu keinem Resultate, d. h. erhält niemand die hier erforderliche Zweidrittels=Majorität, so tritt der Acceß ein, indem abermals Stimmzettel abgegeben werden, in denen die Cardinäle entweder einem der= jenigen beitreten, die im scrutinium wenigstens eine Stimme erhalten haben, oder stimmen: „accedo nemini". Erhält auch durch den Acceß keiner die er= forderliche Majorität, so muß mit dem scrutinium von neuem begonnen werden.

Die Wahl kann 2) erfolgen *per acclamationem* (Quasi=Inspiration).

3) Dazu kam seit dem 12. Jahrhundert die Wahl durch Compromiß, d. h. die Cardinäle übertragen einstimmig einigen ihrer Collegen (mindestens zwei, gewöhnlich drei, fünf oder sieben) die Befugniß, den Papst zu wählen, schreiben ihnen das die Compromissarien bindende Verfahren vor, auch einen Termin, nach dessen Ablauf die ihnen gegebene Vollmacht erlischt.

Mit Annahme der Wahl tritt der Papst in seine volle Gewalt ein[1]; er legt sich einen neuen Namen bei (was seit Johann XII., nach andern seit Sergius II. geschah). Der Gewählte empfängt die Huldigung und, falls er nicht Bischof ist, durch den Cardinalbischof von Ostia die bischöfliche oder überhaupt die ihm noch fehlenden Weihen nach Beschwörung des Glaubens= bekenntnisses. Darauf folgt die Krönung des Papstes durch den ersten Cardinaldiakon.

2. Die im Primate enthaltenen Rechte.

188. Der Papst hat den primatus honoris und jurisdictionis, er hat die höchste, ordentliche und volle Gewalt in der ganzen Kirche (25); er ist von Christus ausgerüstet mit der Fülle der Gewalt, so daß er, wie v. Döllinger schrieb, jedes bloß menschliche Recht beugen kann[2]. Diese Fülle der Gewalt mußte, da auch der Primat nach dem Willen der göttlichen Vor= sehung in die Geschichte eintreten sollte, je nach Verschiedenheit und Be= dürfniß der Zeiten sich entfalten[3]. „Aus dem Begriffe des Primates, seiner dem Dogma zufolge göttlichen Einsetzung, seinem Zwecke folgt mit absoluter Nothwendigkeit, daß dem Papste alle und jede mit dem Wesen der Kirche und ihrem Berufe übereinstimmenden Mittel zu Gebote stehen müssen, welche im einzelnen Falle als die geeignetsten nach dem Ermessen des Papstes er= scheinen, um den Zweck der Kirche zu erreichen."[4]

---

[1] In c. 4 in xvag. comm. V. 10 belegt Clemens V. die Behauptung, der Papst dürfe vor seiner Krönung nicht als solcher handeln, mit der Ercommunication; cf. c. 1 D. 23 (Decret. Nicolai de elect. summi Pontif.).

[2] Döllinger, Kirche und Kirchen S. 38.

[3] Phillips, Kirchenrecht Bd. V. S. 6.

[4] v. Schulte, System des Kirchenrechts S. 190.

Deshalb ist es nicht so leicht, alle im Primate enthaltenen Rechte auf=
zuzählen und in ein System zu bringen und kann man bei Bestimmung der=
selben nicht sich auf einen bestimmten Zeitraum, etwa auf die ersten Jahr=
hunderte allein berufen.

189. Daher ist die febronianische Unterscheidung der päpst=
lichen Rechte (79) durchaus zu verwerfen. Wenn Febronius als wesent=
liche Rechte (jura primigenia) des Papstes jene bezeichnet, sine quibus
unitas servari non potest, so ist dies ein ganz vager und unbestimmter
Grundsatz. Was ist nothwendig zur Erhaltung der Einheit? Wer ent=
scheidet darüber? Dem einen erscheint die Einheit nicht gefährdet, wo sie es
wirklich ist. Es kann in einer Zeit dieses, in anderer jenes nothwendig
dazu sein. Daraus, daß ein Recht in früherer Zeit nicht ausgeübt wurde, folgt
nicht, daß es ein zufälliges, später erworbenes sei. Wenn Febronius
das Princip aufstellt, der *constans usus* und die *disciplina ecclesiae* müsse
über das Maß dieser Rechte entscheiden, und den usus constatirt wissen will
aus der Kirchendisciplin der ersten sechs oder sieben Jahrhunderte und aus der
Uebereinstimmung aller theologischen Schulen, so entscheidet der usus allein
noch kein Recht; jus und exercitium juris darf nicht verwechselt werden.
„Ob das einzelne Recht stets oder nie ausgeübt worden ist, darauf kann ja
im Princip nichts ankommen; denn ein Recht wird nicht durch die Aus=
übung bedingt."[1] Die Kirchendisciplin ist nicht unwandelbar; hier läßt
sich kein historisches Princip aufstellen. Das Zeugniß späterer Jahrhunderte
verwerfen, heißt eine Verdunkelung und einen Abfall der Kirche annehmen,
wie die Protestanten und Jansenisten es thun. Die Kirche hat den Geist
Gottes so gut in späteren, wie in den ersten Jahrhunderten. Febronius geht
dabei von der falschen Voraussetzung aus, die pseudoisidorischen Decretalen
hätten den Stand der Kirchendisciplin wesentlich verändert (114, I). Die
Schulen aber haben kein Gesetzgebungsrecht in der Kirche; auch haben die
neueren Schulen nicht mehr denselben kirchlichen Charakter wie die früheren.

190. Im einzelnen bezeichnet Febronius als wesentliche Rechte:
1) Daß der Papst Präsident des bischöflichen Collegiums sei zur Hand=
habung der kirchlichen Ordnung. Allein entweder kann der Papst auch mit
Zwangsgewalt die Bischöfe in der kirchlichen Ordnung erhalten und dann
ist er ihr Vorgesetzter, oder der Primat ist unnütz und es fehlt ihm ein
Mittel, sine quo unitas servari non potest. 2) Daß der Papst Glaubens=
gesetze erlassen könne, die aber erst durch die allgemeine Annahme Kraft er=
hielten. Aber bevor diese constatirt wäre, wären jene eigentlich nur Gesetz=
entwürfe, da ihre Kraft erst von der Annahme anderer abhinge. 3) Der

[1] v. Schulte, Kirchenrecht Bd. II. 1857 S. 190 f. Vgl. Beidtel l. c.
S. 427 ff.

Papst hat, wenn auch nicht als letzter Richter aller Controversen, doch an ihrer Beurtheilung vorzüglichen Antheil und seiner Entscheidung muß provisorisch gehorcht werden, so daß man nicht das Gegentheil lehrt. Ist aber schon unbestimmt, was diese praecipuae partes seien, so könnte die Kirche (bis zu einem allgemeinen Concil) Jahrhunderte lang in Ungewißheit schweben, wenigstens provisorisch in Irrthum sein und der Grundsatz wäre falsch, daß jede Particularkirche mit dem Apostolischen Stuhle als dem centrum unitatis in Verbindung stehen muß. 4) Der Papst hat das Recht, von Disciplinargesetzen allgemeiner Concilien zu dispensiren in jenen Fällen, in welchen das Concil selbst dispensirt hätte. Demnach wäre aber die Giltigkeit jeder Dispens stets in Zweifel, da man ja nicht weiß, ob das Concil dispensirt hätte. 5) Das Recht, Relationen von den Bischöfen zu verlangen. 6) Gesandte zu schicken. 7) Häretische Bischöfe zu excommuniciren. Kann er sie aber nicht auch absetzen, so wäre die Excommunication oft wirkungslos. 8) Das Devolutionsrecht. 9) Er hat den bedrängten Bischöfen zu Hilfe zu kommen. 10) Kann allgemeine Gesetze erlassen, die aber jeder Bischof nach Erwägung der Diöcesantraditionen annehmen oder verwerfen kann. Dann wäre aber jeder Bischof Papst in seiner Diöcese.

Zufällige Rechte (*jura adventitia, accidentalia, humana*), und zwar anerkannte Rechte, die jedoch wieder aufgehoben werden können, sind nach Febronius die sogen. causae majores, das Recht, Bischöfe zu bestätigen, deren Consecration zu veranlassen, Postulationen anzunehmen, den Eid des Gehorsams von den Bischöfen zu fordern, ihre Resignationen anzunehmen, sie zu transferiren, abzusetzen, Bisthümer zu errichten, gewisse Appellationen anzunehmen, in gewissen Fällen Absolution und Dispensation zu ertheilen.

Jene zufälligen, später erworbenen Rechte, die nicht ausdrückliche *canones* oder eine beständige Observanz bestätigen, nennt Febronius streitige Rechte, wie daß der Papst allgemeiner Bischof heiße, daß er nicht durch die canones beschränkt sei, daß er eine mit dem Bischof concurrirende Jurisdiction habe, Exemtionen von der bischöflichen Gewalt bewilligen, Beneficien in anderen Diöcesen vergeben, Ablässe ertheilen, fremde Diöcesanen absolviren, Gelübde auflösen, Stiftungen umändern könne. Bei solchen streitigen Rechten hält Febronius die Entziehung derselben sogar für nothwendig.

Allein weil in einzelnen Ländern zeitweise, namentlich in Frankreich im 17. und 18. Jahrhundert einzelne Rechte von vielen bestritten wurden, können diese Rechte noch nicht streitige genannt werden; in Sachen allgemeiner Gesetzgebung kann eine Particularkirche sich kein eigenes Recht constituiren. Auch wenn manche Rechte erst später erworben wären, sind sie deshalb doch nicht wieder entziehbar. Febronius zählt auch noch lange nicht alle Rechte des Papstes auf. Manche Rechte können nur mit Rücksicht auf den jedesmaligen Zustand gewürdigt werden; viele der sogen. zufälligen Rechte sind gerade wichtige Mittel, die kirchliche Einheit zu erhalten; so ist die Bestätigung der Bischöfe heutzutage gewiß wichtiger und nothwendiger zur Erhaltung der Einheit, als z. B. das Recht, Relationen zu fordern, die auch nichtssagende Berichte sein können, oder das Recht, Gesandte zu schicken, denen der Zutritt in ein Land verwehrt werden kann.

Das ganze System Hontheims zielt auf Schwächung der kirchlichen Einheit und Bildung vom Papste mehr und mehr unabhängiger, von der Staatsgewalt aber um so abhängigerer Nationalkirchen.

Unbewußt spricht Hontheim selbst die Fülle der päpstlichen Gewalt aus, die sich nicht in bestimmte enge Grenzen einschließen, nicht nach einem bestimmten Zeitraum bestimmen läßt, indem er zugibt, daß jene Rechte dem Primate wesentlich innewohnen, ohne welche die Einheit nicht erhalten werden kann. Der Papst ist also das centrum unitatis, mit dem alle Glieder der Kirche verbunden sein müssen, der nach den von Christus ihm verliehenen Vollmachten, dem höchsten Lehramt, dem Hohenpriesterthum und Königthum als Christi Stellvertreter allein selbst berechtigt ist, zu entscheiden, was in dieser oder jener Zeit und nach den Umständen zur Erhaltung der Einheit nothwendig ist, und alle dazu nothwendigen Mittel anzuwenden befugt ist.

A. Primatus jurisdictionis.

a. Das unfehlbare Lehramt des Papstes.

191. Nach der Definition des Vaticanischen Concils steht fest:

I. Subject der Unfehlbarkeit ist der Papst, wenn er ex cathedra spricht, d. h. wenn er von seiner obersten Lehrgewalt als Stellvertreter Christi und Hirte und Lehrer der ganzen Kirche Gebrauch macht und kraft derselben entscheidende, definitive Aussprüche in Sachen der Lehre erläßt [1].

Damit sind die Entstellungen des Dogmas von Seite der Gegner schon ausgeschlossen: nicht der Papst als Mensch, nicht in seinen Ansichten als Gelehrter, geschweige in allem, was er sagt und redet, auch nicht in Ausübung

---

[1] Conc. Vatic. c. 4: „Nos ... sacro approbante Concilio docemus et divinitus revelatum dogma esse definimus, Romanum Pontificem, cum ex cathedra loquitur, id est, cum omnium christianorum Pastoris et Doctoris munere fungens pro suprema sua apostolica auctoritate doctrinam de fide vel moribus ab universa ecclesia tenendam definit, per assistentiam divinam ipsi in beato Petro promissam ea infallibilitate pollere, qua divinus Redemptor ecclesiam suam in definienda doctrina de fide vel moribus instructam esse voluit; ideoque ejusmodi Romani Pontificis definitiones ex sese, non autem ex consensu ecclesiae, irreformabiles esse. Si quis autem huic Nostrae definitioni contradicere, quod Deus avertat, praesumpserit, anathema sit. Literatur siehe Heinrich, Dogmatik. Bd. I. Mainz 1873. S. 121 N. 1; Vering, Kirchenrecht S. 50. 76.

seiner Regierungsgewalt überhaupt, nicht in Aussprüchen über politische Dinge u. dgl., sondern nur in seiner obersten Lehrgewalt, wenn er eine Lehre als von der ganzen Kirche festzuhaltende vorschreibt, ist Subject der Unfehlbarkeit.

Die Unfehlbarkeit ist also eine lehramtliche; die Bezeichnung „persönliche Unfehlbarkeit" könnte nur insofern gebraucht werden, als man damit ausdrücken will, daß die Unfehlbarkeit direct dem Petrus und jedem seiner Nachfolger in seiner lehramtlichen Stellung zukommt, an die Person des Nachfolgers Petri geknüpft ist, nicht andern übertragen werden kann.

II. Object des Ausspruches ex cathedra ist eine Lehre in Sachen des Glaubens und der Sitten.

Der Papst bewahrt und erklärt das depositum fidei, und wenn er die wahre Lehre definiren kann, muß er auch die falsche Lehre verwerfen können; wie er lehrt, was im depositum fidei enthalten ist, so muß er auch das dem depositum fidei Widersprechende verwerfen können. Daher ist es theologisch gewiß, daß die Unfehlbarkeit sich auch auf die Feststellung der facta dogmatica erstrecke. Das gilt auch von der Canonisation der Heiligen, da die Verehrung der Heiligen unmittelbar mit dem Dogma zusammenhängt [1] und von der Approbation religiöser Orden, insofern der Papst erklärt, ob eine Ordensregel mit den Grundsätzen der evangelischen Vollkommenheit übereinstimme [2].

Dagegen hat keinen Bezug auf das Dogma die bloße Ausübung der Strafgewalt (55); nicht alle Bullen und Breven der Päpste, sondern nur jene, die eine dogmatische Entscheidung enthalten und nur die Entscheidung selbst gehört hieher. Weltliche Dinge, die sich auf ein menschliches Zeugniß stützen, in denen der Papst getäuscht werden kann, haben keinen Bezug auf die Unfehlbarkeit.

III. Ursache der Unfehlbarkeit ist der dem Papste im hl. Petrus verheißene Beistand. Es ist also die Unfehlbarkeit keine göttliche Eigenschaft, auch nicht eine unmittelbare Eingebung des Heiligen Geistes, keine Inspiration, sondern nur eine Assistenz Gottes, wodurch der oberste Lehrer der Kirche in solchen Lehrentscheidungen vor Irrthum bewahrt wird [3].

IV. Daher sind diese Entscheidungen absolut unabänderlich, und zwar aus sich, nicht erst durch die Zustimmung der Kirche. Das war schon

---

[1] *Thom.*, Quodl. IX. a. 16: „Quia honor, quem Sanctis exhibemus, quaedam professio fidei est, pie credendum est, quod nec etiam in his judicium ecclesiae errare potest."

[2] Nicht hierher gehörig aber ist die Frage, ob dieser oder jener Orden nach Orts- und Zeitumständen nützlicherweise eingeführt oder aufgehoben werde.

[3] Conc. Vatic. l. c.: „Neque enim Petri successoribus Spiritus sanctus promissus est, ut eo revelante novam doctrinam patefacerent, sed ut eo assistente traditam per Apostolos revelationem seu fidei depositum sancte custodirent et fideliter exponerent."

von Innocenz XI. (1682) und Alexander VIII. (1690) durch die Verwerfung des vierten gallicanischen Artikels (78) ausgesprochen worden.

192. Dieselben Stellen der Heiligen Schrift, welche den Primat überhaupt beweisen (22—25), bezeugen auch die Unfehlbarkeit. Im Primate ist unzweifelhaft auch die höchste Lehrgewalt eingeschlossen. Die Pforten der Hölle bekämpfen die Kirche, der Satan versucht die Apostel, reißende Wölfe bedrohen die Heerde. Aber Petrus ist das Fundament der Kirche, das, wie Ambrosius sagt, feststehen muß gegen alle Häresien. Christus hat für Petrus gebetet, daß sein Glaube nicht abnehme; darum wird, wie Leo d. Gr. sagt, in Petrus die Stärke aller erhalten und die Hilfe der göttlichen Gnade in der Weise gespendet, daß die Festigkeit, die dem Petrus geworden ist, durch Petrus den Aposteln mitgetheilt wird[1]. Petrus ist eingesetzt als oberster Hirte an Christi Statt; er muß die Heerde in der Einheit des Glaubens zusammenhalten; er muß sie im Glauben unterrichten; darum sagt Christus zu den Juden: „Ihr glaubet nicht, denn ihr seid nicht von meinen Schafen."

Vom Fundamente hat das Gebäude seine Festigkeit, nicht umgekehrt; Petrus, dessen Glaube nicht wanken kann, soll seine Brüder bestärken, nicht diese ihn; der Hirte leitet die Heerde, nicht diese ihn: darum müssen die Glaubensentscheidungen des unerschütterlichen Fundamentes und obersten Hirten aus sich unfehlbar sein und nicht erst durch die Zustimmung der Kirche.

Christus hat die Unfehlbarkeit verheißen: 1) dem Petrus, 2) der Gesammtheit der Apostel mit Petrus, 3) seiner Kirche (15). Ein und derselbe Christus, der sich nicht widersprechen kann, hat diese Verheißungen gegeben; ein und derselbe Heilige Geist ist es, der dem Oberhaupte der Kirche, dem mit Petrus vereinigten Episcopate (22. 27. 29) und durch sie der Kirche die Unfehlbarkeit verleiht. Darum ist es ein und dieselbe Unfehlbarkeit.

193. Diese Unfehlbarkeit des obersten Lehrers bezeugt auch die Tradition. Von ihr geben die Väter Zeugniß, indem sie aussprechen, daß zur römischen Kirche der Irrglaube keinen Zutritt habe (Cyprian); daß Uebereinstimmung mit dem Papste das Kennzeichen des katholischen Glaubens sei (Hieronymus), in Petrus sich die Lösung aller schwierigen Glaubensfragen finde (Epiphanius), daß mit der römischen Kirche alle im Glauben übereinstimmen müssen (Irenäus)[2]; daß Petrus den Vorsitz führt und denen, die

---

[1] Döllinger, Kirche und Kirchen S. 32: „Der Stuhl Petri sollte eine Stätte der Wahrheit sein. Denn die Worte wie die Gebete des Herrn waren nicht bloß auf die einzelne Person und auf den nächsten Moment gerichtet; sie galten vor allem der Kirche und deren zukünftigen vom Herrn im Geiste geschauten Bedürfnissen."

[2] Ueber diese und andere Stellen vgl. Schneemann, S. Irenaei de eccles. Rom. principatu testimonium, und: Die kirchliche Gewalt und ihre Träger, beide Freiburg 1871 und 1868; J. Card. Hergenröther, Kathol. Kirche und christlicher Staat. S. 948 ff.; Bennettis, Privilegior. s. Petri vindiciae. Romae 1756 seq.

sie suchen, die Wahrheit des Glaubens gibt (Petrus Chrysologus). „Niemals wird man deinen Glauben als wahrhaft katholisch erkennen, wenn du nicht bekennst, daß man am römischen Glauben festhalten müsse. Was verlangst du noch eine weitere Untersuchung, die schon geschehen ist durch den Apostolischen Stuhl? Die verurtheilte Irrlehre ist daher nicht mehr von den Bischöfen zu untersuchen, sondern von den christlichen Mächten zu unterdrücken" (Augustinus). Der Apostolische Stuhl hat das väterliche Erbe den Kirchen unversehrt zu erhalten ... er ist von der Befleckung der Irrlehre stets frei geblieben (Theodoret). Das Licht ist Christus, die Lampe ist Petrus, das Oel der Beistand des Heiligen Geistes (Ephräm).

Die Päpste nennen ihre Entscheidungen endgiltig, unantastbar, jeden Zweifel beseitigend, so Cölestin I., Sixtus III., Gelasius I., und die Bischöfe und Gläubigen unterwarfen sich den Entscheidungen der Päpste. Die Concilien bestätigen diese Lehre, indem sie der vom Papste bereits erlassenen Entscheidung folgen, „an der eine Aenderung zu machen, nicht erlaubt ist" (4. allgem. Concil).

Daß die Lehre von der Unfehlbarkeit des Papstes im Mittelalter die herrschende, die entgegengesetzte nur geduldet, vielfach mißbilligt war, ist ohnehin anerkannt. Aber schon die Glaubensformel des Papstes Hormisdas (519)[1], die auf dem achten allgemeinen Concil von allen Vätern unterschrieben wurde, enthält dieselbe.

–––––––––––– ––––

[1] Siehe J. Carb. Hergenröther l. c. S. 952 ff. 956 ff. Die Abweichungen in den verschiedenen Exemplaren sind außerwesentlich, in allen ist ausgesprochen, daß im Apostolischen Stuhle die Religion immer unversehrt bewahrt worden ist, sowie die Verpflichtung zur Unterwerfung unter die Entscheidungen des päpstlichen Stuhles. — Das zweite Concil von Lyon nennt die römische Kirche mater omnium fidelium et magistra. In der confessio fidei Michaelis Palaeologi heißt es: „Et sicut prae ceteris (Rom. Pontifex) tenetur fidei veritatem defendere, sic et si quae de fide subortae fuerint quaestiones, suo debent judicio definiri." Das Florentinum nennt den Papst totius ecclesiae caput et omnium christianorum pater ac doctor. Cf. prop. Lutheri damn. 41: „Certum est in manu ecclesiae aut Papae prorsus non esse, statuere articulos fidei, imo nec leges morum seu bonorum operum." Prop. 29 damn. ab Alexandro VIII.: „Futilis et toties convulsa est assertio de Romani Pontificis supra Concilium oecumenicum auctoritate atque in fidei quaestionibus infallibilitate." Prop. 8 damn. a Sixto IV.: „Ecclesia urbis Romae errare potest." Concil. Lateran. IV.: „Ipse (Joachim) firmiter confitetur, se illam fidem tenere, quam Romana tenet ecclesia, quae disponente Domino cunctorum fidelium mater est et magistra." Professio fidei Tridentin.: „Sanctam catholicam et Apostolicam ecclesiam omnium ecclesiarum matrem et magistram agnosco Romanoque Pontifici veram obedientiam spondeo ac juro." Cf. Artic. cler. Gallic. 4. damn.: „In fidei quaestionibus praecipuas Summi Pontificis esse partes ejusque decreta ad omnes et singulas ecclesias pertinere, nec tamen irreformabile esse judicium, nisi ecclesiae consensus accesserit." So war es die geschichtlich dem nächsten (Vaticanischen) Concil

194. Fragen wir das Urtheil der Vernunft, so kann diese an sich in einer Sache, die ganz und gar übernatürlich ist und die von Gottes Willen abhängt, nichts gegen dieselbe beweisen, sie müßte denn deren Unmöglichkeit nachweisen. Das aber kann man nicht, ohne Gott, ohne Gottes Freiheit und Allmacht zu läugnen. Es fragt sich nur, ob Gott die Unfehlbarkeit wollte, und dafür bürgen die Verheißungen des Herrn.

Die vom Glauben erleuchtete Vernunft vermag jedoch auch zu erkennen, daß dieses Dogma, weit entfernt, der Vernunft zu widersprechen, vielmehr der Vernunft vollkommen entsprechend ist. Oder ist es nicht ganz vernunft= gemäß anzunehmen, daß Gott, nachdem er durch seinen eingebornen Sohn sich der Menschheit geoffenbart hat, auch dafür sorge, daß seine Offenbarung rein und unverfälscht bewahrt werde? Das oberste Lehramt des Papstes war längst de fide und allgemein anerkannt; wann ist der gläubige Ge= horsam gegen dieses mehr ein *rationabile obsequium*, wenn ich Bürgschaft habe, daß es mich nicht in Irrthum führen kann, oder wenn es irren und mich in Irrthum stürzen kann? Legt man jedem obersten Gerichtshof eine formelle Unfehlbarkeit bei, so genügt diese nicht, wenn ich auch im Gewissen gehorchen und glauben muß, sondern der oberste Ge= richtshof in Glaubenssachen muß auch materiell unfehlbar sein. Ein inappellabler Richter (39 N. 3. 205) in Glaubenslehren wäre tyranni= scher Zwang ohne die Gewißheit eines unfehlbaren Urtheils. Es genügt nicht das silentium obsequiosum der Jansenisten, die Glaubensentscheidungen des Papstes fordern Glaubensgehorsam. Ohne Bürgschaft der Unfehlbarkeit wäre ein solches obsequium fidei, die Glaubensgewißheit nicht möglich. Es lag daher auch immer im Bewußtsein der Kirche die Unfehlbarkeit des obersten Lehrers, wenn sie auch noch nicht explicite ausgesprochen war.

195. Vernunftwidrig sind allerdings die Entstellungen des Dogmas, wie sie die Einwendungen der Gegner desselben sich erlaubt haben, indem sie Person und Amt confundiren, von Sündelosigkeit, dogmatischer Schöpfer= kraft u. s. w. reden. Doch diese schließt der Begriff der Unfehlbarkeit in der Definition selbst schon aus. Daß die Lehre von der Unfehlbarkeit nicht neu ist, zeigen die Zeugnisse von den heiligen Vätern an bis zur Gegenwart. Die Unfehlbarkeit des Papstes mußte vor der Definition nicht als Glau= benssatz angenommen werden, sie konnte geglaubt werden und wurde Jahrhunderte lang wirklich geglaubt; schon deshalb kann sie kein Irrthum sein [1].

---

vorgezeichnete Aufgabe, die nach dem letzten allgemeinen Concil (dem Tridentinum) aufgetretene gallicanische Irrlehre zu verwerfen und den neuesten Gegnern der Unfehl= barkeit des Papstes gegenüber diese als Dogma zu erklären.

[1] Wenn man sich auf Vincenz von Lerin beruft: „in ipsa catholica ecclesia magnopere curandum est, ut teneamus, quod *ubique*, quod *semper*, quod *ab om= nibus* creditum est", so gilt dies von den Gläubigen und sagt nur, was geglaubt

Kommt das Wort „Infallibilität" in der alten Kirche nicht vor, wie die Gegner sagen, hierin den Arianern gleichend, die das Wort „ὁμοούσιος" als neu verwarfen, so doch die Sache und gleichbedeutende Bezeichnungen, wie „bindende apostolische Wahrheit", „Worte Christi", „unverbrüchliche Regel des Glaubens", „ἀσφάλεια". Was ist „Definition ex cathedra" anders als „constitutum Apostolicae Sedis de fide" in der Formel des Hormisdas?

Auch werden durch die Definition die Concilien nicht überflüssig, die aber auch nicht absolut nothwendig sind. Sie sind nicht das einzige Mittel der Entscheidung, wie die Kirchengeschichte zeigt, wohl eine feierlichere Art der Entscheidung, die äußerer Umstände wegen sehr nützlich sein kann, wenn auch die Entscheidung durch den Papst als obersten Lehrer allein gleiche innere Kraft hat. Gleichwie Petrus die Apostel schon zu einem Concil berufen hat, so werden es auch seine Nachfolger thun, wo es zweckmäßig erscheint; eine absolute Nothwendigkeit dazu war aber für Petrus gewiß nicht vorhanden, der als Apostel schon auch allein hätte entscheiden können. Wohl haben Concilien Entscheidungen der Päpste wiederholt, gleichwie sie auch manches, was schon in der Heiligen Schrift klar enthalten ist, wiederholt haben, aber nie haben sie dieselben abgeändert. Die Bischöfe sind auf dem Concil wahre Richter, die nur causa cognita urtheilen können; so ward z. B. das Schreiben Leo's an Flavian in der zweiten Sitzung des vierten allgemeinen Concils als Norm des Glaubens erklärt; erst als einige minder unterrichtete Bischöfe Bedenken äußerten, gingen die Väter auf eine neue Erörterung ein, ut, qui dubitant, doceantur [1]. Auch hören die Bischöfe dadurch, daß sie einen höhern Richter über sich haben, nicht auf, wahre Richter zu sein. Der Papst ist eben das Haupt der Kirche, das nie vom lebendigen Leibe getrennt sein kann. Will man die „freie Forschung" beeinträchtigt finden, so wäre sie dies ebenso durch eine Concilsentscheidung, wie durch die des Papstes [2].

---

werden müsse, nicht aber, man dürfe nichts anderes annehmen als dieses, geschweige die Kirche dürfe nichts mehr definiren, sonst wäre jede dogmatische Entscheidung aller Concilien unmöglich oder doch als überflüssig verworfen. Man müßte beweisen, daß das Gegentheil geglaubt worden sei.

[1] *Bennettis* l. c. P. I. t. I. p. 173 seq.

[2] Noch 1863 schrieb v. Döllinger (Verhandlungen der katholischen Gelehrten in München, S. 55): „Nur der lebendigen Autorität außer und über mir kann ich glauben, und um nicht mich und mein Denken zur Autorität, d. h. zum Götzen meiner Selbstanbetung zu machen, habe ich mich in den Schoß der Kirche gerettet, welche die Verheißung hat, daß ihre Lehre nicht gestaltet und beherrscht werden solle von den unreinen Wünschen und selbstsüchtigen Gedanken der Menschen. So nur bin ich zugleich frei und untergeben, so bin ich als Theologe Schüler und Meister. Und meine Lehrjahre gehen in diesem Leben nicht zu Ende. Mögen andere die Autorität schmähen, statt ihr zu danken und zu vertrauen; es ist dem Menschen natürlich, geringschätzig zu behandeln, was ihm verloren gegangen, es ist ihm ebenso leicht, die Augen des Geistes zu schließen, als die des Körpers."

Aus der Geschichte der Päpste ist die einzige mit einem Schein von Berechtigung vorgebrachte Schwierigkeit die Honoriusfrage. Allein Honorius hatte 1) keine Glaubensentscheidung erlassen, 2) sein Schreiben enthält keinen Irrthum, 3) die Verurtheilung durch das sechste allgemeine Concil traf ihn eben, weil er aus Mangel an Umsicht der Häresie nicht entgegentrat [1]; dasselbe sechste allgemeine Concil sprach gerade die Unfehlbarkeit des Papstes aus, „durch den Petrus gesprochen habe, der die ihm anvertraute Heerde im vollen Glauben bewahre und erhalte."

Wenn man endlich von einer Staatsgefährlichkeit des Dogmas gesprochen hat, so müßte diese ebenso von der Unfehlbarkeit des Concils und von allen früheren Glaubensentscheidungen der Päpste gelten, da immer thatsächlich der Gehorsam gegen dieselben gefordert wurde. Die Unfehlbarkeit erstreckt sich nach der Definition nur auf Glaubens- und Sittenlehren, diese können nie staatsgefährlich sein. Diese Lehre wurde früher unbeanstandet unter den Augen vieler Fürsten vorgetragen; erst die Jansenisten haben ihre Staatsgefährlichkeit behauptet. Wäre der Papst nicht unfehlbar in seinen Glaubensentscheidungen, dann könnte Grund zur Besorgniß wegen eines etwaigen Mißbrauchs seiner höchsten Gewalt geltend gemacht werden; so aber beseitigt das Dogma vielmehr solche Besorgniß, indem es eben von Entscheidungen in Glaubens- und Sittenlehren den Mißbrauch ausschließt.

b. Gesetzgebende und gesetzvollziehende Gewalt.

196. I. Der Papst hat die gesetzgebende Gewalt über die ganze Kirche (240). Er kann daher 1) allgemeine und particuläre Kirchengesetze erlassen, sowie die Gesetze seiner Vorgänger wie die allgemeiner Concilien aufheben (abrogiren) oder abändern (ihnen derogiren) [2].

2) Er kann Privilegien (243. 244) und Dispensen (245. 246) von den Kirchengesetzen ertheilen.

3) Ihm allein steht die Berufung, der Vorsitz und die Bestätigung allgemeiner Concilien zu (208).

4) Er ist der oberste Leiter des Cultus, kann Bestimmungen über die heilige Messe, die Liturgie, Verwaltung der Sacramente treffen, Fest- und Fasttage anordnen oder aufheben.

---

[1] J. Card. Hergenröther, Kirchengeschichte l. c. S. 526 ff. Daselbst S. 530 N. die Literatur. Christus hat verheißen, daß im obersten Lehrer der Kirche der Glaube nicht abnehme, nicht, daß er den Auftrag des Herrn, seine Brüder zu bestärken, immer in der besten Weise erfüllen werde.

[2] „Romanus Pontifex est super jus canonicum" (Benedict. XIV. Const. „Magnae nobis" d. 29. Jun. 1748). Trid. s. XXV. c. 21 de ref.: „salva tamen auctoritate Sedis Apostolicae."

197. II. Der Papst hat die höchste gesetzvollziehende Gewalt und daher vor allem das Aufsichtsrecht über die ganze Kirche (247). Daher muß er 1) fordern, daß Bischöfe, Priester und Laien frei und unbehindert mit ihm verkehren können[1].

2) Die Bischöfe haben daher über den Stand ihrer Diöcesen an den Papst zu berichten (relationes status)[2] und bei der visitatio liminum ss. Apostolorum (222, II. c) persönlich vor ihm zu erscheinen.

3) Ferner übt der Papst dieses Recht durch Gesandte, die er mit delegirter Jurisdiction schicken kann (214).

4) Kann er von den Bischöfen und andern die Ablegung des Glaubensbekenntnisses fordern.

5) Hat er das Recht, gefährliche, glaubens- und sittenwidrige Bücher zu verwerfen und zu verbieten[3].

198. III. Der Papst hat die oberste Gerichtsbarkeit in der ganzen Kirche (248). Er kann Acte der Jurisdiction in der ganzen Kirche vornehmen, nicht etwa bloß kraft des Devolutionsrechtes, sondern auch kraft seiner mit derjenigen der Bischöfe concurrirenden ordentlichen Jurisdictionsgewalt. Als der höchste inappellable Richter kann er daher:

1) Rechtssachen in erster Instanz zu seiner unmittelbaren richterlichen Entscheidung ziehen, was namentlich bezüglich der sogen. causae majores und des Gerichtes über die Bischöfe gilt[4].

---

[1] Syllab. n. 49: „Civilis auctoritas potest impedire, quominus sacrorum Antistites et fideles populi cum Romano Pontifice libere ac mutuo communicent."

[2] Benedict. XIV. de syn. dioeces. XIII. 6—25; Const. „Quod sanctae" d. 23. Nov. 1740.

[3] Zur Abwehr der dem Glauben schädlichen Einflüsse dient außer der Aufstellung von Glaubenssymbolen, Anfertigung von Katechismen (Catechismus Romanus) und der Vorschrift kirchlicher Approbation für die vom Glauben handelnden Bücher das Verbot 1) der Bücher, welche Häretiker zu Verfassern haben und eine Häresie enthalten oder (ex professo) über religiöse Gegenstände handeln, 2) aller übrigen Schriften von Häretikern, soweit sie nicht von den Bischöfen geprüft und gestattet sind, oder wenigstens nicht mit ihrem Vorwissen und ohne ihren Widerspruch verkauft werden, 3) der Bücher orthodoxer Autoren, die verboten sind, weil sie den Glauben oder die Sitten verletzen. Uebersetzungen der Heiligen Schrift in die Muttersprache müssen kirchlich approbirt sein. Bezüglich der Strafen gilt nunmehr nur die in der Const. „Apostolicae Sedis moderationi" ausgesprochene excommunic. speciali modo Pontifici reservata 2.

[4] Trid. s. XXIV. c. 5; s. XXV. c. 10. Man unterscheidet causae de sui natura majores und ex auctoritate Pontificis. Diese können nach Ort und Zeit verschieden sein. Gl. zu c. 1 x I. 7:

> Restituit papa. solus deponit et ipse,
> Dividit ac unit. eximit atque probat.
> Articulos solvit synodumque facit generalem,
> Transfert et mutat, appellat nullus ab illo.

Cf. c. 2 ib.; c. 3 x III. 50.

2) Appellationen (auch mit Umgehung des Instanzenzuges), Nullitäts=
beschwerden und Restitutionsgesuche aus der ganzen Kirche annehmen und
bescheiden. Der Papst kann persönlich entscheiden oder durch delegirte Richter
(judices in partibus).

3) Er kann die Jurisdiction der Bischöfe und Prälaten beschränken,
entziehen, wie erweitern, sie eximiren vom Metropoliten und überhaupt Exemtionen
verleihen.

4) Strafen und Censuren verhängen, sowie die Absolution sich vorbehalten.

Ferner ist dem Papste vorbehalten:

5) Umänderung und Lösung von gewissen Gelübden.

6) Die Abänderung von Testamenten und Stiftungen, Reduction von
Meßapplicationen.

7) Die Ertheilung von Abläffen, namentlich aller vollkommenen.

8) Approbation und Aufhebung von Orden.

9) Die Prüfung von Reliquien, Beatification und Canonisation der
Heiligen.

c. Die höchste Administrativgewalt.

199. Dahin gehört insbesondere:

1) Die Ernennung der Cardinäle (210).

2) Die Leitung des gesammten Missionswesens und Aufstellung der
apostolischen Vicare (215).

3) Confirmation, Translation, Deposition der Bischöfe, Annahme ihrer
Resignationen, Bestätigung oder Beiordnung von Coadjutoren (225).

4) Errichtung, Theilung, Union, Suppression von Bisthümern.

5) Verleihung des Palliums (218).

6) Wie der Papst in der ganzen Kirche weihen kann, so steht ihm auch
das oberste Besetzungsrecht an allen Kirchenämtern zu (182).

7) Die oberste Aufsicht über das Kirchengut.

8) Das Besteuerungsrecht in der ganzen Kirche.

d. Rechte des Papstes nach außen.

200. Als das centrum unitatis ist der Papst der Repräsentant der
Kirche nach außen, ihr ständiger Vertreter, der den weltlichen Regierungen
gegenüber die Rechte der Katholiken aller Länder zu vertreten und mit jenen,
wo es nöthig oder ersprießlich ist, Verträge über die kirchlichen Verhältnisse
der einzelnen Staaten zu schließen befugt ist (Concordate, 66—70). Die
geistliche Souveränetät des Papstes ist thatsächlich auch von den
Staaten anerkannt.

B. Primatus honoris.

201. Der primatus honoris besteht in den verschiedenen Auszeichnungen, wodurch sich die Anerkennung der höchsten Würde des Papstes als des Statthalters Christi auf Erden äußerlich kundgibt:

1) **Ehrentitel** des Papstes sind Papa, Pontifex maximus, Apostolicus, Vicarius Christi, in der Anrede beatissime Pater, Sanctitas Vestra, während der Papst selbst sich Papa oder servus servorum Dei nennt [1].

2) Die eigene **Kleidung** des Papstes, der immer die Stola (orarium) und bei allen geistlichen Functionen das pallium [2] (218) und die Mitra trägt.

3) Die besonderen **Insignien** des Papstes sind der Fischerring (annulus piscatoris), bei gewissen feierlichen Gelegenheiten die Tiara (Triregnum, mitra turbinata cum corona), seit Clemens V. mit einer dreifachen Krone. Der Papst trägt ferner keinen Krummstab, sondern einen geraden Hirtenstab (pedum rectum), der oben in ein Kreuz ausläuft [3]; ferner gehört hieher der Thron und das Kreuz, das ihm immer vorgetragen wird.

4) Zu den **Ehrenbezeugungen** gehört die feierliche Huldigung durch den Fußkuß [4]; regierende Fürsten und Cardinäle küssen nur die Hand. Auch haben die Gesandten des Papstes an katholischen Höfen den Vortritt vor den übrigen.

Das Oberhaupt der Kirche wird in der heiligen Messe und den Kirchengebeten genannt, wie auch alle Gläubigen ihm die Pflicht des Gebetes schulden.

3. Sonstige Stellung und weltliche Herrschaft des Papstes.

202. Der römische Bischof ist zugleich Patriarch des Abendlandes, Primas von Italien, Metropolit der römischen Provinz (zu der auch die exemten Bischöfe gehören), Diöcesanbischof für die Stadt Rom und deren Umgebung; hier vertritt den Papst ein Cardinal (Cardinalvikar).

---

[1] Papa wurde im Abendlande seit dem 6. Jahrh. nur vom Papste gebraucht, früher wohl auch von anderen Bischöfen, doch nicht als Titel, wie beim Papste. Rom, die cathedra Petri, heißt seit dem 5. Jahrh. vorzüglich Sedes Apostolica. Gegenüber den hochfahrenden Titeln, die sich Michael Cärularius beilegte, nannte sich Gregor d. Gr. servus servorum Dei. Cf. c. 19 C. XXXIII. q. 5.

[2] C. 4 x I. 8: „Solus Romanus Pontifex in missarum solemniis pallio semper utitur et ubique, quoniam assumptus est in plenitudinem potestatis, quae per pallium significatur; alii autem eo nec semper nec ubique, sed in ecclesia sua certis debent uti diebus, quoniam vocati sunt in partem sollicitudinis, non in plenitudinem potestatis."

[3] C. un. x I. 15: „tum propter historiam, tum propter mysticam rationem."

[4] Diese „adoratio" (Fußfall) erwiesen z. B. Kaiser Justin 525 dem Papste Johann I., Justinian I. 536 dem Papste Agapet u. s. w. — Andere Ehrenrechte, wie das Recht der Kaiserkrönung, die Obedienzgesandtschaften, das officium strepae, sind weggefallen.

Rechtlich ist der Papst auch weltlicher Regent des Kirchenstaates. Gegen die Entreißung des Kirchenstaates protestirten der Papst[1], die Bischöfe[2] und das katholische Volk[3]. Die weltliche Herrschaft des Papstes ist 1) nicht nur nicht unvereinbar mit der geistlichen Gewalt[4], sondern 2) vielmehr höchst zweckmäßig, ja nothwendig, um die volle Freiheit und Unabhängigkeit des Kirchenoberhauptes auch in seiner geistlichen Herrschaft zu sichern. Das Oberhaupt der Kirche muß den weltlichen Herrschern und der Politik gegenüber völlig frei und ungehindert sein. Ist der Papst nicht Souverän, so wird er, namentlich im Falle eines Krieges, stets gehindert sein, überhaupt die Politik seiner Thätigkeit hindernd entgegentreten; der nothwendige kirchliche Verkehr des Papstes mit den Mächten und Ländern könnte gehindert, er selbst vor den Gerichtshof eines Landesherrn gezogen werden. Der Kirchenstaat, an dessen Integrität festzuhalten Papst und Cardinäle beschworen, ist 3) nicht Eigenthum des Papstes, auf das er verzichten könnte, sondern Gut der Kirche, Gemeingut der Gläubigen[5]; die „römische Frage" kann nie als eine rein italienische betrachtet werden;

---

[1] Encycl. „Respicientes ea omnia" d. 1. Nov. 1870, die alle jene für excommunicirt erklärt, welche sich in irgend einer Weise an der Occupation Roms betheiligt haben. Cf. Encycl. d. 19. Jan. 1860 u. a.

[2] Die 1862 in Rom versammelten Bischöfe sprachen aus: „Wir erkennen den weltlichen Besitz des Heiligen Stuhles als eine Nothwendigkeit und als eine Einrichtung der göttlichen Vorsehung und stehen nicht an zu erklären, daß diese weltliche Herrschaft bei der gegenwärtigen Lage der Dinge zum Nutzen und zur freien Leitung der Kirche und der Seelen unbedingt nothwendig ist, und so lange die Beraubung des Heiligen Stuhles fortdauert, wird der katholische Clerus, wird das katholische Volk darüber trauern und stets seine Stimme erheben zum Proteste gegen diese Gewaltthat." Vgl. die Provinzialsynoden von Prag 1860 t. 2 c. 2, von Köln 1860 t. VI. c. 22 (Coll. Lacens. t. V. p. 440. 309).

[3] Vgl. Denkschrift über die an dem Papste und der katholischen Kirche durch die Occupation Roms vollbrachte Gewaltthat. Mainz 1871. Schröbl, Votum des Katholicismus und kath. Weltconsens über die Wichtigkeit der weltl. Herrschaft und Souveränetät des Heiligen Stuhles ꝛc. Freiburg 1867.

[4] Syllab. n. 75: „De temporalis regni cum spirituali compatibilitate disputant inter se christianae et catholicae ecclesiae filii." 76: „Abrogatio civilis imperii, quo Apostolica Sedes potitur, ad ecclesiae libertatem felicitatemque vel maxime conduceret." 27: „Sacri ecclesiae ministri Romanusque Pontifex ab omni temporalium cura sunt omnino excludendi."

[5] Suarez, De leg. l. 4 c. 10 n. 5: „Princeps ecclesiae autem non ob hunc finem (ob lucra temporalia) accipit temporalem principatum, sed ut ecclesiae utilitati et fidelium commodis magis inserviat; et ideo illud temporale ita conjunctum spirituali non est saeculare omnino, sed aliquo modo sacrum. Habere igitur talem potestatem civilem simul cum spirituali contra nullam legem divinam est vel positivam vel naturalem. Quod vero contra humanum non sit, per se notum est nec indiget probatione."

die Katholiken aller Länder müssen die Wiederherstellung des Kirchenstaates fordern. Die Wegnahme desselben muß als eine an der Kirche vollbrachte Gewaltthat angesehen werden.

Auf die rechtmäßigste Weise erworben, gründete sich die weltliche Herrschaft auf die Wahl eines zu freier Selbstbestimmung berechtigten Volkes, das, von den byzantinischen Kaisern hilflos gelassen, am Papste seinen natürlichen Beschützer fand; sie ward durch die in Folge ihrer Siege über die Longobarden gemachten Schenkungen der Karolinger feierlich anerkannt und vermehrt [1]. Oft vertrieben, erhielten die Päpste stets ihren weltlichen Besitz zurück, wie ihn der Wiener Congreß 1815 von neuem garantirte [2]. Wann und wie der gegenwärtige unerträgliche Zustand enden werde, müssen wir der göttlichen Vorsehung überlassen.

4. Papst und Concil.

a. Gallicanisches Episkopalsystem.

203. Das von den Gallikanern aufgestellte sogen. Episkopalsystem, dem gegenüber man die kirchliche Lehre früher Papalsystem [3] nannte, beruht auf folgenden Sätzen:

1) Die oberste Kirchengewalt ruht im Collegium der Bischöfe, die einzeln eine geringere Macht haben als der Papst, aber in ihrer Gesammtheit ihm übergeordnet sind.

2) Das allgemeine Concil steht über dem Papste (78), von dem an jenes appellirt werden kann. Außer dem Concil äußert sich die oberste Kirchengewalt durch den consensus ecclesiae dispersae s. extraconciliaris.

3) Der Ausspruch des Papstes ist nicht endgiltig und irreformabel.

Dem gegenüber steht als kirchliche Lehre fest:

1) Der Papst hat die höchste gesetzgebende, richterliche und vollziehende Gewalt in der Kirche, eine ordentliche und unmittelbare Gewalt (25); die Bischöfe haben eine dem Primat subordinirte und räumlich beschränkte Jurisdiction (35).

2) Das Concil steht nicht über dem Papste, sondern wird ein allgemeines erst durch seine Anerkennung und Bestätigung.

---

[1] Unecht ist die Schenkungsurkunde Constantins d. Gr. c. 13. 14 D. 96.

[2] Vgl. J. Hergenröther, Der Kirchenstaat seit der französischen Revolution. Freiburg 1860. Völlig ungenügend und unannehmbar ist das italienische Garantiegesetz. Pius VII. erklärte Napoleon I. gegenüber 10. Juni 1801: „Wir würden uns im Angesichte der Kirche mit Schmach bedecken, wenn wir von der Hand des Usurpators ihre Rechte und die Mittel zu unserem Unterhalt empfangen wollten." Das gilt auch gegenwärtig. Vgl. Döllinger, Kirche und Kirchen S. 657 f.

[3] Der Ausdruck „Papalsystem", vielfach mißdeutet, erscheint nicht als geeignet für die kirchliche Lehre.

3) Der Ausspruch des Papstes ist als solcher endgiltige Entscheidung (191), von der nicht appellirt werden kann.

Das gallikanische System, das seit dem 15. Jahrhundert in Frankreich und auch in Deutschland Vertretung fand, hat die Idee der Volkssouveränetät auf das kirchliche Gebiet übertragen und macht die Kirche zu einer aristokratischen Republik. Es nimmt nothwendig eine Ausartung der Kirche während vieler Jahrhunderte an, in denen thatsächlich die monarchische Verfassung der Kirche anerkannt war (39), wie im canonischen Rechtsbuch und offenbar auch vom Tridentinum[1], das sich vielfach auf das canonische Rechtsbuch beruft. Es hebt die Autonomie der Kirche auf, schwächt deren Centralgewalt und führt zur Knechtung der Kirche durch den Staat. Die oberste Gewalt der Kirche verliert in diesem System ihre Unabhängigkeit; die päpstlichen Entscheidungen sollen erst abhängig sein von der Annahme derjenigen, die dadurch verpflichtet werden sollen.

Der *consensus ecclesiae extraconciliaris*, der nach den Gallikanern und Febronius für die Erhaltung des Glaubens und der rechten kirchlichen Ordnung ausreichend sein soll, würde keine Sicherheit geben. Denn wie soll er constatirt werden? Wer zwingt die einzelnen Bischöfe sich auszusprechen? Die Aussprüche von Particularkirchen haben keine göttliche Verheißung für sich. Das Stillschweigen der Bischöfe ist keine Lehrentscheidung; wie ist ihr tacitus consensus zu erweisen?

204. Der gallikanische Satz „das Concil steht über dem Papste" kann den Sinn haben: Papst und Bischöfe stehen über dem Papste, dann aber sagt er nichts Entscheidendes über die kirchliche Verfassung aus (195). Der Sinn ist aber: Die Gesammtheit der Bischöfe steht über dem Papste, und dies ist falsch.

Ohne den Papst ist auch die zahlreichste Versammlung der Bischöfe nie ein ökumenisches Concil, sondern eine hauptlose Versammlung. Der Papst ist das Oberhaupt der Bischöfe distributive, daher auch collective (34). Die Vereinigung der Bischöfe an einem Orte kann weder dem Papste diesen Charakter nehmen, noch den Bischöfen eine höhere Gewalt verleihen als die im bischöflichen Amte liegende. Müßte sich der Papst der Gesammtheit der Bischöfe unterordnen, so wäre der Jurisdictionsprimat des Papstes, den doch selbst die Gallikaner nicht läugneten, vernichtet; der Papst hätte nicht die plena potestas, er wäre nicht der Hirte universalis ecclesiae.

205. Eine Appellation vom Papste an ein Concil ist unmöglich; der Papst hat keinen Richter über sich (39). Eine solche Appellation widerstreitet dem Begriffe der Appellation, die nur a judice inferiori ad

---

[1] Cf. c. 2. 5 D. 17. Trid. s. VII. init. Vgl. Beidtel l. c. S. 180 f. 391 ff. 442 ff. 479. 481 ff.

superiorem gehen kann; das Concil ist aber kein höherer Richter. Eine Appellation an ein künftiges Concil wäre eine Appellation an einen noch gar nicht existirenden und ungewissen Richter, was wieder dem Begriffe der Appellation widerspricht[1]. Zudem zeigt die Geschichte, daß solche Berufungen stets nur eine Ausflucht waren, und diejenigen, welche der Entscheidung des Papstes sich widersetzten, auch der des Concils sich nicht unterwarfen. Der Zweck der Appellation, Beendigung des Streites, wäre davon nicht zu er= warten, es wäre eine solche Berufung der Einheit und dem Frieden der Kirche höchst verderblich. Solche Berufungen wurden stets kirchlich verworfen, so schon von Papst Zosimus, Bonifaz I., Gelasius I., Pius II., Martin V, Julius II. u. s. w. und wieder von Pius IX. unter Strafe der dem Papste speciell vorbehaltenen Excommunication, wie vom Vaticanischen Concil[2].

206. Die gallikanische Lehre berief sich auf die Decrete von Konstanz und Basel, auf die declaratio cleri Gallicani von 1682 und auf den sensus ecclesiae Gallicanae, und in neuester Zeit hat v. Döllinger wieder sich auf die Decrete von Konstanz und Basel berufen[3].

1) Allein die Beschlüsse des Konstanzer Concils sess. IV. und V reden an erster Stelle nur von dem Falle, wo der rechtmäßige Papst zweifel= haft ist, in welchem Falle aber die Wähler des Papstes, das Cardinals= collegium, zu entscheiden haben, an zweiter Stelle wird ein concilium legitime congregatum verlangt; ein solches ist nur das vom Papste berufene. Selbst Zeitgenossen schwanken in der Erklärung der Beschlüsse und vielfach ward ihr Sinn auf den Fall des Schisma beschränkt. Diese Beschlüsse haben aber nie Rechtskraft erlangt. Denn sie wurden gefaßt, ohne daß der rechtmäßige Papst Gregor XII. und die römische Kirche irgendwie vertreten war. Die Abstimmung erfolgte gegen die herrschende Form der Concilien. Erst nach Abdankung Gregors XII. und nach seiner vorherigen Anerkennung

---

[1] „Judex nondum existens, ergo juridice nullus." J. Hergenröther, Neue Studien u. s. w. Würzburg 1864. S. 34.

[2] C. 14. 16 C. IX. q. 3. Const. „Apostol. Sedis moderationi", excomm. speciali modo Rom. Pontifici reserv. 4. Vatican. c. 3: „Et quoniam divino Apo= stolici primatus jure Romanus Pontifex Universae ecclesiae praeest, docemus etiam et declaramus, eum esse judicem supremum fidelium et in omnibus causis ad examen ecclesiasticum spectantibus ad ipsius posse judicium recurri, Sedis vero Apostolicae, cujus auctoritas major est, judicium a nemine fore retractandum, neque cuiquam de ejus licere judicare judicio. Quare a recto veritatis tramite aberrant, qui af= firmant, licere ab judiciis Romanorum Pontificum ad oecumenicum concilium tan= quam ad auctoritatem Romano Pontifice superiorem appellare."

[3] v. Döllinger, Erklärung vom 28. März 1871. Vgl. dagegen J. Hergen= röther, Kritik der v. Döllinger'schen Erklärung (Freiburg 1871) und v. Döllinger, Lehrbuch der Kirchengeschichte Bd. II. S. 306 f. Vgl. J. Hergenröther, Kirchen= geschichte Bd. II. S. 672 ff. 701 ff.

konnte das Concil legitim werden. Da das Concil selbst von Gregor XII. sich nochmals berufen ließ und seine Convocationsbulle von den Bischöfen feierlich anerkannt wurde, war damit auch die Ungiltigkeit der früheren Beschlüsse factisch anerkannt.

Martin V. aber erkannte nur an: „omnia et singula determinata et decreta *in materia fidei conciliariter* et non aliter nec alio modo." Die Decrete über die Superiorität des Concils waren aber weder conciliariter lata, noch materia fidei; das Concil selbst hatte sie von den materiis fidei getrennt und unter die constitutiones synodales gestellt. Zudem verwarf Martin V. ausdrücklich die Appellation vom Papste an ein Concil. Vorher und nachher hat die Kirche auf entschieden echten Concilien das Gegentheil jener Decrete ausgesprochen.

2) Noch weniger konnte die B a s l e r V e r s a m m l u n g, abgesehen von einigen recipirten Beschlüssen, die Anerkennung als ökumenisches Concil finden. Eugen IV. hatte nur die A b h a l t u n g des Concils approbirt, das dann nach Ferrara transferirt ward, nicht dessen Decrete, und das nur unter der Bedingung, daß dasjenige, was gegen die Autorität des Papstes geschehen sei, völlig aufgehoben werde und seine Legaten mit Wirksamkeit präsidirten. Keine dieser Bedingungen ward erfüllt. Es war nur ein conciliabulum, hauptlos und schismatisch, das zu einem neuen Schisma führte und zuletzt sich selbst auflöste. Spätere Anerkennungen beschränkten sich auf e i n z e l n e B e -s c h l ü s s e.

3) Die *declaratio cleri Gallicani* von 1682 war abhängig vom König (78), repräsentirte nicht einmal die französische Kirche, in der sie nie allgemeine Annahme fand, konnte und wollte keine dogmatische Entscheidung geben und steht in Widerspruch mit anderen Erklärungen französischer Bischöfe, wie der von 1579, 1625; gegen sie erhoben sich bedeutende Bischöfe und Theologen.

4) Der *sensus ecclesiae Gallicanae* beweist das Gegentheil, wenn von der ältern Kirche die Rede ist. Vor dem 15. Jahrhundert hatte auch die Sorbonne die Lehre der allgemeinen Kirche vertreten, wie auch später diese die herrschende war, wo nicht der Einfluß des Staates sich geltend machte.

b. Rechte des Papstes in Bezug auf das Concil.

207. S y n o d e, C o n c i l ist im allgemeinen eine Versammlung kirchlicher Personen zur Behandlung geistlicher Geschäfte. Vorzugsweise nennen die (namentlich die französischen) Canonisten die Diöcesansynode (*synodus episcopalis*) σύνοδος (224), die *Synodi episcoporum* aber Concilia. Früher unterschied man außer den kirchlichen Synoden auch weltliche (synodi regiae) und concilia mixta.

Die Concilien sind entweder:

1) Allgemeine, ökumenische Concilien, oder

2) Particularsynoden (topica): Nationalconcilien (c. plenaria, generalia) und Provinzialconcilien (219). Nach dem Beispiel der Apostel (Apg. 15, 1—31), versammelten sich die Bischöfe, besonders im Orient, sehr häufig auf Synoden[1].

208. Das allgemeine Concil nun ist die Versammlung der Bischöfe unter dem Papste, der persönlich oder durch Stellvertreter den Vorsitz führt und die Beschlüsse bestätigt, zur Berathung und Entscheidung kirchlicher Angelegenheiten.

Dem Papste allein steht daher

I. das Recht der Berufung des allgemeinen Concils zu. Wohl kann ein Concil erst durch die Bestätigung des Papstes ökumenisch werden, das es convocatione nicht war. Nur das Haupt setzt die Glieder in Bewegung. nur der Papst kann den Bischöfen befehlen, zu erscheinen, wie die Bischöfe ihm auch dies im Obedienzeid geloben[2]. Sind die Bischöfe zu erscheinen verpflichtet, wie dies auch Febronius zugibt, so setzt dies einen Befehl voraus[3], der nur vom Oberhaupte der ganzen Kirche ausgehen kann; kein anderer Bischof kann sie dazu verpflichten. Könnte, wie Febronius will, auch ein anderer Bischof ein allgemeines Concil berufen, so wäre ein rechtmäßiges Concil von einem unrechtmäßigen nicht zu unterscheiden, könnten sich mehrere Concilien gegenüber stehen.

Wenn bei den älteren Concilien die Berufung der Bischöfe vom Kaiser ausging, so konnte diese doch kein im Kaiserthum gelegenes Recht sein und nur unter der vorausgehenden oder hinzutretenden Autorisation des Kirchenoberhauptes ein allgemeines Concil zu Stande bringen[4]. Wenn der Kaiser das Concil unter seinen Schutz stellte, an die Bischöfe Boten sandte und

---

[1] Cf. c. 1 § 7 D. 5; c. 3 D. 20: „Facilius namque invenitur, quod a pluribus senioribus quaeritur. Verus enim promissor Dominus ait: Si duo ex vobis vel tres conveniunt super terram in nomine meo, de omni re, quamcunque petierint, fiet illis a Patre meo.“

[2] Pontificale Rom.: „Vocatus ad synodum veniam, nisi praepeditus fuero canonica praepeditione.“ C. 4 x II. 24.

[3] So sagt Paul III. in der Convocationsbulle des Tridentinums: „Vi jurisjurandi, quod nobis et huic S. Sedi praestiterunt, ac sanctae virtute obedientiae mandantes arcteque praecipientes“ etc.

[4] Leo X. in Concil. Lateran. V. sess. XI. (Hard., Conc. IX. 1828): „Solum Rom. Pontificem . . . tanquam auctoritatem super omnia concilia habentem tam conciliorum indicendorum, transferendorum ac dissolvendorum plenum jus et potestatem habere.“ Die Kaiser für sich allein hätten höchstens ein conciliabulum zu Stande bringen können, wie die sogen. Räubersynode zu Ephesus.

Schreiben erließ, für die Bestreitung der Reisekosten sorgte, so nahm das die Kirche dankbar an [1].

Nur der Papst hat daher auch zu bestimmen, ob und wann ein Concil opportun ist, sowie er es auch verlegen, vertagen und auflösen kann. Das Concil von Konstanz wollte, daß die ökumenischen Synoden stets inner= halb bestimmter Zeitfrist gehalten werden sollten, was darauf zielte, dem Papst nur formell die Berufung zu lassen, materiell aber die Regierung der Kirche dem übrigen Collegium zu übertragen. Febronius bestreitet auch das päpstliche Recht zur Transferirung, Prorogation, Auflösung des Concils. Allein dann gäbe es kein Mittel, Spaltungen und skandalöse Streitigkeiten zu verhindern.

Zu berufen und verpflichtet zu erscheinen sind, soweit kein Hinderniß entgegensteht, alle Cardinäle, die schon auf dem zweiten Concil von Lyon den Vorrang vor den Patriarchen hatten, alle Bischöfe, die Ordensgenerale und Aebte mit quasi=episkopaler Jurisdiction. Auch die episcopi titulares (non residentiales) haben kraft ihres bischöflichen Charakters votum decisivum [2]. Ob Procuratoren der abwesenden Bischöfe zugelassen werden, hängt von der Geschäftsordnung des Concils ab, gewöhnlich haben sie aber nur votum consultativum. Consultoren aus dem geistlichen, zuweilen auch aus dem Laienstande, können (cum voto consultativo) berufen werden.

Es ist sicher nicht nothwendig, daß alle Bischöfe auf dem Concil erscheinen. Wenn die Gallikaner sagten, soviele Bischöfe gehörten zum Concil als nothwendig sei, um durch ihr Zeugniß und ihr Urtheil die Lehre und Bedürfnisse der Kirche zu bestimmen, so geben sie zu, daß sich über die Zahl der Bischöfe nichts festsetzen läßt. Dieser an sich unbestimmte Grundsatz würde den Weg zu allen möglichen Streitigkeiten bahnen und betrachtet die Bischöfe nicht als solche, sondern nur als Repräsentanten ihrer Bezirke.

II. Das Recht des Vorsitzes ist eine nothwendige Folge des Primates. Der Papst präsidirt persönlich oder durch Legaten, wie dies auf sämmtlichen ökumenischen Concilien der Fall war, denen der Papst nicht beiwohnte. Die Kaiser hatten einst ein Ehrenpräsidium. Wenn nach Febronius auch einem andern Bischof das Präsidium übertragbar sein soll, so müßte dafür ein ganz neues Recht geschaffen werden; welcher Bischof hätte das Recht zum Vor= sitz? welche Befugnisse hätte ein solcher?

---

[1] C. 2 D. 96; c. 7 D. 96. Nur im Falle eines Schisma, sagen Canonisten, könnten die Cardinäle ein Concil berufen. Dieses wäre aber ein concilium imper= fectum, das sicher keine Glaubensentscheidung geben könnte. Cf. Const. Julii II. d. 14. Jan. 1505 § 8 (Bullar. Taur. V. 407).

[2] Ob sie berufen werden müssen (wenn sie nicht vicarii Apostolici sind), dar= über stritten die Canonisten. Cf. *Ferraris* sub v. Concilium a. 1 n. 30. Wenn man sagt, die Titularbischöfe haben keine (actuelle) Jurisdiction, so wird darauf geantwortet, daß sie die Jurisdiction in actu primo besitzen.

Das Präsidialrecht schließt das **Propositionsrecht** in sich, sowie das Recht, eine bestimmte Geschäftsordnung vorzuschreiben.

Febronius verlangte zur **Freiheit** des Concils, daß der Papst oder seine Legaten keinen überwiegenden Einfluß auf die Berathungen üben sollen. Aber der Papst ist auch auf dem Concil das Haupt der Bischöfe, ihre Versammlung an einem Orte entbindet sie nicht vom Gehorsam gegen den Papst. Wie sollte auch constatirt werden, ob ein solcher Einfluß stattgefunden? Den Gegnern wäre immer eine Ausflucht möglich, die erlaubte von der unerlaubten Unterhandlung wäre schwer zu unterscheiden.

III. Das Recht der **Bestätigung** folgt gleichfalls aus dem Primat ohne diese haben die Beschlüsse nie die Geltung von ökumenischen Concils= beschlüssen; sie ist das einzige Kriterium der Oekumenicität. Ob der Papst, im Concil gegenwärtig, sacro approbante Concilio definirt und beschließt, oder die unter dem Vorsitz seiner Legaten von den Bischöfen gefaßten Be= schlüsse nachher bestätigt, macht keinen wesentlichen Unterschied.

Zu einem **Concilsbeschluß** gehört der assensus des Papstes und der consensus der Bischöfe, aber keineswegs Stimmeneinhelligkeit, wie sie bei dogmatischen Decreten die Jansenisten u. a. [1] verlangten, auch nicht ein consensus moraliter unanimis, was ohnehin ein vager Begriff ist. Der Papst muß keineswegs den Beschluß der Majorität bestätigen, wie ein ein= fach **Vorsitzender**, sondern er kann als der **oberste Richter** auch das Urtheil der **untergeordneten Richter** abändern [2]. Sind die Bischöfe getheilt, so gilt: „Ubi Petrus, ibi ecclesia". Es kam übrigens noch nicht vor, daß der Papst die Minorität auf seiner Seite gehabt hätte. Stimmen= einhelligkeit aber herrschte schon auf dem ersten allgemeinen Concil zu Nicäa nicht; auf dem von Ephesus stand Johannes von Antiochien mit 43 Bi= schöfen entgegen. Ein einzelner häretischer Bischof könnte jeden Beschluß ver= hindern. Nur die mit dem Haupte vereinigten Bischöfe haben die Verheißung der Unfehlbarkeit.

Selbst Febronius erklärt die Bestätigung des Papstes als **wünschens= werth** für die Concilsbeschlüsse, um Zweifel an deren Giltigkeit zu beseitigen, leitet aber die Kraft der Entscheidung vom *consensus ecclesiae* ab. Hinge aber die Giltigkeit der Entscheidung von der Annahme der Kirche ab, so wäre die Endentscheidung auch nicht beim Concil, sondern bei den einzelnen. Wie aber soll dieser Consens in allen Erdtheilen constatirt werden? Der ganze Einfluß des Concils könnte durch Dissentirende vernichtet werden.

---

[1] **Schulte**, System des Kirchenrechts 1856 S. 34 ff.: „In Glaubenssachen kann nur eine Erkenntniß aller, eine sogen. inspiratio das Dogma begründen. Cf. *Bened. XIV.*, De syn. dioec. l. 13 c. 2 n. 3.

[2] Cf. *Bellarmin.*, De Concil. I. 18 n. 14. Auch die Zustimmung der päpstlichen Legaten genügt nicht; der Papst kann auch ihr Urtheil verwerfen.

Nur die confirmatio summi Pontificis ist daher das einzige sichere Kriterium der Oekumenicität und Geltung der Concilsbeschlüsse; von seiner Annahme oder Verwerfung hängt die Giltigkeit oder Ungiltigkeit der Beschlüsse ab.

5. Das Vaticanische Concil und seine Gegner.

209. Das Vaticanische Concil, berufen am 29. Juni 1868, eröffnet am 8. December 1869, mußte der Zeitverhältnisse wegen am 20. October 1870 vertagt werden. Harren auch viele wichtige Fragen der Disciplin, die in den Commissionen vorberathen wurden, noch ihrer Erledigung, so hat dasselbe doch durch seine dogmatischen Entscheidungen, namentlich durch die Definition der Unfehlbarkeit des Papstes die höchste Bedeutung für unsere Zeit [1].

Noch nie war eine glänzendere Kirchenversammlung gehalten worden, nie die Oekumenicität derselben evidenter als bei dieser. Selbst nach den Grundsätzen der Gallikaner muß dieselbe als ökumenisch anerkannt werden, sowohl was die Zahl der Bischöfe, als die Einstimmigkeit und den Consens der allgemeinen Kirche betrifft [2].

Die Opposition gegen das Concil führte zu einer kleinen Secte, die sich „Altkatholiken", auch „Christkatholiken" nennt und meist die Argumente und Einwendungen des Gallikanismus und Febronianismus erneuerte; in ähnlicher, doch noch gemäßigterer Weise hatten die Protestanten das Concil von Trient angegriffen.

Insbesondere werfen die Gegner dem Concil vor:

1) Unfreiheit der Bischöfe. Die im Concil gehaltenen Reden und verbreiteten Schriften zeigen aber, in welch hohem Grade Redefreiheit herrschte. Wenn einmal Schluß der Debatte beschlossen wurde, nachdem bereits 63 Redner in 14 Versammlungen gehört waren, und zwar durch eine überwiegende

---

[1] Acta et decreta ss. et occum. Conc. Vat. Friburgi 1870 seq. Martin, Die Arbeiten des Vatic. Concils (Paderborn 1873) und Omnium Conc. Vat., quae ad doctrinam et disciplinam pertinent, docum. collectio (ib. 1873). S. J. Carb. Hergenröther, Kirchengeschichte Bd. III. S. 738 ff. (daselbst auch die Literatur).

[2] Hase, Handb. der protest. Polemik 3. Aufl. Leipzig 1871. S. 197 f. bemerkt, daß manche ökumenischen Synoden in ihrem Verlauf nicht die Hälfte der Bischöfe gezählt haben und die Opposition durch das Weggehen vor der öffentlichen Abstimmung jeden formellen Rechtsgrund gegen die Beschlüsse verloren hat, daß der Beschluß (der Unfehlbarkeit) mit moralischer Einstimmigkeit gefaßt worden ist, und sagt: „Daher, um aufrichtig zu sein, es sind nicht formelle Rechtsgründe, es ist das Dogma selbst, weshalb diese bischöfliche Versammlung nicht als ökumenische Synode gelten soll. Wäre dieses Dogma zurückgezogen oder von der Mehrheit verworfen worden, die Opposition hätte am wenigsten daran gedacht, den ökumenischen Charakter des Concils in Abrede zu stellen."

Mehrheit, worunter auch Glieder der Opposition waren, und worauf die Specialdebatte noch vier Wochen in Anspruch nahm, so ward dadurch die Freiheit nicht beschränkt, was die Abstimmung selbst zeigte, indem bei der provisorischen Abstimmung 62 mit Placet juxta modum, bei der feierlichen Abstimmung zwei mit Non placet stimmten, die übrigens bald nachher sich dem Beschlusse unterwarfen. Gerade die Opposition suchte die Freiheit zu beschränken durch Druck auf den Papst, durch die Presse, Drohungen u. s. w.

2) Das **Propositionsrecht** und die **Geschäftsordnung** wurden gleichfalls angegriffen. Allein auch die Bischöfe hatten ein Propositionsrecht, konnten selbständige Anträge einbringen, die nur der Controle der dazu bestimmten Deputation unterlagen. Die lehramtliche Unfehlbarkeit des Papstes selbst war nicht vom Papste, sondern von Bischöfen proponirt. Die Geschäftsordnung, im wesentlichen nach der zu Trient gebrauchten, von Consultoren entworfen, war thatsächlich von allen Bischöfen anerkannt.

3) Die **Zusammensetzung der Concilsväter** war keine neue. Es waren 59 Aebte und Ordensgenerale neben 608 Bischöfen zugegen. Bei der letzten feierlichen Abstimmung stimmten 42 Cardinäle, je 6 Patriarchen und Primaten, 439 Erzbischöfe und Bischöfe, 40 Aebte und Ordensgenerale. Jene Bischöfe, die vor der Abstimmung abreisten, verzichteten dadurch eben auf ihr Stimmrecht.

4) Man hat gesagt, die **Bischöfe der Opposition** hätten den Ausschlag geben müssen, weil sie die größeren Diöcesen und die intellectuellere Bevölkerung der größeren Städte repräsentirten und gelehrter wären. Danach wären die Bischöfe bloß Mandatare ihrer Diöcesen, und dann müßten auch die abwesenden Bischöfe erst gehört werden. So haben alle Häretiker jene Bischöfe, durch die sie verurtheilt wurden, der Unwissenheit beschuldigt; nie hat man auf Concilien die Bischöfe nach ihrer Gelehrsamkeit oder ihren Diöcesen taxirt. Es war in der That moralische Einstimmigkeit vorhanden; auch der consensus ecclesiae dispersae fehlte nicht.

5) Aber das Nein in Rom soll mehr gelten als das spätere Ja. — Das ist eine gänzliche Verkennung der kirchlichen Lehre und Verfassung und widerstreitet der Natur der Sache. In jeder Versammlung in Staat und Kirche hat der Stimmberechtigte vor der Entscheidung freies Stimmrecht; ist aber die Entscheidung getroffen, so kann er sich über ein erlassenes Gesetz nicht deshalb hinwegsetzen, weil er mit der Minderheit gegen den Erlaß gestimmt hatte. Nach der Entscheidung verpflichtet derselbe alle Bischöfe und Gläubigen.

So sind auch alle anderen Einwendungen der Gegner, welche dem Apostaten Antonius de Dominis nachfolgten, wie die Hoffnung auf ein neues Concil, alte Ausflüchte auch früherer Häretiker.

6. Die Cardinäle.

210. Die nächste Rangstufe und unmittelbare Stellung nach dem Papste in der kirchlichen hierarchia jurisdictionis nehmen die Cardinäle[1] ein, die dessen ständigen Rath bilden. War der Name *cardinalis* (von cardo, incardinatus gleich intitulatus) früher allgemein für die an einer, namentlich der bischöflichen Kirche fest angestellten Cleriker, so wurde er später auf die römischen Cardinäle (das sacrum collegium) beschränkt. Schon in frühester Zeit war Rom in sieben Diakonien eingetheilt und es existirten 25, bis zum 6. Jahrhundert bereits 49 Hauptkirchen (tituli); seit dem 9. Jahrhundert kamen dazu die sieben Bischöfe Latiums. Die Zahl der Cardinäle ist von Sixtus V. auf 70 festgesetzt: sechs Cardinalbischöfe, nämlich die von Ostia, Porto (und St. Rufina), Frascati (Tusculum), Sabina, Palestrina (Prä=neste) und Albano; 50 Cardinalpriester und 14 Cardinaldiakonen. Natürlich können auch die Cardinaldiakonen die priesterliche, Cardinalpriester die bi=schöfliche Weihe haben, wie ja alle Bischöfe in anderen Ländern, die zu Cardinälen erhoben werden, nur Cardinalpriester werden können. Innocenz III. vergleicht die Cardinäle den sacerdotes Levitici generis Deut. 17, 9; Sixtus V. bezeichnet sie als Repräsentanten der Apostel[2].

Die Cardinäle werden vom Papste ernannt *(creatio)*, möglichst aus den verschiedenen Ländern, und in einem geheimen Consistorium promulgirt *(cardinales promulgati)*. Manchmal bestimmt der Papst aber noch andere Car=dinäle, ohne ihren Namen zu nennen *(card. reservati in pectore, in petto)*, die dann erst später unter Wahrung ihrer Anciennität auf Grund der frühern Creation promulgirt werden. Bei der Creirung wird ihnen das rothe Birett, in einem öffentlichen Consistorium der rothe Hut übergeben[3]; das Schließen

---

[1] *Barbatia*, De praestantia cardinalium, Mediol. 1508; *Luca*, Il cardinale pra-tico, Rom. 1680; *Muratori*, De cardinal. institut. (Antiq. Ital. V. Med. 1741); *Thomassin.*, Vet. ac Nov. discipl. P. I. l. II. a. 113—116; *Ferraris* l. c. s. v. car-dinales; Bangen, Röm. Curie. Münster 1854; *Bouix*, Tract. de Rom. Pontif.; Phillips, Kirchenrecht Bd. VI. § 261—292. Trid. s. XXIV. c. 1.

[2] C. 13 x IV. 17: „Sunt autem sacerdotes Levitici generis, Fratres nostri, qui nobis jure Levitico in executione sacerdotalis officii coadjutores existunt." Sixti V. Constitutio „Postquam verus": „Cardinales S. R. E. repraesentantes Apostolorum, dum Christo Salvatori ministrarunt." Von dem Namen cardinalis sagt Eugen IV. (Const. „Non mediocri"): „Quorum officio nomen ipsum consonat optime, nam sicut super cardinem volvitur ostium domus, super eos Sedis Apostolicae et totius Ecclesiae ostium quiescit."

[3] Mit den Worten: „Ad laudem omnipotentis Dei et S. Sedis ornamentum accipe galerum rubrum, insigne singularis dignitatis Cardinalatus, per quod de-signatur, quod usque ad mortem et sanguinis effusionem inclusive pro exaltatione sanctae fidei et quiete populi christiani, augmento et statu sacrosanctae Romanae ecclesiae te intrepidum exhibere debeas, in nomine Patris" etc.

und Oeffnen des Mundes[1], die Uebergabe des Ringes, in welchem ein Saphir eingefaßt ist, und die Anweisung des Titels sind althergebrachte Feierlichkeiten. Größeren katholischen Monarchen ward ein Empfehlungsrecht eingeräumt. Auswärtigen Cardinälen wird nur das Birett zugesandt, und wenn sie auf Empfehlung eines Monarchen ernannt sind (Kroncardinäle, *card. coronae*), überreicht es ihnen dieser. Sie müssen aber innerhalb Jahresfrist nach Rom kommen, um die Feierlichkeiten an sich vollziehen zu lassen.

Von den Cardinälen werden alle Eigenschaften gefordert, welche die canones für die Bischöfe vorschreiben. Uneheliche Geburt schließt gänzlich aus, auch wenn ihr eine legitimatio per subsequens matrimonium gefolgt ist. Sie sollen nicht im ersten oder zweiten Grade mit einem noch lebenden Cardinale verwandt, dürfen nicht zweimal verheiratet gewesen sein, keine Söhne aus früherer Ehe haben.

211. Die Cardinäle, welche nicht auswärtige Bisthümer haben, sind zur Residenz verpflichtet und dürfen ohne Erlaubniß des Papstes Rom nicht verlassen[2]. Sie stehen zum Papste im Verhältniß, wie Söhne zum Vater, haben stets Zutritt bei ihm (habent aurem Pontificis); ihre Streitigkeiten werden nur von ihm geschlichtet. Die päpstlichen Kanzleiregeln, Reservationen und Censuren berühren sie nur dann, 1) wenn sie ausdrücklich darin genannt sind, 2) wenn die Verordnung zu ihren Gunsten lautet oder 3) mit Beiziehung des Cardinalcollegiums und nach dem Rathe seiner Majorität erlassen ist. Eine thätliche Injurie gegen einen Cardinal hat die Folge der Majestätsbeleidigung[3]. Sie führen den Titel „Eminenz", „eminentissime princeps".

Vermöge des Optionsrechtes kann bei Erledigung eines Titels der nachfolgende in Rom residirende Cardinal seinen Titel aufgeben und den erledigten annehmen; beim Tode des Cardinaldekans folgt der der bischöflichen Weihe nach älteste Cardinalbischof; außerdem entscheidet das Alter dem Cardinalate nach, wobei ein Cardinaldiakon, der schon zehn Jahre Mitglied des heiligen Collegiums ist, den Presbytern vorgeht, die später in dasselbe eingetreten sind als er.

---

[1] Mit den Worten: „Aperimus vobis os, tam in collationibus, quam in conciliis atque in electione Summi Pontificis et in omnibus actibus tam in consistorio, quam extra, qui ad Cardinales spectant et quos soliti sunt exercere, in nomine Patris" etc. Ihre Insignien bestehen außer den genannten in dem Purpur („purpurati"), dem sogen. Solideo und der damastenen Mitra. Cardinäle aus einem religiösen Orden behalten das Ordenskleid und tragen Birett und Kapuze von rother Farbe.

[2] C. 2 x III. 4.

[3] Nach c. 5 (V. 9) in VI: „perpetua infamia, excommunicatio, inhabilitas ad testandum" und andere Strafen. Cf. Const. „Apost. Sed. moderationi", excomm. speciali modo Pontific. reserv. 5.

Eine besondere Pflicht der Cardinäle ist die *fidelitas et veritas in ma-nifestando consilio*, ferner die *solemnis assistentia Papae*.

Die Cardinäle versammeln sich: 1) insgesammt als Senat des Papstes um ihn in den Consistorien, 2) sind sie Vorstände und Beisitzer in den ver-schiedenen päpstlichen Dikasterien, 3) bekleiden einzelne besonders übertragene Aemter; einzelne sind Protectoren von Nationen und Orden. Sede vacante haben sie den Papst zu wählen (187).

Die Cardinäle haben außerdem votum decisivum auf ökumenischen Con-cilien, quasiepiskopale Jurisdiction in ihren Titeln, können, wenn sie die priesterliche Weihe haben, die Tonsur und die vier niederen Weihen ihren Familiaren und an ihren Kirchen angestellten Personen ertheilen, Beneficien vergeben, sie genießen bischöfliche und noch andere Privilegien. Ihre Aus-sagen über eine getroffene päpstliche Entscheidung gelten als voller Beweis.

Das Consistorium ist 1) ein geheimes (*consistorium ordinarium*), zu dem nur die Cardinäle Zutritt haben, in welchem die Creation der Car-dinäle, die Präconisation der Bischöfe und Consistorial-Aebte stattfindet, ferner die Errichtung, Theilung oder Union von Bisthümern, die Deputation der legati a latere, die Mittheilung von Verhandlungen zwischen dem Papste und den Staaten; 2) ein öffentliches (*consistorium publicum*), zu welchem auch Bischöfe, Prälaten, Gesandte Zutritt haben, und in welchem die feier-liche Uebergabe des Hutes an die neucreirten Cardinäle stattfindet, Canonisa-tionen verkündet, Fürsten oder Gesandte derselben feierlich empfangen werden; 3) ein halböffentliches (*consistorium semipublicum*), das zum Theil mit den Cardinälen allein gehalten wird, zum Theil auch anderen Personen offen steht.

Das Cardinalscollegium bildet aber auch eine Corporation mit eigenen Rechten für sich; an dessen Spitze steht der Cardinaldekan (Bischof von Ostia), dem als Subdekan gewöhnlich der Bischof von Porto zur Seite steht. Der Kämmerer (Camerlengo) verwaltet die Einkünfte (massa com-munis). Jeder Cardinal bezieht mindestens 4000 römische Scudi (der Scudo à 5 $\frac{3}{8}$ Franks oder 4 Mark 30 Pfennige).

7. Die Cardinals-Congregationen.

212. Waren schon früher einzelne Congregationen, Commissionen von Car-dinälen vorübergehend eingesetzt, so wurden später, namentlich von Sixtus V., ständige Congregationen der Cardinäle[1] errichtet. Mit Uebergehung

---

[1] Elenchus congregat. etc. Rom. 1628; *Stremler*, Traité des . . . congregat. rom. Paris 1860. *Bouix*, Tract. de curia rom. 1880. Bangen, Röm. Curie 1854; Phillips, Kirchenrecht Bd. VI. § 319 ff. Archiv für kath. Kirchenrecht 1864 S. 410 ff.; 1866 S. 133 ff. 332 ff. 353 ff.; Eichstätter Pastoralblatt 1887 S. 90 ff.

der vorübergehenden und der nur für Rom oder Italien eingesetzten sind zu
unterscheiden:

I. Die mit dem Consistorium in Verbindung stehenden
Congregationen, welche die vor das Consistorium gehörigen Geschäfte
vollständig vorbereiten, insbesondere:

1) Die *Congregatio consistorialis*, die regelmäßig unter dem Vorsitz des
Papstes gehalten wird.

2) Die *Congregatio negotiorum ecclesiae extraordinariorum;* sie ist
nur berathendes Collegium für kirchen=politische Gegenstände, wie Redaction
von Concordaten u. dgl.

3) Die *Congregatio super statu,* die aus Veranlassung besonders wich=
tiger politischer Ereignisse berufen wird.

Die *Congregatio examinis episcoporum* hat nur für die Bischöfe Italiens
und der anliegenden Inseln Bedeutung.

II. Die selbständigen Cardinalscongregationen haben ver=
schiedene Zweige des Oberhirtenamts im Namen des Papstes zu üben, für
die sie eine jurisdictio ordinaria besitzen (130). Nur Cardinale haben in
den Congregationen Stimme; dem Cardinalpräfect (wo nicht der Papst selbst
präsidirt) steht ein Prälat als Secretär (meist ein episcopus titularis), diesem
Prälaten und Consultoren und entsprechendes Hilfspersonal (Untersecretäre,
Archivisten, Copisten, Cursoren) zur Seite. Der Präfect der Congregation
oder in seinem Namen der Secretär nimmt die (gewöhnlich durch einen
Agenten in Rom zu überreichenden) Gesuche und Anträge an, die entweder
bei völlig klarer, schon durch die Praxis feststehender Norm (de stylo) vom
Präfecten erledigt oder für die Sitzung vorbereitet werden. Im ordentlichen
Verfahren hat in contentiosis der Secretär für Beibringung aller wichtigen
Momente und Documente zu sorgen, in der Regel durch Requisition an den
betreffenden Ordinarius (requisitio de informatione et voto). Der ordent=
liche Richter hat auditis interesse habentibus die Prozeßacten mit seinem
votum an die Congregation zu senden. Meist wird vom Secretär (bei
einigen von einem eigenen Cardinalponenten) eine actenmäßige Zusammen=
stellung des Thatsächlichen wie der Rechtsbegründung der beiden Theile ver=
faßt (series facti et juris, ristretto) und in gedruckten Exemplaren (folia)
den Cardinälen übergeben. Das Gesuch wird in Form von Fragen (dubia)
gestellt, so daß die Antwort mit affirmative oder negative gegeben werden
kann, zuweilen mit dem Beisatz ad mentem (sc. Congregationis), d. h.
nach einer näheren Bestimmung oder Modification, welche die Congregation
gesetzt hat.

Die selbständigen Congregationen sind:

1) Die *S. C. (supremae et universalis) inquisitionis s. sancti officii,*
welcher der Papst selbst präsidirt, wenigstens in besonders wichtigen Fällen,

von Paul III. eingesetzt und von Sixtus V. erneuert und bestätigt, hat über Häresie und die damit verwandten Verbrechen zu richten (Apostasie, Magie, Astrologie, Blasphemie, Polygamie, Sacrilegium, sollicitatio in confessionali, Verachtung der Sacramente und der Kirchengebote u. a.). Das Geheimniß ist hier strenge zu wahren.

2) Die S. C. *Indicis librorum prohibitorum*, von Pius V. eingesetzt und von Sixtus V. bestätigt und erweitert für Censur und Verbot gegen den Glauben und die Sitten verstoßender Bücher. Oft bestätigt das S. Officium noch das Decret der Index-Commission [1].

3) Die S. C. *Concilii (Concilii Tridentini Interpretum)*, von Pius IV. eingesetzt, hat nicht bloß die Beobachtung der tridentinischen Reformdecrete zu überwachen und zu betreiben, sondern auch (durch Sixtus V.) die Interpretationsgewalt, sowie die richterliche Gewalt in Streitigkeiten der Disciplin, wo es sich um die Decrete des Tridentinum handelt, mag das jus explicite oder implicite im Tridentinum liegen.

Eine Unterabtheilung dieser Congregation bilden:

a) Die *C. particularis super statu ecclesiae* (visitationis liminum).

b) Die *C. particularis super revisione synodorum provincialium*.

c) Die *C. particularis super residentia episcoporum*.

4) Die S. *Congregatio super negotiis Episcoporum et Regularium*, von Pius V. begründet, gleichfalls von Sixtus V. genau geregelt, hat die gesammte Amtsthätigkeit der Bischöfe und exemten Prälaten, wie das Verhältniß der Orden zu ihnen und unter einander und die Disciplin in denselben zu überwachen und zu ordnen, Beschwerden und Streitigkeiten in diesem Betreff zu entscheiden.

Pius IX. setzte 1847 die *Congregatio super statu Regularium* für die innere Disciplin der Orden ein, während die von Innocenz XII. 1698 eingesetzte *Congregatio super disciplina regulari* zunächst nur für Italien eingesetzt war.

5) Die S. C. *Rituum* wurde von Sixtus V. eingesetzt für die Reinerhaltung des Cultus, die Ceremonien, den gesammten Ritus. Selig- und Heiligsprechungsproceß führt sie (als causa extraordinaria) nur in Folge eines speciale mandatum des Papstes.

6) Die S. C. *Indulgentiarum et Reliquiarum* wurde von Clemens IX. eingesetzt für die Prüfung von Ablässen und Reliquien.

---

[1] Die zehn Regeln des Index s. bei *Richter-Schulte*, Trid. p. 609 seq. Vgl. Feßler, Censur und Index, Sammlung vermischter Schriften. Freiburg 1869. S. 125 ff. Ausgaben des Index a. a. O. S. 170.

7) Die *S. C. de propaganda fide*, von Clemens IX. eingesetzt für die Leitung des gesammten Missionswesens; für die terrae missionis vereinigt sie in sich die Aufgabe aller andern Congregationen („habet ceteras congregationes in ventre").

Dazu kommt:

8) Die *S. C. pro propaganda fide pro negotiis ritus Orientalis*, von Pius IX. 1862 eingesetzt.

9) Die *S. C. jurisdictionis et immunitatis ecclesiasticae* zur Wahrung der Freiheit der kirchlichen Jurisdiction und Immunität.

8. Die Justiz-, Gnaden- und Expeditionsbehörden der römischen Curie.

213. *Curia Romana* [1] im weiteren Sinne begreift in sich alle Behörden und Beamten des Papstes; im engeren Sinne jene Behörden, welche dem Papste in der Regierung der Gesammtkirche beistehen. Zur römischen Curie gehören: 1) die Cardinäle, 2) die Prälaten der Curie, 3) die eigentlichen Curialen, die untergeordneten päpstlichen Beamten, das Hilfspersonal, auch nur vorübergehend an der päpstlichen Curie thätige Personen. Für die Ausbildung zur Prälatur besteht in Rom eine eigene Academia ecclesiastica (Pontificia accademia dei nobili ecclesiastici). Von der so erlangten *praelatura justitiae* unterscheidet man die *praelatura gratiae*.

Die Prälaten sind entweder wirkliche oder Ehrenprälaten. Zu ersteren gehören: 1) Die in Rom residirenden Bischöfe; 2) die sogen. prelati di fiocchetti, d. i. der Vicekämmerer, der Auditor der apostolischen Kammer, der Thesaurar der römischen Kirche, der Vicegerens des Cardinalvikars, der Majordomus des päpstlichen Palastes; 3) verschiedene Officiale, der magister sacri Palatii u. a.; dann 4) die Mitglieder gewisser Collegien, wie die apostolischen Protonotare, die Kammercleriker, die votirenden Referendare der Signatura justitiae, die Ponenten der Consulta. Die Ehrenprälaten bekleiden theils auch ein Amt, wie z. B. der Almosenier des Papstes, der Substitut des Staatssecretärs u. a., theils sind sie ohne Amt wie die protonotari apostolici sopranumerarj non partecipanti u. s. w.

Die sogen. päpstliche Familie (la famiglia della Santità) umfaßt nur wenige Cardinäle, nicht alle Prälaten; dagegen die päpstlichen Thronassistenten (Bischöfe), solio Pontificis assistentes, alle Ehrenprälaten (prelati domestici di S. S. s. Antistites Urbani s. Pontificalis Domus Praesules), die *camerieri segreti* (wenigstens alle sopranumerarj), auch Laien (camerieri segreti di spada e cappa), die Nobelgarde u. s. w.

---

[1] Cf. c. 3 (III. 4) in VI. Bangen, Die römische Curie. Münster 1854. *Bouix*, Tractat. de curia Rom. Paris 1859.

I. **Päpstliche Justizbehörden** sind:

1) Die *Rota Romana*, uralten Ursprungs, einst von großer Bedeutung, indem der Papst durch sie regelmäßig die streitigen kirchlichen Sachen aus der ganzen Christenheit, wie die weltlichen aus dem Kirchenstaate entscheiden ließ, hat insbesondere durch den den Cardinalscongregationen zugewiesenen Wirkungskreis an Bedeutung verloren. Früher war sie in drei, jetzt in zwei Senate getheilt. Von den Entscheidungen der Rota in pleno kann nicht appellirt werden, wohl aber von einem Senat an den andern. Für die allgemeine Kirche wird ihr jetzt nur noch durch specielle Commission eine Sache zugewiesen.

2) Die *reverenda Camera Apostolica* für Fiscalsachen, Verwaltung der Patrimonien der römischen Kirche, auch für geistliche und weltliche Criminalsachen der Curialen. Man unterscheidet das tribunal auditoris camerae, des thesaurarii generalis und das tribunal plenae camerae. An ihrer Spitze steht der Cardinalis Camerarius S. R. E., der besonders zur Zeit der Erledigung des päpstlichen Stuhles ausgedehnte Vollmachten besitzt.

3) Die *Signatura justitiae*. Auch ihre Competenz ist beschränkt, namentlich auf die Entscheidung, ob der ordentliche Richter höherer Instanz mit Recht oder Unrecht die Anstrengung der einzelnen Rechtsmittel verweigert hat.

Seit 1882 bestehen für Civilklagen gegen päpstliche Palastbeamte drei Rechtszüge (Commissioni Prelatizie).

II. **Die Gnadenbehörden** sind:

1) Die *Signatura gratiae* für außerordentliche Gnadensachen.

2) Die *Dataria Apostolica*, hauptsächlich das Organ des Papstes für die pro foro externo erbetenen Gnadensachen. Minder bedeutende Gnaden (gratiae minores, quae de stylo omnibus concedi solent) gewährt der Datarius (wenn es ein Cardinal ist, Probatar) selbst (per concessum), wichtigere Gesuche trägt er dem Papst vor, versieht die entschiedenen mit dem Datum (woher der Name) und überweist sie zur Ausfertigung.

3) Die *Poenitentiaria Apostolica* ist die Gnadenbehörde pro foro interno. Der Großpönitentiar ist ein Cardinal; stirbt er sede vacante, so haben die Cardinäle aus ihrer Mitte durch Stimmenmehrheit einen Propönitentiar zu wählen. Die Pönitentiarie ertheilt die dem Papste reservirten Absolutionen, Dispensen, meist nur in geheimen Fällen, pro utroque foro namentlich auch bei Regularen [1] (vgl. 356).

---

[1] *Ferraris* s. h. v. zählt als Facultäten auf: „Absolvit (sc. Poenitentiarius major) a peccatis et censuris. Dispensat super irregularitate. Convalidat titulos beneficiorum condonando seu componendo quoad fructus male perceptos. Remittit seu condonat alia male percepta et habilitat ad percipiendum. Relaxat seu commutat juramenta, vota et onera. Regulares habilitat, absolvit et transitus cisdem

III. Die Expeditionsbehörden sind:

1) Die *Cancellaria Apostolica*, in der insbesondere die päpstlichen Bullen ausgefertigt werden durch den Cardinal-Kanzler (S. R. E. Vicecancellarius), dessen Stellvertreter der regens Canc. Apost. ist. Mit dem Tode des Papstes erlischt die Jurisdiction des Cardinal-Vicekanzlers.

2) Die *Secretaria Brevium* hat die durch ein Breve zu erledigenden Sachen zu behandeln, aber auch Competenz in Bezug auf manche Facultäten und Indulte.

3) Die *Secretaria Memorialium* für Erledigung rein persönlicher Gnadengesuche, namentlich weltlicher früher aus dem Kirchenstaate.

4) Die *Secretaria Status*, das Staatssecretariat, das nicht bloß politisch bedeutsame Schreiben des Papstes expedirt, sondern auch für alle äußeren Beziehungen der Kirche das gewöhnliche Organ des Papstes ist, die Berichte der Nuntien empfängt u. s. w. Dem Cardinal-Staatssecretär stehen bei secretarius ciffrarum, literarum ad principes und literarum latinarum als Gehilfen zur Seite.

9. Päpstliche Legaten und apostolische Vikare.

214. Aus der ordentlichen Regierungsgewalt des Papstes über die ganze Kirche folgt unbestreitbar sein Recht, Gesandte[1] in alle Theile der Kirche zu senden, die in seinem Namen die Jurisdiction ausüben. So finden wir frühzeitig päpstliche Gesandte, theils vorübergehend, wie auf Concilien, oder für ein bestimmtes Geschäft in einzelne Länder geschickt, wie von Julius an die Orientalen in Betreff des Athanasius, von Liberius an den Kaiser wegen Berufung eines neuen Concils, von Zosimus nach Afrika betreffs der Appellationen, theils als ständige, wie im 5. Jahrhundert am Hofe zu Constantinopel[2] *(apocrisiarii, responsales)* oder als *vicarii apostolici* bestellte

---

concedit de una ad aliam Religionem. Et eadem respectu Monialium. Dispensat in matrimonialibus super mpedimentis occultis, revalidat dispensationes male obtentas etiam legitimando prolem. Dat facultatem minoribus Poenitentiariis. Concedit indulgentiam centum dierum in tactu Virgae. — Von den gebräuchlichen Abkürzungen mögen die gewöhnlichsten hier erwähnt werden: alr—aliter, abs—absolutio, ao—anno, aplica—apostolica, aucte—auctoritate, ben, benonem—benedictionem, cen—censuris, confeone—confessione, coini—communioni, consciae—conscientiae, constibus—constitutionibus, discreoni—discretioni, dudo—dummodo, eccle—ecclesiae, exit—existit, epus—episcopus, excoc—excommunicationi, gali—generali, humoi—hujusmodi, infraptum—infra scriptum, igr—igitur, innoti—innodati, matrium—matrimonium, mir—misericorditer, ordibus—ordinationibus, poenia—poenitentia, saluri—salutari, quatus—quatenus, sen—sententiis, ten—tenore, sartum—sacramentum etc. Cf. *Bouix*, De curia Rom. p. 366.

[1] x I. 30; Sexti I. 15; Trid. s. XXII. c. 2. 7; s. XXIV. c. 20.

[2] Nov. 123 c. 25.

Bischöfe, die für eine Gegend die einschlägigen Geschäfte im Namen des Papstes an Ort und Stelle erledigen und nur die wichtigeren nach Rom berichten sollten, so der Bischof von Thessalonich für Illyrien, der von Arles für Gallien, der von Sevilla für Spanien[1]. War dies anfangs nur an die **Person** geknüpft, so wurde es später mit dem betreffenden Bisthum (oder Erzbisthum) ständig verbunden (später legati nati). Dazu kamen in der zweiten Hälfte des 11. Jahrhunderts die Primaten[2]. So gab es im Mittelalter Legaten, die schon als Erzbischöfe in dem betreffenden Lande angestellt waren, z. B. Canterbury, York[3] (legati nati), und solche, welche der Papst unmittelbar absandte (leg. missi, dati); waren es Cardinäle, so hießen sie legati a latere (sc. Pontificis). Ihre jurisdictio (ordinaria) in ihrer Provinz erlischt nicht mit dem Tode des Papstes[4].

Selbst **weltliche Fürsten** erhielten im Mittelalter päpstliche Jurisdictionsrechte, wie der König von Ungarn (später nur ein Ehrenrecht)[5].

Die Canonisten pflegten den Inbegriff der Befugnisse eines Legaten dahin zu bestimmen: Der Legat vermag in seiner Provinz das zu thun, was der Bischof in seiner Diöcese, aber auch das, wozu der Papst berechtigt ist, soweit es sich nicht um eigentliche Reservatrechte desselben handelt[6]. Dies erfuhr jedoch mehrfache Beschränkungen. Kein Legat darf Translationen und sonstige Veränderungen an den Bisthümern vornehmen, auch keine bereits an den Apostolischen Stuhl gebrachte oder einem andern vom Papste delegirte Sache an sich ziehen, einem solchen Delegirten gegenüber darf er nicht die Stellung eines Richters höherer Instanz in Anspruch nehmen, er hat keine Jurisdiction über Bischöfe und Exemte[7]; er hat keine mit dem Bischof con-

---

[1] C. 8 C. III. q. 6; c. 5 C. XXV q. 2; c. 3. 6. 9 C. XXV. q. 2; c. 8 C. IX. q. 3.

[2] **Walter**, Kirchenrecht § 135 N. 9 S. 326: „Wäre es nach der Absicht der Päpste gegangen, so hätten die Primaten, wie sonst die apostolischen Vikarien, eine höhere Instanz gebildet; es würden dann, wie auch Thomassin richtig bemerkt, nicht so viele Sachen unmittelbar nach Rom gegangen und viele Zeit und Unkosten erspart worden sein. Man kann also hier das, was man ‚Verderb der Kirchenzucht‘ nennt, weder den Päpsten noch den falschen Decretalen zuschreiben.“

[3] C. 1 h. t., c. 1 x II. 28; cf. c. 13 x IV. 17.

[4] C. 2 h. t. in VI. Der Apostolische Stuhl stirbt nicht. Wären sie nur ad beneplacitum legantis gesandt, so würde ihre Jurisdiction erlöschen. S. C. C. d. 17. Nov. 1590.

[5] Die Legatenrechte früherer katholischer Könige beider Sicilien wurden wegen Mißbrauchs aufgehoben. Pit IX. Const. „Suprema“ d. 28. Jan. 1864, publicirt 1867. Cf. *Sentis*, Monarchia Sicula. Freiburg 1869. Archiv für kath. Kirchenrecht Bd. XIX. S. 92 ff.

[6] Cf. c. 4 h. t.; c. 2 eod. in VI.

[7] C. 36 § 1 (I. 6) in VI.

18 *

currirende Jurisdiction und darf nur in den ihm speciell delegirten Fällen in erster Instanz entscheiden[1].

Später kamen ständige Nuntiaturen auf, wie zu Wien 1581, Luzern, 1586, Brüssel 1597, Köln 1582, München 1785 u. s. w. Der Nuntiaturstreit wurde 1789 beendet. Gleich den Gallicanern, Jansenisten, Febronianern wollte die Emser Punktation (80) dieses Recht auf außerordentliche Fälle beschränkt wissen.

Nach heutigem Recht unterscheidet man:

1) *Legati nati*, was aber, etwa abgesehen von Gran, nur noch ein Ehrentitel mit kirchlichen Ehrenvorzügen ist.

2) *Legati missi s. dati:*

a) *Legati a latere*[2], Cardinäle, die nur bei höchst wichtigen Anlässen vorübergehend gesandt werden. Kommt ein solcher in das Land, so hört die Function aller andern päpstlichen Gesandten auf, diese dürfen ihre Insignien nicht mehr tragen, den Patriarchen und Erzbischöfen wird nicht mehr das Kreuz vorgetragen, der Bischof ertheilt nicht mehr den Segen[3].

b) *Nuntii apostolici* (episcopi titulares). Ein zum Cardinalat erhobener Nuntius heißt *Pronuntius*. *Internuntii* sind Gesandte untergeordneten Ranges, Gesandte an kleineren Höfen, auch Prälaten, die nicht Bischöfe sind. Die Rechte der ständigen wie auch vorübergehender Nuntien hängen von ihren Vollmachten und Instructionen ab, wie z. B. der von Madrid noch besondere Jurisdictionsrechte hat[4]; ihre diplomatische Stellung zur Landesregierung hängt von der Vereinbarung darüber ab.

Die Zurückweisung und Behinderung eines päpstlichen Legaten zieht die dem Papste speciell vorbehaltene Excommunication nach sich[5].

215. Verschieden von den vicarii apostolici der alten Zeit, sind heutzutage die apostolischen Vikare Missionsbischöfe, Vorsteher der Missionsbezirke, oder auch da bestellt, wo noch keine Bischofssitze errichtet sind oder wo die bischöfliche Jurisdiction unterbrochen ist (Delegati Apostolici), wo z. B. wegen überwiegend akatholischer Bevölkerung oder der Landesregierung wegen nur eine Leitung durch apostolische Vikare möglich ist. Auch können solche an der Seite oder an der Stelle der Bischöfe bestellt werden, wo ein Bedürfniß dazu vorhanden ist. Delegatus Apostolicus heißt sonst auch der

---

[1] C. 3. 4. 5. 2. 4 h. t. in VI.; Trid. s. XXIV. c. 20.

[2] C. 36 C. II. q. 6; c. 1 h. t. in VI. („Fratres nostri"); cf. c. 2 ib.

[3] C. 8. 9. h. t.; c. 23 de privileg. V. 33; c. 1 (V. 12) in VI.

[4] Cf. Breve Clem. XIII. d. 18. Dec. 1766; Archiv für kath. Kirchenrecht Bd. XI. S. 382 ff.

[5] Cf. Const. Pii IX. „Apost. Sedis moderationi", excomm. speciali modo Papae reserv. 6. 5.

commissarius Apostolicus, den der Papst delegirt zur Information oder zur Entscheidung in irgend einem Geschäfte.

Im Unterschied von den *provinciae sedis Apostolicae* heißen die Missionsbezirke *terrae missionis*. Sämmtliche Missionäre, *Delegati Apostolici*, die mehreren Districten mit größeren Vollmachten vorstehen, *Vicarii Apostolici*, Bischöfe, und *Praefecti Apostolici*, Priester als Vorstände eines Missionsbezirks, unterstehen der S. Congreg. de Propaganda fide, von der sie mit eigenen Vollmachten gesandt, aber auch frei abberufen werden, und mit der das Collegium Urbanum zur Bildung junger Missionäre verbunden ist [1].

10. Patriarchen. Exarchen. Primaten.

216. I. *Jure ecclesiastico* nehmen die nächste Stufe nach den Cardinälen ein die Patriarchen. Zu den ältesten Patriarchaten von Rom, Alexandria und Antiochia kamen später Jerusalem und Constantinopel hinzu [2]. Die Patriarchen hielten Nationalconcilien (concil. quasi universalia, plenaria), behielten sich causae graviores vor, bildeten eine Appellationsinstanz, bestätigten und weihten die Metropoliten, hatten über diese Jurisdictionsrechte, verliehen das Pallium und konnten einzelne Orte von der Gewalt des Bischofs eximiren *(jus stauropegii s. figendae crucis)* [3].

Wenn can. 6 des Nicaenum für das alte Herkommen bezüglich des Patriarchen von Alexandrien sich auf den römischen Bischof beruft, so ist offenbar nicht vom Primate die Rede, sondern nur vom Patriarchate. Aber der Bischof von Rom ist Urheber der Patriarchalgewalt, er hat von seiner jure divino ihm als Oberhaupt der ganzen Kirche zustehenden Gewalt einiges an die Patriarchen abgegeben (43) [4].

---

[1] Cf. Bullar. Pontif. S. Congr. de propag. fide. Romae 1839. Walter l. c. S. 329 f. Marschall, Die christl. Missionen, deutsch. Mainz 1862 f. Ueber die der Propaganda seit 1884 durch die italienische Regierung zugefügte Schädigung f. La propaganda e la conversione de suoi bene movill. Roma 1884 voll. 2.

[2] C. 1 § 1 D. 21: „Ordo episcoporum quadripartitus est in Patriarchis, Archiepiscopis, Metropolitanis atque episcopis. Patriarcha graeca lingua summus patrum interpretatur, quia primum id est apostolicum retineat locum, et ideo, quia summo honore fungitur, tali nomine censetur, sicut Romanus, Antiochenus, Alexandrinus. Auch Jerusalem war unmittelbar apostolische Kirche. Constantinopel errang sich die erste Stelle nach dem Papste c. 23 x V. 33 (Lateran. IV.); c. 6 D. 65; c. 6 D. 22.

[3] Sie konnten früher Bischöfe absetzen, was schon vor dem Tridentinum wegfiel (Trid. s. XIII. c. 8; s. XXIV. c. 5). Sie selbst empfingen das Pallium vom Papste (c. 23 x V. 33). Sie bildeten die zweite Instanz für die Metropoliten, die dritte für die Bischöfe c. 23 cit.; c. 1 D. 99; c. 9 x I. 31; hatten das Devolutionsrecht c. 16 x II. 26; c. 3 x I. 10; c. 29 x III. 5.

[4] Maaßen, Der Primat des Bischofs von Rom und die alten Patriarchalkirchen. Bonn 1853. Lämmer l. c. S. 146. Cf. c. 6 D. 65; c. 3 F. C. (I. 3):

Die späteren kleineren Patriarchate, wie Aquileja, Grado, dann Venedig, sind mehr bloße Ehrenpatriarchate.

In neuester Zeit bestehen für die unirten Melchiten, Maroniten, Ar= menier, Chaldäer und Syrer (Jakobiten) eigene Patriarchen, die von den Bischöfen gewählt und vom Papste bestätigt werden, die aber nicht alle Rechte der alten Patriarchen mehr besitzen; auch residirt zu Jerusalem wieder ein Patriarch des lateinischen Ritus.

II. Die griechischen Exarchen (zu Ephesus, Cäsarea, Heraklea) übten Jurisdiction über mehrere Kirchenprovinzen, wobei die politische Eintheilung von Einfluß war, wonach die Präfectur Orient in fünf politische Diöcesen getheilt war: Constantinopel, Alexandrien, Antiochien, Cäsarea und Ephesus. Damit fiel die kirchliche Eintheilung zusammen, nur daß statt Constantinopel eine Zeitlang Heraklea, und daß auch Jerusalem einen kirchlichen Vorrang behauptete. Später unterwarfen sich diese Exarchen dem Patriarchate von Constantinopel. Von den ἔξαρχοι τῶν διοικήσεων sind zu unterscheiden die ἔξαρχοι τῶν ἐπαρχιῶν (Provinzial=Exarchen, Metropoliten), deren es in der orientalischen Kirche 36 gab.

III. In ähnlicher Weise waren die Primaten im Abendlande theils Hauptbischöfe einer Provinz (primas episcoporum), theils Hauptmetro= politen eines Landes (primas metropolitarum). Letzteres war seit dem 8. Jahrhundert das Gewöhnliche. In Afrika hieß der der Weihe nach ältest: Bischof Primas, den besonderen Vorrang hatte dann aber der von Carthago. Primatensitze waren in Deutschland einst Mainz, Trier, Magdeburg, Salz= burg (214). Auf dem Vaticanischen Concil fanden sich als Primaten vor den Erzbischöfen die von Mecheln, Tarragona, Gnesen=Posen, Braga, Anti= vari und Scutari, Salerno, Bahio de todos los Santos, Gran, Salzburg[1].

11. Die Metropoliten.

217. Die Metropoliten sind Bischöfe, die selbst eine bestimmte Diö= cese haben und nebstdem über andere Bischöfe gewisse rechtliche Befugnisse be= sitzen (jus metropoliticum, lex metropolitana). Die zu ihrer Kirchen= provinz gehörigen Bischöfe heißen Suffraganbischöfe[2]. Sie hießen in

---

„Sancta Romana ecclesia, quae disponente Domino super omnes alias ordinariae potestatis obtinet principatum a Deo, utpote mater universorum Christi fidelium et magistra, quatuor patriarchales sedes instituit, inter quas post ipsam Romanam ecclesiam Constantinopolitanam primum, Alexandrinam secundum, Antiochenam tertium et Hierosolymitanam quartum locum voluit obtinere ipsasque multis praerogativis et honoribus ac privilegiis decoravit.“

[1] Acta et decreta Conc. Vat. Friburg. App. p. XXXIX.

[2] *Suffraganei*, vom jus suffragii auf den Provinzialconcilien, c. 10 C. III. q. 6; ältere Bezeichnung war: metropolitani sacerdotes, provinciales, comprovinciales c. 1 D. 6; Trid. s. XXIV. c. 2.

ältester Zeit primi, principes, primae sedis episcopi, in Afrika seniores; der Name ἀρχιεπίσκοπος wurde im 4. allgemeinen Concil dem Papste, oft den Patriarchen, allmählich allen Metropoliten gegeben. Es gibt Erzbischöfe, die keine Metropoliten sind, keine Suffragane unter sich haben, sondern unmittelbar unter dem Papste stehen (Titular=Erzbischöfe), wie es Bischöfe gibt, die exemt sind und unter keinem Metropoliten stehen.

Das Metropolitansystem, in seinen Anfängen in die apostolische Zeit reichend und aus dem Verhältniß der Mutterkirche zu den Tochterkirchen hervorgehend, war sicher schon vor dem 1. Concil von Nicäa ausgebildet[1].

Die Rechte der Metropoliten konnten, als nicht auf dem jus divinum beruhend, erweitert und beschränkt werden je nach Bedürfniß der Zeiten[2]. So konnten dieselben früher die Suffraganbischöfe bestätigen und weihen, Abläße im Umfang der Provinz ertheilen, Bischöfe von der Residenz dispensiren, was alles dem Papste vorbehalten ward; der Bischof hatte, wenn er nicht in der Kirche des Metropoliten consecrirt war, innerhalb drei Monaten sich zum Metropoliten zu begeben[3]; sie hatten (mit der Provinzialsynode) die Strafgerichtsbarkeit über die Bischöfe u. s. w.

Als die bei der oberrheinischen Kirchenprovinz betheiligten Staaten den erzbischöflichen Wirkungskreis auf Grund der älteren Disciplin wiederherzustellen suchten, wies der Papst dies zurück mit der Berufung auf die vigens ecclesiae disciplina.

218. Nach dieser hat der Metropolit (als jura propria) das Recht,

1) alle drei Jahre die Provinzialsynode zu berufen und auf dieser den Vorsitz zu führen[4];

2) seine Diöcesanbischöfe zu überwachen, namentlich in Bezug auf die Abhaltung der Diöcesansynoden, Errichtung von Seminarien und Erfüllung der Residenzpflicht[5];

3) das jus devolutionis (181, 2)[6];

4) Appellationen anzunehmen über das an den bischöflichen Gerichten Verhandelte[7];

5) auch exemte Regularen anzuhalten, ordentliche Prediger anzustellen[8].

---

[1] C. 8 D. 64; c. 2 C. IX. q. 3.

[2] Siehe Seite 43. 277.

[3] C. 8 D. 65; vgl. dagegen Trid. s. XXIV. c. 2.

[4] Trid. s. XXIV. c. 2; c. 25 x V. 1.

[5] Trid. s. XXIV. c. 2; s. XXIII. c. 18; s. VI. c. 1; s. XXV. c. 14.

[6] Trid. s. XXIV. c. 16; cf. c. 1 (III. 20) in VI; c. 40 x V. 39.

[7] C. 1 x I. 30; Trid. s. XXIV. c. 6. 10. 20; s. XIII. c. 1; Const. Bened. XIV. „Ad militantis" (1742); cf. c. 11 x I. 31; Sexti c. 1 (I 16).

[8] Trid. s. V. c. 2; s. XXIV. c. 8 de regular.

Nur nach Beschluß des Provinzialconcils kann der Metropolit 1) die Diöcesen seiner Suffragane visitiren, aber erst dann, wenn er seine eigene Erzdiöcese vollständig visitirt hat[1]. Nur in Verbindung mit der Provinzialsynode 2) in geringeren Strafsachen die Gerichtsbarkeit über die Suffraganbischöfe ausüben[2].

Außerdem hat der Metropolit keine Jurisdiction über die Suffragane, auch nicht über deren Untergebene, außer im Falle der Appellation und bei der Visitation, bei der er notorische Verbrechen strafen kann. Auch kann er gegen jene, die gegen ihn (oder seinen Stellvertreter) sich vergehen, und die seine Jurisdiction behindern, mit Censuren einschreiten[3].

Das besondere Zeichen seiner Würde ist das *Pallium*[4]. Der Metropolit muß innerhalb drei Monaten „enixis precibus" darum nachsuchen[5]. Bevor er es erhalten hat, darf er sich weder Metropolit nennen, noch als solcher handeln, weder quoad actus jurisdictionis, noch quoad actus ordinis, soweit diese inter Missarum solemnia oder in den bischöflichen Gewändern vorgenommen werden, nicht die Provinzialsynode berufen, nicht die Provinz visitiren; auch nicht Cleriker oder Kirchen und das Chrisma weihen[6]; wohl aber kann er zu solchen Acten, obwohl er selbst sie noch nicht vornehmen darf, einen andern Bischof delegiren. Er muß zuvor auch den Eid der Treue leisten. Das Pallium bezeichnet die Theilnahme an dem mühevollen Amt des obersten Hirten (201, 2) und die Gemeinschaft mit ihm[7]. Der Gebrauch des Palliums ist beschränkt auf die Kirche und Pontificalhandlungen, auf bestimmte Festtage und die Person des Empfängers. Wer zwei Erz-

---

[1] Trid. s. XXIV. c. 3; cf. c. 4. 22 x III. 39; c. 1 (III. 20) in VI.

[2] Trid. s. XXIV. c. 3. 5; über die causae civiles hat das Concil nichts bestimmt; cf. c. 6 C. IX. q. 3; c. 5 x II. 28; Sexti c. 11 (II. 15).

[3] Sexti c. 1 x V. 9.

[4] Im 6. Jahrh. finden wir das Pallium bei den vicarii apostolici, seit dem 8. Jahrh. bei den Metropoliten. Man hat es mit Unrecht mit einem Theil des kaiserlichen Ornates in Verbindung gebracht (c. 14 D. 96); es scheint dem Rationale und Superhumerale des Hohenpriesters nachgebildet. Exod. 28, 4.

[5] „Instanter, instantius, instantissime"; c. 1. 2 D. 100; Bened. XIV. Const. „Rerum eccles." (1748). Cf. c. 2 Clem. V. 7; Trid. s. VI. c. 5; s. XIV. c. 2.

[6] „cum id non tanquam simplex episcopus, sed tanquam Archiepiscopus facere videatur" c. 28 § 1 x I. 6; cf. c. 3 x I. 8.

[7] C. 4 x I. 6 bezeichnet die pallia als debita Sedi Apostolicae subjectionis signa, quae vos a beato Petro tanquam membra de membro habere et catholici capitis unitatem servare declarent. Die Pallien werden aus der Wolle zweier am Feste der hl. Agnes benedicirten Lämmer (mit anderer Wolle vermischt) bereitet, auf den Altar gelegt, in dem der Leib des hl. Petrus ruht, und am Feste der Apostelfürsten vom Papste benedicirt; daher wird das Pallium ex b. Petri corpore sumptum genannt.

bisthümer hat, muß zwei Pallien erhalten; wird er auf ein anderes Metro=
politanbisthum transferirt, so erhält er ein neues; stirbt er, so wird es ihm
mit ins Grab gegeben; hatte er zwei, so wird ihm das neuere umgethan,
das ältere unter das Haupt gelegt. Zuweilen erhalten auch andere Bischöfe
das Pallium als Auszeichnung.

Besonderes Ehrenrecht ist ferner das ge ra de Kreuz (crux gestatoria),
das ihm in der ganzen Provinz vorgetragen wird (jus erectae crucis prae=
ferendae), nur nicht in Gegenwart des Papstes und eines legatus a latere [1];
dem Patriarchen wird es überall vorgetragen außer in Rom.

12. Die Provinzial-Concilien.

219. Von den Particularconcilien sind die gewöhnlichsten die Pro=
vinzialconcilien; die Stellung der Nationalconcilien, die nicht ohne
Genehmigung des Papstes berufen und gehalten werden sollen [2], ist dieselbe
in Bezug auf ein Land, wie die der Provinzialconcilien zu der einzelnen
Kirchenprovinz.

Die Provinzialconcilien, d. i. Versammlungen der Bischöfe einer Kirchen=
provinz unter Vorsitz des Metropoliten, sollten jährlich zweimal, später wenig=
stens einmal, nach der Vorschrift des Concils von Trient alle drei Jahre ge=
halten werden [3]. Berufen wird das Provinzialconcil von dem Metro=
politen, im Verhinderungsfalle oder bei Erledigung des Metropolitansitzes
vom ältesten Bischof der Kirchenprovinz. Dasselbe gilt auch vom Vorsitz.

Zu berufen sind:

1) Die Diöcesanbischöfe der Kirchenprovinz (sede vacante die Kapitu=
larvikare).

2) Exemte Bischöfe, die sich dieser Provinz angeschlossen haben. Sie
müssen sich nämlich nach freier Wahl, aber dauernd einem Nachbarmetropoliten
in Bezug auf das Concil anschließen.

3) Dasselbe gilt von den Praelati nullius mit quasi=episkopaler Jurisdiction.

---

[1] C. 23 x V. 33.

[2] Cf. Syllab. n. 36: „Nationalis Concilii definitio nullam aliam admittit dis-
putationem civilisque administratio rem ad hosce terminos exigere potest." Das
neueste Nationalconcil ist das dritte amerikanische Plenarconcil von Baltimore 1884;
über das zweite f. Archiv für kath. Kirchenrecht Bd. XXII. S. 115 ff.

[3] C. 3. 4. 6 D. 18; c. 25 x V. 1; Trid. s. XXIV. c. 2. Vgl. Feßler, Die
Provinzialconcilien und Diöcesansynoden. Innsbruck 1849. Thatsächlich wird die
Vorschrift des Tridentinum nicht befolgt; Santi (l. c. l. I. t. 31 n. 5 p. 324) be=
streitet, daß man sich für die Nichtbeachtung auf eine consuetudo legitima berufen
könne; jedenfalls tritt die auf die Unterlassung der Synoden gesetzte Strafe nicht mehr
ein. Dasselbe gilt von der Diöcesansynode.

Alle diese haben *votum decisivum. Cum voto consultativo* werden berufen die Kapitel der Kathedralkirchen, die sich in der Regel durch einen oder zwei procuratores vertreten lassen, auch die nicht exemten Aebte und Klosteroberen, dann Weihbischöfe und wohl auch Vertreter der theologischen Facultäten u. a. Consultoren.

Die Provinzialconcilien sollen dienen zur Durchführung allgemeiner, besonders der tridentinischen Kirchengesetze, Erlaß nöthiger Particulargesetze (praeter jus commune), zur Abstellung von Mißbräuchen, Ausübung der Gerichtsbarkeit, Bestellung von judices synodales. Dagegen kann das Provinzialconcil nicht eigentliche Entscheidungen in Glaubenssachen treffen, auch nicht gegen päpstliche Decrete und das jus commune entscheiden, wohl aber Vorschläge und Gesetzentwürfe darin dem Papste unterbreiten[1].

Es sollen zuvor öffentliche Gebete ausgeschrieben werden; auch hier werden, wie beim allgemeinen Concil, die einzelnen Materien in b e s o n d e r e n C o m m i s s i o n e n berathen, dann in den C o n g r e g a t i o n e n geprüft und in den S i t z u n g e n angenommen und publicirt.

Es entscheidet S t i m m e n m e h r h e i t; der Metropolit hat nicht für sich entscheidende Stimme, kann die Beschlüsse daher nicht zurücknehmen, auch nicht für die P r o v i n z davon dispensiren, sondern nur für seine Erzdiöcese, wie es auch jeder Bischof f ü r s e i n e D i ö c e s e kann, wenn nicht das Concil selbst es dem Metropoliten vorbehalten hat.

Die Beschlüsse der Provinzialconcilien müssen vor ihrer Promulgation der Congregatio Concilii vorgelegt werden (212, II. 3), welche zu prüfen hat, ob die Beschlüsse mit der im Tridentinum festgesetzten Disciplin in Einklang stehen, und sie bestätigt. Allein diese Bestätigung *in forma communi* gibt den Beschlüssen keineswegs eine allgemeinere Ausdehnung oder eine höhere Kraft, sondern spricht nur aus, daß sie mit dem Tridentinum nicht in Widerspruch stehen und promulgirt werden dürfen; daher können solche Beschlüsse trotz der p ä p s t l i c h e n A p p r o b a t i o n auf einem folgenden Provinzialconcil wieder abgeändert werden, während bei einer B e s t ä t i g u n g *in forma specifica* (243, IV) dies nicht ohne Genehmigung des Papstes statthaben könnte[2].

---

[1] Trid. s. XXIV. c. 13; s. XXV c. 2. 10 de ref. und c. 22 de regular.

[2] *Bened. XIV.,* de syn. diocess. l. 13 c. 5 n. 9: „approbatio, quae fit in forma communi, qua simpliciter exprimitur, acta concilii posse promulgari; altera, quae fit in forma specifica et cum clausula: motu proprio et ex certa scientia."

Zweites Kapitel.
Der Bischof und seine Gehilfen.

13. Der Bischof.

220. Der Bischof (vgl. 33—36. 43. 44) heißt *Dioecesanus, Ordinarius*, ersteres, weil er Vorstand eines bestimmten Sprengels ist, Diöcese, früher Parochie genannt (235)[1], letzteres, weil er sein Recht kraft seines Amtes (jure ordinario) über die ganze Diöcese ausübt, nur beschränkt auf diese, wie auch in jeder Diöcese nur ein Bischof sein soll, sowie beschränkt durch den Zweck der Kirche und die Rechte des Papstes[2]. Der Diöcesanbischof hat zunächst eine *jurisdictio particularis*, an der *jurisdictio universalis* des Papstes nimmt er theil, insofern er auf allgemeinen Concilien *votum decisivum* hat. Letzteres Recht haben auch die consecrirten Titularbischöfe (episcopi titulares, in partibus sc. infidelium), die auf den Titel eines untergegangenen Bisthums geweiht werden, wodurch das Andenken an die früheren Kirchen bewahrt und die apostolische Succession erhalten wird, und die eine römische Prälatur bekleiden oder Coadjutoren, Weihbischöfe, Nuntien oder apostolische Vikare sind. Daher unterscheidet man *sedes residentiales* und *sedes titulares*.

221. Was die Rechte und die ihnen entsprechenden Pflichten des Bischofs anlangt, ist vor allem die *potestas ordinis* und die *potestas jurisdictionis* (42. 43) zu unterscheiden. In ersterer Beziehung sind *jura* (episcopo) *reservata*, und zwar *ex jure divino*, die Ertheilung der sacramentalen Weihe (141) und der Firmung[3] (305); *ex jure humano* steht ihm allein zu 1) die Weihe der heiligen Oele[4], 2) die Consecration der Kirchen, Altäre,

---

[1] Cf. c. 1. 3. 10 C. IX. q. 2; c. 4 C. X. q. 1; c. 10 x II. 20; c. 50. 51 C. XVI. q. 1; c. 2 C. IX. q. 3; c. 3 C. XII. q. 4; c. 11 C. X. q. 1.

[2] Ordinarius sc. judex c. 7 in VI (I. 16); dioecesanus c. 25 x III. 38. *Ferraris* s. h. v.: „Episcopus dicitur summus sacerdos, quia ultra suum ordinem non est alius ordo; dicitur Antistes, quia ante alios stans praeeminet populo; dicitur Praesul, quia in Concilio praesidet. Dicitur Pontifex; pontifex enim, ut ait Scaevola, est dictus a posse et facere, facere autem apud veteres sacrificare est." Er heißt auch speculator, superintendens c. 1 D. 21; cf. c. 41 C. VII. q. 1; c. 2 D. 80 (Isid.). Trid. s. VII. c. 2. Es sollen nicht zwei Bischöfe in einer Diöcese sein, außer einer ist Coadjutor oder Weihbischof, oder wo zwei Völkerschaften von verschiedenem Ritus und verschiedener Sprache zusammen leben. In der Regel soll auch ein Bischof nicht mehr als Eine Diöcese haben. Ueber die Erfordernisse zum bischöflichen Amte vgl. 170 N. 2; 171. I.

[3] Trid. s. VII. can. 3 de confirm.; s. XXIII. can. 7; s. VI. c. 5 de ref.

[4] C. 1 C. XXVI. q. 6; c. 18 de consecr. D. 3; c. 122 de consecr. D. 4.

Opfergeräthe (Kelch und Patene), sowie die Reconciliation einer entweihten Kirche, 3) die Benediktion der Aebte und Aebtissinnen, 4) die Weihe der Glocken [1].

Der Bischof soll (sine rationabili causa) keinen Tag es unterlassen, die heilige Messe zu feiern oder zu hören [2], an bestimmten Festen die missa solemnis halten, an allen Fest= und Sonntagen pro dioecesanis appli= ciren. Der Bischof kann sich eines altare portatile bedienen. Die bischöf= liche Hauskapelle gilt als öffentliches Oratorium. Die Bischöfe dürfen auch an interdicirten Orten für ihre Familiaren Gottesdienst halten und unter= liegen nicht den allgemein verhängten Censuren der Suspension und des Interdictes [3]. Fremden, unbekannten Priestern sine literis commendatitiis soll der Bischof die Celebration der Messe verbieten [4]. Er kann Ablässe von 40 Tagen und bei Einweihung einer Kirche von 1 Jahr ertheilen; die vom Papste ertheilten soll er publiciren [5]. Er kann Reliquien von solchen, die selig oder heilig gesprochen sind, prüfen und zulassen, von einer Kirche zu einer andern übertragen; er hat das Meßstipendium zu bestimmen; dauernde Meßstiftungen bedürfen seiner Genehmigung.

Der Bischof ist der Seelsorger aller seiner Diöcesanen, kann in der ganzen Diöcese daher die Sacramente spenden und der Ehe assistiren.

222. Quoad jurisdictionem ist der Bischof I. der oberste Lehrer seines Sprengels (1 Kor. 1, 17). Er soll das Wort Gottes, wo möglich, selbst verkünden und hat die Erlaubniß zum Predigen zu ertheilen (vgl. 159) [6]. Ebenso bedarf es zur Ertheilung des Religionsunterrichtes und Ausübung eines theologischen Lehramtes der missio canonica von Seite des Bischofs [7]. Der Bischof hat daher auch die Katechismen und die Lehrbücher für den theo= logischen Unterricht zu approbiren; Bücher über res sacrae sollen von ihm approbirt sein. Der Bischof kann aber nicht über theologische Contro= versen entscheiden, über die bedeutende Theologen uneinig sind; eine solche Entscheidung hätte nicht mehr Gewicht als die Gründe, die er anführt.

---

[1] C. 1 § 9 D. 25.

[2] C. ult. de privileg. in VI.

[3] Vgl. auch Const. „Apost. Sedis moder.“, excomm. speciali modo Pontifici reserv. 5.

[4] Trid. s. XXIII. c. 16; s. XXII. decr. de observ. etc.

[5] Trid. s. XXI. c. 9.

[6] Trid. s. V. c. 2: „Nullus sive saecularis, sive regularis, etiam in ecclesiis propriorum ordinum, contradicente episcopo praedicare praesumat.“ Sess. XXIV. c. 4. 1; c. 15 x I. 31.

[7] Cf. *Jansen*, De facultate docendi s. de scholis institutiones juridicae. Aquis- grani 1885. Cf. Syllab. n. 33: „Non pertinet unice ad ecclesiasticam jurisdictionis potestatem proprio ac nativo jure dirigere theologicarum rerum doctrinam.“

II. Der Bischof hat das Recht der Aufsicht[1], wie über Predigt und
Religionsunterricht, so auch über die Liturgie, die Disciplin der Geistlichen
und des Volkes, über Reinheit der Lehre und der Sitten, weshalb er auch
Bücher verbieten kann, die gegen Religion und Sitten verstoßen. Ihm steht
nach canonischem Rechte auch die Aufsicht, wie über Seminarien, Emeriten-
und Correctionshäuser, so auch über alle loca pia (Spitäler, Wohlthätigkeitsanstalten u. s. w.) zu. Als Lehrer und Erzieher des christlichen Volkes
muß der Bischof insbesondere auch die Aufsicht über die religiöse Erziehung
in den Schulen haben[2].

Aus der Pflicht der Beaufsichtigung seiner Diöcese ergibt sich weiter:

1) Die Residenzpflicht (185).

2) Die Pflicht der Visitation der Diöcese. Diese hat der Bischof
persönlich oder, wenn er verhindert ist, durch einen Stellvertreter, und zwar
innerhalb 1—2 Jahren vorzunehmen. Sie erstreckt sich auf loca (Kirche,
Kapellen, Institute und deren Einrichtung), res (Kirchengeräthschaften und
Kirchenvermögen), munera (Amtsverrichtungen, Ablässe, Bruderschaften), personae (Lebenswandel und Amtsführung der Geistlichen, religiös-sittlicher Zustand der Gemeinde u. s. w.). Die Visitation soll den Charakter einer väterlichen Untersuchung haben, nicht den eines gerichtlichen Verfahrens; sie schließt
deshalb auch die Appellation aus, wenigstens den effectus suspensivus
(272)[3]. Was Regularen angeht, vgl. 157, 158, 162. Die Weltgeist-
lichen unterstehen auch in den Territorien der Praelati nullius der Visitation
des benachbarten Bischofs als apostolischen Delegaten oder desjenigen, den
der Prälat sich auf dem Provinzialconcil erwählt hat (Trid. s. XXIV c. 9).

---

[1] Trid. s. XXIII. c. 1: „gregi suo invigilent et assistant"; c. 18 ib.

[2] Syllab. n. 45: „Totum scholarum publicarum regimen, in quibus juventus
christianae alicujus reipublicae instituitur, episcopalibus dumtaxat seminariis aliqua
ratione exceptis, potest ac debet attribui auctoritati civili, et ita quidem attribui,
ut nullum alii cuicumque auctoritati recognoscatur jus immiscendi se in disciplina
scholarum, in regimine studiorum, in graduum collatione, in delectu aut approbatione magistrorum." 46: „Immo in ipsis clericorum seminariis methodus studiorum adhibenda civili auctoritati subjicitur." 47: „Postulat optima civilis societatis ratio, ut populares scholae, quae patent omnibus cujusque e populo pueris,
ac publica universim instituta, quae litteris severioribusque disciplinis tradendis et
educationi juventutis curandae sunt destinata, eximantur ab omni ecclesiae auctoritate, moderatrice vi et ingerentia plenoque civilis ac politicae auctoritatis arbitrio
subjiciantur ad imperantium placita et ad communium aetatis opinionum amussim."
48: „Catholicis viris probari potest ea juventutis instituendae ratio, quae sit a
catholica fide et ab ecclesiae potestate sejuncta quaeque rerum dumtaxat naturalium
scientiam ac terrenae socialis vitae fines tantummodo vel saltem primarium spectet."

[3] Trid. s. XXIV. c. 3. 10; s. XXI. c. 8; s. VII. c. 8; s. VI. c. 4; cf. c. 10.
11. 12 C. X. q. 1; c. 5 D. 80.

3) Wie der Bischof sein Aufsichtsrecht auszuüben verpflichtet ist, be=
sonders durch die Visitation und dadurch, daß er von seinen Dekanen und
Pfarrern Berichterstattung fordert, so hat er selbst auch die Pflicht der Be=
richterstattung an den Papst durch die an die Congreg. Concilii (212, II. 3)
gehenden *relationes status* und die *visitatio liminum ss. Apostolorum*, d. i. die
Besuchung der Gräber der Apostelfürsten, die Huldigung vor dem Papst und
die Berichterstattung (197, 2), wozu sich der Bischof innerhalb bestimmter
Zeitfrist (je nach der Entfernung von Rom innerhalb 1—10 Jahren, für
Deutschland innerhalb 4 Jahren) bei der Consecration verpflichtet. Auch die
Praelati vere nullius und die Titularbischöfe sind zur visitatio liminum
verpflichtet [1].

III. Der Bischof hat für seine Diöcese das Recht der Gesetzgebung;
nur dürfen die Diöcesangesetze nicht mit dem jus commune in Widerspruch
stehen [2]. Alle seine Anordnungen bleiben auch nach seinem Tode in Kraft.
Zu Constitutionen, welche das Kapitel angehen, soll er dessen Consens ein=
holen. Der Bischof kann z. B. Festtage anordnen; gegen allgemeine Gesetze
kann er im Falle etwaiger wichtiger Gegengründe nur beim Papste remon=
striren und zweckdienliche Veränderungen vorschlagen.

Dispensiren kann er von Diöcesangesetzen, auch von den Gesetzen
der Provinzialsynode, außer es sei dies von der Synode selbst dem Metro=
politen vorbehalten oder die Beschlüsse vom Papste nicht in forma communi,
sondern *in forma specifica* bestätigt worden (219).

Von allgemeinen Kirchengesetzen kann der Bischof nicht dis=
pensiren (245), außer in bestimmten Fällen, nämlich:

1) *Ex jure id permittente*, wo das Recht ausdrücklich es ihm ein=
räumt, wie von gewissen Irregularitäten (138, 3), von Gelübden (außer
den dem Papste reservirten), bei aufschiebenden Ehehindernissen (330, I—III
IV, 3. 4).

2) *Ex legitima consuetudine*, z. B. vom Fastengebot für einzelne und
für einzelne Fälle, überhaupt bei einer hundertjährigen Gewohnheit oder
consuetudo immemorabilis, wenn der kirchlichen Disciplin dadurch kein
Eintrag geschieht. Er kann die Erlaubniß zu knechtlicher Arbeit an Fest=
und Sonntagen ertheilen.

3) *Ex praesumpta et interpretativa Pontificis delegatione* bei geheimen
Ehehindernissen, wenn wegen Gefahr auf Verzug oder anderer Hindernisse
wegen die Dispens nicht vom Papste erholt werden kann.

---

[1] Sixti V. Const. „Romanus Pontifex" d. 20. Dec. 1585 belegt die Unter=
lassung mit strengen Strafen.

[2] C. 9 x I. 33.

4) *Ex speciali Pontificis delegatione*, wie vermöge der sogen. Quinquennalfacultäten (355).

IV. Der Bischof hat die Jurisdictionsgewalt pro foro interno et externo. Er kann das Bußsacrament in der ganzen Diöcese spenden, wie er die Jurisdiction und Approbation zur Spendung desselben ertheilt; beim Pfarrer ist sie mit dem Amte verbunden. Er kann sich casus conscientiae zur Absolution reserviren. Er hat aber auch das ordentliche Richteramt in erster Instanz (248), kann Censuren und Strafen verhängen, gegen Amts- und Disciplinarvergehen der Cleriker und gegen kirchliche Verbrechen der Laien einschreiten [1].

V. Zur Administratiogewalt des Bischofs gehört insbesondere:

1) Die Errichtung, Union, Division, Suppression von niederen Kirchenämtern, soweit sie nicht Genehmigung des Papstes erfordern (167).

2) Freie Verleihung der *beneficia minora*, soweit nicht ein besonderes Recht entgegen steht, und Investitur zu allen Beneficien nach vorgängiger Prüfung.

3) Das Devolutionsrecht (181, 1).

4) Die Berufung der Diöcesansynode, Anordnung von Conferenzen, Congressen.

5) Die Approbation des Clerus für die Seelsorge.

6) Die Beiordnung von Hilfsgeistlichen für Pfarrer.

7) Das Besteuerungsrecht in der Diöcese, wovon bei der Lehre vom Kirchenvermögen gehandelt werden wird. Dieses Recht nannte man auch *lex dioecesana* und unterschied es von der *lex jurisdictionis*, indem durch Exemtion vorzugsweise Befreiung von den bischöflichen Abgaben erlangt ward. *Lex dioecesana* hieß daher auch das Recht des Bischofs über die Diöcesanen mit Ausnahme der Exemten, *lex jurisdictionis* das über die ganze Diöcese und alle Gläubigen in ihr [2]. Sonst ist beides gleichbedeutend.

223. Der Bischof übt in bestimmten Fällen auch als Delegat des Apostolischen Stuhles eine höhere Gewalt über Exemte entweder kraft gesetzlicher Delegation oder auf Grund specieller päpstlicher Facultäten. Insbesondere hat das Tridentinum die Bischöfe als Delegaten des Apostolischen Stuhles aufgestellt und ihnen aufgetragen, in bestimmten Fällen zu handeln als *delegati Sedis Apostolicae* und in anderen *etiam tamquam delegati Sedis Apostolicae* [3], welch' letzteres erklärt wird: 1) von einer Cumulation

---

[1] Cf. Trid. s. XIV. c. 7; can. 11; s. XXIV. c. 20; s. XXV. c. 3.
[2] Cf. c. 18 x I. 31; c. 1 in VI (V. 12); c. 9 x V. 7.
[3] Als päpstliche Delegaten schlechthin werden die Bischöfe bestellt in s. V. c. 1. 2; s. VI. c. 3; s. VII. c. 6. 8. 14; s. XIII. c. 5; s. XIV. c. 4; s. XXII. c. 5. 6;

der päpstlichen und bischöflichen Jurisdiction, also von solchen Fällen, in welchen der Bischof vor dem **Tridentinum** auch kraft seiner **ordentlichen** Gewalt einschreiten konnte [1], und er jetzt **zugleich** als Delegat des Papstes handeln soll, gleichwie es in c. 4 (p. d.) x I. 9 heißt „auctoritate *nostra et tua*". Für diese Auffassung spricht, daß in letzterem Falle nicht nothwendig an den Papst, sondern auch an den Metropoliten appellirt werden kann. Oder 2) von einer **eventuellen Delegation**, falls es sich nämlich um Exemte handelt [2]. Wo die Bischöfe *etiam* tamquam Sedis Apostolicae delegati aufgestellt werden, stand ihnen an und für sich die jurisdictio ordinaria zu, sie sollen aber auch die Jurisdiction (als Delegaten des Papstes) ausüben, wo sie eines Privilegiums, einer Exemtion wegen ihnen nicht zusteht (vgl. 233. 270) [3].

VI. Die **Ehrenrechte** der Bischöfe bestehen: 1) in der **Präcedenz**; abgesehen von päpstlichen Legaten geht nur der **eigene Metropolit** dem Diöcesanbischof in seiner Diöcese vor; auf Provinzialconcilien haben die Bischöfe ihren Rang der Zeit der Consecration nach; 2) in der **Ehrfurchtsbezeugung** durch Kuß des Ringes, feierlichen Empfang auf Amtsreisen, den bischöflichen Thron (faldistorium), Fürbitte im Canon der Messe vor jedem Priester, der innerhalb der Diöcese celebrirt. 3) Die **Insignien** des Bischofs sind der Hirtenstab (pedum curvum, baculus pastoralis, virga pastoralis), der Ring, die Inful (mitra pretiosa, auriphrygiata, simplex), das goldene Brustkreuz (pectorale), dann die Pontificalkleidung (pontificalia ornamenta): das Rochett und Mantellet oder Mozett, die Cappa, Tunicella und Dalmatik, die Handschuhe (manicae, chirothecae), die Strümpfe (tibialia, caligae), Sandalen (socculi, calceamenta) und das Schoßtuch von gleicher Farbe mit dem Meßgewande. Die Bischöfe nennen sich: Dei et Apostolicae Sedis gratia [4] oder Dei miseratione et Apostolicae Sedis gratia episcopus. Die Beisetzung der Leichen der Bischöfe in ihren Kathedralen findet fast überall statt.

---

s. XXIV. c. 9. 11. 14; s. XXV. c. 9 und de regul. c. 8. 9; *etiam* tamquam Sed Ap. delegati sollen sie handeln s. VI. c. 4; s. XXI. c. 3—8; s. XXII. decret. de observ. etc. und c. 3. 8. 10; s. XXIV. c. 10; s. XXV. c. 9. 14.

[1] *Reiffenstuel*, Jus can. L. I. t. 19 n. 37. Phillips, Kirchenrecht Bd. VI. S. 810.

[2] v. Scherer, Kirchenrecht Bd. I S. 421 N. 36. Cf. c. un. Clem. I. 5: „Dioecesani locorum in non exemptis sua, in exemptis vero apostolica auctoritate negligentiam super hoc suppleant."

[3] Droste, Kirchl. Disciplinar- und Criminalverfahren gegen Geistliche. Paderborn 1882, S. 17 f. Lämmer l. c. S. 227.

[4] Santi (l. c. I. 31 n. 166 p. 332) findet darin ausgesprochen: „Episcopi missionem obtinent mediate a Deo, immediate a Rom. Pontifice."

Regularen (monachi et mendicantes), die Bischöfe werden (160), sollen die Ordenskleidung der Farbe nach beibehalten, nicht der Form nach. Sie beten das Brevier der Diöcese. Resigniren sie mit Genehmigung des Papstes, so müssen sie ins Kloster zurückkehren, außer wenn der Papst es anders erlaubt. Von den *Praelati nullius* war beim Ordensstande die Rede (158).

14. Die Diöcesanspnode.

224. Die Diöcesanspnode (synodus dioecesana, concilium episcopale, synodus simpliciter, früher auch presbyterium) ist die Versammlung des Clerus einer Diöcese um seinen Bischof[1]. Wesentlich verschieden von allen anderen Concilien (207), ist auf der Diöcesanspnode es der Bischof allein, der legislator und judex ist, der allein entscheidende Stimme hat, und er erläßt die Diöcesanstatuten auf der Synode wie außerhalb derselben nur in seinem Namen. Alle anderen Theilnehmer haben nur berathende Stimme. Der Bischof bedarf wohl nach gemeinem Rechte in einzelnen Fällen der Zustimmung des Kapitels und muß vor Erlaß von Diöcesanstatuten den Rath des Kapitels einholen (232); aber an den Rath oder die Zustimmung der Synode ist er in keiner Weise gebunden. Daß die Pfarrer ein votum decisivum hätten, wie die Pseudosynode von Pistoja behauptete, ist ausdrücklich verworfen[2].

Von großem Nutzen aber wäre dennoch die Diöcesanspnode, die nach dem Concil von Trient alljährlich stattfinden sollte[3]; sie knüpft ein engeres Band zwischen Bischof und Clerus, hebt das clerikale Leben und Bewußtsein, dient dem Bischof besonders dazu, den Gesammtzustand der Diöcese kennen zu lernen und wäre sicher für ihn höchst zweckmäßig zur einheitlichen Leitung der Diöcese und Abschaffung von Mißbräuchen.

Die Berufung der Diöcesanspnode steht dem Diöcesanbischof[4] zu, sobald er confirmirt, wenn er auch noch nicht consecrirt ist. Der Generalvikar kann sie nur im speciellen Auftrag (speciale mandatum) des Bischofs berufen, außerdem wären die Acte der Synode ungiltig, auch wenn der Bischof abwesend war[5]. Der Kapitelsvikar kann sie erst berufen, wenn seit der letzten Diöcesanspnode ein Jahr verflossen ist.

---

[1] Cf. *Benedict. XIV.*, De syn. dioeces.; A. Schmid, Die Bisthumssynode. Regensburg 1850 f.; Amberger, Der Clerus auf der Diöcesanspnode. Regensburg 1849; Sattler, Die Diöcesanspnode. Regensburg 1849; Phillips, Die Diöcesanspnode. 2. Aufl. Freiburg 1849.

[2] Const. Pii VI. „Auctorem fidei" d. 28. Aug. 1794 n. 9—11.

[3] Früher wurde sie zweimal im Jahre (c. 17 D. 18), dann einmal gehalten c. 25 x V. 1; Trid. s. XXIV. c. 2.

[4] C. 15 x I. 6; *Benedict. XIV.*, De syn. dioeces. l. II. c. 8.

[5] Congr. Concil. d. 4. Dec. 1655; *Bened. XIV.* l. c.

Zu berufen, und, wenn sie berufen sind, zu erscheinen ver=
pflichtet sind der Generalvikar, Dignitäre, Dom= und Collegiatkapitel, die
gewöhnlich Vertreter senden, Landdekane, Pfarrer und alle Seelsorgsgeistlichen
(auch exemte Regularen), andere Cleriker, wo es sich um Reform des Clerus
handelt. Aebte sind zu berufen, wenn sie Seelsorge haben und nicht unter
Generalkapiteln stehen. Der Bischof kann auch Laien beiziehen. Ueberhaupt
ist hier das Herkommen der Diöcese zu beachten; von denen, die de jure et
consuetudine beiwohnen müssen, kann der Bischof unter Strafen die Theil=
nahme fordern.

Die Synode hat zum Zweck Rechenschaftsablage des Clerus über Er=
füllung seiner geistlichen Pflichten', Promulgation der Beschlüsse des Pro=
vinzialconcils, Ueberwachung der Disciplin und Beobachtung der Diöcesar=
statuten, Entscheidung von Streitigkeiten, Bestrafung von nachlässigen Geistlicher,
Verfügungen zur Hebung des kirchlichen Lebens. Hier ward das cathedra=
ticum entrichtet, die reservatio casuum episcopalium festgestellt, Meß=
und Beneficienangelegenheiten regulirt, die Stiftungsrechnungen revidirt u. s. w.

Mit der Synode pflegen öffentliche Gebete, feierlicher Gottesdienst und
geistliche Uebungen in Verbindung zu stehen. Vorausgehen sollen Berathungen
der Dekane und Pfarrer. Die Synode selbst, deren feierliche Sitzungen in
der Kathedrale gehalten werden, dauert in der Regel drei Tage. Als Sy=
nodalbeamte werden bei Beginn derselben (congreg. praesynodalis) auf=
gestellt der Synodalsecretär, der Promotor (oder zwei, vom Stadt= und
Landclerus) für Leitung der Geschäfte, der procurator cleri, der etwaige
Einreden und Anträge des Clerus vorzubringen hat, u. a.; auch sollen auf
der Synode judices in partibus aufgestellt werden, sowie die examinatores
synodales und die Synodalzeugen (testes synodales).

15. Coadjutoren und Weihbischöfe.

225. Als Stellvertreter der Bischöfe erscheinen schon in alter Zeit Coad=
jutoren und Chorbischöfe, später Weihbischöfe. So ward schon im dritten Jahr=
hundert z. B. Alexander von Cappadocien dem Bischof Narcissus von Jeru=
salem, im vierten Augustinus dem Valerius von Hippo als Coadjutor beigegeben[1].

Das Band, das den Bischof mit seiner Diöcese verbindet, soll in der
Regel nur der Tod lösen. Ein Bischof, der durch Alter oder Krankheit an
der Verwaltung seines Amtes gehindert ist, kann deshalb nicht gezwungen
werden, sein Amt niederzulegen[2]; einem solchen Bischof soll daher ein Coad=

---

[1] C. 12. 13. 14 C. VII. q. 1. *Euseb.*, H. E. VI. 11.

[2] „Ne afflicto afflictio sit addenda" c. 5 x III. 6; c. 5. 6 C. VII. q. 1; c. 2
D. 80. Cf. Sexti III. 5. *Steck*, De adjutoribus praesulum Germaniae. Lips. 1755;
Köhler, De coadjutor. in Germania. Mogunt. 1787.

jutor beigegeben werden. Geschah dies früher auch durch den Metropoliten und Provinzialconcilien und ist es erst von Bonifaz VIII. ausdrücklich dem Papste als causa major vorbehalten[1], so liegt doch das Recht dazu wesentlich im Primate, nur mußte der Papst es nicht allzeit persönlich ausüben (vgl. 44. 189).

Der Bischof wählt in der Regel sich den Coadjutor selbst; wofern dieser das jus succedendi erhält, mit Consens des Kapitels, wo dieses das Wahl= recht, oder des Landesherrn, wo dieser das Nominationsrecht für den bischöf= lichen Stuhl hat. Ist der Bischof unfähig, den Coadjutor zu wählen, so kann das Kapitel mit Zweidrittels=Stimmenmehrheit ihn wählen. Der Papst aber bestätigt ihn, kann jedoch auch, wo es das Heil der Kirche erfordert oder der Bischof sich widersetzt, gegen den Willen desselben ihm einen Coad= jutor beigeben.

Der Coadjutor kann zeitlich *(temporalis)* oder immerwährend *(perpetuus)* sein[2]. Bei einer bloß zeitweiligen Verhinderung des Bischofs fungirt heut= zutage quoad jurisdictionalia der Generalvikar fort, quoad pontificalia wird gewöhnlich ein Weihbischof bestellt. Die Coadjutoren werden in der Regel gegenwärtig *cum jure succedendi* eingesetzt, was jedoch nach dem Tridentinum s. XXV. c. 7 nur aus dringenden Ursachen nach Prüfung der Sache durch den Papst geschehen soll. Ein solcher Coadjutor cum jure succedendi hat das jus ad rem und erhält mit dem Tode des Bischofs das jus in re auf das Bisthum und tritt in alle Rechte des= selben ein.

Der Coadjutor hat alle jene Weihe= und Jurisdictionsrechte, welche ihm der Bischof überläßt oder die dieser nicht ausüben kann. Er ist, wie der Weihbischof, ein episcopus titularis.

226. Gehilfen der Bischöfe für Ausübung der Pontificalien auf dem Lande waren in älterer Zeit die Chorbischöfe *(ruris episcopi)*. Sie waren jedoch früher oft nur Priester, erst später auch wirkliche Bischöfe. Ihre Jurisdiction hing vom Auftrage des Bischofs ab. Sie wurden im 9. und 10. Jahrhundert im Abendlande abgeschafft, der Name erhielt sich noch manch= fach im Sinne von Archidiakon[3].

Seit den Kreuzzügen waren auf den Titel der an die Ungläubigen ver= loren gegangenen Bisthümer neue Bischöfe consecrirt worden, die oft zu

---

[1] C. un. in VI (III. 5); cf. c. 17 C. VII. q. 1.

[2] Cf. c. 5 x I. 35; c. 2 x III. 8; c. 2. 3 in VI (III. 7); c. 4 x III. 8.

[3] v. Scherer, Kirchenrecht Bd. I. S. 597: „Die Rechtsentwicklung dieses Instituts der Chorbischöfe und der Umfang ihrer Befugnisse war örtlich und provinziell ver= schieden geartet, und es geht nicht an, die mannigfachen Gestaltungen in eine allgemeine Theorie zusammenzufassen."

Wanderbischöfen ausarteten[1], weshalb auch solche Bischöfe (episcopi titulares) nur vom Papste aufgestellt werden durften. An den Papst sind
daher die Diöcesanbischöfe angewiesen, wenn sie eines Gehilfen in pontificalibus bedürfen. Der Papst ernennt sie auf Antrag oder Vorschlag des
Ordinarius.

Solche Weihbischöfe (vicarii in pontificalibus, suffraganei) können
die Pontificalien nur mit Wissen und Willen des Ordinarius ausüben;
Jurisdictionsrechte haben sie keine, außer sofern sie ihnen besonders übertragen
werden. Der Bischof muß ihnen ein standesgemäßes Einkommen sichern;
meist werden schon präbendirte Canoniker dazu genommen.

16. Der Generalvikar.

227. Seit dem 4. Jahrhundert finden wir den Archidiakon als
Gehilfen des Bischofs („oculus et manus episcopi") in der Verwaltung
der Diöcese; seit dem 7. Jahrhundert mehrere Archidiakone (archidiaconi
rurales) unter dem archidiaconus major der Bischofsstadt. Ihre Macht
nahm allmählich so zu, daß sie kraft ihrer jurisdictio ordinaria (eigentlich
mandata) sich immer mehr unabhängig vom Bischof machten, eine eigene Instanz bildeten, die Diöcese visitirten, Beneficien vereinigten u. s. w. Deshalb wurden ihre Befugnisse im 11. und 12. Jahrhundert immer mehr beschränkt, ihnen die Aufstellung von Vikarien oder Officialen verboten, die
eigenmächtige Visitation der Pfarreien, die Entscheidung in Ehesachen und
anderen wichtigen Angelegenheiten, sowie die Bestrafung größerer Vergehen der
Geistlichen entzogen, was das Tridentinum bestätigte[2].

Dem Range nach stand der Archipresbyter unter dem Archidiakon;
er war Stellvertreter des Bischofs in dessen gottesdienstlichen Functionen. Es
gab ebenso Rural-Archipresbyter (235) unter dem Archipresbyter
der Kathedrale. Die Befugnisse des letztern gingen theils an den Weihbischof,
theils an den Domdekan über, wie die des Archidiakon an den Generalvikar,
theilweise an den Dompropst[3].

228. Die Generalvikare traten seit dem vierten Lateranconcil an
die Stelle der Archidiakonen[4]. Seit Bonifaz VIII. unterschied man zwar

---

[1] Cf. c. 5 Clem. I. 3: „qui nec (ut expediret) prodesse nec praeesse (ut
deceret) valentes instabilitate vagationis et mendicitatis opprobrio serenitatem pontificalis obnubilant dignitatis". Trid. s. XIV. c. 2. Archiv für kath. Kirchenrecht
Bd. 46 S. 201 ff.

[2] Trid. s. XXIV. c. 20. 3. 12; s. XXV. c. 3. 14; cf. x I. 23.

[3] Trid. s. XXIV. c. 3. S. Kirchenlexikon 2. Aufl. Bd. I. S. 1257 ff.; cf.
x I. 24.

[4] C. 14 x I. 31; cf. x I. 28; Sexti I. 13; Clem. I. 7. Archiv für kath. Kirchenrecht Bd. IV. S. 402 ff. Bouix, Tract. de judiciis eccl. Paris. 1855. t. I. p. 349 seq.

vicarius generalis für die jurisdictio voluntaria und *officialis (principalis)* für die jurisdictio contentiosa; gewöhnlich aber werden beide Namen promiscue gebraucht [1], doch besteht auch noch zuweilen neben dem General= vikar für die Verwaltungsgeschäfte ein Bisthumsofficial für die Juris= diction [2]. Der Bischof allein stellt ihn auf und bedarf dazu keiner Mit= wirkung des Kapitels. Verpflichtet ist der Bischof, einen Generalvikar aufzustellen, wenn er nicht selbst in der Diöcese residirt, auch bei zu weiter Ausdehnung derselben. Mehrere Generalvikare können aufgestellt wer= den, wenn zwei Diöcesen vereinigt sind, namentlich da, wo zwei Nationen mit verschiedenem Ritus in derselben Diöcese vereinigt sind, überhaupt wo eine consuetudo legitima oder päpstliches Indult es gestatten, so daß sie *in solidum* aufgestellt werden.

Der Generalvikar muß Cleriker, darf nicht bigamus sein, soll 25 Jahre alt, Doctor oder Licentiat der Theologie oder des canonischen Rechtes sein, nicht ein Seelsorgsgeistlicher, nicht der Pönitentiar oder Vorstand des Se= minars, nicht mit dem Bischof verwandt. Ordensgeistliche können es aus= nahmsweise (mit Erlaubniß ihres Ordensobern) werden, jedoch soll es keiner aus einem Mendicantenorden werden [3].

Der Generalvikar ist juridisch eine Person mit dem Bischof; daher kann

1) in Rechtssachen vom Generalvikar nicht an den Bischof, sondern nur an den Metropoliten appellirt werden [1],

2) ist seine Gewalt eine rein persönliche, kann nicht subdelegirt werden, und

3) erlischt sie zugleich mit der des Bischofs, ist suspendirt, sobald die des Bischofs suspendirt ist.

Der Generalvikar hat seine Gewalt kraft eines *generale mandatum* des Bischofs; sie ist nicht mit einem titulus perpetuus verbunden, hängt ganz vom Bischof ab, der sie beschränken und erweitern, ertheilen und entziehen kann; insofern erscheint sie als eine *jurisdictio mandata* (249, 2). In= sofern jedoch der Generalvikar, sobald er vom Bischof aufgestellt ist, kraft seines Amtes, nicht infolge einer Delegation oder Commission, einen be= stimmten Umfang von Rechten hat, wird sie in der Regel als *ordinaria* oder *quasi ordinaria* bezeichnet. Sie ist eine ganz eigenthümliche, anomale, die an beiden Arten participirt [5].

---

[1] Glosse zu Clem. 2 de rescript. I. 2: „alibi dicitur vicarius"; C. 3 (I. 13) in VI: „officialis aut vicarius generalis"; Trid. s. XXIV. c. 16. 12; s. XIII. c. 1—4.

[2] Vgl. Lämmer l. c. S. 192.   [3] C. 1 in Clem. III. 9.

[4] C. 2 Sexti I. 4; c. 3 Sexti II. 15; Trid. s. XIII. c. 2; c. 1 Sexti I. 16. „Officialis dicitur actum facere non auctoritate propria, sed vice et auctoritate illius. qui eum creavit."

[5] Cf. *Aichner*, l. c. p. 418. Phillips, Permaneder, Schulte u. a. nennen sie ebenso eine vicaria, delegata oder mandata. *Berardi* Comment. t. I. p. 211: „Qui

Kraft seines generale mandatum kann der Generalvikar die bischöflichen Jurisdictionsrechte ausüben, soweit sie nicht vom Rechte ausgenommen oder als so wichtig betrachtet werden, daß zu präsumiren ist, der Bischof wolle sie nicht ohne sein Wissen und Urtheil besorgt wissen [1].

I. Zu dem *generale mandatum*, zu den gewöhnlichen Befugnissen des Generalvikars gehört:

1) Das Recht, die Sacramente zu spenden, der Ehe zu assistiren, zu predigen in der ganzen Diöcese;

2) von der Excommunication loszusprechen, die der Bischof oder dessen Delegat oder der Generalvikar selbst verhängt hat;

3) die Beichtväter zu approbiren;

4) unter Strafe der Excommunication Gehorsam zu fordern, z. B. daß der Angeklagte und die Zeugen vor ihm erscheinen;

5) Dispensationen von den Proclamationen und Ehehindernissen bischöflicher Competenz zu ertheilen [2];

6) jedem Priester die Facultät zu ertheilen, der Eheschließung zu assistiren und zu trauen;

disputant, an Vicariorum jurisdictio ordinaria dicenda sit an delegata, mihi videntur de vocabulis litem inferre, quando alias in rem, in causam inque effectus omnes consentiunt. Utraque disputantium pars unum idemque consistorium sive forum et Vicario et Episcopo asserit, unde a Vicario ad Episcopum appellatio denegetur, contra quam olim institutis Archidiaconis vigeret. Utraque pars admittit, mortuo Episcopo aut quomodocumque extincta episcopali jurisdictione Vicarii quoque potestatem extingui, qui sane sunt jurisdictionis delegatae characteres. Quonam igitur disputatio spectabit, nisi ad subtilius investigandum, an ab lege, an ab homine Vicariorum jurisdictio derivet? Qui Vicarium delegatum dicunt, ab homine i. e. ab Episcopo derivatam jurisdictionem fatentur. Qui ordinarium dicunt, non infitiantur, Vicarium ab Episcopo designari, sed Episcopi partes in una designatione concludunt, qua secuta, vi et potestate legis jurisdictio transferatur. Sunt isti meo judicio lusus verborum, quorum si velimus intimum sensum exprimere, nihil aliud concludetur, quam, ubi Episcopus Vicarium constituat, hanc constitutionem a lege probari, qua in propositione universos consentientes invenies." *De Angelis* l. c. I, II p. 70: „Sed hoc demonstrat, positionem Vicarii Generalis esse anomalam." *Fr. Santi*, Praelect. jur. can. l. I. in tit. 28 n. 21 p. 213: „Est sui generis et ordinariae et delegatae jurisdictionis indolem refert."

[1] R. J. 81 in VI.: „In generali concessione non veniunt, quae quis non esset in specie verosimiliter concessurus"; c. 3 Sexti I. 13. C. 5 in VI. (I. 19): „Qui generaliter constituitur ad negotia procurator, agere ac experiri potest, exceptis his casibus, qui mandatum exigunt speciale" (nach geschriebenem oder Gewohnheitsrecht oder Wichtigkeit der Sache).

[2] Wenn auch Trid. s. XXIV. c. 20: von den Ehesachen sagt: „episcopi tantum examini relinquantur", so ist dadurch wohl nur jeder andere, nicht aber der Generalvikar ausgeschlossen, „quia episcopus ejusque vicarius seu officialis principalis unum idemque tribunal habent".

7) Klöster und loca pia zu visitiren, wenn sie nicht exemt sind;

8) den Pfarrconcurs zu leiten;

9) die Erlaubniß zu ertheilen zum Eintritt in die Clausur von Frauenklöstern;

10) Hilfsgeistliche den Pfarrern beizugeben und Pfarrvikare aufzustellen;

11) die canonische Institution zu ertheilen, wo andere präsentirt oder gewählt haben (nach sententia communis);

12) dasjenige überhaupt auszuüben, was dem Bischofe vor dem Tri= dentinum jure ordinario zustand und wo dasselbe den Bischof *etiam* tam- quam Sedis Apostolicae delegatus aufstellt (vgl. 223. 270).

Der Generalvikar kann wohl nicht ad universalitatem causarum, wohl aber für einzelne Geschäfte delegiren. Auch kann ein *substitutus vicarii generalis* aufgestellt werden vom Bischof (vices gerens) oder kraft eines speciellen Mandats auch vom Generalvikar selbst (locum tenens); im letztern Falle erlischt seine Jurisdiction, wenn der Generalvikar nominatim excom= municirt ist, nicht aber, wenn er vom Bischof aufgestellt ist.

II. Ein *speciale mandatum*[1] aber bedarf der Generalvikar insbesondere:

1) Zur Ausübung der Pontifikalien, zu allem dem, was die potestas ordinis episcopalis erfordert, wenn er die bischöfliche Weihe auch hat.

2) Zur Ertheilung von literae dimissoriales behufs Ertheilung der Weihen, außer wenn der Bischof in remotis ist.

3) Zur Verleihung von Kirchenämtern liberae collationis episcopalis.

4) Zur Errichtung, Theilung, Aufhebung von Beneficien.

5) Zur Belastung eines Beneficiums mit einer pensio.

6) Zur Veräußerung von Kirchengütern.

7) Zur Genehmigung der Erbauung neuer Klöster und Errichtung neuer Convente.

8) Zur Visitation der Diöcese.

9) Zur Abänderung von Diöcesanstatuten (224).

10) Zur Annahme von Resignationen.

11) Zur Bestrafung bedeutender Vergehen und Verbrechen, namentlich zur Translation, Absetzung von Beneficiaten.

12) Zur Vollziehung letztwilliger Verfügungen zu frommen Zwecken.

13) Zur Verleihung von Ablässen.

14) Zur Dispensation von Irregularitäten und Absolution von der Suspension wegen geheimer Delicte.

---

[1] Specialia non committuntur, nisi exprimantur. Eine allgemeine Clausel genügt daher nicht. Das speciale mandatum kann ein restrictivum oder ampliativum man- dati generalis sein.

15) Ueberhaupt zu all dem, was dem Bischof nicht nach dem jus commune, sondern auf Grund eines besondern Rechtstitels, wie nur kraft des Concils von Trient zusteht[1].

Die Jurisdiction des Generalvikars erlischt durch seine renunciatio, durch revocatio von seiten des Bischofs, wogegen er den Recurs an die Congregatio super negotiis Episcoporum et Regularium ergreifen kann, und sobald die Jurisdiction des Bischofs erlischt (durch Tod, Translation, Resignation, Absetzung des Bischofs).

Dem Generalvikar steht gewöhnlich ein mitberathendes, oder auch in Streit- und Strafsachen ihm oder dem Official, wo beides getrennt ist, ein mitbeschließendes Collegium von geistlichen (auch weltlichen) Räthen zur Seite (Generalvikariat, Officialat, Ordinariat, auch Consistorium, wie anderwärts das davon getrennte Ehegericht heißt). Auch findet sich zuweilen noch ein allgemeiner geistlicher Rath (consilium generale) unter Vorsitz des Dompropstes oder Domdechants.

17. Das Domkapitel.

a. Das Domkapitel als solches.

229. Von den Zeiten der Apostel an umgaben den Bischof Priester und Diakonen, das Presbyterium[2]. Aus diesem entwickelte sich das Domkapitel[3] (membra corporis episcopi), das wie jenes den Rath des Bischofs bildet. Das gemeinsame Leben ward bereits durch Basilius, Ambrosius u. a. eingeführt, nach Chrodegangs Regel (760) von Amalarius ausgebildet. Die im Matrikel (canon) der Kirche stehenden Cleriker (canonici) wurden zur Gemeinsamkeit (vita communis, vita canonica) des Lebens und Gebetes verpflichtet. Aus der Regel wurde täglich ein Kapitel verlesen, daher der Name capitulum auch auf den Versammlungsort und die Communität selbst übertragen.

Die vita communis verpflanzte sich von den Kathedralkirchen auch auf andere Kirchen; so entstanden die Collegiatstifte (capitula collegiata).

Nachdem seit dem 10. und 11. Jahrhundert das canonische Leben verfiel und die mensa episcopalis von der mensa capituli sich ausschied, letztere in einzelne Präbenden getheilt wurde, blieben doch die jüngeren Cle-

---

[1] Cf. Trid. s. XXIV. c. 6.   [2] C. 6 D. 24; c. 6 C. XV. q. 7.
[3] *Barbosa*, De canonic. et dignitat. etc. Lugd. 1700; *Bouix*, De capitulis. Paris. 1852; Schöttl, Der Antheil der Domkapitel an der Diöcesanregierung einst und jetzt. Eichstätt 1846; Gerich, Die kath. Domkapitel Deutschlands als jurist. Person. Regensb. 1851; Huller, Die jurist. Persönlichkeit der Domkapitel. Bamberg 1860; Schneider, Die bischöfl. Domkapitel, ihre Entwicklung und rechtliche Stellung im Organismus der Kirche. Mainz 1885.

rifer *(domicellares)* noch eine Zeitlang unter dem Scholaster *(caput scholae)* vereinigt[1], und es bestanden regulirte Chorherren (canonici regulares) neben den canonici saeculares fort[2].

Die Domkapitel wurden immer mehr selbständig und erlangten Exemtionen und Privilegien verschiedener Art; auch die Collegiatstifte wurden unabhängig vom Pfarrverbande und erhielten mancherlei kirchliche Privilegien und politische Rechte.

Bei vielen Kapiteln wurde adelige Geburt zur Aufnahme erfordert *(capitula insignia* und *non insignia)*[3]. Solange das gemeinsame Leben bestand, war keine bestimmte Zahl von Canonikern festgesetzt *(capitula aperta, non numerata, receptitia)*; später mußte die Zahl derselben festgesetzt werden *(capitula clausa, numerata)*[4]. Jedoch wurden einzelne über die festgesetzte Zahl aufgenommen, die erst allmählich in die vacant werdenden Bezüge einrückten, daher der Unterschied zwischen *canonici in floribus et fructibus* und *canonici in herbis.* Erst die Säcularisation hat trotz früherer Verbote die Expectanzen beseitigt.

Außer den eigentlichen Kapitularen gibt es manchmal Ehrencanoniker *(canonici honorarii, non residentiales),* ohne Gehalt und Residenzpflicht, zuweilen aber mit den Rechten der wirklichen Domkapitulare.

Die Kapitelswürden sind verschieden. Man unterschied nach Aufhebung der vita communis: dignitates, personatus und officia. Zu den Dignitären gehören der Propst *(praepositus)* und der Dekan *(decanus);* oft aber gibt es nur eine Dignität, Propst oder Dekan, in Ungarn dagegen sogar vier Dignitäre. Der Propst hatte früher die Güterverwaltung, auch die Verwaltung eines Theiles der bischöflichen Jurisdiction und die Kapitelsvorstandschaft, die anderwärts jedoch meistens der Dekan hat, dem zunächst die Besorgung des Gottesdienstes bei Verhinderung des Bischofs oblag. Von den übrigen Aemtern ist der *Theologus* und *Poenitentiarius,* ersterer für den Unterricht in der Theologie, besonders die Erklärung der Heiligen Schrift, letzterer für den Beichtstuhl, vom Concil von Trient gefordert[5]. Außer dem Leiter der Domschule (scholasticus oder scholaster) ist der sacrista (thesaurarius) für Ueberwachung der gottesdienstlichen Geräthe u. dgl., der custos (sacrista minor) für die der kirchlichen Utensilien, der primicerius (cantor) für den Domchor und der punctator für Ueberwachung des Chorbesuchs zu erwähnen.

---

[1] Seit dem 12. Jahrh. gehörten auch die Subdiakonen zu den Kapitularen (can. majores an den Collegiatstiften) Clem. 2 (I. 6). Die jüngeren Canoniker (Domicellaren, can. minores an den Collegiatstiften) blieben unter Leitung des Scholasticus, bis mit dem Aufblühen der Universitäten die Domschulen verfielen.

[2] C. 4 x III. 35.   [3] C. 37 x III. 5.   [4] Trid. s. XXIV. c. 12.

[5] Vgl. Sentis, Die praebenda theolog. et poenitent. in den Kapiteln. Mainz 1867. Trid. s. V. c. 1; s. XXIV. c. 8.

230. Die Canoniker müssen innerhalb zwei Monaten von ihrer Ernennung an die professio fidei ablegen[1] (170. 172. 183). Sie haben Sitz
im Chor (stallum in choro) und Stimme im Kapitel (votum in capitulo).
Sie sind verpflichtet zur persönlichen Abhaltung des Chordienstes und der
Conventsmesse[2]. Nehmen sie am Chorgebete nicht theil, so haben sie keinen
Theil an den distributiones quotidianae[3]. *Canonici jubilati*, die 40 Jahre
ununterbrochen den Chordienst mitgemacht haben, sind meist von dieser Pflicht
befreit. Die Canoniker haben ferner die Residenzpflicht (185), haben dem
Bischof Assistenz zu leisten[4] und die Kapitelsstatuten zu beobachten. Die
Geschäfte des Kapitels haben sie pro virili parte zu besorgen, entweder ab-
wechselnd (per turnum) oder in pleno, oder es geschieht durch besondere
Beamte des Kapitels.

Als Auszeichnung haben die Canoniker eigene Chorkleidung und das
Kapitelskreuz. Der Vorrang der einzelnen Canoniker richtet sich nach dem
Dienstalter, nur gehen allgemein die Inhaber früher errichteter Canonikate
denen der später errichteten vor. Viele Dignitäre haben die Pontifikalien.

231. Das Kapitel bildet für sich eine Corporation[5]; es besitzt
alle einer juristischen Person gemeinrechtlich zustehenden Rechte, was auch
allenthalben staatlicherseits anerkannt ist. Es kann Versammlungen unter
Vorsitz seines Vorstandes (Dompropst oder Domdechant) halten, hat sein
eigenes Siegel, seine eigenen Beamten, die Verwaltung seines eigenen Vermögens; es kann sich Statuten festsetzen, die aber particularrechtlich, z. B.
in Preußen und Bayern, der Bestätigung des Bischofs bedürfen.

Nach den Kapitelsstatuten ist die Frage zu entscheiden, wann zu Ka-
pitelsacten Einberufung der Abwesenden erforderlich ist; gemeinrechtlich ist sie
gefordert bei der Bischofswahl, bei Aufnahme neuer Kapitulare, Verleihung
von Pfründen durch das Kapitel und bei Einstellung des Chordienstes[6].

Es wird per vota majora der Anwesenden entschieden[7]; der Beschluß
bindet die Minorität, außer wo es sich um Rechte und Güter der Einzelnen
handelt[8]. Nur in zwei Fällen bedarf es zwei Drittel der Stimmen (171,
II. und 225).

---

[1] Trid. s. XXIV. c. 12. Cf. s. XXII. c. 4; s. XXIV. c. 15.

[2] C. 9 x III. 41; c. 1 Clem. III. 14; Trid. s. XXIV. c. 14; s. XXII. c. 3.

[3] Ein Drittheil von den Einkünften der praebenda canonicalis soll bestimmt
sein für das Anwohnen beim Chorgebet. Trid. s. XXI. c. 3; s. XXII. c. 3;
s. XXIV. c. 12.

[4] Trid. s. XXII. c. 4; s. XXIV. c. 14.

[5] Universitas c. 9. 14 x III. 4 p. d.

[6] Trid. s. XXIV. c. 12. 15.

[7] „Nisi pars minor se saniorem probaverit", c. 1 x III. 11; c. 5 x III. 10.

[8] „Ubi est interesse singulorum, debet esse singulorum placitum." R. 29
in VI.: „Quod omnes tangit, debet ab omnibus probari."

b. Das Domkapitel als Rath des Bischofs.

η. Sede plena.

232. *Sede plena* bildet das Domkapitel den ständigen Rath des Bi=schofs[1]; die Domkapitulare sind die geborenen geistlichen Räthe des Bischofs (ecclesiae senatus), dessen Rath er in allen wichtigen Angelegenheiten ein=holen soll[2]. Insbesondere hat der Bischof nach dem jus commune in be=stimmten Fällen den Rath des Kapitels einzuholen und in anderen bedarf er der Zustimmung desselben.

I. Den Rath des Kapitels muß der Bischof einholen:

1) Vor Erlaß von Diöcesanstatuten;

2) vor Bestellung eines Substituten für einen verstorbenen Synodal=richter oder, wo keine Synoden gehalten werden, bei Ernennung von Pro=synodalrichtern;

3) vor Ein= und Absetzung oder Suspension kirchlicher Personen;

4) vor Errichtung von Klöstern;

5) bei der kirchlichen Vermögensverwaltung und den Angelegenheiten, die das Kapitel mitberühren[3].

II. Den Rath von wenigstens zwei Mitgliedern des Kapitels soll der Bischof erholen:

1) Bei Publication von Ablässen und Indulgenzen;

2) bei Ausschreibung eines Seminaristicum, überhaupt für die jährliche Rechnungsablage des Seminars;

3) bei Umwandlung frommer Stiftungen, deren nächster Zweck nicht mehr erreicht werden kann. Den Consens zweier Kapitelsmitglieder bedarf der Bischof zu Processen gegen Canoniker exemter Kapitel[4].

III. Des Consenses des Kapitels bedarf der Bischof:

1) Bei Wahl eines Coadjutors, wenn das Kapitel das Wahlrecht hat;

2) bei Bestellung von Prosynodalexaminatoren[5];

3) bei Veräußerung von Kirchengütern, auch bei res mobiles pretiosae[6];

---

[1] C. 4. 5 x III. 10; Trid. s. XXIV. c. 12; cf. c. 7 C. XVI. q. 1.

[2] Alexander III. bezeichnet es als unschicklich und den Regeln der Väter zuwider, wenn der Bischof bei Geschäften seiner Kirche mit Hintansetzung der ihm enge ver=bundenen Glieder sich des Rathes Fremder bediente, c. 4 x III. 10; c. 5 eod.

[3] Cf. c. 5 cit.; Trid. s. XXV. c. 10; c. 1 x V. 31; c. 2 x III. 11; c. 3 Sexti I. 4.

[4] Trid. s. XXV. c. 6; Archiv für kathol. Kirchenrecht 1862 Bd. VII. S. 207 f. Bei Exemtion eines Klosters ist consensus capituli gefordert c. 10 x III. 10; Trid. s. V. c. 1; s. XXIV. c. 12.

[5] *Benedict. XIV.*, De syn. dioeces. l. 4 c. 7 n. 10.

[6] C. 1—3 x III. 10; c. 2 x III. 24; c. 8 x III. 13.

4) bei Veränderung (Union, Theilung u. j. w.) von Beneficien, na=
mentlich von Canonikaten [1];

5) bei Errichtung oder Wiederherstellung von Canonikaten oder Di=
gnitäten [2];

6) bei Pfründeverleihungen, die Bischof und Kapitel gemeinsam zustehen [3];

7) bei Ausschreibung neuer Abgaben [4];

8) wo es sich um Rechte, Pflichten und Nachtheile des Kapitels handelt
und wo überhaupt Gewohnheit und Observanz dem Kapitel das Recht der
Mitentscheidung sichert [5].

Wo der Bischof als delegatus Sedis Apostolicae handelt, bedarf er
weder der Zustimmung noch des Rathes des Kapitels.

Heutzutage, bemerkt De Angelis [6], gilt mehr das Gewohnheits= als das
geschriebene Recht. Der Rath des Kapitels als solchen wird selten eingeholt,
da die Kapitulare zugleich als geistliche Räthe im Ordinariat und Consistorium
dem Bischof zur Seite stehen. Uebrigens kann die Giltigkeit jener Acte be=
stritten werden, bei welchen die tridentinische Vorschrift bezüglich des Rathes
oder Consenses des Kapitels nicht beobachtet wurde.

β. Sede impedita.

Sede impedita, d. h. wenn das Bisthum zwar nicht de jure vacant
ist, aber der Bischof an der Regierung der Diöcese gehindert ist. Hier ist
zu unterscheiden:

1) Ist der Bischof geisteskrank, so wird ein Coadjutor bestellt, zu dem
das Kapitel dann in gleichem Verhältniß steht, wie früher zum Bischof.

2) Ist der Bischof excommunicirt oder suspendirt, so ist auch die Juris=
diction des Generalvikars unterbrochen, und es ist Sache des Papstes, durch
Ernennung eines Delegaten oder Apostolischen Vikars für die Diöcese Vor=
sorge zu treffen. Das Kapitel hat daher an die Congreg. Episcop. et
Regul. sogleich zu berichten.

3) Ist der Bischof von auswärtigen Feinden der Kirche gefangen weit
hinweggeführt, so tritt eine vacatio de facto ein, das Kapitel hat vorläufig
die Verwaltung der Diöcese und kann einen Kapitelsvikar provisorisch be=
stellen, hat aber an den Papst zu berichten, der einen Administrator der
Diöcese mit voller Jurisdiction bestellen kann [7].

---

[1] C. 8. 9 x III. 10; c. 2 Clem. III. 4; c. 73 C. XII. q. 2; Trid. s. XXIV. c. 15.
[2] S. C. C. d. 5. Julii 1608; cf. c. 8 x I. 2.
[3] C. 6 x III. 10; c. un. Sexti III. 8.   [4] C. 9 x III. 10.
[5] C. 17 x I. 33; C. 3 Sexti I. 4; Schneider l. c. S. 362 f.
[6] *De Angelis* l. c. II., I. p. 241.
[7] Sexti c. 1 (I. 13); c. 42 (I. 6); c. 4 (I. 8).

4) Wird der Bischof aber von der eigenen Landesregierung gefangen gehalten, so fungirt der Generalvikar fort, das Kapitel hat aber auch hier an den Papst zu berichten, der weitere Vorsorge treffen wird [1].

7. Sede vacante.

Erledigt ist eigentlich (proprie vacat) das Bisthum nur durch Tod oder Absetzung oder Translation oder vom Papste angenommene Renunciation des Bischofs. Das Kapitel hat sede vacante 1) innerhalb acht Tagen einen *vicarius capituli* zu wählen [2]. Früher bestellte der Metropolit einen Nachbarbischof zum Administrator (*visitator*, *intercessor*, *commendator*) oder es hatte das Kapitel die Verwaltung der Diöcese in corpore oder per delegatos, wie es bei Collegiatkirchen noch jetzt sein kann. Das Domkapitel kann nach Trid. s. XXIV. c. 16 nur die ersten acht Tage selbst die Verwaltung führen, muß aber innerhalb dieser Frist einen Kapitelsvikar wählen.

Nur wenn der Generalvikar des verstorbenen Bischofs vom Papste (durch die Congreg. Episc. et Regul.) bestellt war, behält er die Jurisdiction auch sede vacante. Ebenso kann der Papst auch unmittelbar für die Diöcese durch Aufstellung eines Administrators Vorsorge treffen.

Versäumt das Kapitel außerdem die Wahl des Kapitelsvikars, so geht das Recht, den Kapitelsvikar zu bestellen, bei Suffraganbisthümern jure devolutionis auf den Metropoliten (181, 2), und wenn das Metropolitanbisthum erledigt ist, an das Metropolitankapitel (oder an den Papst), beim Metropolitanbisthum selbst aber an den ältesten Bischof der Provinz, bei exemten an den nächsten Bischof über, eventuell an das Kapitel oder den Kapitularvikar des jure devolutionis berechtigten und verstorbenen Bischofs.

Wo zwei Generalvikare in der Diöcese sind, wurden auch zwei Kapitularvikare zugelassen; es soll aber nach Decret der S. Congreg. Concil. d. 4. Sept. 1871 nur einer gewählt werden, der sich in diesem Falle provicarii beigesellen kann.

2) Gemeinrechtlich hat das Domkapitel auch den Bischof zu wählen (171). Der zum Bischof Gewählte (Nominirte oder Präsentirte) darf aber nicht zum Kapitelsvikar gewählt werden unter Strafe des Verlustes seiner Anrechte

---

[1] Sexti c. 3 (I. 8); v. Scherer, Kirchenrecht Bd. I. S. 592 N. 120 bemerkt: „Ist der Verkehr mit dem Bischof möglich, so greift das Kapitel in keiner Weise ein. ... Es ist daher darauf, ob die Gefangennahme von der eigenen Regierung oder einer fremden Macht geschah, so wenig wie auf den Umstand Gewicht zu legen, daß Bonifaz VIII. der Häretiker nicht ausdrücklich Erwähnung thut.“

[2] Nebstdem einen oder mehrere Oekonomen für die Verwaltung des bischöflichen Mensalgutes.

(jus ad rem) auf den bischöflichen Stuhl und der dem Papste speciell reser=
virten Excommunication und Suspension a beneficio für die Kapitularen,
sowie für den Designirten selbst, wenn er die Verwaltung der Diöcese an=
nimmt oder ein bischöfliches Recht ausübt, bevor er die literae Apostolicae
über seine erfolgte Confirmation erhalten hat und dem Kapitel vorlegt; falls
er die bischöfliche Würde schon bekleidet, ist er suspendirt von der Ausübung
der Pontifikalien und verfällt dem Interdict ab ingressu ecclesiae. Was
ein solcher anordnet, ist zugleich in seinen Folgen null und nichtig. Den
erwähnten Strafen verfallen auch alle, die ihm gehorchen, Hilfe, Rath oder
Gunst erweisen [1].

18. Der Kapitelsvikar.

233. Der Kapitularvikar *(vicarius capituli)* soll wenigstens 25 Jahre
alt, legitimer Geburt, Doctor oder Licentiat der Theologie oder des Rechtes
und, wo möglich, dem Kapitel angehörig sein. Auch der frühere General=
vikar kann dazu gewählt werden.

Sobald der Kapitelsvikar gewählt ist, hat er ausschließlich die Juris=
diction; das Kapitel kann sich nicht einen Theil der Jurisdiction vorbehalten,
kann ihn auch nicht mehr absetzen, sondern bei etwaigen Beschwerden sich nur
mit einem motivirten Gesuch an die S. Congreg. Episcoporum et Regularium wenden. Der Kapitelsvikar ist nicht dem Kapitel, sondern nur dem
nachfolgenden Bischof Rechenschaft schuldig. Stirbt er, so hat das Kapitel
einen neuen zu wählen.

Der Kapitelsvikar hat die bischöfliche Jurisdiction innerhalb der
gesetzlichen Schranken; dagegen gehen nicht auf ihn über die Functionen,
welche dem Bischof kraft seines bischöflichen *ordo* zustehen, und nicht jene
Jurisdictionsrechte, welche der Bischof nur als Delegat des Aposto=
lischen Stuhles hatte (vgl. 223. 270); ebenso nicht die Privilegien,
welche dem Bischof wegen seiner bischöflichen Würde verliehen sind.

Im allgemeinen gilt der Grundsatz: Ne sede vacante aliquid inno-
vetur [2], daher wird auch im Laufe der Verjährungsfrist die Zeit der Sedis=
vacanz in Abrechnung gebracht.

Insbesondere darf der Kapitelsvikar 1) keine Beneficien vergeben, welche
liberae collationis episcopalis sind, auch nicht, wo der Bischof den Rath
oder die Zustimmung des Kapitels einholen muß; wohl aber können jene
Beneficien verliehen werden, deren Collation dem Bischof und Kapitel
gleichmäßig zusteht. Auch kann der Kapitelsvikar die canonische In=

---

[1] Const. Pii IX. „Romanus Pontifex" d. 28. Aug. 1873.

[2] Greg. III. 9; Extrav. Joh. t. 5; E. C. III. 3.

stitution ertheilen, wenn andere das Präsentations=, Nominations= oder Wahl=
recht haben[1].

2) Er darf keine Unionen, Theilungen oder Aufhebungen von Beneficien
vornehmen, keine Errichtung eines Klosters und überhaupt keinerlei Neuerung,
soweit dadurch dem Rechte des künftigen Bischofs in etwas präjudicirt wird.

3) Keine Veräußerung von Kirchengütern außer im Nothfall, nament=
lich nicht Veräußerungen des Gutes der bischöflichen Kirche und Vereinigung
von bischöflichen Tafelgütern mit dem Kapitelsvermögen.

4) Keine Ablässe ertheilen.

5) Die Visitation der Diöcese und Einberufung der Diöcesansynode steht
ihm erst zu, wenn bereits ein Jahr seit der letzten Visitation oder Diöcesan=
synode verflossen ist. Ueber Ertheilung von Dimissorialien zur Weihe siehe
141, II. c.

19. Die Landdekane.

234. Die Dekane (Erzpriester, Bezirksvikare[2], *vicarii foranei,
decani rurales, plebani*) waren ursprünglich die Rectoren der größeren älteren
Pfarreien, denen neu errichtete untergeordnet wurden. Der Dekan wird ge=
wöhnlich von den Kapitularen, den Pfarrern und investirten Beneficiaten, die
zu seinem Dekanate (*decania, christianitas*) gehören, gewählt und vom Bi=
schof bestätigt, ebenso der Kammerer (anderwärts *definitor*) und Syno=
dalzeuge (al. *procurator*).

Der Dekan hat als solcher keine Jurisdiction (außer durch Delegation
des Bischofs); er hat darüber zu wachen, daß die bischöflichen Verordnungen
befolgt werden, den Gottesdienst, die Beobachtung der Feiertage, den Lebens=
wandel der Geistlichen seines Bezirks zu beaufsichtigen, diese durch Rath zu
unterstützen, kann mahnen und tadeln und soll Ungehorsame dem Bischof zur
Anzeige bringen. Er soll verhindern, daß Mißbräuche in den Pfarreien ein=
reißen, Streitigkeiten der Geistlichen untereinander oder mit den Gemeinden
schlichten, kranke Geistliche besuchen, das Begräbniß der Geistlichen des De=
kanatsbezirks vornehmen. Er versammelt die Geistlichen um sich, früher
monatlich (*calendae*)[3], dann ein= oder zweimal im Jahre zu Kapitels=
congressen und Conferenzen; er soll die Rechnungen und Voranschläge
der Pfarreien prüfen und jährlich dem Bischof über seinen Bezirk Bericht er=

---

[1] C. 2 x h. t.; c. 14 x I. 33; c. un. in VI. (III. 8).

[2] In der Breslauer Diöcese z. B. bestehen fürstbischöfliche Commissarien (vicarii
foranei), von denen der in Groß=Glogau noch den Titel „Archidiakon" führt, die
mehrere Archipresbyter, Erzpriester (Dekane) unter sich haben. Vgl. Lämmer l. c.
S. 196. Instr. Pastoral. Eystettensis p. 473—488.

[3] C. 9 D. 44.

statten. Er nimmt gewöhnlich im Auftrag des Bischofs die Installation der Pfarrer vor, auch Pfarrvisitationen, und hat die Führung der Pfarrbücher und die Verwaltung des Kirchenguts zu überwachen. Ihm wird gewöhnlich die Vollmacht zur benedictio sacrorum paramentorum ertheilt. Er hat sein eigenes Dekanatsarchiv, getrennt von dem der Pfarrei, zu führen. Meist hat der Dekan auch eine eigene Auszeichnung (Dekankragen, expositorium canonicale, Veff).

20. Die Pfarrer.

235. Die ersten Jahrhunderte der Kirche kannten noch keine Pfarreien im jetzigen Sinne [1]. Auf das Land schickten die Bischöfe einzelne Priester, die sie auch wieder zurückriefen, wenn es ihnen gut schien. Bei dem Wachsen der christlichen Bevölkerung und der Vergrößerung der Landgemeinden machte sich jedoch bald das Bedürfniß geltend, für entferntere Land= und auch für größere Stadtgemeinden bestimmte Priester aufzustellen. Letzteres fand sehr frühe in Alexandria statt. Papst Innocenz I. kennt schon abgetheilte Kirchen mit dem Namen parochiae [2].

Eigentliche Pfarreien (ecclesiae rusticanae s. parochianae) mit einem ständigen Seelsorger (rector ecclesiae, presbyter de plebe, plebanus, parochus) [3] entstanden aber erst im 4. Jahrhundert. In den Städten bildete sich das Pfarrsystem erst seit dem 11. Jahrhundert aus. Solche Kirchen hießen tituli, ecclesiae baptismales, die dazu gehörigen Gläubigen plebes, die Stadtgemeinden civitates. Neben den größeren Taufkirchen (tituli majores) entstanden kleinere Kirchen, Kapellen, die später zum Theil wieder Pfarreien (tituli minores) mit Abhängigkeit von den größeren wurden, deren Pfarrer Archipresbyteri rurales, im Unterschied von Archipresbyter de urbe, civitatensis, später decani genannt wurden. Bei den seit dem 9. Jahrhundert incorporirten Pfarreien war das Stift oder Kloster der parochus primitivus s. habitualis, der fungirende Geistliche dessen Vikar (parochus actualis, secundarius); in der Regel soll dieser ein vicarius perpetuus sein [4].

[1] Cf. Engel, Manuale parochorum. Salisb. 1662; Barbosa, De officio et potest. parochi. Col. 1712; Marangoni, Thesaurus parochor. Rom. 1725; Nardi, Dei parochi vol. 2. Pesaro 1830; Bouix, Tractat. de parocho. Paris. 1880; Seiß, Rechte des Pfarramts, 4 Thle. Regensburg 1840—1852; Helfert, Von den Rechten und Pflichten der Pfarrer. Prag 1832.

[2] Greg. III. 29. Parochia gleich dioecesis (220), dann parochiae Landgemeinden im Unterschied von civitas, der Bischofsstadt, c. 35 D. 1 de consecr.; dioecesis auch für Kirchenprovinz, Land im allgemeinen, dann besonders Landgemeinde, c. 3 C. XII. q. 4.

[3] Cf. c. 1 C. XVI. q. 3; c. 3. 4 x I. 24; c. 3 D. 44; c. 4. 5 C. IX. q. 2; c. 10 x III. 5; c. 38 x I. 6; c. 25 x I. 29; c. 3 x I. 31; c. 3 x I. 40; c. 3 x I. 28; c. 1. 4 x V. 17; c. 5 x IV. 6; c. 7 x III. 38; c. 2 in Clem. III. 7.

[4] Trid. s. VII. c. 7; s. XXIV. c. 13. 18.

236. Pfarrei *(parochia)* ist ein bestimmter, räumlich abgegrenzter Bezirk, in welchem ein Priester *(parochus)* über die darin wohnenden Gläubigen die ordentliche Seelsorge ausübt[1]. Pfarrer ist derjenige Geistliche, welcher kraft der Sendung von seinem Ordinarius die Seelsorge in diesem Bezirk und die jurisdictio ordinaria pro foro interno über die Parochianen ständig auszuüben berechtigt und verpflichtet ist.

Die Grenzen der Pfarreien wie die der Diöcesen sind auch gegen Verjährung geschützt, außer sie wäre eine unvordenkliche[2]. Parochianen sind die im Pfarrbezirk wohnenden Christen[3]. Hat jemand in mehreren Pfarreien ein Domicil, so kann er bezüglich der kirchlichen Handlungen, in denen er an den Pfarrer angewiesen ist, zwischen diesen Pfarreien wählen (362)[4].

Daß die Pfarrer göttlichen Rechtes oder im strengen Sinne die Nachfolger der 72 Jünger seien, widerlegt schon die Geschichte und ward kirchlich verworfen, ebenso die Behauptungen eines Wilhelm von St. Amour, Jean Poilly u. a., daß man nur den Pfarrern, nicht dem Papste, Bischofe oder Regularen beichten dürfe[5]. Der Pfarrer hat keine jurisdictio pro foro externo.

Das canonische Recht fordert für das Pfarramt das 25. Lebensjahr, daß man schon Diakon sei und innerhalb Jahresfrist die Priesterweihe erlange (vgl. ferner das 170 Bemerkte).

237. Der Pfarrer muß 1) die *professio fidei* und den Eid des Gehorsams leisten.

2) Er ist verpflichtet zur Residenz (185, 3)[6].

3) Er hat die Pflicht, die Pfarrmesse für seine Parochianen zu appliciren an allen Sonntagen und den (auch aufgehobenen) Festtagen[7]. Diese

---

[1] Trid. s. XXIV. c. 13. *De Angelis* in h. t. II., II. n. 3 p. 38 seq.: „Determinata alicujus dioecesis regio auctoritate Rom. Pontificis vel Episcopi designata, quae populum intra certos territorii fines circumscriptum habet et presbyterum seu rectorem, a quo sacramenta, verbum divinum aliaque spiritualia eidem populo exclusive et ex officio administrantur."

[2] C. 4 seq. C. XVI. q. 3; c. 4 x h. t.

[3] Vgl. Archiv für katholisches Kirchenrecht 1882. Bd. 47 S. 109 ff.

[4] C. 2 Sexti III. 12.

[5] Const. „Auctorem fidei" prop. 9. 10; c. 2 in E. C. V. 3.

[6] Trid. s. XXIII. c. 1; *Ferraris*, s. v. Parochus: „Parochus non satisfacit praecepto residentiae, si resideat quidem personaliter in parochia, sed totam curam relinquit capellano, nulla per se ipsum munia parochialia obeundo. Residere enim est ecclesiae deservire."

[7] Cf. Trid. s. XXIII. c. 1. Die Festtage sind: Weihnachten, Beschneidung des Herrn, Oster=Sonntag, =Montag und =Dienstag, Christi Himmelfahrt, Pfingst=Sonntag, =Montag und =Dienstag, Frohnleichnam, Kreuzerfindung, Mariä Reinigung, Verkündigung, Himmelfahrt, Geburt und Empfängniß, die Feste der heiligen Michael,

Verpflichtung ist eine *obligatio personalis* et *realis*, er muß sie, wenn er kann, persönlich und am Tage selbst erfüllen, wenn er aber verhindert ist, sie durch einen andern erfüllen lassen.

4) Er hat die Pflicht, persönlich zu predigen oder, wofern er verhindert ist, durch einen andern predigen zu lassen[1]. Ebenso ist er verpflichtet zur Ertheilung des Religionsunterrichts, wie er auch den gesammten Religionsunterricht in der Pfarrei zu überwachen hat. Ohne seine Erlaubniß darf kein Priester predigen oder kirchliche Functionen vornehmen. Er hat überhaupt seine Pfarrgemeinde, insbesondere die Jugend, zu belehren und zu leiten.

5) Daher gebührt dem Pfarrer nothwendig die Aufsicht über die Volksschulen.

6) Der Pfarrer ist verpflichtet, auch außer dem Nothfall rationabiliter petentibus die Sacramente zu spenden.

Man unterscheidet a) *Jura stricte parochialia*, wie Ertheilung der Taufe (außer der Nothtaufe), der österlichen Communion; ferner der heiligen Wegzehrung, der heiligen Oelung, die andere Priester (extra casum necessitatis) nur mit Erlaubniß des Pfarrers ertheilen dürfen, Regularen sogar nicht unter Strafe der Excommunication[2]; Vornahme der Eheproclamationen und Assistenz bei der Eheschließung, Trauung und Begräbniß.

b) *Jura non mere parochialia*: die Aussegnung der Mütter post partum, Weihe des Taufwassers, die Messe am Gründonnerstag, und

c) *Functiones sacerdotales*, die in der Regel auch Vorsteher anderer von der Pfarrkirche abhängiger Kirchen vornehmen dürfen: Benediction und Austheilung der Kerzen, Asche und Palmen, die Functionen der heiligen Woche.

7) Der Pfarrer hat die Pflicht der *pastoralis vigilantia et paterna correctio*, die Pflicht der Mahnung und Zurechtweisung, des guten Beispiels, aber er kann keine Gesetze geben, keine Censuren und Kirchenstrafen verhängen.

Johannes des Täufers, Petrus und Paulus, Andreas, Jakobus, Johannes, Thomas, Philippus und Jakobus, Bartholomäus, Matthäus, Simon und Judas, Matthias, Stephanus, der unschuldigen Kinder, Laurentius, Sylvester, Joseph, Anna, Allerheiligen und das Patrocinium. Nur wo die *missa* des Festes auf den Sonntag transferirt ist oder sonst vom Heiligen Stuhle eine Reduction stattgefunden hat, ist keine Application nöthig.

[1] Vgl. Matth. 28, 19; Mark. 16, 15; 1 Kor. 9, 16; 2 Tim. 4, 1—5; Isaias 56, 10. Trid. s. V. c. 2 verpflichtet alle Seelsorgsgeistlichen, diebus saltem dominicis et festis solemnibus, s. XXIV. c. 4 nebstdem im Advent und in der Fastenzeit quotidie vel saltem tribus in hebdomada diebus, si ita oportere duxerint, zu predigen.

[2] Const. „Apostol. Sedis moder.“, excommun. Pontifici reserv. n. 14.

8) Ihm liegt besonders die Pflicht der Obsorge für die Armen und Hilfsbedürftigen ob [1].

9) Er ist verpflichtet zur Theilnahme an der Diöcesanshnode;

10) zur gewissenhaften Verwaltung des Kirchenguts und Pfarrvermögens;

11) zur gewissenhaften Führung und Aufbewahrung der Kirchen= bücher nach den Diöcesanbestimmungen [2].

12) Er hat das Recht auf die Stolgebühren (jura stolae) und die Pflicht, die clerikalen und staatlichen Abgaben zu leisten.

Nach allgemeiner Gewohnheit kann der Pfarrer in dringenden Fällen die Erlaubniß ertheilen zu knechtischen Arbeiten (Feldarbeiten) an Sonn= und Feiertagen.

Die clerikalen, insbesondere priesterlichen Standespflichten liegen dem Pfarrer ohnehin ob, namentlich die Pflicht des Breviergebetes sub poena restitutionis (147, 3), wie überhaupt des Gebetes für seine Gemeinde.

21. Stellvertreter und Gehilfen der Pfarrer.

238. Die Gehilfen der Pfarrer kommen unter verschiedenen Namen vor: vicarii, curati, capellani, cooperatores, coadjutores, expositi, bene= ficiati u. s. w. Auch ist die Bedeutung der Namen oft eine verschiedene an den einzelnen Orten. Es ist vor allem zu unterscheiden, ob sie die Stelle eines Pfarrers ganz oder theilweise vertreten (*vicarii*), und zwar ständig (*perpetui*) oder zeitweilig (temporales), oder ob sie zugleich mit dem Pfarrer in der Seelsorge thätig sind.

I. *Vicarii* 1) *perpetui* sind Vorsteher von Kirchen, die Stiftern, Klöstern jure non pleno incorporirt sind, oder von solchen Kirchen, die zwar keine Pfarrkirchen sind, aber doch ganz oder fast ganz selbständig sind, in Bezug auf welche die Mutterkirche (und der parochus antiquus s. major) meist nur gewisse Ehrenrechte hat, oder doch nur einzelne Rechte, wie Auf= gebot und Trauung, ihr vorbehalten sind (Pfarrcuraten, *Expositi perpetui*).

2) *Vicarii temporales* [3]: a) bei einer incorporatio pleno jure; b) Pfarr= vikare (provisores parochiales, administratores), Pfarrverweser während

---

[1] Trid. s. XXIII. c. 1; c. 3 x III. 36; Clem. 2 (III. 11).

[2] Cf. Instr. Past. Eystett. p. 463 seq.: Matricula baptizatorum, confirma= torum, sponsalium, conjugatorum, defunctorum, registrum scholae, registrum status animarum, urbarium parochiae, fasciculi literarum publicarum; dann Verkündigungs= buch, Meßintentionsverzeichniß, Pfarrchronik, Repertorium über gehaltene Predigten und Katechesen.

[3] Trid. s. XXIV. c. 13; s. XXV. c. 16.

der Erledigung einer Pfarrei oder c) Stellvertreter für einen abwesenden
Pfarrer, der z. B. eine Wallfahrt unternommen hat oder ins Kloster ge=
treten ist, aber noch nicht Profeß abgelegt hat. d) *Cooperatores expositi*
(capellani, curati, Lokalkapläne, Curatkapläne), die den Gottesdienst auf einer
Filiale zu versehen haben und dort wohnen, aber vom Pfarrer abhängig sind.

II. a) *Coadjutores* können den Pfarrern (auch gegen ihren Willen) bei=
gegeben werden, wenn der Pfarrer wegen Krankheit, Gebrechlichkeit oder Un=
wissenheit [1] seinem Amte gar nicht oder nicht allein mehr vorstehen kann
(Cooperatoren). Ist die Unfähigkeit des Pfarrers eine vollständige, so kann
dem Coadjutor die Verwaltung der Pfarrei übertragen werden, als wenn er
selbst Pfarrer wäre (*administrator, provisor in spiritualibus* oder auch
in spiritualibus et temporalibus)[2]. b) Kapläne (oder Cooperatoren) zur
Beihilfe im Pfarrort oder für Filialen, in denen sie excurrendo im Namen
des Pfarrers die Seelsorge ausüben (auch vicarii proparochi, cooperatores
et subsidiarii genannt)[3]. Nebstdem können in einer Pfarrei Beneficiaten,
Frühmesser, Prediger, Katecheten sein, die verpflichtet sind, den Pfarrer zu
unterstützen, z. B. im Beichtstuhl.

Früher dienten zur Aushilfe in der Seelsorge besonders Regularen, jetzt
nur ausnahmsweise und im Nothfall. Die Pfarrer wählten sich ihren
Hilfsgeistlichen aus der Zahl der vom Bischof für die Seelsorge approbirten
Geistlichen aus[4]. Jetzt ist durch Diöcesanstatuten oder Gewohnheitsrecht die
Aufstellung der Hilfsgeistlichen dem Bischof (und Generalvikar) vorbehalten.
Die Approbation zum Beichthören erhalten sie für die ganze Diöcese.

Es kommt vor allem darauf an, ob einem Hilfsgeistlichen in genere
die cura animarum übertragen wird, oder ob sie so eingesetzt sind, daß sie
nur auf Verlangen des Pfarrers ihm Hilfe leisten. Im ersteren Falle sind
sie ad universalitatem causarum delegirt, können also auch ohne specielle
Delegation der Ehe assistiren und subdelegiren, im zweiten nicht.

Die Hilfsgeistlichen, die einem Pfarrer beigegeben sind (Kapläne, Coopera=
toren) haben außer den allgemeinen Standespflichten insbesondere dem bi=
schöflichen Anstellungs= oder Versetzungsdecret unbedingt Gehorsam zu leisten,
beim Dekan sich zu sistiren beim Antritt ihrer Stelle wie beim Weggang

---

[1] C. 3 x III. 6.

[2] Trid. s. XXI. c. 6.

[3] Trid. s. XXI. c. 4, ed. *Richter* p. 117. Kapläne heißen eigentlich die=
jenigen, die verpflichtet sind, in einer Kapelle oder an einem bestimmten Altar gewisse
Messen zu lesen; so an den Höfen der Fürsten, ferner bischöfliche Secretäre (Syn=
celli), Beneficiaten, Geistliche an Krankenhäusern, Strafanstalten, bei Klosterfrauen
u. s. w. Cf. c. 2 x I. 17; c. 1 x III. 37.

[4] Cf. c 30 x III. 5.

von derselben, sie haben dem Pfarrer den schuldigen Gehorsam zu erweisen, ihre Entfernung vom Pfarrorte ihm stets mitzutheilen, ihm thätige Hilfe zu leisten und ohne Wissen und Willen des Pfarrers keine Aenderungen und Neuerungen, z. B. im Gottesdienst, einzuführen [1].

---

[1] Synod. Leod. 1851 p. 59: „Meminerint vicarii, se inferiores esse et parochorum discipulos, quibus proinde reverentiam debent et obedientiam; unde nihil novi alicujus momenti sine eorum assensu introducere praesumant. Neminem parochianorum nimia assiduitate colant, nec praesertim eos frequentent, qui se parochi adversarios constituerint, sed omnium reverentiam, dilectionem et fiduciam parocho conciliare student. Parochi velint vicarios observare ut viros sacerdotio Christi insignitos, cum bonitate, mansuetudine et benevolentia eos tractantes ut socios in labore, sicque omnia disponere, ut eorum neuter graviore onere prematur et tamen omnia munia suo tempore adimpleantur."

Viertes Buch.
Regierung der Kirche.

Die Regierung der Kirche umfaßt die gesetzgebende und gesetz-vollziehende Gewalt. Letztere begreift in sich das Aufsichtsrecht (197, II. 222, II.) und die richterliche Gewalt (jurisdictio im engern Sinne). Die Jurisdiction der Kirche erstreckt sich auf Streit- und Strafsachen. Wir behandeln hier: 1) die kirchliche Gesetzgebung, 2) die kirchliche Civil- und Strafgerichtsbarkeit und 3) die kirchlichen Vergehen und Strafen.

Erster Abschnitt.
Die kirchliche Gesetzgebung.

1. Die gesetzgebende Gewalt der Kirche.

239. Die Kirche ist als eine societas perfecta (9), mit voller Selb-ständigkeit und Autonomie (48) von Christus gegründet worden; sie muß daher auch legislative, gesetzgebende Gewalt haben (10. 64). Diese hat ihr Christus verliehen; indem er dem Petrus und seinen Nachfolgern die Schlüssel-gewalt, die höchste Binde- und Lösegewalt übertrug und ihn als seinen Stell-vertreter einsetzte, die ganze Kirche zu regieren (22—25), und indem er der Gesammtheit der Apostel in Vereinigung mit Petrus die Binde- und Löse-gewalt gab und die Verachtung ihrer Gewalt als Verachtung seiner Person erklärte: müssen die Bischöfe als Nachfolger der Apostel im ordentlichen Hirten-amte daher gleichfalls gesetzgebende Gewalt haben mit dem Oberhaupte der Kirche und in Unterordnung unter ihn (27. 35).

Dieser gesetzgebenden Gewalt waren sich die Apostel bewußt und haben sie ausgeübt [1]. Diese ἐξουσία (2 Kor. 10, 8), κυβέρνησις (1 Kor. 12, 28) übertrugen sie ihren Nachfolgern, von denen in gleicher Weise diese Gewalt ausgesprochen und gegen die ebenso der Gehorsam gefordert wird [2].

240. Die gesetzgebende Gewalt für die ganze Kirche liegt im Primate des Papstes (196), der als petra fundamentalis die Glieder des geistigen

---

[1] Apg. 15, 28: „Visum est Spiritui sancto et nobis"; 15, 41 u. a. a. O.
[2] Vgl. Apg. 20, 28; 1 Petr. 5, 12; Tit. 1, 5; 1 Tim. 5, 19; Hebr. 13, 7. 17.

Baues, der Kirche, dauernd zu binden und zum Zweck der Kirche zu leiten die Macht haben muß. Er wäre nicht der Hirte der ganzen Heerde Christi, wenn er nicht die Schafe auch zu dem einen zwingen oder vom andern ab= halten könnte[1]. Der Papst kann daher für die ganze Kirche wie für jeden einzelnen Theil derselben Gesetze geben, weil er in der ganzen Kirche und in jedem Theile derselben die jurisdictio ordinaria et immediata (25) hat. Auch die Gesetzgebung durch ein allgemeines Concil kann nicht als eine wesentlich verschiedene Art der Gesetzgebung betrachtet werden, da die verpflichtende Kraft der Concilsbeschlüsse von der Bestätigung des Papstes abhängt.

Der Metropolit kann nicht Gesetze für die Kirchenprovinz erlassen, außer mit dem Provinzialconcil. Jeder Bischof hat das Recht der Gesetz= gebung in seiner Diöcese, aber die Particulargesetze des Provinzialconcils wie die des Bischofs dürfen nicht mit dem jus commune in Wider= spruch stehen.

2. Das Gesetz.

241. I. Ist das Gesetz ordinatio rationis ad bonum commune ab eo, qui curam habet communitatis, promulgata cum voluntate perpetuo obligandi[2], so muß auch das kirchliche Gesetz 1) im Einklang stehen mit dem natürlichen und positiven göttlichen Gesetze, darf ihm nicht widersprechen, sonst wäre es nicht rationabilis et honesta[3] (2. 3); es muß 2) erfüllbar (possibilis) sein[4]; es muß 3) gegeben sein von demjenigen, der die gesetzgebende Gewalt hat; 4) es muß das bonum commune bezwecken, denn es ist ein Mittel, den Zweck der Gesellschaft zu erreichen[5]; 5) der Gesetzgeber muß seine Absicht, die Gesellschaft dauernd zu verpflichten, in ge= nügender Weise kundgegeben haben, das Gesetz muß promulgirt sein[6].

---

[1] Bulle „Auctorem fidei" n. 4: „Ipsi in beato Petro pascendi, regendi et gu- bernandi universalem ecclesiam a Domino nostro Jesu Christo plenam potestatem traditam esse."

[2] *Thom. Aq.* 1. 2 q. 90 a. 4: „Lex ab electione vel a ligando vel a legendo dicta (a. 1). Lex est recta agendorum ratio a publica potestate communitati denunciata cum voluntate eam perpetuo obligandi ad aliquid agendum vel omit- tendum."

[3] C. 2 D. 4: „Erit autem lex honesta, justa, possibilis, secundum naturam, secundum patriae consuetudinem, loco temporique conveniens, necessaria, utilis, manifesta quoque, ne aliquid per obscuritatem in captionem contineat, nullo pri- vato commodo, sed pro communi civium utilitate conscripta." Cf. c. 5 D. 1.

[4] „Non potest ad impossibile obligari." R. J. 6 in VI.

[5] „Jura non in singulas personas, sed generaliter constituuntur." L. 8 D. de leg. 1. 3.

[6] „Promulgatio est actus ille legalis, quo lex communitati denunciatur."

So unterscheidet sich die *lex* von dem *simplex praeceptum*; letzteres kann auch vom Haupte einer Familie, für das Wohl des Individuums auf= erlegt werden, es verpflichtet die gegenwärtigen Personen überall, aber steht und fällt mit der Person, die es gegeben hat. Die lex dagegen wird a su= periore communitatis, ad bonum commune auferlegt, ist perpetua, ver= pflichtet die Communität, solange sie besteht, verpflichtet die Einwohner in territorio [1].

Die **Acceptation** des Gesetzes ist zur verpflichtenden Kraft desselben nicht nothwendig; wohl aber kann eine consuetudo legitima die Verpflich= tung des Gesetzes unter Umständen aufheben, selbst wenn jene sündigten, die es zuerst nicht annahmen (110, II) [2].

II. Die leges sind *praeceptivae* oder *vetantes* und zwar *simpliciter vetantes*, die den Act unerlaubt, oder *irritantes*, die ihn auch ungiltig machen, ferner *permissivae* und *poenales* [3]. Die *lex affirmativa* befiehlt einen actus ponendus, die *lex negativa* gebietet omissionem actus; letztere verpflichtet semper et pro semper, erstere semper, sed non pro semper. Geboten können nur werden actus possibiles et honesti, jedoch auch actus in se indifferentes, da sie aus den Umständen ihre moralische Güte annehmen und nothwendig oder nützlich für das Gemeinwohl sein können. Verboten kann ebenso werden nicht bloß ein actus inhonestus, sondern auch ein actus in se indifferens, wenn er aus den Umständen dem bonum commune schäd= lich wird. Irritirt wird ein Act, d. h. seine juridischen Wirkungen werden nicht anerkannt, wenn diese Wirkungen, falls sie vom Rechte anerkannt würden, einen großen Nachtheil für die Gesellschaft brächten. Jedes Gesetz enthält eine Verpflichtung; auch wenn es nur einen actus indifferens zuläßt (lex permissiva), so spricht es für jeden andern die Verpflichtung aus, dies un= gehindert geschehen zu lassen.

Sicher kann das kirchliche Gesetz auch *actus internos* indirecte et concomitanter ad actum externum gebieten, da der Zweck desselben nicht erreicht werden könnte, wenn nicht solche innere Acte den äußern begleiteten.

Rückwirkende Kraft [4] hat das Gesetz nur, wenn es 1) bloße Wieder= holung eines frühern Gesetzes ist, das frühere Gesetz erklärt, oder 2) aus=

---

[1] „Extra territorium jus dicendi non paretur impune."

[2] Cf. prop. 28. damn. ab Alex. VII.: „Populus non peccat, etiamsi absque ulla causa non recipiat legem a principe promulgatam." C. 3 D. 4: „Leges in= stituuntur, cum promulgantur; firmantur, cum moribus utentium approbantur. (Fir= mantur quoad firmitatem stabilitatis s. de facto, non autem quoad firmitatem au= ctoritatis s. de jure.)"

[3] „Praecipit ac prohibet, permittit denique punit."

[4] C. 2 x I. 2: „Constitutio respicit futura, non praeterita. Quoties novum quid statuit, ita solet futuris formam imponere, ut dispendiis praeterita non com= mendet."

drückliche Bestimmungen über Vergangenes enthält. Actus practeriti können nicht Gegenstand eines Strafgesetzes sein, so daß sie eine eigentliche Strafe verdienten [1]; wohl aber einer lex inhabilitans, einer lex irritans, wenn es ausdrücklich ausgesprochen wird [2].

Die verpflichtende Kraft des Gesetzes beruht in dem ausgesprochenen Willen des Gesetzgebers und beginnt vom Momente der geschehenen Promulgation an, außer wo das Gesetz selbst eine bestimmte Zeit festsetzt, in der die verpflichtende Kraft eintreten soll.

III. Die Gesetze haben eine doppelte Kraft, *vis directiva* et *coactiva*, sie bringen eine Verpflichtung im Gewissen mit sich und verpflichten unter Strafe. Der Gesetzgeber kann aber, wenn er es will, nur zu einem von beiden verpflichten; daher unterscheidet man gewöhnlich *leges morales, leges poenales* und *mixtae*. Ob es formell eigentliche *leges mere poenales* gebe, ist Controverse. Ein eigentliches Gesetz (cf. c. 2 D. 4) im stricten Sinne will eine Verpflichtung auferlegen, saltem ad poenam subeundam; die poena setzt eine culpa voraus [3]. Sicher gibt es keine Kirchengesetze, die leges mere poenales wären, denn die Natur der angedrohten (geistlichen) Strafe setzt auch eine Schuld von Seite des Uebertreters des Gesetzes voraus.

Das Gesetz verpflichtet alle Untergebenen [4]. Der Gesetzgeber kann nur von Untergebenen Gehorsam verlangen, aber auch von allen Untergebenen, die nicht aus einer besondern Ursache ausgenommen sind, weil das Gesetz für die ganze Communität gegeben ist. Vernunftgebrauch wird vorausgesetzt, daher sind Kinder unter sieben Jahren in der Regel nicht verpflichtet, wohl aber impuberes, wenn sie auch der Strafe nicht unterliegen [5]. Peregrini sind an die allgemeinen Gesetze der Kirche gebunden, die am Orte ihres Aufenthalts verpflichten, auch wenn sie in ihrer Heimat abrogirt sind, nicht aber an die particulären Gesetze ihres Aufenthaltes [6] oder ihrer Heimat, falls nicht außerdem Aergerniß gegeben würde oder wenn das Gesetz für die Sicherheit des Ortes gegeben ist u. dgl.

IV. Die Interpretation der Gesetze ist eine legale *(interpretatio authentica)* durch den Gesetzgeber oder dessen Nachfolger oder Stellvertreter

---

[1] „Rem, quae culpa vacat, in damnum vocare non convenit." C. 2 cit.

[2] C. 13 x I. 2: „cum leges et constitutiones futuris certum sit dare formam negotiis, non ad praeterita facta trahi, nisi nominatim in eis de praeteritis caveatur."

[3] *Ferraris* s. v. lex art. 2 theilt die leges mere poenales ein in leges ferendae und leges latae sententiae; letztere wollen doch gewiß zur Strafe verpflichten. Die Strafbestimmungen, die man gewöhnlich als leges mere poenales anführt, fallen nicht unter den eigentlichen Begriff des Gesetzes; cf. *Thom. Aq.* 2. 2 q. 189 a. 9 ad 1.

[4] „Omnes et soli subditi ratione utentes, in territorio societatis manentes."

[5] Cf. c. 1. 2 x V. 23.

[6] Peregrini und vagi sind, wenn auch *in* territorio, doch nicht *de* territorio.

(delegatus), oder eine usuelle *(interpretatio usualis)* durch den Gebrauch der Collegien und die Praxis, oder eine doctrinelle *(interpretatio doctrinalis)* der Rechtsgelehrten. Die Interpretation erklärt ein dunkles Gesetz, dehnt es auf ähnliche Fälle aus oder beschränkt es auf bestimmte Fälle (interpretatio declarativa s. comprehensiva, extensiva, restrictiva).

Die doctrinelle Interpretation ist eine grammatische und logische, historische, systematische nach Wortlaut und Zusammenhang. Die Worte sind nach dem gewöhnlichen und in der Rechtssprache üblichen Gebrauche zu verstehen[1]. Sie muß die Zustände beim Erscheinen des Gesetzes, die ihm gestellte Aufgabe, den Einfluß und die Wirkungen desselben auf den gesammten Rechtsorganismus berücksichtigen. Wo der Wortsinn zweifelhaft ist, kommen Veranlassung und Zweck des Gesetzgebers, die Umstände, unter denen das Gesetz erlassen ist, die Wirkungen, die es äußern soll, sowie der Zusammenhang mit anderen Gesetzen in Betracht[2]. Strafbestimmungen, überhaupt Gesetze, welche die Freiheit beschränken, sind im engern, Gesetze, welche die Freiheit begünstigen, im weitern Sinne zu interpretiren[3]. Was die interpretatio extensiva anlangt, gilt: Wo derselbe vom Gesetzgeber angegebene Grund vorhanden ist, da gilt auch die gleiche gesetzliche Bestimmung[4]. Eine solche Ausdehnung hat statt in connexis, in correlativis, in contentis, in acquiparatis[5]. Die Analogie oder analoge Rechtsanwendung muß, wo eine unmittelbar anwendbare Bestimmung fehlt, aus dem Geiste des Rechtes die Antwort suchen.

Von der Interpretation ist zu unterscheiden die Epicikeia (Billigkeit), vermöge deren präsumirt wird, eine Handlung, welche unter die klaren Wortlaut des Gesetzes fällt, sei doch von demselben auszunehmen wegen besonderer Umstände, unter denen die Einhaltung des Gesetzes vom Gesetzgeber selbst

---

[1] „Ubi verba non sunt ambigua, non est locus interpretationi." „Verba generalia generaliter sunt intelligenda." „Ubi lex non distinguit, nec nos distinguere debemus." „Verba usitata et communi significatione sumenda sunt."

[2] „Non debet intentio verbis deservire, sed verba intentioni" (c. 11 C. XXII. q. 5). „Certum est, quod is committit in legem, qui legis verbum complectens contra legis nititur voluntatem." R. J. 88. „Contra eum, qui legem dicere potuit apertius, est interpretatio facienda." R. J. 57.

[3] „Odia restringi et favores convenit ampliari." „In obscuris minimum est sequendum." „In poenis benignior est interpretatio facienda." „In contractibus plena, in testamentis plenior, in beneficiis plenissima est interpretatio facienda." R. J. 15. 30. 49 in VI.

[4] „Ubi eadem ratio, eadem est legis dispositio." Gl. zu c. 3 x I. 2.

[5] „In toto partem non est dubium contineri." „Plus semper in se continet, quod est minus." „Cum quid prohibetur, prohibentur omnia, quae sequuntur ex illo." „Quae a jure communi exorbitant, nequaquam ad consequentiam sunt trahenda." R. J. 80. 35. 39. 28.

nicht gefordert werden dürfte; die Erklärung, daß in einem bestimmten Falle der Gesetzgeber nicht verpflichte, obschon das Gesetz klar ist.

V. Ein Gesetz kann cessiren:

1) durch Abschaffung des ganzen Gesetzes (abrogatio);

2) durch theilweise Abänderung, Aufhebung einzelner Bestimmungen (derogatio);

3) bei totalis cessatio finis quoad omnes, wenn alle Gründe aufhören, wegen deren das Gesetz gegeben wurde;

4) per consuetudinem contrariam (108. 110);

5) ein particuläres Gesetz durch Irritation, Cassation von Seite des höhern Gesetzgebers;

6) für einzelne durch Privilegien und Dispensation. (Vgl. 243—246.)

3. Päpstliche Gesetze und Rescripte.

242. Bei allgemeinen päpstlichen Gesetzen genügt die in Rom geschehene Promulgation und ist keineswegs eine solche in den einzelnen Diöcesen nothwendig, wie die Gallikaner und Febronius behaupteten. Seit dem 13. Jahrhundert fing man an, die Sentenzen in Rom öffentlich anzuschlagen (ad valvas basilicae Vaticanae, ecclesiae Lateranensis, cancellariae Apostolicae und in loco campi Florae) und diese Promulgation ward als Urbi et Orbi facta angesehen. Von der geschehenen Promulgation an tritt die juridische Präsumtion allgemeiner Kenntniß ein, für auswärtige Diöcesen wenigstens nach zwei Monaten. Diese schließt die exceptio ignorantiae aus[1]. Es genügt, daß der Gesetzgeber öffentlich seinen Willen ausspricht und jeder Kunde davon haben kann. Auch bei der in jeder Diöcese vollzogenen Promulgation könnte es vorkommen, daß einzelne keine Kenntniß von dem Gesetze erhalten. Wäre die Promulgation in jeder einzelnen Diöcese nothwendig, so könnte das Gesetz oft seinen Zweck gar nicht erreichen, wie z. B. die Verwerfung der Civilconstitution des Clerus in Frankreich durch Pius VI., die Verwerfung der Irrthümer Luthers durch Leo X. Zuweilen wird eine Promulgation in den einzelnen Diöcesen ausdrücklich vorgeschrieben, z. B. c. 40 x V. 3, in den einzelnen Kirchen c. 12 x V. 38; c. 4 x V. 20; Trid. s. XXIV. c. 1 de ref. matr.

Rescripte (im engern Sinne) erklären ein jus dubium, entscheiden einen Rechtsfall oder delegiren einen Richter (rescripta justitiae) oder verleihen ein Privilegium oder irgend eine Gnade (rescripta gratiae)[2].

---

[1] R. J. 13 in VI.: „Ignorantia facti, non juris excusat."

[2] „Rescriptum est responsum principis supremi in scriptis datum (zum Unterschied von den vivae vocis oracula) ad supplicationem, petitionem vel consultationem alicujus."

Rescripta mixta nennt man jene, in denen beides der Fall ist. Es kann das rescriptum sein *contra legem*, wie bei Privilegien und Dispensationen, *praeter legem*, indem es für etwas erlassen wird, was durch Gesetz nicht bestimmt ist, oder *secundum legem*, wenn es gegeben wird zur Befolgung des Gesetzes.

Zur Giltigkeit eines Rescripts gehört, 1) daß der Bittsteller nicht excommunicirt, kein falscher oder schon abberufener Anwalt sei[1]. Es kann ein Rescript auch für einen andern ohne dessen Wissen erlangt werden, ebenso auch gegen jedermann[2]. 2) Das Gesuch muß sich auf Wahrheit gründen[3]. Ein arglistischer Weise *(malitiose)* durch *subreptio* oder durch *obreptio* erwirktes Rescript ist ungiltig. Wird aber aus e n t s c h u l d b a r e r U n w i s s e n h e i t ein unwahrer Grund angegeben oder etwas Nothwendiges verschwiegen, so ist das Rescript nur dann ungiltig, wenn der unwahre Grund oder die Verschweigung sich auf die Hauptsache bezieht, die eigentliche Ursache der Concession war, die causa motiva, und nicht bloß eine untergeordnete causa impulsiva. 3) Das Rescript muß echt und authentisch sein.

Das Rescript begründet ein jus singulare pro impetrante. Ein Gnadenrescript tritt in Kraft vom Tage der Ausfertigung an (a die datae), wenn es rescriptum gratiae datae ist, wo dem executor (necessarius) aufgetragen wird, das Rescript zu exequiren; ist es aber rescriptum gratiae faciendae, wird dem arbitrium des executor (voluntarius) überlassen, ob er die Gnade verleihe oder nicht, so ist das tempus praesentationis entscheidend. Ebenso tritt ein rescriptum justitiae vom Tage der Insinuation (a die praesentatae) in Kraft.

In Bezug auf die Verschiedenheit der Rescripte gilt: In der Regel derogirt das specielle dem generellen (R. J. 34 in VI.); das spätere dem frühern aber nur, wenn es dieses ausdrücklich ausspricht (R. J. 54 in VI.)[4].

Ein rescriptum justitiae erlischt re adhuc integra durch den Tod des concedens, des impetrans oder des executor, wofern es eine persona physica und die Vollmacht ihm nominatim verliehen ist, endlich durch den Tod dessen, gegen den es gerichtet ist. Ein rescriptum gratiae erlischt 1) durch Renunciation des Empfängers, wofern ihm kein Gesetz die Verzichtleistung verbietet und es nicht zu Gunsten eines andern gegeben ist; 2) durch Revocation des Verleihers (ex justa causa); 3) durch den Tod des Empfängers, wenn die Gnade eine rein persönliche ist. Ist es ein rescriptum faciendae gratiae, so erlischt es re adhuc integra auch durch

---

[1] C. 26 x I. 3; Reg. cancell. Apost. VI.

[2] Die Clauseln sind strenge zu fassen, z. B. et quidem alii, et res aliae, et quidem alii de dioecesi; c. 15 h. t. x.

[3] Cf. c. 8. 20 x h. t ; c. 6 x III. 5; c. 2 x I. 29.

[4] C. 3 x I. 3.

den Tod des Verleihers, wofern es „ad beneplacitum nostrum" verliehen ist, nicht aber das „ad beneplacitum Sanctae Sedis" oder „donec revocavero" verliehene. Ein rescriptum gratiae factae hört durch den Tod des Concedenten nicht auf [1].

4. Privilegien.

243. I. Ein Privileg ist eine Begünstigung einzelner physischer oder moralischer Personen, die Befugnisse praeter, ultra oder contra jus erhalten [2]. Es unterscheidet sich vom Gesetz, insofern es (in der Regel) denjenigen, dem es verliehen ist, nicht verpflichtet, sich desselben zu bedienen; insofern aber hat es die Natur eines Gesetzes, als es andern die Verpflichtung auferlegt, den Privilegirten in der Ausübung der erlangten Rechtswohlthat nicht zu hindern.

Privilegium wird bald weiter gefaßt für jene Anordnungen eines Gesetzes, die für eine bestimmte Klasse von Personen und Sachen getroffen sind, bald im engern Sinne für eine exceptio individualis. Privilegien können verliehen werden vom Gesetzgeber, daher vom Bischof nicht gegen das jus commune.

II. Das Privilegium ist

1) dem Anlaß nach entweder aus eigenem Antrieb (motu proprio) oder auf Bitten (ad preces, ad instantiam) verliehen. Für letzteres steht die Präsumtion. Der Bittsteller (exponens) hat die Gründe seines Gesuchs auszuführen.

2) Der Form nach kann es mündlich (vivae vocis oracula) oder schriftlich (per rescriptum gratiae) verliehen werden. Die mündlich ertheilten Privilegien wurden durch Gregor XV. (1622) und Urban VIII. (1631) als aufgehoben pro utroque foro erklärt, soweit sie nicht authentisirt waren. Sie müssen also nach Urban VIII. ertheilt sein, um Geltung zu haben und haben sie nur pro foro interno [3]. Auch unter dem zu präsumirenden stillschweigenden Consens des Papstes kann sich ein Privileg begründen [4].

---

[1] R. J. 16 in VI.: „Decet concessum a principe beneficium mansurum." Cf. Reg. Canc. Apost. XII.

[2] „Privilegia (indulgentiae c. 17. 19 x V. 33; beneficia c. 9 h. t.) sunt leges privatorum, quasi privatae leges" c. 3 D. 3. Cf. c. 7. 25 x h. t.; c. 5. 11 eod. in VI.

[3] Schriftliche Ertheilung wird insbesondere verlangt bei Collationen, Confirmationen, Unionen, bei dem Privilegium der Nonresidenz und zum Besuch eines Frauenklosters.

[4] Privileg und Gewohnheitsrecht werden häufig zusammengestellt; gewissermaßen ist jede consuetudo ein Privilegium, das auf der Duldung des Papstes beruht, cf. c. 1 in VI. (I. 4); c. 26 x V. 40.

3) Die privilegia sind *negativa* oder *affirmativa* (positiva), je nachdem sie die Befugniß ertheilen, etwas sonst Gebotenes zu unterlassen oder
etwas gewöhnlich nicht Gestattetes zu thun.

4) Die Privilegien sind ferner persönliche oder dingliche, örtliche oder
gemischte. *Privilegia realia* sind sie, wenn sie an ein Amt, an einen Stand,
localia, wenn sie an einen bestimmten Ort gebunden, *personalia*, wenn sie
einer einzelnen Person verliehen sind. *Mixta* nennt man jene, die nicht einer
Communität als solcher, nicht einer einzelnen Person, sondern einer ganzen
Klasse von Personen angehören, deren jede sich selbständig ihrer bedienen kann.

Das dingliche Privileg geht auf jeden über, der zum Besitz der Würde
oder Sache gelangt, an die es geknüpft ist.

5) *Privilegia privata* sind die einer einzelnen Person, *communia*, die
einer Communität verliehenen. Sie können sein *privilegia primo et per
se concessa* oder *communicata*. Die Communication der Privilegien kann
geschehen:

a) *Per extensionem*, Ausdehnung auf andere Personen, oder *ad instar*
und zwar b) *quasi accessorie* oder c) *pariformiter*, *aeque principaliter*
(wie ein neues, für sich bestehendes). Nur in dem letztern Falle hat die Erweiterung oder Beschränkung des ursprünglichen Privilegs keinen Einfluß auf
diejenigen, denen es pariformiter verliehen ist, während in den Fällen a)
und b) jede Vermehrung oder Verminderung des ursprünglichen Privilegs
auch auf die übergeht, die (per extensionem) den schon Privilegirten beigezählt werden oder in einem bestimmten nahen Verhältniß zu den zuerst
Privilegirten stehend accessorisch an dem Privilegium theilnehmen [1].

6) Die privilegia sind *perpetua* oder *temporalia*, für immer verliehen
oder für eine bestimmte Zeit, an den Eintritt einer Bedingung geknüpft.

7) Nach dem Motiv der Verleihung sind sie *privilegia gratiosa*, die
rein als Gunstbezeugungen verliehen sind, *remuneratoria*, zur Be-
lohnung von Verdiensten (als solche gelten die Ordens-Privilegien) *onerosa*,
die unter Bedingung einer Gegenleistung gegeben sind, *conventionalia*, bei
denen der Beliehene vertragsmäßig zur Gegenleistung verpflichtet ist.

8) Enthält das Privileg ausschließlich eine Gunstbezeugung für den damit Begnadigten, so heißt es *privilegium favorabile*; enthält es zugleich ein
Präjudiz gegen die Rechte eines Dritten, dem es dann erst insinuirt werden
muß, um in Wirksamkeit zu treten, oder ist es contra jus commune, so
heißt es *privilegium odiosum* [2].

---

[1] C. 25 h. t.; R. J. 42 in VI.: „Accessorium naturam sequi congruit principalis.“

[2] Cf. c. 1 in VI. (III. 7); c. 19 x h. t. Vgl. Pruner, Moraltheologie.
2. Aufl. S. 85 Nr. 6.

Was gegen ein erwiesenes Privileg von einem andern unternommen wird, ist ungiltig, selbst ein richterliches Erkenntniß, außer wenn eine frei= willige Verzichtleistung erwiesen wird oder der Verlust des Privilegs als Strafe des Ungehorsams eintritt.

III. Für die Interpretation der Privilegien gilt: Das favorabile ist weit, das odiosum ist stricte zu interpretiren, außer wenn es zum besten der Religion oder einer causa pia, wenn es motu proprio et ex certa scientia verliehen oder im corpus juris canonici enthalten ist. Die be= nigna interpretatio wird namentlich auch gefordert für die Ordensprivi= legien. Das specielle Privileg geht dem generellen, das unbeschränkte dem beschränkten vor, das spätere aber hebt das frühere nicht auf, wenn es ihm nicht ausdrücklich derogirt. Das Privileg darf nicht auf andere Personen ausgedehnt werden, die nicht formaliter oder virtualiter darin ausgedrückt sind, es darf nicht so interpretirt werden, daß dasselbe bedeutungslos oder gar zur Last würde[1]. Subsidiarisch kann auch das römische Recht zur Inter= pretation angewendet werden[2].

IV. Die Confirmation oder Erneuerung eines Privilegs hat den Zweck, die Giltigkeit desselben außer Zweifel zu setzen, sie verleiht aber keine Rechte, die der Privilegirte nicht schon zuvor gehabt hätte. Es ist aber zu unterscheiden:

a) die confirmatio in forma communi s. ordinaria, die nur das Vorhandensein des Privilegs beweist, wenn z. B. das Diplom verloren war;

b) die in forma speciali s. ex certa scientia (auch deque Apostolicae Sedis plenitudine), die zeigt, daß der Papst genaue Kenntniß vom Inhalt des frühern Diploms hatte, und durch die das Privileg, gleich wie ein neues, bekräftigt wird, wie wenn der ganze Text in die Confirmationsurkunde auf= genommen wäre. Einem erschlichenen Privileg würde aber auch eine solche Clausel keine Giltigkeit gewähren[3].

244. Ein Privilegium erlischt:

1) Durch Revocation (revocatio expressa). Das in widerruflicher Eigenschaft (per modum precarii) verliehene kann auch sine causa, das remuneratorische ex justa causa, namentlich wegen Mißbrauchs des Privi= legiums widerrufen werden[4]. Bei den im corpus juris enthaltenen genügt eine revocatio tacita. Diese bedürfen keines Beweises, werden aber auf=

---

[1] „Quod ob gratiam alicujus conceditur, non est in ejus dispendium retor- quendum." R. J. 61; cf. 34. 28 in VI.

[2] C. 1 x V. 32: „quia sicut leges non dedignantur sacros canones imitari, ita et sacrorum statuta canonum Principum constitutionibus adjuvantur."

[3] Greg. II. 30; cf. c. 13. 29 x V. 33.

[4] Cf. c. 3. 8. 20 x h. t.; c. 5 eod. in VI.; c. 18 x III. 31.

gehoben durch ein dem privilegium entgegengesetztes allgemeines Gesetz oder ein neues Privilegium, das ohne Aufhebung des früheren Privilegs seine Wirkung nicht äußern könnte, ohne diese keinen Zweck hätte.

Zur revocatio tacita genügt im allgemeinen die Clausel „non obstantibus quibuscunque privilegiis", ausgenommen

a) bei den vertragsmäßig verliehenen privilegiis onerosis und denjenigen remuneratoriis, in welchen specielle Erwähnung der Verdienste geschieht;

b) bei jenen, welche die Clausel haben, daß sie nicht als abrogirt zu betrachten seien, wenn sie nicht speciell genannt werden [1];

c) bei den Privilegien der Regularen.

2) Durch Verzichtleistung des Beliehenen. Der Privilegirte kann auf sein Privilegium Verzicht leisten, muß keinen Gebrauch machen, außer:

a) wenn das Privileg zum allgemeinen Besten dient, z. B. Standesprivilegien der Cleriker und Religiosen;

b) wenn sonst dem Nächsten großer Schaden zugefügt, Rechte eines Dritten direct schwer verletzt würden;

c) wenn es Hindernisse beseitigt, die der Erfüllung eines Gebotes entgegenstehen;

d) wenn es einem Amte, einer Dignität zugehört oder einer Communität, in welch' letzterem Falle wenigstens nicht das einzelne Glied der Communität darauf verzichten kann;

e) wenn es als onerosum auf Vertrag beruht.

Durch den bloßen Nichtgebrauch geht das Privilegium selbst noch nicht verloren, wohl kann für den einzelnen Fall das Recht der Ausübung verloren gehen, z. B. beim Patronat (179). Zu einer renunciatio tacita gehören außer dem non-usus auch Acte, worin sich der Wille der Verzichtleistung kundgibt. *Peregrini* dürfen von Privilegien der Orte Gebrauch machen, an denen sie sich eben aufhalten.

3) Für immer kann ein privilegium verloren gehen durch *praescriptio acquisitiva* und *extinctiva*. Das Recht aus einem privilegium negativum hört auf durch praescriptio acquisitiva zu Gunsten dessen, zu dessen Nachtheil das Privilegium eine Befreiung gewährte, das Recht aus einem privilegium affirmativum durch usucapio libertatis zu Gunsten dessen, der durch das Privileg verpflichtet ist. Unvordenklicher Besitz genügt zum Beweise eines Privilegiums.

---

[1] Solchen, welche eine specielle Erwähnung als Bedingung ihrer Aufhebung fordern, wird nach Reiffenstuel u. a. derogirt durch den Zusatz zur Clausel: „sub quacunque verborum forma conceptis" oder „etiamsi de verbo ad verbum de ipsis debeat fieri mentio."

4) Nach dem Grundsatz „cessante legis ratione cessat lex ipsa" er=
lischt auch das Privileg durch Aufhören einer gesetzlichen Eigenschaft oder
Bedingung ex parte privilegii; es hört auf, wenn in Folge neuerdings
eingetretener Umstände das Privileg als ungerecht, unbillig sich herausstellt[1].
Ein unter falschen Vorspiegelungen entlocktes Privileg entbehrt der Rechtskraft[2].

5) Jedes rein persönliche Privileg hört auf mit dem Tode der Person,
der es verliehen ist, jedes dingliche mit dem gänzlichen Aufhören des Ob=
jects, an das es geknüpft ist. Mit dem Aufhören des privilegium principale erlischt auch das accessorium, das temporale mit Ablauf der Zeit=
frist, die gesetzt ist.

5. Die Dispensation.

245. Die Dispensation ist eine Ausnahme von noch viel priva=
tiverer Beschaffenheit als das Privilegium[3], sie ist die Suspension eines Ge=
setzes für einen bestimmten Fall und für bestimmte Personen[4]. Eine Aus=
nahme vom Gesetze kann nur derjenige machen, auf dessen Autorität das
Gesetz selbst beruht. Das Dispensationsrecht von allen Kirchengesetzen
steht nur dem Papste zu kraft seines Primates und des darin enthaltenen
Gesetzgebungsrechtes für die ganze Kirche (196, I), nicht aber vom gött=
lichen Rechte, außer soweit die Verpflichtung aus freiem Willen hervor=
geht, wie beim Eid und Gelübde[5]. Hier kann er nur erklären, daß das
jus divinum in einem concreten Falle nicht verpflichte.

Der Bischof kann von den Diöcesangesetzen dispensiren, von allgemeinen
Kirchengesetzen aber nur, wo es ihm vom Rechte speciell eingeräumt ist oder
kraft päpstlicher Vollmacht (222, III). Der Gallicanismus und Jansenis=
mus, noch mehr Febronius, dann die Emser Punktation und die Pseudo-

---

[1] C. 60 x II. 28; c. 5 x I. 3.

[2] C. 9 x III. 30; c. 21 x V. 40.

[3] Cf. *Thom. Aq.* 1. 2 q. 97 a. 4. Es kommt bisweilen vor, daß eine Vorschrift,
wie meistens, zum Besten der Gesammtheit gegeben, dennoch für diese oder jene Person
nicht passend ist, weil hier entweder etwas Besseres verhindert oder gar etwas Uebles
veranlaßt wird. Aber es wäre höchst bedenklich, dieses dem Urtheil des Einzelnen zu
überlassen, es sei denn in unmittelbarer augenscheinlicher Gefahr. Wer also die Ge=
sammtheit zu regieren hat, der hat auch das Recht, von dem menschlichen Gesetze, das
auf seiner Autorität beruht, nachzulassen, so zwar, daß er für einzelne Personen und
Fälle, wo das Gesetz nicht zutrifft, die Erlaubniß gibt, daß die Vorschrift des Gesetzes
nicht beachtet zu werden brauche.

[4] Cf. c. 24 § 6 C. XXIII. q. 4; c. 16 C. I. q. 7; Gl. zu c. 5 C. I. q. 7:
„Dispensatio est juris communis relaxatio facta cum causae cognitione ab eo, qui
jus habet dispensandi." „Dispensare est diversa pensare."

[5] Cf. c. 13 x II. 13; c. 6 C. XXV. q. 1.

synode von Pistoja haben ein ordentliches Dispensationsrecht des Bischofs von allen Kirchengesetzen behauptet, was Pius VI. verwarf [1].

Das päpstliche Dispensationsrecht steht fest auch in den ältesten Zeiten [2], wenn auch anfangs der Particulargesetzgebung und daher auch der Dispensation ein weiterer Spielraum überlassen war. Wohl kann die Absolution ertheilt werden, wenn sie nicht ausdrücklich vorbehalten ist [3]; allein zwischen absolutio und dispensatio hat ein großer Unterschied statt; erstere bezieht sich auf die Vergangenheit, die dispensatio auf die Zukunft [4]; die absolutio ist nicht contra jus commune, die Dispensation heißt vulnus legis [5] und muß daher, wenn sie ein dem Gesetzgeber Untergeordneter zu ertheilen befugt sein soll, demselben ausdrücklich zugestanden worden sein [6].

Die pro foro interno ertheilte Dispensation hat keine Wirkung pro foro externo. Der Papst dispensirt in der Regel in rebus occultis pro foro interno durch die Pönitentiarie, re publica pro foro externo durch die Datarie.

246. Die dispensatio setzt eine *justa causa* voraus [7]; zur Giltigkeit derselben ist dies aber nur dann erfordert, wenn der Dispensirende kraft erhaltener Vollmacht vom Gesetze eines höhern Oberen dispensirt. Wird aber im Dispensgesuche der Sachverhalt wesentlich anders dargestellt, als er sich verhält, durch obreptio oder subreptio, so ist die Dispens ungiltig (vgl. 242).

Die auf Ansuchen Einzelner ertheilte Dispens muß stricte interpretirt werden. Wenn aber der Gesetzgeber motu proprio oder bloß um des bonum commune willen eine Dispens gewährt, so ist sie als eine Gnadensache im weitern Sinne zu verstehen, ebenso auch die jemand als Gnade für seine

---

[1] Const. „Auctorem fidei" n. 6—8; Trid. s. XXV. c. 2.

[2] Cf. c. 7. 41 C. I. q. 1; c. 6. 12. 18. 23 C. I. q. 7; c. 20 C. XXXV. q. 2; vgl. Phillips, Kirchenrecht. Bd. V. S. 165 ff

[3] C. 29 x V. 39: „Quia conditor canonis ejus absolutionem sibi specialiter non retinuit, eo ipso concessisse videtur facultatem aliis relaxandi."

[4] Falsch ist die Darstellung, als ob durch die Dispensation ante factum eine Sünde erlaubt werde, während es sich im Gegentheil darum handelt, daß nicht durch Gesetzesübertretung eine Sünde begangen werde. Auch haben die häufigeren Dispensationen nicht das Sittenverderbniß vermehrt, wohl aber sind durch dieses die Dispensationen nothwendiger geworden.

[5] C. 24 § 6 C. XXIII. q. 4.

[6] *Gonzalez Tellez*, Comm. in c. 15 x I. 11: „Dispensatio non est ex his, quae competunt, si non prohibeantur, sed ex his, quae non competunt, nisi concedantur."

[7] Cf. c. 10 C. XXIV. q. 1; c. 4 x III. 8; c. 17 C. I. q. 7; c. 30 x I. 6; c. 2 x I. 7; c. 11 x I. 9; Trid. s. XXV. c. 18; *Thom. Aq.* 1. 2 q. 97 a. 4. Als Gründe zählt Gratian p. c. 5 C. I. q. 7 auf: tempus, persona, pietas, necessitas, utilitas, rei eventus.

Person, nicht commissionis gratia, übertragene facultas dispensandi. Die in forma commissoria ertheilte Dispens wird gewöhnlich dem Ordinarius committirt, der die vorgebrachten Gründe zu prüfen hat; die in forma gratiosa ertheilte wird direct (ohne vorgängige Untersuchung) verliehen.

Man unterscheidet dispensationes *debitae, permissae, prohibitae,* dispensationes *legis, legislatoris* et *mixtae.*

Die Dispens erlischt: 1) durch Revocation des Dispensirenden; 2) durch Verzichtleistung des Dispensirten, die der Obere angenommen hat; 3) durch Aufhören des Grundes vor der Execution oder Wirkung, aber auch nach deren Gebrauch dann, wenn sie nicht absolute ("si causa perduret") gegeben ist oder eine untheilbare Wirkung hat. Die als Gnade verliehene Dispensationsgewalt dauert fort auch nach dem Tode des Delegirenden, nicht aber die für eine bestimmte Sache delegirte Vollmacht, si res adhuc sit integra, d. h. wenn der Commissär nicht noch bei Lebzeiten des Delegirenden von ihr Gebrauch zu machen angefangen hat.

––––––

Zweiter Abschnitt.
Civil- und Strafgerichtsbarkeit der Kirche.

1. Die kirchliche Gerichtsbarkeit im allgemeinen.

247. *Jurisdictio* umfaßt im kirchlichen Sprachgebrauch alle jene hierarchischen Acte, die nicht zum *ordo* gehören, insbesondere die Regierungsgewalt mit dem Lehramte (42). Die Regierungsgewalt begreift außer der gesetzgebenden Gewalt (239) nothwendig auch die gesetzvollziehende Gewalt in sich, nämlich das kirchliche Aufsichtsrecht (64. 196, II. 222, II) und die kirchliche Gerichtsbarkeit (*jurisdictio* im engern Sinne).

Ohne die richterliche Gewalt wäre die gesetzgebende ohne hinreichende Garantien, die kirchliche Gesellschaft ohne hinreichende Mittel zur Durchführung ihrer Zwecke. Daher ist die kirchliche Gewalt nicht bloß eine ermahnende, rathende und leitende, sondern auch eine zwingende und strafende. Sie erstreckt sich auf alle Personen, die der kirchlichen Jurisdiction unterstehen, wie auf die Sachen, die der Kirche angehören. Die kirchliche Jurisdictionsgewalt ist weder bloß durch Concession des Staates erlangt, noch vom Staate abhängig, sie wird zu einem höhern Zwecke geübt als die des Staates, ist wesentlich von dieser verschieden und selbständig. Die staatliche Gewalt ist auch nicht befugt, in rein kirchlichen Sachen sich die Jurisdiction beizulegen und die kirchliche Jurisdiction in diesen zu hindern (vgl. 3. 11. 57. 59. 64)[1].

Die richterliche Gewalt ist von Christus seiner Kirche übertragen. Sie wird deutlich vorausgesetzt Matth. 18, 15—18, wo der Heiland drei Grade unterscheidet: die Mahnung unter vier Augen, dann vor Zeugen, dann die Anzeige bei der Kirche, d. i. bei den Vorstehern der Kirche; denn der Ungehorsam gegen die Kirche soll zur Ausschließung aus der Kirche führen. Diese können nur die Vorsteher der Kirche verhängen, denen im folgenden Verse auch ausdrücklich die Binde- und Lösegewalt zugeschrieben wird. Es ist hier vorausgesetzt ein Kläger, ein Beklagter, ein Gericht, die Untersuchung und Entscheidung und die Bestrafung. Die Strafgewalt sprechen die Apostel aus und üben sie kraft der vom Herrn gegebenen Gewalt (2 Kor. 13, 10; 10, 8. 9), bereit, allen Ungehorsam zu züchtigen (B. 6) mit der virga (1 Kor. 4, 21), die nur die Strenge, die strafende Gerechtigkeit bedeuten kann. Die Strafgewalt übt Paulus aus an dem Blutschänder zu Korinth (1 Kor. 5, 1 ff.), an Hymenäus und Alexander (1 Tim. 1, 20); über die kirchliche Rechtspflege gibt er Vorschriften (1 Tim. 5, 19). Ebenso sprechen sich die heiligen Väter und die Concilien[2] aus.

248. Mit der Anerkennung der Kirche im römischen Staate bestätigte Constantin d. Gr. auch das bischöfliche Richteramt (audientia episcopalis), das Augustinus (Serm. 24 in Ps. 118) aus den Vorschriften des Apostels ableitet und von dem bloßen Schiedsgericht (arbitrium) deutlich unterscheidet. Im 5. Jahrhundert war es bereits allgemein anerkannt, daß ein Geistlicher den andern nicht vor dem weltlichen Richter, sondern nur vor dem Bischof belangen dürfe. Aber auch Laien mußten anfangs, wenn es nur eine Partei wollte, später aber nur, wenn beide Parteien darüber einig waren, an das bischöfliche Gericht sich wenden. Gehörten geistliche Personen und kirchliche Sachen vor das kirchliche Gericht, so wurde später auch über weltliche Richter und Rechtspflege den Bischöfen mehrfach eine Aufsicht eingeräumt. Nicht bloß Ehesachen selbst, sondern auch Fragen über Mitgift, Brautgeschenke, Alimente, über Erbschaften u. dgl. wurden im Mittelalter von der Kirche entschieden nach dem Grundsatz: „accessorium sequitur forum rei principalis." Für dingliche Klagen der Geistlichen gab es im fränkischen Reiche gemischte Tribunale.

Nach dem Decretalenrecht gehörten vor das kirchliche Gericht nicht bloß die res spirituales[3], sondern auch alle res spiritualibus annexae: so

---

[1] Cf. Const. „Apostolicae Sedis moder.", excomm. Pontif. speciali modo reserv. 6. 7. 8. 11.

[2] Cf. can. Apost. 66. 67; Const. Apost. II. 47; Synode von Elvira c. 74. 75, von Hippo (398) u. s. w.

[3] Cf. c. 8 x I. 43; c. 2 x II. 1.

Patronats= und Beneficialsachen, Pfründe= und Zehntstreitigkeiten, Sponsalien, Eigenthumsklagen gegen Kirchen, durch den Eid bekräftigte Verträge, Voll= streckung frommer Vermächtnisse, milde Stiftungen und alle Rechtssachen der personae miserabiles (der Armen, Kranken, Wittwen, Waisen) [1].

So hatten die geistlichen Gerichte bis zum 14. Jahrhundert auch in vielen weltlichen Gegenständen eine mit dem weltlichen Richter concurrirende Jurisdiction erlangt. Allmählich aber wurden den Bischöfen nicht nur die Gerichtsbarkeit über die mitleidswerthen Personen, sondern auch die Juris= diction in dinglichen Klagen gegen Geistliche und in bürgerlichen Rechtssachen der Laien entzogen, bis im 18. Jahrhundert die kirchliche Competenz auf die rein kirchlichen Gegenstände beschränkt und endlich auch das den Geistlichen früher zugestandene forum privilegiatum personale (150, IV) völlig auf= gehoben ward.

Bietet auch der canonische Proceß heutzutage nicht mehr dasselbe In= teresse wie früher, ist das praktische Interesse geringer, so hat doch dieses nicht aufgehört und die Kenntniß desselben ist für den Theologen immer noch nothwendig [2].

Erstes Kapitel.

Kirchliche Streitgerichtsbarkeit.

2. Judicium. Jurisdictio.

249. *Judicium* heißt zunächst die richterliche Entscheidung, daher auch die Untersuchung, und bedeutet auch den Ort, wo sie gehalten wird [3]; dann das Richteramt, die rechtmäßige Behörde oder der Inbegriff der zur Untersuchung und Entscheidung einer Rechtssache (causa) öffentlich autorisirten Personen.

Das kirchliche Gericht ist 1) *judicium civile*, in welchem der Kläger direct sein eigenes Interesse verfolgt, mag es aus einem Vertrag oder aus einem andern civilrechtlichen Titel oder aus fremden Verbrechen sein, indem er nur Schadenersatz fordert, und 2) *judicium criminale*, d. i. jenes, in

---

[1] Cf. c. 3 x III. 30; c. 10 x IV. 1; c. 5. 6 x III. 30; c. 5 x II. 2; c. 3 eod. in VI.; c. 3. 17 x III. 26; Trid. s. XXII. c. 8; c. 5. 7 x IV. 17; c. 11. 15 x II. 2; c. 26 x V. 40; c. 3 x IV. 20; *Benedict. XIV.*, De syn. dioec. l. IX. c. 9 n. 13.

[2] Vgl. Molitor, Gerichtsverfahren gegen Geistliche. Mainz 1856. S. 284: „Die im Decretalenrecht hierüber niedergelegten Grundsätze sind so großartig, so vom Geiste der Kirche getragen, daß ihre Anwendung ebenso wenig Schwierigkeit bietet, als sie das praktische Bedürfniß vollkommen befriedigt."

[3] Vgl. München, Das canonische Gerichtsverfahren und Strafrecht. Köln 1874. S. 62 f.; Greg. II. 1. *Santi*, Praelect. jur. can. Ratisbonae 1886. L. II. p. 1: „Judicium est legitima controversiae, quae est inter actorem et reum, apud judicem disceptatio et definitio."

welchem über ein Delict verhandelt wird zur öffentlichen Sühne und Bestrafung des Verbrechens; 3) *mixtum*, wenn der Kläger zugleich die Bestrafung des Schuldigen und Ersatz des Schadens fordert.

Die Befugniß zur Ausübung der Rechtspflege ist die **Richtergewalt**,
Gerichtsbarkeit (*jurisdictio* im engern Sinne)[1].

Die jurisdictio ist *universalis* (26, b. 43) oder *partialis*. Römische
Cardinalscongregationen, wie die S. Congregatio Concilii, haben eine
jurisdictio universalis quoad loca et personas, nicht aber quoad ma-
terias; die jurisdictio particularis ist beschränkt in Bezug auf bestimmte
Personen, z. B. bei Ordensprälaten, oder auf bestimmte Orte, so beim Bischof auf seine Diöcese, oder auf bestimmte Materien, so jede Jurisdiction,
die verliehen wird cum reservatione aliquorum casuum. Die nicht ad
locum et personas beschränkte Jurisdiction kann überall in den ihr zu-
gehörigen Gegenständen geübt werden. Die Jurisdiction wird geübt entweder
in volentes (auf Bitten, z. B. durch Privilegien, Dispensationen) oder *in
nolentes, renitentes*. Sie ist **gerichtliche** (*judicialis*, contentiosa) oder
außergerichtliche (*extrajudicialis*, voluntaria).

250. Die äußere Jurisdiction wird in der Kirche wie im Staate entweder mit Uebertragung eines Amtes erworben, kraft dieses Amtes besessen
und ausgeübt, *jurisdictio ordinaria* (43) oder ohne Empfang und Besitz
eines Amtes (*jurisdictio mandata, delegata*).

Wer eine *jurisdictio ordinaria* besitzt, kann dieselbe auch anderen **delegiren** (R. J. 68 in VI); er besitzt sie für die ganze Zeit seiner Amtsführung als seine eigene. Wer sie aber nur durch Delegation oder Mandat
erhalten hat, besitzt sie nicht als seine eigene, er kann sie nur als eine stellvertretende ausüben[2]. Daher schließt die Delegation und das Mandat die
Eigenschaften der Widerruflichkeit und Unselbständigkeit in sich. Der Auftrag durch Mandat oder Delegation kann widerrufen werden; da die so erlangte Jurisdiction eine fremde bleibt, so ist sie dem Wechsel unterworfen,
den sie im Besitze ihres eigentlichen Eigenthümers erleidet. Die **Delegation**
ist immer ein specieller Act der Verleihung einer besondern, mehr oder

---

[1] Im römischen Recht hat jurisdictio eine viel engere Bedeutung. Die
Juristen unterschieden *majestas*, die höchste Gewalt besonders der Gesetzgebung, *imperium* (jus gladii), die vollziehende Gewalt, potestas facinorosos coërcendi; *jurisdictio*, die richterliche Gewalt, jus causas cognoscendi et judicandi (*dare* sc. judicem,
dicere sc. sententiam, *addicere* sc. rem). Da die richterliche Gewalt aber auch der
vorigen bedurfte, ward den Richtern auch eine gewisse Coërcitivgewalt zugesprochen,
imperium mixtum (jurisdictio mixta imperio) genannt. *Notio* hieß die facultas
judicandi et cognoscendi, non tamen judicatum exequendi.

[2] *Jurisdictio ordinaria* est, quae cuipiam jure proprio seu ratione officii aut
dignitatis suae ex lege, canone vel consuetudine competit. *Delegata*, quam quis
habet solum ex commissione alterius, cujus vice fungitur.

weniger umfaſſenden ober einer ſingulären Jurisbiction; das Mandat hat einen weitern Umfang und kann bis zum Uebergang der geſammten Juris= biction gehen. Im canoniſchen Rechte wird übrigens zwiſchen jurisdictio mandata und delegata meiſt nicht unterſchieden, wie das im römiſchen Rechte der Fall iſt [1]. Nach dieſem Unterſchiede erliſcht die jurisdictio dele-gata mit dem Tode des Deleganten nur re adhuc integra, da, wenn er ſchon von ihr Gebrauch gemacht hat (mit Vorladung der Parteien) [2], da= mit ein beſonderes, vom Deleganten verſchiedenes Gericht gebildet iſt; die mandata aber auch, wenn nicht mehr res integra iſt, da das Gericht des mandatus immer daſſelbe bleibt mit dem des mandans.

Die Delegation iſt a jure, wie die Biſchöfe vom Tridentinum als de-legati Sedis Apostolicae aufgeſtellt ſind, oder ab homine. Der Delegat, der ſelbſt die Eigenſchaften des Richters überhaupt beſitzen muß, kann, wenn er vom Papſte delegirt iſt, einen andern ſubbelegiren. Die ſubbelegirte Juris= biction kann der Delegat zurückziehen, wenn res adhuc integra iſt; denn der Delegat hat nicht ſeine eigene Jurisbiction delegirt, und wenn er, was ihm als fremde Jurisbiction zuſtand, einem andern übertrug, ſo iſt mit dem Beginn, z. B. gerichtlicher Ladung, die Jurisbiction an den Subdele-gaten übergegangen [3]. Er kann natürlich auch nur ſolche Perſonen dele-giren, an welche der Papſt zu delegiren pflegt, und zwar aus der Diöceſe, welcher die Parteien angehören (in partibus) [4]. Auch der ad universali-tatem causarum Delegirte kann für unter die Delegation gehörige Fälle ſub=belegiren. Sind mehrere gemeinſam belegirt, ſo kann jeder derſelben einen andern für ſich ſubbelegiren oder einen der Mitbelegaten [5]. Sind mehrere zuſammen belegirt, ſo daß ſie ein Collegium bilden ſollen, ſo erliſcht durch den Tod des einen auch die Delegation der anderen, wenn er nicht vorher ſubbelegirt hatte oder bereits der Proceß begonnen war. Es kommt hier genau auf den Wortlaut an, ob ſie conjunctim handeln ſollen, ſo daß der

---

[1] *Bouix*, De princip. jur. Monast. 1853. p. 450: „In eo tantum differunt man-data et delegata jurisdictio, quod prior committitur per universalitatem causarum, posterior vero pro causis particularibus determinatis; sed ex frequentissimo usu non distinguuntur, et duo vocabula usurpantur ut synonyma... p. 453: Delegatus ad universalitatem causarum reputatur *quasiordinarius* ..., dicitur in stricto sensu habere mandatam jurisdictionem.“ Vgl. München a. a. O. S. 17 ff.; Droſte, Kirchliches Disciplinarverfahren gegen Geiſtliche. Paderborn 1882. S. 17.

[2] C. 20 x I. 29: „cum citatione facta negotium sit quasi coeptum“.

[3] C. 6 Sexti I. 14. Der päpſtliche Delegat ſoll nur aus wichtigen Gründen ſubbelegiren (c. 3 x I. 29). Eine Subbelegation kann nicht eintreten, wenn die Dele=gation nur mit Rückſicht auf die Perſon geſchah, wenn es in der Vollmacht heißt: „personaliter“, „per se ipsum“.

[4] C. 11 § 3 in VI. (I. 3).

[5] C. 6 x I. 29.

eine ohne die anderen nicht handeln darf, oder ob auch der einzelne von ihnen die Sache allein vollführen kann [1].

Der Delegat erhält seine Gewalt mit Empfang der schriftlichen Voll= macht, welche den Inhalt des Mandats bestimmt. Die Delegation ist stricte zu interpretiren und darf nicht weiter ausgedehnt werden [2]. Die Vollmacht erlischt durch Widerruf, durch Ablehnung, die dem Papste gegenüber nicht, dem Bischof gegenüber nur unter Angabe der Gründe geschehen darf, durch Erledigung des Auftrags [3].

Vom judex delegatus kann an den delegans appellirt werden, vom subdelegatus an den subdelegans nur dann, wenn dieser nicht die ganze Jurisdiction, sondern nur ein Commissorium jenem übertragen hatte; außer= dem geht die Berufung an den judex ordinarius [4].

3. Die beim Gerichte thätigen Personen.

251. I. Richter *(judex)* ist entweder ein Collegium als moralische oder ein einzelner als physische Person. Dem Richter muß immer ein Actuar oder Notar (Secretär, Kanzler) zur Beglaubigung der von ihm vorgenom= menen Handlungen zur Seite stehen [5].

Die nothwendigen Eigenschaften des Richters sind:

a) Absolute: 1) Befähigung, die in den nöthigen Kenntnissen, vollem Gebrauch der Sinne [6] und des Verstandes, unbescholtenem Ruf [7] und in dem gehörigen Alter besteht (von 20 Jahren oder, wenn die Parteien sich dabei beruhigen, von 18 Jahren). Der kirchliche Richter muß Cleriker sein; nur der Papst kann auch einen Laien delegiren [8].

2) Gerichtsbarkeit (jurisdictio), die Befugniß zur Ausübung der Rechtspflege (250).

b) Relative Eigenschaften: 1) Unparteilichkeit. Ein judex suspectus kann abgelehnt (recusirt, perhorrescirt) werden. Das juramentum per= horrescentiae ist aber nach canonischem Rechte nicht üblich. Die Verdachts= gründe müssen bewiesen werden. Als solche gelten Verwandtschaft oder ver=

---

[1] Cf. c. 42. 30. 16. 21 x h. t.; c. 14 x I. 3; c. 8 Sexti I. 14.

[2] C. 12 x II. 28; c. 5 x h. t. Congr. Conc. d. 22. Maji 1875.

[3] C. 4 x II. 16; c. 5 Sexti I. 14; c. 9. 38 x h. t. Durch den Tod des De= legaten erlischt die persönlich erhaltene Vollmacht, nicht aber die an ihn als den In= haber eines bestimmten Amtes ertheilte. C. 14 x h. t.

[4] C. 27 x h. t.; cf. c. 3. 10 Sexti I. 14.

[5] C. 28 x II. 20; c. 11 x II. 19.

[6] „*Caecus* officio judicis fungitur.“ Ausgeschlossen sind mulieres, muti, surdi, amentes, furiosi.

[7] Infamirte, Excommunicirte, Suspendirte, Interdicirte sind ausgeschlossen.

[8] C. 2 x II. 1; c. 18 x II. 2.

traute Freundschaft mit der Gegenpartei, früheres Advokatenamt in derselben Sache, Feindschaft, Abhängigkeitsverhältniß u. s. w. Niemand darf *in propria causa* richten, d. h. in einer solchen, deren Entscheidung ihm per= sönlich unmittelbaren Vortheil oder Nachtheil bringt. Die exceptio judicis suspecti muß schriftlich vor dem verdächtigen Richter selbst vor der Litis= contestation geltend gemacht werden (259). Der apostolische Delegat kann nach der Recusation nicht mehr subdelegiren. Wird der Generalvikar (Of= ficial) recusirt, so entscheidet der Bischof [1].

2) Competenz, d. i. die Befugniß, eine bestimmte Sache zu untersuchen und zu entscheiden. Das vor einem incompetenten Richter Ver= handelte ist nichtig [2].

Der Gerichtsstand *(forum, forus)* ist entweder ein durch freie Ueber= einkunft der Parteien gewählter (gewillkürter, *forum prorogatum*) oder ein durch Gesetz bestimmter *(forum legale)*. Letzteres ist *ordinarium*, das im gehörigen Instanzenzuge gewählt werden muß, oder *extraordinarium*, das ausnahmsweise mit Ueberspringung einer Instanz angegangen wird, a) recu= sato judice ordinario, b) wenn dieser in propria causa richten müßte, c) wenn er hartnäckig die Justiz verweigert.

Das forum legale theilt sich dann wieder in ein *forum commune*, das nach einer allgemeinen Rechtsregel eingeführte, und *forum privilegiatum* (vgl. 149, II), das für bestimmte personae und causae aus Vergünstigung ein= gesetzte. Ersteres wird in der Regel bestimmt durch das *domicilium rei* („actor sequitur forum rei", c. 5. 8 h. t.); dieses heißt *forum generale*. Aus besonderen Rücksichten können jedoch auch competent sein (als *specialia*) das sächliche (forum rei sitae), das Contractsforum (ex ratione con= tractus), das Delictsforum (ex ratione delicti), das Forum des Zu= sammenhangs der Sachen (ex ratione connexitatis s. continentiae causae, „ne res inter se nexae et jugatae dividantur") [3]. Hier ist die jurisdictio des Richters auch eine prorogata, aber die Prorogation ist eine nothwendige, hat durch das Gesetz statt.

Der Richter muß jede Partei anhören; die ungehört abgewiesene kann eine *querela denegatae justitiae* einreichen. Er ist verpflichtet zur Amts= verschwiegenheit und zu gerechtem Urtheil. Ist das Urtheil eines Richters

---

[1] C. 4 Sexti I. 14.

[2] Ist die Incompetenz des Richters unzweifelhaft, so braucht der reus nicht vor ihm zu erscheinen; ist die Competenz zweifelhaft, so muß er erscheinen, kann aber die exceptio incompetentiae (ante L. C.) vorbringen und beweisen.

[3] Greg. II. 2; cf. c. 17. 15. 14. 3 h. t. Forum domicilii, contractus, delicti, rei sitae werden als fora ordinaria bezeichnet; ein forum extraordinarium ist das ob connexitatem causarum competente, das forum prorogatum. Der Aufenthalt in Rom bewirkt stets den Gerichtsstand dort. C. 20 x II. 2.

nachweisbar ungerecht, so kann ihn der höhere Richter bestrafen, und die beeinträchtigte Partei kann den Antrag stellen, daß er zum vollen Schaden=ersatz angehalten werde (actio contra judicem, qui litem suam fecit; Syndicatsklage).

II. Die Parteien sind der Kläger (actor) und der Beklagte (reus), zuweilen auch dritte Betheiligte, die in demselben Processe (causa) ihre eigene Sache mitvertheidigen. Diese können entweder einer Partei bei=stehen oder als Gegner von beiden auftreten. Es können mehrere zugleich Klage stellen (Streitgenossenschaft, litis consortium activum) oder beklagt werden (litis consortium passivum). Es können mehrere Klagen zusammentreffen (Klagenconcurrenz, concursus actionum, objective und subjective). Die gleichzeitige und gemeinschaftliche Geltendmachung der zuständigen Klagen heißt Klagenhäufung (cumulatio actionum).

Jene, die nicht sui juris sind, müssen sich durch tutores und cura-tores vertreten lassen. Nonnen sollen nicht persönlich vor Gericht erscheinen. Kläger können alle sein, die nicht von Natur oder durch Gesetz ausgeschlossen sind: so nach dem römischen Rechte Minderjährige vor dem 17. Jahre, nach canonischem Rechte namentlich Excommunicirte[1], außer in Sache der Excom-munication selbst, in Ehesachen und wo periculum in mora oder ein periculum peccati besteht, wo sie auch als Kläger auftreten können. Re-ligiosen bedürfen der Erlaubniß ihres Obern.

Im allgemeinen sind die Rechte der streitenden Parteien gleich; doch hat der reus die partes favorabiliores, insofern 1) der actor dem forum rei folgen muß, 2) der reus freigesprochen wird, wenn der actor nicht beweisen kann, obschon auch er keinen vollen Beweis lieferte[2]; 3) der Kläger Caution leisten muß pro expensis, 4) der actor sich eine reconventio (260) vor dem forum des reus gefallen lassen muß; 5) wenn zwei von derselben Instanz erlassene Urtheile sich widersprechen, das für den reus günstigere den Vorzug haben soll.

Jede Partei ist zur Wahrheit in ihren Aussagen verpflichtet und darf den Proceß nicht muthwillig verzögern. Die unterliegende Partei hat die Gerichtskosten zu zahlen, außer wenn die siegende Partei sich des beharrlichen Ungehorsams (contumacia) schuldig gemacht hat.

III. Nebenpersonen im Processe sind:

1) Advokaten, Anwälte (patroni, defensores) einer Partei, wovon das canonische Recht Häretiker, Infamirte, Excommunicirte ausschließt. Cleriker sollen nicht Sachwalter sein in causis saecularibus und vor weltlichem

---

[1] C. 8 Sexti V. 11; c. 1 Sexti II. 12.
[2] Cum sunt partium jura obscura, reo favendum est potius quam actori. Non licet actori, quod reo licitum non existit. R. J. 11. 32 in VI.

Gerichte, außer für die Kirche und für homines miserabiles, nie gegen
die Kirche. Religioſen dürfen es nur zu Gunſten ihres Ordens und aus
ſpeciellem Auftrag ihrer Oberen ſein. Der Advokat ſoll keine offenbar un=
gerechte Sache übernehmen, niemand in gerechter Sache ſeine Hilfe verſagen,
ſeinen Clienten nach übernommenem Proceſſe ohne wichtige Gründe nicht mehr
verlaſſen und ihm haften pro dolo et culpa. Für Arme wird ein Advokat
ex officio beſtellt.

2) Procuratoren, Vertreter einer Partei vor Gericht (*procuratores
judiciales*)[1], ſind entweder Univerſalprocuratoren (*procuratores omnium rerum*) oder *particulares* (für einen einzelnen Proceß, aber ad totam
causam) oder *speciales*, die nur zu einer einzelnen Handlung im Proceß er=
mächtigt ſind. Sind mehrere Procuratoren beſtellt, ſo können ſie aufgeſtellt
ſein, ſo daß ſie nur gemeinſam (*conjunctim*) handeln ſollen, oder *in solidum*,
ſo daß der zuerſt Handelnde den Vorzug hat[2].

Der procurator ſteht zum dominus oder principalis in dem Ver=
hältniß, wie der Mandatar zum Mandanten, und haftet ihm pro dolo et
culpa. Vom Momente der Streiteinlaſſung (258) iſt er litis dominus und
wird ſo betrachtet, als führe er den Proceß suo nomine, kann ſelbſt
wieder (in der Regel) einen andern ſubſtituiren. Was ein procurator aber
mit Ueberſchreitung ſeiner Vollmacht vornimmt, iſt nichtig, um ſo mehr, wenn
er überhaupt keinen Auftrag erhalten hat (falsus procurator) oder dieſer
widerrufen iſt. Eine revocatio von ſeiten des dominus kann re adhuc
integra jeder Zeit ſtattfinden; re non amplius integra fordert ſie einen
erheblichen Grund, ebenſo fordert eine renunciatio von ſeiten des procurator
eine justa causa und post litis contestationem Zuſtimmung des Richters.
Durch den Tod des mandans erliſcht das officium des procurator nur
re adhuc integra (ante L. C.). Collegien, Corporationen müſſen einen
von der Majorität gewählten Procurator (Syndicus) aufſtellen, der auch
Vertreter iu criminalibus iſt[3].

---

[1] „Procurator est, qui aliena negotia mandato domini administrat." Er kann
judicialis oder extrajudicialis ſein. Cf. Greg. I. 38; Sexti I. 19; Clem. 1. 10; R. J.
68 in VI.

[2] C. 6 h. t. in VI: „Si duo procuratores (non adjecto *in solidum*) deputentur,
unus sine altero non debet admitti. Secus si sint *in solidum* deputati; sed tunc
illius melior erit conditio, qui per litis contestationem negotium prius occupabit.
Post occupationem hujusmodi alter se intromittere nequibit ulterius, cum ille litis
dominus sit effectus, nisi dictum in constitutione fuisset, quod non fieret melior
conditio occupantis; tunc enim, si eum, qui occupavit, infirmari, mori etc. contingat, poterit alter suscipere negotium, dum tamen ab alio non fuerit alius substitutus, nam si sit, is praeferri debebit eidem."

[3] Greg. I. 39.

Das gerichtliche Verhandeln heißt *postulare;* die gesetzliche Fähigkeit dazu *postulandi facultas.* Nur wer für andere postuliren darf, kann als Procurator auftreten. Ausgeschlossen sind insbesondere nach canonischem Rechte Personen unter 25 Jahren, solche, die in einer Criminaluntersuchung unterlagen, und diejenigen überhaupt, die nicht Advokaten sein können [1].

Das canonische Recht verlangt schriftliches Mandat. Zu einzelnen Handlungen, wie Schlichtung eines Processes durch Vergleich, Eidesdelation, bedarf der procurator generalis ein Mandat *„cum libera"* (sc. potestate agendi); der Syndicus hat dieses [2].

3) Tutoren und Curatoren sind Vertreter Unmündiger oder Minderjähriger oder auch Wahnsinniger, gerichtlich erklärter Verschwender. Der tutor wird aufgestellt für pupilli (Unmündige) quoad personas et bona; der curator für minores annorum (Minderjährige) zur Vornahme einzelner wichtigen Rechtsgeschäfte und quoad bona.

4. Die verschiedenen Gerichtshandlungen.

252. Die einzelnen Gerichtshandlungen sind:

I. Protokolle, d. i. schriftliche, von Amtswegen durch den Actuar gefertigte Urkunden über mündliche Erklärungen oder sonstige Acte der Parteien. Sie müssen enthalten Namen des Ortes und der Zeit der Verhandlung, Bezeichnung der Vor= und Zunamen der Anwesenden, müssen bei der Verhandlung selbst, in Gegenwart der verhandelnden Parteien abgefaßt, den Parteien verlesen, von diesen unterschrieben, vom (Richter und) Actuar vidimirt sein [3]. Sie geben vollen Beweis, ohne den Gegenbeweis auszuschließen.

II. Decrete, d. i. Beschlüsse des Gerichts in einer streitigen Sache. Sie sind entweder Urtheile, Erkenntnisse, gefaßt nach Vernehmung der Parteien über die streitigen Materien (*decreta decisiva, sententiae*), oder einfache Decrete (*decreta simplicia*), bloß auf den Antrag einer Partei erlassen, zum Proceß gehörig, aber nicht den Proceß entscheidend.

Die Decisivurtheile sind Definitivurtheile (*sententiae definitivae*), welche die Hauptsache des Processes entscheiden, oder Interlocute (*sent. interlocutoriae*), welche im Laufe des Processes nur eine Incidenzfrage, einen untergeordneten Punkt erledigen. Die Interlocute (Zwischen= oder Bei=Urtheile) präjudiciren entweder der künftigen Hauptentscheidung, d. h. sie gehen einen Nebenpunkt an, von dessen Entscheidung aber das Endurtheil mehr

---

[1] C. III. q. 7; Clem. 3 h. t.; c. 5 h. t. in VI; das römische Recht verlangt nur das 17. Jahr, schließt Soldaten und Höhere und Mächtigere aus. Cod. de procurat. II. 13. Laien können procurat. judiciales sein (c. 1 h. t. in VI), nicht aber außergerichtlich.

[2] C. 4. 9 Sexti I. 19.　　　[3] Oder von zwei testes classici; c. 11 x II. 19.

oder weniger abhängt *(sent. interloc. vim definitivae habentes)*, oder sie be=
treffen nur den Proceßgang und haben auf das Endurtheil gar keinen Ein=
fluß *(sent. mere interlocutoriae)*.

Die einfachen Decrete (decreta simplicia) beziehen sich entweder auf die
materialia causae und sind *mandata, ordinationes*, Weisungen, wenn dem
Antrag einer Partei entsprochen wird, oder *decr. rejectoria*, Abweisungs=
decrete, wenn der gestellte Antrag verworfen wird, oder sie beziehen sich
auf die *formalia procedendi*, und sind dann Ladungen *(citationes)*, Mit=
theilungen *(communicationes)* und Bekanntmachungen *(notificationes)*.

Die Vorladung *(citatio, in jus vocatio)* ist eine allgemeine *(generalis)*, oder eine specielle *(specialis)*, wenn sie nur auf eine specielle Handlung
geht. Sie ist Verbalcitation, gerichtlich insinuirt, mündlich (in facie,
ad domum, ad aedes) oder per literas (Edictalladung durch öffent=
liche Bekanntmachung), oder Realcitation (Ergreifen eines des Fluchtver=
suchs verdächtigen Beschuldigten).

Die Ladung ist ferner monitorisch *(citatio monitoria)*, wenn sie dem
Vorgeladenen nur das Recht einräumt, eine Handlung vor Gericht vor=
zunehmen, oder arctatorisch *(citatio arctatoria)*, wenn sie ihm die Pflicht
des (persönlichen) Erscheinens vor Gericht auferlegt, und zwar entweder unter
Androhung einer Strafe oder eines Rechtsnachtheils für den Fall des Nicht=
erscheinens *(citatio peremtoria)* oder ohne diese Folgen *(citatio dilatoria)*.

Die Decrete sollen klar und deutlich abgefaßt, nach neueren Bestimmungen
auch mit den Entscheidungsgründen versehen und den Interessenten gehörig
bekannt gemacht werden, entweder durch mündliche Eröffnung *(publicatio)*
bei Decisivurtheilen, oder schriftliche Zustellung *(insinuatio)* an die Partei
oder deren Anwalt bei einfachen Decreten.

III. Für die einzelnen Gerichtshandlungen wird regelmäßig eine be=
stimmte Zeit festgesetzt. Diese Zeitbestimmungen sind 1) Tagfahrten
(termini), d. i. Bestimmungen des Tages und Zeitpunkts, wo die Parteien
vor Gericht erscheinen sollen; 2) Fristen *(dilationes, spatia)*, Bestimmungen
der Zeitdauer, binnen welcher eine gerichtliche Handlung vorgenommen werden
soll. Letztere sind durch das Gesetz festgesetzt *(legales)* oder vom Richter
(judiciales) oder durch Uebereinkunft der Parteien *(conventionales)*. *Dilationes
mixtae* nennt man jene, die vom Gesetz bestimmt sind, aber erst durch richter=
lichen Spruch „zu laufen" beginnen.

Sowohl Tagfahrten als Fristen können *dilatorie* oder *peremtorie* fest=
gesetzt werden. Dilatorische Fristen und Termine sind jene, die der Richter
auch nach deren Ablauf noch verlängern kann, deren Außerachtlassung nur
Kostenersatz nach sich zieht. Peremtorische aber sind jene, bei denen die
an dem anberaumten Termine oder in der festgesetzten Frist vorzunehmende

Handlung durch die Versäumniß präcludirt oder durch Strafen in anderer
Weise für die Realisirung der getroffenen Anordnung gesorgt wird (Prä=
clusivfristen oder Termine). Die *termini peremtorii* oder Nothfristen
heißen *fatalia* (sc. tempora), auch Ordnungsfristen. Sie sind a) unbe=
dingt gesetzliche *(fatalia absoluta)*, wenn sie nach einer bestimmten Hand=
lung im Processe von selbst anfangen (zu laufen beginnen), oder b) bedingt
gesetzliche oder gemischte *(fatalia secundum quid)*, wenn sie erst in=
folge eines richterlichen Decrets zu laufen beginnen und vom Richter, so=
fern er vor deren Ablauf angegangen wird, verlängert werden können [1], was
einmal im Laufe des Processes geschehen kann.

Unter die *fatalia absoluta* gehört die Appellationsfrist (270, II). Bei
decretis simplicibus wie bei Citationen fangen die übrigen Fristen und
Termine gewöhnlich die post insinuationem an. Im allgemeinen läuft
die Frist vom Tage der erlangten Kenntniß an; der Tag wird von Mitter=
nacht zu Mitternacht gerechnet. Ist der Tag, an welchem der Vorgeladene
erscheinen soll, zwar an dessen Wohnort ein Feiertag, aber nicht am Orte
des Gerichtes, so muß er erscheinen [2].

Aufschub *(dilatio)* [3] wird gewährt, z. B. ad revocandos testes, ad
exceptiones peremtorias proponendas. Gegen Versäumniß der termini
und dilationes findet eine restitutio in integrum nur dann statt, wenn
bewiesen wird, daß das Verlängerungs= oder Verlegungsgesuch wegen unaus=
weichlicher Hindernisse nicht gestellt oder die Frist wegen rechtserheblicher Ur=
sachen nicht eingehalten werden konnte.

Vom Richter kann eine außergerichtliche Beilegung des Streites versucht
werden; daher zuerst diese näher zu betrachten ist.

5. Außergerichtliche Beilegung eines Streites.

253. Eine außergerichtliche Beilegung des Streites kann stattfinden:

I. Durch gütlichen Vergleich: *pactum liberatorium s. de non
petendo*, das freiwillige Abstehen von einer Forderung ohne eine Wieder=
vergeltung, und *transactio*, das Aufgeben eines Rechtsanspruchs gegen eine

---

[1] C. 1 x II. 8.

[2] Das canonische Recht unterscheidet *feriae solemnes*, an welchen keine gericht=
liche Handlung giltig vorgenommen werden konnte, und gerichtliche und weltliche Feier=
tage (feriae), an denen die Parteien zu Verhandlungen nur nicht gezwungen werden
konnten. C. 5 x II. 9.

[3] Dilatio est justum temporis intervallum partibus concessum ad actum aliquem judicialem facilius et commodius expediendum. Es gibt dilationes citatoriae
(der Citation), dilatoriae (des Termins), definitoriae (des Endurtheils). Gegen allzu
kurzen Aufschub durfte appellirt werden.

Gegenleistung. Sie fordern die Bedingungen eines Vertrags überhaupt[1]: pactum licitum, honestum, possibile, jus tertii non laedens, a personis idoneis; der Vertrag muß freiwillig (cum consensu mutuo) von Personen, die über die betreffenden Dinge freies Dispositionsrecht haben, abgeschlossen werden, darf nicht bestehende Gesetze und Rechte dritter verletzen, bei rebus ecclesiasticis darf namentlich keine Simonie stattfinden. Haben nun solche Verträge alle diese Bedingungen, so haben sie die Wirkung einer res judicata und begründen eine exceptio, die weiteres Klagerecht über dieselbe Sache ausschließt.

II. Schiedsrichterliche Entscheidung (arbitrium, laudum), d. i. der Ausspruch eines von den Parteien nach Vorschrift des Gesetzes (arbitri juris, necessarii) oder nach Willkür der Parteien (arbitri voluntarii, compromissarii) gewählten Schiedsrichters, der den Streit zu schlichten hat. Ihre Schiedsgewalt haben die arbitri durch einen vorgängigen Vertrag der Parteien unter sich (compromissum) und mit dem Schiedsrichter (receptum). Nach canonischem Rechte obligiren sich die Compromittenten dem Schiedsrichter durch einen Eid.

Das canonische Recht verlangt Schiedsrichter: 1) cum judices diversi super revocatione literarum Apostolicarum non consentiant; 2) cum datus judex suspectus sit; 3) auch wenn der Bischof mit einem untergebenen Cleriker Streit hatte[2]. Ausdrücklich verboten sind schiedsrichterliche Entscheidungen in Ehesachen, in Criminalsachen, in Beneficialsachen, de re judicata, in Sachen, die zum Nachtheil der römischen Kirche oder des Apostolischen Stuhles gereichten[3].

Schiedsrichter können alle sein, die Richter sein können, auch Frauen, wenn sie weltliche Jurisdiction haben. In geistlichen Dingen können Laien jedoch kein arbitrium ausüben, außer wenn sie vom Bischof den Geistlichen beigegeben sind oder vom Papste den Auftrag haben. Sind mehrere Schiedsrichter ernannt, so sollen sie conjunctim handeln; bleibt aber einer citatus nec impeditus weg, so können die übrigen auch ohne ihn handeln. Die Clauseln „quodsi non omnes", „sammt und sonders" sind zu beachten[4].

---

[1] Greg. I. 35. 36. Man unterscheidet pacta publica und privata, expressa und tacita, realia und personalia, nuda et non nuda. Qui transigit, quasi de re dubia et lite incerta neque finita transigit; qui vero paciscitur donationis causa, rem certam et indubitatam liberalitate remittit (Ulpian.).

[2] Die Appellation ging an den Papst; c. 11 Sexti I. 43. Heutzutage werden Streitigkeiten zwischen dem Bischof und seinen Diöcesanen in erster Instanz bei der S. Congreg. Episcoporum geführt.

[3] C. 14 x I. 3; c. 39 x I. 29; c. 43 C. XI. q. 1.

[4] Cf. c. 4 in VI (I. 14): „Si contra unum ex duobus judicibus cum illa clausula, quodsi ambo interesse non possunt, alter eorum in causa procedat, a Sede Apostolica delegatis suspicionis causa proponatur, causa ipsa suspicionis coram

Ist unter mehreren Schiedsrichtern keine Stimmeneinheit vorhanden, so ent=
scheidet die Stimmenmehrheit; sind zwei Schiedsrichter gewählt, die nicht über=
einstimmen, so dürfen die Streitenden ihr Compromiß zurückziehen oder auch
mit Zustimmung derselben einen dritten, der den Streit beendige (Obmann,
superarbiter) wählen.

Die arbitri voluntarii haben keine Gewalt, ihr Urtheil zu vollziehen,
sondern bloß die judicandi potestas (notio). Sie dürfen die Grenzen des
receptum nicht überschreiten. Vor das arbitrium können nur solche Sachen
gebracht werden, welche auch durch Vergleich hätten geschlichtet werden können.

Von den arbitris juris kann appellirt werden; eine außergerichtliche Be=
rufung (reductio ad arbitrium boni viri) wird nach späterem Rechte über=
haupt innerhalb zehn Tagen gestattet.

Von Ausübung des Schiedsrichteramtes befreit eine von den Litiganten er=
littene Infamation, nachherige Berufung an einen andern arbiter, Ausbruch von
Feindschaften unter ihnen, beschwerliche Reisen, Staatsämter, Krankheit u. dgl.

Die arbitria exspiriren durch beiderseitigen Consens, durch den Tod der
Litiganten (wenn nicht auch die Erben erwähnt wurden), durch den Tod eines
der Schiedsrichter, wenn nicht das Compromiß verlangt, ut uno ex arbitris
vita functo reliqui judicent, durch Untergang der Sache, um die es sich
handelt, nach Ablauf der festgesetzten Zeit, wenn nicht prorogirt worden ist,
sowie mit dem erfolgten Schiedsspruch.

254. Wie ein Proceß (die Instanz) erlischt durch Vergleich, Verzicht,
Befriedigung des Klägers durch solutio, so kann auch das Klagerecht er=
löschen durch Verjährung *(praescriptio)*. Die sogen. *actiones perpetuae*
erlöschen in 30 oder 40 Jahren, andere in kürzerer Zeit. Das canonische
Recht fordert auch bei der Klagenverjährung die bona fides während der
Verjährungszeit [1]. Durch Geltendmachung des Rechts vor Gericht, durch die
bewirkte Citation wird die Verjährung unterbrochen. Die Verjährungsfrist,
die mit der Zeit beginnt, wo das Klagerecht entsteht (actio nata), muß eine
ununterbrochene sein. Die Verjährung ruht *(praescriptio dormiens)*, wenn
eine Rechtsvertheidigung unmöglich gemacht ist, z. B. in Kriegszeiten, bei
Erledigung des bischöflichen Stuhles u. s. w. [2]. Gegen manche Verbrechen
gibt es für die strafrechtliche Verfolgung keine Verjährung; in eigentlichen
Correctionssachen verjährt die Klage in fünf Jahren.

---

non recusato conjudice (ad quem ex vi praedictae clausulae debet ipsius causae
cognitio pertinere) probari et ab eo expediri debebit. Ubi vero non est dicta clausula
in rescripto, debet super hoc ad arbitros recursus haberi. Cum autem ipse delegatus
episcopi recusatur, recusationis causa coram episcopo est probanda. Idem est, si
Officialis recusetur ejusdem, licet ad ipsum ab eodem Officiali nequeat appellari."

[1] C. 20 x II. 26: „Nulla valet absque bona fide praescriptio."

[2] C. 13 C. XVI. q. 3; c. 1. 14 x h. t.; c. 10 C. XVI. q. 3.

6. Das Proceßverfahren. Vernehmung der Parteien.

255. Man unterscheidet den ordentlichen, feierlichen (judicium ordinarium et solemne) und den summarischen Proceß (summarium et oeconomicum), je nachdem alle Förmlichkeiten (solemnitates), die das Ge= setz vorschreibt, oder nur die absolut nothwendigen eingehalten werden. Letz= teres ist ein außerordentliches Gerichtsverfahren, in welchem aber auch die Ladung, das Beweisverfahren und die Vertheidigung, die schriftliche Ab= fassung des Urtheils und dessen förmliche Verkündigung eingehalten werden muß [1]. So sollen insbesondere Ehesachen (die das vinculum matrimoniale betreffen), die Streitigkeiten über Wahlen und Besetzung kirchlicher Aemter überhaupt, über Zehnten und Wucher, Sachen der Religiosen, der Pupillen, Wittwen und Waisen, der Spitäler in der Regel summarisch behandelt werden [2].

256. Das Proceßverfahren schließt in sich die Vernehmung der Par= teien, das Beweisverfahren und die richterliche Entscheidung.

I. Der erste Act ist die Klagestellung vor dem competenten Richter [3]. Sie erfolgt durch Ueberreichung einer Klageschrift (libellus, querela) oder indem der Kläger seine Klage (actio) mündlich zu Protokoll gibt (in judicio postulationem deponit). Bei Civilklagen heißt die Klageschrift libellus con= ventionalis, bei Criminalklagen libellus accusatorius (Anklage). Letztere muß enthalten die Namen des accusator, judex und accusatus, Zeit und Ort des Verbrechens; der libellus conventionalis muß enthalten nomen actoris, rei, judicis, die res petita und die petendi causa [4]. Jede Klage muß haben 1) den Rechtsgrund (fundamentum juris), sei es aus Gesetz oder Gewohnheitsrecht, 2) den Klagegrund (fundamentum agendi), d. i. den Nachweis, daß die Voraussetzung des angezogenen Rechtssatzes in concreto wirklich existire. Gibt der Klagegrund nur im allgemeinen das Verhältniß an, woraus der actor seine Ansprüche herleitet, so heißt er fundamentum agendi proximum, generale; gibt er auch die Art an, wie das Verhältniß entstanden ist, fundamentum agendi remotum, speciale; 3) das Gesuch des Klägers.

---

[1] Clem. 2 (II. 1): „Dispendiosam prorogationem litium (quam interdum ex subtili ordinis judiciarii observatione causarum docet experientia provenire) re= stringere in subscriptis casibus cupientes, statuimus, ut in causis super electioni= bus etc. procedi valeat de cetero simpliciter et de plano ac sine strepitu judicii et figura."

[2] Clem. 2 de V. S. (V. 11); c. 5 x II. 6; c. 26 x V. 1.

[3] Actio nihil aliud est quam jus persequendi in judicio, quod sibi debetur. Vgl. Pruner, Moraltheologie. 2. Aufl. S. 569 ff.

[4] Gl. zu c. 1 x II. 3: „Quis, quid, coram quo, quo jure petatur et a quo, recte compositus quisque libellus habet."

Das Gesuch *(petitum)* darf keine Zuvielforderung enthalten. Eine *Pluspetitio* kann geschehen 1) re, 2) tempore, 3) loco, 4) causa[1].

Bei subjectiver Klagenhäufung (251, II.) wenn plures actores contra unum reum oder unus actor contra plures reos stehen, hängt die Zulassung vom Ermessen des Richters ab; die objective cumulatio actionum (mehrere Rechtsansprüche und verschiedene Streitsachen) ist unter bestimmten Bedingungen zulässig[2]. Mit der Klagestellung kann eine anticipatio probationis verbunden werden. Der Kläger darf auch post litis contestationem seine Klageschrift ergänzen und verbessern *(declaratio, emendatio libelli)*; bei einer *mutatio* (novae actionis institutio priori repudiata) muß er aber post L. C. die Kosten tragen und eine neue Klageschrift einreichen.

Die Klagen selbst sind d i n g l i c h e *(in rem actio)*, die ein dingliches oder Sachenrecht verfolgen (jus in re), oder p e r s ö n l i c h e, die ein jus ad rem oder jus in personam verfolgen. Sachenrecht (jus in re) ist die potestas legitima sibi obligatam habendi rem ipsam (sei es eine unkörperliche oder körperliche, bewegliche oder unbewegliche Sache). Jus in personam ist die potestas legitima habendi sibi obligatam immediate personam ad praestandum aliquid. Bei der actio in rem genügt die Angabe des fundamentum agendi proximum, bei der actio in personam muß das proximum und remotum angegeben werden[3].

Durch die p o s s e s s o r i s c h e n K l a g e n wird der bisherige Besitz geltend gemacht (actiones possessoriae oder interdicta possessoria retinendae, vel recuperandae possessionis)[4]; die S p o l i e n k l a g e bezweckt Wiedererlangung des Besitzes, um den man unrechtmäßigerweise gekommen ist, und Schadenersatz; die *rei vindicatio* wird erhoben *ad dominium declarandum*, damit also der, der die Sache besitzt, sie herausgebe. Die p e t i t o r i s c h e n K l a g e n machen überhaupt ein petitum geltend, das Recht bezüglich einer Sache[5].

---

[1] Greg. II. 11. Im ersten Falle (re) hat der Beklagte nur das wirklich schuldige Quantum zu erlegen; im zweiten (ante statutum diem) wird der Kläger vorläufig abgewiesen; im dritten und vierten Fall kann der Richter die ganze Klage abweisen oder nur von dem Unstatthaften Umgang nehmen.

[2] C. 2 x II. 12.

[3] *Santi* l. c. p. 4: „Judicium civile, si persequatur directe personam ceu principaliter obligatam, dicitur personale; si procedat contra possessorem rei ad rem ipsam vindicandam, dicitur reale."

[4] Ebenso bei der quasi possessio von Rechten.

[5] *Santi* l. c.: „Petitorium dicitur judicium, cum quaestio versatur circa proprietatem rei vel circa jus. Possessorium, cum agitur de possessione rei vel de quasi possessione juris, sive sermo sit de acquirenda possessione, sive de retinenda, sive de eadem recuperanda."

Je nach der Zeit, in welcher die Klagen verjähren, heißen sie *actiones temporales* oder *perpetuae*. Dingliche Klagen verjähren in 30 oder 40 Jahren, bei Personalklagen ist die Zeit verschieden [1].

II. Die gerichtliche Vorladung des *reus* [2], die dilatorisch sein kann (*citatio simplex*), so daß der Nichterscheinende erst der contumacia sich schuldig macht, wenn die Citation in drei Terminen wiederholt wird, oder peremtorisch (*instar omnium simul simplicium*), wo der Nicht= erscheinende sogleich contumax wird. Die Citation soll den Namen des actor, reus, judex, die causa mit Duplicat des libellus sowie Ort und Zeit der Verhandlung enthalten. Ohne Citation darf nicht weiter verhandelt werden; ihr Defect ist insanabel.

Die Ladung begründet nach canonischem Rechte 1) die Litispendenz (*pendentia litis*), die Sache wird als rechtsgängig betrachtet; es darf keine Veränderung im Besitzstand mehr vorgenommen, die Sache als res litigiosa kann nicht mehr veräußert werden; jede derartige Veräußerung wäre ungiltig; der reus wird in **malam** fidem oder in moram versetzt; 2) die Ver= jährung wird durch die Ladung unterbrochen; 3) sie bewirkt Prä= vention und Fortdauer der Competenz auf seiten des Gerichtes, so daß der reus, auch wenn er nachher einem andern Richter unterworfen wird, doch vor dem erscheinen muß, der ihn zuerst vorgeladen hat; 4) die delegirte Jurisdiction geht so auf den Delegirten über, daß sie auch durch den Tod des Deleganten nicht mehr erlischt (250).

257. *Contumacia* ist die dolose oder culpose Nichtbeachtung einer drei= maligen dilatorischen oder einmaligen peremtorischen Ladung oder Frist [3], so= wie überhaupt der Ungehorsam gegen den Richter von seiten des actor wie des reus. Die Contumaz hat zur Folge: 1) arbiträre Strafen nach dem Ermessen des Richters; 2) müssen die durch den Ungehorsam entstandenen Nachtheile und Kosten von dem contumax vergütet werden; 3) Ausschließung von einzelnen Gerichtshandlungen, ja 4) totale Sachfälligkeit, wenn der Un= gehorsam beharrlich ist; doch muß, wenn die versäumte Frist nicht ein fatale absolutum war, die Strafe erst angedroht, die Frist abgelaufen und der Gegner um Bestrafung des Ungehorsams eingekommen sein.

Erscheint der actor nicht zur bestimmten Frist vor Gericht, so wird er in die Kosten verurtheilt und ihm keine weitere Vorladung gestattet, wenn er nicht de se judici sistendo Caution leistet. Der reus kann verlangen, daß er seinen Beweis liefere und das Urtheil gefällt werde. Erscheint der

---

[1] Vgl. **Pruner**, Moraltheologie S. 564. 593 f.

[2] In jus vocatio est actus judicialis, quo reus actore rogante judicis auctoritate litis peragendae gratia in judicium vocatur.

[3] Contumax est, qui literis evocatus praesentiam suam facere contemnit.

actor nicht post litem contestatam, so wird er nochmals edictaliter vor=
geladen, und wenn er auch dann nicht erscheint, in die Kosten verurtheilt,
der reus freigesprochen. Erscheint der reus nicht ante L. C., so wird, wenn
es sich um eine Sache oder ein sachliches Recht handelt, die res litigiosa
sequestrirt oder auch der Kläger zu ihrer Verwahrung in den Besitz ein=
gewiesen *(possessio rei servandae causa)*. Der reus muß dann als Kläger
auftreten um den Wiedererwerb des Besitzes. Ist der reus post L. C. con=
tumax, so gilt es als *litis desertio (eremodicium)*, und der reus wird ent=
weder verurtheilt oder auch nach dem Erkenntniß über die contumacia die
Untersuchung durchgeführt und das Urtheil gefällt; der Ungehorsame hat
jedoch immer die Kosten zu tragen. Ist wegen Litisdesertion ein Urtheil ge=
fällt, so kann es nicht durch Appellation, sondern nur durch restitutio in
integrum abgeändert werden.

258. III. Vertheidigung des Beklagten. Gibt der Beklagte
zur bestimmten Frist seine Antwort auf die Klage, so ist dies die Streit=
einlassung (Streitbefestigung, *litis contestatio*). Denn mit der Er=
klärung des reus, welche Thatsachen er anerkennt oder verneint, ist der
Streitpunkt in der Hauptsache festgestellt. Die litis contestatio ist also der
Act, in dem der actor vor Gericht sein Gesuch stellt und der reus diesem
widerspricht und sich auf den Streit einläßt[1]. Je nachdem der Beklagte den
ganzen Klagegrund einräumt oder ihm ganz widerspricht oder nur theilweise
ihn zugesteht, ist die L. C. *affirmativa* oder *negativa* oder *mixta*. Nach
canonischem Recht genügt ein allgemeiner Widerspruch gegen den Klagegrund
(*L. C. generalis*), ohne daß die Klage Punkt für Punkt beantwortet wird
(*L. C. specialis*). Außer der wirklichen Streiteinlassung (*L. C. vera*) gibt
es eine *litis contestatio ficta*, die statthat, wenn wegen Contumaz des reus
sie nicht wirklich stattfinden kann, aber als geschehen angenommen wird. Die
litis contestatio (*vera* oder *ficta*) ist nothwendig, so daß ohne sie das ganze
Verfahren unheilbar nichtig ist.

Die Streiteinlassung kann eine unbedingte (*L. C. pura*) oder eine
eventuelle (*conditionata*) sein, wenn nämlich der reus erklärt, er wolle
auf die Hauptsache nur dann eingehen, wenn zuvor der actor seine *exceptiones dilatoriae* widerlege.

Die Streiteinlassung begründet 1) einen quasi contractus unter den
Litiganten, so daß kein Theil ohne den Willen des andern den Rechtsweg
verlassen darf; 2) sie bewirkt die Prorogation der Jurisdiction, wenn der
reus sich vor einem incompetenten Richter eingelassen hat; 3) sie schließt die
nicht vor derselben oder in der vom Richter anberaumten Frist angebrachten

---

[1] Litis contestatio fit per petitionem in jure propositam et responsionem.
Greg. II. 5.

dilatorischen Einreden aus, außer wenn dieselben dem Beklagten zur Zeit der Litiscontestation unbekannt waren oder erst später entstanden, oder ihre Nicht= beachtung unheilbare Nullität des Verfahrens bewirken könnte[1]; 4) sie gibt dem Procurator der Partei das dominium litis; 5) unterbricht die begonnene Verjährung und 6) transmittirt die Klage an die Erben.

259. Die Einreden *(exceptiones)*[2] sind entweder streitverzögernde *(exceptiones dilatoriae)*, oder solche, die für immer von der Klage befreien können *(exceptiones peremptoriae)*. Erstere sind entweder gegen den Richter, z. B. wegen Incompetenz desselben *(fori declinatoriae)*, oder gegen die Klage= schrift oder die Person des Klägers gerichtet *(dilatoriae simpliciter)*. Die peremtorischen Exceptionen sind entweder proceßhindernde *(peremptoriae litis finitae s. litis ingressum impedientes)*, welche die Entstehung eines Klagerechts bestreiten, wie die exceptio rei transactae, rei judicatae, jurisjurandi[3], oder sie sind proceßaufhebende *(peremptoriae simpliciter)*, die ein entstandenes Klagerecht aufheben, wenn sie wahr sind[4], z. B. ex= ceptio metus, doli mali. Die peremtorischen Einreden können auch post L. C. vorgebracht werden; gewöhnlich setzt der Richter dafür einen perem= torischen Termin an.

Aus den Exceptionen kann kein Geständniß, keine Einräumung des Klagegrundes gefolgert werden. Der reus muß sie beweisen; kann er es nicht, so wird deßhalb der actor doch nicht befreit von seinem onus probandi.

260. Der reus kann zuweilen auch seinerseits einen rechtlichen Anspruch gegen den actor haben und eine Wiederklage *(reconventio)*[5], sowohl in persönlichen als in dinglichen Streitsachen, ex eadem sive ex alia causa vor dem nämlichen Richter gegen den actor erheben. Die reconventio kann ante litis contestationem bei Gelegenheit der Exceptionen gestellt werden *(reconventio propria)*, in welchem Falle sie die prorogatio jurisdictionis bewirkt, so daß man den Richter nicht mehr recusiren kann, bei dem man die Wiederklage stellte, und Vorklage und Wiederklage gleichzeitig von dem= selben Gerichte und in dem nämlichen Verfahren verhandelt werden, wenn beide zu derselben Proceßart gehören *(effectus simultanei processus)*. Wird sie erst lite contestata gestellt, so hat sie nur die prorogatio jurisdictionis zur Folge, Klage und Wiederklage müssen aber separat behandelt werden.

---

[1] C. 4 x II. 25; c. 20 x II. 27; c. 25 x I. 29.

[2] Exceptio est actionis vel intentionis exclusio.

[3] C. 1 de L. C. in VI (II. 3). Sie setzen natürlich voraus, daß in beiden Fällen eadem res, eadem petendi causa et inter easdem personas verhandelt werde.

[4] Non impediunt quippe ingressum litis, sed tamen perimunt et evertunt actionem institutam.

[5] Reconventio est mutua actio, per quam reus cognito actoris libello eundem convenit et vicissim aliquid ab eo petit.

IV. Hat die erste Vernehmung des actor und reus den Richter über den Thatbestand der Klage genügend aufgeklärt, so schließt er das erste Verfahren; außerdem setzt er weitere Termine an 1) für den actor zur Beantwortung der Exceptionen *(ad replicandum)*, 2) für den reus zur Erwiederung auf die Replik *(ad duplicandum)* [1]. Nach canonischem Rechte erfolgt mit der Duplik der Actenschluß *(conclusio in causa)*, dessen Aufhebung der Richter jedoch anordnen kann, wenn er später sieht, daß die Streitfrage noch nicht genügend aufgehellt oder eine Partei noch ein zulässiges novum in facto nachzutragen hat. Nach dem definitiven Actenschluß erfolgt das Urtheil, das entweder schon ein lossprechendes oder verurtheilendes Endurtheil sein kann, oder ein bloßes Interlocut, daß die Beweisführung anzutreten sei. Das Beweisinterlocut muß enthalten, was, von wem, innerhalb welcher Frist bewiesen werden muß (Beweis-Satz, -Last, -Frist).

7. Das Beweisverfahren.

261. Ein Beweisverfahren ist unnöthig und unstatthaft, wenn der Richter schon juristisch von der Wahrheit überzeugt ist. Daher wird ein Beweisverfahren ausgeschlossen:

I. Durch gerichtliches Geständniß [2]. *Confessio* ist die Einräumung einer Anschuldigung vor Gericht *(confessio judicialis)* oder außergerichtlich *(confessio extrajudicialis)*. Die Würdigung des letztern hängt nach den besonderen Umständen vom Ermessen des Richters ab. Beide können sein unumwunden *(confessio pura)* oder bedingt, eingeschränkt *(confessio qualificata)*. Nur das gerichtliche unumwundene Geständniß, das persönlich vor dem competenten Richter und der Gegenpartei (außer wenn er oder sein Procurator citatus nicht erschien) ausdrücklich gemacht ist, macht die Klage zu einer res judicata und ist unwiderruflich, wenn nicht Irrthum, Betrug, Zwang oder Unmöglichkeit des Gestandenen nachgewiesen wird oder es nur vom Anwalt der Partei ohne specielles Mandat abgelegt ward (vgl. 274, 2. 275).

II. Die *praesumptio juris et de jure* schließt gleichfalls den Beweis aus. Vermuthung (praesumptio) an sich ist eine Schlußfolgerung aus gegebenen Thatsachen, Anzeigen (indicia). Die *praesumptio hominis s. facti*, eine Conjectur, die man aus der Natur der Sache oder aus Umständen herleitet, ohne daß ein Gesetz dafür spricht, kann nur Wahrscheinlichkeit begründen [3]. Die Rechtsvermuthung dagegen stützt sich auf ein Gesetz

---

[1] Nach den Digesten kann auch eine triplicatio u. s. f. stattfinden.

[2] Confessus pro judicato habetur, qui quodammodo sua sententia damnatur. Greg. II. 18; Sexti II. 9.

[3] Sie kann sein levis, temeraria, probabilis, violenta. Ihr Werth hängt vom Ermessen des Richters ab. Die alten Purgationen und Ordalien verwarfen die Päpste; c. 20 C. II. q. 5; c. 8 x V. 34; V. 35; II. 23.

und ermächtigt den Richter, unter bestimmten Bedingungen etwas als ju=
ristisch gewiß anzunehmen. Sie ist 1) *praesumptio juris tantum*
(Rechtsvermuthung schlechthin), die den Gegenbeweis nicht ausschließt,
aber das onus probandi demjenigen auflegt, der sie gegen sich hat, oder
2) *praesumptio juris et de jure* (absolute Rechtsvermuthung); nur
diese schließt den Gegenbeweis aus.

III. Ein Beweis ist unstatthaft bei notorischen Thatsachen. No=
torisch ist etwas so Bekanntes, daß niemand an der Wahrheit zweifelt, eine
Thatsache, die nicht allein durch ihre Augenfälligkeit leicht mit Gewißheit er=
kannt werden kann, sondern auch von vielen als solche und unbezweifelt ge=
wiß erkannt ist[1]. Man unterscheidet das Gemeinkundige (Menschen=
kundige, *notorium facti*), das Gerichtskundige (*notorium juris*), ein
fortdauerndes (*notorium facti permanentis*) und ein solches, das in
einzelnen Handlungen besteht, die nacheinander gesetzt werden (*notorium facti
interpolati*, quasi notorium)[2]. Notorium praesumptum ist die praesumptio juris et de jure.

262. Die Beweislast hat in der Regel der actor; der reus muß
beweisen, wenn der actor seinen peremtorischen Exceptionen widerspricht oder
die praesumptio juris für sich hat. Der Beweis[3] ist entweder Haupt=
beweis *(probatio)* oder Gegenbeweis *(reprobatio)*. Beide können di=
recte und natürliche sein, wenn das herzustellende *factum* selbst be=
wiesen wird, oder indirecte und künstliche, wenn das zu Beweisende
erst aus einem andern *factum* hergeleitet wird. Die probatio heißt *ordinaria*, wenn sie auf ein richterliches Interlocut erfolgt, oder *extraordinaria*,
wenn sie ohne ein solches von der Partei anticipirt wird. Ist der Beweis
den Streit völlig zu beendigen und Gewißheit zu geben im Stande, so heißt
er *probatio plena*, außerdem *semiplena*, *imperfecta*, wenn er noch einige
Ungewißheit zuläßt, ihm noch manches abgeht.

Die Handlung des Beweisenden heißt Beweisproduction, die des
Richters Beweisaufnahme; der Beweisende wird Producent, der
Gegner Product genannt, welche Namen von der gewöhnlichsten Art der
Beweisführung, dem Zeugenbeweis (producere, recipere testes) hergenommen

---

[1] Notorium est ita publicum, ut nulli possit tergiversatione celari. „Si factum
est notorium, non eget testium depositionibus, cum talia probationem vel ordinem
judiciarium non requirant", c. 3 x II. 21; cf. c. 17 C. II. q. 1: „De manifesta
et nota pluribus causa non sunt quaerendi testes."

[2] Oder Ortskundigkeit (facti permanentis), Volks= und Geschichtskundigkeit
(facti transeuntis s. momentanei).

[3] Probatio est rei in controversiam adductae demonstratio judici legitime
facta. Greg. II. 19.

sind. Die Beweisantretung ist die Anzeige an den Richter von der beabsichtigten Beweisproduction.

Zur völligen Aufhellung der streitigen Sache, Herbeiführung eines Geständnisses können von dem Beklagten für seine Exceptionen, wie vom Kläger für seinen Antrag vor wie nach der Litiscontestation schriftlich Fragen (*positiones*) gestellt werden, die der Richter zu prüfen und zu genehmigen hat und zur Beantwortung vorlegt. Von der herkömmlichen behauptenden Form „pono“ werden diese Sätze (interrogationes) Positionen genannt[1]; der sie aufstellt, heißt *ponens*, der sie Beantwortende *respondens* oder Ponat. Die Beantwortung kann verweigert werden wegen ungehöriger Beschaffenheit der Positionen (positiones impertinentes, superfluae, obscurae, multiplices, captiosae, cavillosae). Sonst kann die Beantwortung nach geleistetem Eid (juramentum dandorum et respondendorum) gefordert und die Verweigerung als Geständniß betrachtet werden.

Der Richter hat vor dem Beweisverfahren auch bezüglich der exceptiones rei die entstehenden Einzelfragen und den *ordo cognitionum* zu berücksichtigen[2]. Es können Fragen so voneinander abhängen, daß mit der Verneinung der einen auch die zweite gelöst ist. Hier muß die erste, von der die andere abhängt (causa praejudicialis), auch zuerst entschieden werden. Daßelbe gilt, wenn die Lösung der ersten (quaestio praeparatoria) die der zweiten erleichtert. Bloße Incidenzfragen (incidentes), die während des Streites sich ergeben, werden von demselben Richter behandelt. Von Fragen, die zwar aus derselben Streitsache hervorgehen, aber auf verschiedene Sphären sich beziehen und nicht voneinander abhängig sind (quaestiones ad diversa tendentes), ist die causa criminalis vor der causa civilis, wenn aber eine davon praejudicialis ist, diese zuerst zu erledigen, sei es die causa civilis oder criminalis. Sind beide Fragen civilrechtlich, so werden sie zusammen behandelt, wenn die Nebenfrage per modum reconventionis oder exceptionis peremptoriae, separirt aber, wenn sie per modum actionis entsteht.

a. Zeugenbeweis.

263. Zeugen (testes)[3] sind glaubwürdige Personen, welche dem Richter über gemachte Sinneswahrnehmung berichten. Der Beweisende benennt dem Richter seine Zeugen, übergibt ihm seine Beweisartikel (ar-

---

[1] Clem. 2 (V. 11): „Quia positiones ad faciliorem expeditionem litium propter partium confessiones et articulos ad clariorem probationem usus longaevus in causis admisit, nos usum hujusmodi observari volentes“ etc. Glosse ad h. c. z. B. Pono, quod percussisti talem. Pono, quod in tali parte corporis. Item, quod cum gladio. Item, quod ille tunc erat clericus. Item, quod sciebas, illum clericum esse etc. Die Antwort kann bejahend oder verneinend, selbst credo oder non credo sein.

[2] Greg. II. 10.   [3] Greg. II. 20. 21. 6.

ticuli probatoriales), woher die Parteien Artifulant und Artifulat heißen; liefert die Gegenpartei dazu *articuli reprobatoriales*, so wird der Gegenbeweisführer Reartifulant, der Hauptbeweisführer Reartifulat. Der Beweisende gibt zugleich an, über welche Fragen (articuli) ein jeder Zeuge vernommen werden soll *(denominatio testium cum directorio).*

Die Gegenpartei kann gegen die Zeugen excipiren. Der Richter prüft den Vorschlag der Zeugen.

Es sind mindestens zwei Zeugen (testes classici omni exceptione majores) nothwendig[1]. Ein Zeuge genügt, wenn es eine amtliche Person ist, die über das von ihr in amtlicher Eigenschaft Wahrgenommene oder Verfügte aussagt, und wenn es sich darum handelt, ne temere fiat, quod sine flagitio fieri nequit. In einzelnen Fällen fordert ein Gesetz eine bestimmte Zahl von Zeugen. Ueber 40 auf jeder Seite will das canonische Recht nicht zugelassen wissen.

Von den Zeugen wird verlangt persönliche Glaubwürdigkeit[2], Beeidigung, persönliche mündliche Aussage über eigene Sinneswahrnehmung.

Absolut frei von der Zeugnißablegung sind Beichtväter. Ascendenten und Descendenten dürfen nicht zum Zeugniß gegeneinander zugelassen werden. Seitenverwandte, Verschwägerte, Ehe- und Brautleute, Hausgenossen der Partei können im Civilverfahren oft die einzigen und besten Zeugen sein, wie in Ehesachen, aber ihr Zeugniß liefert keinen vollen Beweis. Advokaten und Procuratoren können nicht Zeugen sein in den Sachen, in welchen sie ihren Clienten beigestanden haben. Eine sogen. Kapitalfeindschaft schließt gleichfalls vom Zeugniß aus. Die Aussagen Unmündiger gelten nur als Indicien. Beim geistlichen Gericht sind ausgeschlossen Ungläubige, Häretiker, Infamirte, die wegen eines Verbrechens verurtheilt oder in Anklagestand versetzt sind.

In der Regel muß außerdem jeder (gegen Entschädigung der aufgewandten Zeit und Kosten) gerichtliches Zeugniß geben, und der geistliche Richter kann bei unberechtigter Verweigerung des Zeugnisses mit Excommunication und Suspension einschreiten[3].

Die Zeugen müssen ihre Aussagen vor dem competenten Richter (oder dessen Commissär) in der rechtmäßig anhängigen Sache machen; was also geheim und noch nicht gerichtlich anhängig ist, darüber sind sie nicht verpflichtet, eine Aussage zu machen. Ein bloßes Hörensagen gibt, wie das bloße Gerücht, keinen Beweis.

---

[1] Matth. 18, 16.

[2] Ut veritatem velit dicere et possit, ne sit suspectus vel inhabilis.

[3] Ein Eid, kein Zeugniß geben zu wollen, ist ungiltig, c. 4 x II. 21.

Dem Producenten wird der Termin (ad producendum) arctatorisch, dem Producten (ad videndum et audiendum produci et jurari) monitorisch anberaumt. Nach Verwarnung vor Meineid und geleistetem Zeugeneid werden die Zeugen einzeln vernommen über die *generalia* (wie Name, Stand, Alter, Verwandtschaft, Schwägerschaft) und über die *specialia* nach den articuli des Producenten und den etwaigen interrogatoria des Producten, sowie über das, was der Richter sich noch zu fragen veranlaßt findet. Die Antworten der Zeugen sollen vom Actuar soviel als möglich wortgetreu zu Protokoll genommen, das Protokoll jedem Zeugen verlesen und von ihm unterzeichnet werden. Etwaige Abänderungen und Berichtigungen können nachgetragen, von dem Aufgezeichneten aber darf nichts durchstrichen oder abgeändert werden. Den Zeugen wird in der Regel Stillschweigen auferlegt.

Bei weitläufigen Zeugenverhören wird eine Zusammenstellung der Beweisartikel mit den einschlägigen Zeugenaussagen gemacht (*rubrica, rotulus testium*)[1]. Nach der Publication der Zeugenaussagen (*depositiones*) können keine Einreden gegen die Zeugen mehr vorgebracht werden, wenn dieselben nicht vorbehalten waren oder erst später bekannt wurden. Wenn eine Partei nicht mit der Publication einverstanden ist, kann eine **neue Production anderer Zeugen** oder auch eine Reproduction der schon verhörten nicht verweigert werden, sei es über die schon verhandelten oder über neue Artikel. Mehr als eine dreimalige Production findet in der Regel nicht statt. Der Richter kann von Amtswegen auch nach der Publication der Zeugenaussagen dieselben Zeugen, wenn ihre Aussagen dunkel waren, oder auch neue vernehmen.

b. Urkundenbeweis.

264. **Urkunden** (*instrumenta*)[2] sind entweder **öffentliche** oder **Privaturkunden.** Oeffentliche Urkunden (*instrumenta publica*) sind von amtlichen Personen in gesetzlicher Form (mit Namen, Charakter des Beamten und Amtssiegel)[3] abgefaßt und haben, ihre Echtheit vorausgesetzt, volle vis probandi, ohne den Gegenbeweis auszuschließen, mögen sie im Original oder in beglaubigter Abschrift vorliegen. **Privaturkunden,** d. i. solche, die von Privaten herrühren ohne öffentliche Beglaubigung, müssen im Original oder in einer exemplificirten, d. h. von den Interessenten als dem Original gleichlautend anerkannten Abschrift vorliegen. Wird die Ausstellung der Urkunde geläugnet, so muß der Producent die Echtheit beweisen; wird dagegen die Urkunde zwar anerkannt, aber als gefälscht angefochten, so muß die Fälschung von dem bewiesen werden, der sie behauptet. Bestreitet jemand die

---

[1] Von der rothen Thonerde (Röthel), mit welcher die Artikel und die dazu gehörigen Zeugenaussagen bezeichnet wurden, so genannt.

[2] Greg. II. 22.   [3] C. 5 x II. 19.

Echtheit einer bereits von ihm anerkannten Urkunde, so braucht dieselbe erst dann wieder vorgelegt zu werden, wenn er schwört, er glaube ihre Unechtheit beweisen zu können. Der Beklagte ist nicht verpflichtet, gegen sich selbst eine Urkunde vorzulegen (edere), es sei denn, daß sie dem Kläger als Eigenthum gehört, dieser ein Recht darauf hat, sie eine gemeinschaftliche ist.

Privaturkunden, die von drei unbescholtenen Männern als Zeugen mit unterschrieben sind, haben die Beweiskraft eines publici instrumenti. Ge=schäftsbücher der Kaufleute u. dgl. gelten als quasi publica.

c. Der Eid als Beweismittel.

265. Außergerichtlich kann ein Rechtsstreit durch den Eid (382) entschieden werden, wie durch einen Vergleich. Dieser kann angetragen, aber nicht referirt werden. Der gerichtliche Eid ist dreifach: *juramentum voluntarium, necessarium* und *judiciale*, je nachdem er freiwillig von einer Partei übernommen oder vom Richter gefordert wird oder kraft gesetzlicher Bestimmungen bewilligt ist.

I. Der freiwillige Eid, Haupt= oder Schiedseid *(juramentum litis decisorium, conventionale)* findet statt, wenn eine Partei erklärt, eine Behauptung aufgeben zu wollen, wofern die Gegenpartei deren Unwahrheit beschwört. Dadurch macht der deferens den delatus gleichsam zum Richter in eigener Sache. Der Delat kann nun entweder 1) den Eid leisten, oder 2) ihn zurückschieben (referre), so daß jetzt derjenige, der ihn zuerst antrug (deferens, jetzt relatus), schwören muß, wenn er nicht seine Sache verlieren will (Eidesdelation und Relation)[1]. 3) Es kann aber auch der delatus erklären, daß er den zu beschwörenden Satz durch andere Beweis=mittel erhärten wolle *(probatio pro exoneranda conscientia,* Gewissens=vertretung). Ein Procurator kann nur mit Generalvollmacht cum libera ihn der Gegenpartei antragen; ihren Mandataren sowie den Tutoren und Curatoren nur, wenn sie von der zu beschwörenden Sache eigene Kenntniß haben müssen. Der Delatus kann vom Deferenten das juramentum calumniae fordern. Schützt der Delatus die exceptio ignorantiae vor, so kann nur ein juramentum de ignorantia von ihm gefordert werden.

Läßt der Delat die peremtorische Beweisfrist verstreichen, ohne sich für einen der drei Wege zu entscheiden, so trifft ihn die poena recusati. Die Eidesdelation darf der Deferent wieder zurücknehmen, aber dieselbe dann nicht mehr erneuern.

II. Das juramentum necessarium ist zweifach: Ergänzungseid *(juramentum suppletorium)* und Reinigungseid *(juramentum purga=*

---

[1] Deferre jusjurandum i. e. adversario offerre jurisjurandi conditionem. Re-ferre i. e. non accipere hanc conditionem, sed adversario rejicere. Greg. II. 24.

torium). Ersterer dient zur Ergänzung einer probatio, die noch nicht vollständig ist, letzterer zur Entkräftung einer probatio semiplena. In der Regel erhält ihn der reus auferlegt.

III. *Juramenta judicialia* sind:

1) Das *juramentum in litem,* das der Kläger leistet über den Betrag einer Forderung auf Entschädigung und Ersatzleistung; juramentum Zenonianum, juramentum quantitatis [1].

2) *Juramentum editionis,* der Eid dessen, von dem eine Urkunde verlangt wird, und der beschwört, er besitze weder die Urkunde noch kenne er ihren Besitzer, oder er könne sie nicht ohne eigenen Nachtheil herausgeben.

3) *Juramentum diffessionis,* die eidliche Bekräftigung einer Partei, eine Urkunde sei nicht authentisch.

4) *Juramentum manifestationis,* der Eid, ein zu ertradirendes Vermögen betrage wirklich nicht mehr, als man übergibt.

5) *Juramentum cautionis,* eidliche Sicherstellung für rechtzeitige und vollständige Abtragung einer Schuld.

Andere subsidiarische Eide sind, außer 6) dem Zeugeneid *(juramentum testium),* 7) dem *juramentum perhorrescentiae,* 8) dem *juramentum credulitatis,* das von den Eideshelfern über Glaubwürdigkeit eines Schwörenden geleistet wird, namentlich 9) das *juramentum calumniae* (Gefährdeeid) und *juramentum malitiae.*

Das *juramentum calumniae* [2], Eid gegen Gefährde, Chikane, d. i. Arglist und Ränke, kann im Anfang des Processes (post L. C.) von den Parteien, Gerichtsbeiständen und Procuratoren gefordert werden *(juramentum calumniae generale)* oder erst bei einer einzelnen Gerichtshandlung *(juramentum calumniae speciale),* wenn die Gegenpartei es verlangt. Heutzutage wird es nicht mehr gefordert; nur der postulator causae beim Beatifications= und Heiligsprechungsproceß muß es leisten. Wohl aber wird zuweilen ein *juramentum malitiae* verlangt, und zwar sowohl ante et post L. C. in allen einzelnen Fällen, in welchen und so oft die Präsumtion vorhanden ist, daß etwas malitiose vorgebracht oder gefordert wird.

---

[1] Juramentum in litem de veritate, de affectione, de interesse. L. 3. 4. 3 sqq. D. 12. 3 de in litem jurando.

[2] Greg. II. 7. Gl. in c. 1 h. t.:

Illud juretur, quod lis sibi justa videtur,
Et si quaeretur, verum non inficietur;
Nil promittetur, nec falsa probatio detur,
Ut lis tardetur, dilatio nulla petetur.

Die Leistung des Calumnieneides begründete die Vermuthung gewissenhafter Streitführung und schützte gegen Verurtheilung in die Kosten.

d. Richterlicher Augenschein und Gutachten Sachverständiger.

266. **Richterlicher Augenschein** (*inspectio ocularis rei, accessus*) ist die Ueberzeugung, die sich der Richter in amtlicher Eigenschaft durch eigene Sinneswahrnehmung verschafft, z. B. bei liegenden Gütern, die deteriorirt sind.

Ueber Fragen, die außer dem Kreise der Einsicht des Richters liegen, werden **Sachverständige** (*artis periti*) beigezogen, die ihr Gutachten abzugeben haben, z. B. Aerzte. Solche sind entweder öffentlich in dieser Eigenschaft für immer aufgestellt und beeidigt, oder sie müssen speciell dazu beeidigt werden. Der Richter hat zu ermessen, ob ein oder mehrere und wie viele Experten (3, 5, 7 gewöhnlich) beizuziehen sind. Die Parteien müssen zugezogen werden. Die Sachverständigen geben ihre Gutachten, auch Zeugnisse genannt [1], schriftlich ab oder geben sie zu Protokoll.

267. Von den Acten über die Beweisaufnahme wird den Parteien Abschrift mitgetheilt, und zwar dem Producten, um seinen Gegenbeweis innerhalb der bestimmten Frist anzutreten. Die Beweisanfechtung ist gegen die Beweismittel und Beweisartikel gerichtet und ist der eigentliche Gegenbeweis; auch der Nachweis der peremtorischen Einreden wird Gegenbeweis genannt. Der Inhalt der Impugnations= oder Exceptionsschrift muß ebenfalls bewiesen werden, wogegen dem ersten Producenten der Angriff in seiner Replik freisteht, die wieder ein Beweisverfahren und eine Duplik u. s. f. herbeiführen kann, bis alle den Parteien zu Gebote stehenden Vertheidigungsmittel erschöpft sind. Nur beim Zeugenbeweis sollen über den Hauptstreit (principale negotium) bloß drei Zeugenproductionen stattfinden.

Ist durch die gegenseitigen Verhandlungen festgestellt, was die eine Partei für ihren Antrag, die andere gegen denselben vorzubringen im Stande war, sind an dem dazu anberaumten Termine durch die beiderseitigen Disputationen oder Allegationen [2] alle Mittel erschöpft, so erklären entweder die Parteien, auf weitere Allegationen verzichten (renuntiare) und schließen (concludere) zu wollen, oder der Richter fordert sie dazu auf und verfügt den Actenschluß (conclusio in causa), der den Richter selbst jedoch nicht hindert, aus wichtigen Gründen oder auf Bitten ihn wieder aufzuheben oder noch weitere Beweise anzunehmen.

---

[1] C. 7 x IV. 15; c. 4 x II. 19.

[2] C. 15 x II. 20: „Et super his dictis testium, cum fuerint publicata, publice potest disputari." C. 3 x I. 5: „Auditis, quae de facto et de jure fuerant allegata, plenius etiam pro utralibet parte curavimus allegare."

8. Endurtheil und Vollzug.

268. Der Richter hat nach den erbrachten Beweisen zu urtheilen[1]. Er muß daher Beweis und Gegenbeweis prüfen. Bei ungleichartigen Beweis= mitteln hat im allgemeinen 1) der richterliche Augenschein vor jedem andern Beweis den Vorzug. 2) Gegen den geleisteten Schiedseid wird kein Gegen= beweis berücksichtigt; 3) das Gutachten beeidigter Sachverständiger geht dem Zeugenbeweis vor; 4) Zeugen und Urkunden haben (ceteris paribus) gleiche Beweiskraft; 5) unter den Zeugen geht das glaubwürdigere Zeugniß der glaubwürdigeren Zeugen vor, außerdem die Mehrzahl der Zeugen.

Das Endurtheil muß vom competenten Richter in amtlicher Eigen= schaft schriftlich abgefaßt und vom Richter (oder Actuar) im Gerichtslokale publicirt werden. Es muß das Endurtheil (sentenda definitiva) nach dem canonischen Rechte (cum jure consentiens) und der amtlichen Ueberzeugung des Richters (actis et probatis congruens), klar und bestimmt (clara et certa) erlassen sein, gerecht (justa) und giltig (valida), verurtheilend oder lossprechend (controversiam quoad omnes partes definiens) sein und den kostentragenden Theil bestimmen. Zwischen= oder Beiurtheile kann der Richter abändern, nicht aber sein verkündigtes giltiges Endurtheil[2].

Rechtskräftig (res judicata) aber wird das Urtheil erst, wenn es durch kein ordentliches Rechtsmittel mehr angefochten werden kann[3], also wenn der Condemnirte sogleich Folge leistet oder auf die ordentlichen Rechts= mittel (remedia juris ordinaria) Verzicht leistet, das fatale absolutum (10 Tage a die publicationis), die Appellationsfrist verstreichen läßt, wenn alle Instanzen erschöpft sind, wenn das Recht der Berufung gänzlich entzogen ist. Es kann eine Partei auf diese Rechtswohlthat verzichten durch schrift= liche Urkunde an die Gegenpartei oder durch einen Eid.

Die Wirkungen eines rechtskräftigen Urtheils sind: 1) für die streitenden Parteien wird es Gesetz (ex sententia fit jus); 2) dasselbe kann sofort exe= quirt werden; 3) die res judicata ist exceptio peremptoria, so daß der entschiedene Proceß nicht mehr von neuem begonnen werden kann[4].

---

[1] Gl. ad c. 4. § 1 C. III. q. 7. Der Richter urtheilt secundum conscientiam, quam habet ut judex, non ut homo.

[2] C. 6 C. VI. q. 4; c. 1 x II. 27; c. 10 (II. 15) in VI. Ungiltige Urtheile können abgeändert werden.

[3] L. 1 D. de re jud. (42. 1): „Res judicata dicitur, quae finem controversia- rum pronunciatione judicis accipit." Nach canonischem Rechte heißt res judicata nur das rechtskräftige Urtheil; c. 15 x II. 27: „cum post decem dierum spatium senten- tia in auctoritatem rei transeat judicatae". „Res judicata pro veritate accipitur."

[4] Widerruflich sind namentlich Urtheile über Giltigkeit oder Ungiltigkeit der Ehe, die nie in Rechtskraft übergehen.

Ist das Endurtheil rechtskräftig, so folgt die Execution, per quam res judicata ad exitum perducitur. Leistet der Verurtheilte nicht freiwillig Folge, so kann die siegende Partei auf gerichtliches Zwangsverfahren (Hilfs= vollstreckung, *executio*) antragen, die nach Ablauf einer anberaumten Frist durch den Richter oder durch ein anderes dazu committirtes Gericht erfolgt. Das committirte Gericht darf sich selbst keine Cognition über das Urtheil erlauben, sondern muß den Auftrag vollziehen, wenn das committirende Gericht es nicht davon enthebt. Der geistliche Richter wendet insbesondere geistliche Strafen, Censuren an zur Execution.

9. Rechtsmittel gegen das Urtheil. Die Appellation.

269. Die Mittel, wodurch jener, der sich durch ein Urtheil in seinem Rechte verletzt glaubt, dasselbe angreifen kann, heißen Rechtsmittel (*remedia juris*). Diese sind entweder ordentliche (*remedia ordinaria*), die innerhalb der absolut unerstrecklichen Frist von zehn Tagen angewendet werden müssen, oder außerordentliche (*remedia extraordinaria*), die nicht an diese Nothfrist gebunden sind; ferner devolutive (*remedia devolutiva*), welche die cognitio causae an die höhere Instanz bringen, und *non devo-lutiva*, bei denen auch der nämliche Richter, der das Urtheil erließ, Abhilfe schaffen kann; endlich suspensive (*remedia suspensiva*), deren Einwendung die Vollstreckung des Urtheils aufhält, und *non suspensiva*, bei welchen dies nicht der Fall ist.

Gegen ein ungerechtes Urtheil ist das ordentliche Rechtsmittel die Appellation; das Rechtsmittel gegen ein ungiltiges Urtheil ist die Nichtigkeitsbeschwerde. In beiden Fällen ist das gravamen durch eine richter-liche Handlung veranlaßt. Ein außerordentliches Rechtsmittel aus Billig-keitsrücksichten ist die Wiedereinsetzung in den vorigen Stand.

270. I. Die gerichtliche Appellation (*appellatio*) ist das ordent-liche Rechtsmittel, wodurch ein höheres Gericht um Prüfung und Abänderung eines beschwerenden Urtheils des niederen Gerichts angegangen wird [1]. Der-jenige, welcher die Berufung ergreift, heißt *appellans, appellator*, die Gegen-partei daher *appellatus*; der Richter, gegen dessen Urtheil appellirt wird, *judex a quo*, der höhere Richter, an den appellirt wird, *judex ad quem*.

Um gegen ungerechtes Urtheil zu schützen, besteht in der Kirche ein In-stanzenzug. Die erste kirchliche Instanz bildet das Gericht des Diöcesan-

---

[1] Greg. II. 28; Sexti II. 15; Clem. II. 12. *Gonzalez Tellez*, Comm. perpet. Lugduni 1715, in c. 2 h. t. n. 7. p. 758: „Appellatio est ab inferiore judice ad superiorem judicem facta provocatio, ut is de ea re amplius cognoscat et prius pronunciatum corrigat vel in melius reformet." Vgl. mein Programm: „Die Appel-lationen nach dem Decretalenrecht." Eichstätt 1875.

bischofs, die zweite das des Metropoliten [1]; die dritte Instanz bildet der Apostolische Stuhl, der in Rom oder durch judices in partibus entscheidet. Wo der
Bischof nur als gesetzlicher Delegat des Apostolischen Stuhles vorschreitet, geht
die Appellation an den Papst; wohl aber kann nach gewöhnlicher Annahme
auch an den Metropoliten appellirt werden, wo die jurisdictio delegata
mit seiner ordinaria concurrirt [2]. Die Stufenfolge braucht nicht eingehalten
zu werden, wenn der nächst höhere Richter inhabilis ist, z. B. excommunicirt,
oder die Gerechtigkeit verweigert oder die Sache freiwillig an den höheren Richter
schickt. Ist auch außerdem die appellatio per saltum nach Trid. s. XXII. c. 7
ungiltig, so kann doch die unmittelbare Berufung an den Papst, weil in
göttlichen Rechte begründet (also auch an die Cardinalscongregationen), nicht
absolut ausgeschlossen sein, soweit nicht der Papst dieses Recht beschränkt [3].

Die **Wirkungen der Appellation** sind: 1) Die Einlegung der
Appellation verhindert, daß das Urtheil rechtskräftig werde (*sententia appellatione suspensa*) und daß der Unterrichter in dem Verfahren fortschreiten
kann (*jurisdictio per appellationem suspensa*) [4]. Dieser *effectus suspensivus* tritt jedoch nicht immer ein.

2) Die Sache geht vom judex a quo an den höhern Richter über,
der über die Zulässigkeit der Appellation und über die ganze Streitsache nun
zu entscheiden hat. Die Suspensivwirkung hat immer diesen *effectus devo-
lutivus* zur Folge, aber nicht umgekehrt [5].

3) Pendente appellatione muß alles in dem Stande bleiben, in dem
es bei der Einlegung der Appellation war; ist die Jurisdiction des judex
a quo suspendirt, so wäre alles, was derselbe dennoch in derselben Streitsache verfügt, ein richterliches Attentat. Auch die Partei darf sich keine Inno-
vation erlauben. Daher heißt die Appellation *remedium attentatorum* [6].

---

[1] Für das Metropolitangericht München=Freising ist in Bayern das bischöfliche
Gericht von Augsburg, Würzburg für das von Bamberg als zweite Instanz belegirt.

[2] Die Congreg. Conc. hat 1588, 1589, 1597 entschieden, non esse hoc casu
necesse, ad Sedem Apostolicam appellare, sed posse ad metropolitanum interponi
appellationem. *Schulte-Richter*, Concil. Trid. p. 166 n. 2. Die Congreg. Episcop. ent-
schied 1600 unter Clemens VIII. „ad tollendas ambiguitates" § VII: „Ab executione
decretorum S. Concilii Tridentini aut visitationis apostolicae appellationes a Metropolitanis non recipiantur, nec si episcopi virtute ejusdem sacri Concilii procedunt
ut Sedis Apostolicae delegati in causis, quae sub eorum jurisdictione ordinaria
non comprehenduntur." *Mühlbauer*, Thesaur. resolut. S. Congreg. Concil. t. I.
Monachii 1869. p. 631 (vgl. 223).

[3] Gegenüber Schulte ist mit Devoti, Gonzalez, Ferraris, Reuren, Stremler,
Mühlbauer (l. c. S. 579 f.) daran festzuhalten, daß das Recht des Papstes, Appellationen omisso medio anzunehmen, auch durch das Tridentinum nicht beschränkt ist.

[4] Cf. c. 13 x II. 27; c. 44 x I. 28; c. 10 h. t. in VI.

[5] C. 3 h. t. in VI: „esse per appellationem ad eundem devolutum negotium".

[6] C. 31 C. II. q. 6; c. 55. 49 h. t.

Das ältere Recht ließ die Appellation gegen Interlocute wie gegen Enb= urtheile zu. Nur müssen bei der Appellation von Interlocuten die Gründe sogleich mit Einlegung der Appellation schriftlich angegeben werden und dürfen bei der Rechtfertigung der Appellation in der Regel keine neuen Gründe angegeben werden. Das Concil von Trient hat, dem römischen Recht entsprechend, bestimmt, daß gegen Interlocute nur appellirt werden könne, wenn dieselben die Kraft eines Endurtheils haben (vim definitivae ha- bentes) oder wenn die Beschwerde (gravamen) durch eine Appellation vom Endurtheil nicht mehr gehoben oder überhaupt von diesem nicht appellirt werden kann[1].

Appellirt kann nicht werden 1) vom Urtheil des höchsten Richters, vom Papste oder einem allgemeinen Concil;

2) gegen bereits rechtskräftig gewordene Urtheile, sowie wenn der Ap= pellant bereits drei gleichlautende Erkenntnisse (in demselben Rechtsstreit) gegen sich hat.

Die Appellation oder wenigstens die Suspensivwirkung derselben ist ferner ausgeschlossen[2]:

3) bei gerichtlichem Geständniß und Beweis[3];

4) von der bloßen Execution des rechtskräftig gewordenen Urtheils;

5) von dem Urtheil der arbitri voluntarii und von seiten desjenigen, der auf die Appellation verzichtet und der Gegenpartei durch schriftliche Urkunde dies versprochen hat, wohl auch bei dem durch einen Eid erhärteten Verzicht[4];

6) bei vera contumacia (contemptus judicis);

7) in Sachen, die keinen Aufschub zulassen, wenigstens nicht mit Suspensiveffect[5].

8) Wenn die Appellation durch die Clausel verboten ist (appellatione remota, sublato appellationis effugio), die nur der Papst oder ein all= gemeines Concil setzen kann, so ist doch nicht jene Appellation ausgeschlossen, die vom Rechte ausdrücklich zugelassen ist[6].

---

[1] Trid. s. XXIV. c. 20; s. XIII. c. 1; cf. c. 1 x II. 8; c. 35 x I. 3.

[2] Man bezeichnet die Fälle, in welchen das Recht die Appellation ausschließt, mit den Versen:

Sublimis judex (1), scelus (3), executio (4), pactum (5),
Contemptus (6) et res minimae (12), dilatio nulla (7),
Clausula, quae removet (8), res, quae notoria constat (10),
Et textus juris clarus (9), possessio (11), fatum (2).

[3] C. 10 x II. 19; c. 3 h. t. in VI.; c. 41 C. XXIX. q. 6; c. 41 C. II. q. 6.

[4] C. 33 C. II. q. 6; c. 2 x I. 43; c. 20 x I. 29; c. 55 x II. 22. München l. c. S. 529.

[5] Cf. c. 3. 5 x II. 9.

[6] C. 53 h. t.: „Nos igitur attendentes, quod per appellationem frustratoriam, etiamsi non fuisset inhibita, negotium non debeat impediri, respondemus, quod

9) Es kann nicht appellirt werden gegen das, was der Richter nach dem klaren Ausspruch eines Gesetzes verfügt [1];

10) nicht vom Notorium, außer wenn die Notorietät selbst oder das darin enthaltene Delict bestritten wird [2];

11) nicht in possessorio momentaneo, das bloß die detentio rei ad interim gibt.

12) Wenn das weltliche Recht auch Bestimmungen darüber festsetzt, daß nicht in geringfügigen Dingen (res minimae) appellirt werden dürfe, so ist dies im canonischen Rechte nicht der Fall, da es nicht auf die Größe der Sache, sondern nur auf ihre Gerechtigkeit ankommt.

Die Suspensivwirkung der Appellation tritt auch dann nicht ein, wenn ein Urtheil keiner Execution bedarf, sondern diese von selbst nach sich zieht, wie bei Censuren, und wenn der Unterrichter eine Appellation als offenbar frivol nicht annimmt.

II. Die Appellation muß vor dem judex a quo, wenn dies geschehen kann [3], innerhalb zehn Tagen, wobei die Frist von Stunde zu Stunde zu rechnen ist [4], eingelegt werden (interpositio appellationis); wenn es sogleich bei Verkündigung des Urtheils geschieht, genügt die mündliche Erklärung; außerdem muß es schriftlich geschehen (libellus appellatorius). In der Regel muß der Unterrichter die Appellation annehmen (deferre appellationi), außer sie sei eine frivole, per fraudem et malitiam eingelegte [5].

Der Appellant soll ferner innerhalb 30 Tagen sich libelli dimissorii, apostoli genannt, vom judex a quo erbitten [6]. Ob der judex a quo die Appellation annimmt oder verweigert (repudiare, respuere) oder die Apostel

(quando inhibetur appellatio in rescripto) quaelibet provocatio intelligitur removeri, quae a jure non indulgetur expresse; sed si appellans fuerit gravatus injuste, gravamen hujusmodi per superiorem poterit emendari."

[1] C. 26. 29 h. t.; c. 3 in Clem.; c. 23 x I. 6.

[2] Cf. c. 61. 14 h. t.; c. 3 in VI.

[3] C. 59; Clem. c. 1; c. 72. 34. 11. Kann es nicht vor dem judex a quo geschehen, auch nicht vor dem judex ad quem, so kann die Erklärung, man appellire, vor zwei oder drei Männern geschehen als Zeugen. C. 29 C. II. q. 6; c. 4 x I. 6; c. 73 h. t.; Clem. c. 1 h. t. u. c. 3 (I. 3).

[4] C. 15 x II. 27; c. 8 in Clem. Gl.: „Est enim tempus utile a principio, licet continuum in progressu et fit de momento in momentum" (computatio naturalis).

[5] Eine Appellation, ehe das Urtheil verkündet ist (blinde Appellation), wird nicht angenommen; eine offenbar frivole (frivola, frustratoria, cf. c. 61. 59. 51. 25 h. t.) darf er nicht annehmen; in Fällen, in denen die Appellation verboten ist, braucht er sie nicht anzunehmen (c. 5 h. t. in VI).

[6] C. 1. 4 in VI.; c. 31 C. II. q. 6. Formel bei Gratian c. 31 C. II. q. 6; Clem. c. 2: „Quamvis rigor juris exposcat eum, qui appellat, debere petere apostolos congruo loco et tempore saepius et instanter: nos tamen . . . decernimus

versagt, hat übrigens auf die Einführung der Appellation (*introductio appellationis*)[1] bei dem judex ad quem keinen Einfluß. Der Gebrauch der apostoli ist meist abgekommen, die Acten werden nicht mehr dem
Appellanten eingehändigt, sondern vom judex a quo an den Appellrichter gesendet.

Mit der Einführung der Appellation werden die Vortheile derselben
unter den Parteien gemeinsam (*communio appellationis*); gegen den Willen
des Appellaten kann er jetzt nicht mehr zurücktreten[2].

Die Appellation soll innerhalb eines Jahres durchgeführt werden[3]; aus
einer gerechten Ursache, wie Verhinderung des Appellanten oder des Richters
u. s. w., wird ein zweites Jahr gestattet[4].

Das Appellationsverfahren umfaßt 1) eine Voruntersuchung über
die Devolution der Sache, Competenz des Richters, Berechtigung und gesetzliche Zulässigkeit der Appellation[5]. Wird die Appellation nicht angenommen
vom Appellgerichte, so geht die Sache an den judex a quo zurück; wird
sie aber zugelassen, so folgt 2) das Hauptverfahren, die Rechtfertigung
der Appellation durch den Appellanten, welche der Appellat bekämpfen kann.
Sowohl die Rechtfertigungsschrift (*libellus gravaminum*) des Appellanten als
die Entgegnungen des Appellaten können ein specielles Beweisverfahren nothwendig machen; es können nicht nur neue Beweise vorgebracht, sondern auch
neue Thatsachen angeführt und bewiesen werden.

Die Entscheidung kann nicht bloß eine Verbesserung zu Gunsten des
Appellanten, sondern auch zu Gunsten des Appellaten enthalten, auch wenn
dieser sich gar nicht an den Verhandlungen betheiligte[6]; es scheint dies dem
ältern Rechte wenigstens durchaus entsprechend, obwohl viele, wenn nur der

---

sufficere, quod per appellantem simul uno contextu apostoli instanter et saepius
petantur." Man unterscheidet apostoli refutatorii, dimissoriales, reverentiales, conventionales, testimoniales. Cf. c. 44; c. 1 in VI.

[1] Introductio causae appellationis imponit exordium. Sie wird mit der litis
contestatio verglichen, die hier nicht nothwendig ist. Der Ijudex a quo kann eine
peremptorische Frist zur Einführung der Appellation bestimmen; c. 4; Sexti c. 1;
Clem. c. 4; Trid. s. XXIV. c. 20.

[2] C. 70 § 2. Cf. c. 10. 44; Sexti I. 6.

[3] Clem. c. 3: „Infra annum a die interpositionis hujus prosequi et finire tenetur appellans."

[4] Cf. c. 5. 8. 50; Clem. c. 4; R. J. 41 in VI.: „Imputare non debet ei, per
quem non stat, si non faciat, quod per eum fuerat faciendum."

[5] Gl. ad c. 3 in VI.: „Sciendum, quod judex appellationis haberet ferre duas
sententias, unam interlocutoriam, an appellatio ad eum fuerit devoluta vel non,
alteram definitivam respectu articuli appellationis, an bene fuerit appellatum vel
male et an bene judicatum vel male."

[6] Gl. ad c. 3 x I. 5: „Invenio, quod quandoque judex supplet altera parte
absente." Cf. c. 16. 18 x III. 26; c. 58 h. t.

Beklagte appellirt hat, eine reformatio in pejus als ausgeschlossen betrachten, da die Appellation eine Wohlthat sei [1]. Allein der Appellrichter hat nicht bloß die Beschwerden des Appellanten, sondern überhaupt das frühere Urtheil zu untersuchen und das objective Recht in dem Streite herzustellen [2]. Entscheidet der Richter, daß gut geurtheilt, schlecht appellirt sei, so bestätigt er das frühere Urtheil [3]. Wird erkannt, es sei bene appellatum, male judicatum, so erläßt er an Stelle des frühern ein neues Urtheil. Auch bei Appellation von einem Interlocut entscheidet er in diesem Falle über die ganze Sache [4].

271. Ein außerordentliches Rechtsmittel gegen ein endgiltiges, inappellables Urtheil ist die *supplicatio* oder *retractatio*, das Ansuchen an die höchste Autorität um eine neue Untersuchung und Abänderung desselben, auch *revisio*, was eigentlich nur eine neue Prüfung der Acten (relectio actorum) bezeichnet [5]. *Relatio* heißt die Anfrage des niedern Richters bei dem höchsten Richter über eine schwierige Rechtsfrage [6]. In diesem Sinne wird sie in den Decretalen (x II. 28) mit der Appellation zusammengestellt; auch während des Schwebens der relatio darf, wie pendente appellatione, nichts attendirt und innovirt werden, es geht die cognitio causae an den höhern Richter über, nach dessen Rescript der Unterrichter entscheidet. Sonst ist relatio der in causis majoribus und von demjenigen Delegaten, der nicht selbst das Urtheil sprechen soll, zu erstattende Bericht.

---

[1] Droste l. c. S. 143.

[2] Ulpian. (Fr. Appellandi usus l. pr. D. h. t.): „Quippe cum iniquitatem judicantium corriget, licet nonnunquam bene latas sententias in pejus reformet."

[3] C. 59: „Debet cognoscere de meritis causae et videre, an bene vel male sit judicatum, et si bene sit judicatum, confirmabit sententiam, vel cassabit, si male judicatum fuit. Si vero plura capitula sint in sententia sive plures articuli, judex pro parte potest confirmare et pro parte cassare et reformare sententiam, *secundum quod justum fuerit.*"

[4] Cf. *Trid.* s. XXIV. c. 20; c. 58. 61 h. t.; c. 15 in VI. München l. c. S. 565; dagegen Schulte, Bonner theolog. Literaturblatt 1866. S. 17. Wetzell, System des ordentlichen Civilprocesses. 2. Aufl. Leipzig 1865. S. 706, bemerkt: „Es war vollkommen consequent, daß das canonische Recht den Oberrichter anwies, auf Grund der Abänderung im Hauptverfahren fortzufahren; im Falle der Bestätigung aber ... zunächst die Sache an die untere Instanz zu remittiren."

[5] Supplicatio. im weitern Sinne jedoch Gesuch um eine Gnade, besonders um die J. J. R., est quaedam precum porrectio facta principi, ut is ex quadam benignitate restituat supplicantem adversus sententiam, contra quam non competit remedium ordinarium (*Reiffenstuel*, Jus. can. univ. l. II. t. 28 n. 18). Causam retractare i. e. ex integro agere, iterum cognoscere.

[6] Relatio est judicis inferioris in causa de jure dubitantis ad principem missa consultatio, ut sciat, quid in judicando sequatur (*Schmalzgrueber* l. c. § X. n. 147). C. 22 x I. 6; c. 5 x I. 29; c. 2 h. t. in VI. Cf. L. 1 C. de relat. (11. 29).

272. Eine außergerichtliche Appellation *(provocatio ad causam)*[1] kann gegen eine außergerichtlich erlittene oder selbst nur zu befürchtende Beschwerde erhoben werden. Sie soll schriftlich mit Angabe der Gründe innerhalb 10 Tagen von der erlangten Kenntniß der beschwerenden Handlung an eingelegt werden[2] und hat gleichfalls Devolutiv=, in der Regel auch Suspensiveffect, und bewirkt die Zurücknahme dessen, was der Appellation direct entgegen ist[3]. Ausgeschlossen ist die Suspensivwirkung, wo es sich um Execution der Vorschriften des Concils von Trient handelt, welche dieses den Bischöfen appellatione aut inhibitione quacumque postposita übertragen hat; ferner bei den Anordnungen, die der Bischof bei der Visitation trifft, bei Appellation gegen Synodalconstitutionen, bei bloßen Correctionssachen (correctio paterna).

Die Appellation ist unzulässig bei suspensio ab ordine suscepto und prohibitio ab ascensu ad ordinem ex informata conscientia. Hier kann nur der recursus ad Papam stattfinden[4].

10. Die Nichtigkeitsbeschwerde.

273. Ein ungiltiges Urtheil hat keinerlei Rechtskraft und kann, wie ein Interlocut, von demselben Richter abgeändert werden[5]. Ungiltig ist aber ein Urtheil, das von einem incompetenten Richter, das neglecto juris ordine oder contra expressam legem gefällt wurde[6]. Das Rechtsmittel gegen ein ungiltiges Urtheil ist die *querela nullitatis* oder Nullitätsklage. Sie kann bei dem nämlichen oder bei dem höhern Richter angebracht werden, als exceptio oder als selbständiges Rechtsmittel. Sie heißt ein außerordentliches Rechtsmittel, schon weil die Vermuthung immer für die richterlichen Handlungen spricht[7]. Sie kann in jeder Instanz, wenn auch nur ein Interlocut und noch nicht das Endurtheil erlassen ist, sie kann geltend gemacht werden, solange noch keine Klagverjährung eingetreten ist

---

[1] C. 5 h. t.: „Sacri canones etiam extra judicium passim appellare permittunt, nec solent hujusmodi dici appellationes, sed provocationes ad causam."

[2] C. 1. 8 in VI.; c. 4 Sexti I. 6; Clem. c. 4 (I. 3).

[3] C. 10. 16 x I. 6; c. 19 eod.; c. 63. 45 x II. 28.

[4] Trid. s. XIV. c. 1.

[5] Gl. ad c. 1 x II. 27: „Sententia contra leges nulla est et ipso jure et citra appellationem rescinditur."

[6] Cf. c. 1. 10. 24 x II. 27; c. 41 C. II. q. 6; c. 18 x II. 2; c. 13 § 5 x V. 7; c. 1 x I. 38; c. 7 x II. 1; c. 3 eod. in VI.; c. un. x II. 5; c. 2 Clem. II. 11; c. 2 Clem. V. 11; c. 9. 15. 30. 44. 50. 57. 69 de appell.

[7] München l. c. S. 514; c. 15 x II. 13. Wird sie innerhalb der Appellationsfrist eingelegt, so ist sie eigentlich ein ordentliches Rechtsmittel.

(innerhalb 30 Jahren). Die Nichtigkeitsbeschwerde kann mit der Appellation verbunden werden, d. h. es kann gebeten werden, daß das Urtheil entweder als ungiltig erklärt oder, falls es giltig sei, abgeändert, verbessert werde.

11. Die Wiedereinsetzung in den vorigen Stand.

274. Die *restitutio in integrum* (Rechtsherstellung) ist ein aus Billigkeitsrücksichten gestattetes, außerordentliches Rechtsmittel gegen ein an sich giltiges und schon rechtskräftig gewordenes Urtheil [1]. Sie kann also stattfinden, wenn die beiden anderen Rechtsmittel, appellatio und querela nullitatis, nicht anwendbar sind, aber eine vera laesio vorliegt und eine justa causa restitutionis angegeben werden kann.

Sie findet statt 1) zu Gunsten Minderjähriger und Unmündiger, die aber gehörig vertreten waren, auch gegen das, was mit Zustimmung ihres Curators geschah [2];

2) zu Gunsten der Kirchen und causae piae. Kirchen, Beneficien, kirchliche Corporationen und alle loca pia genießen diese Rechtswohlthat der Minderjährigen, auch gegen Vernachlässigungen, selbst gegen gerichtliches Geständniß ihres Vertreters. Es kann auch eine Kirche gegen die andere die J. J. R. erlangen [3];

3) zu Gunsten auch Großjähriger, die in ihrer Abwesenheit nach gehöriger Vorladung verurtheilt wurden, deren Abwesenheit aber gehörig entschuldigt werden kann; sowie

4) gegen ein Urtheil, das auf falsche Beweise, wie bestochene Zeugen, gefälschte Urkunden hin erlassen wurde, wo dolus, fraus, calliditas stattfand, und

5) wenn neue relevante Thatsachen vorgebracht werden können.

Der Bittsteller darf nicht selbst an der laesio schuld sein; das Restitutionsgesuch ex capite minorennitatis, ex capite absentiae et novorum, sowie bei Kirchen und milden Stiftungen muß innerhalb vier Jahren vorgebracht werden; gegen ein auf Grund falscher Beweismittel erlassenes Urtheil kann die J. J. R. innerhalb 30 Jahren nachgesucht werden [4], und zwar auch öfter, so oft eine andere causa restitutionis geltend gemacht werden kann. Die Zeit beginnt für Minderjährige vom Tage der erlangten Großjährigkeit, außerdem von der Zeit der laesio an. Wird die Restitution nachgesucht vor der Execution des Urtheils, so wird diese suspendirt. Ist

---

[1] Redintegrandae rei vel causae actio, causae vel rei reparatio, auch beneficium s. auxilium aetatis genannt. Greg. I. 41; Sexti I. 21; Clem. I. 11. Vgl. Pruner, Lehrbuch der Moraltheologie. 2. Aufl. S. 512. 656.

[2] C. 8 h. t. L. 1 D. 4. 4 de minorib.: die noch nicht 25 Jahre alt sind.

[3] C. 1. 3 h. t.

[4] Früher innerhalb 20 Jahren; c. 6 x II. 23.

sie implorirt, so soll alles in statu quo bleiben; ist sie erlangt, so kehrt alles in den status quo ante litem zurück; nur müssen die etwaigen Auslagen des andern Theiles vergütet werden [1].

Die Wiedereinsetzung in den vorigen Stand kann, wie die Aufhebung nichtiger Urtheile, auch durch denselben Richter geschehen, der das Urtheil erlassen hat. Der oberste Richter kann aus Gnade die J. J. R. gewähren (*gratiosa*), während die Restitution, die nach dem Rechte zu gewähren ist (*rest. justitiae*), von jedem ordentlichen Richter gewährt und gegen diese auch appellirt werden kann [2].

Zweites Kapitel.

Kirchliche Strafgerichtsbarkeit.

12. Das Accusationsverfahren.

275. War auch in den ersten Zeiten der Kirche das Strafverfahren ein sehr einfaches, so fanden doch frühzeitig die Formen des römischen Accusationsverfahrens Aufnahme, das seit Gregor d. Gr. weiter ausgebildet und allgemein anerkannt war [3]; die Tortur fiel jedoch hinweg [4].

Die Anklage muß von berechtigten Personen ausgehen [5]. Man unterschied aber delicta publica, gegen die jeder aus dem Volke als Ankläger auftreten konnte, und privata, welche nur durch Privatklage des Verletzten verfolgt werden können. Delicta gravia, schwere Vergehen, die öffentlich gefährlich waren, sollen summarisch verhandelt werden. Der Ankläger muß bei der ganzen Verhandlung dieselbe Stellung einnehmen, wie der Kläger im Civilproceß; er muß alle wesentlichen Handlungen vor Gericht persönlich vornehmen [6], keine wesentliche Gerichtshandlung darf in seiner (unverschuldeten)

---

[1] C. 9 h. t.

[2] Vom Gerichtsverfahren in Ehesachen wird speciell noch im V. Buche gehandelt werden.

[3] *Accusatio*, so schon in der Heiligen Schrift; vgl. Joh. 8, 3—10; Luc. 23, 1--10; Joh. 18, 29; Apg. 22, 39. 30; 24, 2; 1 Tim. 5, 19. Cf. Causa II—VII. Greg. V. 1.

[4] Cf. c. 30 C. XXIII. q. 8; c. 5. 9 x III. 50; c. 3 Sexti III. 24.

[5] C. 4 C. II. q. 1: „Nihil contra quemlibet accusatum absque legitimo et idoneo accusatore fiat." Die Glosse ad c. 1 h. t. schließt aus:

> Femina, pupillus, delatus, crimine tentus,
> Suspectus, quaestu corruptus sortilegusque,
> Infamis, servus, pauper, cum milite princeps,
> Libertus, socius socium nec non inimici,
> Clerus ecclesiam nullus deferre valebit.

[6] C. 18 C. III. q. 9; c. 15 h. t.: „Absens per alium accusare non potest." Ein procurator wurde zugelassen, wenn die Anklage nur per modum exceptionis vorgebracht ward.

Abwesenheit vorgenommen werden. Wer infolge einer Untersuchung freige=
sprochen worden, soll wegen des nämlichen Delictes nicht wieder angeklagt werden.

Die einleitenden Handlungen sind: die Einreichung der Anklageschrift
(*libellus accusatorius*, 255, I), die Inscription (*libellus inscriptionis*),
d. i. das Bekenntniß, den Strafantrag gestellt zu haben (*professio*), und das
Versprechen, die Anklage unter Strafe der Desertion (*poena talionis*) durch=
führen zu wollen (*subscriptio criminis*). Der Ankläger trägt seinen An=
trag vor (reum deferre, postulare), den Angeklagten in Anklagestand
(*reatus*) zu versetzen. Wird die Klage zugelassen, so erfolgt die Eintragung
des Angeklagten als reus in die Gerichtsacten (*nominis delatio*) und die
Versetzung desselben in Anklagestand (*inter reos receptio*). Damit ist der
Anklageproceß eingeleitet (accusatio pendens, causa criminis ordinata),
gleichwie bei dem Civilproceß durch die litis contestatio.

Die einmal anhängige Anklage muß vermöge der Inscription durch=
geführt werden, wofern nicht eine gesetzmäßige Aufhebung durch den Richter
erfolgt; der Ankläger, der sie ohne amtliche *abolitio* [1] aufgibt, wird straf=
bar [2]. Der Angeklagte kann exceptiones vorbringen, auch eine *recriminatio*
(*reaccusatio, retorsio*) gegen den Ankläger, beides aber nur vor dem Schluß
der Delationsverhandlung. Die Anklageschrift kann auch durch proto=
kollarische Aufnahme der querela ersetzt werden.

Im Hauptverfahren hat am anberaumten Termine der Ankläger
seine Anklage in Gegenwart des reus vorzubringen und zu beweisen; darauf
folgt die Beantwortung des Angeklagten (*defensio*). Beide Handlungen sind
persönliche. Nur zur Ausführung der Anklage und der Vertheidigung und
zur Unterstützung bei der Beweisführung kann sich jeder Theil eines Patrons
(Advokaten) bedienen. Dagegen ist in erster Instanz beim Criminalproceß
die Stellvertretung durch einen Procurator ausgeschlossen [3]. Ueber das Be=
weisverfahren u. s. w. gilt im allgemeinen das beim Civilverfahren Bemerkte.

276. Wird die Anklage erwiesen, so wird die vom Gesetz bestimmte oder
vom Richter zu bestimmende Strafe ausgesprochen. Ward die Anklage als
falsch erwiesen, so galt sie als *calumnia vera;* konnte sie nur nicht bewiesen
werden, als *calumnia praesumpta*. Den falschen Ankläger traf, wenn er
nicht beweisen konnte, daß er nicht dolose gehandelt [4], Infamie; hatte er einen

---

[1] Die *abolitio* ist *publica* oder *privata* (actore postulante), oder gesetzliche
(*ex lege*), wenn der Angeklagte zeigt, daß das Klaglibell nicht in erforderlicher Weise
abgefaßt ist u. s. w. Der oberste Richter kann einen Strafproceß niederschlagen
oder die durch rechtskräftiges Urtheil zuerkannte Strafe erlassen.

[2] *Tergiversatio* ist das Aufgeben der vorgebrachten Anklage; *praevaricatio* die
im Einvernehmen mit dem reus und zu dessen Gunsten stattfindende Verheimlichung
von Delicten oder absichtliches Verschweigen von Beweisgründen.

[3] C. 15 x V. 1; c. 1 Sexti II. 1.   [4] C. 2 x V. 2.

Geistlichen falsch angeklagt, auch Excommunication; Geistliche aber, die sich der calumnia schuldig gemacht, traf bei Minoristen körperliche Züchtigung und Ausweisung, bei Majoristen Deposition.

Verschieden von der Anklage ist die *exceptio criminis*, die nicht die Be= strafung des Schuldigen zum Zweck hat, sondern nur, ihn als unfähig zur Zeugenschaft, zur Erlangung eines Beneficiums u. dgl. zu erweisen. Hier ward bei nicht völligem Beweise dem Beschuldigten der Reinigungseid auferlegt.

13. Das Denuntiationsverfahren.

277. Man muß wohl unterscheiden zwischen der *denuntiatio evangelica (charitativa)*, der die *correctio fraterna* vorausgehen soll, und der *denuntiatio judicialis*, die eine amtliche (*necessaria, ex officio*), z. B. von seiten der auf der Synode aufgestellten Synodalzeugen, oder eine freiwillige (*voluntaria, motu proprio*) sein kann.

Denuntiatio ist die einfache Anzeige eines verborgenen Verbrechens an den kirchlichen Richter. Das Verfahren auf eine glaubwürdige De= nuntiation hin war entweder nur eine mildere Art des Accusations= verfahrens, oder es ward die Denuntiation nur Anlaß zur Untersuchung, die vom Richter ex officio geführt ward, wenn eine Infamation vorlag. Im letztern Falle führt die Denuntiation zum Inquisitionsverfahren; im erstern mußte auch der denuntians den Beweis für seine Angabe liefern und konnte er der Calumnienstrafe unterliegen wie der accusator. Bei einer probatio semiplena erfolgte früher Freisprechung; seit der Verbindung des germanischen mit dem kirchlichen Rechte mußte der denuntiatus das jura= mentum purgatorium leisten, was seit dem 17. Jahrhundert wieder außer Gebrauch kam.

14. Das Inquisitionsverfahren.

278. Wo ein Delict vorliegt oder dringender Verdacht desselben, tritt auf Grund einer Berüchtigung (*diffamatio*) das Inquisitionsver= fahren ein. Es muß daher eine vorgängige Untersuchung (*inquisitio gene= ralis, praeparatoria*) das wirkliche Vorhandensein der Diffamation consta= tiren; diese muß eine weitverbreitete, von rechtschaffenen Männern ausgehende sein[1]. Die Untersuchung, Vernehmung der Zeugen darf sich nur auf die

---

[1] C. 24 x V. 1: „Ex quibus auctoritatibus (veteris et novi testamenti) mani= feste probatur, quod non solum cum subditus, verum etiam cum praelatus excedit, si per clamorem et famam ad aures superioris pervenerit, non quidem a male= volis et maledicis, sed a providis et honestis, nec semel tantum, sed saepe, quod clamor innuit et diffamatio manifestat, debet coram ecclesiae senioribus veritatem diligentius perscrutari." C. 21 § 2 cod.: „Propter dicta paucorum eum infamatum

Thatsachen erstrecken, die der Anrüchigkeit zu Grunde liegen [1]. Nur die Thatsache der Infamation muß feststehen; wenn der Richter daher aus eigener Wahrnehmung von dieser überzeugt ist, bedarf es keiner weitern Untersuchung über dieselbe.

Steht die Diffamation fest, so erfolgt der Beschluß der Vornahme der Specialinquisition, welcher die Wirkung der Versetzung in den Anklagestand hat; infolge der Diffamation kann der Geistliche ab officio, ja selbst a beneficio suspendirt werden.

Gegenstand der Specialinquisition sind die Beschuldigungen, worüber die Infamation besteht (capitula inquisitionis). Der Inquisitions=proceß hat mehr den Charakter des Civilverfahrens als den der Accusation. Der Richter, der zugleich als Ankläger auftritt, wenn auch die fama als Anklägerin betrachtet werden kann [2], theilt die capitula, Beweise und Zeugen dem Beschuldigten mit, der sie beantworten muß, aber auch schon das Vor=handensein der Infamation, die gesetzlichen Eigenschaften derselben wie deren Beweis angreifen kann. Die zu verhängenden Strafen sollen mehr den Cha=rakter der Züchtigung als den der Sühne an sich tragen [3].

279. Verschieden von diesem allgemeinen Inquisitionsprocesse war das Inquisitionsverfahren gegen Häretiker *(inquisitio haereticae pravitatis)*. Hatten die Bischöfe stets das Recht und die Pflicht, Häretiker zu richten und zu bestrafen, so sollte auch durch das besonders seit dem 13. Jahrhundert be=gründete und später ständig dem Dominicanerorden übertragene Ketzergericht das bischöfliche Aufsichtsrecht über Reinerhaltung der Lehre nicht aufgehoben werden; beide konnten conjunctim und divisim, jedoch mit Beschränkungen, verfahren [4].

Hier konnten alle drei Proceßarten verbunden werden. Die Häresie wurde analog dem crimen laesae majestatis (97. 98) behandelt (vgl. Röm. 16, 7); jeder Christ war verpflichtet, sie zur Anzeige zu bringen, auch In=famirte und von der accusatio Ausgeschlossene. Der Anzeigende mußte ent=weder als accusator (oder denuntians) auftreten und seine Angabe be=schwören, seine Zeugen namhaft machen, oder er gab bloß eine Diffamation

---

reputare non debet (judex), cujus apud bonos et graves laesa opinio non existit." C. 31 x V. 3: „In omnibus diligens adhibeatur cautela; sicut accusationem legi-tima praecedere debet inscriptio; sic et denuntiationem charitativa correctio et in-quisitionem clamosa debet insinuatio praevenire." Cf. c. 13. 19 C. II. q. 5.

[1] C. 21 § 1 x V. 1: „quum inquisitio fieri debet solummodo super illis, de quibus clamores aliqui praecesserunt. Nec ad petitiones eorum, qui libellum in-famationis porrigunt in occulto, procedendum est." C. 20 C. III. 9.

[2] C. 31 x V. 3.

[3] C. 24 x h. t.: „Non ex odii fomite, sed ex charitatis procedatur affectu."

[4] C. 1 § 1 in Clem. V. 3.

an behufs richterlicher Untersuchung; danach richtete sich auch hier das Ver=
fahren; nur wich es von dem gewöhnlichen in folgenden Punkten ab:

1) Es wurden die Namen des accusator oder denuntians und der
Zeugen dem Angeschuldigten verschwiegen, wenn deren Bekanntmachung ge=
fährlich schien; die Aussagen mußten ihm mitgetheilt werden, damit er sich
vertheidigen könne; auch erhielt er einen Anwalt.

2) Hier konnte die Tortur angewendet werden, jedoch nur zur Er=
gänzung des Beweises und wenn Bischof und Inquisitor einstimmig es an=
ordneten[1], auch mit Berücksichtigung der qualitas personae, so daß bei
schwächlichen Personen selbst Fasten der Tortur gleichgeachtet werden sollte.

3) Konnte der dringende Verdacht der Häresie nicht völlig beseitigt
werden, so wurde dem Inculpaten die abjuratio haeresis, zuweilen auch
der Reinigungseid auferlegt. Verweigerte der Beschuldigte die Abschwörung
der Häresie oder erschien er citirt nicht vor Gericht und blieb, deßhalb ex=
communicirt, ein Jahr in der Excommunication, so begründete dies eine
suspicio vehementissima und eine praesumptio juris et de jure[2].

4) Wurde die Schuld erwiesen, so führte sie zu den härtesten Strafen,
bei Geistlichen zur Degradation und Auslieferung an den weltlichen Richter.
Wer sich aber selbst als schuldig bekannte und seine haeresis (externa) ge=
stand, sollte mit bloßen Bußübungen belegt werden.

15. Das Disciplinar= und Criminalverfahren in der Gegenwart.

280. Das Strafrecht des Bischofs, auch gegen Laien, hat das Triden=
tinum ausdrücklich ausgesprochen[3]; doch wird gegen Laien nur in dringenden
Fällen eines notorischen öffentlichen Aergernisses und nicht leicht mehr mit
weltlichen Strafen eingeschritten.

Auch gegen Geistliche ist die kirchliche Strafgerichtsbarkeit vielfach be=
schränkt. Nur Häresie, Apostasie, Simonie, fractio sigilli sind als delicta
mere ecclesiastica anerkannt, sowie die Disciplinarvergehen der Geistlichen,
die Verletzungen ihrer Standes= und Amtspflichten. Die delicta civilia und
die sogen. gemischten Verbrechen (mixti fori) unterwirft die weltliche Ge=
richtsbarkeit ihrem Forum; die Kirche kann hier nur mit Censuren einschreiten.

Ist auch keine der drei Proceßarten gesetzlich ausgeschlossen, so ist doch
die (seit Innocenz III.) herrschende das Inquisitionsverfahren, das sich aber in

---

[1] Clem. cit.: „Duro tamen tradere carceri sive arcto, qui magis ad poenam,
quam ad custodiam videatur, vel tormentis exponere illos aut ad sententiam pro=
cedere contra illos, Episcopus sine Inquisitore et Inquisitor sine Episcopo non
valebit.“

[2] Cf. c. 9. 13 x V. 7; c. 7 Sexti V. 2.

[3] Trid. s. XXIV. c. 20. 8. 12; s. XXV. c. 3.

neuester Zeit dem Accusationsverfahren wieder annähert [1]. Nur die Hauptpunkte sollen hier hervorgehoben werden, wie sie insbesondere die Instruction der S. Congregatio Episcoporum et Regularium für die bischöflichen Gerichte gibt [2], soweit sie von dem beim Civilverfahren im allgemeinen Bemerkten und von dem Inquisitionsverfahren abweichen.

281. I. Es fragt sich für den Bischof vor allem, ob er gerichtlich oder außergerichtlich verfahren soll (Instr. art. 3). Im letztern Falle kann 1) die Sentenz lauten auf Belehrung, Ermahnung, geistliche Uebungen u. dgl. (a. 4) — *monitio paterna* — namentlich um vorzubeugen und Ursachen eines drohenden Uebels zu entfernen (a. 2). Hier soll der Bischof so schonend als möglich verfahren, persönlich oder durch eine geeignete Mittelperson (a. 6). Eine monitio paterna darf nicht auf der bischöflichen Kanzlei einregistrirt werden [3].

2) Aus einer *causa gravis* und nur bei geheimen Vergehen, d. i. bei Vergehen, für die der juristische Beweis wegen physischer oder moralischer Unmöglichkeit nicht erbracht werden kann, von denen aber der Bischof eben solche Gewißheit hat, wie sie der verurtheilende Richter haben muß, kann der Bischof *ex informata conscientia* [4] Suspension ab ordine et officio, nicht aber a beneficio verhängen, die jedoch nicht leicht über 6 Monate dauern soll (a. 9). Der Bischof muß diese Sentenz persönlich schriftlich dem Delinquenten übergeben; strenge untersagt ist jede Einregistrirung in der bischöflichen Kanzlei [5].

II. Die *monitio canonica* setzt mehrere fruchtlos gebliebene monitiones paternae voraus (a. 7); sie wird schriftlich abgefaßt und dem Betreffenden publicirt, sowie protokollirt (a. 8) und einregistrirt (a. 6).

III. Auch beim eigentlichen Criminalverfahren soll Hauptzweck die Besserung des Fehlenden sein (a. 1. 2); das forum ist das forum domicilii, aber auch das delicti commissi. Das Criminalverfahren setzt ein allgemeines oder particuläres Gesetz oder eine vorausgegangene monitio canonica (Specialgesetz) voraus (nulla poena sine lege, a. 10). Untersuchungs- und Entscheidungsrichter können verschieden sein (a. 12);

---

[1] Droste, Kirchl. Disciplinar- und Criminalverfahren S. 13 f.

[2] Instructio S. Congr. Episc. et Regul. pro ecclesiasticis curiis quoad modum procedendi oeconomice in causis disciplinaribus et criminalibus clericorum d. 11. Jun. 1881, Acta S. Sedis XIII. p. 324; Archiv f. kathol. Kirchenrecht. Bd. 46. S. 3 ff. Cf. Const. Benedicti XIV. „Ad militantis" (1742); Decreta S. Congr. Episc. de mandato Clementis VIII. (1600); Appendix Concil. Roman. 1725 u. a. f. bei Droste l. c. S. 163 ff.

[3] S. Congr. Episc. et Reg. d. 7. Sept. 1801.

[4] Trid. s. XIV. c. 1; cf. c. 5 x I. 11.

[5] S. Congr. Conc. d. 11. Aug. 1758.

der Untersuchungsrichter hat beim Criminalverfahren die Beweise zu sammeln, aber auch, was den Angeschuldigten entlastet (a. 11); er kann summarisch verfahren (a. 5. 10). In besonders schweren Fällen wird gewöhnlich der Official oder Generalvikar selbst die Untersuchung führen, sonst einen andern dazu delegiren, der gleich jenem stets einen Actuar zur Seite haben muß (a. 12).

Die Instruction bezeichnet als nothwendig einen *procurator fiscalis*[1], der als Ankläger erscheint (a. 13. 33—35), der wohl prüfen soll, ob für das Seelenheil und für das Wohl der Kirche es zweckdienlich sei, die Strafverfolgung aufzunehmen. Er bedarf eines generellen oder speciellen Auftrags des Bischofs dazu; das Criminalverfahren wird eingeleitet auf eine Difamation hin, eine Kunde durch eine Beschwerdeschrift, bei begründetem Verdacht eines Verbrechens (a. 11) u. s. w.; wo nicht Notorietät vorliegt, ist zuerst außergerichtlich der Sachverhalt zu untersuchen (a. 15. 7. 8).

Dem Angeschuldigten sollen bei der Ladung die Punkte der Beschuldigung mitgetheilt werden, wo dies möglich ist, wo nicht die Klugheit anders gebietet (a. 22); wird er nur im allgemeinen zur Verantwortung geladen (a. 23), so kann er einen neuen Termin zur Beantwortung der ihm erst im Verhör bekannt gegebenen Beschuldigungen fordern, was ihm aber auch außerdem zusteht (a. 28). Die Vorladung ist nothwendig zur Giltigkeit des Verfahrens (a. 21); der Angeklagte hat die Pflicht, vor dem Untersuchungsrichter sich zu stellen. Erscheint er auf die erste und die nun peremtorisch als die letzte angekündigte zweite Ladung nicht, so kann in contumaciam gegen ihn verfahren werden (a. 24); es kann gegen ihn Deposition, Amotion, aber nicht Degradation, die als Kapitalstrafe gilt, verhängt werden (a. 34). Der Angeschuldigte kann auch nach seiner ersten Vernehmung seine Vertheidigung schriftlich überreichen (a. 28). Er kann sich eines Vertheidigers bedienen, auch eines Laien, nur muß der Bischof den Vertheidiger approbirt haben (a. 30. 35). Stellt er keinen auf, so soll der Bischof ex officio einen Vertheidiger bestellen (a. 31). Der Vertheidiger wird beeidigt auf gewissenhafte Führung der Vertheidigung, oft auch auf Geheimhaltung (a. 32). Der Vertheidiger kann die Proceßacten einsehen (a. 32). Stellvertretung ist dem Angeschuldigten in erster Instanz nur bei der Schlußverhandlung gestattet, wohl aber bei der zweiten und dritten Instanz (a. 30).

Der Angeklagte wird vernommen vom Untersuchungsrichter (a. 25) und ermahnt, die Wahrheit zu sagen, darf aber nicht beeidigt werden, daß er bezüglich seiner selbst die Wahrheit sage. Er kann gegen die Zeugen excipiren, deren Namen und Aussagen ihm mitgetheilt werden (Verbalconfron-

---

[1] Art. 13: „Unicuique curiae opus est procuratore fiscali pro justitiae et legis tutela."

tation); der Untersuchungsrichter kann aber auch eine Personalconfrontation anordnen. Beide, Verbal- wie Personalconfrontation, heißen Legitimation des Processes. Die Zeugen können durch einen Gerichtsdiener (apparitor) oder durch andere, auch schriftlich durch die Post vorgeladen werden (a. 14. 19); sie müssen einzeln verhört (a. 17) und können zum Stillschweigen verpflichtet werden (a. 18). Zum Zeugenverhör kann ein auswärtiger kirchlicher Richter beauftragt werden (a. 19). Einen Zeugnißzwang schließt Artikel 20 aus; können die Zeugen nicht vernommen werden oder verweigern sie das Zeugniß, so sollen ihre Namen doch eingetragen werden und der Richter suchen, sie durch andere zu ersetzen. Wenn der Angeklagte ersucht, Zeugen zu vernehmen, ist der Untersuchungsrichter dazu verpflichtet.

Der Beweis muß die Wahrheit erweisen oder doch solche moralische Gewißheit ergeben, die jeden vernünftigen Zweifel ausschließt (a. 16). Der procurator fiscalis kann seinerseits beim Gerichte noch weitere Beweiserhebungen beantragen; dann muß der Angeklagte abermals dazu vorgeladen werden. Schließt der Untersuchungsrichter die Acten, so resumirt er schriftlich die Ergebnisse der Untersuchung (a. 29). Der procurator fiscalis fügt seine Anträge dazu, und der Ordinarius setzt den Termin für die Schlußverhandlung an (a. 33).

Heißt die Untersuchung Offensivverfahren, so wird dagegen die Schlußverhandlung Defensivverfahren genannt, wobei auch der procurator fiscalis, der Vertheidiger und Kanzler (Secretär, Actuar) zugegen sein müssen (a. 34). Entweder fungirt der Generalvikar (Official) als Richter (34) oder, was jedenfalls entsprechender erscheint, ein Collegium. Dem Vortrag des procurator fiscalis folgt die Vertheidigung des Angeklagten von ihm selbst und seinem Vertheidiger, worauf der procurator fiscalis antworten, aber auch der Angeklagte erwiedern kann, bis beide erklären, schließen zu wollen.

Das Urtheil wird vom Criminalrichter (ist es ein Collegium, so entfernt es sich erst zur Berathung) sogleich verkündigt oder auch ein späterer Termin dafür angesetzt. Es soll vom Richter gesprochen und dem Secretär (Kanzler) dictirt werden, soll das Gesetz angeben, auf Grund dessen das Urtheil erfolgt (a. 35). Bei einem Collegium soll es von allen Gliedern des Gerichts unterzeichnet werden.

Die Appellation muß innerhalb zehn Tagen eingelegt, die „Apostel" müssen innerhalb 30 Tagen erwirkt werden, worauf die Acten an den obern Richter einzusenden sind (a. 38. 39); zum Zwecke der Appellation muß vom procurator fiscalis dem Angeklagten das Urtheil in Abschrift ausgehändigt werden (a. 36). Das Appellgericht fordert den Appellanten auf, innerhalb 20 Tagen einen Vertheidiger zu bestellen (a. 40), oder er wird, wenn jener arm ist, ex officio bestellt. Läßt der Appellant die Frist dazu unbenützt verstreichen, so gilt es als Verzicht auf die Appellation (a. 41). Mit dem Erlöschen der Appellation beginnt sofort die Rechtskraft des Ur=theils (a. 38). Das Verfahren ist dasselbe, wie bei der ersten Instanz (a. 42). Wann die Appellation Suspensivwirkung hat, ist in der Con=stitution Benedikts XIV. „Ad militantis" bestimmt, wozu die Entscheidungen der Congregation der Bischöfe vom 18. December 1835 und 1. August 1851 kommen (a. 37). Wird Nichtigkeit des Urtheils wegen wesentlicher Mängel ausgesprochen, so geht die Sache zur abermaligen Verhandlung an die erste Instanz zurück; außerdem wird das Urtheil abgeändert oder bestätigt.

Dritter Abschnitt.
Kirchliche Delicte und Strafen.

Erstes Kapitel.
Kirchliche Delicte.

1. Delicta ecclesiastica, civilia und mixta.

282. Gegenstand der jurisdictio criminalis sind *crimina* und *delicta*. *Delictum* (von delinquere) ist jede rechtlich strafbare Handlung, Ver=brechen und Vergehen. Nicht jede schwere Sünde ist auch Gegenstand des Strafverfahrens; nur ein äußeres Thun oder Unterlassen, das die Rechts=ordnung verletzt, kann der Strafgesetzgebung und dem richterlichen Urtheil in foro externo unterworfen werden[1]. *Crimen*[2] bezeichnet nicht bloß Ver=brechen, sondern auch den Strafproceß[3] wie Beschuldigung überhaupt[4]. Die Delicte können *publica* und *privata* (275), *delicta capitalia* und *non capi-talia* (je nach der Strafe), *qualificata* und *non qualificata*, *delicta dolosa* (vorsätzliche) und *culposa* (fahrläßige) sein.

Das canonische Recht unterscheidet *delicta ecclesiastica, civilia* und *delicta mixti fori*.

---

[1] *Thom. Aq.* 1. 2. q. 91 a. 4: „Tertio, quia de his potest homo legem facere, de quibus potest judicare; judicium autem hominis non esse potest de interioribus motibus, qui latent, sed solum de exterioribus, qui apparent." „Ecclesia non ju-dicat de occultis" (Gl. ad c. 11 in l. D. 32) gilt natürlich nur von dem forum ex-ternum; c. 33 in l. x V. 3.

[2] C. 1 D. 81: „Crimen est peccatum grave accusatione et damnatione di-gnissimum."

[3] Z. B.: Crimen inferre, instituere, intendere, perficere.

[4] Cf. Cic. pro Flac. c. 15 § 84; Paul. V. 4 § 12.

Die delicta ecclesiastica sind *communia*, die auch von Laien begangen werden können, und *propria*, die geistlichen Standes- und Amtsvergehen.

Sind auch heutzutage nicht nur alle delicta civilia, die bloß gegen das bürgerliche Gesetz verstoßen, sondern auch die mixti fori, welche unter das kirchliche und bürgerliche Strafgesetz fallen, den weltlichen Gerichten über= wiesen, so kann doch bei letzteren die Kirche stets auch ihrerseits mit Strafen einschreiten, wenn sie auch bei Laien nur selten in foro externo einschreitet, außer mit kirchlichen Censuren.

Die hauptsächlichsten Delicte und deren kirchliche Bestrafung, auch wenn sie nicht mehr geübt wird, sollen daher in Kürze hier behandelt werden.

2. Verbrechen gegen Gott.

a. Häresie, Schisma und Apostasie.

283. Zu den Verbrechen gegen Gott gehören:

I. Die Häresie[1], d. i. das wissentliche und hartnäckige Fürwahrhalten eines von der Kirche als häretisch verworfenen Satzes, die Läugnung eines Dogma der Kirche (*haeresis formalis*) von seiten eines Christen, welche äußerlich (durch Wort, Schrift, Handlung oder Unterlassung) kundgegeben wird (vgl. 90). Formelle Häretiker verfallen der dem Papste speciell vorbehaltenen Excommuni= cation[2], dem Verluste des kirchlichen Begräbnisses; ebenso die credentes, re= ceptores, fautores und defensores; sind es Cleriker, auch der Irregularität (140, III.), der Privation der Beneficien und Inhabilität zu denselben (279. 212)[3]. Die früheren bürgerlichen Folgen der Häresie (97. 98) be= stehen nicht mehr.

II. Das Schisma[4] ist die Trennung von der kirchlichen Einheit, da= her vom Bischofe (*schisma particulare*) oder insbesondere vom Papste, Los= reißung vom Gehorsam gegen das Oberhaupt der Kirche (*schisma universale*). Es ist selten *schisma purum*, sondern meist *cum haeresi conjunctum*[5]. Was im Staate das Majestätsverbrechen, das ist in der Kirche Häresie und

---

[1] Haeresis (αἵρεσις, Wahl) est pertinax error contra fidem. *Thom. Aq.* 2. 2 q. 11 a. 2: „Haeresis consistit circa ea, quae fidei sunt, scilicet articulos fidei, et quae ad ipsos sequuntur, dissentiendo cum pertinacia ab illis"; c. 29. 31 C. XXIV. q. 3; c. 14 D. 1 de poenit. Was den Zweifel im Glauben betrifft, so ist zu unter= scheiden: Nicht jeder, der zweifelt, ist schon Häretiker, sondern wer eine Lehre der Kirche für zweifelhaft erklärt, ist es.

[2] Const. „Apostol. Sedis moderationi", excom. spec. modo Pont. reserv. 1. 3. 4.

[3] C. 2. 9. 12; c. 15 h. t. in VI.

[4] Schisma (von σχίζειν) 1 Kor. 1, 10; x V. 8; Sexti V. 3; E. C. V. 4; cf. c. 16 C. VII. q. 7; c. 31 C. XXIV. q. 2.

[5] C. 26 C. XXIV. q. 3: „Ceterum nullum schisma non aliquam sibi confingit haeresim, ut recte ab ecclesia recessisse videatur."

Schisma. Die Schismatiker trifft ebenso wie die Häretiker die Excommuni=
cation, Inhabilität zur Erlangung kirchlicher Aemter und Verlust des kirch=
lichen Begräbnisses; sie sind der kirchlichen Jurisdiction beraubt.

III. Apostasie *(apostasia a fide, apostasia perfidiae)*, Abfall vom
christlichen Glauben. Der Apostasie, welche ebenso wie die Häresie die Ex=
communication zur Folge hat, machen sich schuldig nicht bloß diejenigen, welche
zum Heiden= oder Judenthum oder Mohammedanismus (Renegaten) abfallen,
sondern ebenso jene, die alle Religion aufgeben[1]. Geistliche, die vom Glauben
abfallen, sollen mit Degradation bestraft werden[2].

Freimaurer und Mitglieder anderer staats= und kirchenfeindlicher
Gesellschaften und deren Begünstiger verfallen der (einfach) dem Apostolischen
Stuhle reservirten Excommunication[3].

b. Blasphemie, Magie und Meineid.

284. I. Die Gotteslästerung *(blasphemia)* als Delict ist eine
Rede oder Handlung, durch die Gott (direct, oder indirect in seinen Heiligen)
beschimpft wird; wird dadurch Gott eine Eigenschaft beigelegt, die er nicht
hat, oder eine Eigenschaft abgesprochen, die er hat, so ist sie *blasphemia
haereticalis*[4].

II. Der Aberglaube *(superstitio)* umfaßt alle dem Glauben wider=
sprechenden Vorstellungen und Gebräuche heidnischer Art, besonders *divinatio*
(Astrologie, Chiromantie, Nekromantie, Oniromantie, sortilegium u. s. w.)
und *magia* (incantationes, maleficium). Wahrsager (sortilegi) und Zau=
berer (magi) sind infames, können daher weder Ankläger noch Zeugen sein.
Außer der Infamie und Excommunication, die auch den Gebrauch von
Amuletten (phylacteria) trifft, sollen Cleriker mit Deposition oder selbst
Degradation, Verweisung in ein Kloster bestraft werden[5].

Was den Magnetismus betrifft, so bezieht sich das kirchliche Verbot
nur auf den magnetischen Somnambulismus, nicht auf den bloßen
Gebrauch des animalischen Magnetismus überhaupt, sofern dabei
man von der Erlaubtheit des Actes vollkommen überzeugt ist, derselbe in
keiner Weise gegen die Sittsamkeit verstößt und jeder dämonische Einfluß

---

[1] Greg. V. 9; c. 94 C. XI. q. 3.

[2] C. 9. 13. 15 x V. 7; c. 12. 13 Sexti V. 2.

[3] Cf. Const. „Apost. Sed. moderationi", excom. Pontif. reserv. b. 4; Encycl.
Leon. XIII. „Humanum genus" d. 20. Apr. 1884; S. Congr. Inquis. d. 12. Jan. 1870.

[4] Der Gotteslästerer wird mit Bußübungen bestraft; c. 2 x V. 26 : „cui etiam,
si renuerit recipere ac peragere poenitentiam, ecclesiae interdicatur ingressus et in
obitu ecclesiastica careat sepultura"; cf. c. 10 C. XXII. q. 1.

[5] Greg. V. 21; C. XXVI. q. 1—5; c. 5—7 C. XXVI. q. 7; c. 3 C. II. q. 8;
c. 9 C. III. q. 5. Deut. 18, 10—12.

dabei entschieden zurückgewiesen wird. Was die Kirche gegen den Somnam=
bulismus entschieden hat, gilt auch von dem Spiritismus [1].

III. Der Meineid *(perjurium)*, der falsche Eid und der Eidbruch,
d. i. die wissentliche Verletzung eines juramentum promissorium (382. 265).
Nach dem canonischen Rechte soll auch die Erfüllung des Versprechungseides
durch geistliche Strafen erzwungen werden [2]. Der Meineid hat Infamie zur
Folge und Unfähigkeit zur Zeugnißablegung, soll mit Kirchenbuße, eventuell
mit Excommunication gestraft werden, bei Clerikern mit Suspension von Amt
und Beneficium [3].

3. Verbrechen gegen die Gott geweihten Dinge.

a. Sacrilegium.

285. *Sacrilegium* ist der Mißbrauch und die Entehrung dessen, was
Gott geweiht ist, zu profanen oder sündhaften Zwecken [4]. Daher ist es drei=
fach: *personale, reale* et *locale*.

1) Personen werden Gott geweiht durch Aufnahme in den Clerikal=
stand oder durch das Ordensgelübde. Persönliches Sacrilegium wird
begangen durch Verletzung des votum castitatis von seiten eines Clerikers
der höheren Weihen oder eines Ordensprofessen (289) und durch Verletzung
des sogen. privilegium canonis (149, II.) [5].

2) Gottgeweihte Sachen sind das heilige Opfer, die Sacramente, die
Sacramentalien, Reliquien, Heiligenbilder, heiligen Gefäße und Gewänder.
Realsacrilegium wird begangen durch Mißbrauch der heiligen Sacra=
mente (unwürdige Ausspendung, unwürdigen Empfang), besonders durch un=
würdige Communion und sonstige schwere Verunehrung der heiligen Eucharistie
(sacrilegium immediatum), durch Profanation von Reliquien und Heiligen=
bildern, Mißbrauch der Sacramentalien u. s. w. zu abergläubischen Zwecken,
Eingriff in das Kirchengut und kirchliche Rechte, Diebstahl und Raub kirch=
licher Gegenstände und Güter (290).

---

[1] S. die Entscheidungen der Congr. Inquis. d. 25. Jun. 1840, d. 21. April. 1841,
d. 28. Jul. 1847, d. 30. Jul. 1856. Vgl. Pruner, Moraltheologie S. 270 ff.

[2] Cf. c. 13 x II. 1; c. 6. 20 x II. 24; Sexti c. 2 (I. 18), c. 3 (II. 2),
c. 2 (II. 11).

[3] Cf. c. 1 C. XXII. q. 2; c. 18 C. VI. q. 1; c. 7. 14 C. XXII. q. 5; c. 17
C. XXII. q. 1; c. 20 C. XXIV. q. 3; c. 10 x II. 24; c. 2 x III. 22.

[4] R. J. 7 x V. 41: „Quidquid in sacratis Deo rebus et episcopis injuste
agitur, pro sacrilegio reputatur, quia sacra sunt et a quoquam violari non debent."
Cf. l. 1 C. de crim. sacril. IX. 29: „Qui divinae legis sanctitatem aut nesciendo
omittunt aut negligendo violant et offendunt, sacrilegium committunt."

[5] Cf. c. 5 Sexti V. 9; c. 1 Clem. I. 8.

3) Gottgeweihte **Orte** sind die Kirchen, Kapellen und Begräbnißstätten. Oertliches Sacrilegium wird begangen durch jene Acte, welche die pollutio ecclesiae zur Folge haben, durch Entweihung zu profanen Zwecken und Verletzung des kirchlichen Asylrechtes[1].

Mit Excommunication sollen auch Laien bestraft werden, die kirchliche Functionen und Rechte sich anmaßen[2]; die Verhinderung der Ausübung kirchlicher Jurisdiction und Erlassung von Gesetzen gegen die kirchliche Freiheit zieht in der in der Constitution „Apostolicae Sedis moderationi" angegebenen Weise, gleich der Usurpation und Sequestration der Rechte, Güter und Einkünfte kirchlicher Personen, die dem Papste speciell reservirte Excommunication latae sententiae nach sich.

b. Simonie.

286. Die **Simonie** ist jene sacrilegische Handlung, wodurch eine res spiritualis oder res spirituali annexa um eine res temporalis verhandelt wird[3]. Man unterscheidet spiritualia in se ipsis et *formaliter*, die Gnadengaben des Heiligen Geistes, spiritualia *causaliter*, die Gnadenmittel (Sacramente, Sacramentalien, Reliquien, Exorcismus, Katechisation), spiritualia *effective*, die Ausübung geistlicher Gewalt zu Ertheilung von Absolutionen u. s. w. Die Verbindung einer geistlichen mit einer weltlichen Sache kann sein 1) eine *annexio antecedens*, wobei die weltliche Sache nur die Voraussetzung bildet für die geistliche, z. B. ein Gut, an welches das Patronat geknüpft ist. Hier kann das antecedenter spirituali annexum Gegenstand des Kaufes sein, jedoch ohne daß der Preis erhöht wird wegen des spirituale (vgl. 177). 2) *Annexio concomitans*, wie die mit geistlichen Functionen nothwendig verbundene körperliche Anstrengung; 3) *consequens*, z. B. das Recht auf das Einkommen, das mit einem officium ecclesiasticum verbunden ist. Die Gegengabe kann sein Geld oder Geldeswerth (*munus a manu*) oder Verpflichtung zu einer bestimmten Dienstleistung (*munus ab obsequio*) oder Gunst und Empfehlung (*munus a lingua*)[4].

---

[1] C. 6—10. 19. 20. 21 C. XVII. q. 4; c. 22 C. XXIV. q. 3; c. 20. 27. 28 D. 1 de consecr.; c. 12 x III. 1; c 4. 6. 7 x III. 40; c. un. (III. 21) in VI. Cf. Trid. s. XXII. decr. de evit. in celebr. miss.; s. IV. decr. de edit. et usu sacr. libror.; c. 117. 118 D. 4 de consecr.; c. 2 x V. 9; c. 3. 5 C XII. q. 2; c. 2 x V. 17; c. 22 x V. 39; c. 32 x III. 30 u. a. a. O.

[2] C. 13 x V. 7; c. 1 x V. 28; c. 4 x. III. 38: Const. Clement. VIII. „Et si alias" d. 1. Dec. 1601; Urban. VIII. „Apostolatus officium" d. 28. Mart. 1628.

[3] *Thom. Aq.* 2. 2 q. 100 a. 1: „Studiosa voluntas vendendi vel emendi pretio temporali aliquid spirituale vel spirituali annexum." Greg. V. 3. 4. 5. Prop. damn. ab Innoc. XI. n. 45. 46. Vgl. **Pruner**, Moraltheologie S. 276 ff.

[4] Cf. C. I. q. 1 c. 113. 114; q. 3 c. 6. 11; C. II. q. 3 c. 7; c. 11. 12. 17. 37. 45 x V. 3. Auf die Größe des Werthes kommt es nicht an, c. 20 h. t.

Nebst der *simonia juris divini* gibt es auch eine s. *juris ecclesiastici,* welche die Kirche unter den gleichen Strafen verboten hat.

Als Delict in foro externo kommt hier nicht in Betracht die *simonia mentalis,* bei der die simonistische Absicht dem andern unbekannt bleibt [1]; auch nicht die *simonia conventionalis,* bei der bloß der Vertrag stattgefunden hat *(pure conventionalis),* oder dieser nur von e i n e r Seite erfüllt ward *(mixta),* sondern nur 1) die *simonia realis,* die stattfand, wenn der Vertrag von beiden Seiten (Leistung und Gegenleistung) ganz oder wenigstens theilweise erfüllt ward, so bei Beneficienverleihung (170, 4) und wegen Eintritts in einen Orden. 2) Die *simonia confidentialis* bei Beneficien, welche die Kirche ebenso verboten hat, sei es, daß jemand ein Beneficium verliehen, dazu präsentirt, gewählt oder darauf verzichtet hat unter der ausdrücklichen oder stillschweigenden Bedingung, daß der Betreffende das Beneficium später ihm selbst oder einem dritten abtrete oder (ohne Genehmigung des Bischofs) einen Theil der Einkünfte (Pension) davon zahle.

Der simonistische Vertrag ist ungiltig [2]; der Empfänger darf das temporale nicht behalten [3]; der simonistische Erwerb von Kirchenämtern hat Inhabilität zu solchen, die Verurtheilung wegen Simonie hat Infamie zur Folge [4] (170, 4). Simonistische Spendung der Weihen soll mit Excommunication, Suspension von den Pontificalhandlungen, mit dem Interdict des Eintritts in die Kirche bestraft werden, der so Geweihte mit Excommunication und Suspension von den empfangenen Weihen (140, II.). Synodalexaminatoren, die sich bestechen lassen, sollen mit Suspension bestraft werden [5]. Die dem Papste vorbehaltene Excommunication latae sententiae ist gesetzt auf die *simonia realis* und *confidentialis* bei Pfründeverleihungen, auf die simonia realis beim Eintritt in einen Orden, sowie auf den Mißbrauch von Ablässen und anderen geistlichen Gnaden zu schnödem Gelderwerb und Handel mit Meßstipendien [6].

4. Verbrechen wider Leib und Leben des Menschen.

287. Die Tödtung eines Menschen, außer in gerechter Nothwehr (140, IV.) und im Kriege, sowie kraft Urtheilsspruchs der weltlichen Obrigkeit zur Bestrafung der Verbrechen (65), kann eine vorsätzliche (Menschen-

[1] C. ult. h. t.: „Nobis datum est de manifestis tantum judicare.“

[2] C. 8 x. I. 35.

[3] Bei simonistisch erhaltenen Beneficien hat die Restitution der Früchte nach dem hl. Thomas an die Kirche zu geschehen (cf. c. 2 E. C. V. 1); ohnehin muß der angenommene Preis restituirt werden, c. 11. 41 x h. t.

[4] C. 4 C. XV. q. 3.

[5] Trid. s. XXI. c. 1; s. XXIV. c. 18; c. 6 § 1 D. 24.

[6] Const. „Apost. Sedis mod.“, excomm. Pont. res. 8—12.

morb, *homicidium dolosum*) oder schuldbare (*culposum*, Todtschlag), direct oder indirect freiwillige sein, wovon das *homicidium mere casuale*, bei dem in keiner Weise die Tödtung vorauszusehen war, zu unterscheiden ist. Die direct freiwillige Tödtung sollte nach den canones mit lebenslänglicher öffent= licher Buße, und wenn der Mörder sich nicht unterwirft, mit Excommuni= cation, bei Clerikern mit Amtsverlust und Privatbuße bestraft werden, während die culpose Tödtung fünf= bis siebenjährige Buße treffen soll[1]. Noch strenger soll der qualificirte Mord bestraft werden (regicidium, parri= cidium, sacrilegium, duellum), wozu auch das assassinium gehört.

Dem homicidium steht gleich die procuratio abortus[2], welche die dem Bischof reservirte excommunicatio latae sententiae zur Folge hat. Nach der Constitution „Apostolicae Sedis moderationi" (n. 2) unterliegt wohl auch die schuldige Mutter, dagegen nicht die Mitwirkung, der Strafe und tritt dieselbe auch ein bei procuratio abortus inanimati im Sinne der früheren Canones, zumal die frühere Unterscheidung zwischen foetus ani= matus und inanimatus theoretisch von den Sachverständigen längst auf= gegeben ist[3].

288. Das Duell (*duellum privatum*[4]) ist stets von der Kirche unter den auf den Mord gesetzten Strafen verboten worden, mag es zur Entdeckung der Wahrheit (als Gottesurtheil) oder zur Entscheidung eines Rechtsstreites oder zum Erweise der Tapferkeit unternommen werden. Die Duellanten, der zum Duell Fordernde, auch wenn der andere es nicht annimmt, der Acceptant, auch wenn das Duell nicht erfolgt, die Theilnehmer am Duell, auch geflissent= liche Zuschauer, die Gehilfen und alle, die das Duell zulassen und es nicht verhindern, soweit sie können, verfallen ipso facto der dem Papste vor= behaltenen Excommunication[5]. Cleriker, die als Gehilfen oder Thäter sich am Duell betheiligen, sollen ihre Aemter verlieren und unfähig zum Er= werb von Beneficien werden[6]. Wer im Duell oder an der im Duell er=

---

[1] Cf. c. 5. 7. 42—44 D. 50; c. 20 C. XXIV. q. 3; c. 2. 6. x V. 12; Trid. s. XIV. c. 7; c. 5. 8. C. XXIII. q. 2; c. 1. 2 x V. 10. Vgl. Kober, Die De= position und Degradation. Tübingen 1867. S. 760. Pruner, Moraltheologie. S. 408 ff.

[2] Nach c. 5 x V. 12 soll auch als homicida gelten, qui „causa explendae libidinis vel odii meditatione homini aut mulieri aliquid fecerit vel ad potandum dederit, ut non possit generare aut concipere vel nasci soboles".

[3] Vgl. Lämmer l. c. S. 267 N. 6. Prop. damn. ab Innocent. XI. n. 34. 35.

[4] Duellum est duorum certamen cum mortis vel gravis vulneris periculo ex pacto initum statuto loco et tempore. Erlaubt könnte ein Zweikampf (duellum publicum) nur zur Beendigung eines Krieges sein. Greg. III. 35; cf. Prop. damn. ab Alex. VII. n. 2 u. a Benedicto XIV. n. 1—5.

[5] Const. „Apost. Sed. mod." b. 3; cf. Trid. s. XXV. c. 19.

[6] Const. Pii IV. „Ea quae" d. 13. Nov. 1560; c. 1 x V. 15.

haltenen Wunde stirbt, ist des kirchlichen Begräbnisses verlustig, ebenso Selbstmörder [1].

Wie die Verstümmelung (150, IV.) analog der Tödtung behandelt wird, so namentlich die Selbstentmannung [2].

Hierher gehört auch die Aussetzung von Kindern und anderen gebrech= lichen Personen, die gleichfalls mit Excommunication, bei Clerikern mit De= position, Einsperrung und Inhabilität zu Kirchenämtern bestraft werden soll [3].

Die Kirche verbot auch den Gebrauch besonders mörderischer Waffen und die Turniere [4].

5. Delicte gegen das sechste Gebot.

289. *Fornicatio* [5] ward nach canonischem Rechte mit siebenjähriger Buße bestraft, bei Clerikern mit Einsperrung, eventuell mit Deposition, letzteres namentlich bei Fornication mit einer weiblichen Person, deren Beicht= vater er ist [6]; bei *stuprum violentum* (Nothzucht) hat der Verführer die Deflorirte entweder zu heiraten oder zu dotiren und das Kind zu alimen= tiren [7]. Das römische Recht hatte die Todesstrafe sogar festgesetzt; Geistliche konnten wegen Schändung, wie wegen Ehebruchs und Concubinats degradirt werden [8]. Geistliche werden wegen C o n c u b i n a t s nach der ersten War= nung eines Drittheils ihrer Einkünfte verlustig, nach der zweiten erfolglosen Mahnung tritt die suspensio a beneficio, nach einer dritten der Verlust aller Beneficien, vollständige Suspension, Inhabilität, dann Excommunication ein, die auch hartnäckige Laien wegen des Concubinats trifft [9]. Das *adulterium* soll mit vieljähriger Buße, eventuell mit Excommunication bestraft werden [10]. I n c e s t soll mit Excommunication, bei Clerikern mit Deposition und Ver= weisung in ein Kloster bestraft werden [11]. Auch der *raptus* ist mit Ex= communication, bei Geistlichen mit Deposition bedroht [12]. Das *sacrilegium* (285, 1), als Schändung des Heiligen auch Incest genannt [13], soll auch bei

---

[1] C. 9. 12 C. XXIII. q. 5.   [2] C. 4. 9. 13 D. 55; c. 5 x III. 50.

[3] Cf. Greg. V. 11; c. 12 D. 81; c. 10 x Trid. s. XIV. c. 7.

[4] C. 3 x V. 13; x V. 15.

[5] Decr. Gr. § 1 p. c. 2 C. XXXVI. q. 1: „Fornicatio ... specialiter intelli= gitur in usu viduarum vel meretricum vel concubinarum. Stuprum autem proprie virginum est illicita defloratio.“

[6] C. 8—10 C. XXX. q. 1.   [7] C. 1. 2 x V. 16.

[8] C. 5 C. XXXII. q. 2.

[9] Trid. s. XXV. c. 14; s. XXIV. c. 8 de ref. matrim.

[10] C. 8 C. XXXIII. q. 2; c. 81 § 2 D. 1 de poenit.; c. 68 § 2 D. 50; c. 15. 16. 18 D. 2 de consecr.; cf. c. 5 x I. 38; c. 5 x IV. 7; c. 19 x III. 38.

[11] C. 1. 4 x IV. 13.   [12] C. 6. 7 x V. 17.

[13] C. 14 C. XXVII. q. 1.

dem mitschuldigen Laien mit Excommunication geahndet werden; der Versuch eines Clerikers der höheren Weihen oder Ordensprofessen, eine Ehe einzugehen, hat für diese wie die Laien, die mit ihnen sie eingehen wollen, die dem Bischof vorbehaltene excommunicatio latae sententiae zur Folge, was auch für die Civilehe gilt [1].

Die noch verabscheuungswürdigeren *peccata contra naturam*, wie *sodomia sexus* und *sodomia bestialitatis*, sollen an Laien mit gänzlicher Ausschließung, an Geistlichen mit Degradation und Auslieferung an die weltliche Gewalt bestraft werden [2].

6. Verbrechen gegen Vermögen und Ehre des Nächsten.

290. I. Der Diebstahl [3] *(furtum)* hat auch für die Helfer, Hehler, wissentliche Käufer gestohlener Sachen Infamie, bei Clerikern Absetzung zur Folge [4]. *Peculatus* heißt die Entwendung von öffentlichen Gütern, Staatsgütern, aber auch das Sacrilegium wird so genannt [5], die Entwendung (auch Anmaßung, Beschädigung) von den dem Dienste Gottes unmittelbar geweihten [6] oder zum Kirchengut gehörigen beweglichen und unbeweglichen Gegenständen [7]. Wer zum Unterhalte der Kirchendiener oder für die Armen bestimmte Sachen oder Rechte zu seinem eigenen Vortheil verwendet, ist, solange er sie besitzt, der dem Papste speciell vorbehaltenen Excommunication verfallen [8].

II. Raub *(rapina)*, ein mit Gewaltgebrauch verübter Diebstahl, hat Infamie zur Folge und soll mit Excommunication bestraft werden, namentlich Kirchenraub [9]. Dasselbe gilt:

---

[1] S. Congr. Inquis. d. 22. Dec. 1880; Archiv f. kathol. Kirchenrecht. Bd. 41. S. 390 ff.; Bd. 46 S. 24 ff.

[2] Const. Pii V. „Horrendum" d. 30. Aug. 1568; cf. c. 4 x V. 31; c. 14 C. XXXII. q. 7.

[3] Nach dem Ehebruch handelt Titel 17 von Raub, Entführung und Brandstiftung, Titel 18 von Diebstahl und Menschenraub, 19 vom Zinswucher, gleichwie im Codex und den Pandekten nach dem Ehebruch die lex Julia de vi publica und lex Julia de vi privata folgt (D. 48. 6 u. 7), unter die Raub, Entführung und Brandstiftung fallen; über das plagium aber handelte ein eigenes Gesetz lex Fabia de plagiariis (D. 48. 15). Der Wucher wird im canonischen Recht wie Diebstahl behandelt (cf. c. 5 x V. 19), ja rapina genannt (c. 10 C. XIV. q. 4).

[4] C. 12 D. 81; c. 10 x II. 1.

[5] Fr. Leg. Jul. 1 D. 48. 13; c. 3 C. XXIII. q. 4 (August.): „Si crimina discernuntur in foro qualiscunque *furti et peculatus*, peculatus enim dicitur furtum de re publica, et non sic judicatur furtum rei privatae, quomodo publicae, quando vehementius judicandus est sacrilegus fur."

[6] Cf. c. 4 x III. 36; § 8 J. de divis. rer. (2. 1).   [7] C. 3 C XII. q. 2.

[8] Trid. sess. XXII. c. 11; cf. Const. „Apost. Sed. mod." a. 11.

[9] C. 22 x V. 39.

III. Von der Brandstiftung *(incendium)* [1]. Die Pflicht des Schadenersatzes versteht sich bei allen diesen Verbrechen ohnehin von selbst.

IV. Wucher *(usurae, crimen usurarum, usuraria pravitas)* [2] soll die Ausschließung von der heiligen Communion und die Verweigerung des kirchlichen Begräbnisses zur Folge haben, wenn der Wucherer nicht testamentarisch den Ersatz verfügt oder Sicherheit dafür geleistet hat oder seine Erben den Ersatz leisten.

V. Falschmünzerei und Urkundenfälschung, die an Geistlichen mit Degradation bestraft werden soll [3], ist bei Laien mit Excommunication zu bestrafen [4]. Fälscher und Verfälscher päpstlicher Schreiben, mögen sie die Fälschung selbst oder durch andere begehen, verfallen ipso facto der dem Papste speciell vorbehaltenen Excommunication; diejenigen, die wissentlich von falschen päpstlichen Schreiben Gebrauch machen, ebenso der dem Bischofe reservirten Excommunication. Jene, die sich im Besitze gefälschter päpstlicher Schreiben befinden und sie nicht innerhalb 20 Tagen vernichten oder zurückgeben, sollen excommunicirt werden [5]. Geistliche, die sich dieser Fälschung selbst schuldig machen, sollen degradirt werden; die von falschen apostolischen Schreiben Gebrauch machen, sollen ihrer Beneficien beraubt werden [6].

VI. Die Verurtheilung wegen einer Injurie hat Infamie zur Folge [7], die durch Veröffentlichung einer Schrift (Pasquill, *libellus famosus*) zugefügte qualificirte Injurie zieht factische Infamie nach sich und die Verweigerung der Genugthuung und Buße wird mit Excommunication bestraft [8]. Auch Verbal= wie Realinjurien der Kinder gegen ihre Eltern, sowie die gegen Priester heißen qualificirte Injurien.

7. Standes= und Amtsvergehen der Cleriker.

291. Von den clerikalen Standesvergehen war insbesondere bei den Standespflichten des Clerus (144) sowie an anderen Orten schon die Rede (140. 146. 148. 285 ff.). Von diesen ist hier nur noch der Abfall vom geistlichen und vom Ordensstande zu erwähnen.

---

[1] C. 19 x V. 39; c. 31 C. XXIII. q. 8; c. 9 x V. 17.

[2] C. 10 D. 46; Clem. un. (V. 5); c. 3. 5 x V. 19; c. 2 Sexti V. 5.

[3] C. 3. 7 x V. 20.

[4] C. un h. t. in xvag. Joh. t. 10; c. un. h. t. in xvag. comm. V. 6.

[5] Const. „Apost. Sedis mod." a. 9. 93; c. 7 x V. 20.

[6] Const. Innoc. X. „In supremo justitiae" d. 8. April. 1653.

[7] C. 23 x II. 27; Gl.: „Quod condemnatus de injuria notatur infamia, nisi injuria sit minima." C. 10.

[8] C. 3 C. V. q. 1; c. 1 ib. wird auch körperliche Züchtigung erwähnt.

Die *apostasia ab ordine* von seiten eines Clerikers der höheren Weihen hat Infamie, Irregularität, Verlust des privilegium fori und Excommunication zur Folge[1]. Ebenso soll die *apostasia a religione (apostasia monachatus)* außer dem Verluste der Ordensprivilegien mit Excommunication und Einsperrung bestraft werden (289)[2].

Die Verletzungen der Standes= und besonders der Amtspflichten heißen *excessus*[3]. Der kirchliche Obere soll seine Gewalt nie leidenschaftlich miß= brauchen, sondern aus väterlicher und christlicher Liebe handeln; Mißbrauch der Amtsgewalt durch eine zu strenge Züchtigung kann mit zeitweiliger Sus= pension, selbst mit Amtsentsetzung und Excommunication bestraft werden[4]. Andererseits soll auch hartnäckiger Widerstand gegen eine rechtmäßige An= ordnung des Bischofs mit Suspension bestraft werden[5].

Insbesondere sind noch die Strafen zu erwähnen, welche den **Miß= brauch des heiligen Bußsacramentes** treffen.

I. Auf das Verbrechen der **Sollicitation** sind Suspension von der Ausübung des ordo, Entziehung aller Aemter und Pfründen, Inhabilität zu denselben und bei Regularen nebstdem Verlust des activen und passiven Wahlrechts als Strafen gesetzt. Die sollicitirte Person hat die strengste Ver= pflichtung, den schuldigen Priester sobald als möglich (wenigstens innerhalb eines Monats) dem Bischofe zur Anzeige zu bringen; die verschuldete Nicht= erfüllung dieser Pflicht hat die (nicht reservirte) excommunicatio latae sententiae zur Folge; die verleumderische Anklage wegen Sollicitation hat Benedikt XIV. dem Papste zur Absolution reservirt[6].

II. *Absolventes complicem in peccato turpi* verfallen der speciell dem Papste vorbehaltenen excommunicatio latae sententiae[7]. Nur in articulo mortis, wenn ohne große wirkliche Gefahr der Entehrung und großen Aerger= nisses kein anderer Priester zu haben ist, dürfte derjenige, der sich mit einer Person schwer gegen das sechste Gebot versündigt hat, diese Person absolviren.

III. *Fractio sigilli (confessionalis)*, direct begangen, soll mit Absetzung und lebenslänglicher Verweisung in ein Kloster bestraft werden[8], eventuell mit längerer oder kürzerer Haft (308).

---

[1] Cf. c. 1. 7. 10 x III. 3; c. 3 x V. 9; c. 23. 45 x V. 39.

[2] C. 5 x V. 9; c. 2 Sexti III. 24; Trid. s. XXV. c. 19 de regular.

[3] Excedere finibus, legem; vgl. München l. c. Bd. II. S. 664 f.

[4] Greg. V. 31; c. 2 x V. 25; c. 7. 8 D. 44; c. 1. 7 D. 45; c. 2 C. I. q. 7.

[5] C. 6. 15 x V. 31; S. Congr. Episc. et Reg. d. 3. Jul. 1868.

[6] Cf. Benedicti XIV. Const. „Sacramentum Poenitentiae" d. 1. Jun. 1741; Instructio S. Congr. Inquis. d. 20. Febr. 1867 (Archiv f. kathol. Kirchenrecht. Bd. XXI. S. 74 ff.). Const. „Apost. Sedis moder." d. 4. Prop. damn. ab Alexandro VII. n. 6. Pruner, Moraltheologie S. 483 ff.

[7] Const. „Apost. Sedis. moder." a. 10. Vgl. Pruner l. c. S. 480 f.

[8] C. 2 D. 6 de poenit.; c. 12 x V. 38.

Zweites Kapitel.

Kirchliche Strafen.

8. Die kirchlichen Strafen im allgemeinen.

292. Die Strafe *(poena)* ist noxae vindicta[1], delictorum coercitio sive vindicta ad disciplinae publicae emendationem inducta[2]. Schuld und Strafe sind correlativ[3]; die Verletzung der äußern Rechtsordnung muß auch in der Kirche bestraft werden, damit der Gerechtigkeit genuggethan werde (247). Hat so jede Strafe vindicativen Charakter, so kann doch bei der einen Strafe dieser als Hauptzweck hervortreten *(poena vindicativa)*, bei der andern der Zweck der Besserung *(poena medicinalis)*, wozu auch als Nebenzweck die Abschreckung anderer von der Rechtsverletzung *(poena exemplaris)* kommt.

Haben auch alle Kirchenstrafen den Zweck der Besserung[4], so sind doch zwei Arten wesentlich zu unterscheiden: 1) **Zucht- und Besserungsmittel** *(poenae medicinales, emendativae)*, die primär die Besserung des Delinquenten bezwecken, das sind die **Censuren**; 2) **eigentliche Strafen** *(poenae simpliciter)*, bei denen das Moment der Sühne vorherrscht, die Besserung nur Nebenzweck ist.

Die Strafen können überhaupt sein *temporales* oder *perpetuae, spirituales* oder *corporales, poenae activae*, die dem Schuldigen eine Leistung auferlegen, und *privativae*, die in Entziehung von Gütern und Rechten bestehen. Sie können vom Gesetze bestimmt *(poenae juris)* oder dem richterlichen Ermessen überlassen sein *(poenae judicis, arbitrariae)*; *poenae ferendae sententiae*, denen der Schuldige erst nach gefälltem richterlichen Spruch unterliegt, und *latae sententiae*, die mit dem Delict von selbst eintreten. Die *sententia* kann eine *declaratoria criminis* sein, die erklärt, der Delinquent sei der vom Gesetze bestimmten Strafe verfallen, oder *condemnatoria*, welche die Strafe selbst erst festsetzt.

Die Kirchenstrafen sind entweder *poenae communes*, die alle Glieder der Kirche (Laien wie Cleriker) treffen können, oder *poenae particulares*, die nur über Cleriker verhängt werden können.

---

[1] Fr. 131 pr. D. de V. S. (50. 16).

[2] *Reiffenstuel*, Jus univ. l. 5 tit. 37; *Craisson* l. c. t. IV. p. 288.

[3] Deut. 25, 2; R. J. 23 in VI.: „Sine culpa, nisi subsit causa, non est aliquis puniendus.“

[4] Cf. c. 13 x II. 1; c. 35 C. XXIII. q. 4; c. 37 C. XXIV. q. 3; c. 3. 6. 37 C. XXIII. q. 5.

Ist die Strafe vom Gesetze bestimmt, so hat der Richter auch diese Strafe zu verhängen [1]; wohl aber können die Umstände ihn veranlassen, die Strafe zu mildern oder zu verschärfen [2]. Strafgesetze sind stricte zu interpretiren und dürfen nicht weiter ausgedehnt werden (241, IV.) [3]. Hat das Gesetz die Strafe unbestimmt gelassen, so hat der Richter sie nach Art und Größe des Delicts, nach Analogie und Gewohnheit zu bestimmen. Im Falle des Zweifels muß die mildere Strafe, die censura vor der poena vindicativa, die censura ferendae vor der latae sententiae angenommen werden. Die Aufhebung einer Censur erfolgt durch Absolution, aber der Erlaß einer verdienten oder verhängten eigentlichen Strafe durch einen Gnadenact (indulgentia).

9. Die Censuren.

293. Censuren [4] sind geistliche Besserungsstrafen, wodurch die Kirche einem ihrer Glieder, das sich vergangen hat und im Ungehorsam verharrt, bestimmte kirchliche Rechte, den Genuß geistlicher Güter entzieht, bis es seinen Ungehorsam aufgibt. Censurae ferendae sententiae setzen die vorausgegangene dreimalige, oder auch zweimalige (280, III.) oder einmalige peremtorische Mahnung mit Androhung der Strafe [5] voraus; bei der latae sententiae liegt diese Mahnung schon in der Kenntniß des Gesetzes. Ignorantia juris et facti befreit von der Censur; sie darf nur keine ignorantia affectata sein, auch keine crassa vel supina (schwer schuldbare). Aber auch letztere würde das Eintreten der Censur verhindern, wenn das Gesetz sagt: qui hoc fecerit scienter, consulto, temere, qui praesumpserit etc. Auch metus gravis kann die Censur verhindern, ohnehin die impotentia physica praeceptum implendi, ferner voluntas ejus, in cujus favorem est lata. Die Censur setzt stets eine schwere Sünde voraus.

Gänzlich befreit von der Censur die Ungiltigkeit derselben, wenn sie verhängt wurde von demjenigen, der keine Jurisdiction hatte oder cum defectu justae causae vel formalitatis substantialis. Im Zweifel an der Com-

---

[1] C. 1 x I. 2; c. 4 § 1 x I. 29.

[2] C. 24 D. 86; c. 2 x I. 11; c. 1 x V. 14; c. 4 x V. 27; c. 1 x V. 23; c. 3 D. 50; c. 5 x V. 18.

[3] C. 22 Sexti I. 6; c. 5 Sexti V. 9. Straft das Gesetz nur den eigentlichen Thäter, so sind nicht andere Mitwirkende zu subsumiren. In der Regel ist die Strafbarkeit des intellectuellen Urhebers und des Thäters gleich. Der Gehilfe ist strafbar, soweit seine Thätigkeit auf den verbrecherischen Erfolg Einfluß übte, wenn das Gesetz nicht anders bestimmt. C. 3 x V. 12; c. 6 Sexti V. 4.

[4] Censura est poena medicinalis, qua ecclesiastica potestas hominem baptizatum delinquentem contumacem usu quorundam bonorum spiritualium privat, donec a contumacia recedat.

[5] C. 26 x II. 28; c. 6 x III. 2; c. 9 Sexti V. 11; c. 5 C. XVI. q. 7.

peten3 des Richters ist dieselbe zu präsumiren. Im begründeten Zweifel, ob man der Censur verfallen sei, muß man sich doch öffentlich der Strafe fügen, soweit man sich ihr nicht ohne großes Aergerniß entziehen kann. Der censura latae sententiae können auch Unmündige verfallen, einer ferendae sententiae in der Regel nicht [1].

Tritt die censura latae sententiae auch ipso facto mit dem Delict ein (außer bei Bischöfen und höheren Prälaten, wenn sie nicht ausdrücklich im Gesetze genannt sind), so bedarf doch eine solche, soll sie in foro externo vollzogen werden, einer sententia declaratoria, welche die Citation des Schuldigen voraussetzt. Wer in einer Diöcese mit einer Censur belegt ist, ist es auch in der andern [2]. Ward über Verstorbene eine Censur ausgesprochen, so hatte dies den Zweck, ihre Lehre, ihre Schriften zu verdammen (poena exemplaris) [3], wie auch die Absolution eines Verstorbenen, wenn er Zeichen der Reue gegeben hatte, erfolgen kann, um ihn des kirchlichen Begräbnisses theilhaftig zu machen.

Der kirchliche Richter, der einer Censur verfallen ist, kann seine Richter- und Strafgewalt nicht mehr erlaubterweise ausüben; ist er nominatim a Papa excommunicatus, so kann er sie auch nicht mehr giltig ausüben.

Ist die censura lata a jure und nicht reservirt, so kann pro foro interno jeder Beichtvater davon absolviren; in articulo mortis selbst jeder giltig geweihte Priester, auch von reservirten, nur muß der so Absolvirte im Falle der Wiedergenesung dem competenten Richter sich stellen [4]. Eine *absolutio ad cautelam* wird ertheilt in der Beicht, bei zweifelhaften Fällen, bei Verleihung einer Gnade, deren der Censurirte nicht theilhaftig würde; die *ad reincidentiam* ertheilte Absolution hebt ad definitum tempus oder für einen einzelnen Act die Censur auf. Von den reservirten Censuren absolvirt derjenige, welchem sie reservirt ist, oder derjenige, der von jenem dazu delegirt ist.

Die Absolution pro foro externo steht demjenigen zu, der die Censur verhängt hat, dessen Amtsnachfolger oder höherem Oberen [5]. Ist der Censurirte in eine andere Diöcese übergetreten, so kann ihn sein neuer Bischof dann nicht absolviren, wenn er durch eine specielle Sentenz (ab homine) censurirt worden ist. Die Appellation von der Androhung der Censur hat Suspensivwirkung, nicht aber die Appellation von der verhängten Censur. Doch wird der Appellant für die Dauer der Untersuchung absolvirt gegen

---

[1] C. 1. 60 x V. 39.

[2] Excommunicatio personam sequitur, sicut lepra leprosum.

[3] C. 1. 2. 4. 6 C. XXIV. q. 2; c. 5 x V. 7.

[4] Trid. s. XIV. c. 7 de poenit.; c. 22 Sexti V. 11.

[5] C. 2. 40. 73 C. XI. q. 3; c. 11 § 1 x I. 31; c. un. Sexti I. 17.

das eibliche Versprechen, sich den Forderungen des Richters nach dem Re=
sultate der Untersuchung zu unterwerfen [1].

Der Absolution von der Censur soll das Versprechen, das Verbrechen
nicht wieder zu begehen, und die Genugthuung oder eibliche Gewährleistung
derselben vorausgehen [2].

10. Die Excommunication.

294. Es ist ein natürliches Recht einer jeden, auch der religiösen Ge=
sellschaft, ohne welches der Bestand derselben nicht denkbar ist, jene Glieder,
die sich der Gesellschaft unwürdig und gefährlich erweisen, auszuschließen.
Dieses Recht hat die Kirche als selbständige, vollkommene Gesellschaft und
keine weltliche Gewalt kann ihr dieses Recht entziehen. Die Kirche übte dieses
Recht auf Grund der Heiligen Schrift und der Tradition auch stets aus
durch den Bann oder die Excommunication [3].

Neben der *excommunicatio major* unterschied man den kleinen Bann
(excommunicatio minor), der mit der öffentlichen Buße verbunden war,
später als eigenes Disciplinarmittel sich ausbildete, so daß excommunicatio
den kleinen, anathema den großen Bann bedeutete [4]. Das Verbot des
Verkehrs mit Excommunicirten [5] sollte den Gebannten schneller zur Einsicht
und Umkehr führen (Augustin), die Gläubigen aber vor Verführung und den
gleichen Vergehen bewahren (Cyprian). Der mit dem Banne Belegte verlor
allen Umgang mit den Gläubigen in sacris et profanis; er war aus=
geschlossen von der äußern Gemeinschaft (commercium und colloquium,
communio judicialis und extrajudicialis), von der communio in sacris
mixta (95) in Bezug auf die äußeren Handlungen; die rein inneren
Güter unterstehen nicht der äußern Strafgewalt [6]. Seit Gregor VII.
traten wesentliche Milderungen hierin ein und wurden vielfache Ausnahmen
gemacht [7]; auch trat als Folge des unerlaubten Verkehrs mit Excommuni=

---

[1] C. 40 x V. 39; c. 7 Sexti V. 11; cf. c. 8 § 1 x I. 31.

[2] C. 28 x V. 40; c. 7 Sexti V. 11; Trid. s. XXV. c. 12.

[3] Matth. 18, 17; 1 Kor. 5, 5; 1 Tim. 1, 20; 2 Thess. 3, 14. Der Bann hieß
ἀφορισμός, ἀνάθεμα (in der Heiligen Schrift auch Weihegeschenk, Banngeschenk, Bann=
gelübbe), Maran atha (1 Kor. 16, 22). Kober, Der Kirchenbann. Tübingen 1857;
Archiv f. kathol. Kirchenrecht Bd. IX. S. 1 ff.

[4] C. 12 C. III. q. 4; cf. c. 2 x II. 25; c. 10 x V. 27.

[5] Vgl. Röm. 16, 17; 1 Kor. 5, 11; 2 Thess. 3, 14; 2 Joh. 10, 11.

[6]   Si pro delictis anathema quis efficiatur,
       Os, orare, vale, communio, mensa negatur.

[7]   Utile, lex, humilis, res ignorata, necesse,
       Haec quinque solvunt anathema, ne possit obesse.

Glosse ad c. 15 x V. 39.

cirten nur die excommunicatio minor ein. Martin V. setzte fest, daß nur diejenigen zu meiden seien *(excommunicati vitandi)*, welche 1) speciell mit Nennung des Namens ercommunicirt sind, oder 2) notorii percussores clericorum sind. Bezüglich der letzteren ist dies weggefallen. Es unterliegen jetzt nur noch der dem Papste reservirten Ercommunication jene, welche einen nominatim vom Papste Ercommunicirten in seinem Verbrechen unterstützen und begünstigen, sowie Cleriker, die einen solchen wissentlich zu gottesdienst= lichen Verrichtungen zulassen. Die nicht reservirte Ercommunication tritt ein bei jenen, welche das kirchliche Begräbniß eines notorischen Häretikers oder nominatim vom Papste Ercommunicirten befehlen oder erzwingen.

Seit Gregor IX. bedeutet excommunicatio immer den großen Bann[1], von dem sich das Anathem nur (als *excommunicatio solemnis s. realis*) durch Verhängung unter feierlichen Ceremonien unterscheidet[2].

Das Recht, den Bann zu verhängen, hat für die ganze Kirche der Papst, dem auch ausschließlich das Recht der Ercommunication von Souve= ränen zugeschrieben wird; der bereits confirmirte Bischof für seine Diöcese. Metropoliten haben als solche diese Befugniß nur, wo das Recht es ihnen aus= drücklich beilegt. Der Kapitelsvikar hat es, nicht aber der Generalvikar sine speciali mandato. Ueber Eremte hat es der Bischof als Delegat des Apo= stolischen Stuhles[3].

Die Wirkungen der Ercommunication als Censur, welche die Bes= serung des Schuldigen, damit zugleich die Ehre der kirchlichen Gemeinschaft, die Aufrechterhaltung der kirchlichen Autorität und die Bewahrung der Gläu= bigen vor Ansteckung und Verführung zum Zweck hat[4], sind:

1) Entziehung der suffragia communia ecclesiae und der Früchte des heiligen Opfers, das nicht für Ercommunicirte dargebracht werden darf.

2) Ausschließung vom heiligen Opfer, wenigstens noch bei dem nomi= natim Ercommunicirten, nicht aber von der Predigt[5].

3) Ausschließung von Empfang und Spendung der Sacramente und Sacramentalien. Jedoch darf der excommunicatus toleratus (derjenige, der nicht nominatim vom Papste ercommunicirt ist) die Sacramente spenden, wenn die Gläubigen ex justa causa, die es ihnen gestattet, ihn darum an= gehen. Priester, die wissentlich einen Ercommunicirten zum Empfang der Sacramente zulassen, sündigen und verfallen, wenn es ein excommunicatus vitandus ist, dem Interdict ab ingressu ecclesiae.

---

[1] Cf. c. 12 C. III. q. 4; c. 41 C. XI. q. 3; c. 59 x V. 39; c. 10 x II. 1; Trid. s. XXV. c. 3.

[2] C. 10 C. XI. q. 3.   [3] Trid. s. VI. c. 3; s. XIV. c. 4.

[4] „Disciplina enim est excommunicatio, non eradicatio.“ Cf. c. 16. 37 C. XXIV. q. 3; c. 33 C. XI. q. 3.

[5] C. 43 x V. 39.

4) Verlust des kirchlichen Begräbnisses (vgl. 299, 3).

5) Inhabilität zur Erlangung eines kirchlichen Beneficiums; nicht aber geht auch das Beneficium, das ein Cleriker bereits inne hatte, ipso facto verloren.

Wer sich innerhalb Jahresfrist nicht Absolution erwirkt, gegen den ent= steht der Verdacht häretischer Gesinnung [1].

295. Die Fälle, in welchen eine excommunicatio latae sententiae eintritt, sind in der Constitution Pius' IX. „Apostolicae Sedis moderationi" vom 12. October 1869 genau bestimmt [2]. Außer den in dieser Con=

---

[1] Trid. s. XXV. c. 3.

[2] a. *Excommunicationes latae sententiae speciali modo Romano Pontifici reservatae:*

1. Omnes a christiana fide apostatas et omnes ac singulos haereticos, quocumque nomine censeantur et cujuscumque sectae existant, eisque credentes eorumque receptores, fautores ac generaliter quoslibet illorum defensores.

2. Omnes et singulos scienter legentes sine auctoritate Sedis Apostolicae libros eorumdem apostatarum et haereticorum haeresim propugnantes nec non libros cujusvis auctoris per Apostolicas literas nominatim prohibitos eosdemque libros retinentes, imprimentes et quomodolibet defendentes.

3. Schismaticos et eos, qui a Romani Pontificis pro tempore existentis obedientia pertinaciter se subtrahunt vel recedunt.

4. Omnes et singulos, cujuscumque status, gradus seu conditionis fuerint, ab ordinationibus seu mandatis Romanorum Pontificum pro tempore existentium ad universale futurum concilium appellantes, necnon eos, quorum auxilio, consilio vel favore appellatum fuerit.

5. Omnes interficientes, mutilantes, capientes, carcerantes, detinentes vel hostiliter insequentes S. R. E. Cardinales, Patriarchas, Archiepiscopos, Episcopos Sedisque Apostolicae Legatos vel Nuntios aut eos a suis dioecesibus, territoriis, terris seu dominiis ejicientes, necnon ea mandantes vel rata habentes, seu praestantes in eis auxilium, consilium vel favorem.

6. Impedientes directe vel indirecte exercitium jurisdictionis ecclesiasticae sive interni sive externi fori et ad hoc recurrentes ad forum saeculare ejusque mandata procurantes, edentes aut auxilium, consilium vel favorem praestantes.

7. Cogentes sive directe sive indirecte judices laicos ad trahendum ad suum tribunal personas ecclesiasticas praeter canonicas dispositiones, item edentes leges vel decreta contra libertatem aut jura Ecclesiae.

8. Recurrentes ad laicam potestatem ad impediendas literas vel acta quaelibet a Sede Apostolica vel ab ejusdem Legatis aut Delegatis quibuscumque profecta eorumque promulgationem vel executionem directe vel indirecte prohibentes aut eorum causa sive ipsas partes sive alios laedentes vel perterrefacientes.

9. Omnes falsarios literarum apostolicarum, etiam in forma Brevis, ac supplicationum gratiam vel justitiam concernentium, per Romanum Pontificem vel S. E. R. Vice-Cancellarios seu Gerentes vices eorum aut de mandato ejusdem Romani Pontificis signatarum, necnon falso publicantes Literas Apostolicas, etiam in forma Brevis et etiam falso signantes supplicationes Vice-Cancellarii aut Gerentis vices praedictorum.

stitution aufgezählten gelten nur noch diejenigen, welche das Concil von Trient verhängt hat (worunter wohl nicht die bloß aus dem ältern Recht er=

10. Absolventes complicem in peccato turpi, etiam in articulo mortis, si alius sacerdos, licet non approbatus ad confessiones, sine gravi aliqua exoritura infamia et scandalo possit excipere morientis confessionem.

11. Usurpantes aut sequestrantes jurisdictionem, bona, redditus ad personas ecclesiasticas ratione suarum ecclesiarum aut beneficiorum pertinentia.

12. Invadentes, destruentes, detinentes per se vel per alios civitates, terras, loca aut jura ad Ecclesiam Romanam pertinentia, vel usurpantes, perturbantes, retinentes supremam jurisdictionem in eis, necnon ad singula praedicta auxilium, consilium, favorem praebentes.

b. *Excommunicationes latae sententiae Romano Pontifici reservatae:*

1. Docentes vel defendentes sive publice sive privatim propositiones ab Apostolica Sede damnatas sub excommunicationis poena latae sententiae, item docentes vel defendentes tanquam licitam praxim inquirendi a poenitente nomen complicis.

2. Violentas manus suadente diabolo injicientes in clericos vel utriusque sexus monachos, exceptis quoad reservationem casibus et personis, de quibus jure vel privilegio permittitur, ut Episcopus aut alius absolvat.

3. Duellum perpetrantes aut simpliciter ad illud provocantes vel ipsum acceptantes et quoslibet complices vel qualemcumque operam aut favorem praebentes necnon de industria spectantes illudque permittentes, vel, quantum in illis est, non prohibentes, cujuscumque dignitatis sint, etiam regalis vel imperialis.

4. Nomen dantes sectae *Massonicae* aut *Carbonariae* aut aliis ejusdem generis sectis, quae contra Ecclesiam vel legitimas potestates seu palam seu clandestine machinantur, necnon iisdem sectis favorem qualemcumque praestantes earumve occultos coryphaeos ac duces non denuntiantes, donec non denuntiaverint.

5. Immunitatem asyli ecclesiastici violare jubentes aut ausu temerario violantes.

6. Violantes clausuram monialium, cujuscumque generis aut conditionis, sexus vel aetatis fuerint, in earum monasteria absque legitima licentia ingrediendo pariterque eos introducentes vel admittentes itemque moniales ab illa exeuntes extra casus ac formam a S. Pio V. in Const. *Decori* praescriptam.

7. Mulieres violantes regularium virorum clausuram et superiores eas admittentes.

8. Reos simoniae realis in beneficiis quibuscumque eorumque complices.

9. Reos simoniae confidentialis in beneficiis quibuslibet, cujuscumque sint dignitatis.

10. Reos simoniae realis ob ingressum in religionem.

11. Omnes, qui quaestum facientes ex indulgentiis aliisque gratiis spiritualibus excommunicationis censura plectuntur constitutione S. Pii V. *Quam plenum* 2. Januar. 1570.

12. Colligentes eleemosynas majoris pretii pro missis et ex iis lucrum captantes faciendo eos celebrari in locis, ubi missarum stipendia minoris pretii esse solent.

13. Omnes qui excommunicatione mulctantur in Constitutionibus S. Pii V. *Admonet nos* IV. Kal. April. 1567, Innocentii X. *Quae ab hac Sede* prid. Non. Novembr. 1591, Clementis VIII. *Ad Romani Pontif. curam* 26. Jun. 1592 et

neuerten zu verstehen sind)[1], sodann jene Censuren, welche zu dem besondern Zwecke der Papstwahl oder zur Aufrechterhaltung der innern Disciplin der geistlichen Orden und anderer Klosterinstitute oder sonstiger Collegien, Corporationen und frommer Anstalten bisher erlassen worden sind und soweit dieselben noch in ihrer Rechtskraft bestehen.

Die Absolution von den *speciali modo* dem Papste vorbehaltenen Censuren ist nicht in der allgemein ertheilten Facultät, von den dem Papste vorbehaltenen Censuren zu absolviren, enthalten, sondern muß speciell delegirt

— ·—

Alexandri VII. *Inter ceteras* 9. Kal. Novembr. 1660, alienationem et infeudationem Civitatum et Locorum S. R. E. respicientibus.

14. Religiosos praesumentes clericis aut laicis extra casum necessitatis sacramentum extremae unctionis aut Eucharistiae per Viaticum ministrare absque parochi licentia.

15. Extrahentes absque legitima venia reliquias ex sacris coemeteriis sive catacumbis Urbis Romae ejusque territorii eisque auxilium vel favorem praebentes.

16. Communicantes cum excommunicato nominatim a Papa in crimine criminoso, ei scilicet impendendo auxilium vel favorem.

17. Clericos scienter et sponte communicantes in divinis cum personis a Romano Pontifice nominatim excommunicatis et ipsos in officiis recipientes.

c. *Excommunicationes latae sententiae Episcopis sive Ordinariis reservatae:*

1. Clericos in sacris constitutos vel regulares aut moniales post votum solemne castitatis matrimonium contrahere praesumentes, necnon omnes cum aliqua ex praedictis personis matrimonium contrahere praesumentes.

2. Procurantes abortum effectu secuto.

3. Litteris Apostolicis falsis scienter utentes vel crimini ea in re cooperantes.

d. *Excommunicationes latae sententiae nemini reservatae:*

1. Mandantes seu cogentes tradi ecclesiasticae sepulturae haereticos notorios aut nominatim excommunicatos vel interdictos.

2. Laedentes aut perterrefacientes Inquisitores, denuntiantes, testes aliosve ministros S. Officii ejusque Sacri Tribunalis scripturas diripientes aut comburentes, vel praedictis quibuslibet auxilium, consilium, favorem praestantes.

3. Alienantes et recipere praesumentes bona ecclesiastica absque beneplacito Apostolico ad formam Extravagantis *Ambitiosae* de reb. eccles. non alien.

4. Negligentes sive culpabiliter omittentes denuntiare infra mensem confessarios sive sacerdotes, a quibus sollicitati fuerint ad turpia, in quibuslibet casibus expressis a Praedecess. Nostr. Gregor. XV. Const. *Universi* 20. Aug. 1622 et Benedicto XIV. Const. *Sacramentum poenitentiae* 1. Jun. 1741.

Praeter hos hactenus recensitos eos quoque, quos Sacrosanctum Concil. Tridentinum sive reservata Summo Pontifici aut Ordinariis absolutione sive absque ulla reservatione excommunicavit, Nos pariter ita excommunicatos esse declaramus excepta anathematis poena in Decreto sess. IV. de edit. et usu Sacror. Libror. constituta, cui illos tantum subjacere volumus, qui libros de rebus sacris tractantes sine Ordinarii approbatione imprimunt aut imprimi faciunt.

[1] Trid. sess. XXII. c. 11; s. XIII. c. 11; s. XXIV. c. 1. 6. 9 de ref. matr.; s. XXV. c. 5. 18 de regular.; cf. *Santi* l. c. l. V. c. III. n. 18 p. 21 seq.

fein. Wer ohne diefe fpecielle Vollmacht davon zu abfolviren wagt, verfällt der dem Papfte (einfach) vorbehaltenen Excommunication [1].

Zu den speciali modo referoirten kommen noch die in der Conftitution „Romanus Pontifex" vom 28. Auguft 1873 verhängten Cenfuren (232, γ. 297). Die vom Tridentinum sess. XXIV. c. 6 den Bifchöfen ertheilte Vollmacht bezüglich der Abfolution von Cenfuren, die dem Papfte vorbehalten find, wird beftätigt, bezieht fich jedoch auch nicht auf die speciali modo referoirten. Von den dem Papfte einfach vorbehaltenen können die Bifchöfe abfolviren, wenn fie occultae find, und bei Perfonen, die fich in der Unmöglichkeit befinden, dem Heiligen Stuhle perfönlich fich vorzuftellen.

11. Das Interdict.

296. Das Interdict [2], früher auch excommunicatio, bannus christianitatis genannt, ift die Unterfagung des Gottesdienftes und der Theilnahme an demfelben entweder für beftimmte Orte *(interdictum locale)* oder Perfonen *(personale)*. Das erftere ift *generale,* wenn es auf ein ganzes Land, eine ganze Provinz, Diöcefe oder Stadt geht, *particulare,* wenn es fich nur auf eine Kirche oder einen Theil derfelben, z. B. einen Altar erftreckt. Das interdictum personale kann generale fein, das fich auf eine moralifche Perfon, den Clerus, das Volk, eine Genoffenfchaft, oder particulare, das fich nur auf eine oder einzelne phyfifche Perfonen erftreckt. Das *interdictum mixtum (ambulatorium)* ift ein perfönliches, aber zugleich örtlich, indem es jeden Ort trifft, an dem fich der perfönlich Interdicirte und folange er fich dort aufhält, während bei dem bloßen interdictum locale derjenige, der fich an einen nicht interdicirten Ort begibt, davon frei ift. Ift eine Stadt interdicirt, fo find es auch die Vorftädte; ift eine Kirche interdicirt, fo find es auch die Nebenkapellen und der Kirchhof, aber nicht umgekehrt. Trifft es den Clerus, fo find Bifchof und Volk nicht einbegriffen; trifft es nur das Volk, fo ift nicht nothwendig der Clerus einbegriffen. Ift der Clerus interdicirt, fo find es noch nicht deshalb die Religiofen.

Das Interdict wurde allmählich vielfach gemildert, fo von Gregor IX., Bonifaz VIII., Martin V. und Clemens VIII. Der letzte Fall eines generellen Interdicts war das über die Republik Venedig 1606.

---

[1] „Absolvere autem praesumentes sine debita facultate, etiam quovis praetextu, excommunicationis vinculo Romano Pontifici reservatae innodatos se sciant, dummodo non agatur de mortis periculo, in quo tamen firma sit quoad absolutos obligatio standi mandatis ecclesiae, si convaluerint."

[2] „Interdictum est censura ecclesiastica prohibens divinorum officiorum, sacramentorum aliquorum et ecclesiasticae sepulturae usum." Cf. c. 20 x V. 40; c. 24 Sexti V. 11; c. 17 x V. 40; c. 3 Sexti I. 6; c. 11 x IV. 1; c. 1 Clem. V. 8.

Die **Wirkungen** des Interdicts sind:

1) Die Spendung der heiligen Oelung (außer bei Sterbenden, die kein anderes Sacrament mehr empfangen können) und die Benediction bei der Eheschließung unterbleiben, dagegen darf Taufe, Firmung und Bußsacrament ertheilt werden (mit Ausschluß der am Interdict Schuldigen); auch darf die heilige Communion als Wegzehrung gespendet werden.

2) Die heilige Communion wird nicht ertheilt, außer an Weihnachten, Ostern, Pfingsten, Frohnleichnam und Christi Himmelfahrt, an welchen Tagen auch feierlicher Gottesdienst gehalten werden darf. Außerdem darf

3) in jeder Kirche einmal in der Woche und bei einem allgemeinen Lokalinterdict täglich nur eine stille Messe gelesen werden ohne Glockengeläute, januis clausis et voce submissa und mit Ausschluß der Excommunicirten und persönlich Interdicirten.

4) Während des Lokalinterdicts ist das kirchliche Begräbniß für alle untersagt; nur Cleriker, welche das Interdict beobachtet haben, dürfen ohne Glockengeläute und sonstige Feierlichkeit im Gottesacker beerdigt werden [1].

Außer der Excommunication (295, d. 1) bestehen nach der Constitution „Apostolicae Sedis moderationi" noch zwei reservirte interdicta latae sententiae [2], wozu noch das interdictum particulare für jene Kirchen kommt, in welchen die sogen. „Altkatholiken" Gottesdienst gehalten haben [3].

12. Die Suspension.

297. Eine *poena particularis*, nur Cleriker treffende Censur ist die Suspension, die aber auch eigentliche Strafe, poena vindicativa, sein kann. Sie ist Censur, wenn sie ohne Zeitbestimmung bis zu erfolgter Besserung, eigentliche Strafe, wenn sie auf bestimmte Zeit verhängt wird. Sie kann auch als provisorische Administrativmaßregel verfügt werden gegen Cleriker für die Dauer einer Criminaluntersuchung gegen sie [4]. Die Suspension

---

[1] C. 11 x V. 38.

[2] *Interdicta latae sententiae reservata:*

1. Interdictum Romano Pontifici *speciali modo* reservatum ipso jure incurrunt Universitates, Collegia, Capitula, quocumque nomine nuncupentur, ab ordinationibus seu mandatis ejusdem Romani Pontificis pro tempore existentis ad universale futurum Concilium appellantia.

2. Scienter celebrantes vel celebrari facientes in locis ab Ordinario vel delegato judice vel a jure interdictis, aut nominatim excommunicatos ad divina officia seu ecclesiastica sacramenta vel ecclesiasticam sepulturam admittentes interdictum ab ingressu ecclesiae ipso jure incurrunt, donec ad arbitrium ejus, cujus sententiam contempserunt, competenter satisfecerint.

[3] Pius IX. d. 12. Mart. 1873.

[4] C. 10 x V. 34.

verbietet den Gebrauch geistlicher Gewalt oder eines kirchlichen Rechtes [1] und ist *generalis*, wenn sie Weihe, Amt und Pfründe trifft, oder *specialis*, wenn sie nur den ordo oder das officium oder das beneficium trifft. Die suspensio kann sein *totalis* oder *partialis*. Total ist ab officio suspendirt, wem alle Acte sowohl des ordo als der jurisdictio untersagt sind; wer nur ab ordine suspendirt ist, hat eine suspensio partialis ab officio. Wem nur eine einzelne Function eines ordo, z. B. die celebratio missae, nur einzelne Amtsfunctionen oder nur ein Theil des Beneficiums entzogen ist, hat eine suspensio partialis. Eine einfach ausgesprochene Suspension entfernt von allen Weihe= und Jurisdictionsacten; eine suspensio ab ordine entfernt nicht von den Jurisdictionsacten, außer von solchen, zu denen die Weihe nothwendig gehört, wie die Spendung des Bußsacraments. Der von einem ordo Suspendirte darf weder diesen noch einen höhern ordo ausüben, wohl aber den niederern. Der a beneficio Suspendirte verliert die Administration der Pfründe und die perceptio fructuum. Die Suspension von einem Acte bezüglich des officium und beneficium hindert die übrigen nicht.

Ungiltig sind die Jurisdictionsacte des ab officio Suspendirten nur dann, wenn er als solcher denuntiatus ist.

Die Suspension, die nur Strafe ist, erlischt lapso tempore statuto; außerdem wäre ihr Erlaß ein Gnadenact (indulgentia). Die suspensio ex informata conscientia (281, I. 2) bedarf keiner monitio und keiner gerichtlichen Untersuchung.

Die Verletzung der Suspension ab ordine oder ab officio durch Acte des ordo zieht Irregularität nach sich. Der ab officio Suspendirte darf kein neues Beneficium erhalten oder annehmen.

Die suspensiones latae sententiae sind durch die Constitution „Apostolicae Sedis moderationi" festgestellt [2].

---

[1] Est censura, qua clerici ob delictum proprium usu potestatis ecclesiasticae ipsorum ordini, officio aut beneficio alligatae privantur. Kober, Die Suspension der Kirchendiener. Tübingen 1862.

[2] *Suspensiones latae sententiae S. Pontifici reservatae:*

1. Suspensionem ipso facto incurrunt a suorum beneficiorum perceptione ad beneplacitum S. Sedis Capitula et Conventus ecclesiarum et monasteriorum aliique omnes, qui ad illarum seu illorum regimen et administrationem recipiunt Episcopos aliosve Praelatos de praedictis ecclesiis seu monasteriis apud S. Sedem quovis modo provisos, antequam ipsi exhibuerint Litteras Apostolicas de sua promotione. Nebstdem verhängt die Constitution Pius' IX. *Romanus Pontifex* vom 28. August 1873 die speciell reservirte excommunicatio latae sententiae über Canoniker und Dignitäre erledigter Domkirchen, die des eben erwähnten Vergehens sich schuldig machen, sowie über die Nominirten, Präsentirten selbst, die vor dieser Vorlegung der Litterae Apostolicae die Regierung der Diöcese sich anmaßen und einen Generalvikar aufstellen; endlich auch über alle, die bei derartigen Acten Beihilfe, Rath oder Begünstigung

13. Poenae communes.

298. Die Kirche kann sowohl weltliche als geistliche Strafen auch über Laien verhängen. Jedoch kommen erstere jetzt wohl kaum mehr in Anwendung.

Als weltliche Strafen können verhängt werden:

1) Geldstrafen, früher oft als Redemptionen der canonischen Buß= übungen gebraucht, wobei jeder Schein von Habsucht sorgfältig vermieden, das Geld nur ad pias causas verwendet werden soll[1].

2) Dagegen finden Ortsverweisung, Gefängnißhaft keine Anwendung mehr, ebenso wenig körperliche Züchtigung, die besonders wegen Störung der Andacht und als correctio paterna gegen jüngere Cleriker verhängt ward[2].

leisten. Si vero aliqui ex praedictis Episcopali charactere sint insigniti, in poenam suspensionis ab exercitio Pontificalium et interdicti ab ingressu ecclesiae ipso facto incidunt S. Sedi pariter reservatam.

2. Suspensionem per triennium a collatione ordinum ipso jure incurrunt aliquem ordinantes absque titulo beneficii vel patrimonii cum pacto, ut ordinatus non petat ab ipsis alimenta.

3. Suspensionem per annum ab ordinum administratione ipso jure incurrunt Ordinantes alienum subditum, etiam sub praetextu beneficii statim conferendi aut jam collati, sed minime sufficientis, absque ejus Episcopi litteris dimissorialibus, vel etiam subditum proprium, qui alibi tanto tempore moratus sit, ut canonicum impedimentum contrahere ibi potuerit, absque Ordinarii ejus loci litteris testimonialibus.

4. Suspensionem per annum a collatione ordinum ipso jure incurrit, qui excepto casu legitimi privilegii ordinem sacrum contulerit absque titulo beneficii vel patrimonii clerico in aliqua Congregatione viventi, in qua solemnis professio non emittitur vel etiam religioso nondum professo.

5. Suspensionem perpetuam ab exercitio ordinum ipso jure incurrunt religiosi ejecti extra Religionem degentes.

6. Suspensionem ab ordine suscepto ipso jure incurrunt, qui eundem ordinem recipere praesumpserunt ab excommunicato vel suspenso vel interdicto nominatim denuntiatis aut ab haeretico vel schismatico notorio; cum vero, qui bona fide a quopiam eorum est ordinatus, exercitium non habere ordinis sic suscepti, donec dispensetur, declaramus.

Die siebente bezieht sich auf jene, welche sich in Rom aufhalten über vier Mo= nate und dort sich weihen lassen von einem andern als ihrem eigenen Bischof, ohne Erlaubniß des Cardinalvikars u. s. w. Nebstdem bleiben in Kraft die vom Triden= tinum verhängten Suspensionen, die dem Bischof oder gar nicht reservirt sind: sess. VI. c. 5; s. VII. c. 10; s. XIV. c. 2; s. XXIII. c. 8. 10; sess. XXV. c. 14 und s. XXIV. c. 1 de ref. matr.

[1] Trid. s. XXV. c. 3. 14; cf. s. XXIII. c. 1; c. 3 C. XXI. q. 5; c. 4 x I. 29.

[2] C. 4 x V. 17: „Pecuniaria poteris poena mulctare et etiam flagellis afficere, ea moderatione adhibita, quod flagella in vindictam sanguinis transire minime vi-

Bei Geistlichen findet statt der detrusio in monasterium meist Unterbringung in Corrections- und Demeritenhäusern statt.

Oeffentliche Aergernisse sollen auch mit öffentlicher Buße belegt werden.

Bei Laien finden außer Mahnung (monitio), Verweis (reprehensio) und Zurechtweisung (correptio) nur mehr geistliche Strafen durch Entziehung kirchlicher Rechte und Güter statt[1].

Die Todesstrafe kann die Kirche nie verhängen; verlangten sie die weltlichen Gesetze, so wurden die Verbrecher an das weltliche Gericht ausgeliefert, Geistliche nach vorheriger Degradation und stets mit der Bitte, wo möglich, ihres Lebens zu schonen[2].

299. Zu den geistlichen Strafen für Laien wie Cleriker gehören:

1) Die Einstellung des öffentlichen Gottesdienstes (cessatio a divinis)[3], als Zeichen der Kirchentrauer und der Entrüstung wegen schwerer der Kirche oder ihren Dienern zugefügter Verbrechen, auf bestimmte Zeit (nicht über einen Monat) oder bis zu der vom Schuldigen geleisteten Genugthuung. Obwohl dem lokalen Interdict ähnlich, ist sie doch keine Censur, sondern eigentliche Strafe als indicium gravis doloris ecclesiae.

2) Infamie und Inhabilität zu Kirchenämtern. Infolge Gewohnheitsrechtes konnten auch Kapitel und andere Corporationen die Inhabilität zu Kirchenämtern verhängen, wenn der Schuldige Genugthuung zu leisten sich weigerte[4].

3) Verlust des kirchlichen Begräbnisses (privatio sepulturae ecclesiasticae).

Außer Ungläubigen, Häretikern, Schismatikern, öffentlich Excommunicirten und Interdicirten[5] sollen des kirchlichen Begräbnisses verlustig sein jene, die schweres öffentliches Aergerniß gegeben und es in keiner Weise gesühnt haben, wie notorische Verächter der Sacramente, Wucherer, Ehebrecher, Räuber, Gotteslästerer, überhaupt publici peccatores, die in notorischer Unbußfertigkeit

---

deantur. Si vero ita fuerit gravis excessus, quod mortem vel truncationem membrorum debeant sustinere, vindictam reserves regiae potestati"; cf. c. 3 Sexti V. 9; c. 9 D. 35; c. 22 C. XXIV. q. 3; Trid. s. XXIV. c. 8.

[1] C. 22 C. XXIV. q. 3; c. 27 D. 3 de consecr.; c. 12 x V. 37.

[2] Pontifex degradator . . . intercedit apud judicem saecularem . . . dicens: „Domine judex, rogamus vos cum omni affectu, quo possumus, ut amore Dei, pietatis et misericordiae intuitu et nostrorum interventu precaminum miserrimo huic nullum mortis vel mutilationis periculum inferatis" (Pontificale).

[3] C. 18 Sexti V. 11; c. 1 Clem. V. 10.

[4] C. 1 Clem. V. 10; cf. c. 2. 8 Sexti I. 16; Trid. s. XIV. c. 7.

[5] C. 1 C. XXIV. q. 2: „Quibus viventibus non communicavimus, mortuis communicare non possumus." Die Const. „Apostol. Sedis moder." nennt nur die nominatim Excommunicirten (295 N. 2 d., 1 u. 256 N. 2, 2). Vgl. Freib. Kirchenlexikon Bd. I. S. 1134 u. Bd. II. S. 201.

sterben, Selbstmörder, Duellanten aber, auch wenn sie noch Reue gehabt haben, Ordensprofessen, die das Gelübde der Armuth gebrochen und eigenes Vermögen hinterlassen haben [1].

14. Poenae particulares.

300. Außer der Suspension als Strafe (297. 281, 2) ist insbesondere zu erwähnen:

I. Die *privatio beneficii*, die *amotio a beneficio vel ab administratione*, sowie die *translocatio* (als Strafversetzung) (186, III.).

Die einfache Privation (privatio simplex) kann erfolgen: 1) ipso jure wegen gewisser Verbrechen; allerdings fordert auch diese eine sententia declaratoria criminis, aber die Früchte des Beneficiums müssen vom Tage des Delicts an restituirt werden; 2) per sententiam condemnatoriam [2]. Die privatio beneficii kann eine *temporanea* sein, in welchem Falle ein Vikar aufgestellt wird, oder eine *perpetua*. Erstere ist nicht zu verwechseln mit dem Verbote pfarrlicher Handlungen auf eine Zeit *(inhibitorium decretum)*, letztere hat statt durch *translatio*.

Eine Versetzung auf ein anderes Beneficium kann allerdings auch propter bonum publicum und per modum provisionis administrativae stattfinden *(remotio oeconomica)* [3], aber nach gemeinem Recht gegen den Willen des Beneficiaten nur aus wichtigen Gründen auf eine bessere oder äquivalente Pfründe. Sie fordert auch den Consens dessen, der das jus praesentandi (nominandi, eligendi) hat. Gegen dieselbe steht der Recurs an den Papst offen.

Die Amtsentsetzung (amotio, remotio), *translatio* als Strafe fordert nach gemeinem Recht ein processualisches Verfahren und kirchliches Strafurtheil.

II. Während die privatio und amotio nicht zu Erlangung eines andern Beneficiums inhabilis macht, ist dies bei der Deposition und Degradation der Fall. Ward depositio und degradatio früher synonym gebraucht (reductio ad statum laicalem), so bildete sich seit dem 12. Jahrhundert die Degradation als eigene Strafe aus [4].

1) Die Deposition (Amtsentsetzung) ist die immerwährende Entziehung der Rechte des ordo und des Amtes wie des Beneficiums und

---

[1] C 12 x V. 38; c. 2 x V. 17; c. 2 x V. 18; c. 3 x V. 19; c. 2 x V. 26; c. 1 x V. 13; c. 19 x III. 30; c. 2. 6 x III. 35; c. 16 C. XXIII. q. 5; Trid. s. XXV. c. 19.

[2] Trid. s. XXI. c. 6.

[3] C. 5 x I. 7; c. 34 C. VII. q. 1; S. Congr. Conc. d. 19. Dec. 1857; Archiv für katholisches Kirchenrecht. Bd. 3. S. 408 ff.

[4] C. 9 x V. 7; c. 7 x V. 20; c. 27 x V. 40; c. 10 x II. 1; *Benedict. XIV.*, De syn. dioec. l. 9 c. 11.

schließt zugleich die Unfähigkeit in sich, wieder ein Kirchenamt zu erlangen; es bleiben aber dem Deponirten die privilegia fori et canonis, wie die Pflichten des Breviergebetes und des Cölibats. Er kann keine Jurisdictions=acte mehr giltig, keine Weiheacte mehr *licite* ausüben.

2) Von der *depositio (simplex)* unterscheidet sich die *degradatio (depositio solemnis)*, die *verbalis (sententialis)* oder *realis (degradatio actualis, solemnis)* sein kann. Der Degradirte verliert alle clerikalen Standesrechte, nicht aber den character indelebilis und die Standespflichten; er wird wie ein Laie dem weltlichen Richter unterstellt.

Bei der degradatio solemnis soll der Bischof mit mehreren kirchlichen Würdeträgern zugegen sein; sie wird unter den bei der Weihe üblichen entgegengesetzten Ceremonien, Abnehmung der geistlichen Gewänder [1] u. s. w., vollzogen. Sie kann nur in den vom Gesetze speciell bezeichneten Fällen, z. B. Häresie, Fälschung päpstlicher Urkunden, Messelesen und Beichthören ohne Priesterweihe, bedeutender sollicitatio ad turpia und bei Unverbesserlichkeit des Verbrechers [2] verhängt und, wenn sie vollzogen ist, nur vom Papste aufgehoben werden, während das Depositionsurtheil und die noch nicht vollzogene Degradationssentenz auch vom Bischofe aufgehoben werden kann.

---

[1] C. 2 Sexti V. 9: „Auferimus tibi vestem sacerdotalem et te honore sacerdotali privamus et auctoritate Dei omnipotentis P. et F. et S. S. ac nostra tibi auferimus habitum clericalem et deponimus, degradamus, spoliamus et exuimus te omni honore, beneficio et privilegio clericali.“

[2] C. 10 x II. 1; c. 9. 13 x V. 7; c. 1. 4 Sexti V. 2; c. 7 x II. 1.

Fünftes Buch.

Verwaltung der Kirche.

Der kirchlichen Verwaltung unterstehen die res sacrae und ecclesiasticae; erstere sind die Sacramente und alles, was zum kirchlichen Cultus gehört, letztere die Temporalien, die kirchlichen Zwecken dienen. Es ist demnach zu handeln 1) von den heiligen Sacramenten, 2) von den übrigen gottesdienst= lichen Handlungen [1], 3) vom Kirchenvermögen.

Erster Abschnitt.
Die heiligen Sacramente.

1. Die Sacramente im allgemeinen.

301. Das Wort sacramentum hat verschiedene Bedeutungen [2]; vor dem 13. Jahrhundert unterschied man sacramenta majora (die Sacramente) und sacramenta minora (die Sacramentalien). Auch die „Sacramente des Alten Bundes“ [3] sind nicht Sacramente im Sinne der sieben neutestament= lichen. Im eigentlichen Sinne ist S a c r a m e n t ein von Jesus Christus eingesetztes sinnlich wahrnehmbares Zeichen, wodurch innere Gnade und Hei=

---

[1] Die Lehre von den Sacramenten (außer der Ehe) und den übrigen gottes= dienstlichen Handlungen wird allerdings vorzugsweise in anderen Disciplinen behandelt, kann aber auch nicht vom Kirchenrechte ganz ausgeschlossen werden, denn die Gesetze angehören, die für die res sacrae gelten; auch behandelt sie das canonische Rechtsbuch, an das sich das Kirchenrecht anschließen muß (vgl. Greg. I. 15. 16; III. 34. 41—43. 45. 46; V. 9).

[2] Die Römer brauchten sacramentum für die im Tempel deponirte Geldsumme streitender Parteien, ferner für Eid, besonders für den Eid der Soldaten. Die Vul= gata übersetzt μυστήριον mit sacramentum. Vgl. Eph. 9, 11; Tob. 12, 7; Dan. 11, 18; Coloss. 1, 27. Greg. I. 16.

[3] S. Augustin.: „Sacramenta novi testamenti dant salutem, sacramenta veteris testamenti promiserunt salvatorem“ (in Ps. 73). Cf. *Thom. Aq.* 1. 2 q. 102 a. 5; S ch m a l z l, Die alttestam. Sacramente. Eichstätt 1885.

ligung mitgetheilt wird [1]. Es gehört also dazu 1) die divina institutio (wenigstens quoad essentiale), 2) ein signum sensibile [2] et 3) practicum s. operativum, die dadurch bezeichnete und verliehene Gnade.

Das signum sensibile fordert a) die materia, b) die forma, c) die actio ministri, die applicatio formae ad materiam rite facta. Materia remota heißt die Sache selbst, proxima der usus rei. Die forma (die Worte) determinirt die materia (das äußere Object) zu einer bestimmten Handlung [3]. Zwischen Form und Materie muß eine unio, eine conjunctio moralis sein [4].

Unter den Sacramenten unterscheidet sich die heilige Eucharistie als *sacramentum permanens* von allen übrigen *(sacramenta transeuntia)*. Die Sacramente sind entweder *sacramenta vivorum* oder *sacramenta mortuorum* (Taufe und Buße); sie sind *sacramenta necessaria* (necessitate medii die Taufe, bezw. Buße, oder praecepti) oder *non necessaria* (sc. singulis) [5]. Taufe, Firmung und Priesterweihe prägen einen *character indelebilis* ein und dürfen nicht wiederholt werden, außer sub conditione, wenn ein vernünftiger Zweifel an der Giltigkeit des Sacramentes vorhanden ist; die anderen Sacramente sind sacramenta characterem non imprimentia [6].

302. Giltig (validum) ist das Sacrament, dem nichts Wesentliches fehlt, das keinen substanziellen Defect hat. Zur Giltigkeit gehört nicht, daß die Gnade actu verliehen wird; daher unterscheidet man *sacramentum* und *res sacramenti*, *sacramentum validum*, *sed informe* (giltig, aber ohne den effectus primarius) und *formatum* (giltig und mit der Gnadenwirkung verbunden).

Ungiltig (invalidum) ist das Sacrament, wenn eine *mutatio substantialis* in Form oder Materie stattfindet, wenn die Materie applicirt wird sine prolatione formae, wenn die Form ausgesprochen wird, ohne daß die

---

[1] C. 32 D. 2 de cons.: „Sacramentum est invisibilis gratiae visibile signum ad nostram justificationem institutum“, oder: „Res sensibus objecta, quae ex Dei institutione sanctitatis tum significandae, tum efficiendae vim habet.“ Cat. Rom. P. II. C. 1 q. 3.

[2] C. 33 D. 2 de cons.: „Signum est res praeter speciem, quam ingerit sensibus, aliud aliquid ex se faciens in cognitionem venire.“

[3] C. 54 C. I. q. 1: „Accedit verbum ad elementum et fit sacramentum.“ Cf. c. 9 § 1 D. 4 de cons.

[4] Eugen. IV. decret. ad Armenos: „Tribus perficitur, videlicet rebus tanquam materia, verbis tanquam forma et persona ministri conferentis sacramentum cum intentione faciendi, quod facit ecclesia; quorum si aliquid desit, non perficitur sacramentum.“

[5] Cf. Trid. s. VII. can. 4 de sacram.

[6] Trid. s. VII. can. 9.

Materie vorhanden ist, wenn beide nicht moralisch coexistiren, wenn nicht der=
selbe die Form ausspricht, der die Materie anwendet, wenn die Materie einem
Subject applicirt, über ein anderes die Form ausgesprochen wird, wenn die
erforderliche Intention fehlt.

1) Zur giltigen Ausspendung wird ferner erfordert der gehörige
Ausspender [1] (minister ordinarius oder extraordinarius, bei der Taufe
minister solemnitatis oder necessitatis), ein freier und besonnener Act desselben
(ein actus humanus) und die Intention (actualis oder virtualis), wenig=
stens die intentio faciendi, quod facit ecclesia [2].

Zum giltigen Empfang wird gefordert die capacitas subjecti (homo
viator) und bei Erwachsenen die intentio suscipiendi, saltem habitualis, die
jedoch sicher nicht genügt bei Buße und Ehe, oder interpretativa, wie bei der
Oelung und Firmung. Die Sacramente, welche einen Charakter einprägen,
werden giltig empfangen, auch bei einer voluntas contraria, aber intus re=
tenta. Durch das Hinzutreten zum Empfange ist die intentio interpretativa ausgesprochen; nur äußerer Zwang und ernstliches äußeres Wider=
streben würde natürlich eine solche ausschließen (vgl. 137, III.). Zum giltigen
Empfang aller übrigen Sacramente wird der vorhergegangene Empfang der
Taufe erfordert.

2) Zur erlaubten Ausspendung wird von seiten des Spenders
der status gratiae, die Bevollmächtigung dazu, die Beobachtung des kirch=
lichen Ritus in allen seinen Theilen gefordert, sowie daß das Sacrament nicht
sine gravi causa sub conditione gespendet, den Würdigen nicht verweigert,
den Unwürdigen nicht ertheilt werde, außer wo dazu sonst eine Pflicht be=
steht; dem publice indignus sind die Sacramente zu verweigern, dem occulte
indignus nur, wenn er occulte sie verlangt; verlangt er sie publice, so
müssen sie ihm (mit Ausnahme der Weihe) gereicht werden. Bei Oelung,
Firmung und Eucharistie genügt, ut non constet indignitas, bei Buße,
Weihe und Taufe von Erwachsenen muß der Spender positiv die Würdig=
keit erkennen.

Zum erlaubten und fruchtbringenden Empfang wird die
entsprechende Disposition, bei den Sacramenten der Lebendigen der status
gratiae, ferner attentio und Beobachtung der kirchlichen Gesetze erfordert.
Außer dem Nothfall darf man kein Sacrament von einem unwürdigen minister empfangen, wobei natürlich vorausgesetzt wird, daß die indignitas
ministri feststehe.

---

[1] Trid. s. VII. can. 10; Luth. art. 12 damn. a Leone X. Metus gravis macht
das Sacrament nicht ungiltig, außer bei der Ehe.

[2] Trid. s. VII. can. 11. 12. Der Glaube oder Gnadenstand des minister ist
nicht zur Giltigkeit des Sacraments erfordert.

303. Die Wirkung der Sacramente ist die Gnadenmittheilung (*effectus primarius*) und bei Taufe, Firmung und Priesterweihe die Einprägung eines character indelebilis (*effectus secundarius*). Die Gnade ist die *gratia habitualis* und die *gratia sacramentalis*, die Heiligung und die jedem Sacramente eigenthümliche Gnade, das Recht auf gewisse actuelle Gnaden. Die Heiligung ist die erste Rechtfertigung des Sünders (*gratia prima*) oder die Erhöhung und Vermehrung der ersten (*gratia secunda*). Die gratia prima ertheilen die sacramenta mortuorum; per accidens kann aber auch ein Sacrament der Todten die gratia secunda, zuweilen auch ein Sacrament der Lebendigen die gratia prima verleihen.

Die Sacramente wirken *ex opere operato* (non ex meritis personae) in Kraft der Einsetzung Christi direct und unmittelbar, wenn im Subjecte der Gnade kein Hinderniß entgegensteht *(non ponentibus obicem)* [1]. Bei einem bloßen obex materialis (negativus) kann wohl die Gnadenwirkung stattfinden, nicht aber bei einem obex formalis (positivus). Was der Empfänger seinerseits thun muß, ist allerdings die conditio sine qua non der Gnadenwirkung, aber nicht die Ursache; diese ist das Verdienst Christi (das von Christus gewirkte Werk), die Gnade, die Christus in die Sacramente gelegt hat.

2. Die Taufe.

304. Die Taufe ist das Sacrament der geistigen Wiedergeburt des Menschen durch das Wasser und Wort des Lebens [2]. Sie ist (in re oder in voto) zum Heile nothwendig necessitate medii. Ersatz des Sacramentes der Taufe ist die Bluttaufe (baptismus sanguinis) und die Begierdtaufe (baptismus flaminis) [3]. Durch das Sacrament der Taufe wird man ein Glied der einen Kirche Jesu Christi (16) und den kirchlichen Gesetzen unterworfen (93). Die Nothwendigkeit der Kindertaufe ergibt sich aus der Allgemeinheit der Erbsünde (Röm. 5, 12 ff.; Eph. 2, 3) und der absolut ausgesprochenen Nothwendigkeit der Taufe zum Heile (Joh. 3, 5) [4].

---

[1] Trid. sess. VII. can. 8 de baptismo.

[2] Joh. 3, 5; Matth. 28, 19; vgl. Eph. 5, 26; Apg. 22, 16; Röm. 6, 4; Kol. 2, 4; Tit. 3, 5; Hebr. 6, 4; c. 76 D. 4 de cons. Die Taufe heißt auch tinctio, ablutio, sacramentum fidei etc.

[3] Vgl. Matth. 10, 32. 39; Luc. 12, 50; Marc. 10, 38; 1, 4; 1 Kor. 15, 29; c. 34. 37. 149 D. 4 de cons.; c. 2 x III. 43.

[4] Vgl. Matth. 18, 3; 19, 13—15; Apg. 10, 48; 16, 15; 18, 8; 1 Kor. 1, 16; Trid. s. VII. can. 12. 13. 14; s. V. de peccat. origin. Ueber das Loos der ohne Taufe sterbenden Kinder steht nur fest, daß sie nicht zur übernatürlichen Anschauung Gottes gelangen, aber auch nicht zu den Peinen der Hölle verdammt werden, denen die in persönlich begangener Todsünde Sterbenden verfallen.

Die Taufe kann nur einmal empfangen werden, Wiederholung derselben wäre ein schweres Verbrechen (140, I.) [1].

Getauft können werden 1) Erwachsene nur mit ihrem Willen (87); bei ihnen ist die contritio oder attritio mit der nöthigen Vorbereitung erforderlich [2]; 2) Kinder, die lebendig und (zum Theil wenigstens) geboren sind [3]; die Taufe im Mutterleibe ist, weil zweifelhaft, nachher, wenn es sein kann, sub conditione zu wiederholen. Die Einwilligung supplirt bei Kindern die Kirche [4]. Ist es nicht erlaubt, Kinder nicht christlicher Eltern gegen deren Willen zu taufen (87), so werden doch Kinder, deren Vater oder Mutter christlich ist, nach kirchlichem Rechte wie Kinder christlicher Eltern betrachtet.

Die Taufe soll den Kindern baldmöglichst (innerhalb zwei oder drei Tagen) ertheilt werden [5]; sie ist in der Kirche zu ertheilen, wo nicht für den Fall großer Kälte im Winter es im Hause geschehen muß, außerdem auch in geheizter Sakristei mit etwas gewärmtem Taufwasser. Nur Fürsten haben das Privilegium der Haustaufe. Ward die Nothtaufe im Hause ertheilt, so sollen später, wenn das Kind am Leben bleibt, die Ceremonien in der Kirche nachgeholt werden [6]. Die Nothtaufe selbst darf aber nur dann sub conditione wiederholt werden, wenn ein vernünftiger Grund zum Zweifel an ihrer Gil-tigkeit vorhanden ist [7] (140, I.).

[1] C. 108. 112. 117. 118 D. 4 de consecr.

[2] Ueber das Katechumenat vgl. *Devoti*, Instit. canon. t. II. sect. I. § XXIX. seq. ed. Romae 1846 p. 44 seq.

[3] Nemo renatus, nisi qui natus (Aug.); c. 115 D. 4 de cons.; *Benedict. XIV.*, De syn. dioec. l. VII. c. 5 n. 2 seq.

[4] C. 34 D. 4 de cons.; Trid. s. VII. l. c. can. 13.

[5] Rit. rom. Conc. Prov. Vienn. t. III. c. 2: „Infantum baptismus ultra biduum a nativitate non differatur."

[6] Clem. un. III. 15.

[7] Declar. S. Congr. Conc. d. 29. Dec. 1682: „Infantes ab obstetricibus bap-tizatos posse rebaptizari sub conditione *in casibus particularibus, ubi rationabile dubium oritur circa validitatem baptismi prima vice collati*"; d. 15. Jan. 1725: „Liberos expositos esse baptizandos sub conditione, praeterquam si schedulam portent in collo vel alia corporis parte appensam, quae habeat certitudinem et in qua scriptum sit, eos esse baptizatos." Entschieden verwerflich ist dagegen der Ge-brauch, jede von der Hebamme ertheilte Nothtaufe sub conditione zu wiederholen. Cf. *Benedict. XIV.*, Instlt. VIII. n. 6. 7; de syn. dioec. l. 7 c. 6 n. 3; Schüch, Handbuch der Pastoraltheologie. Linz 1876. S. 590 A. 3: „Nur eine vernünftige Praxis (consuetudo rationabilis) kann rechtskräftig sein und dem Priester für seine Functionen als Norm dienen. Eine vernünftige Praxis darf jedoch dem Dogma nicht widersprechen. Die so allgemeine Praxis, alle schon nothgetauften Kinder ohne Unterschied und ohne vorausgehende Untersuchung sub conditione wieder zu taufen, widerspricht aber offenbar dem Dogma, daß die Taufe von jeder-mann giltig gespendet und also auch, wenn über die Giltigkeit kein begründeter Zweifel besteht, nicht wiederholt werden könne." Cf. c. 110. 112 D. 4 de consecr.

Die *materia remota* der Taufe ist natürliches Wasser [1], außer dem
Nothfall das Taufwasser, das am Charsamstag und Pfingstsamstag zu be=
nediciren ist; *materia proxima* ist die immersio oder effusio oder aspersio:
jedenfalls soll eine ablutio eines Haupttheils des Körpers, und zwar, wo
möglich, des Hauptes stattfinden [2]. War das Untertauchen früher üblich,
wenn auch nie ausschließlich (z. B. bei der Clinikertaufe), so wurde in der
lateinischen Kirche seit dem 12. Jahrhundert das Aufgießen herrschend [3], und
zwar dreimal in Kreuzesform. Wesentlich ist, daß gleichzeitig von derselben
Person das Wasser aufgegossen und die Worte gesprochen werden: „(Ego)
te baptizo in nomine Patris et Filii et Spiritus sancti [4].

Der ordentliche Spender der Taufe war in der ältesten Zeit der
Bischof; jetzt ist es der Pfarrer (237, 6); ein anderer Priester darf nur
taufen mit seiner Erlaubniß, ein Diakon nur, wenn kein Priester zu haben
ist. Im Nothfalle kann jedoch jeder taufen, selbst Häretiker und Un=
gläubige, wenn sie nur die nöthige Intention haben. Niemand aber kann
sich selbst taufen [5].

Durch die Taufe werden die Erbsünde und die vor der Taufe persönlich
begangenen Sünden getilgt, alle Sündenstrafen erlassen, wird die heilig=
machende Gnade verliehen und der unauslöschliche Charakter eines Christen
eingeprägt [6]. Die Taufpathen (patrini, susceptores, sponsores, fidejus=
sores), deren es nur einer, zwei höchstens von verschiedenem Geschlechte sein
dürfen (341), sollen für die christliche Erziehung des Täuflings Sorge tragen [7];
ausgeschlossen sind von der Pathenschaft Ungläubige, Häretiker, öffentlich Ex=
communicirte und Interdicirte, öffentliche Sünder, noch nicht Gefirmte, die
eigenen Eltern des Täuflings; auch sollen Ordenspersonen keine Pathen sein [8].
Der Pfarrer hat im Taufbuch Namen des Täuflings, der Eltern und Pathen
sowie des Taufenden gewissenhaft einzutragen.

---

[1] Trid. s. VII. can. 2. Auf das Wasser weisen schon die Typen der Taufe im
A. T. hin; vgl. Isai 55, 1; Ezech. 36, 25; Zach. 13, 1.

[2] „Quisquis alibi quam in capite baptizatus fuerit, rebaptizandus est sub
conditione.“ *Liguori* l. VI. n. 107; cf. *Thom. Aq.* 3 q. 68 a. 12 ad 4.

[3] Die Johannestaufe war kein Sacrament im eigentlichen Sinne. Joh. 1, 33;
Marc. 1, 8; Apg. 19, 3—6; c. 78. 79. 80. 82. 85 D. 4 de cons.; Trid. s. VII. can. 1.

[4] C. 83. 86 D. cit. Vgl. Apg. 2, 41; 16, 33.

[5] Cf. c. 13 D. 9; c. 19. 20. 21. 24. 28. 29 D. 4 de cons.; Trid. l. c. can. 4;
c. 4 x III. 42.

[6] Röm. 8, 1; 6, 4; 1 Kor. 6, 11. 19 f.; Apg. 2, 38; Luc. 3, 16; Tit. 3, 5.
Trid. sess. V. decret. de pecc. orig. 4. 5.

[7] Trid. s. XXIV. c. 2 de ref. matr.; c. 3 Sexti IV. 3; c. 105 D. 4 de cons.

[8] C. 102—104 D. 4 cit. Nach Instr. Past. Eystettensis p. 60 auch nicht Cle=
riker, besonders nicht der Pfarrer.

3. Die Firmung.

305. Die Firmung ist das Sacrament, durch welches den Getauften Vermehrung der gratia sanctificans und Kraft mitgetheilt wird zum Glauben und zum Bekenntniß des Glaubens, das Sacrament der Vollendung, das aus der geistigen Kindheit zum vollen Mannesalter geistlicher Streiter führt. Es heißt confirmatio, corroboratio, perfectio, signaculum, sacramentum chrismatis, unctio, manuum impositio. Eingesetzt von Christus, sei es beim heiligen Abendmahle oder wohl erst zwischen seiner Auferstehung und Himmelfahrt (vgl. Apg. 1, 2—4), ward es von den Aposteln gespendet durch Handauflegung und Salbung[1].

Der ordentliche Ausspender ist der Bischof. Der Bischof kann nur einen andern Bischof delegiren, der Papst aber auch einen Priester. Ist die Ertheilung der Firmung auch ein Vorrecht der Apostel und der Vorsteher der Kirche, der Feldherren, die in die Schaar der Kämpfer Christi aufnehmen, so erfordert dieselbe doch nicht den bischöflichen *ordo* nothwendig, wie ja auch die bei den Griechen von Priestern ertheilte Firmung giltig ist; es fordert dieselbe die Jurisdiction, und darum kann der Papst, in dem alle kirchliche Jurisdiction ihre Wurzel hat, auch einen Priester delegiren zur Ertheilung der Firmung mit dem vom Bischofe consecrirten Chrisam[2].

Jeder getaufte Mensch kann die Firmung empfangen, sei es, wie früher, unmittelbar nach der Taufe oder, wie jetzt, Kinder, die mindestens sieben Jahre alt sind, oder auch, wie an anderen Orten, erst nach Empfang der ersten heiligen Communion. Niemand, der die heilige Firmung empfangen kann, soll es versäumen; jedenfalls ist es schwere Sünde, sie aus Geringschätzung zu vernachlässigen, oder wenn die Vernachlässigung mit Aergerniß verbunden wäre, oder wenn schwere Versuchungen zu überwinden sind. Uebrigens spricht Benedict XIV. die Verpflichtung allgemein aus[3]. Auch Kranke und Sterbende sollen sie noch empfangen, ut in resurrectione perfecti appareant, wie der hl. Thomas sagt[4].

---

[1] Apg. 8, 14—17; 19, 1—6; 2, 38; Hebr. 6, 1—4. 6; vgl. 2 Kor. 1, 21. 22: „qui *confirmat* nos, qui *signavit* nos et qui *unxit* nos". Vgl. Eph. 1, 13; Tit. 3, 5 f.; Joh. 7, 38 und Joel; 1 Joh. 2, 27. Dist. 5 de conscr.

[2] Trid. s. VII. can. 1 de confirm.; Eugen. IV. decret. pro Armenis; cf. *Lümmer*, Animadvers. theolog. canonic. p. 40 sq.; Institut. S. 166: „Quum Papa in ecclesia habeat plenitudinem potestatis, ex qua potest quaedam, quae sunt superiorum ordinum, committere quibusdam inferioribus, Romani Pontificis delegatio sufficit, ut simplices presbyteri sacramentum confirmationis rite administrent."

[3] Const. „Etsi pastoralis": „Monendi sunt ab Ordinariis locorum, eos gravis peccati reatu teneri, si (cum possint) ad confirmationem accedere renuunt ac negligunt."

[4] S. Congr. Conc. d. 23. April. 1774. *Richter*, Trid. p. 47.

Die Firmung verleiht Vermehrung der Gnade, besonders die Gnade der Standhaftigkeit im Glauben und den Charakter als Streiter Christi, und kann nur einmal empfangen werden. Die besonderen Charismen, die nur zuweilen, namentlich in der ersten Christenheit eintraten, sind nicht mit der Gnade nothwendig verbunden.

Der Firmpathe soll in der Regel nur einer, nicht derselbe wie der Taufpathe und gleichen Geschlechts mit dem Firmling sein[1]; die Eltern des Firmlings dürfen es nicht sein (vgl. 341)[2].

4. Die heilige Eucharistie.

306. Das erhabenste der Sacramente, in welchem der Urheber der Gnade selbst[3] zugegen ist, angebetet und gespendet wird, ist die heilige Eucharistie (sacra coena, corpus Domini, sacramentum altaris, sanctissimum, fractio panis)[4], das Sacrament des Leibes Christi, in welchem unter den Gestalten des Brodes und Weines (Accidentien) Christus vere, realiter et substantialiter kraft einer wunderbaren Umwandlung (transsubstantiatio) gegenwärtig ist, sein heiliges Fleisch und Blut zur Nahrung der Seele empfangen (communio) und Christus, das blutige Kreuzopfer auf unblutige Weise gegenwärtig setzend, dem himmlischen Vater dargebracht wird (missa).

Die wesentliche Materie zur *confectio sacramenti* (consecratio im heiligen Opfer, 373) ist Weizenbrod[5] und Wein vom Rebstock[6]; die Form besteht in den Einsetzungsworten, wodurch Brod und Wein in den Leib und das Blut Jesu Christi verwandelt werden, so daß nur die Gestalten von Brod und Wein als Materie des Sacraments zurückbleiben. Infolge der

---

[1] C. 101 D. 4 de cons.

[2] C. 6 C. XXX. q. 1. Bezüglich des Gebrauchs, daß für sämmtliche Firmlinge vom Bischof oder Pfarrer ein männlicher und ein weiblicher Pathe aufgestellt werde, erklärte die S. Congr. Conc. d. 12. Julii 1823: „non esse probandum, sed tolerandam in casu necessitatis". Trid., ed. *Schulte-Richter* p. 47.

[3] Trid. s. XVIII. cap. 3.

[4] 1 Kor. 10, 16; Apg. 2, 42. 46; 20, 7. 11.

[5] Panis triticeus; auch Dinkelkorn (zea), nöthigenfalls auch Roggen (siligo) ist zulässig. In der lateinischen Kirche ist nur ungesäuertes Brod erlaubt. Cf. *Devoti* l. c. p. 77 seq. Die hl. Hostien müssen mindestens alle 14 Tage erneuert werden. S. Congr. Conc. d. 5. April. 1573; S. Congr. Rit. d. 7. Sept. 1850. Aber auch nur particulae recentes sollen consecrirt werden. Partikeln zu consecriren, die im Winter vor drei, im Sommer vor sechs Monaten gebacken sind, ist verboten. S. C. Rit. d. 16. Dec. 1826.

[6] Vinum de vite; cf. c. 2. 4. 5. 93 D. 2 de cons.; c. 6 x III. 41. Trid. s. XXII. de sacr. Miss. c. 7. Dem Weine ist ein wenig Wasser beizumischen; c. 13 x III. 41.

Transsubstantiation ist Christus unter jeder der beiden Gestalten und in jedem Theile derselben ganz gegenwärtig [1].

Daher gebührt I. dem allerheiligsten Sacramente Anbetung und göttliche Verehrung *(cultus latriae)*. Es ist das heilige Sacrament in der Kirche aufzubewahren, in allen Pfarrkirchen, in der Kathedralkirche nicht auf dem Hauptaltar [2]; vor ihm muß das ewige Licht brennen, es wird in der Kirche feierlich zur Anbetung ausgesetzt und in Processionen umhergetragen, wie die Kirche das Frohnleichnamsfest mit besonderem Glanze begeht [3].

II. Die heilige Communion wird nach der Praxis der Kirche nur denjenigen Getauften und in der Gemeinschaft der Kirche Stehenden, die bereits die für die heilige Handlung nöthige Geistesreife erlangt haben (das Alter hat der Pfarrer zu bestimmen), und nur unter Brodsgestalt gereicht [4]. Der Empfänger muß frei von schwerer Sünde [5] und nüchtern sein (jejunium naturale) [6]. Notorischen Sündern ist die Communion zu verweigern; geheimen Sündern kann sie nur verweigert werden, wenn sie dieselbe insgeheim verlangen, und der Priester die Unwürdigkeit nicht aus der Beicht, sondern anderswoher kennt.

Der Empfang der heiligen Communion ist göttliches Gebot [7]. Das Concil von Trient wünscht, die Gläubigen möchten bei jeder Messe, der sie anwohnen, communiciren [8]. Strenge geboten ist die Communion in der österlichen Zeit und in Todesgefahr. Der Empfang der heiligen Communion ist von der Kirche auch vor Eingehung der Ehe, bei Empfang der Priesterweihe vorgeschrieben. Die österliche Communion ist in der Pfarrkirche zu empfangen, und nur mit Erlaubniß des Bischofs oder Pfarrers darf sie in einer andern Kirche empfangen werden [9]. Die österliche Zeit erstreckt sich vom

---

[1] Franz, Der eucharistische Consecrationsmoment. Würzburg 1875.

[2] Trid. s. XIII. c. 6; cf. c. 1 x III. 44; cf. Trid. s. XXV. c. 10 de regul.

[3] C. 10 x III. 41; c. 1 x III. 44; Trid. s. XIII. can. 6 de S. Euch.

[4] Trid. l. c. cap. 1. 2. 3 can. 2. 7; s. XXI. de commun. sub utraq. specie can. 1. 3. 4; cap. 4.

[5] 1 Kor. 11, 27 ff.; Trid. s. XIII. cap. 7: „Ecclesiastica autem consuetudo declarat, eam probationem necessariam esse, ut nullus sibi conscius mortalis peccati, quantumvis sibi contritus videatur, absque praemissa sacramentali confessione ad s. Eucharistiam accedere debeat.“

[6] *Aug.* (ep. 54 ad Januar. c. 6): „Ex hoc enim placuit Spiritui S., ut in honorem tanti sacramenti in os Christiani prius Dominicum corpus intraret quam ceteri cibi.“ Cf. *Thom. Aq.* 3 q. 80 a. 8.

[7] Joh. 6, 54; c. 56 D. 2 de cons.

[8] Trid. s. XXII. cap. 6.

[9] C. 12 x V. 38; Trid. s. XIII. de s. Euch. can. 9. Vor dem vierten Lateranconcil war die Communion an Weihnachten, Ostern und Pfingsten geboten; c. 19. 16 D. 2 de cons. Cf. Prop. 55 damn. ab Innoc. IX. d. 2. Mart. 1679.

Palmsonntag bis zum ersten Sonntag nach Ostern, kann aber vom Papste verlängert werden.

Die heilige Communion als Wegzehrung (viaticum) soll den Kranken in feierlicher Weise gebracht werden[1]; geheime Provisuren bedürfen außer dem Nothfalle päpstlicher Erlaubniß. Dem Kranken, der nicht nüchtern sein muß, darf das Viaticum bei fortdauernder Todesgefahr öfter gereicht werden. Es kann auch Geistesgestörten, die lucida intervalla haben, ja auch solchen, die in reiferem Alter den Vernunftgebrauch gänzlich verloren haben, in articulo mortis gereicht werden, wenn keine Gefahr der Verunehrung zu befürchten ist, auch den zum Tode verurtheilten bußfertigen Verbrechern.

Ist die Spendung des Viaticum und der österlichen Communion Sache des Pfarrers (237, 6), so kann außerdem die heilige Communion von jedem celebrirenden Priester, auch bei Todtenmessen gespendet werden. Der Diakon soll die heilige Communion nur austheilen mit Erlaubniß des Pfarrers, wenn es z. B. bei einem Concurse an Priestern fehlt. Sollte aber kein Priester vorhanden sein, so dürfte mit Erlaubniß des Bischofs ein Diakon auch das viaticum spenden und dann selbst mit dem Allerheiligsten den Kranken und die Umstehenden segnen[2], ja im Nothfall dürfte jeder Priester und selbst der Diakon die heilige Wegzehrung spenden.

Die heilige Eucharistie darf (außer bei Kranken) nur in der Kirche, an jedem Tage vom Morgen bis Mittag gespendet werden, mit Ausnahme des Charfreitags, nicht aber in der Nacht, selbst nicht bei der heiligen Messe in der Christnacht.

Ist die würdige heilige Communion Seelenspeise, die Nahrung des übernatürlichen Lebens der Seele, indem Christus, der Urheber aller Gnade, sich durch den Genuß mit der Seele einigt, so findet sich in ihr zugleich auch die Mehrung der habituellen Gnade, Schutz gegen den Tod der Seele, gegen die Todsünde, ein antidotum, quo liberemur a culpis quotidianis, wie sie selbst per accidens nach dem hl. Thomas u. a. auch die Rechtfertigung bewirken kann; sie wirkt Schwächung der bösen Neigung, Stärkung und Ermunterung zum Guten und ist das Unterpfand der ewig seligen Vereinigung mit Christus und der Verklärung, ja eine anticipatio futurae gloriae, und das vinculum charitatis, das auch die Glieder des mystischen Leibes Jesu Christi unter sich verbindet[3]. Daher entspricht nur der öftere Empfang der heiligen Communion vollkommen dem Zwecke dieses Sacramentes, und soll sie wenigstens die öftere geistliche Communion bei Anhörung der heiligen Messe und Besuchung des heiligen Sacramentes in etwas ersetzen.

---

[1] C. 10 x III. 41; c. 93 D. 2 de cons.

[2] S. C. Rit. d. 14. Aug. 1858.

[3] Joh. 6, 48 ff.; 1 Kor. 10, 16; Trident. s. XIII. c. 2. Cf. *Thom. Aq.* 3 q. 79 a. 3; q. 72 a. 7 ad 2; *Pruner*, Moraltheologie S. 232 f.

5. Das heilige Bußsacrament.

307. Wie den noch nicht zum ewigen Leben Wiedergeborenen die Taufe, so ist denjenigen, die nach der Taufe in schwere Sünde gefallen sind, die Buße[1] *(in re vel in roto)* nothwendig, die secunda post naufragium tabula (Hier.)[2]. Die Buße (poenitentia, reconciliatio, absolutio, confessio, exomologesis) ist dasjenige Sacrament, wodurch den nach der Taufe Gefallenen, die bußfertig beichten, die Nachlassung von Sünden zu theil wird. Bußfertig ist nur derjenige, der Reue hat (contritio oder attritio), der aufrichtig und vollständig beichtet und der den Willen hat, Genugthuung zu leisten. Reue, Beicht und Genugthuung bilden die *quasi materia* des Sacramentes der Buße (partes sacramenti); die Form ist die Lossprechung durch den Priester[3]. Der Priester ist der Spender des Sacramentes, aber er muß auch die Jurisdiction (pro foro interno) haben[4]; denn er soll ein Urtheil fällen, und dieses ist nur giltig, wenn es über solche gefällt wird, die der Jurisdiction des Richters unterstehen. Die Jurisdiction erhält der Pfarrer mit seinem Amte als jurisdictio ordinaria über seine Parochianen; die übrigen Priester erhalten sie als delegata. Die Approbation zum Beicht=hören enthält zugleich diese Jurisdiction. Die Priesterweihe ist unumgänglich nothwendig zur Spendung des Bußsacramentes, die Jurisdiction ist ebenso nothwendig zur Giltigkeit der Absolution, außer in articulo mortis, wo jeder Priester sie ertheilen kann.

Da die Jurisdiction universell und total im Primate ruht (43), so kann der Papst die Jurisdiction beschränken und sich gewisse Fälle (casus reservati) zur Absolution vorbehalten, ebenso der Bischof in seiner Diöcese[5]. Die Reservation bezieht sich direct auf die Beichtväter, daher kann von reservirten Sünden keiner giltig absolviren, der nicht dazu speciell delegirt ist, außer in articulo mortis. Wer von den päpstlichen Reservatfällen absolviren kann, kann es deshalb noch nicht von den bischöflichen. Die päpstlichen Reservat-

---

[1] Vgl. Pruner, Moraltheologie S. 212 ff.; Haringer, Anleitung zur Ver=waltung des heiligen Bußsacraments. Regensburg 1851.

[2] Trid. s. XIV. can 2; c. 2 de poenit.; c. 72. 81 D. 1 de poenit.

[3] Matth. 18, 18; Joh. 20, 21; Matth. 16, 19. Ein Diakon konnte nur die Lossprechung von der öffentlichen Buße ertheilen. Wenn in Ermanglung eines Priesters vor einem Laien ein Bekenntniß abgelegt ward, so konnte es nur zur Ver=demüthigung aus Bußfertigkeit geschehen, ohne sacramentalen Charakter dieser Beicht; cf. c. 2 x V. 18; c. 31 C. XIII. q. 2; c. 1 D. 6 de poenit.

[4] Eugen. IV. decr. pro Armen. Trid. l. c. can. 9. 10; c. 6; Const. „Auctorem fidei" prop. 37.

[5] Trid. l. c. can. 11; c. 7; s. XXIV. c. 6 de ref.; Pius VI. d. 28. Nov. 1786 (gegen Eybels Schrift: Quid est Papa?); Hausmann, Geschichte der päpstlichen Reservatfälle. Freiburg 1868.

fälle sind fast alle (vgl. 291, I.) nur wegen der damit verbundenen Censur reservirt, so daß, wenn die Censur nicht incurrirt wurde, auch die Sünde nicht reservirt ist. Auch sind die Bischöfe ermächtigt, in geheimen päpstlichen Reservatfällen zu absolviren, mit Ausnahme der speciali modo dem Papste vorbehaltenen [1].

Zur Beicht verpflichtet ist jeder Getaufte, der zu den Unterscheidungsjahren gelangt [2] und in eine schwere Sünde gefallen ist; aber auch jede Sünde unterliegt der kirchlichen Schlüsselgewalt. Läßliche Sünden bilden eine materia sufficiens. Das wirkliche Bekenntniß der schweren Sünden vor dem Priester ist kraft göttlichen Gebotes gefordert [3]. Wenn auch die contritio mit dem aufrichtigen Willen, baldmöglichst zu beichten, an sich schon rechtfertigt [4] — ähnlich der Begierdtaufe —, so bleibt doch im Falle der Möglichkeit noch die Pflicht, die Sünden zu beichten. In Verbindung mit dem Bußsacramente genügt die attritio.

Soll die Beicht nach begangener schwerer Sünde überhaupt nicht lange aufgeschoben werden, namentlich um nicht tiefer noch in die Sünde zu fallen, Versuchungen überwinden zu können, so ist insbesondere zum Empfang des Bußsacramentes verpflichtet:

1) Jeder ohne Ausnahme wenigstens einmal im Jahre, also namentlich vor der österlichen Communion [5];

2) wer in gefährlicher Krankheit sich befindet [6];

3) wer ein Sacrament der Lebendigen, namentlich die heilige Communion, empfangen will; daher soll es vor Eingehung der Ehe geschehen, bei der Weihe und bei der Firmung, wenn sie Erwachsenen ertheilt wird.

Die Beicht kann bei jedem vom Bischof approbirten Priester abgelegt werden, nicht nur vor dem Pfarrer, wie es früher vorgeschrieben war [7].

---

[1] Cf. Instr. Past. Eystett. p. 181 seq.

[2] C. 12 x V. 38; Trid. l. c. can. 8. Jedenfalls soll die Beichte der Kinder nicht über das neunte Lebensjahr hinausgeschoben werden.

[3] Apg. 19, 18; 2 Kor. 5, 18; Jak. 5, 16; vgl. Matth. 3, 6; Marc. 1, 5; c. 40 C. XXVI. q. 7; c. 38 D. 1 de poenit.: „Non potest quisquam justificari a peccato, nisi ante fuerit peccatum confessus"; cf. c. 49. 85. 88. 89 ib. Gratian nahm allerdings auch die Meinung einzelner auf, daß auch ein Bekenntniß vor Gott genüge (c. 100 D. 1 de poenit.), das nur im Nothfalle als contritio cum voto confitendi genügt.

[4] *Thom. Aq.*, Quodlib. 4 a. 1: „Per solam contritionem dimittitur peccatum ... sed si, antequam absolvatur, habeat hoc sacramentum in voto, jam virtus clavium operatur in ipso et consequitur remissionem culpae."

[5] C. 12 x V. 38; c. 64 d. 50.

[6] C. 13 x V. 38; Trid. l. c. cap. 1.

[7] Trid. s. XIV. can. 8; Alphons Lig. v. VI. tr. IV. n. 564: „Fideles libere possunt confiteri; cuilibet approbato sacerdoti confiteantur, et hoc etiam tempore

Daß eine sacrilegische Beicht auch dem Gebote der Osterbeicht nicht genügt, ist klar [1].

Die Wirkungen des Sacramentes der Buße sind Nachlassung der Sünden und der ewigen Strafe, nicht aber auch nothwendig der zeitlichen Strafen, die meist, wenigstens noch zum Theile, hier oder im Reinigungsorte abzubüßen bleiben. Die öftere Beicht wird um so reichlicher auch die actuelle Gnade zur Besserung und Erneuerung des christlichen Lebens verleihen.

In den älteren Zeiten bestand neben der stets vorhandenen geheimen Beicht (Ohrenbeicht, *confessio secreta*) auch eine öffentliche Beicht (*confessio publica sine sigillo*). Letztere wurde bei öffentlich begangenen Sünden oder aus großem Bußeifer mit Erlaubniß des Beichtvaters vor der Gemeinde abgelegt. Die öffentliche Buße aber konnte bei öffentlichem Aergerniß oder nach dem Urtheil des Bischofs (Beicht vor dem Bußgericht des Bischofs) auferlegt werden; diese wurde nur einmal gestattet. Hatten die öffentlichen Büßer die vier Grade der flentes, audientes, substrati (genuflectentes) und consistentes bestanden, so wurde ihnen die canonische Lossprechung in der Charwoche ertheilt; vielen wurde die Bußzeit abgekürzt, Nachlaß ihrer Bußzeit (Ablaß) ertheilt. Davon war aber in der Regel die Absolution von den Sünden getrennt, die meist schon vor Erfüllung der Bußwerke ertheilt ward [2].

308. Der Beichtvater darf das Beichtkind nie nach dem Namen des Mitschuldigen (*complex peccati*) fragen und zwar unter strengen Strafen. Wer lehrt oder vertheidigt, es sei erlaubte Praxis, die Beichtenden nach den Namen der Mitschuldigen zu fragen, verfällt der dem Papste vorbehaltenen Excommunication (vgl. 291, I. II.) [3].

Verpflichtet schon das natürliche Recht, Liebe, Treue und Gerechtigkeit den Beichtvater zum strengen Stillschweigen über das, was ihm in der Beicht anvertraut worden ist, so ist das *sigillum sacramentale* auch ein positiv göttliches und strenges kirchliches Gebot. Nichts, weder eigene Gefahr noch Gefahr des Staates oder der Kirche berechtigt ihn zu dem sacrilegium der fractio sigilli. Auch kein Gericht kann ihn dazu anhalten; was er nicht als Mensch, sondern nur als Stellvertreter Gottes in der Beicht erfahren

---

paschali et invito parocho. Et hoc saltem ex praesenti universali consuetudine hodie certum est, quidquid antiqui aliter dixerint." Vgl. Freiburger Kirchen-lexikon. 2. Aufl. Bb. II. S. 236.

[1] Prop. damn. ab Alexandro VII. n. 14.

[2] Frank, Die Bußdisciplin der Kirche von den Aposteleiten bis zum 7. Jahrhundert. Mainz 1867. S. 811 ff. Cf. Prop. 16—18 damn. ab Alexandro VII. Const. „Auctorem fidei" prop. 87.

[3] Const. Benedict. XIV. d. 7. Julii 1745, d. 2. Junii 1746, d. 28. Sept. 1746: Const. „Apostol. Sed. moder." b. 1.

hat, darüber darf er nie ein Zeugniß ablegen [1]. Es läßt das Beichtgeheimniß keine Ausnahme zu.

Nicht bloß ein directer Bruch des Beichtgeheimnisses ist strenge verboten, sondern es bezieht sich dasselbe auf alles das, was für den Pönitenten oder die Gläubigen ein odium oder gravamen herbeiführen könnte, alle Umstände der Beicht, Gebrechen des Pönitenten, alles gelegentlich der Beicht Erkannte, das die Beicht obios machen könnte u. s. w. Der Beichtvater darf von demjenigen, was er aus der Beicht weiß, keinen Gebrauch machen [2], auch nicht zu seinem eigenen Vortheil, sofern daraus für den Pönitenten ein Nachtheil oder sofern ein gegründeter Verdacht einer revelatio saltem indirecta zu befürchten wäre. Nicht einmal mit dem Pönitenten darf er außer der Beicht von seiner Beicht sprechen, ohne daß dieser es erlaubt hätte. Ein Bruch des Beichtsiegels läge nicht vor, wenn das Beichtkind dem Beichtvater selbst die Erlaubniß gab, etwas aus der Beicht zu offenbaren; doch darf er das nur mit großer Vorsicht und Umsicht thun.

Zum Beichtgeheimniß sind auch alle verpflichtet, die von der Beicht eines andern etwas erfahren, z. B. hören.

6. Die heilige Oelung.

309. Das Sacrament der Oelung (*sacramentum unctionis, unctio, oleum infirmorum*) ist jenes Sacrament, in dem durch die Salbung und das Gebet des Priesters dem schwer Erkrankten die Stärkung und Gnade der Seele, insbesondere für den Todeskampf, aber auch oft, wenn es dem Seelenheile des Kranken heilsam ist, die Stärkung des Leibes zu theil wird [3].

Das Gebot Jak. 5, 14. 15. (vgl. Marc. 6, 13) spricht zugleich die Gnadenwirkungen aus wie das äußere Zeichen. Die Salbung mit Oel in Verbindung mit dem Gebete des Glaubens über den Kranken soll ihn stärken und aufrichten, und wenn er noch Sünden auf sich hat, diese tilgen, ihm oft auch körperliche Genesung wieder verschaffen. Als Supplement der Buße setzt sie, wo es möglich ist, den Empfang des Bußsacramentes voraus, kann

---

[1] *Thom. Aq.*, Suppl. q. 11 a. 1 ad 3: „Homo non adducitur in testimonium nisi ut homo; ideo sine laesione conscientiae potest jurare, se nescire, quod scit tantum ut Deus." Knopp, Der katholische Seelsorger vor Gericht. Regensburg 1849; cf. c. 2 D. 6 de poen.; c. 12 x V. 38; c. 13 x V. 31; c. 2 x I. 31.

[2] Clemens VIII. d. 26. Maji 1594: „Caveant diligentissime, ne ea notitia, quam de aliorum peccatis in confessione habuerunt, ad exteriorem gubernationem utantur." Cf. propos. ab Innocent. XI. d. 18. Nov. 1682 damn.

[3] „Unctio infirmorum est sacramentum, quo aegrotis per unctionem sacri olei cum certa orationis forma coelestis gratia et virtus confertur ad vitae finem praesidio spirituali muniendum, ad salutem animae et quandoque etiam corporis."

aber dieses in Verbindung mit der contritio im Nothfall auch ersetzen; sie vergibt läßliche Sünden und tilgt die reliquiae peccatorum.

Die materia remota ist das vom Bischof (oder einem vom Papste dazu bevollmächtigten Priester) geweihte Olivenöl[1]; bei den Griechen weiht es auch der Priester. Materia proxima ist die Salbung der Sinnesorgane, obwohl im Nothfalle auch eine einzige Salbung genügt. Die Form ist deprecativ[2], wie sie auch den Worten des Apostels Jakobus und den Wirkungen am besten entspricht.

Spender ist der Priester; erlaubterweise extra casum necessitatis nur der Pfarrer (237, 6). Wenn bei den Griechen sieben oder drei Priester gewöhnlich zugegen sein sollen, so ist diese Assistenz doch in keiner Weise erforderlich, nur einer nimmt die Salbung vor und es sind durchaus nicht mehrere Priester nothwendig[3]. Die Griechen nehmen auch andere Salbungen mit dem Krankenöle vor[4].

Empfänger ist der in Gemeinschaft der Kirche stehende schwer Kranke, der schon zum Gebrauche der Vernunft gelangt war. Also in der Regel nicht Kinder unter sieben Jahren, nicht beständig Wahnsinnige, wohl aber solche, die lucida intervalla gehabt haben. Es genügt, daß die Krankheit mit Lebensgefahr verbunden sei, und soll nicht der articulus mortis abgewartet werden. Auch Frauen, die wegen schwerer Geburt in wirklicher Lebensgefahr sich befinden, altersschwachen Personen, denen infolge ihrer Altersschwäche Todesgefahr droht, wird sie ertheilt, nicht aber Gesunden, die dem, wenn auch sichern, Tode entgegengehen.

Den in Lebensgefahr sich befindenden Kranken ist der Empfang der heiligen Oelung auch Pflicht; „nec tanti sacramenti contemptus absque ingenti scelere atque ipsius spiritus sancti injuria esse potest." In einer und derselben Krankheit und derselben fortdauernden Todesgefahr soll sie nur einmal empfangen werden; wohl aber kann sie wiederholt werden, wo die Todesgefahr vorüber war und sich von neuem einstellt.

Zum würdigen Empfang gehört der status gratiae, daher Beicht oder doch, wenn man nicht beichten kann, die Erweckung einer möglichst vollkommenen Reue. Immer soll sie mit Reue, Andacht und Ergebung in Gottes Willen empfangen werden. Wurde die Oelung früher auch vor der heiligen Wegzehrung ertheilt, so wird jetzt nach der Beichte das viaticum und dann die Oelung (Sacramente der Sterbenden) ertheilt. Auch Bewußtlosen wird sie

---

[1] C. 18 D. 3; c. 12 x III. 41; S. C. Inquis. d. 13. Jan. 1655; d. 14. Sept. 1842.

[2] Aeltere Formel auch: „Ungo te oleo sanctificationis in nomine Patris et Filii et Spiritus S., ut more militis uncti praeparatus ad certamen aëreas portas possis superare potestatis."

[3] C. 14 x V. 40; Trid. s. XIV. c. 3. 4; can. 4 de sacr. extr. unct.

[4] Cf. Benedict. IV., De syn. dioeces. l. 3 c. 5 n. 4 seq.

ertheilt, auch bewußtlosen Sündern, wenn sie Zeichen der Reue gegeben haben, nach der (sub conditione) ertheilten sacramentalen Lossprechung. Da oft noch ohne äußere Zeichen des Bewußtseins angesichts des Todes innere Reue vorhanden sein kann, wird äußerlich Bewußtlosen in articulo mortis immer die heilige Oelung zu ertheilen sein, wo die Lossprechung sub conditione ertheilt werden kann (sacramenta propter homines).

7. Das Sacrament der Weihe.

310. Sind die übrigen Sacramente für die einzelnen, so sind die Sacramente der Weihe und der Ehe für die Kirche im ganzen nothwendig. Während die Ehe die natürliche Fortpflanzung des Menschengeschlechtes heiligt, pflanzt die Weihe das übernatürliche Leben fort, insbesondere durch das heilige Opfer und die Eucharistie.

Mit der Einsetzung des hochheiligen Opfers, der Vollmachtverleihung zum Opfer ward das Priesterthum als fortdauernde Institution (1 Kor. 11, 26) in der Kirche eingesetzt, das Sacrament der Weihe, das im Auftrage Christi in dreigliedriger Stufenordnung fortgepflanzt wurde: Episkopat, Presbyterat und Diakonat, aus welch' letzterem sich die anderen Weihestufen entwickelten. Da von der heiligen Weihe bereits a. a. O. (42. 43. 135. 136. 137—143) gehandelt ward, ist es nicht nöthig, hier noch besonders darauf einzugehen.

Die Ehe.

Erstes Kapitel.

Allgemeine Grundlagen des Eherechts.

1. Das Wesen der Ehe an sich.

311. Die Ehe[1] an sich ist die Verbindung eines Mannes und Weibes zu ungetheilter (geistig-leiblicher) und unauflöslicher Lebensgemeinschaft. Das römische Recht definirt sie: „Nuptiae sunt conjunctio maris et feminae,

---

[1] Mit Uebergehung der älteren Monographien, wie der Summa de matrim. von Tancred, Bernard von Pavia, der hierher gehörigen Schriften von Augustinus, Thomas von Aquin u. s. w., seien hier nur genannt: Schulte's Eherecht, Gießen 1855; Kutschker, Das Eherecht in der Kirche, Wien 1856; Knopp, Vollständiges kathol. Eherecht, 4. Aufl. Regensburg 1873; Weber, Die canonischen Ehehindernisse, Freiburg 1886, und Die Ehescheidung, das. 1875; Binder, Prakt. Handbuch des kathol. Eherechts, 3. Aufl., von Scheicher, Freiburg 1887; Carb. Rauscher, Die Ehe, Wien 1868 u. s. w.

consortium omnis vitae, divini et humani juris communicatio" [1], und: „Matrimonium est maris et feminae conjunctio, individuam vitae consuetudinem retinens" [2], was auch das canonische Recht wiederholt [3].

Die Ehe kann betrachtet werden, inwiefern sie actu eingegangen wird *(in fieri, causaliter)*, und hier besteht sie in der freien Einwilligung, im *consensus*, und inwiefern sie den dauernden Zustand bezeichnet, der daraus entsteht *(in facto esse, formaliter)*, und hier besteht sie im Ehebande, in dem *vinculum matrimoniale*.

Der Zweck der Ehe ist 1) die Fortpflanzung des Geschlechts; 2) die Erziehung der Kinder, 3) die gegenseitige Hilfeleistung und Unterstützung der Gatten, 4) ist sie remedium concupiscentiae. Es brauchen aber nicht alle diese Zwecke erfüllt zu sein; man darf auf den *usus* matrimonii verzichten, nicht aber auf das *jus* (1 Kor. 7, 4). Daher ist die naturalis aptitudo zur Geschlechtsvermischung nothwendig, die physische Möglichkeit, den ersten Zweck zu erfüllen, und ist Impotenz trennendes Ehehinderniß; zum Wesen der Ehe gehört die translatio dominii in corpus alterius conjugis; aber das dominium kann vom usus getrennt sein; „non concubitu, sed consensu subsistit matrimonium" (sogen. Josephsehe) [4].

Ihrem Zwecke gemäß fordert die Ehe nothwendig eine gewisse Legitimität und Dauer, ohne welche eine wahre Ehe von einem bloßen Concubinat nicht unterschieden, ohne welche der Zweck der Kindererziehung nicht genügend erreicht werden könnte.

Die Ehe ist von Gott eingesetzt im Paradiese als die erste Gesellschaft und Grundlage der menschlichen Gesellschaft überhaupt, und zwar als die Verbindung eines Mannes und eines Weibes: „et erunt duo in carne una" (Gen. 2, 20—25; 1, 27. 28), und, wie der Heiland aus diesen Worten ganz allgemein folgert, als eine Verbindung, die der Mensch nicht lösen

---

[1] L. 1 D. de ritu nupt. (22, 2). „Schon aus der Definition der Ehe nach dem römischen Recht folgt, daß die Ehe als eine volle Lebensgemeinschaft, ein Mit= und Füreinanderleben, monogamisch und unauflöslich sein muß, daß sie als communicatio divini ein Heiligungsmittel für die Gatten und eine Rechtsgemeinschaft sein soll." O. H. Müller, Recht und Kirche, Regensburg 1888, S. 89 ff.

[2] § 1 Inst. de patr. potest. I. 9.

[3] C. 11 x II. 23.

[4] Cf. c. 2. 3. 9 C. XXVII. q. 2. Bezüglich der Ehe der seligsten Jungfrau mit dem hl. Joseph sagt der hl. Thomas (in 4 sent. d. 30 q. 2 a. 1 ad 2): „Beata virgo, antequam contraheret cum Joseph, fuit certificata divinitus, quod Joseph in simili proposito erat; et ideo non se commisit periculo nubens: nec tamen propter hoc aliquid veritati deperiit, quia illud propositum non fuit conditionaliter in consensu appositum; talis enim conditio, cum sit contra matrimonii bonum, scilicet prolem procreandam, matrimonium tolleret."

soll: „quod ergo Deus conjunxit, homo non separet" (Matth. 19, 4—6)[1]. Sie fordert also ihrer Idee nach Unicität, Stabilität und Indisso= lubilität[2]. Dadurch ist die Polyandrie und die Polygamie aus= geschlossen. Die Monogamie und Indissolubilität beruht jedenfalls auf gött= lichem Rechte, von dem bei den Patriarchen dispensirt wurde; doch ist die Polygamie, weil nicht allen Zwecken der Ehe widersprechend, wohl nicht gegen die primigenia praecepta legis naturae, in denen keine Dispens stattfinden, sondern nur gegen die consequentia.

Die Ehe ist officium naturae, sie ist nothwendig für das Geschlecht als solches, nicht für alle Individuen; sie ist an sich gut, und nicht sündhaft, wie Gnostiker und Manichäer behaupteten (1 Tim. 4, 3).

2. Die christliche Ehe. Ehecontract und Sacrament.

312. Christus hat die im Heidenthum tief entwürdigte und auch im Judenthum herabgewürdigte Ehe (Matth. 19, 8) in ihrer Reinheit wieder hergestellt, Gesetze über die Ehe gegeben und sie zur Würde eines Sacra= mentes erhoben.

Die Erlösung durch Christus mußte sich auf alle Verhältnisse des Men= schen erstrecken, daher auch auf die Ehe, die durch den Sündenfall beson= ders entwürdigt war und so enge mit der Fortpflanzung der Sünde zu= sammenhing. Durch die Ehe sollte fortan auch das Reich Gottes auf Erden fortgepflanzt werden durch christliche Erziehung der Kinder. Die Ehe mußte daher vor allem monogamisch und unauflöslich sein[3]; aber sie bedurfte nicht nur der Erneuerung ihrer ursprünglichen Reinheit, sondern sie sollte auch einen geheiligten Charakter annehmen. Darum erhob sie Christus zum Sacrament. Die christliche Ehe ist daher die durch das Sacrament ge= heiligte unauflösliche Verbindung zwischen Mann und Weib zur vollen Lebens= gemeinschaft. Absolut unlösbar ist allerdings diese Verbindung erst, wenn die Ehe consummirt ist (erunt duo in carne una), wenn ihr weder die copula gratiae noch die copula carnis fehlt (367). Die Ehe sollte ein

---

[1] Matth. 5, 32; 19, 9 kann damit nicht in Widerspruch stehen, sondern kann nur aussprechen: Auch die Entlassung (Scheidung quoad torum et mensam) ist nicht erlaubt, außer für den Fall des Ehebruchs; die Wiederverheiratung einer so Ent= lassenen oder mit ihr ist aber als Ehebruch immer ausgeschlossen. Wäre die Ehe auflösbar (quoad vinculum) wegen Ehebruchs, so wäre der Neue Bund unvoll= kommener als der Alte, der die Todesstrafe auf den Ehebruch setzte.

[2] Encycl. Leonis XIII. „Arcanum divinae" d. 10. Febr. 1880: „Atque illa viri et mulieris conjunctio, quo sapientissimis Dei consiliis responderet aptius, vel ex eo tempore duas potissimum easque inprimis nobiles, quasi alte impressas et insculptas prae se tulit proprietates, nimirum unitatem et perpetuitatem."

[3] Vgl. Röm. 7, 2; 1 Kor. 7, 3. 10. 11. 39.

Abbild der Vereinigung Christi mit seiner Kirche sein, die durch die In=
carnation statthatte (Eph. 5, 22—33). Der Apostel nennt die Ehe ein
großes Geheimniß (μυστήριον, sacramentum) εἰς Χριστὸν καὶ εἰς τὴν ἐκκλησίαν.
Das ist offenbar das natürliche Wesen der Ehe nicht (außer in typischer Be=
ziehung, die eben erfüllt ward durch die Menschwerdung)[1]. Es muß also
zu dem natürlichen Wesen der Ehe etwas hinzugekommen sein, und das ist
die Gnade, die Sacramentalität. Wie die Verbindung Christi mit der Kirche
eine gnadenreiche, gnadenvermittelnde ist, so muß auch die Verbindung des
Mannes und Weibes in der Ehe eine gnadenvermittelnde, d. i. sacramentale
sein. Die Männer sollen ihre Weiber lieben, wie Christus die Kirche, also
mit einer übernatürlichen Liebe. Dazu bedarf es der Gnade, diese er=
theilt das Sacrament. Der Zusammenhang zwischen V. 30—32 zeigt offenbar
mehr als einen Vergleich, eine Analogie: darum ist die Ehe ein großes
Geheimniß in Christus und in der Kirche, weil wir Glieder des Leibes Christi,
von seinem Fleisch und Gebein sind, und deßhalb der Mensch Vater und
Mutter verläßt und seiner Gattin anhängt, und sie zwei in Einem Fleische
sind (Gen. 2, 24.). Wir sind Christi Glieder nur durch die Gnade, durch
die Gnade des Sacramentes sind auch die Ehegatten ebenso vereinigt[2].

Läßt sich auch aus dieser Stelle nicht vollständig die Sacramentalität
der Ehe beweisen, noch weniger aus anderen Stellen der Heiligen Schrift[3],
so beweist dies genügend die Tradition der Kirche und ist es ausdrücklich
definirtes Dogma[4].

313. Ehecontract und Sacrament sind daher im Christenthum
unzertrennlich verbunden.

Ist die Ehe ein Contract? Sicher nicht im Sinne eines civilrechtlichen
Contractes, der vom Consens der Parteien abhängt, mutuo consensu lös=
bar wäre, sich um eine res externa et singularis, intermedia inter con=
trahentes bewegt. Verträge schließt man über eine Sache. Ueber die Per=
sönlichkeit kann man keine bürgerlichen Verträge schließen. Die menschlichen
Leiber lassen kein dominium civile zu, sowenig sie Gegenstand des Handels
sein können; noch weniger der Consens, der die Geister dauernd binden soll.
Die Stipulationen eines Civilvertrages stehen in der Willkür der Parteien.

---

[1] Encyclica Leon. XIII. cit.: „Etenim cum matrimonium habeat Deum auctorem fueritque vel a principio quaedam Incarnationis Verbi Dei adumbratio,
idcirco inest in eo sacrum et religiosum quiddam, non adventitium, sed ingenitum,
non ab hominibus acceptum, sed natura insitum.“

[2] Vgl. Oswald, Die dogmatische Lehre von den heiligen Sacramenten. Bd. II.
S. 385 ff.

[3] Vgl. 1 Tim. 2, 15; 1 Kor. 7, 14 ff.; Hebr. 13, 4.

[4] Trid. s. XXIV. can. 1. Cf. Syllab. n. 65: „Nulla ratione ferri potest,
Christum evexisse matrimonium ad dignitatem sacramenti.“

Hier aber handelt es sich um die gegenseitige Hingabe der Personen, die nicht den Gegenstand eines bürgerlichen Vertrages bilden können.

Contract ist die Eingehung der Ehe allerdings, aber *contractus naturalis*, der sich von jedem andern unterscheidet 1) *ratione originis*, indem er unmittelbar aus dem Naturrecht stammt; 2) *ratione consensus*, indem seine Spontaneität von keiner menschlichen Macht supplirt werden kann; 3) *ratione conditionum*, die von Gott selbst gesetzt sind. Hinsichtlich seiner gilt nur Annahme oder Nichtannahme, keinerlei Modificationen oder Transactionen. Im Christenthum unterscheidet er sich 4) von jedem andern Contract auch *ratione signi* s. sacramenti.

Denn den natürlichen Ehecontract, wie er im Paradiese eingesetzt war, hat Christus zum Sacrament erhoben, nicht den bürgerlichen Vertrag der Römer oder Juden. Ehecontract und Ehesacrament sind im Christenthum nur virtuell, nicht reell zu distinguiren. Das conjugium, wie es Gott im Paradiese eingesetzt hatte, stattete Christus mit der sacramentalen Gnade aus. Daher gibt es unter Christen keine giltige Ehe, die nicht auch zugleich Sacrament wäre. Ist aber das Sacrament unauflösbar, so ist es auch der Ehecontract. Die Sacramentalität ist nicht etwas äußerlich, accidentell zu dem natürlichen Ehevertrag Hinzukommendes und davon Trennbares, sondern die eheliche Verbindung (der Ehecontract) ist unter Christen zugleich auch das Sacrament der Ehe [1].

Als sacramentum vivorum wirkt das Sacrament der Ehe Vermehrung der heiligmachenden Gnade; die besondere gratia sacramentalis ist die Gnade, die eheliche Keuschheit und Treue zu bewahren (gratia medicinalis contra morbum concupiscentiae), der Gnadenbeistand zu der Erziehung der Kinder und zur gegenseitigen Hilfeleistung und Heiligung.

---

[1] Alloc. Pii IX. d. 27. Sept. 1852: „Cum nemo ex catholicis ignoret, inter fideles matrimonium dari non posse, quin uno eodemque tempore sit sacramentum, a conjugali foedere sacramentum nunquam separari posse" etc. Syllab. n. 66: „Matrimonii sacramentum non est nisi quid contractui accessorium ab eoque separabile ipsumque sacramentum in una tantum nuptiali benedictione situm est." Encycl. Leon. XIII. cit.: „Etenim non potest hujusmodi distinctio, seu verius distractio, probari, cum exploratum sit, in matrimonio christiano contractum a sacramento non esse dissociabilem, atque ideo non posse contractum verum et legitimum consistere, quin sit eo ipso sacramentum. Nam Christus Dominus dignitate sacramenti auxit matrimonium; matrimonium autem est ipse contractus, si modo sit factus jure. Huc accedit, quod ob hanc causam matrimonium est sacramentum, quia est sacrum signum et efficiens gratiam et imaginem referens mysticarum nuptiarum Christi cum ecclesia. Istarum autem forma ac figura illo ipso exprimitur summae conjunctionis vinculo, quo vir et mulier inter se conligantur, quodque aliud nihil est, nisi ipsum matrimonium. Itaque apparet, omne inter christianos justum conjugium in se et per se esse sacramentum nihilque magis abhorrere a

3. Spender, Materie und Form des Ehesacramentes.

314. Die **Spender** des Sacramentes der Ehe sind die **Contra=henten selbst.** Sie spenden sich gegenseitig das Sacrament, indem sie den mutuus consensus ausdrücken. Was zum Wesen der Ehe gehört, kann nur von den Contrahenten gesetzt werden. Sind Ehecontract und Sacrament untrennbar, so kann auch nur derjenige minister sacramenti sein, der den Consens setzt [1].

Dies ist nicht nur die ältere, bis zum 16. Jahrhundert herrschende Meinung und auch seitdem sententia communior et probabilior [2], sondern auch die den Entscheidungen der Cardinalscongregationen und der römischen Praxis zu Grunde liegende Ansicht, die zu bestreiten jedenfalls temerär wäre.

Erst im Kampfe mit den Irrlehren des 16. Jahrhunderts kam die Meinung auf, der **Priester** sei der Spender, die besonders Melchior Canus wissenschaftlich zu begründen suchte. Hatte Luther die Ehe für ein weltlich äußerlich Ding erklärt [3], und hatte man gegen die Sacramentalität der Ehe geltend gemacht, es fehle ihr an einem wesentlichen Erforderniß zu einem Sacramente, am Spender, so glaubten dagegen manche Katholiken die Sacramentalität dadurch vertheidigen zu müssen, daß sie den Priester als Spender des Sacraments annahmen. Später kam, namentlich in Frankreich, das Be=streben dazu, so Sacrament und Contract trennen zu können, der weltlichen Macht den Contract, dem Priester das Sacrament zuzuweisen.

Allein wäre der Priester Spender des Ehesacramentes, so müßten alle ohne Priester abgeschlossenen Ehen ungiltig sein, wenigstens ratione sacra-menti. Nun aber sind die matrimonia clandestina vor dem Concil von Trient als giltig und als sacramental [4] anerkannt worden, ja sie sind es auch heute noch da, wo das tridentinische Gesetz über die Eheschließung nicht pro-mulgirt ist (331). Und auch das Tridentinum verlangt zur Giltigkeit der Ehe nur die *praesentia* parochi, der nicht nothwendig Priester sein muß, und ebenso die Gegenwart der **Zeugen.** So wenig die Zeugen Spender des Sacramentes sind, ebenso wenig der Pfarrer, der nur als *testis quali-ficatus* gefordert wird. Denn auch die Ehen coram parocho reluctante sind giltig; zur Giltigkeit genügt die *passiva assistentia*, ohne daß der Pfarrer

---

veritate, quam esse sacramentum decus quoddam adjunctum, aut proprietatem allapsam extrinsecus, quae a contractu disjungi ac disparari hominum arbitratu queat."

[1] Eugen. IV., Instruct. pro Armenis: „Causa efficiens matrimonii regulariter loquendo est mutuus consensus per verba de praesenti expressus."

[2] *Benedict. XIV.*, De syn. dioeces. l. VIII. c. 13 n. 6—9.

[3] Luthers Werke, Walch. Bd. 10. S. 892.

[4] C. 8 x IV. 19: „Sacramentum fidei ratum efficit sacramentum matrimonii."

dabei etwas thun oder sprechen muß. Die ob impedimentum dirimens occultum ungiltigen Ehen bedürfen zu ihrer Revalidation nur der Consenserneuerung, nicht der abermaligen Trauung vor Pfarrer und Zeugen, wenn sie vorher nach Vorschrift des Tridentinum (aber ungiltig) eingegangen waren. Wäre aber der Priester der Spender des Ehesacramentes, so müßten sie vor ihm von neuem eingegangen werden.

Die Eingehung der Ehe wurde stets von der Benediction unterschieden, die nach den alten canones bei der zweiten Ehe nicht ertheilt werden soll[1]. Wäre die Einsegnung aber wesentlich, so hätten sie dieselbe nicht verbieten können. Auch unterbleibt die Benediction während des Interdicts. Die Worte des Pfarrers, die er bei der Eheschließung spricht, können ebenfalls nicht wesentlich sein, sonst hätte sie sicher das Tridentinum (s. XXIV. c. 1 de ref. matr.) nicht den lokalen Gewohnheiten überlassen[2]. Die Ehe kann auch durch Procuration (318, 6) geschlossen werden, was doch unmöglich wäre, wenn der Priester das Sacrament zu spenden hätte[3].

Ist der natürliche Ehevertrag im Christenthum zugleich das Sacrament, und sind die Contrahenten es, die sich (gegenseitig) das Sacrament spenden: so ist die Form des Sacramentes die Erklärung des Consenses (per verba oder signa)[4]; die *materia* proxima aber die wechselseitige Hingabe in die eheliche Lebensgemeinschaft, die mutua traditio[5].

So kann, da die Eheleute selbst die Spender des Sacramentes sind, die Taufe aber im Nothfalle jedermann spenden kann, eine christliche Gemeinde auch ohne Priester fortbestehen.

Zur Spendung eines Sacramentes wird aber auch eine Intention erfordert, die intentio faciendi, quod facit ecclesia (Trident. s. VII.

---

[1] Wenn die Benediction unter dem Namen sacramentum mitbegriffen wird (c 9 x V. 3), so wird sacramentum im weitern Sinne auch von der Ehe der Ungläubigen gebraucht; c. 3 x III. 43; c. 8 x IV. 19.

[2] Instr. Past. Eystett.: „Matrimonium inter vos contractum Deus confirmet et ego illud approbo et in facie ecclesiae solemnizo in nomine" etc. Anderwärts: „Ego vos in matrimonium conjungo", auch bloß: „Quod Deus conjunxit, homo non separet."

[3] Die singuläre Ansicht Uhrig's (System des Eherechts, Dillingen 1854, S. 233 ff.), der bei der Ehe der Getauften die Contrahenten, bei der in facie ecclesiae geschlossenen den parochus copulans, bei der von der Kirche gesegneten den sacerdos benedicens als Spender betrachtet, ist neu, unbegründet und zertheilt das Sacrament.

[4] *Thom. Aq.*, Suppl. 3 q. 42 a. 1 ad 1: „Verba, quibus consensus exprimitur matrimonialis, sunt forma hujus sacramenti, non autem benedictio sacerdotis, quae est quoddam sacramentale."

[5] *Thom. Aq.* l. c. ad 2: „Sacramentum matrimonii perficitur per actum ejus, qui sacramento illo utitur, sicut poenitentia. Et ideo, sicut poenitentia non habet aliam materiam nisi ipsos actus sensui subjectos, qui sunt loco materialis elementi, ita est de matrimonio."

can. 11); diese ist vorhanden, indem die Brautleute eine christliche Ehe schließen wollen; die Intention der Kirche ist die unzertrennliche Verbindung von Mann und Weib, an diese ist eben die Gnade des Sacramentes im Christenthum geknüpft[1]. Wird doch nach der Ansicht der meisten Theologen die Ehe der Ungläubigen, wenn sie die Taufe empfangen, schon durch die Taufe auch zum Sacramente.

4. Ehegesetzgebung und Ehegerichtsbarkeit.

315. Wie der Heiland selbst Gesetze über die Ehe gegeben (Matth. 19, 4—9; 5, 32; Röm. 7, 2; 1 Kor. 7, 3. 10 ff.), so hat er auch die Gesetzgebung über das Sacrament der Ehe seiner Kirche übergeben. Aus dem Gesetzgebungsrecht über die Ehe folgt aber nothwendig auch die kirchliche Gerichtsbarkeit in Ehesachen.

Mochte auch der Staat ergänzend eintreten vor Existenz der christlichen Kirche, so mußte er der übernatürlichen Heilsanstalt, der Kirche, hierin weichen, nachdem Christus die geistliche und weltliche Gewalt genau unterschieden und die Ehe als Sacrament seiner Kirche übergeben hatte, „der die ganze Sorge für die Sacramente anvertraut ist" (Pius VI. d. 16. September 1788). Ist Ehecontract und Sacrament im Christenthum untrennbar, so muß alles, was die Giltigkeit oder Ungiltigkeit der Ehe betrifft, der kirchlichen Cognition und Entscheidung unterstehen.

316. Wohl bezieht sich die Ehe auch auf das bonum politicum[2], aber daraus folgt nur, daß der Staat in Bezug auf die bürgerlichen Wirkungen der Ehe Gesetze geben kann, und dies bestreitet niemand. Die bürgerlichen Wirkungen der Ehe, Vermögens- und Standesrechte, Mitgift, Wittweneinkommen, Erbrecht der Eheleute und der Kinder u. dgl. zu bestimmen, ist unstreitig Sache des Staates. Die Ehe selbst aber ist kein Staatsinstitut, sie ist von Gott eingesetzt, war vor dem Staate und ist religiösen Normen unterworfen[3], als Sacrament insbesondere der Kirche unterstehend; und wahrlich wäre auch für das bürgerliche Wohl in dieser Hinsicht am besten

---

[1] *Thom. Aq.* l. c. a. 3 ad 2: „Actus exteriores et verba exprimentia consensum directe faciunt nexum quendam, qui est sacramentum matrimonii, et hujusmodi nexus ex virtute divinae institutionis dispositive operatur ad gratiam."

[2] *Thom. Aq.*, c. Gent. l. IV. 78: „Generatio humana (und deßhalb auch die Ehe) ad multa ordinatur, scilicet ad perpetuitatem *speciei* et ad perpetuitatem alicujus *boni politici*, puta populi in aliqua civitate; ordinatur etiam ad perpetuitatem *ecclesiae*, quae in fidelium collectione consistit. Unde oportet, ut hujusmodi generatio a diversis dirigatur."

[3] O. H. Müller, Recht und Kirche S. 94 f.: „Die Ehe steht als nothwendiger Ausfluß der menschlichen Natur nicht nur über aller Willkür der Contrahenten, sondern auch über aller Willkür der Völker. Der Ausdruck des innern Menschenthums

gesorgt, wenn der Staat das Eherecht der Kirche anerkännte. In der Anerkennung der Kirche ist auch die Anerkennung ihres Eherechtes eingeschlossen; die gläubigen Unterthanen haben das Recht, vom Staate das zu fordern; der christliche Staat hat die Pflicht, die religiösen Grundsätze seiner Unterthanen zu achten. Der Staat bedarf auch ad bonum politicum keineswegs der Gewalt, über die Giltigkeit der Ehe zu entscheiden, trennende Ehehindernisse aufzustellen, als höchstens für nichtchristliche Unterthanen [1].

Staatliche Bestimmungen, die nicht mit dem Eherecht der Kirche in Widerspruch stehen, hat die Kirche stets geachtet; sie hat das römische Eherecht, das sie vorfand, so weit anerkannt, als es nicht ihren Gesetzen widersprach; aber sie hat ebenso entschieden die Durchführung ihrer Gesetze gefordert, wo das römische Recht, wie z. B. bezüglich der Auflösung der Ehe, der Ehe zwischen Freien und Sklaven, jenen widersprach. Die kirchliche Gesetzgebung in Ehesachen wurde schon unter den heidnischen Kaisern ebenso ausgeübt wie die Gerichtsbarkeit, und das im Widerspruch mit den kaiserlichen Gesetzen, also als ein der Kirche selbständig zustehendes Recht und gewiß nicht durch Concession der christenfeindlichen Kaiser. Die christlichen Kaiser aber erkannten das Recht der Kirche an und suchten allmählich auch beide Gesetzgebungen in Einklang zu bringen [2].

---

ist die Kirche; der Ausdruck des äußern Volksthums ist der Staat. Darum muß die Ehe zur Competenz der Kirche gehören."

[1] Daß der Staat trennende Ehehindernisse für die Nichtgetauften aufstellen könne, begründet *Rosemans*, De compet. civili in vincul. conjug. infidel. Rom. 1887.

[2] Encycl. Leon. XIII. cit.: „Igitur cum matrimonium sit sua vi, sua natura, sua sponte sacrum, consentaneum est, ut regatur ac temperetur non principum imperio, sed divina auctoritate ecclesiae, quae rerum sacrarum sola habet magisterium. Deinde consideranda sacramenti dignitas est, cujus accessione matrimonia christianorum evasere longe nobilissima. De sacramentis autem statuere et praecipere ita ex voluntate Christi sola potest et debet ecclesia, ut absonum sit plane potestatis ejus vel minimam partem ad gubernatores rei civilis velle esse translatam. Postremo magnum pondus est, magna vis historiae, qua luculenter docemur, potestatem legiferam et judicialem, de qua loquimur, libere constanterque ab ecclesia usurpari consuevisse iis etiam temporibus, quando principes reipublicae consentientes fuisse et conniventes in ea re, inepte et stulte fingeretur. Illud enim quam incredibile, quam absurdum, Christum Dominum damnasse polygamiae repudiique inveteratam consuetudinem delegata sibi a principe Judaeorum potestate; similiter Paulum Apostolum divortia incestasque nuptias edixisse non licere cedentibus aut tacite mandantibus Tiberio, Caligula, Nerone! Neque illud unquam homini sanae mentis potest persuaderi, de sanctitate et firmitudine conjugii (can. Apost. 16—18), de nuptiis servos inter et ingenuas (Philosophum.), tot esse ab ecclesia conditas leges impetrata facultate ab Imperatoribus romanis, inimicissimis nomini christiano, quibus nihil tam fuit propositum, quam vi et caede religionem Christi opprimere adolescentem; praesertim cum jus illud ab ecclesia profectum a civili jure interdum adeo dissideret, ut Ignatius Martyr (ep. ad Polyc. c. 5), Justinus (Apolog.

Erst seit Philipp dem Schönen von Frankreich (76) mehrten sich die Ansprüche des Staates auch in Bezug auf das Eherecht; Ludwig der Bayer nahm eine Ehescheidung „aus kaiserlicher Machtvollkommenheit" vor. Seit dem 17. Jahrhundert fand die Theorie des Apostaten Antonius de Dominis bei den Staatsmännern Aufnahme, der die Ehe als *contractus civilis* vom Sacramente unterschied, das in der priesterlichen Einsegnung bestehe. Kaiser Josephs II. Ehepatent von 1783, wie das preußische Landrecht vom 25. Februar 1794 führten die gallikanischen und febronianischen Grundsätze auch in Bezug auf das Eherecht durch, bis nach dem Vorgang des Code civile vom 21. März 1804 in neuester Zeit allenthalben die obligatorische Civilehe eingeführt wurde.

317. Die Kirche hat insbesondere 1) das Recht, trennende Ehehindernisse zu setzen, welche die weltliche Gewalt nicht aufheben kann[1]. Die Kirche hat dieses Recht aus sich, nicht durch Concession der Fürsten, wie aus der dogmatischen Entscheidung des Tridentinums hervorgeht[2]. 2) Die kirchliche

maj. n. 15), Athenagoras (Leg. pro Christian. n. 32. 33) et Tertullianus (De coron. milit. c. 13) tanquam injustas vel adulterinas publice traducerent nonnullorum nuptias, quibus tamen imperatoriae leges favebant. Postea vero cum ad christianos Imperatores potentatus omnis recidcrat, Pontifices maximi et Episcopi in Concilia congregati, eadem semper cum libertate conscientiaque juris sui de matrimoniis jubere, vetare perseverarunt, quod utile esse, quod expedire temporibus censuissent, utcumque discrepans ab institutis civilibus videretur. Nemo ignorat, quam multa de impedimentis ligaminis, voti, disparitatis cultus, consanguinitatis, criminis, publicae honestatis in Conciliis Illiberitano (De Aguirre, Conc. Hispan. t. I. c. 13. 15—17), Arelatensi (Harduin., Acta Conc. t. I. c. 11), Chalcedonensi (ib. c. 16), Milevitano II. (ib. c. 17) aliisque fuerint ab ecclesiae praesulibus constituta, quae a decretis jure imperatorio sancitis longe saepe distarent. Quin tantum abfuit, ut viri principes sibi adsciscerent in matrimonia christiana potestatem, ut potius eam, quanta est, penes ecclesiam esse agnoscerent et declararent. Revera Honorius, Theodosius junior, Justinianus (Nov. 137) fateri non dubitarunt, in iis rebus, quae nuptias attingant, non amplius quam custodibus et defensoribus sacrorum canonum sibi esse licere. Et de connubiorum impedimentis si quid per edicta sanxerunt, causam docuerunt non inviti, nimirum id sibi sumpsisse ex ecclesiae permissu et auctoritate (Feje, Matrim. ex institut. Christ. Pest. 1835), cujus ipsius judicium exquirere et reverenter accipere consueverunt in controversiis de honestate natalium (c. 3 de ordin. cognit.), de divortiis (c. 3 de divort.), denique de rebus omnibus cum conjugali vinculo necessitudinem quoquo modo habentibus. Igitur jure optimo in Concilio Tridentino definitum est, in ecclesiae potestate esse impedimenta matrimonium dirimentia constituere (sess. XXIV. can. 4) et causas matrimoniales ad judices ecclesiasticos spectare (ib. can. 12)."

[1] Syllab. n. 68: „Ecclesia non habet potestatem, impedimenta matrimonium dirimentia instituendi, sed ea potestas civili auctoritati competit, a qua impedimenta existentia tollenda sunt."

[2] Syllab. n. 69: „Ecclesia sequioribus saeculis dirimentia impedimenta inducere coepit, non jure proprio, sed illo jure usa, quod a civili potestate mutuata

Ehegerichtsbarkeit erstreckt sich auf das Erkenntniß über Giltigkeit oder Un=
giltigkeit der Ehe [1], daher auch 3) auf die Ehetrennungsklagen und 4) auf
die Sponsalien [2].

Auch die Sponsalien sind vor das Forum der Kirche gehörig. Denn
sie sind ein actus disponens ad sacramentum [3]; ihre Giltigkeit hängt von
der Giltigkeit der versprochenen Ehe ab; über diese hat die Kirche zu ent=
scheiden, daher auch über die Giltigkeit des Eheversprechens [4]. Aus den
Sponsalien selbst entstehen Ehehindernisse (330, III. 344, 1), die wieder der
kirchlichen Cognition unterstehen.

5. Eintheilung und besondere Formen der Eheschließung.

318.   Zu unterscheiden sind:

1) *Matrimonium verum*, die wirklich giltig abgeschlossene Ehe, und
matrimonium putativum, die äußerlich als giltig betrachtete, aber wegen
eines verborgenen trennenden Ehehindernisses ungiltige Ehe. Nach dem Tridentinum fordert auch die Putativehe, daß sie da, wo das tridentinische
Gesetz s. XXIV. c. 1 de ref. matr. als promulgirt gilt, vor dem Pfarrer
und zwei Zeugen abgeschlossen sei; ferner fordert sie, daß wenigstens ein Theil
der Contrahenten bona fide sei, d. h. daß er von dem Vorhandensein des
trennenden Ehehindernisses keine Kenntniß habe. Die Kinder aus einer
Putativehe gelten als legitim.

Matrimonium praesumptum heißt die vermöge einer praesumptio
juris als giltig angenommene Ehe. Früher, und wo das tridentinische

---

erat." N. 70: „Tridentini canones, qui anathematis censuram illis inferunt, qui
facultatem impedimenta dirimentia inducendi ecclesiae negare audeant, vel non
sunt dogmatici, vel de hac mutuata potestate intelligendi sunt." Daß die canones
des Tridentinum dogmatisch sind, zeigt ihr Inhalt und ihre Fassung; „ecclesia" kann
hier nur von der kirchlichen Hierarchie verstanden werden.

[1] Syllab. n. 67: „Jure naturae matrimonii vinculum non est indissolubile et
in variis casibus divortium proprie dictum auctoritate civili sanciri potest." Cf.
Propos. Synod. Pistor. n. 59. 60 damn. a Pio VI.

[2] Syllab. n. 74: „Causae matrimoniales et sponsalia suapte natura ad forum
civile pertinent."

[3] Prop. Syn. Pistor. 58: „Propositio, quae statuit, sponsalia proprie dicta
actum mere civilem continere, qui ad matrimonium celebrandum disponit, eadem-
que civilium legum praescripto omnino subjacere, quasi actus disponens ad sacramentum non subjaceat sub hac ratione juri ecclesiae, falsa, juris ecclesiae quoad
effectus etiam e sponsalibus vi canonicarum sanctionum profluentes laesiva, disciplinae ab ecclesia constitutae derogans."

[4] Prohibito uno censentur etiam reliqua prohibita, per quae pervenitur
ad illud.

Gesetz über die Form der Eheschließung nicht promulgirt ist, gehen noch jetzt giltige Sponsalien durch die *copula perfecta* in giltige Ehen über, werden *in foro externo* als solche präsumirt. In foro interno käme es freilich darauf an, ob die copula carnalis ex affectu maritali oder ex affectu illicito et fornicario gepflogen worden.

2) Ist zu unterscheiden zwischen *matrimonium validum* und *invalidum*, giltiger oder ungiltiger Ehe, und zwischen *matrimonium licitum* und *illicitum*, erlaubter und nicht erlaubter Ehe.

3) *Matrimonium de praesenti* heißt die wirkliche Ehe, *matrimonium de futuro* die Sponsalien.   .

4) *Matrimonium legitimum* heißt die nach dem natürlichen und positiv göttlichen Gesetze von Ungläubigen giltig eingegangene, oft aber auch die nach dem bürgerlichen Gesetze als giltig angesehene Ehe; *matrimonium ratum* die rechtmäßig von Gläubigen eingegangene, kirchlich giltige Ehe; *matrimonium consummatum* die durch die körperliche Vereinigung und Beiwohnung bekräftigte Ehe; *matrimonium ratum tantum* also die noch nicht durch die copula carnalis vollzogene kirchlich giltige Ehe.

5) Im Gegensatz zu dem *matrimonium publicum*, der öffentlich in facie ecclesiae eingegangenen Ehe, heißt Gewissensehe (*matrimonium conscientiae*) jene, welche zwar vor Pfarrer und Zeugen, jedoch ohne Proclamationen und mit Ausschluß der Oeffentlichkeit eingegangen wird und völlig verschieden ist von der formlosen, clandestinen, ohne Pfarrer und Trauung abgeschlossenen Ehe. Ein matrimonium clandestinum kann nur der Bischof ex causa urgenti gestatten.

6) Eine besondere Form der Eheschließung ist die durch Procuration. Der dazu speciell Bevollmächtigte muß ein specielles Mandat, das er nicht subdelegiren kann, über den Eheabschluß mit einer bestimmten Person haben, das vor dem Acte nicht zurückgenommen ist, von ihm nicht überschritten werden darf und Pfarrer sowie Zeugen vorgezeigt worden sein muß. Der Wille, die Ehe einzugehen, muß im Momente des Abschlusses der Ehe noch vorhanden sein. Fehlt dieser Wille bei dem mandans, oder wird das Mandat vorher widerrufen, so ist die Ehe nichtig, auch wenn der Procurator und der andere Contrahent nichts davon wußten.

7) Die morganatische Ehe (*matrimonium morganaticum, salicum*) ist kirchlich und weltlich giltig, nur wegen Standesungleichheit mit der Folge, daß Frau und Kinder von den Standesrechten des Vaters ausgeschlossen sind (Heirat zur linken Hand), ebenso die Mißheirat (*dispargium*).

8) Die Ehe auf dem Todbette (*matrimonium moribundorum*) hat die Wirkungen einer kirchlich giltigen Ehe.

6. Kirchliche und bürgerliche Ehe.

a. Kirchliche Grundsätze über die Civilehe.

319. Die bürgerliche oder Civilehe ist ein Product der Stürme des 16. Jahrhunderts[1], insbesondere aber erst der französischen Revolution. In Holland und England trat sie zuerst auf, indem dort der Eheabschluß vor dem reformirten Prediger oder dem Magistrat, hier unter Cromwell die obligatorische Civilehe decretirt wurde. In der französischen Constitution von 1789 wurde erklärt: „Das Gesetz betrachtet die Ehe nur als einen bürgerlichen Vertrag." Ueber diesen Ursprung der Civilehe erklärte Leo XIII.[2]: „Nachdem durch gottlose Gesetze, welche alle Ehrfurcht vor diesem Sacramente beiseite setzen, die Ehe unter die rein bürgerlichen Contracte eingereiht ist, hat man lediglich das Recht, daß unter Verletzung der Würde der christlichen Ehe die Menschen mit legalem Concubinate statt der Ehe sich begnügen." Und in der That sah man auch in Frankreich die bloße Civilehe nicht anders an, so daß z. B. Flotte gesteht: „Die religiöse Trauung ist gegenwärtig die einzige, welche in den Augen der großen Majorität den eigentlichen Charakter und die Achtung verleiht, daß man eine Verbindung als Ehegatte eingeht. Der Geist unserer Zeit verweigert der Civilehe eine ausreichende Bedeutung. Die christliche Familie ermangelt der gesetzlichen Geltung, und die gesetzliche Familie entbehrt, wo die Civilehe vorhanden ist, des moralischen Werthes", und Leroux: „Statt des Sacramentes hat man einen Miethvertrag gesetzt; wer aber die Ehe hierfür ansieht, kann der sie noch achten?" Die Revolution hatte Gott aus dem Staate verdrängt, so fühlte sie sich veranlaßt, ihn auch aus der Familie zu vertreiben[3].

Gilt die Ehe nur als bürgerlicher Vertrag, so untersteht auch die Gerichtsbarkeit über die Ehe und die Ehescheidung dem Forum des Staates. Dagegen steht als kirchliche Lehre fest: 1) die Ehe ist kein bürgerlicher Ver-

---

[1] Freib. Kirchenlex. 2. Aufl. Bd. III. S. 391 ff.; Schneemann, Irrthümer über die Ehe, Freiburg 1866; Die Civilehe in ihrer Berührung mit der kirchlichen Ehe, Regensburg 1875; Martin, Die christliche Ehe und die Civilehe, Mainz 1874; Hirschel, Die Geschichte der Civilehe in Frankreich, Mainz 1873, und: Drei Fragen über die Civilehe, Mainz 1878; mein Schriftchen: Die Civilehe, Münster 1870.

[2] Encycl. Leon. XIII. d. 21. April. 1878.

[3] Encycl. Leon. XIII. d. 10. Febr. 1880: „Ut enim alia praetereamus, exeunte saeculo superiore in illa non tam perturbatione, quam deflagratione Galliarum, cum societas omnis amoto Deo profanaretur, tum demum placuit ratas legibus esse conjugum discessiones. Easdem autem leges renovari hoc tempore multi cupiunt, propterea quod Deum et ecclesiam pelli e medio ac submoveri volunt a societate conjunctionis humanae, stulte putantes, extremum grassanti morum corruptelae remedium ab ejusmodi legibus esse quaerendum."

trag; 2) die Ehesachen gehören vor das kirchliche Gericht; 3) die Ehe ist unauflöslich [1].

Man sagt, die Eheschließung habe die Natur eines Civilvertrags, weil bei derselben auch die Vorschriften der Staatsgewalt in Betracht kommen, die Eheleute als solche eigene durch das Civilgesetz bestimmte Rechte erlangen. Allein kann auch unbestreitbar der Staat Bestimmungen treffen über die bürgerlichen Folgen der Ehe und ist auch der Christ verpflichtet, diesen staatlichen Bestimmungen Folge zu leisten, falls sie nicht dem natürlichen Sittengesetz oder dem göttlichen Gesetze widerstreiten: so folgt daraus doch keineswegs, daß das Wesen der Ehe selbst ein bürgerlicher Vertrag sei. Diese ist kein Staatsinstitut, sondern, als von Gott vor jedem Staate eingesetzt, dem natürlichen Rechte, und als sacramentales Abbild der Vereinigung Christi mit seiner Kirche dem kirchlichen Rechte angehörig.

Daß die Eheleute bestimmte bürgerliche Rechte erlangen, macht gleich= falls die Ehe nicht zum Civilact, oder wäre etwa auch die Priesterweihe deshalb ein Civilact zu nennen, weil das bürgerliche Recht dem Priesterstande besondere Rechte einräumt? Noch weniger kann das Interesse, welches der Staat an der Eheschließung hat, ein Recht desselben auf die Ehe in ihrem Wesen begründen. Auch für das Interesse des Staates würde am besten gesorgt, wenn er die heiligen Gesetze der Kirche anerkännte.

Die Civilehe in einem katholischen Staate einzuführen, zeugt vom In= differentismus gegen Religion und Kirche und führt nur zu leicht zum In= differentismus, und diese Gefahr liegt selbst in der facultativen Civilehe, welche die kirchliche oder bürgerliche Eheschließung gleichstellt, indem sie zwischen beiden die Wahl läßt.

Der Staat, der die Ehe für giltig oder ungiltig erklärt, Ehen auflöst, legt sich ein Recht bei, die Gewissen zu binden und zu lösen, das er (durch die That selbst) der Kirche sogar abspricht. Der religiös sittliche Charakter der Ehe wird verkannt, nur das juridische Moment allein anerkannt. Wird die übernatürliche Ordnung negirt, die Würde der christlichen Ehe verkannt, so wird auch die durch das natürliche Sittengesetz begründete Würde der Ehe bald ver= läugnet, werden auch die staatlichen Vorschriften über die Ehe von denjenigen, welche die bloße Civilehe eingehen, nicht geachtet werden. Ist die Ehe nichts anderes als ein bürgerlicher Vertrag, warum sollte dann dieselbe nicht auch)

---

[1] Syllab. n. 73: „Vi contractus mere civilis potest inter christianos constare veri nominis matrimonium; falsumque est, aut contractum matrimonii inter chri= stianos semper esse sacramentum, aut nullum esse contractum, si sacramentum excludatur." N. 71: „Tridentini forma sub infirmitatis poena non obligat, ubi lex civilis aliam formam praestituat et velit, hac nova forma interveniente matrimonium valere." Cf. n. 74; Trid. l. c. can. 12.

aufgelöst werden durch gegenseitigen Consens der Contrahenten, und welches ist der sichere Maßstab, welches die Grenze, wie weit der Staat eine Auf-lösung des Ehevertrags gestatten kann oder nicht? Die verschiedenen staat-lichen Gesetzgebungen, die dem Wechsel unterworfen sind, bestimmen bald so, bald anders, und damit ist der Ehevertrag selbst dem Wechsel unterworfen. Der katholische Staat muß das Recht der katholischen Kirche auf das Wesen der Ehe anerkennen. Aber auch der paritätische Staat muß das Eherecht der Kirche anerkennen und darf sich keinen Eingriff in ihr Dogma er-lauben (101). Ja wenn ein Staat die Kirche anerkennt und ihr Schutz in ihren Rechten zusichert, so muß sich dies auch auf ihr Eherecht beziehen, auf die Lehre der Kirche, daß die Ehe Sacrament, daß Sacrament und Ehe-vertrag untrennbar, daß, was das Wesen der Ehe angeht, nach dem Dogma der Kirche vor den kirchlichen Richter gehöre [1].

Mag der Staat die Nothcivilehe einführen für diejenigen, die keiner kirchlichen Gemeinschaft, keiner vom Staate anerkannten Religionsgesellschaft angehören, oder selbst für jene Fälle, in welchen eine kirchliche Ehe nicht zustande kommen kann, weil die kirchlichen Gesetze entgegenstehen (in letzterem Falle tritt er allerdings schon mit der Kirche in Widerspruch); fordert aber dann nicht die Gleichheit, daß die Gläubigen, ja die große Mehrheit des Volkes nicht wegen der wenigen Dissidenten und mit ihrer Kirche Verfallenen solchen Grundsätzen mit Zwang unterworfen werden, welche mit ihren re-ligiösen Ueberzeugungen in Widerspruch stehen? Mag der Staat eine for-melle Beglaubigung der geschlossenen Ehen wie der Geburten und Sterbfälle durch einen Civilstandesbeamten vorschreiben, so bedarf es dazu noch nicht einer mit der kirchlichen Lehre in Widerspruch stehenden obligatorischen Civil-ehe, die zu schweren Verletzungen der Gewissensfreiheit führen kann. Die kirchliche Eingehung der Ehe vor dem Civilact ist verboten. Wenn nun z. B. nach dem Civilact der Mann sich weigert, noch kirchlich die Ehe ein-zugehen und sich mit der Civilehe begnügt, während die Frau die bloße bürgerliche Ehe verabscheut; oder wenn nach der Eheschließung ein trennendes Ehehinderniß entdeckt wird, von dem die Kirche nicht dispensiren kann, der Staat aber die Ehe als giltig anerkennt; oder wenn ein Sterbender nach der kirchlichen Trauung verlangt, um schweres Aergerniß zu sühnen, das Unrecht gut zu machen, den Seelenfrieden wieder zu erlangen, der Civilact kann aber nicht mehr stattfinden und die kirchliche Trauung soll nach dem Gesetze vor jenem nicht stattfinden: entsteht da nicht ein schwerer Gewissens-zwang? Wenn der Staat eine Ehe als giltig anerkennt, die der Katholik im Gewissen als ungiltig erkennen muß, wenn jener eine Ehe auflöst, die nach

---

[1] Trid. l. c. can. 12: „Si quis dixerit, causas matrimoniales non spectare ad judices ecclesiasticos, anathema sit.“

dem Gesetze der Kirche unauflöslich ist, und die Wiederverheiratung gestattet, die nach dem Gesetze der Kirche Ehebruch ist: zu welch' schweren Gewissens= verletzungen muß dies nicht führen!

Durch Einführung der Civilehe ist auf dem Gebiete der Ehe die voll= ständige Trennung von Kirche und Staat durchgeführt. Der Staat erkennt nur die vor dem Standesbeamten erklärte Eingehung der Ehe als staatlich giltig an. Die Kirche aber kann auf ihrem Gebiete nur die kirchlich ein= gegangene Ehe als giltig anerkennen. Der Civilehe als solcher kommt vor dem Forum der Kirche keine rechtliche Bedeutung zu.

1) Wo das tridentinische Gesetz s. XXIV. c. 1 de ref. matr. „Tametsi" in Kraft besteht (331), da kann eine kirchlich giltige Ehe nur coram parocho et testibus eingegangen werden (331. 362).

2) Wo das tridentinische Gesetz nicht gilt, da kann noch heute, wie vor dem Tridentinum, die Ehe durch die gegenseitige Consenserklärung giltig eingegangen werden, wenn auch solche matrimonia clandestina vor wie nach dem Tridentinum unerlaubt, kirchlich verboten sind. Daher schrieb die S. Poenitentiaria vor, daß da, wo nach kirchlichem Rechte die geheime Ehe zwar unerlaubt, aber giltig wäre, die Gläubigen darauf aufmerksam gemacht werden müssen, daß ihre Absicht sein müsse, in der (dem kirchlichen Acte vorausgehenden) Civilehe eine reine Formalität zu beobachten, nicht aber eine wahre Ehe schließen zu wollen; geschehe letzteres, so sei die Ehe zwar giltig, aber schwer sündhaft.

Es kann also an nichttridentinischen Orten die Civilehe, respective die vor dem Civilstandesbeamten abgegebene Erklärung kirchliche Geltung haben, wenn die Contrahenten eine wahre Ehe eingehen wollten. Für diese Absicht, eine wahre Ehe vor dem Civilstandesbeamten eingehen zu wollen, steht die Rechtsvermuthung (praesumptio juris) jedenfalls bei der gemischten Ehe und der Ehe der Protestanten da, wo die Kirche es ausdrücklich erklärt hat, daß für die gemischten Ehen die tridentinische Form nicht in Anwendung zu kommen braucht[1]. Auch die rein katholische Ehe kann an den Orten, wo

---

[1] So in den Niederlanden, Ungarn, Köln, Trier, Münster, Paderborn, Breslau, Culm, Posen=Gnesen, Limburg u. a. Cf. Decr. S. C. Inquis. d. 2. Dec. 1866 für Köln: „Ambigi non potest, matrimonia mixta in ista Dioecesi non servata forma Conc. Trid. ideoque civiliter tantummodo contracta vi Brevis Pii VIII. esse va- lida ... PP. Cardinales Inquisit. Generales necessarium duxerunt, tum virum, tum mulierem ad formale examen revocare, ut jurisjurandi sanctitate deponant, utrum absque praesentia parochi verum se inire matrimonium reputaverint an non, et quatenus se ad id non reputasse affirment, affirmationem suam, quo melius po- terunt, enitantur probare." So bezüglich Posen=Gnesens d. 6. Sept. 1876: „Ad quaestionem, an matrimonia mixta post introductionem matrimonii civilis obligatorii in ditione Borussica coram magistratu civili tantum contracta uti valida reputanda sint, S. C. Inquis. respondit: Ad formam literar. Apostol. s. m. Gregorii XVI.

die tridentinische Form nicht verpflichtet, giltig vor dem Civilstandesbeamten eingegangen werden, wenn die wirkliche Absicht vorlag, eine wahre Ehe zu schließen [1].

b. Die Civilehe im Deutschen Reiche.

320. Das Gesetz vom 6. Februar 1875 hat die Civilehe für das ganze Deutsche Reich eingeführt und bestimmt: § 41: Innerhalb des Bereiches dieses Gesetzes kann eine **bürgerlich giltige Ehe** nur in der durch dieses Gesetz vorgeschriebenen Form geschlossen werden. Die **religiösen Feierlich- keiten einer Eheschließung** dürfen erst **nach** Abschluß der Ehe vor dem Standesbeamten stattfinden. § 67: Ein Geistlicher oder anderer Religions- diener, welcher zu den religiösen Feierlichkeiten einer Eheschließung schreitet, bevor ihm nachgewiesen worden ist, daß die Ehe vor dem Standesbeamten geschlossen worden sei, wird mit Geldstrafe bis zu 300 Mark oder Gefängniß bis zu drei Monaten bestraft. § 82: **Die kirchlichen Verpflichtungen in Beziehung auf Taufe und Trauung werden durch dieses Gesetz nicht berührt.**

Diese und alle anderen Bestimmungen des Gesetzes betreffen demnach die **bürgerliche Ehe und die Anerkennung der Ehe vor dem Staate. Die kirchliche Ehe bleibt unberührt,** und es ist deshalb ganz falsch, wenn man behauptet, durch dieses Gesetz seien die kirchlichen Gesetze über die Ehe, soweit sie den staatlichen Bestimmungen zuwiderlaufen, auf- gehoben und als nichtig erklärt [2]. Denn 1) der Staat kann nicht, was

d. 22. Maji 1841 matrimonia hujusmodi in iisdem dloecesibus Gnesn. et Posn., etsi illicita, habenda tamen esse uti valida. Quapropter, dummodo constet de mutuo eorum consensu, iterari in ecclesia non debent." Vgl. Archiv für kathol. Kirchenrecht. Bd. 39. S. 371 f.; Bd. 41. S. 184. 294.

[1] Gegen die praesumptio juris für die Absicht, eine wirkliche Ehe zu schließen, ließen sich hier manche Bedenken vorbringen. Auch wo nicht die Giltigkeit der Ehe von der tridentinischen Form abhängt, wird doch die Ehe von Katholiken in der Regel vor dem Pfarrer geschlossen, wird vom gläubigen Volke die bloße Civilehe als eine ceremonia civilis angesehen, wie ja das Civilehegesetz selbst diese von einer kirchlichen Ehe genau unterscheidet. Es wird bei jedem Rechtsacte präsumirt, daß man ihn so setze, wie er seiner Natur nach und von anderen aufgefaßt wird (R. J. 45 in VI.: Inspicimus in obscuris, quod est verisimilius vel quod plerumque fieri con- suevit). Die Civilehe als solche ist nicht unauflöslich; wer die bloße Civilehe ein- geht, von dem scheint eher zu präsumiren, daß er auch nur diese, nicht die wahre, un- auflösliche Ehe eingehen wolle. "Vinculum matrimonii est perpetuum; unde illud, quod perpetuitati repugnat, matrimonium tollit" (*Thom. Aq.* 3 q. 47 a. 1).

[2] Nach Zorn, Lehrbuch des Kirchenrechts, Stuttgart 1888, S. 534, wären "Sätze, welche den staatlichen Vorschriften zuwiderlaufen, wie solche besonders die Ehe- ordnung der katholischen Kirche in weitem Umfang enthält, nichtig. Statt aller Conc. Trid. s. XXIV. can. 3, 4, 6, 7, 9, 12 de sacr. matr. gelten die Reichsgesetze, welche

kirchlich giltig ist, als kirchlich ungiltig erklären; er kann nur jede bürger= liche Wirkung ihm absprechen wollen, sonst würde er alles Recht der Kirche negiren, sie aufs schwerste verfolgen. 2) Das Gesetz erklärt zudem aus= drücklich, daß die kirchlichen Verpflichtungen dadurch nicht berührt werden, über diese kirchlichen Verpflichtungen hat aber doch offenbar die Kirche zu entscheiden. 3) Zudem sprechen die Motive zu § 82 (§ 79 des Gesetz= entwurfes) aus, daß es im Interesse des Staates selbst liege, das Band, das die einzelnen mit der Kirche verbindet, ungeschwächt zu erhalten und die den kirchlichen Verpflichtungen entsprechenden Sitten und Gewohn= heiten zu conserviren.

Der Seelsorger bedarf vor der kirchlichen Trauung die in § 54 vor= geschriebene Bescheinigung des Standesbeamten, daß die bürgerliche Ehe ge= schlossen worden sei. Die kirchlichen Gesetze über die Ehe bleiben in allem nach wie vor bestehen; das Eherecht und die Gerichtsbarkeit der Kirche wird nach wie vor ausgeübt, da die Civilehe vor der Kirche nur eine bürgerliche Ceremonie ist, die der eheschließenden Wirkung vor dem forum der Kirche entbehrt. Es ist die Instructio S. Poenitentiariae vom 15. Januar 1866 genau zu beachten [1].

Zweites Kapitel.

Die Sponsalien.

7. Natur und Form der Sponsalien.

321. *Sponsalia* (de futuro [2], desponsatio), Eheverlöbniß ist das ernstliche, freie, gegenseitige Versprechen zweier bestimmter Personen, die eine

jene nichtig machen"! — Aber nicht einmal § 15 des deutschen Gerichtsverfassungs= Gesetzes vom 27. Jan. 1877: „Die Ausübung einer geistlichen Gerichtsbarkeit in welt= lichen Angelegenheiten ist ohne bürgerliche Wirkung; das gilt insbesondere bei Ehe= und Verlöbnißsachen" — kann die geistliche Gerichtsbarkeit und deren kirchliche Folgen nichtig machen, sondern spricht ihnen nur die bürgerliche Wirkung ab.

[1] Vgl. Archiv für kathol. Kirchenrecht. Bd. 42. S. 188 ff. — *Leonis XIII.* Encycl. cit.: „Omnibus exploratum esse debet, si qua conjunctio viri et mulieris inter Christi fideles citra sacramentum contrahatur, eam vi ac ratione justi matri- monii carere; et quamvis convenienter legibus civicis facta sit, tamen pluris esse non posse quam ritum aut morem jure civili introductum; jure autem civili res tantummodo ordinari atque administrari posse, quas matrimonia efferunt ex sese in genere civili, et quas gigni non posse manifestum est, nisi vera et legitima illarum causa, scilicet nuptiale vinculum, existat."

[2] Sponsalia de praesenti hieß die formlose Ehe; wo das tridentinische Gesetz s. XXIV. c. 1 de ref. matr. gilt, hat die Unterscheidung zwischen sponsalia de futuro und sponsalia de praesenti keine Bedeutung mehr. S. C. Conc. d. 15. Mart. 1727; cf. c. 22. 31 x IV. 1; c. 3 x IV. 4.

Ehe eingehen können, sich ehelichen zu wollen [1]. Es gehört demnach zur Giltigkeit der Sponsalien, daß es 1) eine *promissio*, ein eigentliches einer bestimmten Person gemachtes und von dieser angenommenes, erwiedertes Versprechen *(promissio mutua, reciproca)* sei, eine Uebereinkunft [2]; 2) eine promissio *vera* (non ficta, simulata) [3]; 3) *deliberata* [4] et *libera*. Der error, welcher die Ehe ungiltig macht (336), macht auch die Sponsalien ungiltig; aber auch ein minder wesentlicher Irrthum, wie ein geringerer Grad von Gewalt und Furcht (337), kann ein Grund zur Rescission der Sponsalien (327. 328) sein [5]. 4) *Signo aliquo sensibili expressa*, durch Worte, mündlich oder schriftlich, durch einen Procurator, durch concludente Handlungen kundgegeben [6]. 5) Die Personen müssen eine giltige und erlaubte Ehe schließen können. Vorübergehende Ehehindernisse, wie das impedimentum aetatis bei solchen, die schon sieben Jahre alt sind, tempus vetitum, oder solche, deren Beseitigung vom Willen der Contrahenten abhängt, machen das Verlöbniß nicht ungiltig, wohl aber bleibende trennende wie aufschiebende Ehehindernisse (324). Schulte u. a. bemerken, daß das impedimentum mixtae religionis in gemischten Gegenden auszunehmen sei, wo leichter darin dispensirt wird.

Da die Sponsalien die Natur eines Vertrages haben, so können sie alle jene Personen ohnehin nicht schließen, die zur Schließung eines Vertrages unfähig sind; also nicht Kinder unter sieben Jahren, nicht Wahnsinnige, nicht solche, die der Besinnung oder Geistesgegenwart beraubt sind, nicht Taubstumme, die zugleich blind sind; wohl aber Geisteskranke, die lucida intervalla haben, was aber für die Zeit der Eingehung der Sponsalien bewiesen werden muß [7], namentlich Geisteskranke, die nur an einer fixen Idee leiden, die nicht mit der Ehe und den Sponsalien in directer Verbindung steht.

Die Sponsalien haben den Zweck, daß die Ehe mit reiflicherer Ueberlegung eingegangen werde, daß man sich auf die Gnade des Sacramentes

---

[1] C. 2 x IV. 1; „sunt mentio et repromissio futurarum nuptiarum" c. 3 C. XXX. q. 5.

[2] Anweisung für die geistlichen Ehegerichte Oesterreichs § 2. Es gilt auch hier nicht R. J. 43: „Qui tacet, consentire videtur."

[3] C. 26 h. t.

[4] Illa deliberatio requiritur et sufficit ad Sponsalia, quae sufficit ad peccatum mortale.

[5] Binder, Praktisches Handbuch des kathol. Eherechts, 3. Aufl. von Scheicher. Freiburg 1887. S. 208.

[6] C. 23. 25. 7 h. t.

[7] Nam in furibundis semper praesumitur furor. Cf. c. 23. 24. 25 h. t.; c. 4. 5. 13 x IV. 2; c. 26 C. XXXII. q. 7.

vorbereite, daß etwaige Ehehindernisse leichter entdeckt werden und durch die Verzögerung die Brautleute sich um so mehr schätzen[1].

Wenn etwas zum Zeichen des wirklich geschlossenen Vertrags gegeben wird, z. B. Ringe, auch Geld (arrha)[2], so kann dies wohl nicht als unerlaubt bezeichnet werden; ob aber für den Fall des einseitigen Rücktritts eine Strafe (poena conventionalis) ausbedungen werden dürfe, ist Controverse; es scheint sie jedoch c. 29 h. t. allgemein zu verbieten[3].

322. Was die Form angeht, so ist zur Giltigkeit keinerlei bestimmte Form nöthig; ob sie geheim oder vor Zeugen geschlossen werden, ist gleich, und es darf und kann der Bischof durchaus nicht die Giltigkeit der Sponsalien von einer bestimmten Form abhängig machen, wie die S. Congregatio Concilii wiederholt erklärte. Wohl aber wünscht die Kirche, daß sie vor dem Pfarrer (dem parochus domicilii) abgeschlossen werden.

Die Sponsalia können demnach sein publica, vor dem Pfarrer oder Civilbeamten in Gegenwart von Zeugen abgeschlossen (ecclesiastica oder civilia), oder privata, die ohne jede kirchliche oder civilgesetzliche Form von den Contrahenten allein abgeschlossen werden (clandestina)[4]. Man unterscheidet ferner sponsalia simplicia, die nur auf dem gegenseitigen Versprechen der Ehe beruhen, und sponsalia qualificata, firmata, die durch den Eid bekräftigt sind[5].

8. Sponsalien der Unmündigen.

323. Auch Unmündige (impuberes), wenn sie nur das siebente Lebensjahr zurückgelegt haben (infantia majores), können Sponsalien eingehen, die sie nicht wieder auflösen können, bis sie mündig geworden sind. Ist aber die Mündigkeit eingetreten, d. h. hat der Knabe das 14. oder das Mädchen das 12. Lebensjahr überschritten, so kann der mündig gewordene Theil auch gegen den Willen des andern Theiles wieder davon einseitig zurücktreten. Auch wer als noch unmündig mit einem Mündigen Sponsalien geschlossen,

---

[1] C. 39 C. XXVII. q. 2.

[2] Cf. c. 14 C. XXVII. q. 2; c. 3. 7 C. XXX. q. 5.

[3] De Angelis erklärt sie nur für erlaubt, wenn sie von anderen gesetzt werde als den Brautleuten; Santi l. c. n. 32 p. 13 spricht sich für die Erlaubtheit aus. Sie scheint der Freiheit entgegen, mit der die Ehe eingegangen werden soll. Die Anweisung für die geistlichen Ehegerichte Oesterreichs § 109 verbietet sie als ungiltig.

[4] Sponsalia clandestina werden oft insbesondere die Sponsalien genannt, wenn sie von Unmündigen ohne Vorwissen der Eltern abgeschlossen werden; aber auch solche, die in keiner Weise erwiesen werden können.

[5] Auch die durch eine Conventionalstrafe verstärkten. Von den Sponsalien sind zu unterscheiden die tractatus sponsalitii, die Anwerbung (pactum de ineundis sponsalibus).

kann nach erlangter Pubertät zurücktreten. Die unmündig Verlobten bleiben also gebunden bis zum Eintritt der Mündigkeit; dann kann der mündig Gewordene davon auch ohne Grund abgehen; vor erreichter Mündigkeit aber können die Sponsalien auch nicht durch beiderseitigen Consens gelöst werden.

Die von den Eltern für Unmündige abgeschlossenen Eheverlöbnisse gelten, wenn die Kinder ihnen zustimmen, verpflichten jedoch auch zur Ehe nur dann, wenn die Kinder nach erreichter Pubertät zustimmen [1].

Nach vielen Canonisten muß der mündig Gewordene seinen Rücktritt statim i. e. circiter inter triduum erklären [2], wogegen Schulte u. a. annehmen, es könne dies auch später noch re adhuc integra geschehen, d. h. solange nicht nach Erreichung der Pubertät die Sponsalien durch Worte oder Handlungen irgendwie bestätigt wurden oder vom andern Theile die Erfüllung derselben gefordert worden ist.

Auch die durch einen Eid verstärkten Sponsalien der Unmündigen können ebenso nach erreichter Pubertät gelöst werden. Zwar sagt man dagegen, daß der Eid eine neue Verpflichtung gegen Gott auferlege, einseitigen unbegründeten Rücktritt eben ausschließen solle, allein der Eid ändert nicht die Natur des Vertrages, dem er beigefügt wird (382); die Sponsalien der impuberes sind aber nach erlangter Pubertät einseitig lösbar: das bleiben sie auch dann, wenn sie durch einen Eid verstärkt sind. Ob der Eid aber nicht dem mündig Gewordenen eine strengere Verpflichtung im Gewissen auferlege, nicht ohne allen Grund zurückzutreten, dürfte noch fraglich sein [3].

Tritt zu dem Eheversprechen die copula carnalis hinzu, so ging vor dem Tridentinum das Verlöbniß in eine giltige Ehe über, es war also ohnehin von einem Rücktritt keine Rede mehr. Aber auch nach dem tridentinischen Recht wird daran festzuhalten sein, daß der einseitige unbegründete Abgang von den Sponsalien nach vollzogener copula nicht mehr frei steht *ob malitiam aetatem supplentem.* Der Beweis physischer Reife liegt in diesem Falle vor, und ein solcher Unmündiger ist nicht mehr als unmündig zu behandeln.

9. Bedingte Sponsalien.

324. Wie jedem Vertrag, können auch den Sponsalien Bedingungen beigefügt werden (*sponsalia conditionata*).

Man unterscheidet: 1) *conditiones intrinsecae,* die im Wesen der Sache liegen, sich von selbst verstehen (*tacitae*), und *extrinsecae* (*expressae*).

---

[1] Cf. c. 7. 10 x IV. 2; c. un. h. t. in VI.; R. J. 43 in VI.

[2] Reiffenstuel, Pirhing, Sanchez, Ferraris s. v. Sponsalia n. 19.

[3] So Knopp, Phillips, Uhrig, Permaneder. C. 10 h. t. scheint dafür zu sprechen, obwohl sich auch annehmen läßt, daß die Sponsalien nach erreichter Pubertät noch als giltig anerkannt waren.

Nur letztere versteht man eigentlich unter der Bedingung, von der hier die Rede ist [1].

2) *Conditiones de praesenti* und *de praeterito*, bei denen der Vertrag von Anfang an giltig oder ungiltig ist, und *de futuro*.

3) *Conditiones possibiles* und *conditiones impossibiles*, entweder physisch mögliche und unmögliche, oder moralisch mögliche (*licitae, honestae*) und moralisch unmögliche Bedingungen (*inhonestae, turpes, illicitae*). Die unmögliche Bedingung kann direct in Widerspruch stehen mit dem Wesen des Vertrages, dem sie beigefügt wird, und heißt dann *conditio contra substantiam* [2].

4) *Conditiones suspensivae* und *resolutivae*, aufschiebende und auflösende Bedingungen. Erstere läßt die Rechtsgiltigkeit des Vertrages in suspenso, bis die Bedingung eintrifft oder deren Nichtrealisirung entschieden ist; letztere hebt den giltigen Vertrag im Falle des Eintritts eines bestimmten Ereignisses auf. Die Bedingungen können ferner positiv oder negativ gestellt sein.

Physisch und moralisch unmögliche Bedingungen oder *conditiones impossibiles* und *inhonestae*, namentlich jene, welche gegen das Wesen der Ehe gehen, machen, wenn sie affirmativ ausgesprochen werden, das Eheversprechen null und nichtig; physisch unmögliche Bedingungen, negativ ausgesprochen, heben das Verlöbniß nicht auf, sondern gelten als nicht beigesetzt; moralisch unmögliche, negativ gestellt, sind Resolutivbedingungen, insofern sie das Verlöbniß aufheben, wenn ihnen zuwider gehandelt wird. Suspensivbedingungen de futuro, die möglich und erlaubt sind, haben pendente conditione keine rechtliche Wirkung; wohl ist inzwischen die Verlöbnißtreue Pflicht, es kann aber vor Eintritt der Bedingung keine Erfüllung des bedingten Versprechens gefordert werden. Die Bedingung kann durch beiderseitiges Uebereinkommen aufgehoben werden, oder es kann derjenige, der sie zu seinen Gunsten gesetzt hat, darauf verzichten [3]. Auch eine stillschweigende Verzichtleistung durch concludente Handlungen, insbesondere durch Vollzug der copula carnalis, macht die bedingten Sponsalien zu unbedingten [4].

---

[1] Im weitern Sinne begreift man unter conditio auch *dies*, Bestimmung einer Zeit für die einzugehende Ehe, *modus*, eine Verpflichtung, die auferlegt wird, die *causa*, weßhalb man den Vertrag eingeht, *demonstratio*, eine Qualität, durch welche die Person bestimmt wird.

[2] „Bonum habent nuptiae et hoc tripartitum: *proles, fides, sacramentum*" (S. Aug.); cf. c. 10 C. XXVII. q. 2; c. 7 x IV. 5. Was gegen den Zweck der Ehe, gegen die Einheit und Unauflöslichkeit der Ehe wäre, wäre conditio contra substantiam.

[3] R. J. 71 in VI.: „Qui ad agendum admittitur, est ad excipiendum multo magis admittendus. Quilibet renunciare valet ei, quod per se noscitur introductum."

[4] Frustra adjicitur conditio, cujus eventum praevertit carnalis commixtio; cf. c. 3 x IV. 5.

325. Sind aber Verlöbnisse solcher Personen, deren Ehen ein Ehehinderniß entgegensteht, nicht wenigstens als bedingte Sponsalien zu betrachten,
wenn die Bedingung beigesetzt wird: „falls wir Dispens erhalten"? Daß
sie nicht giltig sind, wenn das Ehehinderniß indispensabel ist, oder wenn von
demselben nicht dispensirt zu werden pflegt, oder wenn kein Grund zur Dispensation vorliegt, ist klar. Außerdem aber scheint die Bedingung „si Papa
dispensaverit" eine mögliche und erlaubte Bedingung, gleichwie ein Bischof
das Gelübde machen kann, in einen Orden zu treten, „wenn der Papst dispensirt". Wenn auch jetzt die Ehe nicht möglich ist, so kann der Contract
doch giltig sein, da er sich auf eine Zeit bezieht, in der das Hinderniß gehoben ist und für die er geschlossen wird. Danach scheinen die so bedingt
Verlobten verpflichtet, um Dispens nachzusuchen, nach deren Erlangung ihr
Verlöbniß als unbedingt giltig zu betrachten ist.

Dennoch ist die andere Ansicht festzuhalten, daß Sponsalien zweier Personen, deren Ehe ein bleibendes Ehehinderniß entgegensteht, ungiltig sind
(321). Sie stützt sich auf mehrere Entscheidungen der Rota Romana und
der Congregatio Concilii[1]. Es gilt nach dem römischen Recht: „Contractus vires accipit ex praesenti." Ein Vertrag mit rechtlicher Kraft
ist unter solchen Bedingungen nicht denkbar, indem dessen Object nicht exi-
stiren kann, ehe dispensirt ist, und es nicht gewiß ist, ob die Dispens erlangt wird. Es gilt ferner als Grundsatz: „Quae de jure fieri nequeunt,
censentur impossibilia". De jure ist eine Ehe hier nicht möglich, oder doch
nicht erlaubt, also auch nicht das Verlöbniß. Ist die Ehe (vor erlangter
Dispens) bei Strafe der Nichtigkeit verboten, so auch die Sponsalien. Aber
auch wenn nur ein aufschiebendes Hinderniß entgegensteht, ist die Ehe doch
de jure unerlaubt (moralisch unmöglich); daher sind auch die Sponsalien
unerlaubt und ungiltig; zu Unerlaubtem darf man sich nicht verpflichten.

10. Wirkungen der Sponsalien.

326. Das Verlöbniß legt die Pflicht auf: 1) die Verlöbnißtreue zu
bewahren, 2) die Ehe wirklich einzugehen; 3) entsteht aus dem Verlöbniß ein
verbietendes Ehehinderniß zwischen dem einen der Verlobten und jeder dritten
Person (330, III.), sowie das trennende Ehehinderniß der öffentlichen Ehrbarkeit zwischen dem einen Verlobten und den Blutsverwandten des andern
im ersten Grade (344, 1).

Die fides sponsalitia wird verletzt durch Sponsalien mit einer dritten
Person, die ohnehin (etiam juramento vel copula interveniente) ungiltig sind[2],

---

[1] „Acta S. Sedis" 1865 vol. I. p. 79—81; App. p. 12—24.
[2] Cf. c. 25 x II. 24; c. 22. 25. 28 x IV. 1; c. un. eod. in VI.

es sei denn, daß zweite Verlöbniß wäre mit der Bedingung eingegangen: „wenn das erste Verlöbniß aufgelöst wird", und diese Bedingung hätte sich erfüllt. Die Verlöbnißtreue wird verletzt durch copula carnalis mit einer dritten Person, ja schon durch vertraulichen, Verdacht erregenden Umgang, aber auch durch Anticipation der ehelichen Rechte.

Wer nicht selbst die Verlöbnißtreue gebrochen hat, hat das Recht, die Eingehung der Ehe zu fordern. Die Ehe soll nicht zu lange hinausgeschoben werden[1]. Ist eine Zeit dafür festgesetzt, so soll diese eingehalten werden; außerdem kann, wenn auf Vollzug geklagt wird, der kirchliche Richter eine Frist festsetzen. Niemand kann aber directe zur Eingehung der Ehe gezwungen werden, wie Papst Julius III. entscheidet: „sponsam monendam potius esse quam cogendam, cum coactiones difficiles soleant exitus frequenter habere."[2] Bei beharrlicher Weigerung, die Ehe einzugehen, kann die Klage nur auf Schadenersatz und Entschädigung gehen.

Die Wirkungen des Verlöbnisses hat aber weder die wegen Mangels der tridentinischen Form ungiltige Ehe noch die Civilehe. Solche sind auch nicht als Verlöbnisse giltig. Die ersteren nennt das Tridentinum contractus irritos et nullos; ist aber ein ohne Beobachtung der tridentinischen Form geschlossener Vertrag nichtig, so kann er auch nicht die Kraft giltiger Sponsalien haben. Bei der Civilehe wollen die Contrahenten nur die bürgerliche Form erfüllen oder sie attentiren eine Ehe; jedenfalls sind sie so wenig wie die gegen die tridentinische Form eingegangene nichtige Ehe promissio mutua *futurarum* nuptiarum.

Die Frage, ob es gegen die in den Sponsalien eingegangene Verpflichtung erlaubt sei, daß einer der Verlobten das Gelübde mache, eine höhere Weihe zu empfangen oder professio religiosa abzulegen, oder auch, daß er das votum simplex continentiae mache, wird verschieden von den Canonisten beantwortet, ist jedoch zu bejahen. Wer nach abgelegtem Gelübde mit Verschweigung desselben ein Verlöbniß einging, ist zu völliger Schadloshaltung verpflichtet (328, 3), das Verlöbniß aber ist ungiltig.

11. Auflösung der Sponsalien.

327. 1) Die Sponsalien werden *(ipso jure et ex utraque parte)* gelöst durch **beiderseitige Uebereinkunft**[3]; auch wenn sie eidlich bekräftigt waren, entsteht wohl eine heiligere Verpflichtung, nicht ohne Grund

---

[1] S. C. C.: „Monendi sunt, ut factis sponsalibus quam primum contrahant matrimonium, ne sponsi stupri periculum ineant."

[2] C. 17 x IV. 1; cf. c. 2. 10 h. t.

[3] R. J. 1 x; 27 in VI.: „Omnis res, per quascunque causas nascitur, per easdem dissolvitur. Scienti et consentienti non fit injuria neque dolus."

davon abzugehen, aber auch dann steht es den Verlobten frei, mutuo dissensu sie aufzulösen [1].

2) Bei dem von einem Unmündigen geschlossenen Verlöbniß kann dieser, wenn er mündig geworden, von den Sponsalien auch ohne Grund zurücktreten (323).

3) Die Sponsalien werden gelöst durch Eintritt der trennenden Ehehindernisse der Impotenz, des ordo sacer, der professio religiosa und des ligamen. Bei Eingehung einer anderweitigen (zwar unerlaubten, aber giltigen) Ehe, auch bei ordo sacer und professio religiosa kann der andere Theil, wenn er keine Schuld daran hat, Schadenersatz verlangen. Bei Eintritt eines andern Hindernisses, z. B. des impedimentum affinitatis durch copula illicita cum consanguinea sponsae, ist jedenfalls diese frei; der schuldige Theil aber wäre probabilius in der Regel gehalten, Dispens nachzusuchen, wenn der unschuldige Theil es will.

4) Die Sponsalien werden ferner gelöst durch Eintritt einer Resolutivbedingung;

5) durch allzulangen Aufschub der Ehe über die festgesetzte Zeit, wenigstens für den unschuldigen Theil [2];

6) durch den Tod des einen Theiles.

Es hat jeder Contrahent das Recht des Rücktrittes (sponsum, sponsam repudiare, repudium dare):

1) wenn der andere Theil gegen die Verlöbnißtreue fehlt oder gegen die stipulirten Vertragsbedingungen;

2) wenn der andere Theil ihn böswillig verläßt, lange Zeit außer Landes geht, die Ehe ohne Grund allzulang hinausschiebt;

3) wenn Gründe eintreten oder erst bekannt werden, die sicher das Verlöbniß nicht hätten zu stande kommen lassen, wenn sie schon vorhanden oder schon bekannt gewesen wären, oder

4) wenn überhaupt eine solche Veränderung in den Verhältnissen des einen Verlobten eintritt (notabilis mutatio in bonis animi, corporis et fortunae), z. B. durch Abfall von der Kirche (fornicatio spiritualis), Ver-

---

[1] Accessorium naturam sequi congruit rei principalis. Sublato principali cessat etiam accessorium; c. 2 x IV. 1.

[2] Es kann eine Zeit festgesetzt sein, so daß, wenn die Ehe innerhalb dieses Terminus nicht zu stande kommt, jeder Theil frei sein soll von dem Verlöbniß. Hier hört die Verpflichtung auf, wenn die Zeit nicht eingehalten wird, wenigstens dann, wenn ohne ihre Schuld die Ehe nicht zu stande kam; kam sie nicht zu stande durch Schuld des einen Theils, so gilt es nach vielen nur für den unschuldigen Theil. War nur eine Zeit bestimmt, so daß bis zu dem festgesetzten Tage kein Theil verpflichtet wird, so können die Sponsalien nach Reiffenstuel u. a. nicht deßhalb aufgelöst werden, weil der Termin nicht eingehalten wurde.

luſt der Virginität, Annahme ſchlechter Sitten, anſteckende, unheilbare Krank=
heit, bedeutende Verunſtaltung des Körpers, Verarmung u. ſ. w., die den
andern Theil vom Eheverſprechen abgehalten haben würde oder die eine
unglückliche Ehe befürchten laſſen, wohin auch der gerechtfertigte Wider=
ſpruch der Eltern gehört.

12. Klage wegen Verlöbniſſes.

328. Iſt aus einem dieſer Gründe der eine Theil zum Rücktritt von
den Sponſalien mit Gewißheit berechtigt, ſo bedarf es keiner kirchlichen Auf=
löſung der Sponſalien. Iſt der Grund des Rücktrittes nicht moraliſch ge=
wiß, iſt es zweifelhaft, ob der nicht öffentlich bekannte Grund bei allgemein
für giltig gehaltenen Sponſalien dieſe Berechtigung gebe, ſo ſoll die Re=
ſciſſion der Sponſalien durch den kirchlichen Richter veranlaßt werden,
die kirchliche Autorität über das Aufhören der Verpflichtung entſcheiden.
Stellt der verſchmähte Theil Klage (Repudienklage), ſo hat derjenige die
Beweislaſt, der die Exiſtenz des Verlöbniſſes gegen denjenigen, der ſie läugnet,
behauptet. Auch hier gilt: actor sequitur forum rei; wenn aber das
Verlöbniß als Einſprache gegen eine beabſichtigte andere Ehe geltend gemacht
wird, ſo wird gewöhnlich das Gericht, das über die Einſprache zu entſcheiden
hat, auch über das Verlöbniß entſcheiden. Wird der Einſpruch nicht vor
Abſchluß der Ehe geltend gemacht, ſo geht der Kläger ſeines Rechtes ver=
luſtig; konnte er jedoch ihn nicht früher geltend machen, ſo kann er auf
Schadenerſatz klagen.

Im Zweifel über die Giltigkeit eines Verlöbniſſes iſt gegen dieſelbe zu
entſcheiden[1]. Iſt das Verlöbniß zweifelhaft, ein Theil negirt es und der
andere kann es nicht genügend beweiſen, ſo iſt der Eid entſcheidend, das
juramentum purgatorium des reus (ceteris paribus); iſt dieſer nicht
zuläſſig, z. B. des Meineids verdächtig, das juramentum suppletorium
des actor.

1) In dubio, ob die das Eheverſprechen enthaltenden Worte oder Zeichen
geſetzt worden ſind, iſt gegen die Sponſalien zu entſcheiden[2];

2) ſind die Worte (oder Zeichen), die *in foro externo* nach dem na=
türlichen Sinn oder Ortsgebrauch zu nehmen ſind[3], an ſich dunkel, und

---

[1] C. 3 x II. 19: „Promptiora sunt jura ad absolvendum, quam ad damnan-
dum." R. J. 30 in VI.: „In obscuris minimum est sequendum."

[2] Cum facta non praesumantur, sed probentur.

[3] Verba sumenda sunt (in foro externo) secundum sensum, quem verba im-
portant, nisi aliunde adversa intentio probetur. — In foro interno iſt natürlich die
Intention vor allem entſcheidend.

wird die Intention des Eheversprechens von dem, der sie setzte, geläugnet, so ist dieser freizusprechen oder auch zum juramentum purgatorium zuzulassen.

3) Sind sie an sich klar, aber es wird von einem Theile jocus oder fictio, fraus behauptet, so steht die praesumptio juris für die Giltigkeit der Sponsalien, wenn nicht jocus oder fictio bewiesen wird [1].

Bei der Klage auf Vollzug des Eheversprechens, wozu früher mit Censuren angehalten wurde, kann bei beharrlicher Weigerung nie zur Eingehung der Ehe gezwungen werden (326), sondern die Klage kann nur auf Schadloshaltung dringen. Zu unterscheiden ist *simplex restitutio damni*, die nur das damnum emergens ersetzt, z. B. die Ausgaben wegen der Hochzeit nebst der Zurückgabe des als Mahlschatz, als donatio ante nuptias Gegebenen, und die *plena restitutio*, die auch das lucrum cessans einschließt, die insbesondere zu geschehen hat, wenn eine Jungfrau deflorirt worden ist, wenn die Braut eine Diffamation erlitten oder keine Aussicht auf eine andere Heirat mehr hat.

Drittes Kapitel.

Die Ehehindernisse.

13. Die Ehehindernisse im allgemeinen.

329. Ehehinderniß [2] ist jeder Umstand, welcher die Eheschließung entweder unerlaubt oder ungiltig macht. Die Ehehindernisse sind daher vor allem Hindernisse der erlaubten Eheschließung, verbietende oder aufschiebende (*impedimenta prohibentia, mere impedientia*) und Hindernisse der Giltigkeit, trennende, vernichtende Hindernisse (*impedimenta dirimentia, irritantia*).

Da die Eingehung der Ehe darin besteht, daß die beiden Contrahenten gegenseitig ihren Consens erklären, so ist ein Ehehinderniß jeder Umstand, der eine Person daran behindert, überhaupt oder zeitweilig ihren Consens zu geben. Die Ehehindernisse beruhen daher auf der Unmöglichkeit des Consenses oder auf der Mangelhaftigkeit oder auf der Ungesetzlichkeit desselben.

---

[1] Cf. c. 26 x IV. 1.

[2] Die trennenden Ehehindernisse fassen die Verse zusammen:

Error, conditio. votum, cognatio, crimen,
Cultus disparitas, vis, ordo, ligamen. honestas,
Aetas (amens), affinis, si clandestinus et impos,
Si mulier sit rapta loco nec reddita tuto:
Haec facienda vetant connubia, facta retractant.

Die aufschiebenden:

Ecclesiae vetitum,. tempus, sponsalia, votum
Mixtaque religio (si proclamatio desit).

Die Ehehinderniſſe ſind natürlichen (juris naturalis) und poſitiv göttlichen Rechtes (juris divini), die auch die Nichtgetauften binden, und kirchlichen Rechtes (juris ecclesiastici), welche nur die Getauften verpflichten (93). Sie ſind ferner Hinderniſſe öffentlichen Rechtes (juris publici) und privatrechtliche (juris privati). Erſtere bezwecken vorzugs= weiſe die Heilighaltung der Ehe und das öffentliche Wohl und müſſen vom kirch= lichen Richter ex officio beachtet und unterſucht werden; letztere bezwecken zunächſt das Wohl einzelner Perſonen und können nur von den Contrahenten ſelbſt, nicht von dritten Perſonen geltend gemacht werden. Privatrechtlich ſind: error, vis et metus, conditio deficiens und impotentia, ſofern dieſe geheim iſt.

Ferner ſind ſie *absoluta*, die der Eingehung der Ehe mit jedweder Perſon entgegenſtehen, und *relativa*, welche nur der Eingehung der Ehe mit einer oder mehreren beſtimmten Perſonen entgegenſtehen.

Impedimenta perpetua, immerwährende, oder temporanea, zeitweilige, die mit der Zeit von ſelbſt wegfallen; *dispensabilia* und *indispensabilia;* *publica*, die öffentlich bekannt ſind ihrer Natur nach oder durch Umſtände, oder auch die gerüchtweiſe bekannt und in foro externo beweisbar ſind; *occulta*, und zwar bezüglich des Thatbeſtandes (materialiter) und des daraus entſtandenen Ehehinderniſſes (formaliter occulta), ſind jene, die nicht oder doch nur ſehr wenigen Perſonen (etwa fünf) bekannt ſind, von denen ein Be= kanntwerden nicht wohl zu beſorgen iſt, es wenigſtens wahrſcheinlich iſt, daß ſie nicht bekannt werden, und die in foro externo nicht leicht bewieſen werden können [1].

Impedimenta antecedentia, die dem Abſchluß der Ehe vorangehen, oder *supervenientia*, die ihm erſt nachfolgen und nicht die irritirende Kraft der erſteren haben.

14. Aufſchiebende Ehehinderniſſe.

330. I. *Ecclesiae vetitum*. Im weitern Sinne kann man alle Hinder= niſſe unter ecclesiae vetitum begreifen [2]. Ein Eheverbot kann a lege oder ab homine, allgemein ad modum regulae oder pro aliquo casu particulari ad modum praecepti aufgeſtellt ſein.

---

[1] Imped. omnino occultum bezeichnet ein nur dem damit Behafteten (und dem Beichtvater) bekanntes Hinderniß, oder doch ein ſolches, das in foro externo nicht bewieſen werden kann.

[2] Greg. IV. 16. Cf. Gl. zu c. 2 x V. 38. Man zählte die verbietenden Ehe= hinderniſſe ehemals in den Verſen auf:

Ecclesiae vetitum, nec non tempus feriatum,

Atque catechismus, crimen, sponsalia, votum,

Impediunt fieri, permittunt juncta teneri.

Als crimen führte man auf: „Incestus, raptus sponsatae, mors mulieris, sus- ceptus propriae sobolis, mors presbyteralis, vel si poeniteat solemniter aut mo-

Im allgemeinen ist verboten, die Ehe einzugehen: 1) ohne den status gratiae, 2) im Stande der Excommunication, 3) beim Mangel der nöthigen Religionskenntnisse, 4) ohne vorgängiges Aufgebot.

Ein specielles Eheverbot kann erlassen:

1) Der Papst, und zwar auch unter Strafe der Nichtigkeit der Ehe;

2) der Bischof, der aus einem gesetzlichen Grunde, praeter oder secundum, aber nicht contra jus commune eine Ehe verbieten kann, jedoch nie so, daß die trotz dem Verbote eingegangene Ehe ungiltig wäre;

3) der Pfarrer kann die Ehe verbieten oder vielmehr die Trauung aufschieben, wenn Verdacht eines trennenden Ehehindernisses vorliegt oder große Uebel aus der beabsichtigten Ehe zu befürchten sind, oder die Eltern begründete Einsprache erheben, in welchem Falle er an den Bischof zu berichten und dessen Entscheidung abzuwarten hat.

II. *Tempus sacrum* (feriatum, clausum). Nach dem Tridentinum ist vom ersten Adventssonntage bis Epiphanie einschließlich, ebenso vom Aschermittwoch bis Weißen Sonntag die feierliche Begehung einer Hochzeit[1], nach einer fast allgemeinen Gewohnheit und Diöcesanstatuten aber überhaupt die Eingehung der Ehe ohne bischöfliche Dispens verboten.

III. *Sponsalitia obligatio.* Ein früheres Verlöbniß macht die Ehe zwischen dem einen Verlobten und jeder dritten Person unerlaubt. Wird dem Pfarrer ein solches durch glaubwürdige Anzeige bekannt, so hat er die Eheschließung aufzuschieben, bis der Bischof ihn dazu ermächtigt, oder der frühere Verlobte auf sein Recht verzichtet, oder ein rechtskräftiges Urtheil vorliegt (328).

IV. *Votum simplex* 1) perpetuae castitatis, 2) ingrediendi ordinem religiosum, 3) sacri ordinis suscipiendi, 4) non nubendi.

1) Wird die Ehe ohne Dispens eingegangen, nachdem man das einfache Gelübde ewiger Keuschheit abgelegt hatte, so darf man das debitum conjugale nicht fordern, wohl aber leisten. Stirbt der andere Ehetheil, so verpflichtet wieder das Gelübde, auch wenn für diese Ehe dispensirt war; Ehebruch wäre zugleich auch sacrilegium. Das nach Consummation der Ehe ohne Erlaubniß des Ehegatten abgelegte Gelübde verbietet, die eheliche Pflicht zu fordern, nicht aber zu leisten; selbst wenn der andere Ehetheil zustimmte, so geht ihm das jus petendi debitum nicht verloren, obwohl er sündigen würde, wenn er es fordert.

---

nialem accipiat. prohibent haec conjugium sociandum." Cf. Trid. s. XXIV. c. 1. 2 de ref. matr. Das Trauerjahr, das nach römischem Rechte Hinderniß war, ist kein kirchliches; c. 5 x IV. 21.

[1] Cf. Trid. s. XXIV. can. 11; c. 10 de ref. matr.; c. 8—11 C. XXXIII. q. 4; c. 4 x II. 9; S. C. C.: „Potest contrahi quocunque tempore matrimonium, sed temporibus vetitis solemnitates, traductio ad domum prohibentur."

2) Iſt die Ehe ohne Dispens eingegangen, nachdem man das Gelübde abgelegt hatte, in einen geiſtlichen Orden zu treten, ſo iſt man zur Erfüllung desſelben verpflichtet, ſolange die Ehe noch nicht conſummirt iſt. Nach Con‑ ſummation der Ehe, durch die es verletzt wird, mag man das debitum fordern oder leiſten, bedarf es keiner Dispens mehr; nach dem Tode des Ehegatten gilt wieder das Gelübde.

3) Das Gelübde, die höheren Weihen zu empfangen, wird durch Ein‑ gehung der Ehe verletzt (vgl. 139, V. 2; 140, II). Nach Conſummation der Ehe, ohne Zuſtimmung des andern Ehetheils abgelegt, wäre dies Gelübde wie das vorige ungiltig (außer für die Zeit, wo die Ehe durch den Tod des andern Theils gelöſt wäre).

4) Das Gelübde, ehelos zu bleiben, wird verletzt durch Eingehung der Ehe; iſt ſie einmal conſummirt, ſo darf man die eheliche Pflicht leiſten und fordern. Nach dem Tode des Ehegatten iſt aber eine andere Ehe wieder verboten.

V. *Impedimentum mixtae religionis.* Die gemiſchte Ehe [1], d. h. die Ehe eines Katholiken mit einem getauften Akatholiken, war ſtets in der Kirche verboten, bei den Griechen ſogar als nichtig betrachtet, und muß von der Kirche wie auch von gläubigen Akatholiken mißbilligt werden [2].

„Denn wo die Seelen in der Religion uneins ſind, läßt ſich kaum im übrigen Eintracht erwarten. Es erhellt vielmehr, daß man ſolche Ehen des‑ halb ganz beſonders fliehen muß, weil ſie Anlaß geben zu verbotener Ge‑ meinſchaft und Theilnahme an Religionsübungen, für die Religion des katholiſchen Theiles eine Gefahr ſchaffen, für die gute Erziehung der Kinder ein Hinderniß ſind und für die Gemüther nicht ſelten eine Verſuchung, alle Religionen, mit Läugnung alles Unterſchiedes von wahr und falſch, für gleich‑ berechtigt zu halten.“ [3]

---

[1] Schriften über die gemiſchten Ehen von Roscovány 1842, Döllinger 1842, Reinerding 1853, Schulte 1862, Feßler 1861, Hübler 1883 u. a.

[2] Vgl. Walter l. c. § 324 S. 723 ff. Auch Richter ſagt: „Die Ehe ſoll nach ihrem Begriff ein Band zum Gemeinleben ſein. Hieraus ergibt ſich von ſelbſt, daß die Gatten durch die Einheit nicht bloß des chriſtlichen, ſondern auch des kirch‑ lichen Bewußtſeins verbunden ſein ſollen, und daß daher die ſogen. gemiſchten Ehen ein Moment in ſich tragen, infolge deſſen ſie keiner Kirche als erwünſcht erſcheinen können. Die evangeliſche Kirche kann ſo wenig als die katholiſche die gemiſchten Ehen billigen.“

[3] Encycl. Leon. XIII. d. 10. Febr. 1880. Instructio Card. Antonelli d. 15. Nov. 1858: „Omnes norunt, quid ipsa catholica ecclesia de hujusmodi catholicos inter et acatholicos nuptiis senserit, quum illas semper improbaverit et tamquam illicitas planeque perniciosas habuerit, tum ob flagitiosam in divinis communionem, tum ob impendens catholico conjugi perversionis periculum, tum ob pravam sobolis institutionem. Atque huc omnino pertinent antiquissimi canones ipsa mixta con‑ nubia severe interdicentes ac recentiores summorum pontificum sanctiones.“

In der Eingehung einer gemischten Ehe findet eine communicatio in sacris cum haereticis (94) statt, wird vom Katholiken das Dogma von der Kirche verkannt oder doch nicht bekannt; sie macht eine vollständige, darum auch das religiöse Leben umfassende Gemeinschaft unmöglich; der Zwiespalt in der religiösen Ueberzeugung kann nur verderblich auf die Erziehung der Kinder wirken, es liegt die Gefahr der Verführung für Gatten und Kinder nahe, für letztere namentlich, wenn der katholische Ehetheil stirbt, der akatholische wieder einen Akatholiken heiratet, oder die Gefahr des Indifferentismus, der freilich in der Regel schon vorhanden ist, wenn man eine solche Ehe eingeht. Einzelne rühmliche Ausnahmen hierin bestätigen nur die Regel. Zudem besteht eine dem Katholiken nachtheilige Rechtsungleichheit; der Protestant kann sich scheiden lassen und wieder heiraten, der Katholik aber nicht.

Gestattete die Kirche früher eine solche Ehe nur, wenn der akatholische Theil versprach, katholisch zu werden, oder nur, wenn er es wirklich ward, so wird doch vom Papste (oder vom Bischof durch Delegation) von diesem Hinderniß dispensirt, wenn die kirchlichen Bedingungen erfüllt werden:

1) wenn keine Gefahr des Abfalls für den katholischen Theil vorhanden ist, derselbe seine Religion frei und ungehindert ausüben kann;

2) wenn derselbe sich bemühen will, nach seinen Kräften den akatholischen Theil vom Irrthum zur Wahrheit zu führen;

3) wenn alle Kinder in der katholischen Religion getauft und erzogen werden, was durch notarielle Urkunde (anderwärts durch den Eid beider Spondenten) zugesichert werden muß [1].

Sind die kirchlichen Bedingungen gewahrt, so ist nicht nur die sogen. *assistentia passiva* (wie nach gemeinem Rechte), sondern auch die active Assistenz des katholischen Pfarrers in den gemischten Gegenden Deutschlands meist tolerirt [2]. Nur darf der Katholik nicht sich auch von dem akatholischen Religionsdiener trauen lassen.

---

[1] Cf. Benedict. XIV. lit. „Magnae Nobis" d. 29. Junii 1748; Gregor. XVI. lit. d. 27. Maji 1832; Instruct. cit.: „Hinc porro evenit, ut haec Apostolica Sedes, ad quam unice spectat potestas dispensandi super hujusmodi mixtae religionis impedimento, si de canonum severitate aliquid remittens mixta haec conjugia quandoque permiserit, id *gravibus* dumtaxat *de causis aegre* admodum fecit et nonnisi sub expressa semper conditione de praemittendis *necessariis opportunisque cautionibus*, ut scilicet *non solum catholicus conjux ab acatholico perverti non posset, quin immo catholicus ipse conjux teneri se sciret, ad acatholicum pro viribus ab errore retrahendum, verum etiam, ut universa utriusque sexus proles ex mixtis hisce matrimoniis procreanda in sanctitate catholicae religionis educari omnino deberet.*"

[2] Instruct. cit.: „Sanctitas Sua ... mandat, ut ... nunquam desistant omni cura studioque advigilare, ut sedulo quoque impleantur conditiones de mixtis hisce

Sind die Bedingungen, unter denen die Kirche die gemiſchte Ehe zu=
läßt, nicht erfüllt, ſo darf der katholiſche Pfarrer nicht activ bei der Ehe=
ſchließung mitwirken; er darf nur die assistentia passiva s. materialis
leiſten, d. h. er kann die beiderſeitige Conſenserklärung anhören und die Ehe
als geſchloſſen in das Kirchenbuch eintragen. Dies genügt zur Giltigkeit der
Ehe; der Akatholik kann von der Kirche, der er nicht angehört, keine poſitive
Leiſtung beanſpruchen, der katholiſche Theil aber muß, wenn er die Seg=
nungen der Kirche will, auch die vorgeſchriebenen Bedingungen erfüllen. Auch
für die gemiſchte Ehe gelten alle ſonſtigen Kirchengeſetze, und wo nach dieſen
eine Dispens nothwendig iſt, iſt ſie auch hier einzuholen, wobei die gemiſchte
Religion anzugeben iſt.

Bezüglich der Niederlande hat die Declaration vom 4. November 1741
für die gemiſchten Ehen von der Form des Tridentinum dispenſirt [1], oder
erklärt, daß das tridentiniſche Geſetz auf die gemiſchten und rein proteſtan=
tiſchen Ehen dort nicht anzuwenden ſei [2], was auch auf andere Länder aus=
gedehnt ward (320, 2), aber nicht ohne ausdrückliche Erklärung weiter aus=
gedehnt werden darf.

VI. Nur als aufſchiebende Hinderniſſe kann die Kirche auch
die auf Staatsgeſetzen beruhenden Ehehinderniſſe betrachten, da ſie die Giltig=
keit der Ehe nur nach kirchlichem Rechte beurtheilen kann (316).

15. Trennende Ehehinderniſſe.

A. Abgang der weſentlichen Form. Clandeſtinität.

331. Iſt auch an ſich die gegenſeitige Conſenserklärung zur Eingehung
der Ehe genügend, ſo verſtand es ſich doch von ſelbſt, daß Chriſten ihre Ehe

matrimoniis extra ecclesiam et absque parochi benedictione alioque ecclesiastico
ritu celebrandis; quodsi in aliquibus locis Sacrorum Antistites cognoverint, easdem conditiones impleri haud posse, quin graviora exinde oriantur damna ac mala,
in hoc casu tantum Sanctitas Sua ad hujusmodi majora damna ac mala vitanda
prudenti eorumdem Sacrorum Antistitum arbitrio committit, ut ipsi judicent, quando
commemoratae conditiones de contrahendis mixtis hisce nuptiis extra ecclesiam et
absque parochi benedictione impleri minime possint, et quando in promiscuis hisce
conjugiis ineundis tolerari queat mos adhibendi ritum pro matrimoniis in dioce-
sano rituali legitime praescriptum, exclusa tamen semper Missae celebratione ac
diligentissime perpensis omnium rerum, locorum ac personarum adjunctis atque
onerata ipsorum Antistitum conscientia super omnium circumstantiarum veritate et
gravitate.“ Gregor. XVI. d. 23. Maji 1846 ad Archiepisc. Friburgens.: „*Tolerari*
posse, ut mos in nonnullis regionibus inductus servaretur benedicendi matrimoniis
mixtis initis cum ecclesiae venia et praedictis cautionibus.“ Cf. Instr. Past. Eystett.
p. 370 seq.

[1] Schulte, Syſtem des Kirchenrechts S. 630; Lehrbuch S. 481.
[2] Gerlach, Lehrbuch des Kirchenrechts, 4. Aufl. S. 189 ff.

nicht heimlich, sondern, wie Ignatius der Martyrer schreibt [1], nach dem Urtheil des Bischofs schlossen. Gesetze gegen die heimlichen Ehen wurden viele erlassen [2]; allein diese waren nur verbietend. Das Concil von Trient erst hat, da alle bisherigen Maßregeln nicht ausreichten zur Verhütung der formlosen Ehen, zur Beseitigung der aus diesen entstandenen Nachtheile, zur Wahrung des öffentlichen Charakters der Ehe und zur Ermöglichung des vollen Beweises des gegebenen ehelichen Consenses eine bestimmte Form der Eheschließung unter Strafe der Nullität der Ehe vorgeschrieben, indem es die Contrahenten für inhabiles erklärt, anders als in Gegenwart des (competenten) Pfarrers und zweier oder dreier Zeugen die Ehe einzugehen. Dies gilt jedoch nur da, wo dieses Gesetz in der Pfarrei promulgirt wurde, und zwar nach Ablauf von 30 Tagen vom Tage der ersten Publication in der Pfarrei an [3].

Die geschehene Promulgation wird da präsumirt, wo diese Bestimmung als Gesetz des Concils (nicht bloß als bischöfliches oder weltliches Gesetz) observanzmäßig beobachtet wird, wo also die Parochianen wissen, daß sie nur so eine giltige Ehe schließen können, und die Concilsvorschrift damit erfüllen wollen [4].

Wo das Concilsdecret nicht publicirt wurde, oder wo die Promulgation nicht auf Grund längere Zeit hindurch fortgesetzter observanzmäßiger Beobachtung präsumirt werden kann, gilt noch heute das vortridentinische Recht, sind also die matrimonia clandestina zwar verboten, aber giltig. Wo das Concilsdecret gar nicht recipirt, nicht in Uebung gesetzt wurde, wo es vollständig in Vergessenheit gerathen ist (si quandoque observatum fuerit, longo dein intervallo in desuetudinem abiit), hat es gleichfalls keine verpflichtende Kraft.

332. Der Pfarrer, vor dem die Ehe eingegangen werden muß, ist der parochus proprius contrahentium sponsi sive sponsae (362). Außerdem kann der Ehe assistiren: 1) der Papst oder ein von ihm delegirter Priester in der ganzen Kirche, 2) die Cardinäle in ihren Titelkirchen, 3) der Bischof oder Kapitelsvikar, der Generalvikar in der ganzen Diöcese, 4) Praelati vere nullius in ihren Territorien, 5) ein vom parochus proprius delegirter Priester.

---

[1] Ad Polyc. c. 5; cf. *Tertull.*, De pudic. c. 4: „Penes nos occultae quoque conjunctiones, id est, non prius ad ecclesiam professae, juxta moechiam et fornicationem judicari periclitantur.“

[2] C. 1—6 C. XXX. q. 5; c. 33 D. XXIII; c. 3 x IV. 3.

[3] Trid. s. XXIV. c. 1 de ref. matr.

[4] Vgl. Gerlach, Lehrbuch des kathol. Kirchenrechts S. 265; *Benedict. XIV.*, De syn. dioec. l. 12 c. 5 n. 6; Archiv für kathol. Kirchenrecht, Bd. 36 S. 161 ff.

Der Pfarrer muß, um der Ehe zu aſſiſtiren, nicht Prieſter ſein; auch
der mit Cenſuren belegte, irreguläre Pfarrer, der dem Eheverbote des Bi=
ſchofs zuwiderhandelnde, der parochus putativus, der allgemein irrthüm=
lich für den rechtmäßigen Pfarrer gehalten wird (bei einem error communis cum titulo colorato), kann giltigerweiſe der Ehe aſſiſtiren. Delegiren
kann er aber nur einen Prieſter. Eine generelle Delegation haben
Lokalcuraten, Pfarradminiſtratoren, Hilfsgeiſtliche, die zur Aushilfe in der
ganzen Seelſorge beigegeben ſind; ſolche können auch ſubdelegiren. Der
ſpeciell delegirte Prieſter aber kann nur ſubdelegiren, wenn er dazu die
ſpecielle Ermächtigung erhalten hat. Die Delegation erliſcht durch den Tod
oder Widerruf des Delegirenden re adhuc integra, ſobald der Tod oder
Widerruf dem Delegirten bekannt wird. Eine bloß vermuthete Erlaubniß iſt
unzureichend. Wer den Abgang der licentia assistendi behauptet, hat die
Beweislaſt, außer wenn der competente Pfarrer ſelbſt ihn behauptet.

Der Prieſter, der ohne Erlaubniß des competenten Pfarrers der Ehe=
ſchließung aſſiſtirt, verfällt der Suspenſion, bis er von dem Biſchof des
competenten Pfarrers abſolvirt wird.

Zur Giltigkeit der Eheſchließung wird übrigens nicht erfordert, daß
der Pfarrer freiwillig anweſend iſt, daß er perſönlich mitwirke (assistentia
activa), ſondern es genügt ſeine Gegenwart (assistentia passiva), ſo daß
er mit vollem Bewußtſein und Verſtändniß des gegebenen Conſenſes der
Contrahenten anwohnt [1].

Mit dem Pfarrer müſſen gleichzeitig ebenſo anweſend ſein zwei oder drei
Zeugen. Dieſe brauchen auch nicht eigens dazu eingeladen oder gerufen,
nicht mit freiem Willen anweſend zu ſein. Ein Zeuge genügt nicht. Die
Zeugen brauchen nicht etwa die Eigenſchaften gerichtlicher Zeugen, ſondern
nur die natürliche Fähigkeit zu haben, ein Zeugniß abzulegen. Pfarrer und
Zeugen müſſen nur den auf eine ſinnlich wahrnehmbare und über den Willen
der Contrahenten keinen Zweifel laſſende Art (durch Zeichen oder Worte)
erklärten Conſens der Contrahenten wahrnehmen und bezeugen können. Mag
der Pfarrer proteſtiren, mag er ſich Augen und Ohren zuhalten: wenn er
die Conſenserklärung vernommen, iſt die Ehe giltig.

Wo kein Biſchof oder Pfarrer oder Miſſionär vorhanden iſt, oder wo
dieſer wegen allgemeiner Gefahr nicht angegangen werden kann, wo es phyſiſch
oder moraliſch unmöglich iſt, vor dem Pfarrer die Ehe einzugehen, kann die
Conſenserklärung giltig vor zwei Zeugen geſchehen [2].

[1] S. Congr. Conc. d. 31. Julii 1751: „Parochus in matrimonium nullam
exercet jurisdictionem, sed sit testis spectabilis, qui cum aliis testibus certam
reddat ecclesiam, hanc atque illum matrimonium contraxisse.“
[2] S. Congr. Conc. d. 19. Jan. 1605; Benedict. XIV., De syn. dioec. l. 12
c. 5 n. 5: „Congr. Conc.; proposito dubio super validitate matrimonii contracti

Wer aus einem Orte, an dem das tridentinische Gesetz gilt, sich an einen andern Ort begibt, wo dasselbe nicht verpflichtet, und dort die Ehe eingeht, ist nicht mehr an die tridentinische Form gebunden, wofern er dort wirklich ein Domicil hat, selbst wenn er es in der Absicht erwarb, um dem Gesetze zu entgehen [1]. Anders freilich wäre es, wenn er es nur zum Schein dort aufgeschlagen hat und wieder an seinen frühern Ort zurückkehren will; denn zum Domicil gehört animus et factum (362). Wer aus einem Orte, wo das Concilsdecret nicht promulgirt ist, an einen andern Ort sich begibt, an dem es promulgirt ist, kann dort ohne tridentinische Form nicht giltig die Ehe eingehen.

333. Was die Ehen der Protestanten anlangt, so muß die Kirche sie als den kirchlichen Gesetzen unterworfen betrachten (93). Wo Protestanten in einer katholischen Pfarrei leben, in welcher das tridentinische Gesetz promulgirt ist, sind sie an dasselbe gebunden, nicht aber da, wo Protestanten in eigenen gesonderten protestantischen Pfarreien leben, in denen es nie promulgirt worden ist, wohl auch nicht in solchen, die erst später sich gebildet haben [2]. Wo das Gesetz überhaupt nicht promulgirt ward, verpflichtet es weder Katholiken noch Protestanten unter Strafe der Nichtigkeit der Ehe. Die Bestimmung des Concils, daß es in jeder einzelnen Pfarrei promulgirt werden solle, wurde offenbar mit Rücksicht auf die Protestanten gesetzt.

Anders verhält es sich mit der gemischten Ehe, wo nicht vom Papste auch für diese ausdrücklich die matrimonia clandestina anerkannt sind (319, 2). Denn der Katholik bleibt auch bei einer solchen Ehe an die Gesetze seiner Kirche gebunden.

B. Natürliche Unmöglichkeit des Consenses.
a. Amentia et aetas.

334. I. Jene, die gar kein Verständniß der Ehe und des Consenses haben, können keine giltige Ehe eingehen; so können Wahnsinnige, völlig

coram duobus testibus sine parocho in loco, ubi haereticus tantummodo minister resideat, catholicus autem parochus aliusve sacerdos vel omnino non aderat, vel illius adeundi libera potestas non erat, omnibus facti circumstantiis rite perpensis pro validitate respondit die 30. Martii 1669."

[1] Qui utitur jure suo, nec in fraudem legis agere videtur.

[2] *Santi* l. c. n. 66 p. 76: „Aliud est loqui de individuis in aliena societate commorantibus, aliud est loqui *de societate separata et distincta*. . . Si in aliquo loco nova societas inducatur et vetus destruatur vel recedat, nova societas regitur legibus propriis, nec tenetur legibus societatis, quae cessavit." Vgl. die Streitschriften von Uhrig und Knopp über die tridentinische Trauungsform, 1855; über die Verhandlungen des Tridentinums vgl. Archiv für katholisches Kirchenrecht, Bd. 2, 1857, S. 449 ff.; Walter l. c. § 300, IX. S. 664.

Berauſchte, Schlafende als ſolche keinen Conſens ſetzen. Bei Geiſteskranken, die lucida intervalla haben, ſolchen, die nur an einer fixen Idee leiden, muß durch Sachverſtändige deren Fähigkeit feſtſtehen, ſie ſind nur auf Grund biſchöflicher Erlaubniß zur Eheſchließung zuzulaſſen.

II. Während die geiſtige Reife ex jure naturali zur Ehe gefordert wird, ſo daß dieſes Hinderniß auch die Nichtchriſten bindet und indiſpenſabel iſt, iſt die Forderung eines beſtimmten Alters nur kirchlichen Rechtes. Vor der erlangten Pubertät wird weder die phyſiſche noch die geiſtige Reife zur Eheſchließung präſumirt, nach erreichter Pubertät beſteht die praesumptio für dieſelbe. Der Mangel des vollendeten 14. beim männlichen und des vollendeten 12. Lebensjahres beim weiblichen Geſchlechte bildet daher ein trennendes Ehehinderniß. Iſt aber trotzdem vor dem geſetzlichen Alter eine Ehe eingegangen und conſummirt worden, ſo kann der Biſchof ſie als giltig erklären, da der thatſächliche Beweis der körperlichen Reife durch Vollzug der copula vorliegt. Aus gleichem Grunde (ob malitiam aetatem supplentem) kann auch der Biſchof ex causa urgentissima erklären, daß die Ehe ex lege geſtattet ſei, wenn der Beweis der körperlichen Reife geliefert iſt[1].

b. Impotentia.

335. Die Impotenz, d. i. impotentia coëundi, incapacitas ad habendam copulam carnalem perfectam s. *de se aptam* ad prolis generationem (nicht zu verwechſeln mit impotentia generandi und sterilitas), kann eine *naturalis* ſein (aus einem Gebrechen der Natur) oder accidentalis (aus einer Krankheit, Operation, Caſtration)[2]; ſie kann *temporanea* oder *perpetua* ſein; ferner *absoluta* (in Bezug auf jedwede Perſon) oder *relativa*, *respectiva* (die nur in Bezug auf eine beſtimmte Perſon beſteht); ſie iſt *antecedens*, die der Eheſchließung vorausgeht, oder *superveniens*, die erſt nach Eingehung der Ehe eintritt; letztere hat natürlich keinen Einfluß auf die giltig abgeſchloſſene Ehe, als inſofern ſie, wenn ſie bei einem matrimonium non consummatum eintritt, leichter zur Dispens von dieſem Anlaß geben kann (367, 2).

Ein trennendes Ehehinderniß iſt nur die *impotentia antecedens, perpetua et insanabilis*, mag ſie absoluta oder relativa ſein.

Insanabilis iſt die Impotenz, wenn ſie auf natürlichem Wege und auf erlaubte Weiſe nicht gehoben werden kann. Iſt ſie heilbar, ſo muß der Ehegatte ſich ärztlicher Behandlung unterziehen, da es Pflicht iſt, das Hinderniß zu beſeitigen, und der andere Ehetheil das Recht auf die Geſchlechts=gemeinſchaft hat. Könnte jedoch die Impotenz nur durch eine lebens=

---

[1] Discretio ad consensum conjugalem et potentia ad copulam.
[2] Cf. Greg. IV. 15 de frigidis et maleficiatis.

gefährliche Operation gehoben werden, so besteht keine Verpflichtung dazu und wird die impotentia als *insanabilis* betrachtet.

Dieses Hinderniß beruht auf natürlichem Rechte; es kann auch keinen Unterschied machen, ob der andere Contrahent die Impotenz kannte oder nicht [1].

Wenn die Impotenz sicher vorhanden ist, ist der usus matrimonii unerlaubt und ist baldmöglichst die Trennung zu erwirken. Ist sie offenkundig, so ist sie ein Hinderniß des öffentlichen Rechts; ist sie aber geheim, dann schreitet der kirchliche Richter erst auf Beschwerde des oder der Contrahenten ein.

Wenn dieses Hinderniß geltend gemacht wird, so können die Aussagen der Betheiligten keinen Beweis liefern, sondern es muß das Gutachten von mindestens zwei Sachverständigen eingeholt werden. Stellt sich bei der Untersuchung des angeblich impotenten Theiles (oder bei relativer Impotenz beider Contrahenten) durch einstimmiges Urtheil der Sachverständigen die Impotenz als natürliche, beständige und unheilbare, äußerlich erkennbare heraus, so erfolgt die Annullation der Ehe, in welchem Falle stets der defensor matrimonii in erster Instanz appelliren muß. Ergibt sich die Impotenz nach einstimmigem Urtheil nur aus inneren, nicht aus äußeren Gründen, so muß der Eid der Contrahenten hinzukommen, daß sie die copula versucht, aber nicht vermocht haben; früher wurde auch der Eid von sieben oder wenigstens zwei Verwandten (Eideshelfern) gefordert, die beschwören mußten: sie glauben, daß beide Theile die Wahrheit gesagt haben (juramentum veritatis). In allen anderen Fällen ist die Triennalprobe vorgeschrieben, nach deren Ablauf eine neue Untersuchung anzustellen ist.

Erweist sich später das Urtheil, das die Ehe als nichtig erklärte, als irrig, so muß die Ehe wieder hergestellt werden, auch wenn beide Theile sich inzwischen wieder verheiratet haben. Die inzwischen bona fide eingegangene neue Ehe wäre jedoch ein matrimonium putativum und die darin erhaltenen Kinder legitim [2].

Wenn das Vorhandensein der Impotenz nicht vollständig bewiesen werden kann, wohl aber die Nichtconsummation der Ehe, so kann eventuell auch um dissolutio matrimonii non consummati durch päpstliche Dispens nachgesucht werden [3].

---

[1] Impotentia perpetua et antecedens, sive cognita sive ignorata, dirimit matrimonium (Sixtus V.).

[2] Bei der wegen impotentia relativa annullirten Ehe erwiese sich das Urtheil natürlich nur dann als nichtig, wenn der als impotent erklärte Theil mit seiner frühern Frau wirklich die copula vollzogen hätte.

[3] Eunuchi et spadones utroque testiculo carentes unterliegen dem Hinderniß. Androgynen oder Hermaphroditen könnten nur nach dem gemäß ärztlicher Untersuchung prävalirenden Geschlechte zugelassen werden, unter eiblicher Versicherung, daß sie nur davon Gebrauch machen wollen.

C. Abgang des Conſenſes ſelbſt.

a. Error.

336. Der error als Ehehinderniß iſt nicht *error juris*, wenn man z. B. fälſchlich ſich zur Ehe verpflichtet glaubt, falſche Begriffe über die Rechte der Eheleute hat, ſondern *error facti*, der ſich auf das Weſen ſelbſt bezieht (error in substantia), nicht aber bloß ein error in qualitate, alſo nur ein ſolcher, der den Conſens wirklich aufhebt, indem der Conſens auf eine andere Perſon gerichtet iſt als diejenige, die gegenwärtig iſt.

I. *Error personae*, wenn die bei der Eheſchließung gegenwärtige Perſon eine andere iſt als diejenige, mit welcher man die Ehe ſchließen will.

II. *Error in personam redundans*, wenn die Perſon, die man ehe= lichen will, durch eine beſtimmte Eigenſchaft von jeder andern unterſchieden iſt, man ſie nur unter dieſer Eigenſchaft kennt und wegen dieſer Eigenſchaft zur Ehe begehrt; denn hier wird der Conſens äußerlich auch geſetzt in Bezug auf eine Perſon, die man nicht heiraten will; z. B. jemand will die ihm unbekannte Tochter eines beſtimmten Vaters heiraten, **weil ſie die Erſt= geborene iſt**; ſtatt ihrer wird ihm aber eine andere vorgeführt [1].

Dagegen wäre es kein error in personam redundans, wenn er dieſe ihm bekannte Perſon heiraten will, die ſich für die Erſtgeborene ausgibt, die er fälſchlich dafür hält, oder wenn er die gegenwärtige Perſon, **die er kennt und heiraten will**, fälſchlich für reich, für eine Jungfrau u. ſ. w. hält.

III. *Error in personam redundans* wäre es auch, wenn jemand ſeinem Conſens die ausdrückliche Bedingung beiſetzt, daß er die Perſon nur heiraten wolle, wenn ſie eine beſtimmte Eigenſchaft hat (338), wenn alſo die Eigenſchaft conditio sine qua non des Conſenſes iſt.

IV. *Error conditionis servilis*. Da die unfreie Perſon rechtlich nicht dieſelbe iſt mit der frei geglaubten, ſo iſt das Nichtwiſſen vom Sklavenſtande des Mitcontrahenten auch ein error in personam redundans. Zwar ſind Ehen von Freien mit Sklaven giltig und iſt nicht der Sklavenſtand an ſich ein Ehehinderniß, ſondern nur der Irrthum, indem man fälſchlich den Mit= contrahenten für frei hält, während es ein Sklave iſt [2]. Da eine ſolche Ehe zwar nicht den Conſens unmöglich macht, aber doch die volle, ungetheilte Lebensgemeinſchaft hindert, darf derjenige, der in dieſem Irrthum die Ehe einging, von dieſer Verbindung zurücktreten, falls er nicht, nachdem er ſeinen Irrthum erkannt hat, die eheliche Gemeinſchaft freiwillig fortgeſetzt hat.

---

[1] Si per qualitatem, in qua erratur, certa et individua persona designetur animoque concipiatur, quae visu prius ignota est, tunc error redundat in sub-stantiam personae.

[2] Greg. IV. 9; cf. c. 8 C. XXIX. q. 2.

b. Vis et metus.

337. Ein trennendes Ehehinderniß bildet, weil die Willensfreiheit aufhebend, physische Gewalt (vis) und Einflößung einer großen Furcht (metus gravis) durch Androhung eines wirklichen, bedeutenden Uebels, das man auf andere Weise nicht abwenden kann und zu dessen Androhung der Drohende nicht berechtigt war, welche Furcht die Eheschließung veranlaßt.

Eine absolute physische Gewalt hat diese Wirkung unbedingt. Die Furcht (vis conditionata s. compulsiva) kann sein metus gravis, wenn das befürchtete Uebel und die Wahrscheinlichkeit, daß es wirklich eintreffen wird, groß ist, oder levis, wenn eines von beiden nicht der Fall ist. Erstere kann sein metus absolute gravis, welche jeden besonnenen, festen Menschen zur Nachgiebigkeit bewegen kann [1], oder relative s. respective gravis, z. B. wegen jugendlichen Alters, besonderer Individualität [2].

Hier handelt es sich auch nur um metus gravis extrinsecus, per causam liberam, durch einen Menschen eingeflößte Furcht, sei es vom Mitcontrahenten oder anderen Personen, auch den eigenen Eltern, wenn es nicht bloß metus mere reverentialis ist, nicht um metus intrinsecus per causam naturalem, nicht bloß in der Gemüthsstimmung des Leidenden beruhende Furcht.

Die Furcht kann juste incussus sein, z. B. wenn ein Richter denjenigen, der zur Eingehung der Ehe sich durch Sponsalien verpflichtet hat, mit Censuren anhält, sein Versprechen zu erfüllen, oder metus injuste incussus; sie kann eingeflößt werden directe ad extorquendum matrimonium, oder aus einem andern Grunde. Auch im letztern Falle, wenn das angedrohte und befürchtete Uebel nicht anders abgewendet werden könnte, so daß die Einwilligung nur als unmittelbare Folge der Furcht erscheint, wäre die nöthige Freiheit des Consenses nicht vorhanden.

Auch die Furcht vor einem großen Uebel, das den nächsten Anverwandten [3] angedroht wird, kann metus gravis begründen. Als privatrechtliches Hinderniß kann es nur von demjenigen geltend gemacht werden, der die Gewalt oder Furcht erlitten hat. Nur wenn derselbe nach dem Aufhören des Zwangs oder der Furcht und nach erlangter Kenntniß von der Nichtigkeit der Ehe freiwillig affectu maritali friedlich mit dem andern Theile cohabitirt, erlischt sein Klagerecht.

---

[1] Cadens in constantem virum sive in constantem feminam. — Excusat carcer, status et mors, verbera, stuprum. Greg. I. 40; namentlich Furcht vor Tod, Verstümmelung, Mißhandlung, Gefängniß, vor harten, ungerechten Strafen, Verlust der Keuschheit, vor dem Zorne eines Mächtigen (c. 4 x h. t.).

[2] Minor metus excusat feminam quam virum. Gl. ad c. 14 x IV. 1.

[3] Sicher kann es nicht auf alle Verwandten ausgedehnt werden; wohl zunächst nur auf Ascendenten und Descendenten; unter Umständen zuweilen auch auf Geschwister. Schulte, Eherecht S. 128.

c. Deficiens conditio apposita.

338. Eine bedingte Eheſchließung fordert biſchöfliche Erlaubniß. Conditiones de praeterito und de praesenti machen es nur ungewiß, ob die Ehe giltig iſt, bis die Contrahenten Kenntniß erhalten von dem Vorhandenſein des Bedingten oder vom Gegentheile. Eigentliche Bedingungen ſind nur die de futuro (vgl. 324).

I. Eine ausdrücklich beigeſetzte Bedingung, die dem Weſen der Ehe widerſtreitet, macht die Ehe ungiltig[1], z. B. die Bedingung, keine Kinder zu erzeugen, die Ehe wieder aufzulöſen, Ehebruch zu geſtatten.

II. Alle anderen phyſiſch oder moraliſch unmöglichen Bedingungen (conditiones impossibiles et turpes) ſind unzuläſſig und gelten pro non adjectis.

III. Conditiones honestae et possibiles de futuro ſchieben den Beſtand der Ehe hinaus, bis die Bedingung ſich erfüllt; erfüllt ſie ſich nicht, ſo iſt keine Ehe vorhanden. Die Bedingung gilt als erlaſſen, wenn vor Eintritt derſelben die copula vollzogen wird; dieſe macht den bedingten Conſens zu einem unbedingten[2].

Die Bedingung, über die beide Contrahenten ausdrücklich übereingekommen ſein müſſen[3], kann auch von ihnen erlaſſen werden; das Klagerecht erliſcht auch dann, wenn man die Erfüllung der Bedingung ſelbſt unmöglich macht, oder fälſchlich den Umſtand, der zur Bedingung geſetzt ward, vorgeſpiegelt, oder abſichtlich das Nichtvorhandenſein desſelben verſchwiegen hat.

Die Bedingung muß dem Pfarrer und den Zeugen bekannt gegeben ſein.

D. Rechtliche Unmöglichkeit des Conſenſes.

I. Wegen eines die Ehe ausſchließenden Verhältniſſes der Brautleute zu einander.

a. Die Blutsverwandtſchaft.

339. Das Verbot der Ehen zwiſchen Blutsverwandten hat einen ſocialen, einen moraliſchen und einen natürlichen Grund. Es liegt, wie der hl. Auguſtinus[4] ſagt, im Plane der Schöpfung, daß eine immer größere

---

[1] Cf. c. 7 x IV. 5.

[2] Bei der conditio de praesenti, de praeterito könnte die vor Kenntniß von der Exiſtenz oder Deficienz der Bedingung gepflogene copula wohl nicht als Verzicht auf die Bedingung betrachtet werden. Auch eine nach erwieſener Nichterfüllung der conditio de futuro gepflogene copula macht den Conſens nicht zu einem unbedingten.

[3] Bloßes Schweigen gilt ob favorem matrimonii nicht als Zuſtimmung, ſondern als Verweigerung derſelben.

[4] Aug., De civ. Dei l. XV. c. 16; c. 1 C. XXXV. q. 1; Schulte, Eherecht S. 155 ff.

Zahl von Menschen sich in engerer Liebe umfasse. Die ganze Menschheit soll ein Gottes=Staat, eine große, eng verbundene Gesellschaft werden. Ein Hauptmittel, die einander fremd sich gegenüber stehenden Familien durch ein enges Freundschaftsband miteinander zu vereinigen, ist die Ehe. Bei Verwandten=Ehen wird diese Absicht Gottes vereitelt, da ist die Ehe nicht mehr ein Liebesband der Societät, sondern nur zu oft eine Institution zur Förderung engherziger, egoistischer Verwandtenliebe. „Wenn Ehen zwischen nahen Verwandten häufiger vorkommen, so vergiften sie das Familienleben, in dessen Verkehr sie die sinnliche Begierde und den Verdacht derselben einführen."[1] Es ist das Hinderniß der Verwandtschaft die kräftigste Schutzwehr gegen den Mißbrauch des innigen Verhältnisses, des vertrauten Verkehrs unter den Verwandten (und Verschwägerten), es muß als der natürliche Träger der Unschuld und Reinheit dieses Verhältnisses betrachtet werden[2]. Vernunft und Gewissen verabscheuen die Ehen unter nahen Verwandten[3]. Die Statistik weist nach, daß die Ehen zwischen Verwandten die schlimmsten Folgen haben, ein an Geist und Körper verkrüppeltes Geschlecht aus ihnen hervorgeht, daß sie Krankheiten, Kinderlosigkeit u. dergl. zur Folge haben[4].

Das römische Recht verbot die Ehe zwischen Ascendenten und Descendenten, zwischen Geschwistern, zwischen Personen, welche der respectus parentelae verbindet, d. h. die einen gemeinschaftlichen Stammvater haben, von dem der eine Theil durch unmittelbare Zeugung, wenn auch der andere durch mehrere Grade (6—7 Grad) absteht.

Das mosaische Gesetz ist Levit. 18; 20, 11—21 enthalten.

Bediente sich die Kirche auch anfangs der Zählart des römischen Rechts, so wurde doch die canonische Computation nach Gliedern herrschend und von Alexander II. bestätigt[5].

Es ist bei Berechnung der Verwandtschaft zu beachten:

1) Der gemeinsame Stamm (*stirps, stipes communis, truncus, radix*), d. i. die Person, von der die Betreffenden unmittelbar oder mittelbar (durch legitime oder illegitime Zeugung) abstammen, in der sie, wie in ihrer Wurzel, zusammenkommen[6].

---

[1] Anweisung für die geistlichen Ehegerichte Oesterreichs § 81.

[2] Knopp, Eherecht S. 149 ff.

[3] L. 14 D. de ritu nuptiar. 23, 2: „Quoniam in contrahendis matrimoniis naturale jus et pudor inspiciendus est."

[4] Weber, Ehehindernisse S. 55 ff. Es ist sprichwörtlich bekannt: „Nahes Blut thut nicht gut." „Entweder früh sterben oder keine Erben oder verderben."

[5] C. 2 C. XXXV. q. 1. Das germanische Recht unterschied den nähern und entferntern Verwandtschaftskreis. Zu dem erstern gehörten die Geschwister; die Verwandten entfernterer Grade hießen Magen (Schwertmagen und Spulmagen).

[6] Agnaten heißen die von einem gemeinschaftlichen männlichen Stamme durch Männer, Cognaten die von einem weiblichen Stamme per lineam femineam ab-

2) **Die Linie** *(linea, scala)*, d. i. die fortlaufende Reihe der Ab=
ſtammenden:

a) **Gerade Linie** *(linea recta)*, wenn zwei Perſonen durch Zeugung
unmittelbar voneinander abſtammen, und zwar:

α) *Linea ascendens* (Aſcendenten),

β) *linea descendens* (Deſcendenten).

b) **Die Seitenlinie** (Querlinie, ungerade Linie, *linea transversa, obliqua, collateralis*), wenn zwei Perſonen nicht unmittelbar durch
Zeugung voneinander abſtammen, ſondern nur ihre Abſtammung auf einen
gemeinſamen Stamm zurückführen (**Seitenverwandte**, *collaterales*).

α) **Gleiche Seitenlinie** *(linea transversa aequalis)*, wenn beide
gleich weit vom gemeinſamen Stamme entfernt ſind.

β) **Ungleiche Seitenlinie** *(linea transversa inaequalis)*, wenn eine
Perſon vom gemeinſamen Stamme weiter entfernt iſt als die andere.

3) **Der Grad** *(gradus)*, d. i. der Abſtand der fraglichen Perſonen
vom gemeinſamen Stamme.

Das canoniſche Recht hat nun folgende Regeln:

I. In der geraden Linie ſind ſoviel Grade als Zeugungen, oder ſoviel
Grade als Perſonen mit Wegrechnung des gemeinſamen Stammes.

II. In der gleichen Seitenlinie ſind zwei Perſonen in demſelben Grade
miteinander verwandt, in dem ſie vom gemeinſamen Stamme abſtehen.

III. In der ungleichen Seitenlinie ſind zwei Perſonen in dem Grade
miteinander verwandt, in dem der **entferntere** vom gemeinſamen Stamme
abſteht [1].

ſtammenden Seitenverwandten. Deſcendenten, die denſelben Vater und dieſelbe Mutter
haben, heißen **vollbürtige** (einbändige, *germani*), außerdem **halbbürtige**
(**zweibändige**, *unilaterales*), und zwar *consanguinei*, wenn ſie nur denſelben Vater,
uterini, wenn ſie nur dieſelbe Mutter gemeinſam haben.

[1] **Stammbaum** (ſ. nach c. 6 C. XXXV. q. 5; cf. x IV. 14):

I. Gerade aufſteigende Linie:		II. Gerade abſteigende Linie:	
1. Grad	pater, mater,	1. Grad	filius, filia,
2. „	avus, avia,	2. „	nepos, neptis,
3. „	proavus, proavia,	3. „	proneptos, proneptis,
4. „	abavus, abavia, majores.	4. „	abnepos, abneptis, posteri.

III. Gleiche Seitenlinie von väter-licher Seite:		IV. Gleiche Seitenlinie von mütter-licher Seite:	
1. Grad	frater, soror,	1. Grad	frater, soror,
2. „	patrueles, amitini (ae),	2. „	consobrini (ae),
3. „	patrueles magni et amitini (ae) magni (ae),	3. „	consobrini (ae) magni (ae),
4. „	propatrueles, proamitini (ae).	4. „	proconsobrini (ae).

340. Blutsverwandte in der geraden Linie (Ascendenten und Descendenten) können nie eine giltige Ehe schließen. In der Seitenlinie ist die consanguinitas trennendes Ehehinderniß bis zum vierten Grade inclusive, mag die Verwandtschaft aus legitimer Ehe oder ex copula illicita stammen. In der ungleichen Seitenlinie ist die Ehe giltig und erlaubt, wenn auch nur ein Theil in einem entfernteren als dem vierten Grade vom gemeinsamen Stamme entfernt ist.

In der geraden Linie beruht das Hinderniß (wenigstens im ersten Grade) jedenfalls in jure naturali et divino; wohl ist auch das Hinderniß bezüglich des ersten Grades der Seitenlinie (zwischen Geschwistern) im göttlichen Rechte begründet[1]. Das Hinderniß in den übrigen Graden der Seitenlinie ist nur kirchlichen Rechtes, berührt also die Nichtchristen nicht.

Jene, die wissentlich in den verbotenen Graden der cognatio naturalis ohne Dispens die Ehe eingehen (die ungiltig ist), sollen getrennt und der Hoffnung auf Dispens beraubt, auch mit Excommunication bestraft werden[2].

Schema consanguinitatis.

I.

Adam Schmitt genuit cum uxore sua
Barbara Dorn

Adam Schmitt,
sponsum.

Annam Schmitt,
haec cum marito suo
Josepho Elmer

Bertham Elmer,
sponsam.

V. Ungleiche Seitenlinie von väterlicher Seite:

1. u. 2. Gr. patruus, amita und fratris (sororis) filius (filia),

1. u. 3. Gr. patruus magnus, amita magna und fratris (sororis) nepos (neptis),

1. u. 4. Gr. propatruus, proamita und fratris (sororis) pronepos (proneptis).

VI. Ungleiche Seitenlinie von mütterlicher Seite:

1. u. 2. Gr. avunculus, matertera und fratris (sororis) filius (filia),

1. u. 3. Gr. avunculus magnus, matertera magna und fratris (sororis) nepos (neptis),

1. u. 4. Gr. proavunculus, promatertera und fratris (sororis) pronepos (proneptis).

[1] Cf. *Aug.*, De civ. Dei XV. 16; Schulte, Eherecht, S. 171 ff. Andere bestreiten es.

[2] Trid. s. XXIV. c. 5 de ref. matr. Die excommunicatio ist ferendae sententiae.

II.

Margareta Niebler
(sponsa)

Paulus Ebner   Pius Niebler et
(sponsus)   Clara Stier

Jacobus Ebner et   Franciscus Stier et
Maria Kihn   Rosa Hubert

Petrus Kihn et Joannes Hubert et
Martha Hubert Maria Horn

Josephus Hubert et
Eva Stüber.

b. Geiſtliche Verwandtſchaft.

341. Die nachgebildete Verwandtſchaft iſt eine zweifache: die geiſt=
liche (ex sacramento) und die bürgerliche (ex lege civili). Das geiſtliche
Verwandtſchaftsverhältniß, das aus der Wiedergeburt des Menſchen in der
Taufe und deren Vollendung, der Firmung, entſteht, begründet ein kirchliches
trennendes Ehehinderniß zwiſchen dem Taufenden (oder Firmenden) und dem
Täufling (oder Firmling) ſowie deſſen Eltern, und zwiſchen dem Taufpathen
(Firmpathen) und dem Täufling (Firmling) ſowie deſſen Eltern [1].

Der Taufende erſcheint als zweiter Vater des Getauften (1 Kor. 4, 15);
die Taufpathen vertreten der Kirche gegenüber die Stelle von Eltern. Daher
nennt man dies Verhältniß auch paternitas und compaternitas. Aehnlich
verhält es ſich mit der Firmung.

Es ſoll nur ein Pathe genommen werden (höchſtens zwei, aber von
verſchiedenem Geſchlecht). Bloße Stellvertreter des Pathen und patrini honorarii contrahiren das Hinderniß nicht, wohl aber tritt es auch bei der
Nothtaufe ein, wenn wirklich ein Pathe dazu beſtimmt war und er das Kind
hebt, wenn er die Intention hatte, Pathe zu ſein, und nicht etwa bloß zu=
fällig das Kind hält, ohne daran zu denken, Pathenſtelle vertreten zu
wollen [2]. Bei der bloßen Nachholung der Ceremonien in der Kirche nach

---

[1] Greg. IV. 11; Sexti IV. 3; Trid. 1. c. c. 2; vgl. Archiv für kathol. Kirchen=
recht Bd. XV. S. 216 ff. Nur Taufe und Firmung haben die Art der generatio,
nicht auch andere Sacramente. Die frühere weite Ausdehnung des Hinderniſſes hat
das Tridentinum aufgehoben.

[2] S. Congr. Conc. d. 5. Mart. 1678: „An dispositio Concilii decernens in
Sacramenti baptismatis contrahi cognationem spiritualem inter suscipientem et patrem ac matrem suscepti habeat locum in baptismo sine solemnitatibus ob neces-
sitatem domi secuto?" Resp.: „Affirmative."

ertheilter Nothtaufe tritt keine Verwandtschaft ein. Hier, wie auch wenn die
Taufe sub conditione wiederholt wird, soll derselbe Pathe dazu genommen
werden. War die Taufe ungiltig ertheilt, so ist auch die cognatio spiritualis nicht eingetreten.

Damit das Hinderniß eintrete, muß der Pathe (wie der Taufende oder
Firmende) getauft, bezw. gefirmt sein, er muß den Willen haben, Pathen-
stelle zu vertreten; er soll den Täufling (bezw. Firmling) persönlich oder
durch Stellvertreter bei der Taufe oder Firmung berühren.

Vater und Mutter dürfen ihr eigenes Kind nicht aus der Taufe heben,
auch nicht selbst taufen, da sie sonst sich die geistliche Verwandtschaft zuziehen, also das jus petendi debitum verlieren; jedenfalls aber verlieren
sie dieses Recht nicht, wenn Vater oder Mutter in casu necessitatis ihr
Kind taufen oder heben, oder ex ignorantia facti s. juris. Geschähe es
temere oder ex malitia, so würde ein solcher Gatte das debitum sicher
leisten müssen, nach den meisten Canonisten aber nicht fordern dürfen [1].

c Gesetzliche Verwandtschaft.

342. Auf kirchlichem Rechte beruht auch das Hinderniß der gesetzlichen oder bürgerlichen Verwandtschaft (cognatio legalis), das
aus der Annahme an Kindesstatt entsteht, aber nur da, wo die bürgerlichen
Gesetze die Adoption zulassen. Die Kirche nahm dieses Hinderniß aus dem
römischen Rechte auf, und es gilt auch in der Kirche in dem Umfange des
römischen Rechtes, jedoch nur da, wo durch die Landesgesetze ein Adoptiv-
verhältniß anerkannt ist [2].

Es kann 1) der Adoptivvater nicht die Adoptivtochter oder Enkelin
heiraten (paternitas).

2) Die Adoptivgeschwister, die in väterlicher Gewalt des Adoptirenden
sich befinden, können nicht unter sich heiraten. Der Adoptirte kann nicht die
Tochter des Adoptivbruders oder der Adoptivschwester heiraten (fraternitas).

3) Der Adoptivvater kann nicht die Frau des Adoptivsohnes heiraten
und der Adoptivsohn nicht die Frau des Adoptivvaters, nicht Mutter, Schwester,
Mutters- oder Vatersschwester des Adoptirenden (affinitas legalis).

Auch nach Auflösung des Adoptivverhältnisses bleibt das Hinderniß be-
stehen zwischen dem ehemaligen Adoptivvater und der Adoptivtochter oder
Enkelin, sowie der Frau des Adoptivsohnes und zwischen diesem und der
Frau des Adoptivvaters.

---

[1] Nach de Angelis u. a. ist es probabile, daß er auch das jus petendi nicht
verliert, und in re dubia könne ein sicheres Recht nicht entzogen werden. Cf. c. 1
C. XXX. q. 7; c. 2 x h. t.

[2] C. 1 C. XXX. q. 3; c. un. x IV. 12; S. Poenitentiaria d. 17. Maji 1826.

d. Schwägerſchaft.

343. Die Affinität entſteht nicht aus der Ehe an ſich, ſondern aus der vollzogenen *copula carnalis perfecta*, wobei es keinen Unterſchied macht, ob der andere Theil wollte oder ob ihm Gewalt geſchah; es entſteht auch sine effectu generationis.

Es wird der eine Concumbent mit den Blutsverwandten des andern in demſelben Grade verſchwägert, in dem dieſer mit ihnen verwandt iſt[1]. Die Blutsverwandten des Mannes ſind alſo mit der Frau in demſelben Grade und derſelben Linie verſchwägert, in welchem Grade und in welcher Linie ſie mit dem Manne blutsverwandt ſind; ebenſo umgekehrt.

Man unterſcheidet daher eine *affinitas legitima*, die ex matrimonio consummato, und eine *affinitas illegitima*, die ex coitu illicito entſteht.

Die Kirche hat dieſes Hinderniß allmählich wie das der Blutsverwandt=ſchaft bis zum ſiebten Grade ausgedehnt und auch eine Affinität zweiter und dritter Art angenommen; es wurde das Eheverbot auf alle Verſchwägerten und auf die in zweiter Ehe erzeugten Kinder der Frau und die Verwandten des erſten Mannes ausgedehnt, die Ehe zwiſchen dem einen Ehegatten und den Schwägern des verſtorbenen Ehetheils, ſowie zwiſchen dem einen Ehetheil und den Schwägern der Schwäger des andern verboten. Dies hob das vierte Lateranconcil auf und beſchränkte das Hinderniß auf den vierten Grad; be=züglich der ungeſetzmäßigen Affinität beſchränkte es das Tridentinum auf den zweiten Grad[2]. Es gilt alſo jetzt der Grundſatz: affinitas non generat affinitatem. Das Hinderniß, einmal entſtanden, erliſcht nicht wieder. Zwi=ſchen den beiderſeitigen Blutsverwandten beſteht kein Hinderniß. Auch hier gibt der entferntere Grad den Ausſchlag. Das Hinderniß entſteht auch aus einer ungiltigen Ehe, ſobald dieſe conſummirt iſt; je nachdem ſie bona fide eingegangen war oder nicht, geht es bis zum vierten oder bis zum zweiten Grade incluſive.

Das Hinderniß beruht auf poſitivem kirchlichen Rechte[3].

Die geſetzmäßige Schwägerſchaft kann nur eine *antecedens* ſein; die ungeſetzmäßige kann *antecedens* und *superveniens* ſein. Letztere hebt die giltig eingegangene Ehe natürlich nicht auf, berechtigt aber den ſchuldloſen

---

[1] Gl. ad c. 8 x IV. 14: „Persona addita personae carnis copula mutat genus, non gradum.“

[2] C. 8 x IV. 14; Trid. s. XXIV. c. 3. 4 de ref. matr. Die Schwägerſchaft entſteht ebenſo mit den unehelichen Blutsverwandten des andern Concumbenten, wie mit den ehelichen.

[3] Vgl. Levit. 18, 8. 14 und Deut. 25, 5 ff.

Theil, das debitum conjugale zu versagen, und verpflichtet den schuldigen Theil, Dispens nachzusuchen, wenn der andere Theil dasselbe fordert und leisten will.

Die Berechnung der Grade geschieht wie bei der Blutsverwandtschaft[1].

Schema affinitatis.

Paulus Wolf
cum uxore sua
Anna Grün
genuit

Petrum Wolf,   Josepham Wolf,
hic cum Lucia Klein   haec cum Carolo Lipp

Andream Wolf,   Antonium Lipp,
hic cum uxore sua   hic cum Joanna Sinzel
Bertha Zink

Anastasiam Wolf,   Mariam Lipp,
sponsam.   defunctam uxorem Rudolphi Muk,
viatui et sponsi.

e. Impedimentum publicae honestatis.

344. Entsteht auch aus Sponsalien und einer nicht vollzogenen Ehe keine Affinität, da diese stets die copula carnalis voraussetzt, so ist es doch gegen die öffentliche Wohlanständigkeit und Ehrbarkeit, mit einer der Verlobten oder Angetrauten blutsverwandten Person die Ehe einzugehen[2]. Das Hinderniß der öffentlichen Ehrbarkeit (quasi-affinitas) entsteht nach kirchlichem Rechte:

---

[1] Mann wie Frau nennen die gegenseitigen Eltern socer, Schwiegervater, socrus, Schwiegermutter. Der Mann nennt den Großvater seiner Frau socer magnus, Schwieger-Großvater, die Großmutter seiner Frau socrus magna, Schwieger-Großmutter. Die Kinder nennen die Frau ihres Vaters noverca, Stiefmutter, den Mann ihrer Mutter vitricus, Stiefvater, ebenso die Frau ihres Großvaters noverca magna, Stiefgroßmutter, den Mann ihrer Großmutter vitricus magnus, Stiefgroßvater. Mann und Frau nennen die beiderseitigen Kinder privigni (ae), Stiefkinder; die Schwiegereltern nennen die Frau des Sohnes nurus, Schwiegertochter (Schnur), den Mann der Tochter gener, Schwiegersohn (Eidam). Die Frau nennt den Bruder des Mannes levir, Schwager, und seine Schwester glos, Schwägerin (Geschwei). Schwager und Schwägerin nennen den Mann ihrer Schwester sororius, Schwestermann (Schwager), und die Frau ihres Bruders fratria, Brudersfrau (Schwägerin).

[2] Das römische Recht verbot die Ehe des Sohnes mit der Braut des Vaters, oder eines Bräutigams mit der Mutter der Braut; l. 8 D. de grad. et affin. 28. 10.

1) **Aus giltigen und unbedingten Sponſalien**; hier geht es aber nicht über den erſten Grad der Conſanguinität in der geraden und Seitenlinie hinaus. Die Auflöſung des Verlöbniſſes hebt das Hinderniß nicht auf, außer für den Sohn, der zu jener Zeit, in welcher der Vater ſich ver= lobte, noch nicht am Leben war.

2) **Aus einem** *matrimonium non consummatum*, und hier geht es bis zum vierten Grade incluſive, auch wenn die Ehe ungiltig iſt, ausgenommen ſie wäre ungiltig aus Mangel des Conſenſes [1]. Es entſteht das Hinderniß auch, wenn die Ehe wegen Nichtbeachtung der tridentiniſchen Form ungiltig iſt (matrimonium clandestinum), nicht aber aus der Civilehe, denn wo das tridentiniſche Geſetz verpflichtet, kann die Civilehe nicht einmal als ma= trimonium clandestinum betrachtet werden, weil ſie überhaupt keine Ehe iſt, ſondern als eine bloße civilgeſetzliche Form von der Kirche betrachtet und deshalb eben geſtattet wird. Wenn auch die Brautleute wirklich beabſichtigen, im Civilact eine Ehe einzugehen, die aber ungiltig iſt, ſo könnte doch dieſer Eheconſens hier in keiner Weiſe vor der Kirche bewieſen werden und kein **Hinderniß der öffentlichen Ehrbarkeit** entſtehen. Als Sponſalien kann die Civilehe keinesfalls betrachtet werden. Die vom Papſte (7. April 1879) beſtätigte Entſcheidung der S. Congr. Conc. vom 13. März 1879 hat die Frage endgiltig verneinend entſchieden [2].

Aus einer wegen des impedimentum aetatis ungiltig eingegangenen Ehe entſteht das Hinderniß ſo, wie aus Sponſalien.

Das Hinderniß der Quaſi=Affinität hat keine rückwirkende Kraft (non agit retro). Giltige und unbedingte Sponſalien werden durch eine nach= folgende, nicht conſummirte Ehe mit einer der frühern Braut (oder Bräutigam) blutsverwandten Perſon nicht aufgelöſt; das aus der nachfolgenden (giltigen oder ungiltigen) Ehe entſtandene Hinderniß erſtreckt ſich daher nur auf die **anderen** Blutsverwandten der zweiten Braut, nicht aber auf die frühere Braut (oder den Bräutigam) ſelbſt.

II. Wegen eines ſchon beſtehenden Bandes.

a. Ligamen.

345. Ein Hinderniß des öffentlichen Rechtes bildet ein ſchon be= ſtehendes Eheband *(ligamen)* [3]. Will daher jemand, der ſchon einmal verheiratet war, zur Ehe ſchreiten, ſo muß der Beweis der Annullation der frühern Ehe oder des Todes des frühern Ehegatten durch öffentliche Do= cumente oder Urkunden oder durch Zeugen erbracht ſein.

---

[1] C. un. de sponsal. in VI.

[2] „An actus, qui vulgo audit matrimonium civile, pariat impedimentum ju-stitiae publicae honestatis?“ Resp.: „Negative.“

[3] 1 Kor. 7, 39; Trid. s. XXIV. can. 2 de matr.

Nur wenn die frühere Ehe gelöst ist, kann eine neue giltige Ehe eingegangen werden; würde jedoch die zweite bona fide geschlossen, indem der
Tod des frühern Gatten als bewiesen galt, so wären die Kinder aus dieser
zweiten Ehe propter matrimonium putativum legitim, auch wenn der erste
Gatte noch lebt. Kehrt der todt geglaubte Gatte zurück, so muß die erste
Ehe wieder hergestellt werden. War aber die erste Ehe ungiltig, oder der
erste Ehegatte schon gestorben, obwohl die zweite Ehe mala fide, im Zweifel
oder in der Meinung, der erste Gatte lebe noch), eingegangen ward, so ist
die zweite Ehe giltig. Nur darf der Ehegatte, der begründeten Zweifel hat,
ob sein früherer Gatte noch am Leben sei, das debitum conjugale nicht
fordern, jedoch leisten, wenn der andere Theil bona fide es fordert.

Es kommt zur Giltigkeit der zweiten Ehe nur darauf an, ob eine frühere giltige Ehe in der Zeit der zweiten Consenserklärung noch bestand oder
nicht. Besteht das Eheband noch, so bleibt die erste Ehe bestehen, mag sie
auch nur matrimonium ratum, die zweite consummatum sein.

Die Ehe eines Katholiken mit einer (vom protestantischen Consistorium
oder civilgerichtlich) geschiedenen Person, deren Gatte noch lebt, ist kirchlich
ungiltig.

346. Das Hinderniß des ligamen besteht auch für die Nichtchristen.
Die unauflösliche Ehe derselben wird auch durch die Bekehrung eines Theiles
zum Christenthum nicht gelöst. Sie kann jedoch kraft des *privilegium fidei
s. Paulinum* (1 Kor. 7, 12 ff.) gelöst werden:

1) Wenn der ungläubige Theil die eheliche Gemeinschaft mit dem christlich gewordenen Theile überhaupt nicht fortsetzen will, oder

2) nicht absque contumelia creatoris vel ut eum pertrahat ad
peccatum mortale [1].

In diesen Fällen aber muß vom christlich gewordenen Theile oder vom
kirchlichen Richter eine *interpellatio* an den ungläubigen Theil gerichtet werden, damit er sich innerhalb einer genügenden Frist darüber erkläre. Ist
diese fruchtlos verstrichen, so kann dem christlichen Theile erlaubt werden, eine
neue Ehe einzugehen. Erst durch die neue christliche Ehe wird die frühere
nichtchristliche gelöst [2].

---

[1] C. 7 x IV. 19: „Si enim alter conjugum ad fidem catholicam convertatur,
altero vel nullo modo vel saltem non sine blasphemia divini nominis, vel ut eum
pertrahat ad mortale peccatum, ei cohabitare volente, qui relinquitur, ad secunda,
si voluerit, vota transibit. Et in hoc casu intelligimus, quod ait Apostolus: Si
infidelis discedit, discedat etc. et canonem etiam, in quo dicitur, quod contumelia
Creatoris solvit jus matrimonii circa cum, qui relinquitur.“

[2] S. Congr. Inquis. d. 1. Aug. 1759: „*Tunc solum* conjugii vinculum dissolvitur, quando conjux conversus transibit cum effectu ad alias nuptias.“ Cf. *Thom. Aq.*,

Von der Interpellation kann der Papſt dispenſiren, wo ſie nicht oder nicht leicht möglich iſt [1].

Ob auch die im Unglauben geſchloſſene und conſummirte Ehe durch päpſtliche Dispens gelöſt werden könne [2] oder nur kraft des privilegium Paulinum [3], iſt Controverſe. Jedoch läßt ſich nicht beweiſen, daß der Papſt eine derartige Dispens je ertheilt hat.

Da die Taufe die Grundlage des privilegium fidei iſt, ſo gilt dasſelbe auch für Häretiker, vorausgeſetzt, daß ſie giltig getauft ſind und keine Dispens von der Interpellation nöthig iſt [4].

Von dem privilegium kann der gläubig gewordene Theil natürlich keinen Gebrauch machen, wenn er ſelbſt dem Ungläubigen Grund zur Trennung gegeben, nach der Taufe ihm die Treue gebrochen hat, falls nicht das Vergehen verziehen wurde oder der Ungläubige ſich des gleichen Vergehens ſchuldig gemacht hat, ohne von dem gläubigen Theile dazu veranlaßt zu ſein. Auch aus dem Grunde, weil der ungläubige Theil ihm die eheliche Treue gebrochen hat, kann der Gläubige nur separatio fordern, nicht aber das privilegium fidei in Anwendung bringen.

b. Professio solemnis.

347. Die *professio solemnis* oder das votum solemne castitatis iſt ein trennendes Ehehinderniß, indem nach Ablegung deſſelben eine Ehe nicht mehr giltig eingegangen werden kann; es löſt aber auch die noch nicht conſummirte Ehe auf (156, 1. 367) [5].

in l. 4 sent. d. 39: „Ad primum ergo dicendum, quod matrimonium infidelium *imperfectum* est, ut dictum est; sed matrimonium fidelium est *perfectum*, et ita est firmius. Semper autem firmius vinculum solvit minus firmum, si est ei contrarium."

[1] So wurde z. B. von Pius V. von der Interpellation bezüglich der Inder dispenſirt, beſonders wegen der Schwierigkeit, aus mehreren Frauen derſelben die erſte zu finden, und ihnen geſtattet, jene zum Weibe zu nehmen, die unter dieſen die Taufe mit ihnen empfing.

[2] So Biederlack, Innsbrucker theolog. Zeitſchrift 1883. S. 304 ff.

[3] Dr. Fr. Hergenröther, Katholik 1883. S. 258 ff.

[4] Archiv für kathol. Kirchenrecht 1883. S. 224 ff. Cf. C. XXVIII. Weber l. c. S. 117 bemerkt dagegen: „ein Akatholik, der auf die den Gliedern der Kirche zuſtehenden Wohlthaten und Vorrechte freiwillig verzichtet, könne auf das von Chriſtus in favorem fidei zugeſtandene Privilegium keinen Anſpruch machen; es liege nicht im Geiſte der kirchlichen Geſetzgebung, welche die Häreſie als infidelitas positiva bezeichne, daß den nicht zur Kirche gehörigen Getauften jene Gnaden zu Theil werden, welcher ſich die Glieder der Kirche erfreuen". Allein es handelt ſich nicht um ein kirchliches, ſondern um ein göttliches Privileg.

[5] Trid. s. XXIV. can. 6; c. un. (III. 15) in VI.; c. un. t. 6 Extr. Joa.; c. 16 x IV. 1; *Trid.*, ed. Richter-Schulte p. 284 seq.; cf. Syllab. n. 72.

Die Nichtconsummation der Ehe muß feststehen. Der andere Ehetheil darf erst dann zu einer neuen Ehe schreiten, wenn das feierliche Gelübde abgelegt ist. Aus dringenden Gründen kann nach Bestehung des Noviziats von dem Triennium einfacher Gelübde dispensirt und die Erlaubniß zur sofortigen Ablegung feierlicher Gelübde ertheilt werden.

c. Ordo sacer.

348. Die giltig empfangene höhere Weihe (Subdiakonat) ist ein trennendes Ehehinderniß [1], löst aber die vorher eingegangene Ehe nicht auf (139, V. 140, II. 146. 153, 2). Die Giltigkeit der Weihe (wie bei professio religiosa die Giltigkeit des Gelübbes) wird vorausgesetzt. Ist auch an das Subdiakonat der Cölibat sowohl durch votum implicitum als durch das Kirchengesetz geknüpft, so macht doch nur das kirchliche Gesetz die Eingehung einer Ehe von seiten eines Majoristen ungiltig. Ein Verheirateter aber darf, auch wenn die Ehe nicht consummirt war, nur in dem früher bereits angegebenen Falle, und wenn lebenslängliche Scheidung quoad thorum et mensam ausgesprochen ist, eine höhere Weihe empfangen. Dispens kann von diesem Hinderniß wie auch vom Ordensgelübde gegeben werden, was aber nur sehr selten und meist nur ex causa publica geschieht, wie es z. B. bezüglich der während der Revolution in Frankreich eingegangenen Priesterehen geschah.

III. Wegen absoluter Rechtsungleichheit.
Cultus disparitas.

349. Ein auf positivem kirchlichen Rechte beruhendes trennendes Ehehinderniß steht der Ehe eines Getauften mit einem Nichtgetauften entgegen. Fordert die Ehe an sich, ihrem natürlichen Wesen nach zwar nicht die Eigenschaft eines Christen, und konnte daher eine Ehe zwischen einem Christen und Nichtchristen da zugelassen werden, wo an der Festigkeit der Glieder der Kirche nicht zu zweifeln, dagegen eine Bekehrung des nichtchristlichen Theiles mit Grund zu hoffen war, obwohl nach den Worten des Apostels [2] schon die ältesten Väter von solchen Ehen abmahnten, so stand doch schon frühzeitig dieses Ehehinderniß gewohnheitsrechtlich fest und wurden von vielen Particularsynoden solche Ehen verboten [3]. Eine unbedingte und volle Gemeinschaft aller sittlichen und religiösen wie rechtlichen Beziehungen, wie es die Ehe sein soll, ist bei der Ehe zwischen Getauften und Ungetauften nicht möglich. Da das Hinderniß auf kirchlichem Rechte beruht, kann der

---

[1] Greg. IV. 6.
[2] 1 Kor. 7, 39; 2 Kor. 6, 14; Deut. 7, 3; Exob. 34, 16.
[3] C. XXVIII. q. 1.

Papſt davon diſpenſiren, was jedoch nicht leicht und nur aus dringenden Gründen zu geſchehen pflegt.

Ungiltig iſt daher die Ehe eines **giltig Getauften** (ſei er Katholik oder Proteſtant, oder welcher Secte er angehören mag) mit einem **nicht Getauften** oder **ungiltig Getauften** (Heiden, Juden, Mohammedaner oder Mitglied einer Secte, die keine oder keine giltige Taufe hat)[1].

Ob der Staat das Hinderniß anerkennt oder nicht, kann auf die kirch= liche Giltigkeit der Ehe keinen Einfluß haben[2].

IV. Wegen Verbrechens.

a. Crimen.

350. Unter dem **impedimentum criminis**[3] verſteht man den **quali= ficirten Ehebruch**, d. h. jenen, zu dem ein Eheverſprechen oder factiſch verſuchter Eheabſchluß oder ein Attentat auf das Leben des unſchuldigen Gatten hinzugekommen iſt, und den **Gattenmord** von beiden Seiten verübt.

Es tritt das trennende Ehehinderniß daher in folgenden vier Fällen ein:

1) Adulterium cum sponsalibus de futuro;
2) adulterium cum sponsalibus de praesenti;
3) adulterium cum conjugicidio ab una parte commisso;
4) conjugicidium ab utraque parte commissum[4].

---

[1] Benedict. XIV. „Singulari Nobis" d. 9. Febr. 1749 (*Schulte-Richter*, Trid. § 10 p. 552 seq.) § 11: „Hoc siquidem impedimentum non habet locum in matrimoniis eorum, qui (ambo) haud sunt baptismate initiati, licet falsam ambo religionem sectentur, nec vim ullam habet in matrimoniis eorum, qui baptisma susceperunt, etsi alter catholicus, haereticus alter fuerit. ... Illud autem vigere compertum est in eorum conjugiis, quorum alter baptismi est particeps, expers omnino alter, quamvis adhuc catechumenus esset atque ad catholicam fidem accedere statuisset." Betreffs der Ehen von Katholiken mit Rongeanern entſchied die S. Congr. Inquis. d. 21. Sept. 1852: „Rongeanos baptizatos quoad matrimonii validitatem considerandos esse sicut alios haereticos, non baptizatos vero sicut Judaeos vel Infideles, idque independenter a civili potestate."

[2] v. Schulte, Eherecht S. 225: „Wie ſehr der chriſtliche Staat die innerſte Grundlage ſeines Beſtandes, das moraliſche Fundament ſeiner Autorität untergräbt, wenn er die Ehe zwiſchen Chriſten und Juden für legitim erklärt, läßt ſich leicht er= kennen." Richter, Lehrbuch des Kirchenrechts S. 609: „Dies iſt ein Experiment, deſſen Bedenklichkeit vom Standpunkte der chriſtlichen Betrachtung aus nicht verkannt werden kann."

[3] Greg. IV. 7.

[4] Oder, wie es auch ältere Canoniſten anführen:
    1) Utroque patrante (sc. conjugicidium) — 4.
    2) Uno patrante — 3.
    3) Nemine patrante — 1 und 2.

Damit das Ehehinderniß eintrete, muß ein *adulterium materiale et formale* vorliegen. Es muß also 1) die verletzte Ehe giltig sein (c. 2 h. t.), sie muß zur Zeit des Ehebruchs noch zu Recht bestanden haben, es muß copula perfecta stattgefunden haben; 2) der Ehebruch muß mit Wissen und Willen vollzogen sein, beide Theile müssen von der bestehenden Ehe Kenntniß haben, beide die copula frei (nicht aus Zwang oder schwerer Furcht) setzen[1].

Das Eheversprechen muß frei, ernstlich, äußerlich kundgegeben, angenommen, ein unbedingtes oder schon unbedingt gewordenes, es darf nicht vor dem Ehebruch widerrufen worden sein.

Ehebruch und Eheversprechen (oder der Versuch, die neue Ehe einzugehen, oder die machinatio in mortem) müssen während des Bestandes der nämlichen Ehe stattgefunden haben.

Unter diesen Voraussetzungen begründet ein trennendes Ehehinderniß:

1) Ehebruch mit Eheversprechen.

2) Ebenso Ehebruch mit Versuch, die neue Ehe einzugehen d. h. die attentirte Ehe von seiten der ehebrecherischen Personen bei Lebzeiten des rechtmäßigen Ehetheils. Die zweite Ehe wäre, solange der Gatte noch lebt, schon ungiltig wegen des impedimentum ligaminis; der nachher erfolgte Tod des rechtmäßigen Ehegatten hebt zwar dieses, aber nicht das impedimentum criminis auf. Ob die erste Ehe matrimonium ratum oder consummatum war, ist gleich). Da nur der Wille, die neue Ehe einzugehen, in Betracht kommt, ist es auch gleich, ob die attentatio matrimonii nach tridentinischer Form oder durch eine Civilehe stattfand.

3) Ehebruch mit Gattenmord von einem Theile, d. i. Ehebruch mit darauf folgendem Gattenmord, den die eine der ehebrecherischen Personen an dem unschuldigen Gatten (dem eigenen oder dem der andern ehebrecherischen Person) in der Absicht, sich mit dieser zu verehelichen, persönlich oder durch Befehl, Rath u. s. w. wirklich verursacht hat. Es muß also die machinatio in mortem die Ermöglichung der neuen Ehe bezweckt und den Tod als unmittelbare Folge nach sich gezogen haben.

4) Gattenmord von beiden Seiten, auch ohne Ehebruch, wenn er nur im Einverständniß beider Theile verübt oder durch Befehl, Rath u. s. w.

---

[1] Wenn ein Ehegatte mit einer unverheirateten Person sich versündigt (adulterium simplex), diese von der Ehe des erstern keine Kenntniß hatte, tritt das Hinderniß nicht ein (c. 1. 7 h. t.). Auch wenn zwei verheiratete Personen miteinander Ehebruch begehen (adulterium duplex), jede aber den andern mitschuldigen Theil für unverheiratet hielt, tritt es nicht ein. *Sanchez*, De matrim. disp. 79 n. 31. Ob sie aber die darauf gesetzte Strafe kannten oder nicht, macht keinen Unterschied. Ist aus Unkenntniß des Hindernisses bona fide wenigstens von seiten eines Theiles die Ehe nach geschehener Proclamation eingegangen, so sind die in solcher Ehe erzeugten Kinder legitim.

wirklich herbeigeführt iſt, wobei wenigſtens ein Theil die Abſicht hatte, dadurch ſeine Verehelichung mit dem andern Theile zu ermöglichen, mag auch der andere Theil aus anderer Abſicht, z. B. aus Haß, Rachſucht, gehandelt haben.

Das Hinderniß, das nur auf poſitivem kirchlichen Rechte beruht, kann ein öffentliches oder geheimes ſein, trifft natürlich nur die beiden ſchuldigen Perſonen. Dispenſirt wird nicht leicht bei Gattenmord mit Ehebruch), wenn er auch geheim iſt; bei offenkundigem Gattenmord und Ehebruch pflegt nicht dispenſirt zu werden.

b. Raptus.

351. Die Entführung eines Mädchens zu dem Zwecke, mit ihr die Ehe einzugehen, bildet ein trennendes Ehehinderniß, ſolange die Entführte in der Gewalt des Entführers iſt. Ein Mann kann nur das impedimentum vis et metus geltend machen, nicht aber das des raptus [1]. Die Entführung enthält ſtets eine der Familie der Entführten zugefügte Schmach, einen gewaltſamen Eingriff in die Familienrechte, eine Störung der öffentlichen Ordnung, und wird daher mit Excommunication und Infamie am Entführer und ſeinen Helfern nach canoniſchem Rechte beſtraft; der Entführer muß die Entführte heiraten oder dotiren. Aber das delictum des raptus iſt von dem impedimentum zu unterſcheiden [2].

Das Ehehinderniß der Entführung tritt nur ein:

1) Wenn eine violenta feminae abductio, ſei es durch phyſiſchen oder moraliſchen Zwang, ſtattfindet, für den die praesumptio juris ſtreitet, wo die wirkliche Entführung vorliegt, alſo eine Wegführung e loco tuto in locum remotiorem, wo ſie in der Gewalt des Entführers iſt, oder eine Verlockung durch Liſt an einen ſolchen Ort, an dem ſie feſtgehalten wird.

2) Die Entführung muß matrimonii incundi causa ſtattgefunden haben, was wieder zu präſumiren iſt; es muß das Motiv der Entführung die Abſicht ſein, die Ehe mit der Entführten herbeizuführen.

3) Das Ehehinderniß dauert ſo lange, als die rapta in der Gewalt des raptor ſich befindet; es hört von ſelbſt auf, wenn die Entführte vom Entführer getrennt und in loco tuto et libero ſich befindet, an einem die Freiheit des Entſchluſſes nicht beeinträchtigenden Orte; gibt ſie dann frei ihre Einwilligung, ſo ſteht kein Hinderniß mehr entgegen; nur müßte, wenn wegen eines andern Ehehinderniſſes Dispens nöthig iſt, der ſtattgefundene raptus

---

[1] Das Trid. s. XXIV. c. 6 redet nur vom weiblichen Geſchlechte, dem als dem ſchwächern wegen der häufigen Entführungen von Mädchen dies Hinderniß Schutz gewähren ſoll. L. un. de rapt. virg. Cod. 9. 13; Causa 36.

[2] Cf. c. 7 x V. 17.

im Dispensgesuch angegeben werden. Solange aber die Entführung dauert, hätte die eingegangene Ehe auch nicht die Kraft von Sponsalien.

Auf die Qualität der entführten Person kommt es nicht an. Die Entführung kann auch an der eigenen Braut begangen werden.

Kann aber auch mit Einwilligung der Entführten ein raptus stattfinden, tritt das Ehehinderniß auch ein, wenn ohne Wissen und Willen der Eltern ein Mädchen sich entführen läßt (raptus seductionis)? Sicher tritt das Ehehinderniß nicht ein, wenn eine großjährige Tochter, die nicht mehr unter elterlicher oder vormundschaftlicher Gewalt steht, sich entführen läßt. Auch dann nicht, wenn eine minderjährige Verlobte gegen den Willen der erst nach der Verlobung sie ungerechterweise zurückhaltenden Eltern in die Entführung einwilligt.

Dagegen sagt die österreichische Anweisung für die geistlichen Ehegerichte § 19: „Als entführt ist jene Frauensperson zu betrachten, welche durch wider sie geübten Zwang entweder hinweggeführt, oder an einem Orte, wohin sie durch List gelockt wurde, festgehalten wird; in gleichem jene, welche von einem Manne, dem sie nicht schon vor der That rechtmäßig verlobt war, mit ihrer Einwilligung, jedoch ohne Vorwissen oder gegen den Willen der Eltern oder Vormünder, hinweggeführt wird," — wobei es sich von selbst versteht, wie Cardinal Rauscher sagt [1], daß dies nur von einer Frauensperson gilt, die noch unter der väterlichen oder vormundschaftlichen Gewalt steht.

Man begründet diese Ansicht dadurch, daß a) das Concil von Trient den sogen. raptus in parentes nicht ausgeschlossen habe, der vom ältern Rechte (nach dem römischen) auch darunter verstanden ward; b) die S. Congr. Conc. habe d. 24. Jun. 1668 erklärt, das impedimentum trete ein, „dummodo sit raptus juxta terminos juris civilis".

Anderer Ansicht sind übrigens z. B. die römischen Canonisten de Angelis, Santi u. a. Ersterer bemerkt: „Auch wenn die Entführung aus anderer Absicht, als um die Ehe zu schließen, stattfand, ist es raptus secundum terminos juris civilis, und doch tritt das Hinderniß nicht ein. Der Consens der Eltern ist nicht nothwendig; auch die begründete Einsprache der Eltern ist doch nur ein aufschiebendes Hinderniß." [2]

Wenn man aber insbesondere geltend macht, das Tridentinum habe nur die Freiheit der Person im Auge gehabt und habe deshalb die Ehe für nichtig erklärt, solange die Entführte in der Gewalt des Entführers sei; dieser Grund falle weg, wenn die Person zustimme zur Entführung: so ist doch immer ein Unterschied, zustimmen zur Entführung und zur Ehe. Letztere Zustimmung wird als erzwungen vermuthet, solange die Entführung dauert. Daher fällt der Grund des Tridentinum nicht weg [3].

---

[1] Hirtenbrief vom 21. Dec. 1856 Nr. 8.
[2] Cf. *Santi* l. c. l. IV. t. I. n. 161 p. 48.
[3] Archiv für kathol. Kirchenrecht Bd. VII. S. 109 ff.

Viertes Kapitel.

Beseitigung der Ehehindernisse und Revalidation der Ehe.

16. Dispensable und indispensable Hindernisse. Revalidation.

352. Aus dem Rechte der Kirche, trennende wie aufschiebende Ehe=hindernisse aufzustellen (317), folgt auch nothwendig das Recht, das Gesetz für einzelne Fälle zu suspendiren, worauf das Hinderniß beruht, Dispen=sation (245) von den Hindernissen zu ertheilen.

Dieses Recht erstreckt sich jedoch nicht auf die im natürlichen und göttlichen Rechte gründenden Ehehindernisse (334, I. 335. 345; vgl. 367).

I. Einige Hindernisse sind nur einer Hebung fähig durch Eintritt eines Umstandes, durch den sie von selbst aufhören: so der Mangel der körperlichen und geistigen Reife, das für die abzuschließende Ehe hinwegfällt durch den Eintritt der Reife; die Impotenz, wenn diese geheilt wird; das bestehende Eheband, wenn der Ehegatte stirbt.

II. Die privatrechtlichen Hindernisse, die im Mangel des Consenses ihren Grund haben, können nur von den Contrahenten selbst beseitigt werden durch ihren Consens: so error, conditio, vis et metus, wenn die des Irrthums oder der Nichterfüllung der Bedingung sich Bewußten, von Gewalt und Furcht Befreiten, freiwillig ihren Consens setzen; der raptus fällt hinweg, wenn die Entführte an freiem, sichern Orte sich befindet.

III. Blutsverwandtschaft läßt nur in der geraden Linie und im ersten Grade der Seitenlinie, erstere sicher, letztere wahrscheinlich auch im göttlichen Rechte ruhend, keine Dispens zu.

353. Sind auch die übrigen trennenden Ehehindernisse an sich einer Dispensation fähig, so pflegt doch

I. eine solche nicht ertheilt zu werden:

1) im ersten Grade der geraden Linie der Affinität ex matrimonio consummato;

2) bei offenkundigem Gattenmord;

3) von der Clandestinität für eine einzugehende rein katholische Ehe an Orten, wo das tridentinische Gesetz „Tametsi" verpflichtet [1].

---

[1] Eine Dispensation von der forma Conc. Trid. liegt jedoch stillschweigend in der sanatio matrimonii in radice, wie in der Revalidation der Ehe ohne diese Form (354).

II. **Nur höchst selten** (*ex causa urgenti*, meist nur *ex causa publica*) wird dispensirt:

1) Bei bekannter Affinität im ersten Grade der geraden Linie ex copula illicita;

2) bei der geistlichen Verwandtschaft zwischen Pathen und Täufling;

3) bei geheimem Gattenmord;

4) von der feierlichen Ordensprofeß;

5) von der höhern Weihe;

6) bei cultus disparitas;

7) beim matrimonium ratum, non consummatum [1].

III. Leichter wird in den übrigen Ehehindernissen kirchlichen Rechtes dispensirt.

354. War eine Ehe wegen eines trennenden Ehehindernisses ungiltig eingegangen worden und kann dieses gehoben werden, so muß die ungiltige Ehe revalidirt werden. War die Ehe ungiltig, weil der Consens fehlte, so muß dieser erst gesetzt werden; die Ehe ist nicht zu Stande gekommen, muß also erst jetzt eingegangen werden. War sie wegen eines andern dispensablen trennenden Ehehindernisses ungiltig, so muß gleichfalls, wenn dieses durch Dispens gehoben ist, die Ehe, die nicht zu Stande gekommen war, jetzt giltig eingegangen werden. Das nennt man *revalidatio (rehabilitatio) matrimonii*. Auch die Beobachtung der tridentinischen Form konnte die ungiltige Ehe nicht giltig machen; allein sie begründete doch die öffentliche Rechtsvermuthung für die Giltigkeit der Ehe, während bei der ohne diese Form eingegangenen Ehe nicht einmal die äußere Form einer solchen vorhanden war. Ist das Ehehinderniß ein öffentlich bekanntes, so kann die Beobachtung der tridentinischen Form bei der ungiltigen Eingehung der Ehe nicht die Rechtsvermuthung für die Giltigkeit der Ehe bewirken; daher muß die revalidatio matrimonii *in forma Tridentina* stattfinden, vor Pfarrer und Zeugen, jedoch ohne Aufgebot und sonstige Solemnitäten. Ist das Ehehinderniß aber geheim, so kann die Consenserneuerung der Contrahenten ohne tridentinische Form genügen [2]. Ein privatrechtliches impedimentum *occultum* kann selbst durch eine stillschweigende Consenserneuerung, durch längere freiwillige Cohabitation (352, II) beseitigt werden [3]. Liegt ein Grund vor, der befürchten läßt, das geheime Ehehinderniß

---

[1] Hierher zählen viele auch den zweiten Grad der Consanguinität, der den ersten mitberührt, und den ersten Grad der Seitenlinie bei der Affinität.

[2] S. Congr. Conc. d. 10. April. 1703 (*Trid.*, ed. Richter-Schulte n. 81 p. 243): „Matrimonium, servata forma Concilii Tridentini initum, non est revalidandum repetitis solemnitatibus, si impedimentum sit occultum.“

[3] Bei einem imped. publice notum dagegen (ib. n. 80. 82 p. 243 seq.): „S. Congr. Cardinalium saepius respondit, hodie post Trid. Conc. matrimonium

werde öffentlich bekannt werden, so ist die erneute Eingehung in tridentinischer Form jedenfalls gerathen; denn wenn das Hinderniß ein öffentliches wird, genügt pro foro externo nicht die geheime Consenserneuerung.

Die propter impedimentum aetatis ungiltige Ehe ist, wenn das Hinderniß weggefallen ist, stets in forma Tridentina zu erneuern.

17. Päpstliche und bischöfliche Dispensfälle.

355. Ein trennendes Ehehinderniß kann nur der Papst (oder ein all=gemeines Concil) einführen. Daher kann auch nur der Papst von solchem dispensiren.

Der Bischof kann 1) *jure proprio* bei den von ihm aufgestellten Ehe=verboten dispensiren.

2) *Ex lege* von den allgemein aufgestellten verbietenden Ehehindernissen, mit Ausnahme des unbedingten Gelübdes perpetuae castitatis, des Ge=lübdes, in einen Orden zu treten, und des impedimentum mixtae religionis.

3) *Ex praesumpta licentia* kann er dispensiren, aber nur von ge=heimen Ehehindernissen pro foro interno in matrimoniis contractis, wenn die Ehe in facie ecclesiae, bona fide (wenigstens von einem Theile) eingegangen war, schon consummirt ist, die Trennung der vermeintlichen Ehe=gatten nicht sine scandalo geschehen kann, eine wichtige Ursache vorliegt und der Apostolische Stuhl nicht leicht angegangen werden kann; auch pro con=trahendis unter gleichen Bedingungen ex gravi necessitate, die jeden Auf=schub verbietet, und wenn der Apostolische Stuhl nicht angegangen werden kann [1].

4) *Ex delegatione Summi Pontificis*, wie gewöhnlich bei dem impedi=mentum mixtae religionis. Die Päpste pflegen seit mehreren Jahrhun=derten den Bischöfen gewisse Vollmachten auf eine bestimmte Zeit zu ertheilen (*facultates quinquennales, triennales*).

Kraft der Quinquennalfacultäten dispensirt der Bischof ge=wöhnlich:

a) *Pro foro externo:*

1) Bei Consanguinität und Affinität cum pauperibus im dritten und vierten einfachen und gemischten Grad pro contrahendis. In contractis bei bekehrten Häretikern auch im zweiten einfachen und im dritten oder vierten gemischten Grade, wenn er nur den ersten nicht berührt.

2) Beim impedimentum publicae honestatis ex sponsalibus.

3) Beim impedimentum criminis ohne Gattenmord.

---

metu contractum et purgato metu per cohabitationem cum carnali copula aliosque actus non convalidari, nisi iterum contrahatur adhibita rursus ejusdem Concilii forma."

[1] Cf. S. C. C. d. 13. Mart. 1660; d. 19. Jan. 1661.

4) Bei geiſtlicher Verwandtſchaft, außer zwiſchen Pathen und Täufling.

5) Kann er das jus petendi debitum reſtituiren.

b) *Pro foro interno:*

1) **Ad** petendum debitum bei Uebertretung des Keuſchheitsgelübbes (330, IV. 1).

2) Bei affinitas superveniens ad petendum debitum (343).

3) Bei geheimer Affinität ex copula illicita im erſten und zweiten Grad pro contractis.

4) In letzterem Falle auch pro contrahendis, wenn ſchon alles zur Trauung bereit iſt und dieſelbe ohne Gefahr großen Aergerniſſes nicht aufgeſchoben werden kann, bis die Dispens vom Heiligen Stuhle erlangt werden könnte.

5) Beim geheimen impedimentum criminis ohne Gattenmord pro contractis.

Die Quinquennalfacultäten können jedoch nicht in Anwendung kommen, wenn zwei oder mehrere Hinderniſſe zugleich vorhanden ſind, obſchon jedes einzelne derſelben für ſich kraft dieſer Facultäten durch den Biſchof dispenſabel wäre.

Die dem Biſchof delegirten Facultäten gehen sede vacante nicht auf das Kapitel und den Kapitelsvikar über; auch zur Delegation derſelben an den Generalvikar des Biſchofs bedarf es eines speciale mandatum. Der Biſchof kann ſie ausüben, auch bevor er conſecrirt iſt, für ſeine Diöceſanen auch außerhalb der eigenen Diöceſe. Gehören die Contrahenten verſchiedenen Diöceſen an und iſt das Hinderniß vom Biſchof der einen Diöceſe gehoben, ſo iſt es auch gehoben für den ſeiner Diöceſe nicht angehörigen Mitcontrahenten[1].

356. Die Behörden, durch welche der Papſt in der Regel die Dispens ertheilt, ſind die *Dataria Apostolica* und die *S. Poenitentiaria Apostolica* (213, II). Durch die Datarie ertheilt der Papſt Dispenſation: 1) bei impedimentis publice notis, aber auch 2) pro contrahendis bei geheimer Verwandtſchaft im zweiten Grade, der den erſten mitberührt. Die Pönitentiarie dispenſirt in geheimen Ehehinderniſſen.

18. Dispensgründe.

357. Die Dispensgründe können I. *causae honestae* ſein, die keinen Nachtheil für Ehre und guten Ruf der Bittſteller begründen, oder II. *causae infamantes*, die im Falle der Nichtgewährung Ehre und guten Ruf derſelben bloßzuſtellen geeignet ſind.

---

[1] Vgl. Bangen l. c. S. 164; Schulte l. c. S. 380 ff.; Binder l. c. S. 304 f.

I. 1) *Angustia loci, locorum et extra*, wenn die Braut an dem kleinen Orte[1], oder an ihrem Geburts= und Wohnort[2], oder auch außerhalb der= selben nicht leicht einen geeigneten sponsum sibi *aequalem* vel *parem* findet als diesen (ihr Verwandten, Verschwägerten), namentlich in Ver= bindung mit:

2) *Incompetentia dotis (causa pro indotata)*, unzureichender Mitgift. Wann die dos zureichend sei oder nicht, ist nach den persönlichen und localen Verhältnissen zu beurtheilen. *Incompetentia dotis cum augmento*, wenn jemand die Vermehrung der Mitgift zusagt, falls sie ihn oder einen andern bestimmten Mann heiratet.

3) *Aetas superadulta*, für Deutschland das 24. Lebensjahr der Braut, was natürlich nicht für Wittwen gilt.

4) *Necessitas auxilii, oratrix filiis gravata*, wenn eine Wittwe (auch beim Wittwer kann es geltend gemacht werden) mehrere Kinder hat, die sie nicht erziehen kann, ein vermögender Verwandter diese Verpflichtung über= nimmt, falls die fragliche Heirat zu Stande kommt.

5) *Bonum pacis, inimicitiae componendae, evitatio litium vel pro= cessuum*, wenn die fragliche Ehe den Frieden zwischen den Familien der Pe= tenten herstellen, Feindschaft oder vermögensrechtliche Processe zwischen den= selben beilegen kann.

6) *Conservatio familiae illustris vel divitiarum in eadem familia illustri*, wenn nur durch die beabsichtigte Ehe die Stellung einer hochstehenden adeligen Familie erhalten, der Uebergang des Vermögens in fremde Hände verhindert werden kann.

7) *Excellentia meritorum*, große Verdienste der Brautleute oder deren Familien um die Kirche; ferner *praerogativa principalis vel regiae dignitatis*.

8) *Matrimonium bona fide contractum*, wenn die (ungiltige) Ehe wenig= stens von einem Theile bona fide, ohne Kenntniß des Hindernisses, ein= gegangen war.

II. Zu den causae infamantes gehören:

1) *Copula carnalis* der Petenten, besonders impraegnatio.

2) *Diffamatio, suspecta conversatio*, wenn, auch ohne daß copula car= nalis stattgefunden hat, der Ruf der Braut gelitten hat, der Verdacht eines sündhaften Umgangs auf ihr ruht.

---

[1] S. C. C. d. 16. Dec. 1876: „Ang. loci non esse desumendam a numero fo= corum cujusque *paroeciae*, sed a numero focorum cujusque *loci* vel etiam *plurium locorum*, si non distent ab invicem ultra milliare" (angustia loci = Orte, die nicht mehr als 300 Haushaltungen enthalten).

[2] Cum dicta oratrix in loco sui domicilii vel originis (vel ubi praedia sua possidet) propter illius angustiam virum sibi non consanguineum vel affinem (vel alio affectum impedimento) paris conditionis, cui nubere possit, invenire nequeat.

3) *Periculum perversionis*, wenn begründete Gefahr des Abfalls vom katholischen Glauben vorliegt, *periculum matrimonii mixti, periculum matrimonium civile contrahendi* und *matrimonium civiliter contractum, periculum vitae, evitatio* oder *remotio scandalorum (cessatio publici concubinatus, periculum incestuosi concubinatus)* u. s. w.

Wenn auch zuweilen ein Grund für sich nicht genügt, kann doch das Zusammentreffen mehrerer Gründe ausreichen.

Wird aus anderen bestimmten und wohlbegründeten Motiven bei Fürsten und hochstehenden Personen dispensirt, ohne daß die Gründe in dem Breve angegeben werden, so nennt man es *sine causa* (richtiger *ex certis et rationabilibus causis*).

19. Das Dispensgesuch.

358. Das Dispensgesuch an die Pönitentiarie wird an den Groß=pönitentiar, das an die Datarie an den Papst selbst gerichtet; ersteres mit fingirten Namen der Bittsteller, z. B. Titius und Caja, letzteres mit den wirklichen Vor= und Zunamen der Bittsteller (orator und oratrix), Angabe der Diöcese, der Pfarrei und des Wohnortes. Es müssen die Verhältnisse der Bittsteller angegeben werden und die Gründe der erbetenen Dispensation. Das Hinderniß muß genau und richtig angegeben werden, dessen Art und Grad, alle nach dem stylus curiae die Dispens erschwerenden Umstände, alle Hindernisse, die der betreffenden Ehe noch entgegenstehen. Ist ein Hinderniß geheim, das andere öffentlich, so ist für das letztere bei der Datarie, für das erstere bei der Pönitentiarie mit Angabe des an die Datarie gestellten Gesuches um Dispens nachzusuchen.

Bei der Verwandtschaft ist der Grad, die Linie, der nähere mitberührte Grad und die Bezeichnung der Verwandtschaft mit Namen anzugeben. Es müssen die Gründe mit den nöthigen Nachweisen versehen sein. Es ist ein Stammbaum bei Verwandtschaft (invicem conjuncti sunt in gradu etc.) und Schwägerschaft (se invicem attinent etc.) beizugeben. Das Gesuch muß ferner enthalten jede etwa mehrfache Verwandtschaft, bei Affinität, ob legitima oder illegitima, ob Mutter oder Schwester der Braut, mit welcher die copula fornicaria gepflogen wurde, noch am Leben oder gestorben sei; bei geistlicher Verwandtschaft, ob paternitas oder compaternitas, bei öffentlicher Ehrbarkeit, ob ex matrimonio rato oder ex sponsalibus, sowie in welcher Weise letztere gelöst wurden; wenn pro matrimonio contracto um Dispens nachgesucht wird, ist anzugeben, ob beide oder einer der Contrahenten das Hinderniß bei Eingehung der Ehe kannten, ob die Proclamationen stattgefunden, ob die Ehe in tridentinischer Form, ob sie eingegangen wurde in der Hoffnung, leichter Dispens zu erhalten, ob die Ehe vollzogen

wurde oder nicht, ob, wer bona fide die Ehe einging, sich vom usus matrimonii enthielt, sobald das trennende Ehehinderniß ihm bekannt wurde.
Ist ein Theil akatholisch, so muß dies angegeben werden. Bei Dispens=
gesuchen in forma pauperum muß die canonische Armuth beider Bitt=
steller bezeugt sein.

Die wesentlichen Umstände dürfen nicht verschwiegen oder falsch an=
gegeben werden (subreptio, obreptio) [1].

20. Ertheilung und Execution der Dispensen der Datarie.

359. Die Datarie ertheilt Dispensen pro foro externo entweder *in
forma nobilium* bei Personen von hohem Adel und entsprechendem Reichthum,
oder *in forma communi* bei anderen wohlhabenden Personen, oder *in forma
pauperum*. 1) Kann *in forma pro nobilibus* sine causa, d. h. ohne
Angabe der Dispensgründe, dispensirt werden, wobei die Dispenstaxe eine
hohe ist, so wird 2) *in forma communi* dispensirt bei solchen, die nicht
canonisch arm sind und eine causa honesta zur Begründung ihres Gesuches
anführen können; hier ist die Taxe eine mäßige. 3) *In forma pauperum*
wird canonisch Armen oder auch solchen, die nicht zu den Armen gehören,
auf Grund einer causa infamans Dispens gewährt, z. B. infamia mulieris, periculum haereseos, wo es sich um Abwendung einer Gefahr für
die Ehre, für das Seelenheil handelt.

Als canonisch arm gilt derjenige, der nicht von seinem Vermögen
leben kann, sondern bloß durch Arbeit und Fleiß sich die Mittel zu einem
anständigen Unterhalt erwerben muß [2].

Die Dispenstaxen haben den Charakter einer Sühne für die ge=
währte Ausnahme vom Gesetze (compositiones) und werden daher (außer

---

[1] Früher war jede Dispens als dispensatio subreptitia ungiltig, die in den ver=
botenen Graden der Consanguinität, Affinität, geistlichen Verwandtschaft, öffentlichen
Ehrbarkeit ertheilt war, wenn die Bittsteller vor der Execution der Dispens, vor oder
nach der Nachsuchung um Dispens die incestuose Copula gepflogen, und, gefragt oder
nicht gefragt, aus bösem Willen oder aus Unwissenheit dieselbe verschwiegen hatten,
sie mochte bekannt geworden oder geheim geblieben sein, oder wenn sie die Absicht,
durch dieselbe leichter Dispens zu erhalten, verschwiegen hatten (S. Inquis. d. 1. Aug.
1866; S. Poenit. d. 20. Jul. 1866). Dies wurde durch Decret der S. C. Inquis.
d. 25. Junii 1885 aufgehoben und bestimmt, daß die Dispensen in Zukunft doch giltig
sein sollen, wenn die copula und die Absicht, durch dieselbe leichter Dispens zu er=
halten, verschwiegen wurden.

[2] Bering, Kirchenrecht. 2. Aufl. S. 918; vgl. Archiv für kathol. Kirchenrecht.
Bd. XXIV. S. 4. Instruct. Eystett. p. 327.

Expeditions=, Agentiegebühren) auch für milde Stiftungen verwendet. Auch sollen sie die allzu häufigen Dispensgesuche beschränken[1].

Die Dispens wird nur an regierende Fürsten noch direct (*in forma gratiosa*) ertheilt; sonst wird die Dispens an den betreffenden Ordinarius oder Generalvikar (der Braut) geschickt (in forma commissoria)[2]. Der Executor ertheilt die Dispens kraft der erhaltenen Delegation. Daher kann sie 1) **nur derjenige** exequiren, dem die Facultät ertheilt ist; 2) muß eine cognitio causae der wirklichen Execution vorausgehen. Ungiltig würde aber die Dispens nur dann, wenn der Executor die Untersuchung unterläßt, obschon die Clausel sie als conditio sine qua non valoris fordert. Die Untersuchung zur Feststellung der Wahrheit kann subdelegirt werden, aber nicht die Execution des Mandats.

Der eigentliche Grund der Dispensation muß zur Zeit der Execution des Mandats noch fortdauern (242, 2).

21. Ertheilung und Execution der Dispensen der Pönitentiarie.

360. Die Pönitentiarie erläßt ihre Dispensmandate entweder in Form von Breven oder von familiären Briefen, die versiegelt durch das Generalvikariat an den Beichtvater geschickt werden, der (oder ein anderer vom Petenten gewählter Beichtvater) sie in der Beicht exequirt. Immer hat erst der Beichtvater, der die Dispens exequirt, das Schreiben zu eröffnen und nur in der Beicht es zu exequiren. Das Schreiben wird dann vernichtet. Die Dispens wird „gratis quocunque titulo" ertheilt und keine eigentliche Dispenstaxe erhoben. Auch wenn das Hinderniß **außer der Beicht** dem Pfarrer bekannt wurde, hat er den Petenten in Kenntniß von der erhaltenen Urkunde zu setzen und er selbst oder ein von dem Petenten gewählter Geistlicher in der Beicht die Dispensation zu ertheilen.

Der Executor hat die Clauseln des Decretes wohl zu beachten[3].

---

[1] Breve Pii VII. ad Episc. Galliae d. 28. Febr. 1809: „Multae illae ad resarciendum aliqua ratione vulnus, quod ex dispensationum matrimonialium concessione ecclesiasticae disciplinae infligitur, et ad matrimonia inter personas consanguinitatis vel affinitatis vinculo invicem conjunctas rariora et difficiliora facienda juste salubriterque ab ecclesia constitutae sunt."

[2] Trid. s. XXII. c. 5.

[3] Si preces veritate nitantur. — Quatenus si ita esse per diligentem oratoris examinationem inveneris; — si preces veritate niti repereris. — Audita prius sacramentali confessione. — Prolem legitimam decernendo in foro conscientiae tantum et non aliter nec alio modo. — Sublata occasione amplius peccandi cum dicta muliere. — Injuncta ei pro tam enormi libidinis excessu gravi (et longa, diuturna, gravissima et perpetua) poenitentia salutari. — Dummodo impedimentum sit occultum. — Dicta muliere de nullitate prioris consensus certiorata, sed ita caute,

22. Sanatio in radice.

361. Es liegt in der Macht des Gesetzgebers, ein von ihm erlassenes Gesetz in der Weise aufzuheben, daß alles so angesehen werden muß, als habe dasselbe keine Wirkung gehabt, ein Gesetz also für einen bestimmten Fall zu suspendiren mit rückwirkender Kraft. Aehnlich wie bei der restitutio in integrum, kann er auch bei der Ehe die Folgen ihres frühern ungiltigen Abschlusses aufheben und die Rechtswirkungen der jetzt erst giltig gewordenen Ehe zurückbeziehen auf den Moment ihres frühern ungiltigen Abschlusses. Die *sanatio* oder *dispensatio matrimonii in radice* ist daher die Suspension des kirchlichen Gesetzes, worauf ein Ehehinderniß beruht, für einen betreffenden Fall so, daß die Rechtswirkungen der erst giltig gewordenen Ehe auf den Zeitpunkt ihres frühern ungiltigen Abschlusses zurückbezogen werden, oder die Aufhebung der ein trennendes Ehehinderniß einführenden gesetzlichen Bestimmung für eine factisch bereits abgeschlossene Ehe mit Aufhebung aller aus dem betreffenden Gesetze für diese Ehe entstandenen Folgen[1].

Die dispensatio in radice kann daher nur bei einem auf positiv kirchlichem Rechte beruhenden Hindernisse und nur vom Papste[2] ertheilt werden, sie kann nicht gegen den ausdrücklich ausgesprochenen Willen der in ungiltiger Ehe Lebenden verliehen werden.

Sie setzt immer voraus:

1) ein matrimonium putativum,
2) Fortdauer des Consenses,
3) eine dringende Ursache.

---

ut latoris delictum nusquam detegatur. — Nullis super his literis datis aut testibus adhibitis; praesentibus laniatis aut laceratis, quas sub poena excommunicationis latae sententiae laniare teneris ita, ut nullum eorum exemplum exstet; neque latori restituas; quodsi restitueris, nil ei praesentes literae suffragentur u. a.

[1] Müllendorf (Innsbrucker theolog. Zeitschr. 1885. S. 473 ff.) nimmt eine Epikeia an, indem der Papst bei Aufstellung der kirchlichen Ehehindernisse von vornherein jene Fälle ausgenommen wissen wolle, in welchen er (oder seine Nachfolger) erklären werden, daß sie in dem fraglichen Gesetze nicht einbegriffen waren. Binder, Eherecht, 3. Aufl. S. 357: „Die wurzelhafte Heilung der Ehe erkennt dem einfachen *consensus naturalis* solcher Contrahenten, denen das kirchliche Recht um eines (bloß) positiven Ehehindernisses willen die Fähigkeit zu einer nach den Gesetzen eine giltige Ehe begründenden Consenserklärung abspricht, ausnahmsweise dennoch die Wirkung eines allen Forderungen des Rechtes entsprechenden Consenses (*consensus legitimus*) zu."

[2] Benedict. XIV. „Etsi matrimoniales" d. 27. Sept. 1755 (*Trid.*, ed. Richter-Schulte p. 272 sq.): „Dispensatio in radice matrimonii a Romanis Pontificibus concedi consuevit, urgente magna causa, quando agitur de impedimento ortum habente non a jure divino aut naturali, sed a jure ecclesiastico, et per eam non fit, ut matrimonium nulliter contractum non ita fuerit contractum, sed effectus de medio tolluntur, qui ob hujusmodi matrimonii nullitatem ante indultam dispensationem atque etiam in ipso matrimonii contrahendi actu producti fuerunt."

Die bisherige Verbindung muß den äußern Schein der Ehe haben; die Scheinehe muß bona fide geschlossen sein. Wenn beide Theile die Ungiltigkeit der Ehe kannten, kann von keiner sanatio in radice die Rede sein.

Es muß der Consens fortdauern. Der einmal gegebene Consens gilt wegen der Unauflöslichkeit der Ehe als fortdauernd (conjuges consensum suum dederunt ut irrevocabilem). Die dispensatio in radice kann daher nachgesucht werden, wenn beide Theile das Ehehinderniß nicht kennen, oder wenn einer derselben das Ehehinderniß kennt, aber seinen Consens nicht zurücknimmt, die Giltigkeit der Ehe wünscht.

Gründe zur dispensatio in radice können sein:

1) wenn ein Gatte sich zur Consenserneuerung in facie ecclesiae nicht bewegen läßt, aber die Ehe fortsetzen will;

2) wenn das Hinderniß nur einem Theile bekannt ist, dem andern nicht ohne Aergerniß oder große Nachtheile mitgetheilt werden kann;

3) wenn beide Theile, ohne es zu wissen, in einer ungiltigen Ehe leben und das ihnen nicht ohne große Gefahr mitgetheilt werden kann;

4) wenn auf Grund einer ungiltigen Dispensation die Ehe geschlossen wurde.

Es kann der Beichtvater ohne Wissen der Contrahenten um die sanatio in radice nachsuchen. Sie kann auch nach dem Tode des Gatten noch ertheilt werden zur vollständigen Legitimirung der Kinder (legitimatio plenissima).

Fünftes Kapitel.

Abschluß und Folgen der Ehe.

23. Parochus proprius contrahentium.

362. *Parochus proprius* ist derjenige Pfarrer, in dessen Pfarrei die Contrahenten ihr Domicil oder ein Quasidomicil haben. Unter dem parochus proprius, welchen das Concil von Trient zur Giltigkeit des Eheabschlusses fordert, ist der Pfarrer des Domicils oder Quasidomicils des Bräutigams oder der Braut, und wenn sie mehrere Domicile haben, jeder von diesen Pfarrern zu verstehen.

Domicil ist der Ort, den jemand zum ständigen Aufenthalt und dadurch zum Mittelpunkt seiner Thätigkeit gemacht hat, von dem er sich auch nicht entfernt als mit dem Willen, wieder dahin zurückzukehren. Es gehört also die Thatsache des Aufenthalts *(factum)* und der Wille, dort zu bleiben, *(animus)* dazu. Es kann jemand mehrere Domicile haben, wenn er sich an beiden oder mehreren Orten gleichmäßig (re et animo) aufzuhalten pflegt.

Es kann jemand aber neben seinem Domicil auch noch ein Quasi=
domicil haben, wenn er an einem Orte seine Wohnung in der Absicht
nimmt, um dort den größern Theil des Jahres zu bleiben. So haben z. B.
Studirende ein Quasidomicil am Orte ihrer Studien; so Gesellen, Dienst=
boten, Soldaten.

Das Domicil wird vom ersten Tage an erworben, an dem man sich
niedergelassen und häuslich eingerichtet, um immer an diesem Orte zu bleiben.
Zur Erwerbung eines Quasidomicils gehört habitatio in eo loco atque
animus ibi habitandi per majorem anni partem. Dieser animus wird
hier präsumirt bei einem bereits vierwöchentlichen Aufenthalte am Orte, wo=
fern nicht der entgegengesetzte Wille anderswoher feststeht[1]. Bloß vorüber=
gehender Aufenthalt, z. B. auf einer Reise, eines vorübergehenden Geschäftes
willen, begründet natürlich kein Quasidomicil.

Das Domicil geht verloren durch Uebersiedlung an einen andern Ort
und Aufgeben des Willens, da zu wohnen, indem man sich ein neues Do=
micil gründet (translatio domicilii), oder es aufgibt und verläßt, ohne noch
ein neues Domicil zu erwerben (derelictio domicilii)[2]; im letztern Falle
wäre ein solcher vorläufig als vagus zu betrachten[3].

Vagi sind jene, die weder ein Domicil noch ein Quasidomicil haben.
Für *vagi* ist der Pfarrer des Ortes, an dem sie sich aufhalten, parochus
proprius; derselbe hat jedoch die sorgfältigsten Untersuchungen über die Ver=
hältnisse solcher anzustellen, muß ihnen den Eid de statu libero abnehmen
und die Sache der bischöflichen Entscheidung unterbreiten[4].

24. Das Brauteramen und Aufgebot.

363. Das Brauteramen soll mit der Sponsalienaufnahme (Stol=
fest, Stuhlfest) verbunden, vor oder doch während der Proclamationen
gehalten werden. Es wird von dem Pfarrer, in dessen Pfarrei die Braut=
leute oder eines von ihnen wohnen, (oft vom parochus sponsae) vorgenommen.
Derjenige, welcher den Ledig= und Entlaßschein auszustellen hat, muß das
vorgenommene Brauteramen darin bezeugen.

Das Brauteramen soll zur leichtern Entdeckung etwa vorhandener Ehe=
hindernisse dienen, zur Prüfung der Brautleute über die nöthigen Religions=

---

[1] Benedict. XIV.: „Domicilium non acquiritur, nisi animo perpetuo habitandi,
nec quasidomicilium acquiritur, nisi concurrat animus habitandi per majorem anni
partem.“

[2] Domicilii proprii mutatio non praesumitur, sed est probanda.

[3] S. C. C. d. 3. Julii 1734: „In jure prae oculis haberi debet, quod vagus
dicitur ille, qui proprio domicilio dimisso iter facit, quaerens ubi se sistat, vel ille,
qui certam et constantem sedem et domicilium vel quasi domicilium nullibi habet.“

[4] Trid. l. c. c. 7.

kenntniffe, zur Belehrung über die Pflichten des Ehestandes und zur Vorbereitung zum Empfange des Sacramentes der Ehe[1].

364. War es particularrechtlich schon frühe vorgeschrieben, daß der
Eheschließung ein Aufgebot vorausgehen solle, so hat das vierte Lateranconcil die dreimalige Vornahme des Aufgebots allgemein geboten, und das
Tridentinum[2] bestimmt, daß die Proclamationen (denuntiationes,
banna, edicta matrimonialia) an drei aufeinander folgenden Sonn- oder
Festtagen beim Pfarrgottesdienste vom Pfarrer der Brautleute vorgenommen
werden sollen.

Der Bischof kann ganz vom Aufgebot dispensiren oder von einer oder
zwei Verkündigungen. Als Grund, von allen Verkündigungen zu dispensiren, gilt die Befürchtung eines öffentlichen Aergernisses oder Beschämung
der Contrahenten, wenn dieselben allgemein für Ehegatten galten, aber in
einem Concubinate lebten, oder ihre Scheinehe wegen eines trennenden
Ehehindernisses nichtig ist. Von einer oder zwei Proclamationen kann dispensirt werden, wenn z. B. ungerechte Einsprache und boshafte Störung,
wenn copula carnalis zu befürchten ist; ferner wegen der Nähe der geschlossenen Zeit, wegen ungleichen Standes oder Alters der Contrahenten,
Schwangerschaft der Braut u. s. w. Wird von allen Aufgeboten dispensirt,
so soll ein Eid de statu libero von den Brautleuten geleistet werden, daß
sie weder verheiratet noch anderweitig verlobt sind.

Bei der Ehe auf dem Sterbebette, in articulo mortis, kann auch ohne
Dispens von den Proclamationen die Trauung vorgenommen werden, wenn
es sich z. B. um Legitimation unehelicher Kinder, Ehrenrettung eines Mädchens handelt, wo also ein Aufschub und Erholung der Dispens nicht möglich
ist; nachher ist darüber an den Bischof (Generalvikar) zu berichten.

Verfließt zwischen den Proclamationen oder nach diesen eine längere Zeit
(nach Diöcesangesetzen bald nach sechs, nach acht Wochen bis zu einem Halb-
jahr), ohne daß die Ehe eingegangen wird, so sollen die Proclamationen
wiederholt werden.

Ebenso sind die Diöcesanvorschriften verschieden darüber, wo die Proclamationen vorzunehmen sind.

1) Wohnen beide Brautleute seit ihrer Geburt oder doch seit den Jahren
ihrer Mündigkeit in derselben Pfarrei, so werden sie nur in dieser aus-
gerufen. Wohnen sie in verschiedenen Pfarreien, so werden sie in beiden
Pfarrkirchen verkündet; haben sie mehrere Domicile oder ein Domicil und ein

---

[1] *Bangen*, Instr. pract. de spons. et matr. II. p. 426 seq.; IV. p. 123 seq. —
Schmitz, Der dreifache Segen der Ehe. Grundlage zum Brautexamen. Köln 1864;
Hertlein, Das kirchliche Brautexamen. Breslau 1883.

[2] C. 3 x IV. 3; Trid. l. c. c. 1.

Quasidomicil, so sind sie in allen diesen Pfarrkirchen zu verkünden, und zwar wer auf einer Filiale wohnt, stets in der Pfarrkirche und in der Filialkirche, wenn diese eigenen Gottesdienst hat.

2) Waren aber die Brautleute von ihrem wirklichen Domicil schon lange abwesend oder haben sie dasselbe schon vor erreichter Mündigkeit verlassen, so sind sie nicht mehr in diesem frühern Domicil auszurufen. Die Diöcesanvorschriften weichen aber sehr ab in Bestimmung der Zeit, welche der Aufenthalt am jetzigen Domicil oder Quasidomicil gedauert haben muß, um das Aufgebot am Orte des frühern Domicils unnöthig zu machen; sie schwanken zwischen vier Wochen bis zehn Jahren; nach Schulte u. a. genügt innerhalb derselben Diöcese ein Aufenthalt von einem halben, innerhalb verschiedener Diöcesen von einem Jahre.

3) Haben die Brautleute öfter das Quasidomicil gewechselt, so wird das Aufgebot außer in den Pfarrkirchen ihres Domicils nur in den Pfarrkirchen ihres jetzigen Quasidomicils vorgenommen, wenn sie schon vier Wochen dort wohnen[1].

Die geschehenen Proclamationen legen allen die Pflicht auf, wenn sie ein dieser Ehe entgegenstehendes Hinderniß kennen, es dem Pfarrer anzuzeigen, wozu überhaupt jene verpflichtet sind, die es ohne großen Nachtheil für sich offenbaren können; dagegen sind natürlich nicht dazu verpflichtet jene, die es unter dem Beichtgeheimniß oder Amtsgeheimniß wissen, auch die nicht, die es nur von einer Person gehört haben, die keinen Glauben verdient.

Gehören die Brautleute verschiedenen Pfarreien an, so muß dem Pfarrer, der die Trauung vornehmen soll, der Ledigschein, ist der trauende Pfarrer nicht parochus proprius, der Ledig= und Entlaßschein vom trauungsberechtigten Pfarrer vorgelegt werden. Die bloße Vollmacht zur Trauung an einen nicht berechtigten Priester heißt Delegationsschein.

25. Eheschließung und Benediction.

365. Genügt auch zur Giltigkeit der Ehe, daß dieselbe vor dem parochus proprius und zwei Zeugen eingegangen werde, so ist doch zur Erlaubtheit der Trauung, da mehrere Pfarrer trauungsberechtigt sein können (362), particularrechtlich oft nur einer derselben, z. B. der parochus sponsae, oder derjenige vorgeschrieben, in dessen Pfarrei beide oder einer der Contrahenten schon vor der Eingehung der Ehe den Wohnsitz aufgeschlagen und nach Schließung der Ehe dort zu wohnen beabsichtigt[2].

---

[1] Sehr genaue Bestimmungen hierin gibt die Instructio Pastoralis Eystettensis p. 360 seq.

[2] Instr. Past. Eystett. p. 349. Wenn es in manchen Diöcesen heißt: der parochus *futuri domicilii*, — so widerspricht, wie Uhrig, Eherecht, S. 437 bemerkt, dies

Die Brautleute sollen drei Tage vor der Trauung die heiligen Sacramente der Buße und des Altars empfangen und vor der Trauung nicht unter einem Dache zusammenleben.

Die priesterliche Benediction, obwohl nicht zur Giltigkeit der Ehe erforderlich, kann ohne Sünde nicht unterlassen werden; sie ist nach Diöcesanvorschrift zu ertheilen. Die benedictio nuptialis nach dem Pater noster und vor dem letzten Segen in der Missa pro sponsis wird nur durch päpstliches Indult zuweilen auch außer der Messe ertheilt. Die benedictio unterbleibt: 1) in der geschlossenen Zeit, 2) bei der zweiten Ehe, oft aber nur dann, wenn die Braut eine Wittwe ist und sie schon empfangen hat.

Die zweite Ehe nach dem Tode des Gatten war nie verboten, schließt aber vom Clerus aus (139, VII.) und ward mißrathen, ja der Wittwer, der sich wieder verheiratete, früher selbst mit Kirchenbußen belegt [1].

26. Rechtliche Folgen der Ehe.

366. I. Für die Ehegatten entsteht aus dem Abschluß der Ehe das *vinculum matrimoniale*, die unbedingte und ungetheilte Lebensgemeinschaft, daher die Pflicht:

1) zur Bewahrung der ehelichen Treue;

2) die Pflicht sich gegenseitig das debitum conjugale zu leisten; dessen grundlose Verweigerung ist Bruch der ehelichen Verpflichtungen.

Eine Verweigerung des debitum conjugale ist nur begründet:

a) durch Ehebruch des andern Theils, wodurch dieser das Recht, die Leistung der ehelichen Pflicht zu fordern, verliert;

b) durch besondere Umstände, welche die Forderung desselben als unmoralisch erscheinen lassen, oder durch Gründe, die durch den körperlichen Zustand geboten sind [2].

3) Die Pflicht gegenseitiger Unterstützung und friedlichen Zusammenlebens.

4) Der Mann soll seine Frau beschützen und muß ihr den standesgemäßen Lebensunterhalt gewähren; die Frau soll dem Manne in allem Erlaubten unterthan sein [3] und das Hauswesen besorgen; sie nimmt theil an

dem Begriff des parochus domicilii, zu dem animus und factum gehört, und kann man hier, wenn nicht der parochus *futuri* domicilii mit dem parochus domicilii im gemeinrechtlichen Sinne zusammenfällt, nur eine allgemeine Delegation des Bischofs zur Trauung annehmen.

[1] Cf. c. 8—11. 13 C. XXXI. q. 1; c. 1. 3 x IV. 21.

[2] C. ult. D. 32; c. 3 C. XXXII. q. 2; C. XXXIII. q. 4. Mit beiderseitiger Einwilligung dürfen sich die Ehegatten auf bestimmte Zeit oder auch auf die Dauer des Lebens der ehelichen Pflichtleistung enthalten (1 Kor. 7, 5).

[3] C. 12 C. XXXIII. q. 5; *Leon. XIII.*, Encycl. cit.: „Vir est familiae princeps et caput mulieris; quae tamen, quia caro est de carne illius et os de ossibus

Name und Stand des Mannes (abgesehen von den Ehen zur linken Hand), am Domicil des Mannes und muß bei dessen Veränderung ihm folgen. Die Frau darf ohne seine Zustimmung sich nicht von ihm entfernen.

II. Alle in einer giltigen oder Putativehe geborenen K i n d e r gelten als legitim. Der Ehemann gilt als Vater der in der Ehe geborenen Kinder bis zum Beweise des Gegentheils [1]. Haben die Brautleute uneheliche Kinder, so soll der Pfarrer die ausdrückliche Anerkennung derselben durch ein von den Brautleuten unterschriebenes Protokoll vor der Trauung veranlassen. Uneheliche Kinder werden per subsequens matrimonium legitimirt, wenn zur Zeit ihrer Conception kein Grund vorhanden war, der die Ehe zwischen beiden absolut unmöglich machte. Wo eine Dispensation von dem vorliegenden Hinderniß nicht möglich ist, ist keine Legitimation durch nachfolgende Ehe möglich. Adulterini können nach kirchlichem Rechte nie per subsequens matrimonium legitimirt werden, wenn auch nur e i n e m Theile das bestehende Eheband bekannt war, denn das impedimentum ligaminis ist indispensabel. Auch durch ein subsequens matrimonium putativum kann die Legitimation stattfinden, wie durch die Ehe auf dem Sterbebette, auch nach dem Tode der unehelichen Kinder für deren hinterlassene Enkel. Für das kirchliche Recht kann der Papst durch ein Rescript auch ohne nachfolgende Ehe uneheliche Kinder für legitim erklären, wie die Staatsgewalt für das bürgerliche Recht.

Der Beweis der legitimen Geburt wird geliefert durch den pfarramtlichen Taufschein oder durch Zeugen.

Sechstes Kapitel.

Ehescheidung und Eheproceß.

27. Auflösung der nicht consummirten Ehe quoad vinculum.

367. Ist auch durch den consensus matrimonialis die Ehe eingegangen, ist auch das bloße matrimonium ratum, non consummatum eine wahre und giltige Ehe und gehört zum Wesen der Ehe nur die F ä h i g k e i t zur Geschlechtsvereinigung, nicht die geschlechtliche Vereinigung selbst; so ist doch die Einheit der Gatten nur eine r e c h t l i c h e geistige, noch nicht eine leibliche n a t ü r l i c h e, sie sind noch nicht unum corpus geworden, es hat noch nicht die Vereinigung stattgefunden, welche die Ehe a b s o l u t u n l ö s b a r macht [2].

---

ejus, subjiciatur pareatque viro in morem non ancillae, sed sociae; ut scilicet obe-dientiae praestitae nec honestas, nec dignitas absit. In eo autem, qui praeest, et in hac, quae paret, cum imaginem uterque referant alter Christi, altera ecclesiae, divina caritas esto perpetua moderatrix officii.“

[1] „Pater est, quem nuptiae demonstrant.“

[2] S c h u l t e, Eherecht S. 420 ff. — Vgl. F r i e ß e n (Archiv für kathol. Kirchen=recht Bd. 52 S. 372): „Die mit affectus maritalis (= consensus de praesenti) statt=

Gleichwie die nicht christliche consummirte Ehe kraft des privilegium fidei (346) noch gelöst werden kann: so kann die christliche noch nicht con=summirte Ehe noch gelöst werden 1) per professionem religiosam, 2) per dispensationem Summi Pontificis.

1) Solange die vom Paradiese an als unlösbar erklärte unzertrennliche Verbindung (una caro) nur der Möglichkeit nach, nicht in Wirklichkeit vor=handen ist, kann die Ehe noch gelöst werden durch ein Band von höherer religiöser Bedeutung und größerer geistiger Festigkeit, durch die professio religiosa solemnis, durch die der Mensch für diese Welt gleichsam als todt gilt.

Daher ist kein Ehegatte zur sofortigen Vollziehung der Ehe ver=pflichtet, sondern kann innerhalb zwei Monaten nach Eingehung der Ehe den Willen, ins Kloster zu gehen, erklären; tritt er jedoch dann innerhalb eines vom Richter anzusetzenden peremptorischen Termins nicht ein, so kann er durch Censuren zur Vollziehung der Ehe angehalten werden.

Nach erfolgter Profeßablegung ist der andere Ehetheil frei, so daß er eine neue Ehe eingehen kann; er wird jedoch ermahnt, ehelos zu bleiben[1].

2) Der Papst, der auch das Ordensgelübde auflösen kann, kann auch die nicht consummirte Ehe durch Dispensation auflösen, was namentlich dann geschieht, wenn die moralische Ueberzeugung von der Ungiltigkeit einer Ehe vorhanden ist, aber die Nichtigkeit in foro externo nicht genügend bewiesen werden kann.

28. Separatio quoad thorum et mensam.

368. Das Wort „Ehescheidung“, „divortium“ wird bald von Auf=lösung der Ehe mit Trennung vom Bande (divortium plenum, 367) gebraucht, meistens aber im Sinne der Scheidung vom ehelichen Zusammenleben, ohne daß das Eheband gelöst wird (divortium minus plenum).

Die Absonderung vom ehelichen Zusammenleben kann eine lebensläng=liche sein oder eine zeitweilige, auf bestimmte oder auf unbestimmte Zeit[2].

findende copula schließt die Ehe; der consensus ist die conditio sine qua non dafür, daß die copula die Ehe schließt. Man darf nicht sagen: consensus und co-pula schließt die Ehe, denn sonst müßte auch die vorhergehende copula mit nachfolgen-dem consensus genügen. Ebenso darf man nicht sagen, die copula allein schließt die Ehe, denn sonst würde jede fornicatio Ehe sein; andererseits darf man auch nicht sagen, der consensus allein schließt die Ehe, da ja dann die Ehe unauflöslich wäre.“

[1] C. 7 x III. 32: „Quia cum non fuissent una caro simul effecti, satis potest unus ad Deum transire et alter in saeculo remanere.“ Trid. s. XXIV. can. 6. 7. Das spätere römische Recht nahm sogar die Trennung der schon consummirten Ehe durch professio religiosa an, was die Kirche verwarf; c. 21 C. XXVII. q. 2; cf. c. 19. 20 ib.

[2] Trid. s. XXIV. can. 8; 1 Kor. 7, 10. 11.

Die lebenslängliche Absonderung kann nur wegen formellen Ehebruchs des Mannes oder der Frau durch richterlichen Ausspruch gestattet werden[1]. Der Ehebruch (und naturwidrige Befriedigung des Geschlechts= triebes) berechtigt den unschuldigen Ehetheil, das debitum conjugale zu verweigern und um lebenslängliche Scheidung nachzusuchen; eigenmächtig dürfen die Gatten sich nicht trennen. Vorausgesetzt wird, daß das adulterium ein completum, certum und formale sei[2]. Das Klagerecht geht für den un= schuldigen Theil verloren:

1) wenn er den Ehebruch gebilligt, gestattet oder durch sein Verschulden herbeigeführt hat[3];

2) wenn er sich selbst auch des Ehebruchs schuldig gemacht[4];

3) wenn er nach erlangter Kenntniß von dem Ehebruche ihn ausdrücklich oder stillschweigend (durch Leistung des debitum conjugale) verziehen hat.

Die Wiederherstellung der ehelichen Gemeinschaft steht den Gatten jeder Zeit frei, wenn beide darin übereinstimmen; ja der unschuldige Theil ist stets berechtigt, dieselbe zu fordern[5]; der schuldige Theil könnte sie nur dann fordern, wenn sich der bei der Separation unschuldige Gatte selbst auch eines Ehebruchs schuldig macht[6].

369. Zur zeitweiligen Trennung kann als Grund genügen:

1) Abfall des einen Theils vom Christenthum[7].

2) Der Versuch, den Gatten zum Abfall vom katholischen Glauben zu verführen oder zu Lastern und Verbrechen zu verleiten.

Nach dem canonischen Rechte gibt auch Abfall zu Häresie oder Schisma einen Grund zur Ehescheidungsklage[8]; nach der heutigen milderen Praxis betrachtet man jedoch gewöhnlich nur dann den Abfall zur Häresie als Grund, wenn dem katholischen Theile Gefahr der Verführung, Gefahr des Abfalles vom Glauben droht[9].

---

[1] Matth. 5, 32; 9, 19.

[2]   Completum, certum, unius, culpabile, parte
         Invita, verbo aut facto non ante remissum.

[3] Scienti et volenti et consentienti non fit injuria neque dolus.

[4] Paria crimina compensatione mutua delentur.

[5] Eine Rechtspflicht besteht daher auch nach heutigem Rechte nicht für den un= schuldigen Gatten, auf Absonderung von Tisch und Bett zu klagen. Vgl. die früheren Bestimmungen c. 1 C. XXXII. q. 1; c. 3 x V. 16.

[6] Weber, Die Ehescheidung, Freiburg 1875, S. 19, zählt hierher auch die schon 139, V. 2 und 153, 2 besprochenen Fälle. Auch wegen böswilliger Verlassung kann unter Umständen eine separatio perpetua ausgesprochen werden.

[7] 2 Kor. 6, 14.

[8] C. 5. 6 x IV. 19. So Schulte, be Angelis u. a.

[9] *Aichner* l. c. ed. 6 p. 668; Weber l. c. S. 21.

3) Mißhandlungen und Nachstellungen, welche Gesundheit und Leben gefährden (saevitia), Haß und Abneigung, welche Furcht für die gegenseitige Sicherheit begründen, fortgesetzte schwere Kränkungen, böswillige Verlassung (malitiosa desertio).

4) Soll auch bei schwerer, langwieriger und selbst ansteckender Krankheit sich die Liebe und Treue der Ehegatten ganz besonders bewähren, so kann doch unter Umständen auch eine ekelerregende, langwierige und ansteckende Krankheit dem andern Ehetheil zuweilen ein Recht geben, Absonderung zu verlangen [1].

5) Pflichtverletzungen des Gatten, durch welche den Vermögensrechten oder der Ehre des andern Theils schwere Nachtheile zugefügt und große Gefahren bereitet werden, wenn z. B. durch Spiel die Familie in Noth gestürzt wird, gemeine Verbrechen auch den andern Ehetheil der Theilnehmerschaft verdächtig machen und um seine Ehre bringen u. dgl.

6) Ueberhaupt beschwerliches Zusammenwohnen (molesta cohabitatio), z. B. wegen fortwährender Betrunkenheit, Roheit.

370. Was das Verfahren anlangt, so kann die Klage beim Ehegericht eingereicht werden oder gewöhnlicher durch den Pfarrer [2]. In jedem Falle muß der Pfarrer der betreffenden Eheleute den Sühneversuch machen, den er nach Umständen ein= oder zweimal wiederholen soll, wie er auch später stets sich bemühen muß, die Eheleute miteinander auszusöhnen und zum friedlichen Zusammenleben zu bestimmen. Gelingt der Sühneversuch, so nimmt er ihn zu Protokoll; muß das divortium eingeleitet werden auf amtlichen Bericht des Pfarrers, der den Antrag des Klägers, die summarische Bezeichnung des Klagegrundes, die Charakteristik der Eheleute und ihre notorischen Verhältnisse und die Bitte um Vorladung derselben enthalten soll, so werden, falls nicht das Gesuch als ganz und gar unbegründet abgewiesen wird, beide Theile monitorisch vorgeladen, um Klage und Exceptionen (Receß) vorzubringen. Das Ehegericht macht bei jedem Theile einzeln einen nochmaligen Versuch der Aussöhnung. Wird sie nicht erreicht, und gibt der Beklagte durch eigenes freies Geständniß den Klagegrund vor dem Richter zu, so kann der Richter sogleich das Urtheil fällen; verneint er den Klagegrund ganz oder theilweise, so wird dem Kläger eine peremptorische Frist (von 14—30 Tagen) zur Beweisführung anberaumt.

---

[1] *Aichner* l. c. p. 669: „Sed non adeo facile propter morbum concedendum est conjugum divortium." Solche Kranke, bei denen es dem Ehegatten unmöglich ist auszuhalten, namentlich Geisteskranke, wird man in Krankenhäusern unterbringen, wobei keine Scheidung ausgesprochen wird.

[2] Vgl. Die pfarramtliche Thätigkeit in eherechtlichen Angelegenheiten, Eichstätter Pastoralblatt, 1887, S. 1 ff.

Gewöhnlich wird einem Pfarrer das Commissorium zur Vornahme des Zeugenverhörs ertheilt (263). Nach erhobenem Beweis werden die Parteien zur Schlußverhandlung vorgeladen, und falls keine neue Beweisaufnahme nöthig ist, das Endurtheil gefällt entweder auf Abweisung des Klägers, in welchem Falle der Pfarrer seine Versöhnungsversuche um so eifriger fortsetzen muß, oder auf Absonderung, lebenslängliche oder zeitweilige (2—5 Jahre). Die Appellation gegen das Urtheil kann innerhalb der Nothfrist eingelegt werden, außer wo das Urtheil auf eigenes freies Geständniß hin erlassen wurde, in welchem Fall nur die außerordentlichen Rechtsmittel noch ergriffen werden können.

Oft wird während des Processes schon eine provisorische Absonderung der Gatten eintreten müssen, wenn ein Zusammenleben derselben bis zum Urtheilsspruch für den einen oder andern gefährlich wäre.

29. Nichtigkeitserklärung einer ungiltigen Ehe.

371. Eine Klage auf gänzliche Trennung vom Ehebande oder vielmehr auf Nullität der Ehe ist nur möglich: 1) auf Grund eines der Ehe entgegen= stehenden impedimentum dirimens (antecedens) oder 2) auf Grund des behaupteten Todes des früheren Ehegatten.

Im ersten Falle fragt es sich, ob das die Ehe ungiltig machende Ehe= hinderniß wirklich vorhanden und in re begründet ist und ob es gehoben werden kann oder nicht. Kann es gehoben werden durch nachträgliche Dispens oder nachfolgenden Consens oder freiwilligen Verzicht des zur Klage berechtigten Theiles, so wird zuerst vom kirchlichen Richter versucht, die Parteien zu be= stimmen, daß sie die Hebung des Hindernisses erwirken. Können sie nicht dazu bestimmt werden oder ist das Ehehinderniß nicht zu heben, so wird eine Nichtigkeitserklärung (annullatio matrimonii) durch den kirchlichen Richter verlangt. Bei den impedimentis juris privati können dritte Personen nicht klagend auftreten, weil das Hinderniß sich ihrer Kenntniß entzieht oder sie nicht wissen können, ob dasselbe nicht durch nachträglichen Consens gehoben ist. Anonyme Denunciation genügt nicht für sich, eine Untersuchung einzu= leiten, wohl aber eine Diffamation. Abgewiesen wird die Klage, wenn der Kläger, der Mangel des Consenses behauptet, später seinen Consens gegeben hat, wenn die Behauptung des Klägers offenbar falsch ist oder kein impe= dimentum dirimens begründet. Ist die Begründung der Nullitätsklage auf= fallend schwach, so wird zuerst der actor allein citirt und zum Aufgeben der Klage ermahnt.

Kann dies nicht bewirkt werden, so wird die Klage dem Beklagten mit getheilt und der Termin zur Klagebeantwortung anberaumt.

Unerläßlich nothwendig ist bei jedem Vincular=Processe die Gegenwart
des beeidigten *defensor matrimonii* [1], bei jedem *actus judicialis*, zu dem er
citirt und die Ladung ihm gehörig insinuirt werden muß, und zwar unter
Strafe der Nichtigkeit des Verfahrens. Er muß von allen Thatsachen und
Umständen sich genaue Kenntniß verschaffen, alle Beweise prüfen und dem
Gerichte ein gründliches und gewissenhaftes Gutachten darüber liefern. Seine
Hauptaufgabe besteht darin, daß nichts unversucht und unangewendet bleibe,
um, wo möglich, die Rechtsbeständigkeit des Ehebandes aufrecht zu erhalten;
daher muß der defensor matrimonii in der ersten Instanz stets gegen das
Urtheil appelliren, wenn es auf Ungiltigkeit der Ehe lautet.

Die *confessio rei*, das freiwillige Zugeständniß des Nullitätsgrundes von
seiten des Beklagten, kann keinen Beweis für sich liefern [2]. Es darf kein Schieds=
eid angenommen werden, der auf die causa nullitatis gerichtet oder ausschließlich
zum Beweise des wirklichen Vorhandenseins des Klagegrundes bestimmt ist.
Ein Vergleichsantrag ist völlig ausgeschlossen [3]. Das juramentum suppletorium kann vom Richter auferlegt werden über ein factum proprium, z. B.
bei Klage wegen Impotenz über die Nichtconsummation der Ehe [4].

Ein einziger Zeuge genügt auch hier nie; aber es können auch Ver=
wandte, Verschwägerte, Freunde, Hausgenossen, Dienstboten, die oft allein hier
Zeugniß ablegen können, z. B. über die obwaltende Verwandtschaft, zugelassen
werden, wenn sie nur sonst nicht suspecti sind [5]. Die Zahl der Zeugen ist
nicht fixirt; auch Zeugen, gegen deren Person Exceptionen vorgebracht werden
können verhört werden. Der Richter kann den Beklagten anhalten, alle Ur=
kunden und Beweisstücke zu produciren, welche den Gegenstand des Beweises
aufklären können.

Der Richter muß die Verhandlung so zu leiten suchen, daß das Recht,
die Annullirung der Ehe zu fordern, oder die Unmöglichkeit dieses Beweises
klar constatirt werde. Nur wenn der volle Beweis der Nichtigkeit der Ehe
geliefert ist, kann auf Nullität erkannt werden. Das auf Nichtigkeit der Ehe

---

[1] *Benedict. XIV.*, Const. „Dei miseratione" d. 3. Nov. 1741; *Trid.*, ed.
Richter-Schulte p. 565 seq. Ehen, welche ohne Beobachtung der tridentinischen Form
da eingegangen sind, wo dieses Gesetz publicirt ist und verpflichtet, sind ohne weitere
Untersuchung als nichtig zu erklären. S. C. C. d. 18. Dec. 1852; Lämmer
l. c. S. 432 f.

[2] C. 5 x IV. 13; c. 7 x IV. 15. Ein Geständniß, das vor Eingehung der
Ehe gemacht wurde, namentlich ein Geständniß bezüglich eines privaten Ehehindernisses
zu Gunsten der Ehe, kann berücksichtigt werden.

[3] C. 11 x I. 36: „exceptis casibus, qui compositionis sive dispensationis
remedium non admittunt, utpote conjugii sacramentum".

[4] S. Congr. Conc. d. 14. Nov. 1732 fordert das juramentum septimae manus
ad formam in c. 7 x IV. 15.

[5] C. 3 x IV. 18; c. 5 x II. 20.

lautende Urtheil wird nicht rechtskräftig [1]; um *quasi res judicata* zu werden, müssen wenigstens zwei gleichlautende Urtheile von zwei Instanzen vorliegen, und auch dann ist es nicht widerruflich; gegen den Rechtsbestand einer Ehe gibt es keine Verjährung. Stellt sich später heraus, daß das Urtheil ein irriges war, so müßte die Untersuchung wieder aufgenommen, und wenn die als nichtig erklärte Ehe giltig war, dieselbe wieder hergestellt werden, auch wenn inzwischen (auf wenigstens zwei gleichlautende Erkenntnisse für die Nichtigkeit hin) eine neue Ehe eingegangen war, die ein matrimonium putativum wäre.

Der Verzicht auf die Appellation (pacta de non appellando) ist unter Strafe der Excommunication von Benedict XIV. verboten.

Auch in zweiter Instanz muß ein defensor matrimonii mit gleichen Rechten und Verpflichtungen aufgestellt sein, der jedoch die weitere Appellation unterlassen kann, wenn er in seinem Gewissen sich dabei beruhigen und nicht von der dritten Instanz ein für den valor der Ehe günstiges Urtheil erwarten kann. Beruhigt sich der defensor matrimonii und der die Giltigkeit der Ehe vertretende Ehetheil mit dem die Nullität der Ehe gleich der ersten Instanz aussprechenden Urtheil, so steht einer neuen Ehe nichts im Wege (ausgenommen natürlich bei impotentia absoluta).

Geht die Appellation an die dritte Instanz, so muß auch hier der defensor matrimonii die Giltigkeit der Ehe vertreten. Ward die Ehe in erster und dritter Instanz als ungiltig, in zweiter als giltig erklärt, so appellirt der defensor matrimonii an eine vierte Instanz; ward sie in erster und zweiter Instanz für ungiltig, in dritter für giltig erklärt, so kann es der Kläger thun.

30. Löfung der Ehe durch den Tod.

372. Eine giltige und consummirte Ehe unter Christen kann nur durch den Tod des einen Ehetheils gelöst werden (345). Kann der Beweis des erfolgten Todes nicht durch öffentliche Urkunden geliefert werden, so ist es Sache des kirchlichen Richters, zu entscheiden, ob derselbe wenigstens mit moralischer Gewißheit feststeht, und die Wiederverehelichung zu erlauben. Es kann eine Todeserklärung von seiten des Civilgerichtes beigebracht werden; es können zwei Zeugen, in Verbindung mit besonderen Umständen selbst einer zum Beweise genügen. Es wird ein Curator für den Verschollenen aufgestellt und durch öffentliches Ausschreiben eine Edictalladung erlassen. Wird erkannt, der Tod sei bewiesen, so kann auch hier der defensor matrimonii appelliren.

---

[1] C. 7 x II. 27; c. 5 x IV. 15.

Zweiter Abschnitt.
Die übrigen gottesdienstlichen Handlungen.

1. Das heilige Meßopfer.

373. Der äußere Cultus hat seinen Höhepunkt im Opfer, ja das Wesen der Religion spricht sich nothwendig aus im Opfer. Der Alte Bund hatte seine vorbildlichen Opfer[1], aber er verhieß auch schon die Abrogation dieser und die Einsetzung eines neuen immerwährenden, an allen Orten darzubringenden reinen Opfers[2], das unblutige Opfer des Neuen Bundes, das mit dem blutigen Opfer am Kreuze „idem est quoad substantiam, non vero idem quoad offerendi modum, sola offerendi ratione diversa"[3]. Wie die vorbildlichen Opfer des Alten Bundes wahre Opfer waren, wie Christus, der ewige Hohepriester, am Kreuze ein wahres und eigentliches Opfer dargebracht, ein wahres Sühnopfer[4]: so ist auch das von Christus eingesetzte heilige Meßopfer[5], wie das christliche Alterthum bezeugt, und eben weil es reell identisch ist mit dem Kreuzopfer, ein wahres und eigentliches Opfer, und zwar sacrificium latreuticum, impetratorium, propitiatorium und satisfactorium.

Ist das eucharistische Opfer an sich auch von unendlichem Werthe als Abbildung und Darstellung, Erneuerung und Wiederholung des einen Opfers Jesu Christi am Kreuze, der hier das Opfer und der eigentliche Opferpriester ist wie am Kreuze[6]: so ist doch seine Wirkung in Bezug auf uns (ut impetratorium et satisfactorium) nicht unendlich. Man unterscheidet einen *fructus generalis*, der allen Gläubigen zukommt, *fructus specialis* für jene, für die es speciell dargebracht wird, und für die, welche mit Andacht es mit dem Priester darbringen („pro quibus offerimus vel qui tibi offerunt, pro circumstantibus"), und *fructus specialissimus* für den opfernden Priester.

---

[1] Gen. 14, 17—19; Pf. 109, 4; Hebr. 5, 10; 8, 3; Erod. 12, 27 ff.; Joh. 19, 36.

[2] Malach. 1, 10. 11.

[3] Trid. s. XXII. c. 2 de sacrif. Missae.

[4] Hebr. 7, 17. 21—27; 10, 10 ff.; Röm. 8, 32; 1 Joh. 2, 2; 1, 7; 2 Kor. 5, 21; 1 Petr. 2, 24 u. f. w.

[5] Matth. 26, 26; Marc. 14, 22; Luc. 22, 19; vgl. Hebr. 13, 10; 1 Kor. 11, 23 ff.; Joh. 6, 52.

[6] Trid. l. c.: „Idem nunc offerens sacerdotum ministerio, qui se ipsum tunc in cruce obtulit." Liturg. s. Chrys.: σὺ γὰρ εἶ ὁ προσφέρων καὶ ὁ προσφερόμενος καὶ διαδιδόμενος, Χριστὲ ὁ θεὸς ἡμῶν.

Die heilige Messe, *missa* (catechumenorum et fidelium), Liturgie vorzugsweise genannt, kann nur Gott allein dargebracht werden[1], wohl aber wird dabei das Gedächtniß der Heiligen gefeiert, um Gott zu preisen und zu danken für die ihnen verliehene Herrlichkeit und sie um ihre Fürbitte anzurufen. Es kann für alle Gläubigen dargebracht werden, auch für Ungläubige, wie für die Bekehrung der Häretiker (95). Es kann für Verstorbene wie für Lebendige dargebracht werden, wie man schon frühzeitig den Sterbetag, den siebten und dreißigsten und den Jahrestag (anniversarium) beging und Stiftungen für Seelenmessen machte. Die Wirksamkeit des Opfers hängt von der Acceptation Gottes und, wie auch bei Lebenden, von der Empfänglichkeit und Würdigkeit dessen ab, für den es dargebracht wird[2].

Die heilige Messe darf nur auf einem consecrirten Altare (398) in einer consecrirten oder benedicirten, nicht interdicirten, nicht polluirten Kirche dargebracht werden[3]; in Privatoratorien nur mit päpstlicher Erlaubniß; nur Cardinäle, Bischöfe und apostolische Protonotare können sich eines altare portatile bedienen; kraft päpstlicher Facultät (Quinquennalfacultäten) haben auch Bischöfe Vollmacht, daß die heilige Messe im Nothfall oder unter besonderen Umständen unter freiem Himmel dargebracht werde[4]. Sie kann dargebracht werden von Tages Anbruch bis Mittag[5]; außer Weihnachten von jedem Priester nur einmal des Tages[6]. Bination kann im Falle einer wahren Nothwendigkeit vom Bischof infolge der Quinquennalfacultäten gestattet werden; für die zweite Messe darf aber kein Stipendium genommen werden[7].

Pfarrer müssen an Sonn- und Feiertagen celebriren und für die Parochianen appliciren (237, 3); der Pfarrmesse beizuwohnen, können die Gläubigen nur ermahnt, aber nicht verpflichtet werden[8]. In Privatoratorien darf es jedoch an Sonn- und Festtagen nur kraft eines päpstlichen Indultes geschehen. Jeder Priester soll täglich oder doch an Sonn- und Festtagen die heilige Messe celebriren. Ohne Altardiener celebriren (missae solitariae), ist ohne päpstliche Erlaubniß (Quinquennalfacultäten) nicht gestattet[9].

---

[1] Trid. l. c. c. 3; can. 5.

[2] Cf. *Cyprian.* ep. 66 ad cler. et pleb. Furn.; *Aug.*, Conf. l. IX. c. 12; *Thom. Aq.* in 4 dist. 45 a. 4 q. 1. 2.

[3] C. 1. 12 D. 1 de consecr. Trid. s. XXII. decr. de observ.

[4] Cf. c. 11. 30 D. 1 de cons.

[5] C. 48. 51 D. 1 de cons.

[6] C. 32. 53 D. 1 de cons.; c. 3. 12 x III. 41. Vor Mitte des 11. Jahrhunderts durften auch mehrere Messen an einem Tage gelesen werden.

[7] Nur Missionären wird es aus wichtigem Grunde erlaubt (S. C. C. d. 23. Maji 1870). Wohl aber kann der Bischof gestatten, daß in Rücksicht auf die größere Anstrengung und Beschwerde eine Remuneration bezogen werde (S. C. C. d. 29. April. 1871).

[8] Trid. s. XXIII. c. 14 de ref. S. C. C. d. 10. Octob. 1581.

[9] C. 6 x I. 17.

Bei Celebration der heiligen Messe sind die kirchlichen Vorschriften (Ru=
briken) genau einzuhalten; schwere Verstöße gegen dieselben sollen mit Sus=
pension, im Wiederholungsfalle selbst mit Absetzung bestraft werden[1]; ebenso
soll die Unterbrechung der heiligen Messe (ohne Noth) mit Suspension bestraft
werden[2]. Die heilige Messe ist in der abendländischen Kirche nur in latei=
nischer Sprache[3], nach dem Missale Romanum zu feiern[4]; die Ceremonien
der Messe sollen dem Volke öfter erklärt werden[5]. Man unterscheidet missa
publica (Pfarrmesse, missa conventualis) und missa privata; missa solemnis und simplex.

374. Die Meßstipendien[6] sind aus den Oblationen der Gläu=
bigen entstanden. Sicher wurde schon frühzeitig neben Brod und Wein, Oe=,
Früchten u. s. w. auch Geld dargebracht[7], getrennt von den zunächst für das
Opfer bestimmten Gaben, meist vor der Messe oder vor dem Evangelium oder
im Hause des Bischofes[8]; später wurde die Gabe dem opfernden Priester selbst
gereicht. Ihre Rechtfertigung finden diese freiwilligen Gaben der Gläubigen:

1) in der Verpflichtung des gläubigen Volkes, zur Sustentation des
Diener des Altares beizutragen, nach Analogie des Alten Bundes[9], nach den
Aussprüchen der heiligen Schrift des Neuen Testamentes[10] wie der heiligen
Väter[11];

2) als ein von seiten der Gläubigen Gott dargebrachtes Opfer[12];

---

[1] C. 14 x III. 41.

[2] C. 57 D. 1 de cons. S. C. C. d. 3. Dec. 1735; Trid., ed. *Schulte-Richter*
p. 129.

[3] Trid. s. XXII. c. 8; can. 9 de sacr. Missae.

[4] Während im Morgenlande sich zahlreiche Liturgien finden, wie die des hl. Ja=
kobus, Marcus, Petrus, Basilius, Chrysostomus u. a., finden sich im Abendlande außer
der römischen nur die mailändische, mozarabische und gallicanische.

[5] Trid. l. c. und s. XXIV. c. 4 de ref.

[6] Cf. *Geier*, De Missar. Stipend. Moguntiae 1864.

[7] Cf. *Tertulliani* Apologet. c. 39 (ed. Mediolani 1831 v. I. p. 65): „Modicam
unusquisque stipem menstrua die, vel cum velit et si modo possit, apponit; nam
nemo compellitur, sed sponte confert. Haec quasi deposita pietatis sunt."

[8] Cf. *Martène*, De ant. eccl. ritib. l. I. c. 4 a. 6 n. 3.

[9] Vgl. Num. 18, 9. 12. 13. 14. 27; 15, 20; 5, 8; Lev. 7, 31. 32; 10, 14. 15;
27, 30; Deut. 18, 4; 26, 4.

[10] Matth. 10, 10; 1 Kor. 9, 7—11; vgl. Döllinger, Christenthum und Kirche
in der Zeit der Grundlegung S. 330 ff.

[11] *S. Aug.*, De pastoribus (in Ezech. c. 34) c. 2: „Unde vivitur, necessitatis
est accipere, charitatis est praebere; non tamquam venale sit Evangelium, ut illud
sit pretium ejus, quod sumunt, qui annuntiant, unde vivant. Si enim sic vendunt,
magnam rem vili vendunt. Accipiant sustentationem necessitatis a populo, mer-
cedem dispensationis a Domino."

[12] *Thom. Aq.* 2. 2 q. 86 a. 4: „Pertinet ad jus naturale, ut homo ex rebus
sibi datis a Deo exhibeat ad ejus honorem." *Gregor. de Valent.*, Comment. theol.

3) als Zeichen der Anerkennung der priesterlichen Würde, der Dankbarkeit und der Unterwerfung unter die Priester des Herrn [1];

4) in der von der Kirche gebilligten Gewohnheit [2].

Die Taxe (taxa synodalis) für das Meßstipendium bestimmt der Bischof oder das Gewohnheitsrecht; ein höherer Betrag darf nicht gefordert [3], wohl aber angenommen werden, wenn er freiwillig von den Gläubigen gegeben wird. Wer die Messe durch einen andern Priester persolviren läßt, muß ihm das volle ihm selbst dargereichte Stipendium geben; wohl aber können Beneficiaten Stiftmessen, die sie nicht selbst persolviren können, einem andern Priester übertragen und ihm das in der Diöcese gebräuchliche Stipendium geben, insofern nicht für die einzelnen Stiftmessen das Stipendium bestimmt ist [4]. Reduction der für Verstorbene in einer Kirche gestifteten Messen hat Urban VIII. dem Papste reservirt; den Bischöfen pflegt die facultas missarum perpetuarum ad tramites Indulti Benedicti XIII. reducendi et missas transferendi auf bestimmte Jahre ertheilt zu werden.

Die übernommenen Messen zu persolviren, ist strenge Pflicht. Messen für Lebende sollen nicht über zwei, für Verstorbene nicht über einen Monat aufgeschoben werden, wenn nicht der Geber mit dem Aufschub einverstanden ist.

2. Die Sacramentalien.

375. Wie im Alten Bunde sich verschiedene Segnungen fanden, Christus selbst Personen und Sachen segnete, so hat er auch seiner Kirche die Vollmacht gegeben, zu segnen und zu weihen. Sacramentalien, die den Sacramenten ähnlich, obwohl wesentlich von ihnen verschieden sind, sind einerseits die theils mit der Sacramentenspendung verbundenen, theils von ihr getrennten Segnungen von Personen, Orten und Sachen, andererseits die Gegenstände selbst, durch deren Gebrauch kraft des an sie geknüpften Gebetes der Kirche bestimmte geistliche oder auch leibliche Wohlthaten erlangt werden

---

in S. Th. t. I. disp. 6 q. 1 pet. 2: „Reddentes Deo in suis ministris illa, quae de manu ipsius accepimus, paramus illi gloriam et honorem.“

[1] Cf. *Thom. Aq.* l. c. q. 85 a. 1.

[2] *Thom. Aq.* 2. 2 · q. 100 a. 2 ad 4; cf. in 4 dist. 25 q. 2 a. 2; Const. Pii VI. „Auctorem fidei“, prop. Syn. Pistor. n. 54 damn.; cf. c. 42 x V. 3.

[3] Cf. propos. damn. ab Alex. VII. n. 8. 9. 10; Const. Pii IX. „Apost. Sed. moder.“ b. 11. 12 S. 384. Cf. *Benedict. XIV.*: „Magna cura adhibenda est, ut a tanti sacrificii dignitate cujusvis generis mercedum conditiones, pacta et importunae atque illiberales exactiones potius quam postulationes aliaque hujusmodi, quae a Simoniaca labe vel certe a turpi quaestu non longe absint, e medio tollantur.“

[4] S. Congr. Conc. d. 23. Nov. 1697; *Schulte-Richter*, Trid. p. 142. 145 seq.

können [1]. Sie wirken nicht **ex opere operato**, wie die Sacramente, nicht unfehlbar, sollen aber durch den Segen und das Gebet der Kirche den sie Gebrauchenden Gnaden erflehen zu übernatürlichen Acten, für welche Gott bestimmte Wohlthaten und Vortheile verleiht [2] zur Nachlassung läßlicher Sünden, zum Schutz gegen den bösen Feind, zu geistiger und leiblicher Wohlfahrt. Sind das Kreuzzeichen und der Name Jesu die allgemeinen Elemente der Sacramentalien, so werden insbesondere das Gebet des Herrn, das Weihwasser, geweihtes Brod (Speisen), die allgemeine Beicht, von der Kirche bestimmtes Almosen und die Segnungen der Kirche Sacramentalien genannt [3].

Man unterscheidet Verbal= und Realbenedictionen; *benedictiones invocativae* und *constitutivae*; Weihungen (*consecrationes*) durch Salbung mit Chrisma, wie bei der Consecration der Kirchen, Altäre, Kelche, Patenen, Segnungen (benedictiones) mit Salbung, wie bei der Glockenweihe [4], die Salbung der Könige und Aebte, Aebtissinnen [5]. Diese nimmt nur der Bischof vor, während er zu anderen bischöflichen Benedictionen auch Priester delegirt, wie zur Benediction und Reconciliation einer Kirche, des Kirchhofs, der kirchlichen Paramente, der Fahnen. Die Pallien, die Agnus Dei werden nur vom Papste geweiht. Manche der priesterlichen Benedictionen stehen dem Pfarrer zu (237, 6) [6], wie die Segnung der Wohnungen am Charsamstag, die feierliche Benediction der Feldfrüchte; andere können von jedem Priester vorgenommen werden, wie die des Salzes und Weihwassers, die von Speisen u. a.

Mit Recht werden an manchen Orten auch neue Schiffe, Eisenbahnen u. dgl. benedicirt, während anderwärts selbst uralte kirchliche Benedictionen, wie die

---

[1] *Craisson* l. c. t. III. l. II. art. 1 n. 4457 p. 368: „Res quaedam aut actiones ab ecclesia institutae et consecratae ad quosdam effectus spirituales producendos."

[2] Pruner, Moraltheologie S. 246.

[3] Orans, tinctus, edens, confessus, dans, benedicens.

[4] Zur Weihe der Glocken kann der Bischof nur infolge päpstlicher Bevollmächtigung einen Priester delegiren (S. C. Rit. d. 16. Maji 1744). Der Zweck der Glockenweihe (Taufe genannt) spricht sich aus in den Versen:

Laudo Deum verum, plebem voco, congrego clerum,
Defunctos ploro, pestem fugo, festa decoro.

Sie sollen nach dem Rituale und Pontific. Rom. auch beim Gewitter geläutet werden.

[5] C. 1 x I. 10; c. un. x I. 15.

[6] Die Aussegnung der Wöchnerinnen kann auch in einer andern als der Pfarrkirche mit Erlaubniß des Pfarrers vorgenommen werden (S. C. Rit. d. 7. Dec. 1720); sie findet nur bei Ehefrauen, in gemischter Ehe nur, wenn alle Kinder katholisch erzogen werden, statt (S. C. C. d. 18. Junii 1859; Archiv für kathol. Kirchenrecht. Bd. 41 S. 217 ff.).

der Speisen am Ostertag in der Kirche oder Charsamstag in den Häusern u. a., außer Gebrauch sind [1].

Zur Vornahme eines speciellen oder feierlichen Exorcismus ist die ausdrückliche Erlaubniß des Bischofs (oder Generalvikars) nothwendig und sind hierbei nur die im Rituale enthaltenen Gebete und Ceremonien anzuwenden [2].

3. Die Verehrung der Heiligen.

376. Nur Gott allein wird Anbetung, der primäre Cultus (*cultus supremus, cultus latriae*), den Engeln und Heiligen aber ein secundärer, abgeleiteter Cultus (*cultus duliae*) erwiesen, religiöse Verehrung, und unter den Heiligen ganz besonders der seligsten Jungfrau und Gottesmutter Maria (*cultus hyperduliae, cultus Marianus*) [3].

Die Verehrung der Personen bringt es natürlicherweise mit sich, daß man auch alles das ehrt, was mit jenen in unmittelbarer Berührung stand. Daher wird eine relative Verehrung auch erwiesen

I. den Reliquien der Heiligen [4], die schon von den ersten Christen als „kostbarer denn Edelsteine und schätzbarer als Gold" (Martyr. S. Polycarpi) geachtet, oft wunderbar aufgefunden, durch Wunder von Gott verherrlicht wurden. Sind doch die Leiber der Heiligen durch sie geheiligt und harren der glorreichen Auferstehung. Reliquien sollen bezüglich ihrer Echtheit geprüft, nur als echt anerkannte, mit Authentiken versehene öffentlich verehrt, in einem verschlossenen Behältniß dem Volke zur Verehrung dargereicht werden [5]. Sie dürfen nicht verkauft werden. Leiber und reliquiae insignes (Haupt, Arm, Fuß oder ein Körpertheil, an dem der Martyrer gelitten hat) dürfen nur mit päpstlicher Erlaubniß von einer Kirche in eine andere übertragen werden. Wie in den ältesten Zeiten man über den Gräbern der Martyrer das heilige Opfer feierte, so müssen noch jetzt Reliquien in den Altären eingeschlossen sein [6].

Kreuzpartikel sollen getrennt von den Reliquien aufbewahrt werden [7]. Ist die Kreuzpartikel auf dem Altare ausgesetzt, so genuflectirt der celebrirende Priester.

---

[1] Im übrigen vgl. Probst, Die kirchlichen Benedictionen, Tübingen 1857, und die liturgischen Vorschriften.

[2] Das römische Rituale ist verpflichtend für alle Diöcesen (S. C. Rit. d. 10. Jan. 1852).

[3] Vgl. Gen. 19, 1; 32, 26. 29; 48, 18; Num. 22, 31; Jos. 5, 15; Dan. 8, 17. 18; Tob. 12, 16; 4 Kön. 4, 37; Eccli. 44; 46; Hebr. 11; Luc. 1, 48; Greg. III. 45; Trid. s. XXV. decr. de invoc., vener. et reliq. sanctor. et sacr. imag.; *Bened. XIV.,* De servor. Dei beatific. et beator. canonis. ed. 2. Patav. 1743.

[4] 4 Kön. 13, 20. 21; Eccli. 48, 14; Apg. 5, 15; 19, 12; vgl. Luc. 6, 19; 8, 44.

[5] C. 2 x h. t.; S. Congr. Rit. d. 19. Oct. 1591.

[6] C. 26 D. 1 de consecr.   [7] S. C. Indulg. d. 22. Febr. 1847.

II. Aber auch den Bildern der Heiligen wird eine abgeleitete relative Verehrung erwiesen. Selbst dem Alten Bund waren nicht alle Bilder fremd [1]; war auch dort der Gefahr heidnischer Verehrung wegen eigenmächtiges Fertigen von Bildern verboten, finden sich ebendeshalb auch in den ersten Zeiten des Christenthums mehr symbolische Bilder, so sind doch schon in den ersten christlichen Jahrhunderten bildliche Darstellungen Christi, der seligsten Jungfrau, des hl. Petrus und Paulus u. s. w. auf Gläsern, Lampen, auch freistehend und über den Altären nicht selten.

Auch symbolische, bildliche Darstellungen der Gottheit sind zulässig. Bei allen Bildern soll man sich an die in der Kirche herkömmliche Darstellungs- weise halten; anders das Göttliche oder die Heiligen darzustellen, ist verboten. Die Aufstellung von Bildern und Statuen soll nicht ohne bischöfliche Erlaubniß geschehen [2].

Die Verehrung besonderer Gnadenbilder *(imagines thaumaturgicae)* hat ihren Grund in den Wundern, welche Gott durch dieselben gewirkt hat [3].

377. Stand bei den heiligen Martyrern stets in der Kirche fest, daß dieselben als Heilige zu verehren seien, denn „es wäre unrecht", wie Augustinus sagt, „für einen Martyrer zu beten, dessen Gebet wir uns empfehlen müssen", wurde ihr Todestag (Natalitia) gefeiert: so wurden auch die Confessoren ebenso verehrt, die Selig- und Heiligsprechung aber von Alexander III. aus- schließlich dem Papste vorbehalten [4].

Man unterscheidet *beatificatio* und *canonisatio formalis*, bei der alle gewöhnlichen Solemnitäten eingehalten werden, und *aequipollens*, wenn das Oberhaupt der Kirche ohne das gerichtliche Verfahren und die üblichen Förm- lichkeiten die Verehrung eines *servus Dei* an einem Orte, in einem Lande (bei der Beatification) oder in der ganzen Kirche (bei der Canonisation) an- ordnet auf Grund eines *cultus immemorabilis*.

Die Beatification und Canonisation ist kein Jurisdictionsact für das Jenseits, sondern eine Disposition für die streitende Kirche; sie ist die nach strenger Untersuchung über den eminenten Grad christlicher Vollkommenheit, die durch unangreifbare Wunder bestätigt sein muß, vom Oberhaupte der Kirche vorgenommene Einverleibung eines Dieners Christi in den Katalog der öffentlich verehrten und angerufenen Seligen und Heiligen (191, 11.).

---

[1] Vgl. Exod. 25, 18 ff.; 37, 7 ff.; Num. 21, 8. 9; 3 Kön. 6, 32. 34; 2 Pa- ralip. 3, 10 ff.

[2] C. 2 Sexti I. 16.

[3] Concil. oecum. VII.: „Definimus, cum omni cura et diligentia venerandas sanctas imagines" etc. Cf. prop. 25 damn. ab Alex. VIII ; propos. Synod. Pistor. n. 70. 71.

[4] C. 1 x III. 45: „Cum, etiamsi per eum miracula fierent, non liceret vobis ipsum pro Sancto absque auotoritate Romanae Ecclesiae venerari"; c. 2 eod.; cf. c. 52 x II. 20.

Der Selig= und Heiligsprechungsproceß wird wohl von der S. Congreg. Rituum geführt (212, II. 5), aber die Entscheidung ist immer Sache des Papstes. Die Untersuchung wird gewöhnlich einige Zeit nach dem Tode des servus Dei vom Ordinarius praecedente fama virtutum vel miraculorum eingeleitet. Jene, welche um die Beatification nachsuchen, müssen einen procurator (postulator causae) mit förmlichem Mandat aufstellen, der das onus probandi hat, während der promotor opponirt. Der specielle Proceß hat zu erweisen, daß nicht schon ein ungesetzlicher Cultus eingeführt sei (de non cultu); wo aber sehr alte Uebung einen Cult begründet, muß dies ebenfalls festgestellt werden (super casu excepto); der allgemeine hat die Heiligkeit des Lebens, Tugenden und Wunder zu prüfen, und zu beweisen, daß die fama sanctitatis allgemein fortbestehe.

Es wird die visitatio sepulchri von Richter, Zeugen, promotor und Notar vorgenommen; sind Schriften von dem Verstorbenen vorhanden, so müssen auch diese geprüft werden.

An der Curie selbst übergibt der procurator sodann das an den Heiligen Stuhl gerichtete Gesuch nebst seinem Mandat, den beiden versiegelten Processen und einem Memoriale über Leben und Tod des servus Dei, und bittet um Eröffnung des Processes und Deputation eines Cardinal=Relators. Ist die commissio manu Sanctitatis signata erfolgt und in der Congregation das Decret der Eröffnung erlassen, vom Papste ein Cardinal=Relator deputirt, der über den Inhalt der Vorlagen referirt, so wird das mit dem promotor fidei aufgestellte dubium „an locus sit admissioni commissionis" beant=wortet. Geschieht dies affirmative, „si videbitur Sanctissimo", so erläßt der Papst, wenn er auf den Bericht darüber die Antwort bestätigt, die General=Commission für die Leitung des Processes an die Congregation, die aber bei allen wesentlichen und präjudiciellen Acten seine Sanction einholen muß.

Es folgt die Revision des Processes super non cultu oder casu excepto. Der procurator verfaßt die informatio super dubio, die gleich der Er=widerung des promotor fidei in der nöthigen Zahl von Exemplaren gedruckt und den Cardinälen und Consultoren mitgetheilt wird. Ist das Dubium (an sententia Ordinarii N. de non cultu sit confirmanda) bejahend ent=schieden und die Antwort vom Papst bestätigt, so wird ebenso auf Grund des zweiten Processes des Ordinarius entschieden: an sint concedendae literae remissoriales et commissoriales ad effectum conficiendi pro-cessum super sanctitate vitae, virtutibus et miraculis servi Dei N. in genere. Mit der Bestätigung der bejahenden Antwort beginnt das erste Stadium des Beatifications=Processes, die kraft päpstlicher Vollmacht vor=genommene General=Inquisition über Leben, Tugenden und Wunder des Verstorbenen. Die delegirten Richter müssen sich strenge an die canonischen Proceßformen halten. Die sonst gestattete coadjuvatio probationum, nach=

trägliche Unterstützung des Beweises, ist hier untersagt. Beweisartikel und Fragestücke werden zugesandt, die Zeugenaussagen sind in ihrer Sprache zu protokolliren und werden bei der Congregation durch beeidigte Interpreten übersetzt.

Ist durch diesen Proceß der Ruf der Heiligkeit und allgemeinen Andacht des Volkes constatirt [1], so wird durch die Remissorien in genere der Bischof ermächtigt, die specielle Untersuchung über Leben, Tugenden und Wunder zu führen. Damit beginnt das zweite Stadium des Processes.

Nach Einsendung und Eröffnung des Processes wird wieder das dubium super validitate beantwortet. Sind nun noch nicht 50 Jahre seit dem Tode des servus Dei verflossen, so muß der Proceß nach Urbans VIII. Anordnung bis zum Ablauf dieser Frist versiegelt aufbewahrt werden, wenn nicht der Papst hierin dispensirt. Nach Ablauf der Frist erfolgt die Eröffnung wieder nur ex speciali mandato Papae. In dem weitern Processe entscheidet allein die vor dem Papste zu haltende General=Congregation die definitiven Dubien: 1) an constet de virtutibus theologicis et cardinalibus in gradu heroico, 2) an et de quibus miraculis constet. Wenigstens zwei auf die Fürbitte des Dieners Gottes (venerabilis nach Bestätigung des Decrets de virtutibus genannt) gewirkte Wunder müssen erwiesen sein. In einem consistorium semipublicum wird endlich das mehr formale dubium finale beantwortet: an stante probatione virtutum et miraculorum tuto procedi possit ad indultum beatificationis. Ueber die vom Papste beschlossene Beatification wird ein Breve ausgefertigt, das den Cultus des beatus in bestimmten Grenzen gestattet.

Zur Canonisation wird gefordert fortdauernder Ruf der Heiligkeit und Andacht des Volkes und neue Wunder. Der Papst muß wieder die Congregation speciell ermächtigen (signat commissionem). Der Proceß wird in derselben Weise bezüglich der nach der Beatification eingetretenen Thatsachen geführt und geprüft, im geheimen Consistorium die Canonisation beschlossen und im öffentlichen feierlich vollzogen unter eigenen Ceremonien.

4. Der Ablaß.

378. Die unendlichen Verdienste Christi und die durch und in Christus erworbenen Verdienste und überschuldigen Satisfactionen der Heiligen bilden einen Schatz der Kirche, dessen Verwaltung den Vorstehern der Kirche

---

[1] Dubia: An constet de validitate processus remissorialis in genere, an testes in eo sint rite et recte examinati, et an jura in eo producta sint rite compulsata in casu ad effectum, de quo agitur. An constet de relevantia processus remissorialis super fama sanctitatis, virtut. et mirac. in casu et ad effectum dandi remissoria in specie.

zusteht [1]. Der Ablaß seßt Vergebung der Sünde voraus, deren zeitliche Strafe erlassen werden soll [2]; er ist aber auch nicht bloß eine Nachlassung der canonischen Strafe, welche die Kirche auferlegt hatte, sondern, wie jene im Namen Gottes auferlegt ward, auch Nachlassung der vor Gott schuldigen zeitlichen Strafe, sonst wäre er von keinem Nußen, könnte nicht den leidenden Seelen zugewendet werden, auch wäre dazu keine Application der Verdienste Christi und der Heiligen nöthig [3].

Der Ablaß gründet sich auf die unitas corporis mystici, die communio sanctorum, ist in der kirchlichen Lösegewalt (Matth. 16, 19; 18, 18) gelegen; wie die Kirche das Recht hat, Strafen aufzuerlegen (Trid. s. XIV can. 5 de poen.), so hat sie auch das Recht, solche zu erlassen. Schon von Paulus ward ein Ablaß ertheilt: *propter vos in persona Christi, ut spiritus salvus sit* (2 Kor. 2, 8—10; vgl. 1 Kor. 5, 3—5). War die Form auch in den verschiedenen Zeiten wechselnd, wie er in den Zeiten der Verfolgung auf die Fürbitten der Martyrer (libelli pacis, daher auch der Ablaß pax, remissio, donatio heißt), im Mittelalter in Form von Umwandlungen (commutationes, redemptiones) ertheilt ward, indem man durch Almosen, Wallfahrten, Kreuz=züge, Dienstleistung für die Kirche sich von den Bußstrafen befreite: so war doch immer der Ablaß eine absolutio juridica, annexam habens solutionem ex thesauro ecclesiae.

Verstorbenen kann daher ein Ablaß nur per modum suffragii et deprecationis zugewendet werden [4].

Die indulgentiae können sein *personales*, bestimmten Personen verliehen, *locales*, an eine Kirche, *reales*, an eine Sache, z. B. Rosenkränze, Crucifixe, geknüpft; andere sind mit bestimmten Gebeten verbunden, z. B. mit dem Angelus Domini.

---

[1] C. 2 de poenit. et remiss. in E. C. (V. 9): „Quem quidem thesaurum non in sudario repositum, non in agro absconditum, sed per beatum Petrum coeli clavigerum ejusque successores, suos in terris Vicarios, commisit fidelibus salubriter dispensandum et propriis et rationabilibus causis, nunc pro totali, nunc pro partiali remissione poenae temporalis pro peccatis debitae, tam generaliter quam specialiter (prout cum Deo expedire cognoscerent) vere poenitentibus et confessis misericorditer applicandum.“

[2] Die Formel a poena et culpa, a peccato nennt Benedikt XIV. incongruum loquendi modum. Auch die Heilige Schrift braucht peccatum für Sünde, Sünden=strafe und Sündopfer. Von der Meinung einzelner Theologen, daß durch den Ablaß peccata venialia nachgelassen werden könnten, sagt Benedikt XIV.: „Valde dubiam esse ejusmodi sententiam eamque minime cohaerere sanioribus Theologiae principiis.“

[3] Trid. sess. XXV. decret. de indulg.; cf. Trid. s. XIV. can. 15 de poenit.

[4] *Sixtus IV.*, Const. „Rom. Pontific. provida dilig.“ d. 27. Nov. 1477. Cf. *Thom. Aq.* 3 q. 71 a. 10; in Sent. IV. d. 45 q. 2 a. 3. Cf. c. 2 cit.

Sie sind vor allem ferner *indulgentiae plenariae* und *partiales*, voll=
kommene und unvollkommene Ablässe. Besondere Arten sind namentlich
1) der Jubiläums=Ablaß. Das Jubiläum (annus sanctus) ward zuerst
von Bonifaz VIII. 1300 gefeiert, von Clemens VI. auf das 50., von
Urban VI. auf das 33., von Paul II. auf das 25. Jahr ausgedehnt[1];
2) der Sterb=Ablaß (General=Absolution), welchen der Priester in articulo
mortis zu ertheilen bevollmächtigt ist.

Viele Ablässe hat Sixtus IV. widerrufen[2], gegen Mißbräuche[3] und
apokryphe Ablässe[4] hat die Kirche stets sich erhoben.

Das Recht, Ablässe zu verleihen, hat der Papst, und zwar ausschließlich
bezüglich vollkommener Ablässe; Cardinäle können für ihre Titel Ablässe
von 100 Tagen, diese auch der Großpönitentiar, Bischöfe solche nur bei
Einweihung einer Kirche, außerdem nur von 40 Tagen (carena) verleihen[5]
(221); auch erhalten sie die Vollmacht, den päpstlichen Segen (mit voll=
kommenem Ablaß) ein= oder einigemal im Jahre zu ertheilen.

Zur Erlangung eines Ablasses wird gefordert, daß man getauft, im
Stande der Gnade sei und das von der Kirche vorgeschriebene Werk im
wahren Bußgeiste und Gehorsam gegen die Kirche verrichte. Ist auch das
vorgeschriebene Werk oder Gebet nicht die causa remissionis, sondern nur
die conditio sine qua non, so muß es doch genau nach Vorschrift verrichtet
werden[6]. Die an Rosenkränze u. dgl. geknüpften Ablässe gehen verloren,
wenn der Gegenstand durch Kauf u. s. w. an eine andere Person übergeht.

5. Die Feier der Festtage.

379. Feste finden sich bei allen Völkern; wie der Alte Bund außer
dem Sabbat seine heiligen Zeiten und vorbildlichen Feste hatte, so wurden auch
von den apostolischen Zeiten an außer dem Tage des Herrn, an dem der

---

[1] C. 2 h. t. in Clem.; c. 2. 3. 4 in E. C.

[2] C. 5 h. t. in E. C.

[3] C. 2 h. t. in Clem.; c. 14 x eod.; Trid. l. c.; s. XXI. c. 9 de ref.

[4] *Benedict. XIV.*, De Syn. dioec. l. XIII. c. 18 n. 8. So Clemens VIII.,
Paul V., Innocenz XI. Vgl. Freib. Kirchenlexikon. 2. Aufl. Bd. 1. S. 111 f. Cf.
propos. damn. Luth. n. 18 seq.; Syn. Pistor. n. 40. 41; Petr. Oxom. n. 6 u. a.
Ueber die Ablässe im einzelnen kann hier nicht gehandelt werden; cf. *Decreta* authentica S. Congr. Indulgent. . . . edita jussu et auctoritate S. D. N. Leonis XIII.
Ratisbonae 1883; *Rescripta* authentica S. C. Indulg. necnon *Summaria Indulgentiarum* coll. *J. Schneider*. Ratisbonae 1885.

[5] C. 14. 15 x V. 38; c. 1 § 1 in Clem. V. 7. Nach c. 15 x V. 38 kann der
Metropolit dieselben Ablässe, wie der Bischof in der Diöcese, auch in seiner Kirchenprovinz verleihen.

[6] Tantum verba valent, quantum sonant.

Herr nach dem großen Sabbat aus dem Grabe erstand und so die neue Schöpfung, die Erlösung vollendete[1], namentlich Ostern, Pfingsten, dann Christi Himmelfahrt, das Weihnachtsfest im Abendlande, Epiphanie im Morgenlande, Mariä Himmelfahrt, und nach unzweifelhaften Zeugnissen sicher schon im zweiten Jahrhundert Feste der Apostel und Martyrer gefeiert. Die Festtage mehrten sich im Laufe der Zeit[2], wie z. B. erst 1264 das Frohnleichnamsfest als eines der höchsten Feste eingesetzt wurde[3]. Vielfach wurden sie später bei veränderten Zeitverhältnissen reducirt[4]. Die Feste sind theils unbewegliche, theils bewegliche, wie Ostern, wonach sich die übrigen beweglichen richten; sie sind theils allgemeine, theils besondere eines Landes, einer Diöcese, Stadt; *solemnes* und *minus solemnes* (halbe Feiertage).

Feste für die ganze Kirche einzusetzen, zu verlegen oder aufzuheben, ist Sache des Papstes; für die Diöcese kann der Bischof Festtage einführen[5].

Die Feier der Sonn= und Festtage schließt ein Doppeltes in sich: 1) Enthaltung von demjenigen, was mit der Bestimmung und dem Zwecke der heiligen Tage unvereinbar ist; daher ist Enthaltung von knechtlichen Arbeiten (opera servilia) geboten. 2) Heiligung der Gott geweihten Tage; daher ist auch andächtige Theilnahme am heiligen Meßopfer strenge geboten; das Opfer ist ja vorzugsweise die heilige oder religiöse Handlung, und diese Pflicht ist daher im göttlichen Rechte begründet, wenn es auch der Kirche überlassen ist, zu bestimmen, an welchen Tagen das Gebot verpflichtet[6]. Das Tridentinum verpflichtet die Seelsorgsgeistlichen, das Wort Gottes zu verkünden, das gläubige Volk aber soll zur Anhörung des Wortes Gottes

---

[1] Apg. 20, 7; 1 Kor. 16, 2; Offenb. 1, 10; Gal. 6, 15; 1 Kor. 15, 14. 17. 19.

[2] Vgl. J. Card. Hergenröther, Kirchengeschichte. Bd. I. S. 283 ff. 595 ff.

[3] C. 10 x III. 41; c. 1 x III. 44; Trid. s. XIII. c. 5 de Euch.

[4] So von Pius VI. d. 23. Maji 1798. So wurden z. B. seit 20. Dec. 1876 in der Diöcese Eichstätt für jene gemischten Orte, in denen die Katholiken gegenüber den Andersgläubigen die Minorität bilden, durch päpstliche Dispens (auf fünf Jahre) die Wochenfeste auf den nächstfolgenden Sonntag verlegt, mit Ausnahme von Frohnleichnam, Petrus und Paulus und Mariä Himmelfahrt. Die gemeinsamen Feste bleiben (Neujahr, Christi Himmelfahrt, Weihnachten, Ostern und Pfingsten).

[5] Trid. s. XXV. c. 12 de regul. Urban VIII. (Const. „Universa" 1642) bemerkt: „Ne dies festos a locorum Ordinariis nimia aliquorum facilitate aut populorum importunitate deinceps iterum multiplicari contingat, eosdem Ordinarios in Domino monemus, ut ad ecclesiasticam ubique servandam aequalitatem de cetero perpetuis futuris temporibus ab indictione sub praecepto novorum festorum studeant abstinere."

[6] Cf. c. 16 D. 3 de cons.; c. 66 D. 1 de cons.; c. 1. 2 C. XV. q. 4; c. 3. 5 x h. t. nennt als verboten mercatum (Jahrmärkte werden jedoch zugelassen, Benedict. XIV. Const. „Ab eo tempore" d. 5. Nov. 1745), placitum, sacramentum (Eid), damnatio ad mortem. Cf. *Ferraris* s. v. Festa n. 12 seq.

ermahnt werden; eine strenge Pflicht, der Predigt jeden Sonn= oder Feiertag beizuwohnen, besteht nicht[1]. Doch sollen die Sonn= und Festtage auch, ubi commode id fieri potest, durch Anhörung von Predigt, öftern Empfang der heiligen Sacramente und andere Andachtsübungen geheiligt werden.

6. Gebete, Processionen und Wallfahrten.

380. Ist das Gebet für jeden des Vernunftgebrauchs fähigen Menschen necessitate medii nothwendig und geboten, ist das Gebet für unsern Nächsten Pflicht, für die geistliche und weltliche Obrigkeit (1 Tim. 2, 1—3; Jak. 5, 16), für Verstorbene (2 Machab. 12, 46): so sind es besonders die von der Kirche approbirten und angeordneten Andachtsübungen, deren der gläubige Christ sich eifrig bedienen soll, wie außer dem Gebete des Herrn der Englische Gruß, die Litaneien (der seligsten Jungfrau, aller Heiligen), der Rosenkranz, die Kreuzwegandacht u. s. w.

Oeffentliche Gebete und Andachten anzuordnen, ist Sache der kirchlichen Autorität (64, 2). Dazu gehören insbesondere die feierlichen Processionen, die allgemein vom Papste oder für die Diöcese vom Bischof[2] angeordnet werden können; ferner die Bittgänge am Marcustage (litaniae majores) und in der Bittwoche (litaniae minores, rogationes), an welchen Tagen alle, die zum Breviergebet verpflichtet sind, die Allerheiligen=Litanei sub gravi beten müssen.

Eine uralte christliche Sitte ist auch die der Wallfahrten zu den Gräbern der Heiligen, besonders zu dem Grabe des Erlösers nach Jerusalem und zu den Gräbern der Apostelfürsten in Rom, wie zu anderen Gnaden-orten, besonders zu den so zahlreichen zur Ehre der glorreichen Himmels-königin errichteten Kirchen, die Wundern ihre Entstehung verdanken und durch wunderbare Gebetserhörungen verherrlicht wurden.

7. Die Fasttage.

381. Waren heilige Zeiten und Orte von jeher besondere Zeichen des Cultus, so ist auch das Fasten ein seit dem ersten Abstinenzgebote im Pa-radiese[3] und der in verbotenem Genusse bestehenden ersten Sünde nie ganz der Menschheit entschwundenes göttliches Gesetz. Auf Christi Beispiel und apostolische Anordnung führen die heiligen Väter namentlich das Quadra=

---

[1] Cf. Trid. s. XXII. c. 8; s. XXIV. c. 4; s. V. c. 2.

[2] Mit Rath seines Domkapitels S. C. Conc. d. 7. Febr. 1632. Regularen (159) können nur durch ein nachtridentinisches Indult davon befreit sein. S. C. C. d. 3. Aug. 1658, 1709.

[3] Gen. 2, 16. 17; cf. *Tertull.*, De jejun. cap. 3.

gesimalfasten[1] zurück als Vorbereitung auf das Osterfest, wenn auch die Dauer desselben nicht immer gleich war; ebenso wurden frühzeitig, wenn auch nicht gleichmäßig, die Quatemperfasttage gehalten[2] und die Vigilfasttage zur Vorbereitung auf gewisse Feste, vor denen die Nacht mit Gebet und Gesang in der Kirche zugebracht ward (pervigiliae, pernoctationes)[3]. Der Freitag als Todestag des Herrn, früher auch der Mittwoch, statt dessen der Samstag im Occident üblich ward, sind gleichfalls Fasttage[4].

Soll das Fasten überhaupt den Geist der Buße wecken und nähren, zur innern Abtödtung führen und durch Bekämpfung der ungeordneten Concupiscenz den Geist zu Gott erheben, weßhalb es nebst Gebet und Almosen auch zur Buße für einzelne wie zur Gewinnung von Ablässen angeordnet wird: so soll das allgemeine Fastengebot insbesondere auch den Gehorsam gegen die Kirche bewähren. Es besteht in dem *jejunium*[5], nur einmaliger Ersättigung, wobei eine kleine collatio am Abende erlaubt ist, und der *abstinentia*, Enthaltung von Fleischspeisen und Lacticinien[6]. Während zur Abstinenz Kinder vom siebenten Jahre an verpflichtet sind, beginnt die Verpflichtung zum jejunium erst mit dem 21. Lebensjahre und hört auf im Greisenalter. Vielfache Dispens ist vom allgemeinen Gebote, namentlich auch in Deutschland, eingetreten. Ist an Fasttagen von der Abstinenz dispensirt, so dürfen doch nicht Fisch- und Fleischspeisen bei einer Mahlzeit genossen werden, auch nicht an den Sonntagen der Quadragesima. Begibt sich jemand in eine fremde Diöcese, so gelten, wenn es nicht absichtlich in fraudem legis geschieht, die allgemeinen Grundsätze für peregrini (241, III). Dispensiren können die Bischöfe kraft der Quinquennalfacultäten; Krankheit entschuldigt vom Abstinenzgebote[7], wie schwere, anstrengende Arbeit vom Fastengebote.

---

[1] Constitutiones Apostolicae l. V. c. 13, 18; c. 3 D. 18; c. 5 D. 4; c. 8 D. 3; c. 16 D. 5 de consecr.

[2] C. 2—6 D. 31.

[3] C. 1. 2 x III. 46; c. 14 § 1 x V. 40; c. 9 D. 76; so vor Weihnachten, Mariä Himmelfahrt, vor den Apostelfesten (mit Ausnahme von Philippus und Jacobus in der österlichen und Johannes in der Weihnachtszeit), dann vor Johannes dem Täufer, Laurentius, Allerheiligen und Pfingsten. Wo Fasttage mit dem Vigilfasten aufgehoben wurden, sind die Mittwoche und Freitage der Adventszeit dies jejunii.

[4] C. 11. 13. 16 D. 3 de consecr.; c. 2 x III. 46; can. apost. 69. Das Weihnachtsfest ist stets ausgenommen, c. 3 x h. t.

[5] Const. Benedicti XIV. „Si Fraternitas" d. 8. Julii 1744.

[6] Cf. propos. damnat. ab Alex. VII. n. 23. 29. 30. 31; Trid. s. XXV. decr. de delectu ciborum; *Thom. Aq.* 2. 2 q. 147 a. 1 seq.; *Benedict. XIV.*, De syn. dioeces. l. 11 c. 1 n. 4 seq. und Instit. Eccles. 15 n. 13 seq.

[7] C. 31 D. 5 de cons.; c. 2 x III. 46.

8. Der Eid.

382. Der Eid (juramentum)[1] ist eine Versicherung unter Anrufung Gottes als Zeugen der Wahrheit. Er ist ein Act der äußern Gottesverehrung, indem er das feierliche Bekenntniß des Glaubens an Gottes Allwissenheit, Wahrhaftigkeit, Gerechtigkeit ist, dessen Strafgericht man im Falle der Lüge herausfordert, sei es ausdrücklich (juramentum exsecratorium, comminatorium) oder stillschweigend. Das juramentum kann sein expressum, indem Gott unmittelbar als Zeuge angerufen wird, oder implicitum, indem er in seinen Werken angerufen wird, insofern sich in ihnen Gottes Vollkommenheiten offenbaren, z. B. beim Kreuze Christi, bei den Heiligen, beim Himmel[2]; es ist ferner je nach der äußern Form juramentum privatum (simplex) oder solemne; verbale, reale oder mixtum (corporale)[3]; es ist judiciale (265) oder extrajudiciale; juramentum assertorium und promissorium.

Ist der Mißbrauch des Eides sündhaft[4], so fordert die erlaubte Ablegung eines Eides:

1) die Fähigkeit des Urtheils für die vorzunehmende Handlung und Freiheit von Gewalt und schwerer Furcht, sofern sie die Ueberlegung und Willensfreiheit aufheben (judicium)[5];

2) Wahrhaftigkeit (veritas), daß er ohne Zweideutigkeit und Vorbehalt, beim Versprechungseide mit dem Vorsatz, das Versprochene zu erfüllen[6], und

3) aus einem rechtmäßigen Grunde und in erlaubter Sache abgelegt werde (justitia).

Ein eidliches Versprechen, etwas Unmoralisches, Unerlaubtes, den Rechten Dritter Widersprechendes zu thun, darf nicht erfüllt werden. Ein solcher Eid ist ungiltig[7].

---

[1] Greg. II. 24; Sexti II. 11; Clem. II. 9. Marx, Der Eid und die Eidespraxis. Regensburg 1855. Thom. Aq. 2. 2 q. 89 a. 1 seq.

[2] C. 11. 12 C. XXII. q. 1; cf. c. 4 C. II. q. 4.

[3] C. 10 x I. 33; c. 7 x III. 7; c. 4 x II. 24.

[4] Vgl. Matth. 5, 34 ff.; Jak. 5, 12; c. 26 x h. t.; c. 2—6. 8. 14. 15 C. XXII. q. 1.

[5] Jer. 4, 2; c. 14—16 C. XXII. q. 5; c. 8. 26 x; c. 1 in VI. h. t. Pubertät für den Eid fordert c. 14. 15. 16 C. XXII. q. 5.

[6] Cf. c. 14 C. XXII. q. 5; c. 1 x V. 34. Er darf nicht durch Täuschung oder Arglist erwirkt sein, c. 28 x II. 28; c. 2 in VI. (I. 18).

[7] Vgl. Vering, Kirchenrecht. 2. Aufl. S. 728. R. J. 58 in VI.: „Non est obligatorium contra bonos mores praestitum juramentum"; c. 18 x h. t.: „juramentum fuisset illicitum et nullatenus observandum et pro eo esset tibi poenitentia injungenda, cum juramentum non, ut esset iniquitatis vinculum, fuerit institutum."

Der Eid erzeugt eine strenge religiöse Pflicht [1]; der Versprechungseid richtet sich jedoch nach der Natur der Verpflichtung, des Vertrages, der durch denselben bekräftigt wird (323) [2]. Die Verpflichtung des Eides hört auf 1) durch physische oder moralische Unmöglichkeit, ihn zu erfüllen. Ist die eidlich versprochene Sache offenbar unsittlich, so bedarf es keiner Entbindung vom Eide; außerdem aber soll man die Erklärung der Kirche einholen, die ihn aufheben kann durch Interpretation oder durch Entbindung von demselben (relaxatio, absolutio), und zwar, wo ein wohlerworbenes Recht eines dritten in Frage kommt, nur der Papst, außerdem der Bischof [3]. 2) Es kann derjenige, zu dessen Gunsten der Eid geleistet ward, darauf verzichten, 3) der Obere den Eid des Untergebenen irritiren, wie Eltern den der Kinder, der Gatte den der Gattin, der seinen Rechten entgegensteht. 4) Es kann die Verpflichtung von der Kirche in eine andere umgewandelt werden (commutatio juramenti).

9. Das Gelübde.

383. Das Gelübde, promissio deliberata Deo facta de bono meliori [4], setzt die Kenntniß, das Verständniß des Gelobten, die Willensfreiheit, den Vorsatz, sich vor Gott unter Sünde zu verpflichten, und eine erlaubte und Gott wohlgefällige Sache (die besser ist als das Gegentheil) voraus [5]. Es darf nicht den Rechten dritter entgegenstehen.

Das votum kann simplex oder solemne sein (155. 347. 330), expressum oder tacitum (implicitum, 146), absolutum oder conditionatum, ferner personale, reale und mixtum.

Die Verpflichtung hört auf 1) durch Irritation des Gelübdes von seiten des Obern, so des Papstes oder Bischofs, der Klosteroberen (155. 156, 3), des Vaters bezüglich der Gelübde seiner unmündigen Kinder, des Gatten, sofern das Gelübde der Gattin seinen Rechten entgegensteht [6]; 2) durch

---

[1] Thom. Aq. 2. 2 q. 89 a. 7 ad 3; a. 8.

[2] Juramentum promissorium sortitur conditiones et qualitates actus, cui adjicitur. Juramentum non auget obligationem, sed ei intra suos limites manenti addit religionis vinculum. Cf. Trid. s. XXV. c. 16 de regul.; Pruner, Moraltheologie. S. 283 ff.

[3] Cf. c. 28 x h. t.; Silbernagl, Die Eidesentbindung nach dem canonischen Rechte. München 1860. Vgl. über den Eid die propos. damn. ab Innoc. XI. n. 25; Quesn. 101; Pistor. 75.

[4] Thom. Aq. 2. 2 q. 88 a. 1; Greg. III. 34; Sexti III. 15; xvag. Joh. t. 6. Vgl. Pruner l. c. S. 203 ff.

[5] Cf. c. 1. 3 C. XVII. q. 1; c. 1. 5. 10. 12. 13. 15 C. XXII. q. 4; c. 1 x I. 40; c. 3 x III. 34.

[6] C. 2 C. XXII. q. 4; c. 14 C. XXXII. q. 2; c. 27 x I. 6; cf. c. 9 h. t. und c. 18 x III. 31.

Dispensation, die gänzliche Aufhebung oder Umwandlung in ein anderes oder bloß Aufschub gewähren kann[1]; 3) von selbst fällt die Verpflichtung hinweg cessante causa, wenn die gesetzte Bedingung sich nicht erfüllt, eine wesentliche Veränderung eintritt, so daß die Erfüllung nicht mehr Gott wohlgefällig, physisch oder moralisch unmöglich wird.

Der Papst allein kann dispensiren von dem votum solemne; außerdem sind ihm vorbehalten die einfachen (unbedingten) Gelübde immerwährender vollkommener Keuschheit, in einen von der Kirche approbirten Orden (ordo formalis) zu treten, dann die Gelübde der Wallfahrt zum heiligen Grabe in Jerusalem, zu den Gräbern der Apostelfürsten in Rom und zum Grabe des Apostels Jacobus in Compostella[2].

10. Begräbniß. Asylrecht.

384. Die Leichen der verstorbenen Gläubigen wurden von ältesten Zeiten an in Procession zur Kirche gebracht, wo praesente cadavere das heilige Opfer für sie dargebracht ward, und dann ebenso in Procession zum Fried= hof (Freithof, Gottesacker, Kirchhof) getragen und unter Gebet und Segnung in geweihter Erde bestattet. Die Leiche zur Kirche zu bringen, ist nur selten noch üblich.

Beerdigung und Exequien[3] sind Rechte (und Pflichten) des Pfarrers, der dabei die jura stolae — anfangs freiwillige Gaben, dann in festes Her= kommen übergegangen[4] — zu beziehen berechtigt ist, aber nach dem Rituale Romanum das Begräbniß Armer auch unentgeltlich vornehmen, nöthigenfalls selbst die erforderlichen Kerzen beschaffen soll. In der Regel ist die Be= erdigung bei der Pfarrkirche vorzunehmen, welcher der Verstorbene im Leben angehörte, ausgenommen bei Familienbegräbniß und wenn man sich einen andern Ort selbst gewählt hatte, in welchem Falle von dem, was der Kirche des Begräbnißortes zugewandt ward, die quarta funeraria, portio canonica doch der Pfarrkirche verbleiben sollte[5]. Begräbniß in der Kirche ist nur ge= stattet beim Papste, bei Regenten, bei den Cardinälen (zur Zeit in Rom durch die italienische Regierung verboten) und bei Bischöfen.

Auf den Gottesacker ist nach canonischem Rechte auch das Asylrecht der Kirche (285, 3) ausgedehnt, das auch die bischöfliche Wohnung genoß.

---

[1] C. 1. 2. 7. 8. 9 x h. t.

[2] C. 5 E. C. V. 9.

[3] Greg. III. 28; Sexti III. 12; Clem. III. 7; E. C. III. 6; Trid. s. XXV. decr. de purgatorio.

[4] Cf. c. 8. 9. 42 x V. 3; c. 13 x III. 28; c. 9. 35. 36 C. XVII. q. 4.

[5] C. 3. 5. 7. 10. 18 x h. t. c. 4. 3 in VI; c. 2 in Clem.; Trid. s. XXV c. 13 de ref.

Analoge Bestimmungen fanden sich schon im Heidenthum [1]; die Kirche schützte jene Verbrecher, die zu ihr ihre Zuflucht nahmen, und erwirkte ihnen wenigstens Schonung des Lebens; namentlich wirkte sie dadurch in den germanischen Reichen einer formlosen Rechtspflege und der Blutrache entgegen [2]. Es wurde das Asylrecht jedoch von den Päpsten später vielfach beschränkt [3]; die neuere Zeit erkennt es nicht mehr an [4].

Der christliche Sinn muß die modern-heidnische Leichenverbrennung verabscheuen und verwerfen [5]. Mit Recht bringt man nicht bloß für die Verstorbenen Fürbitten, fromme Werke, Gebete und Opfer dar, sondern ehrt und schmückt auch ihre Gräber, besonders am Allerseelentage; aber der oft sich findende allzu große Aufwand für Kränze u. dgl. beim Begräbniß würde besser zu Messen und Stiftungen für die Verstorbenen verwendet [6].

Dritter Abschnitt.

Kirchliches Vermögensrecht.

1. Erwerbs- und Besitzfähigkeit der Kirche.

385. Die Kirche hat als selbständige, vollkommene Gesellschaft das Recht, zeitliche Güter zu erwerben und zu besitzen (64 f.) [7]. Als sichtbare Gesellschaft muß sie zeitliche Güter dauernd besitzen zur Bestreitung der Cultusbedürfnisse, zum Unterhalt ihrer Diener und zur Unterstützung der Armen, welche die Kirche immer als ihre Aufgabe betrachtete. Die Kirche ist eine societas necessaria, wie der Staat es auch ist. Sie hat daher

---

[1] C. un. C. Th. de his ad stat. confug. 9. 44; c. un. C. J. eod. 1. 25; cf. C. Theod. de his, qui ad eccles. confug. 9. 45; C. J. eod. 1. 12; Nov. 17 c. 7.

[2] Walter, Kirchenrecht. § 345 S. 763.

[3] Gregor. XIV. Const. „Cum alias" schließt publici latrones, grassatores viarum, agrorum depopulatores, committentes homicidium in ecclesia vel homicidium proditorium, assassini, rei laesae majestatis, haereseos etc. aus.

[4] Const. „Apost. Sedis moder.", excomm. b. 5.

[5] S. C. Inquis. d. 19. Maji 1886; cf. Aichner l. c. p. 685 seq.

[6] Cf. c. 22. C. XIII. q. 2 (Aug., De civ. Dei I. 12): „Curatio funeris, conditio sepulturae, pompa exequiarum magis sunt vivorum solatia, quam subsidia mortuorum."

[7] Syllab. n. 26: „Ecclesia non habet nativum ac legitimum jus acquirendi ac possidendi." Cf. n. 39. 19. 24. Vgl. Evelt, Die Kirche und ihre Institute auf dem Gebiete des Vermögensrechtes. Soest 1845; Schneemann, Die Freiheit und Unabhängigkeit der Kirche. Freiburg 1867; Schulte, Die juristische Persönlichkeit der Kirche. Gießen 1869; Vering, Kirchenrecht. 2. Aufl. S. 759 ff.

infolge des Naturrechts schon, wie kraft ihrer unmittelbar göttlichen Einsetzung, ein ursprüngliches und legitimes Recht, Vermögen zu erwerben und zu be=sitzen. Sie hat dieses Recht nicht vom Staate, so wenig das Individuum dieses Recht erst vom Staate erhält. Sie hat es von Christus, von dem sie das Recht ihrer Existenz und der Erfüllung ihrer Zwecke hat, daher auch das Recht auf die zu Erfüllung ihres Zweckes nothwendigen Mittel. Etwas anderes ist die Anerkennung dieses Rechtes von seiten des Staates, und auch diese kann der Staat der Kirche nicht versagen, wenn er einmal die Kirche überhaupt anerkannt hat, wie es auch thatsächlich seit Constantin d. Gr. anerkannt und durch die Verfassungen garantirt ward.

Schon Christus hatte in Gemeinschaft mit seinen Jüngern ein Eigen=thum[1]; Augustinus nennt die loculi Joh. 12, 6; 13, 29 „fiscum rei-publicae Domini"[2]. „Viele reichten ihm dar von ihrer Habe" (Luc. 8, 3; Matth. 27, 55). Die erste Kirche hatte Gemeinschaft der Güter[3]; „der Arbeiter am Altare soll vom Altare leben" (1 Kor. 9, 13). Vor An=erkennung von seiten des Staates hatte die Kirche zeitliche Güter, Mobilier, oft sehr kostbare, aber auch Immobilien in Besitz[4]; Constantin d. Gr. gab nur dem factisch schon Vorhandenen auch die staatliche Anerkennung.

2. Begünstigungen und Beschränkungen des Kirchengutes.

386. Im christlichen Römerreiche und noch mehr im fränkischen Reiche wurde nicht nur der heilige Charakter des Kirchengutes anerkannt, wie ja selbst die Heiden die Unverletzlichkeit des der Gottheit geweihten Gutes achteten[5] sondern auch:

1) der Kirche die Erbfähigkeit an den Gütern der Geistlichen zuge=sprochen[6];

---

[1] C. 3 de V. S. in VI.: „Nam sic Christus, cujus perfecta sunt opera in suis actibus viam perfectionis exercuit, quod interdum infirmorum imperfectionibus condescendens et viam perfectionis extolleret et imperfectorum infirmas semitas non damnaret, sic infirmorum personam Christus suscepit in loculis"; cf. c. 1 eod. in Clem.; c. 1 t. 14 in xvag. Joh.; c. 4. 5 eod.

[2] C. 8 C. XVI. q. 7. Archiv für katholisches Kirchenrecht. 1874. S. 256.

[3] Vgl. Apg. 2, 44; 4, 34; 5, 1 ff.

[4] Licinius befahl 313 die Restitution der den Christen geraubten Güter. Eus., H. E. X. 5; Vita Const. II. 39; Lactant., De morte persec. c. 48. Im heidnischen Römerreiche hatte die Kirche als collegium illicitum gegolten; nur die Vortheile der Funeral=Collegien konnten die Christen meist benützen.

[5] Die Einkünfte und das Vermögen der Tempel schützte die lex duodecim tabu-larum. Cf. Cicer., De Leg. II. 9: „Sacrum sacroque commendatum qui diripuerit rapueritque, parricida est."

[6] C. 20 C. de episc. et cler. 1. 3.

2) Vermächtnisse zu Gunsten der Kirche und der causae piae wurden von der quarta Falcidia und Trebelliana befreit [1];

3) bei Vermächtnissen, die Christus, einem Heiligen gemacht wurden, sollte die Kirche des Ortes, an dem der Erblasser sein Domicil hatte, oder die diesem Heiligen geweihte Kirche Erbin sein [2];

4) die Klageverjährungen wurden für alle Kirchen auf 40, für die römische Kirche auf 100 Jahre ausgedehnt [3];

5) im fränkischen Reiche erhielt die Kirche Steuerfreiheit wenigstens für das Dotalgut, für die von den Königen selbst Kirchen und Klöstern ge=schenkten steuerfreien Grundstücke und die den Pfarrkirchen als congrua an=gewiesenen Ländereien, wenn auch die Kirche dagegen viele Lasten zu tragen hatte, wie die dona gratuita, das jus gistii vel metatus, für Schutzherren, für Schulen, Armen= und Wohlthätigkeitsanstalten u. s. w.

6) Legate ad pias causas sollten giltig sein, wenn sie überhaupt nur bewiesen werden konnten [4], ohne die sonst gesetzlich erforderliche Form; ja selbst wenn das Testament im übrigen ungiltig war, sollte doch das Legat ad pias causas aufrecht erhalten bleiben. Der Bischof sollte der Testaments=vollstrecker sein. Es ward die Errichtung der Testamente auch vor dem Pfarrer und zwei Zeugen gestattet [5].

387. Seit dem 13. Jahrhundert machte sich dagegen das Bestreben immer mehr geltend, den Gütererwerb von seiten der Kirche und der Geist=lichen zu beschränken. Nannte man im Mittelalter *amortisatio* die Ueber=tragung von Grundstücken an Kirchen, Klöster u. s. w., wenn diese nicht weiter veräußert werden durften und frei wurden von den darauf haftenden Abgaben: so begreift man jetzt unter Amortisation jede solche Uebertragung ohne Rücksicht auf die Abgabenpflichtigkeit des Gutes. Die Kirche gilt wie ein Todter (manus mortua); die den Erwerb be=schränkenden Gesetze heißen leges de non amortisando, Amortisations=

---

[1] C. 49 C. de episc. et cler. 1. 3. Ein Viertheil der Erbschaft mußte dem Erben nach Abzug der Legate (quarta Falcidia) und der Fideicommisse (quarta Trebelliana) verbleiben; zur Ergänzung dieses Viertels mußten sich Legate und Fidei=commisse nöthigenfalls einen Abzug gefallen lassen, nur nicht die Vermächtnisse ad pias causas, was z. B. auch das bayerische Landrecht soweit anerkennt, als die übrigen Legate zur Ergänzung des Viertels ausreichen.

[2] C. 26 C. de ss. eccles. 1. 2.

[3] Auth. „Quas actiones" ad l. 23 C. de ss. eccles. 1. 2; cf. c. 17 C. XVI. q. 3; Nov. 9. Da die Kirche innerhalb vier Jahren die in integrum restitutio erhalten kann, wird die Verjährung erst in 44 Jahren (274, 2) vollendet.

[4] Tribus aut duobus legitimis testibus requisitis, quoniam scriptum est: In ore duorum vel trium testium stat omne verbum (c. 11 x III. 26); cf. c. 13; c. 4 in VI. (III. 12).

[5] L. 28. 46 C. de episc. et cler. 1. 3; c. 3. 7. 10 x III. 26; Trid. s. XXII. c. 6.

gesetze[1]. Die Unveräußerlichkeit des Kirchengutes ist keine unbedingte (397); das Eigenthum der Kirche ist auch für die Gesellschaft, für den Staat von Nutzen. Nachdem das Kirchengut gleich anderem der Steuerpflicht unterworfen ist, ist jeder Grund zu dieser Beschränkung hinweggefallen. Dennoch werden die dem Princip des freien Erwerbs widersprechenden Amortisationsgesetze festgehalten[2].

3. Arten des Erwerbs.

a. Schenkungen. Erbschaft. Stiftungen. Intercalarfrüchte.

388. I. *Donatio*[3] inter vivos oder mortis causa; letztere ist bei Lebzeiten des Schenkers stets widerruflich, wenn nicht ein Vertrag de non revocando dieses Recht aufhebt; erstere kann widerrufen werden, wenn der Geber inzwischen verarmt, der Pflichttheil für die Notherben desselben ver-

---

[1] *J. M. Ortes*, Economisti classici ital. t. 27. Milano 1804. p. 23 seq.: „Von allen bedeutenderen und namhaften Wirkungen, die oft von haltlosen und geringfügigen Ursachen ausgehen, ist meines Erachtens der Ausdruck „todte Hand" das hervorragendste Beispiel, das man in unseren Tagen anführen kann, und am meisten geeignet, zu erkennen zu geben, wie sehr die Menschen von falschen Voraussetzungen und bisweilen von einem leeren Wortschall zu falschen und ungeeigneten Entschließungen sich fortreißen lassen können. Dieses Wort, das einst fast zufällig aus der dichterischen Phantasie eines Rechtsgelehrten (wie man glaubt, des Schweizers Gottofredus) hervorging, gefiel in seiner figürlichen Ausdrucksweise derart, daß es, mit Beifall von vielen aufgenommen, bald sich überall hin verbreitete und, von den Schulen adoptirt, zu gewissen Schlußfolgerungen Beweggrund ward, auf deren Grundlage die Regierungen selbst nachher zu mehreren Gesetzen bewogen wurden, die nichts weniger interessiren als die Oekonomie, die allgemeine Subsistenz und die Vertheilung der Güter, die man für die bessere und gerechtere hält."

[2] Vgl. S. 91, V. Bayer. Amortisationsgesetze vom 1. Aug. 1701 und 13. Oct. 1764; Concord. a. 8. 16—18 (S. 96 N. 1) und Religions-Edict § 44; königl. Verordnung vom 17. Dec. 1825; Kriel, Handbuch der Verwaltung des Kirchenvermögens in Bayern, Passau 1878; Derselbe, Das kathol. Pfründewesen in Bayern, Passau 1879; Stabler, Anleitung zur Berechnung der Intercalarfrüchte; Permaneder, Die kirchliche Baulast. 2. Aufl. München 1856; Stingl, Bestimmungen des bayer. Staates über die Verwaltung des kathol. Pfarramts, S. 746 ff. 753 f. München 1870; Silbernagl, Verfassung und Verwaltung sämmtlicher Religionsgenossenschaften in Bayern. 2. Aufl. S. 110 f. Regensburg 1883. Der Erwerb von Immobilien und Rechten ist geistlichen Genossenschaften ohne königliche Genehmigung verboten, ebenso ist den Klöstern Erwerb an inländischem Vermögen, Geld oder Geldeswerth von mehr als 2000 Gulden auf einmal untersagt. Pfründestiftungen sind nicht von den Amortisationsgesetzen getroffen, auch Kirchenstiftungen sind ausgenommen.

[3] Greg. III. 84. „Donatio est rei licitae nullo jure cogente ex liberalitate facta collatio, ab accipiente acceptata; — pura et conditionalis, gratuita et remuneratoria (de futuro vel praesenti, de praeterito), perfecta (realis) et imperfecta (verbalis)."

leßt worden ist, der Zweck, der festgesetzt wurde, nicht eingehalten, die Be=
dingung nicht erfüllt worden ist. Irrevocabel ist die donatio remuneratoria
de praeterito.

II. *Haereditas*[1]. Die Kirche kann Eigenthum erwerben durch leßt=
willige Verfügung, durch Legate und Fideicommisse, sowie durch Intestat=
erbfolge in geistlichen Verlassenschaften (401, III). Die leßtwillige Verfügung
heißt Testament, wenn ein directer Erbe eingesetzt wird, Codicill, wenn ein
solcher nicht benannt ist. Die Codicille sind ab intestato, wenn kein Te=
stament hinterlassen wird, oder testamentarii, die noch zu einem Testament
hinzukommen. In beiden können Vermächtnisse als Legate und Fideicommisse
hinterlegt sein.

III. *Fundatio*. Geistliche Stiftungen sind Widmungen von Grund=
stücken, Kapitalien oder Rechten an Kirchen oder geistliche Anstalten als ewiges
Eigenthum, unter der Verpflichtung zu bestimmten gottesdienstlichen Functionen
oder sonstigen frommen Zwecken, deren Kosten aus diesen Einkünften zu be=
streiten sind. Sie sind donationes onerosae und fordern Sufficienz des
frei überlassenen Stiftungskapitals zu seinem Zwecke, ausdrückliche Acceptation
der stipulirten Bedingungen und Genehmigung derselben (Confirmationsbrief)[2].
Solche Stiftungen können verschiedene neben dem bonum fabricae und Be=
neficialgut, theils abhängig in der Verwaltung von diesen, theils selbständig
in einer Pfarrei bestehen, wie Meß= und Kapellenstiftungen, Seminarfonds,
Emeritenfonds u. dgl. (374).

IV. *Fructus intercalares*, d. i. der Antheil des Pfründeertrages von
der Vacatur des Beneficiums an bis zur Wiederbesetzung, nach Abzug der
Verwaltungskosten[3]; sie fallen der Kirche zu, an welcher das Kirchenamt
gestiftet ist[4].

b. Verjährung und Ersitzung.

389. *Praescriptio* extinctiva ist das Erlöschen eines Rechtes durch
bestimmte Zeitdauer; *acquisitiva* die Erwerbung einer Sache oder eines Rechtes
durch längern Besitz derselben *(usucapio)*, der Rechtstitel der Verjährung,
—

[1] Greg. III. 26. 27. Vgl. Pruner l. c. S. 642. 657 f.; 639. 649. 525.

[2] Neue Stiftungen fordern in Bayern königliche Genehmigung; Fundations=
zuflüsse, wenn sie mit bleibenden Lasten beschwert sind, die Genehmigung der Kreis=
regierung.

[3] C. 4 x I. 31; Trid. s. XXII. c. 11.

[4] In manchen Diöcesen fallen drei Viertheile dem Diöcesan-Emeritenfond zu.
Bei paritätischen Kirchen sollen sie in Bayern einem eigenen katholischen Kirchen=
vermögensfond zugewendet werden. Die Ordnung des Intercalarienwesens ist den
Kreisregierungen zugewiesen.

vermöge dessen nach Ablauf einer bestimmten Zeitfrist des Besitzes der factische Besitzer als der rechtmäßige Eigenthümer angenommen wird[1].

Die Verjährung fordert[2]:

1) Verjährbarkeit oder Ersitzungsfähigkeit des Objects. Nicht verjährbar sind res sacrae, Sachen, die dem bürgerlichen Verkehr entzogen sind[3]; für Laien kirchliche Rechte, wie das jus consecrandi, jus beneficia conferendi, das jus decimandi (außer durch eine Immemorialpräscription, 236); nicht in der gewöhnlichen Zeit können ersessen werden res furtivae aut vi possessae, wohl aber durch die praescriptio longissimi temporis.

2) Fortwährenden juristischen Besitz des Objectes. Unterbrochen wird die Verjährung durch Untergang der Sache, Klagestellung vor Gericht, Ablegung des animus detinendi von seiten des Besitzers. Die Verjährung läuft nicht gegen solche, die factisch ihr Recht nicht geltend machen können (233); so bei Pupillen[4]. Sie schläft in Kriegszeiten (praescriptio dormiens).

3) Bona fides während der ganzen Verjährungszeit. Wer vom Anfang an nicht bona fide war, konnte die Sache nicht rechtmäßig behalten; anders ist es, wenn ihm erst später ein Zweifel kam, den er allerdings zu lösen bestrebt sein muß; kann er dies nicht, so hört er nicht auf, possessor bonae fidei zu sein[5]. Wer die Unterbrechung der bona fides behauptet, hat das onus probandi.

4) Die gesetzlich bestimmte Zeit. Die ordentliche Verjährung wird in 3, 10, 20 Jahren vollendet; die außerordentliche in 30 oder 40 Jahren. Die Immemorialpräscription (seit Menschengedenken) besteht darin, daß der, welcher sich über Menschengedenken im ununterbrochenen Besitze einer Sache oder fortwährenden Uebung eines Rechtes befindet, eben deßhalb so angesehen wird, als habe er die Sache oder das Recht selbst ursprünglich durch ein giltiges Geschäft erworben (177, 5).

5) Die praescriptio ordinaria verlangt auch einen *titulus justus*. Mit diesem tritt die Verjährung ein für Private bei Mobilien in 3, bei Im-

---

[1] Greg. II. 26. Praescriptio bezeichnet überhaupt auch das Argument, woburch der streitführenden Partei von vornherein das Recht der Klage abgesprochen wird, ohne daß man sich auf eine Untersuchung der einzelnen Punkte einläßt (exceptio).

[2] Sit res apta, fides bona, sit titulus quoque justus,
Possideat vere completo tempore legis.

[3] R. J. 3 in VI.: „Sine possessione praescriptio non procedit." Atqui res sacras et loca sacra non possumus possidere.

[4] C. 13 C. XVI. q. 3; non valenti agere non currit praescriptio.

[5] Cf. Reg. Jur. 2. 36 in VI. „In dubio melior est conditio possidentis." C. 5 C. XXXIV. q. 1. 2: „Tamdiu quisque bonae fidei possessor rectissime dicitur, quamdiu se possidere ignorat alienum." „Jus dubium et incertum non est jus."

mobilien in 10 (inter absentes in 20) Jahren; sine titulo erst in 30 Jahren (256, I).

6) *Bona immobilia* der Kirchen und loca pia fordern immer 40, die der römischen Kirche 100 Jahre (386, 4; 166, 3; 109, d.), aber auch einen titulus, wenn die praesumptio juris zu Gunsten der Kirche steht, gegen welche die Präscription gerichtet ist (177, 5; vgl. auch 131, 3. 4)[1].

c. Kirchliche Abgaben.

390. Die Kirche hat das Recht, Abgaben (tributa ecclesiastica) den Gläubigen, Clerikern und Laien, aufzuerlegen[2]. Bestanden solche anfangs in freiwilligen Gaben (oblationes, primitiae u. s. w.), so mußten sie später durch Gesetz geregelt werden.

I. Insbesondere hat der Papst für die Bedürfnisse der Regierung der Gesammtkirche dieses Recht in der ganzen Kirche (199, 8). Im Laufe der Zeit bildeten sich verschiedene, theils periodisch wiederkehrende, theils nur vorübergehend geforderte Abgaben aus, wie die fructus medii temporis vacanter Pfründen[3], die Commendegelder[4], Feudaltribute (census) von den im Lehensverbande der römischen Kirche stehenden Staaten, und Zins- oder Schutzgelder, die nur zum Zeichen einer besondern Verehrung oder für verliehenen Schutz, für Exemtionen und Privilegien gezahlt wurden[5], vorübergehende Bezehntung kirchlichen Einkommens[6], die Früchte des ersten Jahres erledigt werdender Pfründen[7], der Peterspfennig (denarius S. Petri), eine Abgabe von jedem Hause in England und anderen Ländern[8], ganz verschieden von dem heutzutage als freie Liebesgabe geleisteten **Peterspfennig**.

Es bestehen nur noch:

1) Die Annaten, die sich aus den Ehrengeschenken (emphanistica, insinuativa, oblatio, benedictio)[9] entwickelt hatten, welche seit den ältesten

---

[1] Cf. c. 6 x h. t.; c. 1 h. t. in VI. Der titulus justus kann coloratus sein, aber er muß an sich nach dem Rechte sufficiens ad transferendum jus de uno in alium sein.

[2] *Thom. Aq.* 2. 2 q. 87 a. 1; a. 4 ad 3; Freib. Kirchenlexikon Bd. I. Sp. 75 ff.

[3] Cf. c. 32 x V. 40; c. 10 in VI. (I. 3); c. 9 in VI. (I. 16); c. 2 t. 1 in xvag. Joh.; c. 11 in E. C. III. 2. Das *jus spolii* (exuviarum, Nips-Rapsrecht), Occupationsrecht an den Mobilien des ohne Testament verstorbenen Clerikers (cf. c. 13 x III. 26), wurde gleich dem jus deportus von Vögten, Landesherren und Kaisern, vom Bischof und päpstl. Spoliensammlern geübt.

[4] C. 54 x I. 6.   [5] Cf. c. 8 x V. 33.

[6] Decimae Saladinae, zur Errichtung von Schulen und Lehrstellen; cf. Clem. 1 de magistr. V. 1; c. 6 § 1 x de cens. III. 39; Trid. s. V. c. 1; s. XXIII. c. 18.

[7] C. 11 E. C. III. 2.   [8] C. 12 x III. 39; c. 15 x II. 26.

[9] Nov. 123 c. 3. 16; c. 4 C. I. q. 2.

Zeiten Bischöfe und Cleriker bei Gelegenheit ihrer Weihe darbrachten, und wozu sowohl die Annaten (Halbannaten, medii fructus) von Beneficien, welche der Papst vergibt, als die servitia communia von Bisthümern und Consistorialabteien, die servitia minuta (Kanzleiporteln) wie die quindennia gerechnet wurden, die oft von incorporirten Beneficien alle 15 Jahre bezahlt wurden. Die Annaten von Bisthümern und Consistorialabteien (servitia communia und minuta) bestehen noch in mäßigem Betrage, der via gratiae oft noch herabgesetzt wird.

2) Die **Palliengelder** als Ehrengeschenk für Verleihung des Palliums.

3) Dispensationstaxen (359).

II. An den **Bischof** (222, 7) wird entrichtet:

1) Die *procuratio canonica* (circuitio, comestio, servitium), der Unterhalt des Bischofs auf Visitationsreisen, früher Naturalverpflegung [1], dann Procurationsgeld [2], das die visitirte Kirche in der Regel [3] dem Bischof, aber nur einmal im Jahre zu leisten hat, wenn er öfter sie visitirt.

2) Das *seminaristicum* (alumnaticum, taxa conciliaris) zum Unterhalte des bischöflichen Seminars (232, II. 2) [4].

Nur in einzelnen Diöcesen findet sich noch:

3) Das *subsidium charitativum*, ursprünglich freier Beitrag von den über die congrua bepfründeten Geistlichen der Diöcese [5]. Ebenso:

4) Das *cathedraticum (synodaticum)*, Abgabe von den Kirchen an die Kathedrale (honor cathedrae) [6], das in Deutschland meist den Archidiakonen, nur im Schaltjahr (exitus episcopi) dem Bischof gehörte.

5) Die *quarta mortuariorum* [7] aus dem Nachlaß der Geistlichen, vielfach noch bestehend in einem mäßigen Betrage (quota funeralis, portio canonica).

Die quarta legatorum war ein bestimmter Theil von den Vermächtnissen, die ohne specielle Zweckbestimmung einer Diöcesankirche gemacht wurden [8]; die quarta decimarum ein solcher von den Einkünften, besonders den Zehnten der Kirchen [9]. Weggefallen sind die Absenz- oder Tafelgelder von Geistlichen, die mehrere Beneficien hatten, sowie von dem Pfarrvikar incorporirter Pfarreien, die Commendegelder für die Bestätigung im Genuß einer in commendam verliehenen Pfründe, der vigesimus numerus für Bestätigung des Testamentes, auch der zwanzigste Theil des nicht testamentarisch vergabten Fahrniß-

---

[1] C. 1 § 5. c. 2 Sexti III. 20; cf. c. 4. 6. 8 C. X. q. 3; c. 6. 23 x III. 39.

[2] c. 3 de cens. (III. 10) in VI.; c. un. eod. in Extr. comm.

[3] Cf. Trid. s. XXIV. c. 3.			[4] Trid. s. XXIII. c. 18.

[5] C. 6 x III. 39; c. 1 Sexti V. 10; c. un. de cens. in VI.

[6] C. 1 C. X. q. 3: duos solidos ne excedat; c. 20 x III. 39; c. 16 x I. 31.

[7] Quarta mortuariorum = quarta legatorum. Mortuarium, das Sterbehaupt, auch Vermächtniß an die Kirche, c. 14 x III. 26.

[8] C. 16 x I. 31; c. 14. 15 x III. 26.			[9] C. 23. 25—30 C. XII. q. 2.

vermögens; fast überall auch ist aufgehoben die vorübergehende Beisteuer der Früchte des ersten Jahres; nur zuweilen besteht noch das jus deportus (primi fructus) in mäßigem Betrage. Auch Stifte bezogen das Einkommen des ersten Jahres für den Unterhalt der Kirchenbauten (annus carentiae) [1].

6) Nach Gewohnheit und Observanz richten sich die Ordinariatstaxen und Kanzleigebühren für Dispensen u. s. w. [2]

III. An den Pfarrer. Hierher gehören besonders die Stolgebühren, welche gleich den Oblationen [3], den Erstlingen von Feldfrüchten (primitiae), sogen. Beichtpfennigen, ursprünglich freiwillige Abgaben waren, zur Anerkennung der pfarrlichen Jurisdiction (daher jura stolae genannt) und zum Unterhalte des Pfarrers, nicht aber als Bezahlung der geistlichen Functionen zu leisten sind (vgl. 374). Sie wurden durch Herkommen fixirt [4] und bilden ein pfarrliches Recht (237, 12). Solche werden entrichtet bei Taufen, Trauungen, Beerdigungen und Ausstellung von Geburts=, Tauf=, Proclamations= und Heiratszeugnissen. Die Sacramente dürfen nie verweigert werden wegen Nichtentrichtung von Stol= gebühren, noch sollen sie von ganz Armen eingezogen werden [5]. Außerdem bezieht der Pfarrer oft noch Gebühren für Zuschreibung von Kirchstühlen, aus Sammlungen und Collecten [6], wie die Pfarrkirche für Glockengeläute, Leichentücher u. s. w.

d. Der Zehnt.

391. Der Zehnt wurde nach Analogie des Alten Bundes als ein dem Dienste Gottes schuldiger Tribut durch die Opferwilligkeit der Gläubigen von selbst eingeführt, als Gewissenspflicht betrachtet und insofern als *(mediate)*

---

[1] Cf. c. 2 t. 1 in xvag. Joan.   [2] Trid. s. XXI. c. 1.

[3] Greg. III. 30; Sexti III. 13; Clem. III. 8; E. C. III. 7. Von den Oblationen in der Kirche waren ausgeschlossen Ungetaufte, Wucherer (c. 3 x V. 19), Räuber (c. 2 x V. 17), Unterdrücker der Armen (c. 2 D. 89), des Sacrilegiums Schuldige (c. 12. C. XVII. q. 2), öffentliche Büßer (c. 118 D. 3 de consecr.), überhaupt öffent= liche Sünder.

[4] C. 42 x V. 3: „Ad Apostolicam audientiam frequenti relatione pervenit, quod quidam clerici pro exequiis mortuorum et benedictionibus nubentium et simi- libus pecuniam exigunt et extorquent, et si forte eorum cupiditati non fuerit satis- factum, impedimenta fictitia fraudulenter opponunt. Econtra vero quidam laici laudabilem consuetudinem erga sanctam ecclesiam pia devotione fidelium introduc- tam ex fermento haereticae pravitatis nituntur infringere, sub praetextu canonicae pietatis. Quapropter super his pravas exactiones fieri prohibemus et pias consue- tudines praecipimus observari, statuentes, ut libere conferantur ecclesiastica sacra- menta, sed per episcopum loci veritate cognita compescantur, qui malitiose nituntur laudabilem consuetudinem immutare."

[5] Gerlach, Lehrbuch des K.=R. 4. Aufl. S. 354.

[6] Opferteller=, Klingelbeutel=Erträgnisse gehören meist der Kirche. In alter Zeit dienten sportulae (daher „fratres sportulantes" bei Cyprian., ep. 66), corbonae (vgl. Matth. 27, 6), gazophylacia zur Aufnahme der dargebrachten Gaben. C. 6 C. XXI. q. 3.

im göttlichen Rechte begründet angesehen [1] (vgl. 150; 185, 3). Zu dem stricten jus divinum kann sicher der Zehnt nicht in seinen einzelnen Arten gerechnet werden, wohl aber das Princip, auf dem er beruht. Das Gesetz, welches die Zehnten vorschreibt, ist ein kirchliches; auf das göttliche Recht gründet es sich aber, insofern dieses überhaupt vorschreibt, den Dienern der Kirche ihren Unterhalt zu gewähren, und insofern das kirchliche Gesetz in Bestimmung der Zehnten das alttestamentliche Gesetz nachahmt [2]. Die kirchlichen Gesetze schrieben die Entrichtung des Zehnts unter Strafe des Bannes vor. Als einen Tribut in recognitionem supremi dominii Dei, ein schuldiges Opfer des Dankes schrieb ihn besonders auch Karl der Große vor, und es ward der Zehnt als eine ausschließlich der Kirche zugehörige Abgabe betrachtet. Allein viele Zehnten kamen an Laien, so daß sich neben dem kirchlichen Zehnt ein Laienzehnt ausbildete. Dem trat die Kirche seit dem zwölften Jahrhundert entgegen, ja das dritte Lateranconcil verbot die Uebertragung des Zehntrechts an Laien und forderte die Zurückgabe der in Laienhänden befindlichen [3]. Jedoch wurde die Bestimmung des Concils später dahin interpretirt, daß nur der Erwerb solcher nach dem Concil unbedingt verboten sei, nicht aber der Besitz der bereits innegehabten Zehnten [4].

Das Zehntrecht ist die Berechtigung, zufolge einer auf allen oder auf bestimmten Grundstücken eines Districts haftenden Verpflichtung von deren Inhabern eine Quote (gewöhnlich $\frac{1}{10}$, decimae rigorosae, auch $\frac{1}{20}$, decimae non rigorosae) von den Früchten aller Art oder von bestimmten Früchten (decimae praediales) oder von gewissen Thiergattungen (decimae animales) oder von Einkünften aus Gewerben u. dgl. (decimae personales) zu beanspruchen.

Der persönliche Zehnt ist längst abgeschafft [5]. Der dingliche (decimae reales) ist:

1) Feldzehnt, und zwar Altfeldzehnt (decimae praediales veteres), wenn er von fortwährend Ertrag liefernden Grundstücken, oder Neubruchzehnt (decimae praediales novales), wenn er von erst urbar gemachten oder doch seit Menschengedenken unbebaut gebliebenen und erst wieder cultivirten Grundstücken kommt; ferner Großzehnt (decimae majores) von Frucht-

---

[1] C. 14 x III. 30: „Cum decimae non ab hominibus, sed ab ipso Domino sint institutae, quasi debitum exigi possunt." Cf. C. XVI. q. 1 can. 65. 66; q. 2 c. 5; q. 7 c. 6. 7; c. 22. 23. 25. 26. 32 x h. t. Clem. c. 1 h. t.; Trid. s. XXV. c. 12.

[2] Matth. 10, 10; 1 Kor. 9, 7. 11. 17; Santi l. c. l. III. n. 4 p. 268.

[3] C. 19 x h. t.: „Prohibemus, ne laici decimam cum animarum suarum periculo detinentes in alios laicos possint aliquo modo transferre. Si quis vero receperit et ecclesiae non reddiderit, christiana sepultura privetur."

[4] Cf. c. 25 x h. t.; c. 7 x III. 10; c. 2 § 3 h. t. in VI.

[5] C. 20. 28 x h. t.

gattungen, die der Halm trägt, auch Wein und Oel, oder Kleinzehnt (*decimae minores, minutae*) von anderen Feld=, Garten= und Baumfrüchten.

2) Thierzehnt, und zwar Blutzehnt (*decimae sanguinales*), der in lebendigen Jungen abgeliefert wird, wie Rinder, Schafe, Ziegen u. s. w. (Groß= und Kleinblutzehnt), oder Zehnt von animalischen Producten (Fleisch=, Butter=, Schmalzzehnt). Reichnisse letzterer Art richten sich ganz nach localem Herkommen, überhaupt der Thierzehnt.

Das allgemeine Zehntrecht (*jus decimandi universale*) erstreckt sich über eine ganze Gemarkung, das theilweise (*jus decimandi particulare*) gilt nur für einen Theil derselben; das absolute, volle Zehntrecht (*jus decimandi plenum, perfectum*) betrifft alle decimablen Fruchtgattungen, das beschränkte, respective (*jus decimandi minus plenum*) nur einzelne derselben.

Naturalzehnt (*decimae propriae*) ist derjenige, der in den zehnt= pflichtigen Sachen selbst, uneigentlicher Zehnt (*decimae impropriae*), der in einem Surrogat, z. B. Geld (Zehntgilt) geleistet wird. Der Natural= zehnt ist entweder Garbenzehnt (*decimae mergitum*), wenn die Feld= früchte mit Halm und Stroh in Garben eingeführt werden, oder Sackzehnt (*decimae saccariae, decimae granorum*), wenn ein bestimmtes Fruchtquantum in Säcken entrichtet wird.

Das Zehntrecht ist ein geistliches (*jus decimandi clericale, ecclesiasti- cum*), wenn es von einer Kirche oder kirchlichen Person als solcher, d. h. vermöge ihres Amtes, nicht aber aus privatrechtlichem Titel hergeleitet wird oder ihr zusteht, oder ein weltliches (*jus decimandi laicale, saeculare*), das sich im rechtlichen Besitze eines Laien befindet, schon ursprünglich ein solches war (*decimae ex origine laicales*) oder durch rechtmäßige Veräußerung von der Kirche an Laien übergegangen ist (*decimae ex post laicales, saecularisatae*).

Die Verbindlichkeit der Leistung des Feldzehnts haftet auf dem zehntpflichtigen Grundstück als Reallast; die jedesmalige Leistung aber nur auf dem jedesmaligen Ertrage, weßhalb mit dem Besitzer des letztern auch der Zehnthold wechselt. In Bezug auf den rückständigen Zehnt bleibt dann nur eine persönliche Forderung gegen den Säumigen über, wenn der neue Zehnthold nicht als *successor universalis* in alle Rechte und Pflichten seines Vorgängers eingetreten ist.

Nach canonischem Rechte steht die Rechtsvermuthung für die Zehnt= berechtigung des Pfarrers bezüglich des Altfeldzehnts[1]. Ist die Zehnt=

---

[1] C. 29. 31 x h. t. Andere Geistliche konnten ein Zehntrecht haben durch apo- stolisches Privileg (c. 2 h. t. in VI.), durch Präscription von 40 Jahren cum titulo. sine titulo nur durch praescriptio immemorialis, durch permutatio (c. 6. 10 x III. 19; Trid. s. VI. c. 4), durch transactio (c. 3. 9 x h. t.).

gerechtigkeit innerhalb einer Gemarkung hergebracht, so streitet auch die praesumptio dafür, daß alle Grundstücke (und sofern auch der Blutzehnt besteht,
alle Einwohner der Pfarrei) zehntpflichtig sind. Der dingliche Zehnt für den
Pfarrer ist in der Regel von allen Nutznießern ohne Unterschied ihrer persönlichen Verhältnisse zu entrichten, auch von Nichtchristen [1], gewöhnlich auch
wenn der Besitzer des Grundstücks anderwärts wohnt, vorausgesetzt, daß das
zehntbare Grundstück nicht brach liegt [2].

Befreiung von der Zehntpflicht genießen:

1) eigentliche Beneficialgüter derselben Pfarrei [3];

2) Pfarrgüter, wenn ein anderer als der Pfarrer das Zehntrecht in der
Pfarrei hat [4], nicht aber die in einer fremden Pfarrei liegenden Güter.

Ueber die Berechtigung zum Neubruchzehnt gibt es verschiedene locale
Observanzen. In der Regel hat ihn der Besitzer des Altfeldzehnts; ist dies
ein anderer als der Pfarrer, so soll letzterem doch die Hälfte davon zufallen.

Erworben kann das Zehntrecht werden:

1) von kirchlichen Instituten und Beneficiaten als solchen durch alle
rechtlich möglichen Erwerbstitel salvo jure parochiali. Nur muß bei geistlichen Zehnten die für die Veräußerung vorgeschriebene Form beobachtet und
bischöfliche Genehmigung eingeholt werden. Nur Bischof und Pfarrer konnten
jeden Zehnt erwerben, andere kirchliche Personen und Institute einen geistlichen
Zehnt nur dann, wenn er nicht ausschließlich der Pfarrkirche zustand [5].

2) Laien können einen Clericalzehnt selbst nur mit Consens des Bischofs,
durch bloße Ersitzung erst beim Nachweis eines unvordenklichen Besitzes ohne
Anfechtung erwerben [6]. Die bloßen Zehntfrüchte kann jeder Decimator
anderen auf die Zeit seiner Amtsdauer überlassen.

Zehntstreitigkeiten gehören nach canonischem Recht vor die kirchlichen
Gerichte [7]; sie werden jedoch vor das weltliche Gericht gezogen. Geistliche
bedürfen des oberhirtlichen Streitconsenses. Ist der Zehnt bereits ausgeschieden,
so hat der Zehntberechtigte als Eigenthümer die rei vindicatio; ist er noch

---

[1] C. 16 x h. t.; c. 18 x V. 19.

[2] Sexti c. 1 de praescript.; c. 2 de restit. spoliat.; c. 5 x de paroch.; c. 18.
20 h. t.

[3] Clericus clericum non decimat. Dagegen ist der Beneficiat dem Pfarrer
zehntpflichtig de bonis patrimonialibus (c. 2. 8. 24 h. t.), von Grundstücken, die schon
zehntpflichtig waren und in Besitz des Beneficiums kommen; c. 33 h. t.; c. 42
C. XVI. q. 1.

[4] S. Congr. Conc. d. 31. Aug. 1728: „Regulares non habentes in privilegiis
expressam derogationem cap. *Nuper* 34 teneri solvere integras decimas exceptis
bonis et rebus praescriptis in cap. *Ex parte* 10 de decimis."

[5] C. 7. 30. 34 h. t.

[6] C. 1 Sexti II. 13.   [7] C. 2. 3 x II. 1; c. 7 x III. 26.

nicht ausgeschieden, so hat er als Miteigenthümer die actio de communi dividundo. Beim Kleinzehnt hat der Pfarrer das onus probandi für das Herkommen.

392. Eine Aufhebung der Zehntpflichtigkeit kann rechtlich für einzelne erfolgen durch rechtsgiltige Verzichte, durch Verjährung, wenn der Zehntpflichtige durch den bona fide eingelegten Widerspruch einen Titel zur Präscription erworben hat, auch eine allgemeine Aufhebung der Zehntpflicht gegen gehörige Compensation; die Kirche hat selbst die Ablösung der Zehnten in einzelnen Fällen gestattet. Große Nachtheile aber erlitt die Kirche durch die seit 1848 erfolgte Zehntablösung, wobei die Aufhebung nicht mehr an den Consens beider Theile geknüpft ward, die Stiftungen selbst die Gefahr und Last der eigenen Haftung für Sicherheit und Rentirung der Ablösungskapitalien erhielten, die Entschädigung eine sehr geringe war, für manche Zehnten gar keine geleistet ward, auch den Zehntpflichtigen kein wesentlicher Gewinn verschafft ward.

Zehntfixirung ist die Ueberlassung des Zehnts an den Zehntpflichtigen für immer gegen ein bestimmtes jährliches Reichniß (Zehntcanon). Zehntablösung dagegen ist die völlige Aufhebung des Zehnts gegen eine nur einmal darzureichende Entschädigungssumme[1].

4. Subject des Kirchenvermögens.

393. Die Frage, wer juristisch als Rechtssubject des Kirchenvermögens zu betrachten sei, ist erst in neuerer Zeit vielfach besprochen worden[2]. Die älteren Canonisten begnügen sich, mit den canones das Kirchengut als res Dei, substantia Christi etc. zu bezeichnen; erst den neueren, dem Besitze

---

[1] Nach dem Gesetz vom 4. Juni 1848 konnten in Bayern die nicht völlig aufgehobenen Zehnten entweder

1) bloß fixirt werden nach dem Durchschnittsertrag von 1828—1845, oder

2) in einen ständigen Bodenzins umgewandelt werden, d. i. ein Kapital, das achtzehnmal so groß war als die jährliche fixe Abgabe, von dem jährlich 4 % zu zahlen sind, oder

3) mittelst eines sogleich zu erlegenden oder in Annuitäten während einer bestimmten Reihe von Jahren abzuführenden Kapitals für immer abgelöst werden. Nach Fixirung des jährlichen Betrags der Grundabgabe konnte der Bezugsberechtigte sein Recht an den Staat abgeben, der den 20fachen Betrag der fixen Rente in 4procentigen Ablösungs-Schuldbriefen nach dem Nennwerthe vergütete. Vgl. die weiteren Gesetze, besonders v. 28. April 1872.

[2] *Schulte*, De rer. ecclesiastic. domino. Berol. 1851; J. Hergenröther, Würzburger kath. Wochenschrift 1856, S. 113 ff.; Maas im Archiv für kath. K.-R. Bd. 4 S. 583 ff., Bd. 5 S. 3 ff.; Hirschel, das. Bd. 34 S. 32 ff.; Vering, K.-R. 2. Aufl. S. 765 ff.

der Kirche feindlichen Theorien gegenüber hat die an sich theoretische Frage praktische Bedeutung gewonnen. Offenbar falsch sind die Ansichten:

1) Eigenthümer des Kirchengutes seien die Landeskirchen, was auf protestantischem System beruht. Das Kirchenrecht kennt keine gesonderten Landeskirchen (51), sondern nur ecclesiae particulares, Kirchenprovinzen, Diöcesen, die aber nur Theile der Gesammtkirche sind und nicht die Eigenthums= fähigkeit der einzelnen in ihnen liegenden Institute ausschließen.

2) Die Nation oder der Staat hat kein Eigenthumsrecht am Kirchen= gute, auch kein dominium eminens (81, V).

3) Die bürgerliche Gemeinde hat nichts mit der Kirche gemein; sie ist selbst von der religiösen Gemeinde oft ganz verschieden. So könnte das Kirchengut seinem Zwecke gänzlich entfremdet werden.

4) Aber auch nicht die Kirchengemeinde ist Eigenthümerin des Kirchenguts. Die Kirchengemeinde ist keine juristische Person, nach dem strengen canonischen Rechte können Laien gar nicht das Kirchengut besitzen; zwischen der Gemeinde und der Kirche kann Streit herrschen, z. B. über die Baulast; der größte Theil des Kirchengutes rührt nicht von den Gemeinden, sondern von Privaten her. Die Kirchengemeinde kann Antheil haben an der Verwaltung (396), aber das begründet kein Eigenthum, sonst wäre auch der Vormund Eigenthümer der Güter seiner Mündel. Ebensowenig begründet die Beitragspflichtigkeit der Pfarrgemeinde ein Eigenthumsrecht derselben. Nach canonischem Rechte bedarf es zu keiner Verfügung irgend einer Art, selbst nicht zur Veräußerung, der Bewilligung der Pfarrgemeinde.

5) Auch der Papst ist nicht Eigenthümer; wohl hat er das oberste Auf= sichts= und Dispositionsrecht über das gesammte Kirchengut, res ecclesiasticae sunt ejus ut principalis dispensatoris, non tamen sunt ejus ut domini et possessoris (Thom. Aq.).

6) Wenn die Kirchengüter oft patrimonium pauperum, egentium substantia genannt werden, so ist diese Ausdrucksweise doch nicht im eigent= lichen rechtlichen Sinne zu verstehen[1]. Die Armen können nicht Eigen= thümer des Kirchenguts sein, sie bilden sicher keine juristische Person. Die Armenpflege ist auch nur secundärer Zweck des Kirchengutes.

7) Wenn auch die Anschauung, Gott, Christus, die Heiligen seien Eigenthümer des Kirchengutes, der heiligen Schrift (vgl. Joel 3, 5; Mal. 3, 8; Lev. 27, 26. 30) entsprechend den heiligen Charakter des Kirchengutes aus=

---

[1] Vgl. Matth. 25, 35. 40; *Benedict. XIV.*, De syn. dioeces., hebt hervor, daß auch die Beneficiaten arm seien, da sie meist nur auf ihr Einkommen angewiesen sind, wie schon die Gesetze des Constantin und Theodosius hervorheben, daß Arme zu Geist= lichen gewählt werden sollten; „opulentos enim saeculi subire necessitates oportet, pauperes ecclesiarum divitiis sustentari".

drückt, so ist damit doch nichts Bestimmtes über die juristische Frage ausgesagt. Abgesehen davon, daß der Unglaube deshalb die Kirchengüter als res nullius betrachtet, wird Christus und die Kirche als in innigster Verbindung stehend, als in Gütergemeinschaft gedacht: res ecclesiae, quae sunt Dei (Trid. s. XXV. c. 1); „quae ecclesiae offeruntur, Christo offeruntur": „qui *Christi* pecunias et *ecclesiae* aufert" (c. 1 C. XII. q. 2). Die Güter der Kirche gehören Gott quoad dignitatem et effectum, darum sind sie unantastbar; daraus leitete man die kirchliche Realimmunität (395) ab; aber immer ist es zugleich die Kirche, durch die sie Gott gehören, mag man Gott das dominium, der Kirche den ususfructus, oder der allgemeinen Kirche das dominium, den einzelnen kirchlichen Instituten den usus und ususfructus zuschreiben.

Es fragt sich daher eigentlich nur: Ist die Gesammtkirche oder ist das einzelne kirchliche Institut als juristische Person das Rechtssubject? So wenig das einzelne kirchliche Institut als selbständiges, von der Gesammtkirche getrenntes Vermögenssubject gedacht werden darf, so muß doch auch nicht die Gesammtkirche das eigentliche nächste Rechtssubject alles Kirchengutes sein. Die Einheit der Kirche schließt nicht eine Mehrheit von Rechtssubjecten aus. Das Recht verbietet Translationen von einer Diöcese auf die andere. Die Kirche ist eine societas composita, die wieder moralische Personen in sich begreift, die rechtsfähig sind, als Eigenthümer erscheinen, wenn sie auch nur Theile der Gesammtkirche sind [1].

394. Es scheint wohl am richtigsten, zu sagen:

I. Subjectum immediatum proprietatis am Kirchengut ist formaliter die einzelne Kirche oder das kirchliche Collegium oder Institut (Sedes Episcopalis, Kirchenfabrik, Beneficium, Domkapitel, Kloster u. s. w.), das unter Vermittlung des Diöcesan= (oder Ordens=) Verbandes der allgemeinen Kirche eingegliedert und an diese Ordnung sowie deren Consequenzen dauernd gebunden und dadurch in der Ausübung seines Rechtes beschränkt ist. Daher ist

II. Subjectum remotum, ausgestattet mit dem dominium eminens, die allgemeine Kirche unter ihrem Oberhaupte, dem Papste. Durch die specielle Rechtsperson besitzt es zugleich die ganze Kirche, von der jene untrennbar ist; jene besitzt es nur, sofern sie mit der Gesammtkirche geeinigt und verbunden ist [2].

So wird I. die materielle Selbständigkeit und Integrität der kirchlichen Institute gewahrt, die dauernde Erfüllung ihrer Zwecke; es ist auf dem

---

[1] Vering l. c. S. 766, Lämmer l. c. 481 weisen auf die stationes fisci des römischen Rechts hin (D. de jure fisci 49, 14; Cod. 10, 1), die selbständige Rechnungsstellen, aber insgesammt nur Glieder des einen Staatsfiscus waren.

[2] J. Hergenröther l. c. S. 150.

Boden des Rechtes ein festes Eigenthumssubject, für dasselbe ein gesetzlicher Vertreter. Das positive Recht spricht für diese Ansicht durch Ausdrücke, die ihrer technischen Bedeutung nach ganz entscheidend sind.

Die verschiedenen Institute werden im canonischen Rechte als Personen anerkannt [1], den einzelnen Kirchen die possessio und quasi possessio zugeschrieben [2], die eine Kirche kann Sachen der andern usucapiren [3]; die Erbfähigkeit der kirchlichen Institute ist anerkannt [4]; die einzelne Kirche kann das Präsentationsrecht [5], kann reale Gerichtsbarkeit besitzen [6], mit anderen Personen Proceß führen [7], in integrum restituirt werden [8]. So spricht das canonische Recht stets von proprietas, res propriae, res ad jus et proprietatem alicujus ecclesiae spectantes, von dem dominium ecclesiae [9] u. s. w. Zwischen den Kirchen, Klöstern und Kapiteln finden Rechtsgeschäfte aller Art statt, die sie als Eigenthümer voraussetzen [10].

Alle Schenkungsurkunden und Documente über Errichtung von Pfarreien u. s. w. zeigen diese Anschauung. Die Fundatoren haben direct in der Regel ein bestimmtes Institut im Auge, sprechen von voller Translation des Eigenthums an dieses und verbieten jede Entfremdung des Geschenkten [11].

Das römische Recht hat die juristische Persönlichkeit und das Eigenthum der einzelnen kirchlichen Institute unzweifelhaft anerkannt. Es fordert stets einen concreten Eigenthümer, eine juristische Person und sieht als solche die einzelne Kirche an. Es erkennt die Erbfähigkeit der einzelnen kirchlichen Institute, das Intestat-Erbrecht in das Vermögen der Geistlichen und Mönche an [12]; bei Diakonissinnen erhält das Vermögen (omnem proprietatem et plenam possessionem) die ecclesia, cujus diaconissa est, sie selbst soll den ususfructus haben [13], das zeigen die Anordnungen über die unbestimmt

---

[1] C. 5 x II. 19.

[2] C. 8—10. 17 x II. 26.   [3] C. 8 x II. 26; c. 11. 13—17 C. XVI. q. 3.

[4] C. 1 x III. 26: „ecclesiam suam haeredem facere". Ein Erbe ohne Eigenthumsfähigkeit ist undenkbar. Cf. c. 3 x III. 13; c. 40—43 C. XVII. q. 4; c. 13 C. XII. q. 1; c. 13. 18. 21. 25. 27 C. XVI. q. 2.

[5] C. 6 x III. 10; c 3 x III. 48.

[6] C. 16 x II. 2: „jurisdictio temporalis, quae *ecclesiae* Bononiensi competit pleno jure".

[7] C. 9 x II. 19.   [8] C. 5 x I. 41.

[9] C. 13 D. 28; c. 13 C. XII. q. 1; c. 3. 5 C. XII. q. 5; c. 2 C. XII. q. 3; c. 1 x I. 41.

[10] Cf. c. 1 x III. 13: „Non licet episcopo terram unius ecclesiae vertere ad aliam, quamvis ambo sint in ejus potestate." Cf. Trid. s. XXII. c. 10; s. XXV. c. 3 de regul.

[11] Das zeigen die Formeln: „Sicut mihi haec pertinent jure proprietatis, ita in proprietate praedictae ecclesiae permaneant" u. s. w.

[12] C. 41. 55. 56 C. de Episc. et cler.

[13] C. 54 (al. 53) C. de Episc. et cler.; cf. Nov. 123 c. 30.

gemachten Erbeinsetzungen (386) [1], die Bestimmungen über den Verkauf von Kirchengütern [2] u. s. w.

Daran ist weder durch kirchliche noch durch deutsche Reichsgesetze etwas geändert worden. Die Frage nach dem Eigenthümer des Gutes innerhalb der Kirche ist nach dem Kirchenrecht zu entscheiden [3].

II. Mit dem Rechte der selbständigen Stellung der Institute gegenüber anderen Instituten in der Kirche und den Rechtssubjecten außerhalb der Kirche ist zugleich auch die rechtliche Unterordnung unter die Kirche und ihre Leiter gegeben. Zwischen den einzelnen kirchlichen Eigenthümern und der Kirche als Ganzem besteht ein lebendiger Zusammenhang, vermöge dessen auch die letztere an diesem Eigenthum participirt und das einzelne Eigenthums= Subject gesetzlichen Beschränkungen unterliegt.

Das ist in der Verfassung der Kirche wie in dem Zwecke und der Be= deutung des einzelnen kirchlichen Instituts begründet. Wie jedes einzelne Glied in der vom Rechte festgesetzten Weise mit der Kirche zusammenhängt, so auch das Vermögen der kirchlichen Institute. Jedes kirchliche Institut erfüllt einen kirchlichen Zweck, dieser kirchliche Zweck und Charakter ist allein Grund und Zweck seiner Persönlichkeit auf dem Gebiete des Privatrechts. Der Zusammenhang mit der Kirche kann nie zerrissen werden; solange sein nächster Zweck erfüllt werden kann, hat es eine selbständige Stellung; hört dieser auf, so bleibt doch das Gut stets Kirchengut, Gott geweiht, der Kirche dienstbar und unterworfen. Hätte die Kirche als Ganzes nicht die Obergewalt über das Kirchengut, so wären Suppressionen, Unionen, Incorporationen, Divisionen nicht gerechtfertigt, es könnte durch sie keine translatio dominii vorgenommen werden.

Aus dem Verhältniß des einzelnen kirchlichen Instituts zur Gesammt= kirche folgt:

1) Das kirchliche Gut wird nie bonum vacans, nie herrenloses Gut; es bleibt ein kirchliches, solange die Kirche bleibt; auch wenn der nächste Zweck aufhört, bleibt doch der generelle, der auf Gott und die Kirche gerichtet ist, es kann durch den kirchlichen Obern (Bischof, Papst) dem Gute

---

[1] Nov. 131 c. 9: „Si quis in nomine magni Dei et Salvatoris N. J. Chr. naereditatem aut legatum reliquerit, jubemus, ecclesiam loci illius, in quo testator domicilium habuerit, accipere, quod dimissum est."

[2] Nov. 120 c. 7.

[3] Als juristische Personen sind in Bayern anerkannt: die katholische Kirche (Rel.= Ed. §§ 24. 28), die Bisthümer, Domkapitel, die Klöster, Collegiatkirchen, Kirchen und Pfründen (Cultusstiftungen); dagegen nicht die Ordinariate, Consistorien, Metro= politiken, Dekanate und Ruralkapitel. Verf.=Urk. § 10: „Das gesammte Stiftungs= vermögen nach den drei Zwecken des Cultus, des Unterrichts und der Wohlthätigkeit wird gleichfalls unter den besondern Schutz des Staates gestellt."

eine andere specielle Zweckbestimmung gegeben werden[1]. Das liegt auch offenbar in der Intention bei Schenkungen, Vermächtnissen, Stiftungen, durch die specielle Zweckbestimmung, z. B. für diese Pfarrei, der Kirche, dem einen mystischen Leibe des Herrn, das Gut zu weihen, also auch, daß, wenn der unmittelbare, directe Zweck nicht mehr erfüllt werden kann, doch der mittelbare, allgemeine erfüllt werde. Fällt eine Gemeinde ab, so kann sie das in ihrem Territorium befindliche Kirchengut nicht beanspruchen; es bleibt rechtlich der Kirche.

2) Daher kann die Kirche (aus bestimmten Gründen) dem einzelnen Gute eine andere Bestimmung geben, durch Aufhebung des Instituts, Abdiction des Vermögens an ein anderes Institut.

3) Der Vertreter des Instituts ist auch rechtlicher Vertreter und Verwalter von dessen Vermögen, aber unterworfen der bischöflichen und päpstlichen Oberaufsicht, beschränkt durch die kirchliche Ordnung, so daß er nur die in der Befugniß eines Verwalters liegenden Rechte für sich ausüben kann, zu den darüber hinausgehenden die Autorisation der kirchlichen Oberen bedarf.

5. Verhältniß des Kirchengutes zum Staate.

395. Das Kirchengut ist durchaus unabhängig vom einzelnen Staat. Der Staat oder der Landesherr kann kein Recht über die Kirchengüter beanspruchen. Der katholische Staat erkennt die Kirche als die eine göttliche Heilsanstalt, das Kirchengut als ein Gott geweihtes, heiliges Gut, das auch dem Staate zum Nutzen gereicht, dessen Schutz für ihn noch weit höhere Pflicht ist als der Schutz des Privateigenthums. Die Kirche hat das Recht auf den Staatsschutz[2]. Der katholische Staat wird daher auch die Realimmunität der Kirche achten (65. 150); jedenfalls soll die Kirche nicht willkürlich weltlichen Lasten und Abgaben unterworfen werden. Das dritte und vierte Lateranconcil[3] schrieb vor, daß Abgaben von der Kirche

---

[1] Solange der Stiftungszweck noch erfüllbar ist, kann mit Ausnahme der den Bischöfen überlassenen Fälle nur der Papst disponiren; ebenso hat über die Güter supprimirter Orden der Papst zu verfügen.

[2] Daher kann man für die Besteuerung des Kirchenguts nicht den Satz anwenden: „Qui sentit commoda, et onus portare debet"; denn die Kirchengüter stehen nicht unter der Gerichtsbarkeit des Staates; die Kirche hat das Recht, die Vortheile des Staates zu genießen, nicht als Untergebene, sondern wegen der Vortheile, die sie dem Staate gewährt. „Sicut reges sollicitudinem habent de bono publico in bonis temporalibus, ita ministri Dei in spiritualibus et sic per hoc, quod Deo in spiritualibus ministrant, recompensant regi, quod pro eorum pace laborat" (Leo X.). Auch Matth. 22, 21; Röm. 13, 7 beweist nichts gegen diese Immunität; Matth. 17, 23—26 (*„ut non scandalizemus eos"*) spricht vielmehr die Freiheit der Kirche aus.

[3] C. 4. 7 x III. 49.

nur frei, absque ulla exactione gegeben werden sollen, wenn die Noth=
wendigkeit oder der Nutzen des Staates es fordere, die Nothwendigkeit eine
allgemeine sei, die Kräfte der Laien nicht ausreichen, daß der Bischof darüber
mit seinem Clerus sich berathe und, wo es geschehen kann, das Gutachten
des Apostolischen Stuhles eingeholt werde.

Aber auch wenn der Staat die Kirche nur als eine Corporation im
Staate ansieht, muß er wenigstens der Kirche als moralischer Person das=
selbe Recht über ihre Güter zugestehen, wie jeder Privatmann es über sein
Vermögen hat.

Er muß daher 1) das Kirchengut schützen wie jedes andere (82, I.) und
Störungen fern halten. Ehemals wurde der Schutz geleistet durch advocati
forenses, oeconomi, protectores (Gerichts=, Kasten= und Schirmvögte); die
ersten beiden waren friedlicher (togata), letzterer Kriegs=Schutz (sagata, armata).

2) Der Staat ist nicht berechtigt, nach seinem Willen Güter einer Kirche
wegzunehmen und ihnen eine andere Bestimmung zu geben, sei es eine re=
ligiöse oder profane. Dadurch würden die Absichten der Stifter verletzt, be=
anspruchte der Staat ein jus supremi dominii über das Kirchengut; auch
Privatgüter, selbst wenn sie überflüssig sind, kann er nicht zu anderen Zwecken
bestimmen.

3) Der Staat hat kein sogen. Heimfallsrecht über das Vermögen kirch=
licher Institute, die aufgehoben sind oder deren nächster Zweck nicht mehr er=
füllbar ist. Nur der Kirche steht zu, über die Art und Weise ihrer Ver=
wendung zu urtheilen.

4) Der Staat kann ein Expropriationsrecht an kirchlichen Gütern nur,
wie bei Privateigenthum, in der allgemein gesetzlichen Weise und mit Ent=
schädigung des Eigenthümers üben.

5) Zu weltlichen Zwecken kann das Kirchengut nur im Falle höchster
Noth verwendet werden, aber nur mit Einwilligung der Kirche, Einhaltung
der Rechtsordnung bei der Veräußerung und bei physischer oder moralischer
Unmöglichkeit, dem dringenden Bedürfniß auf andere Weise abzuhelfen.

6) Aus dem Schutzrecht (resp. Schutzpflicht) folgt kein Recht der Mit=
aufsicht über die zweckmäßige Verwaltung und Verwendung des Kirchengutes,
so wenig als aus dem Rechte und der Pflicht des Staates, das Privat=
eigenthum zu schützen. Ein solches Recht kann nur entstehen aus speciellen
Rechtstiteln, besonderen Verträgen und Privilegien und aus der
Verpflichtung des Fiscus zu dauernder und fester Beschaf=
fung bestimmter Ausgaben und Fonds. Auch über die Renten=
überschüsse muß die Kirche frei verfügen können [1].

---

[1] Jurist. Rundschau I. S. 271: „Da die Kirche eine selbständige juristische
Person ist, so ist sie rechts= und erwerbsfähig; dem Staate steht kein Recht zu, sie

7) Kommt auch der Kirche an sich eine vermögensrechtliche Jurisdictionsgewalt zu, wie sie im Mittelalter selbst Gesetze über den Erwerb der Güter
gab, so kann jedoch der Staat fordern, daß die Kirche, soweit sie nicht von
ihm eine besondere Begünstigung erfährt, in Bezug auf die Arten des Erwerbs, die Natur der Rechtsgeschäfte sich nach dem Civilrechte richte,
und dies beobachtet auch die Kirche. Indem die Kirche erwirbt und besitzt,
tritt sie auf das Gebiet des Vermögensrechtes überhaupt. Dieses fällt offenbar in das Bereich des weltlichen Rechts, insonderheit des Privatrechts. Die
Fragen über die rechtliche Natur der verschiedenen Vermögensobjecte, über
deren Erwerb und Besitz fallen dem Privatrechte anheim und richten sich nach
dessen Grundsätzen; was aber in der Kirche mit dem Vermögen geschehen
soll, wem dessen Verwendung und Verwaltung zustehe, wie es verwendet werden soll, das sind an und für sich Dinge, welche nur durch die
Gesetze der Kirche bestimmt werden können [1].

6. Verwaltung des Kirchengutes.

396. Die Verwaltung des Kirchenvermögens steht dem legitimen Vertreter zu, den kirchlichen Vorstehern. Verwalteten anfangs die Diakonen unter
Aufsicht des Bischofs die kirchlichen Einkünfte [2], so finden sich seit dem Concil
von Chalcedon eigene, unter der Aufsicht des Bischofs stehende Oekonomen [3].
Meist fand sich die Theilung desselben in die quarta episcopi, cleri (distributiones quotidianae, menstruae, annuae), fabricae und pauperum [4],
anderwärts bestand die Dreitheilung; seit dem Ende des 6. Jahrhunderts
behielt meist jede Kirche das Ihrige, dem Bischof wurde nur eine geringe
Abgabe, an anderen Orten aber der dritte Theil bei unbedingter Uebernahme
der Baulast reservirt [5]. Die quarta pauperum fiel allmählich weg, da der
Clerus ohnehin zur Unterstützung der Armen verpflichtet war, zumal da viele
eigene milde Stiftungen für die Armen entstanden. Bald wurden einzelne
Grundstücke den Geistlichen zur Nutznießung zuerst auf unbestimmte Zeit, in
precärer Weise verliehen, oder sie erhielten auch das ganze Grundvermögen zur
Verwaltung und Verwendung für sich und die Kirchenfabrik. Solche Verleihung wie die darüber vom Clerifer ausgestellte Urkunde nannte man pre-

---

hierin irgendwie zu hindern, so wenig als er berechtigt ist, einer von ihm aufgenom-
menen laicalen Genossenschaft, einem Verein, einer Familie oder einem selbständigen
Privaten hinsichtlich der Verwaltung ihres Vermögens Schranken zu setzen.“

[1] Schulte, System des Kirchenrechts S. 470.

[2] C. 24. 26 C. XII. q. 1.   [3] C. 21. 22 C. XVI. q. 7.

[4] C. 25. 30 C. XII. q. 2. Die Viertheilung entstand zuerst in Italien, wohl
noch im 4. Jahrhundert.

[5] Cf. c. 1. 3 C. X. q. 3.

caria; meist war die Verleihung eine lebenslängliche, wofür seit dem 8. Jahrhundert der Name beneficium (165) gebräuchlich wurde. Es schied sich die
mensa episcopalis, die mensa capituli (229), das patrimonium ecclesiae
(fabrica), das patrimonium beneficii und die causae piae, die theils
specifisch kirchliche Stiftungen sind, theils auch nicht im Eigenthum der Kirche
stehende Wohlthätigkeitsanstalten, wie Kranken-, Waisen-, Armenhäuser und
Schulen. Alle loca pia sollen unter Aufsicht des Bischofs stehen (164)[1];
seit der Reformationszeit sind sie jedoch meist der staatlichen Gesetzgebung
und Aufsicht unterstellt.

Ist nun auch an sich nur der Vertreter des kirchlichen Instituts, wie
der Pfarrer, der Klostervorstand, das Kapitel, Vertreter von dessen Vermögen unter Leitung des Bischofs: so ist doch eine Betheiligung von Laien
an der Verwaltung nicht absolut unzulässig und kann von der Kirche gestattet
werden. So finden sich seit dem 14. Jahrhundert auch weltliche Kirchen-
pfleger für die Güter der Pfarrkirchen, die hierfür beeidigt wurden und unter
unmittelbarer Aufsicht des Pfarrers und unter Controle der Archidiakonen
(später des Generalvikars) standen[2]. Wesentlich ist, daß die Kirche die oberste
Disposition hat und dem Ordinarius jährlich Rechnung abgelegt wird[3].

Ausnahmsweise kann auch der Patron dabei ein Recht der Mitwirkung
haben (179, III. b.); so auch der Staat, wo er infolge specieller Rechtstitel das Recht der Mitaufsicht beanspruchen kann (395, 6).

Alle unmittelbaren Verwalter von Kirchengütern sind abhängig und zur
Rechnungsablage an den höhern Kirchenobern verpflichtet. Der unmittelbare
Verwalter muß beeidigt sein, ein Inventar aufnehmen, jährlich Rechnung
stellen[4]. Er kann nicht einseitig Geschäfte abschließen, woraus der Kirche die
Verbindlichkeit einer Zahlung entstände; die von ihm abgeschlossenen contractus
onerosi verpflichten die Kirche nur, soweit er eine in rem versio (eine
Veränderung zum Besten der Kirche) beweisen kann[5]; er ist zur Schadlos-
haltung verpflichtet. Auch wo er mit Autorisation der Oberen ein giltiges
Rechtsgeschäft abgeschlossen, kann die Kirche gegen eine ihre Interessen ver-
letzende Handlung die restitutio in integrum erlangen[6]. Zur Proceß-
führung im Namen der Kirche bedarf er des Streitconsenses des Bischofs.
Ueberhaupt soll er den Vortheil der Kirche überall wahren[7]. Unter Ge-

---

[1] Trid. s. XXII. c. 8.
[2] Sie kommen unter verschiedenen Benennungen vor: Altarleute, Kirchväter,
Kastenvögte, Kirchpröpste, Heiligenpfleger, jurati, altirmanni, vitrici, magistri fabricae,
provisores.
[3] Trid. l. c. c. 9.   [4] Clem. 2 § 1 (III. 11).
[5] C. 4 x III. 22; c. 2 x III. 23; c. 1 x III. 16.
[6] C. 1. 3 x I. 41.
[7] C. 2 x III. 24.

nehmigung des Bischofs kann er Gegenstände von geringerem Werthe ohne weitere Förmlichkeit veräußern[1], Kirchengüter verpachten (doch nur ad modicum tempus)[2].

7. Veräußerung des Kirchengutes.

397. Das Kirchengut soll in der Regel keiner Veräußerung unterliegen (*alienatio* im weitern Sinne)[3]. Das Verbot bezieht sich jedoch weder auf die Veräußerung solcher beweglichen Sachen, die man überhaupt nicht zu bewahren pflegt (quae servando servari non possunt), z. B. Verkauf von Früchten, noch auf die Alienation beweglicher Sachen von so geringem Werth, daß deren Ersatz von höherem Vortheil ist, noch auf die Verleihung eines unbebauten Gutes um Erbzinsrecht oder Wiederverleihung eines heimgefallenen Lehen oder einer res in emphyteusin dari solita.

Eine Alienation ist ausnahmsweise zulässig:

1) *ex justa causa*. Als solche gilt:

a) *urgens necessitas*, wenn z. B. ein nothwendiger Neubau auf keine andere Weise bestritten, Schulden der Kirche nicht anders bezahlt werden können. Die quaestio facti hat der kirchliche Richter zu untersuchen;

---

[1] C. 32. 53 C. XII. q. 2.

[2] Das Trid. s. XXV. c. 11 beschränkte das ältere Verbot, das auf drei Jahre ging (E. C. c. un. III. 4); cf. c. 9 x III. 13; c. 2 x III. 20. Nach den staatlichen Bestimmungen in Bayern (Rel.-Ed. § 75. 48. 49; revid. Gem.-Ed. § 21) ist dem Staate das Recht der Curatel zugesprochen; das Pfründevermögen steht nur unter Curatel der Kreisregierung; das Kirchenvermögen steht in den unmittelbaren Städten unter Curatel der Kreisregierung; in allen der Kreisregierung nicht unmittelbar untergebenen Orten übt die niedere Curatel die Districtspolizeibehörde, die Obercuratel die Kreisregierung, die oberste Curatel über alles Cultusvermögen das Staatsministerium für Kirchen- und Schul-Angelegenheiten. Die Kirchenverwaltung besteht in Städten mit magistratischer Verfassung aus dem Pfarrer, aus einem Abgeordneten (Vorstand oder Mitglied des Magistrats), vier bis acht besonders gewählten Gemeindebürgern derselben Confession; in Landgemeinden aus dem Pfarrer, dem Gemeindevorsteher oder einem Mitglied des Gemeindeausschusses, aus zwei bis vier besonders gewählten Gemeindegliedern derselben Confession. Vgl. das rev. Gem.-Edict; Döllingers Verordn.-Sammlg. Bd. VIII. München 1838. S. 838 ff.; Bd. XXVI. S. 350; Bd. XI. S. 1301; Bd. XXI. S. 183. 581 und die neueren Min.-Erlasse.

[3] Alienatio, d. i. jeder Act, der das Kirchenvermögen beschwert, schmälert, beeinträchtigt, durch welchen in Betreff der Substanz der Sache oder des Nutzens aus Sachen und Rechten der Rechtsanspruch der Kirche aufgehoben oder verringert wird, daher Verkauf, Tausch, Schenkung u. s. w., Constituirung von pignus und Specialhypotheken, Servitute, Erbverpachtung (emphyteusis), Verleihung eines neuen Lehens, zwanzig- und mehrjährige Verpachtung von Grundstücken. (Greg. III 13; Sexti III. 9; Clem. III. 4; E. C. III. 4.

b) *evidens ecclesiae utilitas*, wenn daraus ein augenscheinlicher Vortheil für die Kirche erwächst[1];

c) *christiana charitas, pietas*, zur Loskaufung von Gefangenen, Sklaven, Unterstützung der Armen bei allgemeiner Hungersnoth[2].

2) Die Veräußerung fordert ferner, daß sie *cum debita solemnitate geschehe* und *cum consensu superioris ecclesiastici*. Die zu führende Untersuchung[3] fordert Beiziehung aller, die ein Interesse an der Sache haben, des Beneficiaten, des Patrons (179, III. b.), dessen Consens nothwendig ist, wenn es sich um Veräußerung des Dotalgutes handelt oder die Einkünfte der Pfründe durch den Act eine Schmälerung erleiden. Bei Gütern, die der Kathedrale, dem Kapitel oder der Diöcese gehören, muß der Consens des Kapitels hinzukommen[4]. Werden Einsprüche von den dazu Berechtigten erhoben, so darf die Alienation nicht vorgenommen werden, bis ein rechtskräftiges Urtheil vorliegt.

Zur Veräußerung wird ein bischöfliches *decretum de alienando* gefordert. Die päpstliche Genehmigung, welche Paul II. forderte[5], ist jedenfalls bei Veräußerung der *bona mensae episcopalis* nothwendig.

Eine *alienatio* ohne bischöfliches Veräußerungsdecret ist null und nichtig[6]; auch der dritte redliche Besitzer ist nicht gegen die Zurückforderung geschützt[7] und kann gegen den Veräußerer nur eine *actio personalis* erheben und Schadenersatz fordern; die Kirche hat die *restitutio in integrum* auch bei der vierzigjährigen Verjährung[8], ja sie hat diese Rechtswohlthat auch), wenn die Veräußerung in Form Rechtens vor sich ging und eine wirkliche Verletzung vorliegt; sie braucht alsdann nur herauszugeben, *quod ad eam pervenit*[9].

8. Eintheilung der Kirchengüter.

398. Nach dem dreifachen Zwecke des Kirchengutes sind zu unterscheiden die *bona ecclesiae*, die *bona beneficii (mensae, de mensa)* und *res religiosae* (bona pauperum). Die Kirchengüter sind entweder *res sacrae*, die durch

---

[1] C. 1 h. t. in VI.; c. 52 C. XII. q. 2.

[2] C. 13—16. 70 C. XII. q. 2; cf. Nov. 120 c. 9.

[3] C. 8. 9 x III. 10; c. 52 C. XII. q. 2. Instr. Past. Eystett. p. 458.

[4] C. 1 h. t. in VI.

[5] E. C. c. un. h. t. Cf. Const. „Apost. Sedis moder.", excom. d. 3; S. C. Conc. d. 1. Jul. 1647.

[6] C. 2. 6. 12 x h. t.

[7] C. 40. 42 C. XII. q. 2; c. 6. 12 x h. t.; c. 3 x III. 21.

[8] C. 1 x I. 41.

[9] C. 1 cit.; c. 11 x III. 13. In Bayern ist die Genehmigung der Curatel und Obercuratel staatlich gefordert, den Ordinariaten nur ein Erinnerungsrecht zugesprochen.

Consecration (*res consecratae*) oder Benediction (*res benedictae*) unmittelbar für den Cultus bestimmt sind, oder *res ecclesiasticae*, einfache Kirchengüter. Die res sacrae sind extra commercium (389, 1); Res ecclesiasticae können sowohl res corporales (immobiles et mobiles, pretiosae und non pretiosae) als res incorporales, nutzbringende Rechte sein, aus deren Substanz oder Einkünften die Bedürfnisse der Kirche, des Cultus, der Kirchengebäude bestritten werden.

Zu den res benedictae gehören die liturgischen Gewänder, Velum, Palla, Purificatorium, Corporale, während Kelch und Patene res consecratae sind, ferner das Ciborium, die Monstranz (ostensorium), die Gefäße für die heiligen Oele, Tabernakel, Reliquienbehälter, Crucifixe, die Glocken, die nur mit Erlaubniß des Bischofs zu rein weltlichen Zwecken geläutet werden sollen[1], und die Kirchhöfe.

9. Kirche und Kirchhof.

399. Die Errichtung einer neuen Kirche hängt von der Erlaubniß des Bischofs ab[2], die nur ertheilt werden soll, wenn Nothwendigkeit oder Nutzen ihrer Gründung constatirt ist[3], nicht Rechte dritter, namentlich nicht schon bestehende Parochialrechte verletzt werden[4], und eine hinlängliche Dotation vorhanden ist[5]. Heutzutage wird auch Genehmigung der Staatsregierung erfordert[6]. Beim Bau selbst ist auf Zweckmäßigkeit, Schönheit und kirchliche Würde zu sehen.

Der Grundstein zu einer neuen Kirche soll wo möglich vom Bischof selbst gelegt und ein Kreuz an der Baustätte aufgepflanzt werden. Kann die erbaute Kirche nicht vom Ordinarius (221. 161) consecrirt werden, so wird sie (provisorisch) mit bloßer Benediction durch einen committirten Priester inaugurirt, was namentlich bei Nebenkirchen und Kapellen, Oratorien geschieht, in denen kein feierlicher Gottesdienst gehalten wird[7]. Zur Consecration kann nur der Papst einen einfachen Priester bevollmächtigen. Zum Andenken an die Kircheinweihung soll das anniversarium dedicationis gefeiert werden[8].

---

[1] S. C. Episc. et Reg. d. 3. Jan. 1559: „De consensu Episcopi campanae benedictae pulsari possunt ad usus profanos, ad quos non sequuntur causae sanguinis; et praesertim si communitatis expensis constructae fuerint, quantumvis tale jus non sibi servasset.“

[2] Nov. 67 c 1; c. 10 C. XVIII. q. 2.   [3] C. 3. 6 x III. 48.

[4] C. 43. 44 C. XVI. q. 1; c. 2 x h. t; c. 1 x V. 32.

[5] C. 8 x III. 40.   [6] Bayer. Rel.-Ed. § 64 f

[7] C. 1 § 8 x I. 15; c. 11 D. 1 de consecr.; c. 28 C. VII. q. 1; cf. Trid. s. VI. c. 5; s. XIV. c. 2. Oratoria privata müssen nicht nothwendig benedicirt werden, wohl aber oratoria publica.

[8] C. 14 x V. 38; c. 3 Sexti V. 10.

Eine neue Einweihung der Kirche findet nur statt bei einer *exsecratio* durch Zerstörung ihrer Haupttheile, der Wände u. s. w.[1]; bei einer *pollutio* der Kirche durch Mord, schuldvolle effusio sanguinis[2] vel seminis humani[3], durch sepultura haeretici, infidelis vel (nominatim) excommunicati in ecclesia[4] hat, sofern das Verbrechen bekannt ist, eine *reconciliatio* stattzufinden durch Abwaschen mit einem vom Bischof oder von einem dazu delegirten Priester benedicirten, mit Asche vermischten Wasser[5]. Ist die Kirche polluirt (oder reconciliirt), so sind es auch die Altäre und der mit der Kirche verbundene Gottesacker, nicht aber umgekehrt mit dem Kirchhof auch die Kirche[6].

Auch die Altäre (altaria fixa, portatilia) müssen vom Bischof consecrirt werden. Die Pollution des Altares kann durch Blutvergießen oder Unzucht eintreten; die Exsecration tritt nur ein, wenn die steinerne Altarplatte von dem Unterbau entfernt oder so zerbrochen wird, daß der zurückbleibende Theil Kelch und Patene nicht mehr fassen kann, wenn das sepulchrum oder der es bedeckende Stein (sigillum) zerbrochen oder die Reliquien herausgenommen werden. Kelch und Patene müssen wieder consecrirt werden, wenn sie neu vergoldet werden.

Die Kirchhöfe (Fried-, Freithöfe) sollen ein Crucifix haben, mit einer Mauer umgeben sein. Auch sie genießen das Privilegium der immunitas localis (384); Kirche und Kirchhöfe sollen nicht durch weltliche Gerichtsverhandlungen, Jahrmärkte, Schauspiele, Concerte u. dgl. verunehrt werden[7].

10. Fabrica ecclesiae.

400. *Fabrica ecclesiae* (Kirchenfond, Kirchenkasse, Kirchenärar) ist der Inbegriff der für die Herstellung und Unterhaltung der kirchlichen Gebäude (ad fabricandas ecclesias) wie der Geräthschaften und die Kosten des Gottesdienstes bestimmten Vermögensmasse, die vom Beneficialgute getrennt

---

[1] C. 6 x III. 40.   [2] C. 4 x h. t.; c. 19 D. 1 de conser.

[3] C. 5 x V. 16; c. un. III. 21 in VI.

[4] C. 7 x h. t.; c. 27. 28 D. 1 de conser. „Si sacerdote celebrante violetur ecclesia ante canonem, dimittatur Missa; si post canonem, non dimittatur.“

[5] C. 4. 9 x h. t.; c. 20 D. 1 de conser.

[6] C. un. h. t. in VI.: „Ne minus dignum majus, aut accessorium principale ad se trahere videatur.“

[7] C. 1. 5 x III. 49; c. 2 Sexti III. 23. Vgl. Jurist. Rundschau I. S. 324 ff. Ueber den Simultangebrauch an Kirchen, Kirchhöfen und Kirchhofsglocken in Bayern (94) vgl. Ref.-Ed. § 90—103 nebst den neueren Verordnungen und Entscheidungen des Verwaltungs-Gerichtshofes. Die Anlegung und Unterhaltung der Friedhöfe ist nach Art. 38 der Gem.-Ordnung eine Pflicht der Gemeinden, die dann auch die Grabgebühren beziehen. Die sogen. Seelhäuschen oder Todtengebeinkammern sollen nicht mehr unterhalten werden.

und mit juristischer Persönlichkeit begabt ist. Solche Fonds haben Stifts= und Pfarrkirchen, bisweilen auch Kapellen.

Es ist zu unterscheiden die dos ecclesiae, das Dotalgut, und Stiftungs= zuflüsse. Der Grundstock des Kirchenvermögens soll, den Nothfall abgerechnet, unangetastet bleiben und die laufenden Ausgaben in der Regel nur aus den Zinsen, Renten u. s. w. bestritten werden. Da, wo die Staaten das Ver= mögen aufgehobener Stifte, Abteien und Klöster an sich brachten, besonders durch die Säcularisation, haben sie auch die Pflicht, die sonst durch jene ge= deckten Bedürfnisse zu bestreiten.

11. Die Beneficialgüter und Früchte.

401. Das Pfründevermögen (praebenda, beneficium) steht unter der Verwaltung des Beneficiaten, der durch die canonische Investitur ein Recht hat auf den Bezug der fructus naturales et civiles von den Im= mobilien, der Zinsen der Kapitalien, der ständigen und unständigen Reichnisse (165. 131, 3. 4)[1]. Ein Maximum der Beneficialeinkünfte ist nicht bestimmt, wohl aber soll nach Verschiedenheit der Aemter ein Minimum bestimmt sein, die *congrua*, d. i. die zum angemessenen Lebensunterhalt ausreichende portio redituum s. fructuum, deren Feststellung dem Bischof, bei höheren Kirchen= ämtern dem Papste obliegt[2]. Wenn nach dem Concil von Trient[3] bei Bis= thümern 1000, bei Pfarreien 100 Dukaten von allen kirchlichen Pensionen frei bleiben sollen, so folgt daraus wenigstens, daß diese Summe bei Auf= legung von Pensionen (186, 2. a.) und für das beneficium competentiae (149, III.) als Congrua zu betrachten ist. Uebrigens kann diese nach Zeit und Ort verschieden festgestellt werden. Die Congrua soll stets gewahrt bleiben, wenn mit dem Beneficium eine Veränderung, z. B. durch Theilung (168, III.), vorgenommen werden muß.

Was die Stellung des Beneficiaten zum Pfründegut anlangt, so ist genau zu unterscheiden zwischen der Substanz des Vermögens und den Einkünften aus dem Beneficium.

I. In Hinsicht der Substanz des Gutes ist der Beneficiat Verwalter und Vertreter desselben mit Rechten und Pflichten, die denen der Vor=

---

[1] Greg. III. 25; cf. l. 5 § 3 D. de peculio 15. 1; c. un. x III. 12.

[2] C. 4. 12. 16. 23 x III. 5; c. 2 § 2 Sexti III. 13; Trid. s. XXI. c. 4; s. VI. c. 2; s. VII c. 5.

[3] Trid. s. XXIV. c. 13. Ob die Einkünfte aus der Pfründe über die Congrua gehen, wird aus der Fassion entnommen. In diese sind nach canonischem Rechte nicht einzurechnen die accidentalia omnino incerta, wie Meßstipendien, dona gratuita u. s. w. *De Angelis* l. c. l. I. tit. 28 p. 43. Vgl. Archiv für kathol. Kirchenrecht. Bd. 5 S. 23 ff.

münder analog sind. Er muß die Güter in gutem Stande erhalten, die
laufenden Unterhaltungskosten tragen, genaues Inventar anlegen und nach
demselben bei seinem Weggang die Güter u. s. w. in ihrer Integrität re=
stituiren. Der Beneficiat ist Nußnießer, ähnlich dem Vasallen. Er darf
nichts vom Beneficialgut veräußern, wohl aber darf er Veränderungen mit
demselben vornehmen, Meliorationen, während er für jede Deterioration haftet.
Er kann die Immobilien selbst bewirthschaften oder verpachten; seine Ver=
fügungen binden auch den Nachfolger, wenn sie mit Consens des Ordinarius
getroffen wurden. Es stehen ihm alle Klagen zu, die aus seinem Verhältniß
sich ergeben in possessio wie in petitorio.

Uebernommene Mobilien gehen aestimatione venditionis causa in sein
Eigenthum über; bei seinem Abzug von der Pfründe hat er sie in natura
oder, wenn sie deteriorirt sind, im Anschlagspreise zu ersetzen.

II. In Bezug auf die fälligen, für seine Amtsdauer von ihm zu per=
cipirenden Früchte und Einkünfte ist der Beneficiat Eigenthümer. Denn
die Beneficiumsrenten sind an die Stelle jener Gaben getreten, die in den
ersten Jahrhunderten aus dem gemeinsamen Vermögen der Kirche den Clerikern
zu ihrem Unterhalte gereicht wurden. Auf diese Gaben erwarb er sich das
Eigenthum, daher auch auf die Beneficiumsrenten. Das Tridentinum sagt:
fructus facit suos, von denjenigen, die nicht Residenz leisten: fructus haud
facere suos[1]. Wohl ist der Beneficiat in seinem Dispositionsrecht be=
schränkt, aber dies hindert nicht, daß er Eigenthümer genannt werde. Auch
der Erbe wird Eigenthümer der Erbschaft, wenn er auch mit Legaten und
Schulden belastet wird; auch die pupilli sind Eigenthümer ihrer Güter, ohne
freies Dispositionsrecht darüber zu haben.

III. Nach dem canonischen Rechte konnte früher kein Beneficiat über
Beneficialeinkünfte letztwillig verfügen[2]; hatte er keine Erben und kein Te=
stament gemacht, so ging auch, was er nicht titulo ecclesiastico besaß, an
die Kirche über, an der er angestellt war; war er an mehreren Kirchen zu=
gleich oder successiv angestellt, so hatten diese das Intestaterbrecht pro rata
seiner Bezüge[3]. Seit dem 13. Jahrhundert erlangten die Cleriker in Deutsch=
land durch Provinzialsynoden oder Gewohnheit das Recht, über ihr Gesammt=
vermögen zu testiren. Gegenwärtig succedirt der landesherrliche Fiscus bei
Geistlichen, die kein Testament gemacht haben und keine Intestaterben haben,
was auch bei Exconventualen aufgehobener Klöster und bei Regularen gilt,
die und solange sie nur einfache Gelübde haben. Es ist heutzutage daher

---

[1] Trid. s. XXIV. c. 12; s. XXIII. c. 1; cf. c. un. x III. 12.
[2] C. 9 x III. 26: „De his, quae consideratione ecclesiae (clerici) perceperunt,
nullum de jure possunt facere testamentum.“
[3] C. 12 x III. 26; c. 2 x III. 27.

nicht bloß erlaubt, sondern auch Pflicht des Clerikers, ein Testament zu machen [1]. Es besteht auch jetzt noch die strenge Gewissenspflicht für den Beneficiaten, die *bona superflua ex beneficio ad pias causas* zu verwenden.

Es ist zu unterscheiden: 1) über *bona patrimonialia*, Erbgut, überhaupt, was er aus weltlichem Titel, nicht titulo ecclesiastico besitzt, kann der Beneficiat frei verfügen; ebenso 2) über *bona industrialia (quasi patrimonialia)*, was er aus Verrichtungen, die nicht ex officio geschehen müssen, wegen besonderer Anstrengung, Mühe, Unterricht u. dgl. erwarb; auch die Oblationen, distributiones quotidianae, Meßstipendien, Stolgebühren gehören dazu [2]; 3) auch über *bona parsimonialia* kann er verfügen, d. h. über das, was er aus kirchlichen Einkünften dadurch ersparte, daß er sparsamer lebte, als er es standesgemäß hätte thun können [3]. 4) Die Pflicht erstreckt sich nur auf die *bona superflua ex beneficio*, also nur auf das, was er aus dem Beneficialeinkommen (vgl. S. 207 N. 2) mehr erwarb, als er zum angemessenen Unterhalt mit gutem Gewissen verwenden konnte, wobei nicht die festgesetzte, heutzutage oft ganz ungenügende Congrua zu Grund gelegt werden kann; auch die Bedürfnisse der Person, erlaubte Erholungen, Geschenke, Gastfreundschaft u. dgl. müssen in Berücksichtigung kommen. Diese Gewissenspflicht des Beneficiaten [4] hat keine Restitutionspflicht zur Folge; sie ist ein debitum religionis, charitatis, nicht aber justitiae. Auf Seite der Armen besteht sicher kein Recht auf diese Güter [5]. Wohl aber sündigt derjenige, welcher die bona superflua ex beneficio zu profanen Zwecken verwendet, ja er begeht gewissermaßen ein Sacrilegium und soll dafür Buße thun, die am entsprechendsten auch durch Almosen und um so eifrigere Zuwendung ad pias causas geübt wird.

12. Die kirchliche Baupflicht.

a. Erhaltung und Herstellung der Kirchen.

402. Wie die Errichtung neuer Kirchen, so war auch die Sorge für deren Erhaltung und Wiederherstellung immer Pflicht des Bischofs [6]. Ward in den ältesten Zeiten von dem gemeinsamen Kirchengute ein Theil dafür bestimmt, so hatte später die Kirche ihren eigenen Fond, aus dem primär die

---

[1] Cf. Instr. Past. Eystett. p. 483.

[2] S. Poenitent. d. 9. Aug. 1821; d 9. Jan. 1823.

[3] Vgl. Pruner, Moraltheologie S. 529; *Santi* l. c. l. III. tit. 25 n. 6 seq. p. 209.

[4] Trid. s. XXV. c. 1.

[5] Pruner l. c. S. 535: „Die Kirche hat die Cleriker nie zur Restitution verpflichtet, wie sie es bei Vernachlässigung der Residenzpflicht, des Breviergebetes, thut."

[6] C. 10 C. X. q. 1; c. 1—3 C. X. q. 3.

Baukosten bestritten wurden, während man subsidiär alle beizog, die Einkünfte aus der Kirche bezogen, auch Laien, die kirchliche Grundstücke, Zehnten oder andere Früchte eigenthümlich oder als Nutznießer hatten, sowie die Geistlichen, die aus dem Kirchenvermögen bepfründet waren und die den übrigen (Parochianen) ein Beispiel geben sollten; eine entsprechende Congrua mußte dem Geistlichen immer verbleiben [1]. Besondere Verträge, Statuten und Gewohnheit legten oft einzelnen eine Baupflicht auf. Das Concil von Trient [2] hat, ohne solche particularrechtliche Bestimmungen aufzuheben, bezüglich der **Pfarrkirchen**, dem ältern Rechte entsprechend, nähere Bestimmungen getroffen.

I. Die **principale Baupflicht** hat die *fabrica ecclesiae* selbst ex fructibus et proventibus quibuscunque, d. h. der ausschließlich zur Bestreitung der Baubedürfnisse oder zur Bestreitung der Cultus- und Baubedürfnisse gemeinsam bestimmte Fond aus den disponibeln Renten und Einkünften des Vermögens. Die für die laufenden Ausgaben und die Cultusbedürfnisse nöthigen Mittel müssen immer gewahrt bleiben.

II. Reichen die Früchte und Einkünfte der fabrica nicht aus [3], so sind in erster Klasse subsidiär baupflichtig alle, welche Nutznießer von Einkünften und Früchten der baubedürftigen Kirche sind, und zwar pro rata ihrer Einkünfte; daher

1) die *patroni fructuarii*, Patrone, welche Einkünfte von der betreffenden Kirche haben, an die solche Einkünfte gekommen sind. Der einfache Patron (patronus simplex, mere talis) scheint hier nicht darunter verstanden zu werden, wenn er auch particularrechtlich oft erstsubsidiarisch verpflichtet ist. Das Concil sagt: „patroni et alii, qui fructus percipiunt". Das alii weist auf solche hin, die vorausgegangen sind und den Nachfolgenden gleich stehen. Die Kirche ist dem Patron verpflichtet, nicht der

---

[1] C. 1 x III. 48: „Quicunque ecclesiasticum beneficium habent, omnino adjuvent ad tecta ecclesiae restauranda vel ipsas ecclesias emendandas"; c. 4 ib.: „De his, qui parochiales ecclesias habent, duximus respondendum, quod ad reparationem et institutionem ecclesiarum cogi debent, cum opus fuerit, de bonis, quae sunt ipsius ecclesiae, si eis supersint, conferre, ut eorum exemplo ceteri invitentur"; cf. c. 22 C. XVI. q. 1.

[2] Trid. s. XXI. c. 7.

[3] Nach Permaneder, Die kirchliche Baulast, München 1856, S. 39, ist vor Beiziehung der subsidiär Verpflichteten sowohl bei eigenem Baufond eine theilweise Veräußerung des Grundstocks zulässig, wenn es unbeschadet der für die laufenden Reparaturen nöthigen Renten geschehen kann, als auch bei gemeinsamem Fond für Cultus- und Baubedürfnisse, wenn auch die für die Cultusbedürfnisse nöthigen Mittel gewahrt bleiben; nach andern nur bei eigenem Baufond (Phillips, Kirchenrecht, 2. Aufl., 1871, S. 474 N. 16). Nach dem Wortlaut des Tridentinum scheint die Veräußerung erst statthaft, wenn auch die Beiträge der subsidiarisch Verpflichteten nicht ausreichen. Cf. S. Congr. Conc. d. 18. Dec. 1847.

Patron als solcher der Kirche. Im Begriff des Patronats liegt noch keine Baupflicht der Art, da dessen Entstehungsgrund (175) an sich eine Wohlthat für die Kirche enthält, woraus keine neuen Verpflichtungen hervorgehen, ohne daß das Recht diese als Bedingung aufstellte (179, III.) [1].

2) Die Decimatoren, welche ihr Zehntrecht von der baubedürftigen Kirche ableiten (bezw. der Zehnt-Ablösungsfond).

3) Nutznießer des Vermögens incorporirter Pfarreien (bezw. infolge der Säcularisation der Staat).

4) Pfarrer und sonstige Beneficiaten an der baubedürftigen Kirche, welche Einkünfte aus derselben und über die Congrua beziehen.

Erst nach den gleichmäßig pro rata ihrer Einkünfte verpflichteten Nutznießern und vor den Parochianen ist jedenfalls der einfache Patron nach Herkommen oder (Ermessen des Bischofs bei einem Neubau oder einer Hauptreparatur der Art (*causative*) beitragspflichtig, daß er, wenn der Bau durch keine Mittel von Concurrenzen hergestellt werden kann, sein Patronat an den etwaigen neuen Erbauer verliert, wenn er bauen könnte und sich weigert, oder doch mit jenem sein Patronatrecht theilen muß, wenn er arm ist, oder die neue Kirche auf dem von ihm überlassenen Grund und Boden mit Benützung des Abbruchmaterials erbaut wird. Durch Verzicht auf sein Patronatrecht kann daher der einfache Patron sich von dieser Pflicht stets befreien (180, 1).

III. Wenn auch die Beiträge der erstsubsidiarisch Verpflichteten nicht ausreichen, so sind in zweiter Klasse die Parochianen verpflichtet. Diese Last ist in der Regel eine persönliche, daher sind Angehörige einer andern Confession frei. Ruht sie aber als Reallast auf Grund und Boden, so sind diese nicht frei und sind auch forenses non parochiani verpflichtet, die Grundstücke in der Pfarrei haben; wo die Verpflichtung nicht Reallast ist, sind letztere nur, wenn sie Katholiken sind, und in geringerem Maße pflichtig. Parochiani alibi degentes sind unbedingt beitragspflichtig. Das Tridentinum verpflichtet die parochiani in genere, daher auch die Filialisten, die jedoch oft frei sind von der Beitragspflicht zur Pfarrkirche, wenn sie eine eigene Kirche und einen eigenen Hilfspriester haben. Die Parochianen tragen bei nach Maßgabe ihres Vermögens (per aes et libram), die Matristen gewöhnlich mit zwei Dritteln, die Filialisten mit einem Drittel ihrer gemeinsamen Concurrenzschuldigkeit. Auch sind die Parochianen nach fast allgemeinem Herkommen zu den Baudiensten (Hand- und Spanndienste, *opera manuaria et jumentaria*) verpflichtet. Oft hat particularrechtlich eine Klasse der Pflichtigen (der Pfarrer) das Chor, eine andere (Decimatoren, Patron) das Schiff, eine dritte (Gemeinde) den Thurm der Kirche zu unterhalten.

---

[1] Vgl. Archiv für kathol. Kirchenrecht, 1878, S. 215.

Bei Kathedralkirchen sind Bischof und Kapitel (salva congrua) baupflichtig, soweit die fabrica nicht ausreicht[1]; dann können die übrigen Beneficiaten an der Kathedralkirche, der ganze Clerus, wie etwaige zufällige Einnahmen, z. B. Intercalarfrüchte erledigter Beneficien, endlich das Volk beigezogen werden. Bei den Cardinalstiteln sind die Cardinäle baupflichtig[2]. Bei Nebenkirchen und Kapellen müssen die Kosten aus deren eigenem Vermögen oder von etwa speciell Verpflichteten (Erbauern, Eigenthümern, Gemeinden) bestritten werden. Solche können Eigenthum von Privaten sein, wie Hauskapellen, auch die ihnen gehörigen geweihten und benedicirten Gegenstände, die aber nie zu profanen Zwecken verwendet werden dürfen, ehe sie von der Kirche execrirt sind[3].

Streitigkeiten über die Baupflicht sind nach gemeinem Rechte von den Bischöfen zu entscheiden[4].

Was von der Reparatur der Kirchen gilt, das kommt auch bei einer nothwendigen Erweiterung in Anwendung.

Kann eine Kirche durch gar keine Mittel, Collecten u. s. w. erhalten werden, so soll der Bischof die Stiftungen derselben mit der frühern Mutterkirche oder einer andern benachbarten vereinigen; das Gebäude selbst kann er zu weltlichen Zwecken (nur nicht in usus sordidos) überlassen oder zum Abbruch bestimmen, in welchem Falle ein Kreuz an der Stelle des Hochaltars errichtet werden soll[5].

---

[1] Im Deutschen Reiche ging nach dem Reichsdeputationshauptschluß die Baulast an den bischöflichen Kirchen auf das landesherrliche Aerar über.

[2] C. 3 C. X. q. 3; c. 27 C. XII. q. 2; c. 4 x III. 11; Const. Sixti V. „Religiosa Sanctorum" (1587).

[3] R. J. 51 in VI.: „Semel Deo dicatum non est ad usus humanos ulterius transferendum"; c. 4 x III. 36.

[4] Trid. s. VIII. c. 8; s. XXI. c. 7. 8. Den Staatsbehörden weist sie zu Bayer. Rel.-Eb. § 64.

[5] Das Particularrecht und die staatlichen Anordnungen haben vieles an den kirchlichen Bestimmungen geändert. In Bayern wird zwischen nothwendigen und entbehrlichen Kirchen unterschieden. Nur die durch ihre Zweckbestimmung nothwendigen oder namentlich garantirten Kirchen können die subsidiarische Baupflicht in Anspruch nehmen. I. Die primäre Baulast hat die Kirche; reichen deren Renten nicht aus, so kann ein Theil der Staatspapiere verwerthet, ein Kapital gekündet oder auch bei vermöglichen Kirchen ein Kapital aufgenommen werden. Nach dem Reichsdeputationshauptschluß § 35. 36 hat der Staat an den ehemaligen Stifts- und Klosterkirchen (wie an den Pfarrhäusern organisirter Pfarreien) die primäre Baulast, wie es aus dem Verhältniß einer Universalsuccession (R. J. 55 in VI.) folgt. Dies wurde zwar früher anerkannt; in neuerer Zeit bildete sich aber die Gerichtspraxis, den Staat zur primären Baulast nur dann zu verpflichten, wenn der Stiftung ein Gesetz oder Privatrechtstitel zur Seite steht (vgl. Stoll, Baupflicht Bd. II. S. 667; Archiv f. kathol.

b. Beneficialgebäude.

403. Bezüglich der Häuser der Pfarrer und anderer Beneficiaten sind nach gemeinem Rechte[1], was größere Baufälle (Neubauten und Haupt= reparaturen) anlangt, gleichfalls primär die fabrica ecclesiae, erstsubsidiarisch die Nutznießer an denselben, in zweiter Klasse die Parochianen baupflichtig. —

Kirchenrecht Bd. 24 S. 112 ff.; Silbernagl, Kirchenrecht S. 603; Eichst. Past.= Blatt 1865, S. 65 ff.). II. Die subsidiäre Baupflicht, die nur bei Neubauten und Hauptreparaturen eintritt, haben 1) patroni fructuarii, decimatores, Nutznießer des Vermögens incorporirter Pfarreien, Pfarrer und Beneficiaten. Was die Decima= toren anlangt, hat jeder Besitzer eines im Pfarrbezirk gelegenen Großzehnts, und zwar der Clerikaldecimator mit $3^1/_3 \, {}^0/_0$, der Laiendecimator mit $2 \, {}^0/_0$ der jährlichen Zehnt= rente beizutragen. Die Concurrenzquote des Clerikaldecimators ist gleich dem durch 30, die des Laiendecimators dem durch 50 dividirten Product des einjährigen Zehnt= ertrags und der Zahl der seit der letzten Concurrenz verflossenen Jahre. Ueber 100 Jahresraten werden nie beigetragen. Ist im betreffenden Falle der Kostenantheil geringer, so tragen sie nur pro rata bei, können aber beim nächsten Baufall bei einem etwaigen Mehrbetrag dieses nachzuzahlen angehalten werden. Wie der Zehnt, so konnte auch die auf dem Zehntrecht ruhende Baulast a. in einen Baucanon verwandelt werden. Dieser ist gleich den 4procentigen Zinsen aus dem Kapitalwerth der Baulast. Kapital= betrag oder Kapitalanschlag der Baulast ist die Jahresrate im 20fachen Betrag. Als Jahresrate aber sind bei Kirchenzehnten $3^1/_3 \%$, bei Laienzehnten 2% anzunehmen. Der Kapitalbetrag unter Mitrechnung der seit der letzten Bauconcurrenz verflossenen Jahresraten bildet den Kapitalwerth der auf dem Zehntrecht haftenden Baulast; bei vermöglichen Kirchen jedoch, die aus eigenen Mitteln die Baulast bestreiten können, nur $1^2/_3 \, {}^0/_0$, bezw. $1 \, {}^0/_0$ im 20fachen Betrag ohne weitern Beischlag. b. Die Baupflicht konnte, wie früher, bestehen bleiben, wobei aber zur Sicherheit der bauberechtigten Stiftung entweder das Doppelte des Kapitalwerthes der Baupflicht in Ablösungs= Schuldbriefen oder anderen inländischen Staatspapieren gerichtlich deponirt, oder aber der bauberechtigten Stiftung eine der Baupflicht entsprechende Hypothek auf Grund= besitz eingeräumt werden mußte. c. Es konnte die Baupflicht für immer abgelöst werden in baarem Gelde oder Ablösungsschuldbriefen (Ablös.=Ges. v. 4. Juni 1848; Ges. v. 28. Mai 1852; Min.=Erl. v. 14. Juni 1858, 19. März 1866, 12. Aug. 1864). 2) Die Pfarrgemeinde, gewöhnlich durch Gemeindeumlagen (Gemeindeuml.=Ges.; Min.=Erl. v. 18. Aug. 1860; Eichst. Past.=Blatt 1856 S. 26, 1863 Nr. 48 ff., 1857 Nr. 33 ff. Eichst. Diöcesan=Observanz). 3) Dazu kommen die Concurrenz=Bei= träge, Unterstützungen aus den Rentenüberschüssen anderer Cultusstiftungen (Rel.= Ed. § 48 a; Min.=Erl. v. 21. Juni 1846). 4) Im Nothfalle werden Collecten bewilligt. So oft die subsidiäre Baupflicht eintritt, haben die Mitglieder der Kirchen= gemeinde in der Regel auch die Hand= und Spanndienste zu leisten.

[1] Die Unterhaltsbaulichkeiten liegen in Bayern dem Pfründe=Inhaber ob, der auch haften muß, wenn durch absichtliche oder fahrläßige Unterlassung der kleinen Baufallwendungen ein Neubau oder eine Hauptreparatur nothwendig wird (vgl. Ver= ordnung v. 28. Febr. 1851 § 97 b. d., §§ 7—25; Min.=Erl. v. 20. Dec. 1861 u. v. 27. Dec. 1867). Ist die Pfarrei in liegenden Gründen u. s. w. dotirt, so hat der Pfründe=Inhaber auch primär die Baupflicht zu den großen Baufällen und Neubauten.

Diese Pflicht muß sich auch auf die nothwendigen Wirthschafts- oder Oekonomiegebäude erstrecken, wenn der Pfarrer auf den Betrieb der Landwirthschaft angewiesen ist. Dagegen ist der Pfarrer als Nutznießer der Pfarrgebäude gehalten, diese in baulichem Stand zu erhalten (servare sarta tecta, in Dach und Fach erhalten), also die kleinen Baufälle selbst zu bestreiten. Was dazu im einzelnen gerechnet werden muß, ist nach lokalem Herkommen und particulären Bestimmungen zu entscheiden.

Zu den Cultusgebäuden werden auch die Häuser der Meßner gezählt, von denen das Gleiche gilt [1].

<h3 style="text-align:center">c. Innere Einrichtung der Kirche.</h3>

404. Die Erhaltung und Beischaffung des zur innern Einrichtung der Kirche Nothwendigen liegt zunächst der fabrica ecclesiae ob, namentlich die der kirchlichen Geräthe, Paramente u. s. w. Zu den nothwendigen Appertinenzen und Utensilien der Pfarrkirchen gehören auch die Altäre, die Kanzel, der Taufstein, die Glocken mit Glockenthurm, die Beichtstühle, die Betstühle, die Sakristei. Wo die Einkünfte der Kirche nicht ausreichen und nicht durch Wohlthäter die Ausgaben bestritten werden, sind nach gemeinem Rechte auch die subsidiär Baupflichtigen beitragspflichtig, soweit nicht ein Gewohnheitsrecht

Ist die Pfarrei organisirt, hat der Staat mit dem Vermögen des Stifts oder Klosters auch das Vermögen der incorporirten Pfarrei an sich genommen, so hat der Staat auch die primäre Baupflicht für die großen Baufälle. Näheres siehe bei Permaneder l. c. S. 176 ff.; Stingl l. c. S. 931 ff.; Burkhard, Zur Lehre von der kirchl. Baupflicht, Erlangen 1884. Hat der Beneficiat die Baulast, so muß doch stets die Congrua gewahrt bleiben; wenn die Renten der Pfründe, soweit sie die Congrua übersteigen, zwar nicht reichen, um die Baukosten zu decken, wohl aber zur Verzinsung und in nicht allzulanger Zeit zu leistenden Rückzahlung eines Anlehens mittelst Annuitäten, so kann ein Baucapital ad onus successorum aufgenommen werden. Die Bewilligung sowie die Regulirung der Aussitzfristen hat — nach Einvernehmung der geistlichen Oberbehörde — die k. Kreisregierung zu ertheilen (Verordnung v. 27. März 1817). Secundär sind eventuell beitragspflichtig diejenigen, die bei der Kirche subsidiäre Baupflicht haben.

[1] Nach dem bayerischen Rechte müssen Meßnerhäuser primär von der Kirche, secundär von den zur Unterhaltung der Kirche subsidiär Verpflichteten unterhalten werden. Ist der Meßner zugleich Schullehrer, der im Meßnerhause nur wohnt, während die Schule sich anderswo befindet, so hat die Kirche $\frac{3}{4}$, der Lokalschulfond (die Schulgemeinde) $\frac{1}{4}$ der Baukosten zu tragen; wohnt der Lehrer, der zugleich Meßner ist, im Schulhause, so hat die Kirche und die Schulgemeinde zu gleichen Theilen die Kosten zu tragen; sind im Meßnerhause von der Gemeinde eigene Schullokalitäten eingerichtet, so hat diese die Gemeinde allein zu unterhalten. Verordnung v. 22. Juni 1815; oberstr. Erk. v. 9. Dec. 1868.

entgegensteht oder andere speciell dazu verpflichtet sind[1]. Es hängt diese Verpflichtung meist vom Particularrechte und lokalen Gewohnheiten ab[2].

———— ————

[1] *Ferraris* l. c. s. v. Ecclesia art. III. n. 72: „Supradicti (deficientibus ecclesiae reditibus et contraria non obstante consuetudine) tenentur etiam ad procuranda et reparanda paramenta et ornamenta ecclesiastica, scilicet casulas, pluvialia, albas, calices et hujusmodi; arg. cap. 1 h. t. sic cum pluribus tenet Barbosa, Bellet., Pirhing, Reiffenstuel et alii.“

[2] In Bayern fällt nach oberstr. Erk. vom 11. Mai 1867 u. 17. Dec. 1867 die innere Kircheneinrichtung nicht unter die subsidiäre Baupflicht, ausgenommen jedoch nach oberstr. Erk. v. 26. Jan. 1872 den Hauptaltar, die Kanzel, den Taufstein, die Glocken und den Kirchthurm, die Sakristei und wohl auch die Beichtstühle, die Lampe zum ewigen Lichte. Die Kirchstühle haben die Gemeinden herzustellen, wo nicht ein jährliches Stift- oder Stuhlgeld gereicht wird.

Alphabetiſches Regiſter.

— —